Michael Borgolte (Hg.)

Stiftungen und Stiftungswirklichkeiten

Stiftungsgeschichten

Band 1

Herausgegeben von
Michael Borgolte

Michael Borgolte (Hg.)

Stiftungen und Stiftungswirklichkeiten

Vom Mittelalter
bis zur Gegenwart

Redaktion:
Wolfgang Eric Wagner

Akademie Verlag

Abbildung auf dem Einband und auf Seite 3 :
Adolph Breymann,
Standbild Heinrichs des Löwen
für den Braunschweiger Hagenmarktbrunnen (Modell), um 1900

Die Deutsche Bibliothek – CIP-Einheitsaufnahme

Stiftungen und Stiftungswirklichkeiten :
vom Mittelalter bis zur Gegenwart /
Michael Borgolte (Hg.). Redaktion: Wolfgang Eric Wagner – Berlin : Akad. Verl., 2000
(Stiftungsgeschichten ; Bd. 1)
ISBN 3-05-003491-2
ISSN 1615-7893

Das eingesetzte Papier ist alterungsbeständig nach DIN/ISO 9706.

Einbandgestaltung: Jochen Baltzer
Druck: GAM-MEDIA, Berlin
Bindung: Norbert Klotz, Jettingen-Scheppach
Printed in the Federal Republic of Germany

Inhalt

Einleitung

Von

Michael Borgolte

Mehr denn je wird derzeit über Stiftungen diskutiert, jedenfalls in Deutschland. Dabei geht es vor allem um die Frage, wie erhebliches Kapital, das die erste oder schon die zweite Generation der (westdeutschen) Nachkriegszeit angesammelt hat, statt im privaten Erbgang zu versickern dem Gemeinwohl zugute kommen könnte. Als Hindernis hierfür wird besonders ein Steuerrecht angesehen, das die Stiftungsfreudigkeit dämpfe. Offensichtlich zieht man hierbei kaum in Betracht, daß auch ein Vermögen der Allgemeinheit nützlich wäre, das in hohem Maße durch den Fiskus abgeschöpft würde. Demokratisch gewählten Politiker(inne)n und rechtsstaatlich verfaßten Behörden wird allem Anschein nach wenig Vertrauen entgegengebracht, wenn es darum gehen soll, die monetär nutzbare Lebensleistung von Einzelnen effektiv einzusetzen zur Beseitigung von Mißständen, für Werke der Sozialfürsorge und zur Förderung von Kunst und Wissenschaft. Wer stiftet, will stattdessen Adressaten und Zwecke seiner Wohltaten genau bestimmen, jeden Mißbrauch ausschalten und seinem Vorhaben Beständigkeit über den Tod hinaus verleihen. Die Zinsen seines Kapitals sollen sich in Zinsen seines Lebenswerkes verwandeln. Diese Erwartung beruht auf einer jahrtausendealten Denkform, die merkwürdigerweise durch die Erfahrung neuerer Zeiten nicht überholt worden ist; denn Stiftungen, die einem bestimmten Zweck auf Dauer verpflichtet bleiben, den der Stifter gesetzt hat, widersprechen der alltäglichen Beobachtung des rasanten Wandels, der keinen Bereich der Wirklichkeit auszusparen scheint. Soll man also heute eine Forschungsrichtung fördern, die vielleicht morgen bereits durch andere Ansätze überholt ist? Soll eine karitative Einrichtung unterstützt werden, der jederzeit von der Kirchenleitung die Approbation entzogen werden kann? Sollen Musiker Stipendien erhalten, während Konzerthäuser und Opernbühnen schließen müssen? Der Stifter kennt natürlich das Risiko einer Fehlinvestition, er will sogar häufig verhängnisvollen Entwicklungen durch seine Initiative zuvorkommen; aber bedenkenswert bleibt es doch, daß abertausende von Bürgern ihren Wohlstand, den sie im hektischen Wechsel der Verhältnisse und häufig in geschickter Anpassung an diesen erworben haben, dafür nutzen wollen, Ruhepunkte zu suchen für eine rationale und einlineare Gestaltung der Zukunft. Dabei geht es wohl, aller Einsicht der Moderne zuwider, um den unausrottbaren Wunsch, die Zeitgrenze des eigenen Lebens zu durchbrechen und mit einem Anliegen, womöglich auch mit seinem Namen, in künftige Generationen hineinzuwirken.

Erst neuerdings ist in der Geschichtswissenschaft erkannt worden, daß Stiftungen einen hervorragenden Indikator abgeben für das soziale Gefüge ihrer Entstehungszeit. Sie beruhen auf rechtlichen Regelungen und wirtschaftlichen Substraten, verknüpfen religiöse oder ethische Anliegen mit dem Streben nach Anerkennung und Ruhm, sollen ihr Umfeld verändern durch Erneuerung der Infrastrukturen, Kreativität freisetzen durch Begünstigung der Musen und Forschern Investitionsmittel verschaffen für Experimente. Dabei steht fest, daß Stiftungen ursprünglich im engen Verbund mit dem Ziel der Menschen entstanden sind, im Diesbzw. im Jenseits nicht vergessen zu werden. Religionswissenschaftler und Historiker unterscheiden heidnische Totenstiftungen von christlichen Stiftungen für das Seelenheil; nicht selten sind Stiftungen deshalb, und zwar bis in die Gegenwart, auch mit der Sorge um den rechten Bestattungsplatz und mit dem Auftrag zur Stiftermemoria verbunden. Andererseits scheinen sich Stiftungen schon früh vom Zweck des ausdrücklichen Gedenkens gelöst zu haben, einseitig bestimmt für eine Außenwirkung; diese scheinbar areligiösen Unternehmen evozieren allerdings stets den Stifter, wenn sie in seinem Namen und nach seinem Willen tätig werden. Im einzelnen bleibt freilich der Forschung noch viel zu tun, wenn sie der Entfaltung der Stiftungsaufgaben schon in der Vormoderne auf die Spur kommen will. Noch weniger ist bisher darüber bekannt, wie die Stiftungsimpulse tatsächlich gewirkt haben. Zwar weiß man, daß noch in unserer Zeit Stiftungen tätig sind, die vor vielen Jahrhunderten geschaffen wurden; aber ob und in welchem Maße sie und andere ihrer ursprünglichen Bestimmung treu bleiben konnten oder sich an neuen Bedürfnissen und Umständen ausrichten mußten, liegt weithin im dunkeln. Zwar gibt es noch keine umfassende „Geschichte des Stiftungswesens“; aber wichtiger wäre doch vorerst, die Geschichten einzelner Stiftungen zu verfolgen, um die Chancen menschlicher Wirksamkeit durch die Zeiten zu erkunden.

Stiftungen sind totale soziale Phänomene, und zwar in der ganzen Zeit ihres Bestehens. Sie bilden bei wechselnden Zwecken und gemischten Motiven stets ein Gruppengefüge mit dem Stifter als autoritativem Auftraggeber, den sich ständig erneuernden Stiftungsempfängern als Profitienten der guten Tat, den Stiftungsorganen, die den Willen des (toten) Stifters ausführen, sowie besonderen Beauftragten, die ihre Funktionsfähigkeit von außen überwachen. Andererseits stehen sie in einer Wechselwirkung mit übergreifenden Strukturen. Eine „problemorientierte Stiftungsforschung“ kann daher „den Gegensatz zwischen struktur- bzw. prozeßorientierter sowie handlungszentrierter Forschung, von Mikro- und Makrogeschichte“, überbrücken (*Benjamin Scheller*, in diesem Band). Sie kann andererseits zeigen, in welchem Maße die Verwirklichung des menschlichen Willens, gerade über Jahrhunderte hinaus, von der Bereitschaft und der Phantasie der gestifteten Gemeinschaften und Organe abhängig ist, und daß dafür keine rechtliche Sanktion oder wirtschaftliche Fundation allein ausreicht. Stiftung rückt das durch Otto Gierke einst konstatierte Spannungsverhältnis von „Herrschaft und Genossenschaft“ in ein noch anderes Licht, als Max Weber in seiner berühmten Definition von Herrschaft formuliert hat. Sie soll nämlich „die Chance heißen, für Befehle bestimmten Inhalts *über den eigenen Tod hinaus* bei angebbaren Gruppen von Menschen Gehorsam zu finden“ (*Michael Borgolte*). Für eine derart langfristige Wirksamkeit bedarf es freilich einer besonderen Mentalität der Zeit, die die Nachlebenden mit den Stiftern teilen; die Vorstellung vom Letzten Gericht am Ende aller Tage war in diesem Sinne der Stiftung günstiger als die ebenfalls christliche Idee des Fegefeuers, nach der jede Intervention der Lebenden für die Stifter bald nach dem Tod zwecklos werden mußte (*Ralf Lusiardi*).

Wer die Wirklichkeit von Stiftungen untersucht, ergreift eine selten günstige Gelegenheit, die Interdependenz sozialer, religiöser, ökonomischer, rechtlicher und kultureller Faktoren im weitesten Sinne zu erkennen, gleichgültig ob er sich auf die Synchronie des Stiftungsaktes mit den Vorgängen seines Umfeldes selbst oder auf die Diachronie der Stiftungsgeschichte im Wandel der Gesellschaften konzentriert. Um solche Forschungen zu fördern, die aus der Enge hochspezialisierter Sachverhaltsstudien hinausführen und zum geschichtlichen Leben selbst zurücklenken können, wurde die neue Reihe „Stiftungsgeschichten" begründet. Nachdem hier bereits eine erste Monographie erschienen ist (Band 2), beruht das vorliegende Werk auf Studien mehrerer Autor(inn)en; der Thematik entsprechend wurden dabei Mediävisten, Neu- und Kunsthistoriker, also Vertreter(innen) verschiedener historischer Zeiten und Spezialdisziplinen, einbezogen. Sechs von ihnen haben ihre Forschungsergebnisse schon auf dem 42. Deutschen Historikertag in Frankfurt am Main am 10.9.1998 vorgetragen, die anderen konnten ihre Beiträge für diesen Sammelband nachträglich bereitstellen. Einige der Autor(inn)en arbeiten an einem Projekt der Deutschen Forschungsgemeinschaft mit, das den Stiftungen der fränkischen und deutschen Könige des Mittelalters und ihren Wirklichkeiten gewidmet ist.

In ihrer Studie über den angefochtenen König Friedrich den Schönen († 1330) zeigt *Katrin Proetel*, daß die sorgfältige Planung umfangreicher Memorialstiftungen und deren Ausführung schon zu Lebzeiten politische Herrschaftsansprüche des Habsburgers abstützte und den Bestand seines Werkes auf Jahrhunderte sicherte. Am Beispiel des Wiener Schottenklosters kann *Wolfgang Eric Wagner* verdeutlichen, wie behutsam spätmittelalterliche Reformer mit alten Stiftungen umgingen und durch ihre Maßnahmen die Kommunität für neue Dotationen wieder attraktiv werden ließen. Die Predigerstiftung der Memminger Kaufmannsfamilie der Vöhlin konnte dagegen nach der Analyse von *Benjamin Scheller* in der Reformationszeit nur solange überdauern, wie die nunmehr protestantische Reichsstadt bereit war, mit den altgläubig gebliebenen Stiftererben zusammenzuwirken. In der gleichen Zeit wie im schwäbischen Memmingen wurde im thüringischen Altenburg der Stifterwille Kaiser Friedrichs I. wiederbelebt, nachdem er jahrhundertelang in Vergessenheit geraten war; dies war möglich, weil sich die sozialen Rahmenbedingungen seit dem hohen Mittelalter nicht grundsätzlich verändert hatten, doch blieb der Name des Staufers selbst darüber weiter in Vergessenheit (*Michael Borgolte*). *Caspar Ehlers* begreift den Dom zu Speyer als „Erinnerungsort", der nur mittelbar durch die Grabstiftung Konrads II. für sich selbst in seiner Wirkung prädisponiert gewesen sei; nach Ehlers hat erst Heinrich V. in Speyer eine dynastische Grablege seiner Familie gesehen, während im 15. Jahrhundert die Herrschergräber „zum Sinnbild des Königtums an sich" geworden seien und die Öffnung der Sepulturen im Jahr 1900 für Stefan George die Entmythologisierung des mittelalterlichen Reiches schlechthin bedeutet habe. Allerdings sei der „Kaiserdom" für die Deutschen ein Symbol vergangener Epochen geblieben, so daß in seinem Schatten noch 1998 ein Bundeskanzler mit militärischen Ehren verabschiedet werden konnte. Gegenwartsbezüge mittelalterlicher und neuzeitlicher Stiftungen stehen ganz im Vordergrund der Abhandlung von *Franz-Josef Jakobi* über die karitativen Werke Münsteraner Bürger; wie Jakobi darlegt, war es hier der Regierungspräsident, der die Stadt Münster in Westfalen verpflichtet hat, den Willen der toten Stifter und Stifterinnen weiterhin zu beachten, und dadurch zugleich umfangreiche Forschungen im dortigen Stadtarchiv veranlaßte. Stiftungsforschung und dauernde Wahrung des Stifterwillens sind hier im Horizont gegenwärtiger Sozialfürsorge aufeinander verwiesen.

Welche Bedeutung den Stiftungen im Rahmen aller Maßnahmen zur Sicherung des Seelenheils zukommt, erörtert am Beispiel der mittelalterlichen Testamente von Stralsund *Ralf Lusiardi*; dabei werden kritische Einwände der französischen Mediävistik gegen die deutsche Memoria-Forschung weitgehend entkräftet. Stiftungen von Grabmälern, Altarbildern und anderen Kunstwerken in der kirchlichen Metropole Trier um 1500 analysiert systematisch unter gleichmäßiger Einbeziehung der Schriftzeugnisse *Wolfgang Schmid. Christine Göttler* zeigt an Kapellengründungen portugiesischer Händler im reformierten Antwerpen des 17. Jahrhunderts, daß fromme Stiftungen auch zum unfrommen Betrug errichtet werden konnten; jedenfalls spricht viel für die Vermutung, daß wenigstens einige der Handelsfamilien unter habsburgisch-katholischem Regiment ihrem alten jüdischen Glauben anhingen und sich als ethnisch-religiöse Minderheit unter dem Schutzschild scheinkatholischer Werkfrömmigkeit behaupteten. Um die „Virtualität frühneuzeitlicher Bildwelten", also um eine ähnliche Propaganda-Funktion von Kunst wie in Antwerpen, geht es *Volker Reinhardt* bei seiner Untersuchung Florentiner Kapellenstiftungen des Quattrocento; das Medium Bild erweist sich demnach „als fungibelstes Stiftungsmedium" im Statusbehauptungskampf derjenigen Familien, die um die Stadtherrschaft konkurrierten. Die Ausgestaltung der Sakramentskapelle in SS.ma Annunziata im Auftrag Piero de' Medicis habe in diesem Sinne beispielsweise die Funktion gehabt, republikanische Gesinnung vorzutäuschen und den tatsächlich herbeigeführten Systemwechsel zur Mediciherrschaft auszublenden. Schließlich gelingt *Frank Rexroth* an der Überlieferung von Nürnberg und London der Beweis, daß „Stiftungen zur städtischen Policey" im späten Mittelalter, Aufwendungen also zur Instandhaltung von Wegen und Brücken, von Brunnen oder Mauern usw., aus frommen Stiftungen für Seelenheil und Memoria hervorgegangen sind und wesentlichen Anteil an der Bewältigung der stadtobrigkeitlichen Aufgaben hatten; der Stifterwille habe auch nicht nur in Urkunden und Testamenten, sondern ebenso im Verwaltungsschriftgut seinen Niederschlag gefunden, und zwar auch abseits der zentralen städtischen Rechnungsbücher. „Mit anderen Worten: Nicht der Akt der Stiftung selbst, sondern die Wirklichkeit des durch ihn geschaffenen Instituts hält den Schlüssel zu einer angemessenen Bewertung der privaten Initiativen bereit."

Eine nähere Zusammenfassung der elf Studien, die in diesem Band präsentiert werden, erübrigt sich, zumal die Beiträge das weite Spektrum der Stiftungsforschung in erfreulicher Breite auffächern. Festgehalten werden sollte aber, daß die neueren Arbeiten zum Stiftungswesen über ihren ursprünglichen starken Impuls durch die Erforschung des liturgischen Gebetsgedenkens inzwischen weit hinausgelangt sind; oder, anders gesagt, die Frage nach der Memoria der Lebenden und Verstorbenen, die von der deutschen Mediävistik der letzten Generation aufgeworfen wurde, hat sich hier erneut als ungemein fruchtbar und wegweisend erwiesen.

Der Herausgeber dankt allen Autorinnen und Autoren für ihre engagierte und zuverlässige Mitarbeit. Besonderer Dank gilt Dr. Wolfgang Eric Wagner, der die Hauptlast der redaktionellen Arbeiten getragen hat.

Unendliche Gegenwart

Speyer zwischen Konrad II. und Stefan George

Von

Caspar Ehlers

Am Anfang stand die Stiftung. Heute ist der Speyerer Dom mit seinen Grablegen ein steinernes Monument mittelalterlicher Geschichte. Als „Kaiserdom" apostrophiert, gehört er zu den meistbesuchten Stätten Deutschlands. Er ist ein Erinnerungsort. Die Entscheidung Konrads II., einen Neubau zu stiften und sich dort begraben zu lassen, ist bis in die Gegenwart wirksam. In einer Handlung des frühen 11. Jahrhunderts findet die Bedeutung und die damit verbundene wechselvolle Geschichte dieses Kirchenbaues ihren Ursprung.

Als vor nunmehr fast tausend Jahren der Salier bald nach 1024 die Erneuerung der Domkirche einleitete und 1039 an dem einem Stifter zustehenden hervorgehobenen Ort beigesetzt wurde, war die spätere Entwicklung der Domkirche hin zur Familiengrablege noch nicht absehbar, auch verlief sie nicht linear. Bereits Konrads Sohn Heinrich III. wandte sich dem ottonischen Pfalzort Goslar zu, wo er das Stift St. Simon und Judas gründete und sein Herz beisetzen ließ. Heinrich IV. versuchte dort bis zu seinem endgültigen Scheitern in Sachsen, an die väterliche Tradition anzuknüpfen. Der letzte Salier, Heinrich V., dürfte es gewesen sein, der Speyer als Grabstätte seiner königlichen Familie begriff, worauf zurückzukommen sein wird. Jedenfalls gibt es bis zum ersten Drittel des 12. Jahrhunderts keine erhaltenen Schriftquellen, weder historiographische noch normative, die Speyer als salische Familiengrablege ausweisen. Auch der archäologische Befund des Domes bietet bei angemessener Auswertung kaum Anlaß, von einer intendierten ‚Großgrablege' durch Konrad II. oder Heinrich III. auszugehen.[1]

Entgegen häufig vertretenen Theorien, läßt sich die Erweiterung der Saliergrablege wohl doch nicht in die Jahre nach 1052 oder auf die Regierungszeit Heinrichs III. im Allgemeinen datieren[2], vielmehr ist mit einer Spanne von 1056, dem Todesjahr Heinrichs, bis etwa 1090,

---

1 Vgl. *Hans Erich Kubach/Walter Haas* (Bearb.), Der Dom zu Speyer. (Die Kunstdenkmäler von Rheinland-Pfalz, Bd. 5, Textband.) München 1972, etwa 700f. Zur Geschichte Speyers bis in die Mitte des 13. Jahrhunderts: *Andreas U. Friedmann*, Die Beziehungen der Bistümer Worms und Speyer zu den ottonischen und salischen Königen. (Quellen u. Abh. z. mittelrheinischen KiG, Bd. 72.) Mainz 1994. *Ehlers*, Metropolis Germaniae (1996). Eine andere Interpretation der Absichten Konrads II. vertritt *Hans-Josef Krey*, Bischöfliche Herrschaft im Schatten des Königtums. Studien zur Geschichte des Bistums Speyer im Schatten des Königtums. (Europäische Hochschulschr., Rh. 3 Bd. 703.) Frankfurt/Main 1996, 1.

2 Jüngst *Hubertus Seibert*, in: ZGO 145, NF. 106, 1997, 527f., und *Ernst-Dieter Hehl*, in: HZ 266, 1998, 475–477.

der Beisetzung Berthas, Gemahlin Heinrichs IV., im Königschor, zu rechnen, die eine Zuweisung zum zweiten Salier nicht gestattet. Vor allem aber die letzten Endes nicht auszuschließende Spätdatierung in das Jahr 1111 würde die Erweiterung in den Kontext der Absichten Heinrichs V. stellen, der Speyer als – im weitesten Sinne: dynastische – Grablege seiner Vorfahren verstanden hat. Die Terminvorschläge der Bauhistoriker orientieren sich übrigens meist an historischen Daten, in diesem Fall an den überlieferten Beisetzungsjahren.

Jüngst ist noch einmal wiederholt worden, daß Heinrich III. die Grablege anläßlich der Feier der Osterfestes 1052 für zu klein gehalten habe, und anhand dieses vermeintlichen Quellenzeugnisses werden alle späteren Umbaumaßnahmen chronologisch immanent ab diesem Jahr datiert.[3] In der entsprechenden Quelle aber steht das nicht, denn Hermann von Reichenau, um dessen Bericht es hier geht, erzählt nach dem Hörensagen: *indeque, ut aiunt, locum illum patris matrisque suae sepultura preditum, magis magisque parvipendens, subiratus episcopoque loci illius infensus discessit.*[4] Was bedeutet, daß er den Ort „mehr und mehr geringschätzte" und nicht etwa als immer kleiner werdend empfand. Mitnichten der Zustand der Grablege in Speyer erregte des Kaisers österlichen Groll, sondern die Person des Speyerer Bischofs Sigebod.[5] Entsprechend erhält er auch keine Urkunden Heinrichs mehr, der seinerseits der Stadt fernbleibt, bis er Ende Januar 1056 den übernächsten Nachfolger Sigebods, Konrad I., einführt. Erst die Weihe des Domes, wohl im Jahr 1061, die wahrscheinlich den Kreuzaltar voraussetzt, könnte eine Möglichkeit zur Datierung der stufenweisen Umbauten bieten; der zeitliche Ansatz muß dennoch weitestgehend immanent bleiben, da dezidierte Nachrichten über den Fortschritt der Baumaßnahmen fehlen.[6]

Der zweite Salier hatte sich in den fünfziger Jahren des 11. Jahrhunderts längst einem neuen Ort verschrieben. Seit seiner Kaiserkrönung förderte er intensiv das von ihm gegründete Goslarer Pfalzstift St. Simon und Judas, dessen *Fundatio*, *Dotatio* und *Dedicatio* erstaunlich schnell vonstatten gingen, so daß noch zu Heinrichs Lebzeiten ein funktionierendes Stift entstanden war, welches in kürzester Zeit einen bedeutenden Rang unter den Reichsstiften einnahm, nicht nur als Empfänger zahlreicher Diplome Heinrichs III. Es war gleichsam sein „persönliches" Stift, wie er selbst in seinen Urkunden für Simon und Judas

3 *Hans Erich Kubach*, Der Dom zu Speyer. 4., von Günter Binding ergänzte Aufl. Darmstadt 1998, 57; *Hehl* (wie Anm. 2), 476.

4 Hermann von Reichenau (MGH SS 5), 131, Hervorhebung von mir. Was *Kubach* (wie Anm. 3) folgendermaßen wiedergibt und bewertet: „Es gibt eine Nachricht aus dem 11. Jahrhundert, die diesen Vorgang [die Vergrößerung des Gräberfeldes, C.E.] bestätigt: Heinrich III. habe 1052 das Osterfest in Speyer gefeiert und den Dom erzürnt verlassen, indem er dem Bischof Vorwürfe wegen der zu engen Grabstelle machte. Daraufhin wird dieser Umbau [der erste der Grablege, C.E.] geschehen sein, spätestens beim Tode des Kaiser 1056 dürfte man die neue Anlage vollendet haben". Da die Quelle diese Datierung nicht erlaubt, wird man weiterhin nur feststellen können, daß die Beisetzung Heinrichs eine Veränderung der Anlage mit sich brachte, vgl. die vorsichtigeren Formulierungen bei *Kubach/Haas*, Der Dom zu Speyer (wie Anm. 1), 24 (zutreffende Übersetzung der Quelle durch Anton Doll), 862 (die Gräber des Gründerpaares jedes für sich angelegt), 863 (vergrößernder Umbau in Zusammenhang mit der Beisetzung Heinrichs III. 1056) und vor allem 877: „Ist das Grab Heinrichs III. noch im alten Zustand, zwischen den Treppen der Vorkrypta, oder schon im neuen, im großen Gräberfeld angelegt worden? Diese Frage ist vom Befund her nicht zu beantworten."

5 Vgl. schon *Ernst Steindorff*, Die Jahrbücher des deutschen Reiches unter Heinrich III. Bd. 2. Leipzig 1881, 168. *Ehlers*, Metropolis Germaniae (1996), 262f., Regest 18.

6 Ich danke Herrn Professor Dethard von Winterfeld, Mainz, für die anregenden Diskussionen der hier gestellten Fragen im Winter 1998/99.

hervorhob, das er im Zusammenwirken mit Papst Leo IX. stark förderte. Dem scheint er das Stift 1049 auf der Mainzer Reformsynode übertragen zu haben, wie auch noch einmal 1056 kurz vor seinem Tod Viktor II.[7] Vor der erwähnten Feier des Osterfestes 1052 in Speyer weilte Heinrich übrigens in Goslar[8], von wo aus er an den Mittelrhein aufbrach.

Für Heinrich III. war Speyer mit dem Zeitpunkt seiner Kaiserkrönung mehr und mehr in den Hintergrund getreten zugunsten seiner Goslarer Absichten, hier ließ er auf eigene Anordnung hin sein Herz bestatten. Außergewöhnlich ist ein solcher Wunsch nicht, haben sich doch auch die Ottonen jeweils an den von ihnen besonders geschätzten Orten beisetzen lassen, sofern es die Umstände erlaubten. Bemerkenswert ist vielmehr die Wahl von zwei Orten, die beider Rang für den Salier deutlich werden läßt[9], neben Speyer war Goslar getreten.

Die Symmetrie des Gräberfeldes war 1056 nach dieser Bestattung wieder hergestellt, Konrad II. lag als Stifter in der Mitte, flankiert von seiner Gemahlin und seinem Sohn. Dieser hatte offenbar keine Maßnahmen ergriffen, seinerseits die Grablege zu vergrößern, weder für seinen gleichnamigen Sohn noch für seine Ehefrau Agnes. Wenn die Größe der Anlage Hinweise auf Konrads II. Absichten gibt, dann gilt dies im Umkehrschluß auch für seine Nachfolger. Daher sind bei kritischer Würdigung der Befunde kaum ungebrochene Intentionslinien festzustellen, denn allein das Faktum der Bestattungen spräche für die These von einer Familiengrablege von Beginn an, nicht aber deren Vorbereitungen und die Hinweise auf andere Orientierungen der einzelnen Salier.

So setzte Heinrich IV. nach Erreichen der Volljährigkeit zunächst die väterliche Politik in Sachsen fort. Das Scheitern in jener Region zwang ihn jedoch, sich gegen Ende seines Lebens wieder Speyer zuzuwenden, was ihm in letzter Konsequenz, der eigenen Bestattung, nicht gelang. Sein Sohn, der letzte Herrscher aus salischem Hause, Heinrich V., ist es, der ihn in den mittelrheinischen Dom zurückbringt und sich mit allen Kräften für ein kirchliches Begräbnis an der Seite der Vorfahren einsetzt.

Diese Beobachtung steht gegen die Beurteilung, der Dom solle „nach dem Selbstverständnis der Salier ... als Grablege der salischen und aller kommenden Kaiser dienen".[10] Eine solche Einschätzung läßt sich weder durch Quellen noch durch Baubefunde decken. Hier müßte vor allem nachgewiesen werden, daß es „das" Selbstverständnis „der" Salier gegeben hat, daß eine derartig ausgreifende Idee im frühen 11. Jahrhundert überhaupt denkbar gewesen sein könnte. Kein Ort des ostfränkisch-deutschen Reiches hatte bis zum Jahr 1056 die Beisetzung zweier Könige aus der gleichen Familie erlebt. Allein Otto III. beabsichtigte offenbar, in seines Vaters Nähe zu Rom bestattet zu werden, ein Plan, der, wäre er

7 *Joachim Dahlhaus*, Zu den Anfängen von Pfalz und Stiften in Goslar, in: Die Salier und das Reich. Hrsg. von Stefan Weinfurter. 3 Bde. Sigmaringen 1991. Hier Bd. 2, 373–428, v.a. 424f.

8 Regesta Imperii 3/2.3 Nr. 9.

9 *Thomas Zotz*, Die Goslarer Pfalz im Umfeld der königlichen Herrschaftssitze in Sachsen, in: Goslar. Bergstadt – Kaiserstadt in Geschichte und Kunst. Bericht über ein wissenschaftliches Symposion in Goslar vom 5. bis 8. Oktober 1989. Hrsg. von Frank Neidhart Steigerwald. (Schriftenrh. d. Komm. f. Niedersächsische Bau- und KuG b. d. Braunschweigischen Wiss. Ges., Bd. 6.) Göttingen 1993, 63–79, hier 77. Anhand der von Heinrich III. ausgestellten Urkunden wie auch an seinem Itinerar läßt sich dies deutlich erkennen, vgl. *Ehlers*, Metropolis Germaniae (1996), 91–97. Zur salischen Anknüpfung an die ottonische Tradition in Goslar *Ders.*, Die Anfänge Goslars und das Reich im 11. Jahrhundert, in DA 53, 1997, 45–79, besonders 64–78. Zum Itinerar *Ingrid Heidrich*, Bischöfe und Bischofskirche von Speyer, in: Die Salier und das Reich (wie Anm. 7), Bd. 2, 187–224, hier 220f.

10 *Krey*, Bischöfliche Herrschaft (wie Anm. 1), 27.

nicht gescheitert, dennoch keine dynastischen, sondern ideelle und individuelle Wurzeln gehabt hat. Der Gedanke übergeht mittelalterliches Dynastie- und Familienbewußtsein und setzt in nachgerade modern anmutender Weise eine institutionell verankerte ‚Staatsmonarchie' voraus, in der einzelne Herrscher für ihre Nachfolger gleichsam persönliche Entscheidungen treffen können. Die Verhältnisse des westfränkischen, später französischen Reiches können nicht ohne weiteres auf den ostfränkisch-deutschen Raum übertragen werden. Es läßt sich kaum mit anderen Beispielen kontinuierlicher Grablegen, etwa St. Denis oder Westminster, argumentieren – abgesehen davon, daß es auch hier ‚Ausbrecher' gegeben hat. Gleichermaßen haben Beisetzungen am Amtssitz, wie in Bischofs- oder Klosterkirchen, einen anderen Charakter, der nicht übertragbar ist, da es im mittelalterlichen deutschen Reich bekanntlich keine Hauptstadt mit dynastieübergreifendem Residenzcharakter gegeben hat; ein derartiges Zentrum dürfte jedoch als eine Voraussetzung anzusehen sein.

Die Wahl des Beisetzungsortes durch einen mittelalterlichen Herrscher scheint, insgesamt gesehen, stets eine individuelle gewesen zu sein. Übernahme einer Familientradition ist ebenso auf persönliche Entscheidungen zurückzuführen wie die Begründung einer neuen. Institutionelle Zwänge hingegen lassen sich nicht erkennen.[11] So zeigt die oben zitierte Interpretation die Wirkmächtigkeit des Faktischen in der Rückschau und ist im Kontext zu sehen mit der Bezeichnung Speyers als „Totenstadt" durch Aloys Schulte, der im Speyerer Dom das fehlende zentralisierende Element als Ersatz der „Reichshauptstadt" zu erkennen glaubte.[12] Die Suche nach dem deutschen Staat des Mittelalters birgt die Notwendigkeit in sich, moderne Kriterien anzuwenden, die es erfordern, Hauptstädte oder kontinuierlich angesteuerte Zentralorte zu finden, an denen sich das Reich repräsentiert – nicht nur eine Person oder ein Familienverband.

So ist es kaum verwunderlich, daß am Beispiel des Speyerer Domes besonders deutlich wird, wie Ideen und Realitäten einer Stiftung interpretatorischem Wandel unterworfen sind. Dies ist der Gegenstand der folgenden Ausführungen, wofür drei Haltepunkte aus den mittlerweile verflossenen fast tausend Jahren gewählt wurden: das frühe 12., das ausgehende 15. sowie die Wende zum 20. Jahrhundert. Sie sollen exemplarisch die sich verändernde Wahrnehmung der konradinischen Stiftung vertreten.

*

Am 7. August 1111 wurde der Leichnam Heinrichs IV. auf Initiative seines Sohnes von der unkonsekriert gebliebenen Seitenkapelle (später der Tagesheiligen des 7. August, St. Afra, geweiht) in den Königschor des Speyerer Domes umgebettet. Auf den Tag genau fünf Jahre

---

11 So wandte sich Konrad II. nach 1024 von der salischen Grablege im Wormser Dom ab und begründete in Limburg an der Haardt wie in Speyer Grablegen. Konrad III. wollte im staufischen Kloster Lorch beigesetzt werden, der Bamberger Klerus aber beerdigte ihn im dortigen Dom. Vgl. dazu auch unten S. 53f. Anm. 80. In diesem Zusammenhang ist auf die von *Borgolte*, Petrusnachfolge (1995), erkannte Unterscheidung der Papstgräber in zwei „Grundtypen" hinzuweisen, nämlich „das individuelle Grab im rein persönlich bestimmten Rahmen des jeweiligen Pontifex und die kollektive Papstgrabstätte, die Grablege im Sinne eines traditionsbildenden Bestattungsortes mehrerer Päpste" (335). Keineswegs läßt sich der letzte Typus durch die Jahrhunderte nachweisen, immer wieder gab es Unterbrechungen, obwohl der zentrale Ort, im Gegensatz zum Regnum, gegeben war. Die persönliche Entscheidung spielte eine größere Rolle als gemeinhin angenommen.

12 *Aloys Schulte*, Anläufe zu einer festeren Residenz der deutschen Könige im Hochmittelalter, in: HJb 55, 1935, 131–142, hier 148: „Die deutschen Könige hatten keine Reichshauptstadt, aber eine Totenstadt".

zuvor war Heinrich exkommuniziert in Lüttich verstorben und zunächst auch dort für kürzeste Zeit beigesetzt worden, bis er am 3. September 1106 durch Heinrich V. seinem zu Lebzeiten geäußerten Wunsch entsprechend nach Speyer überführt worden war. In jenen fünf Jahren intensivierte sich Heinrichs V. Beziehung zu Speyer als Begräbnisort seiner Vorfahren. Begünstigt dürfte diese Haltung durch die ausgeprägte Verehrung der Speyerer Bevölkerung worden sein, die sie dem verstorbenen Vater entgegenbrachte, während er fünf Jahre lang in der Seitenkapelle aufgebahrt war. Auch mag es Heinrichs V. Intention gewesen sein, dem toten Vater mehr Respekt zu zollen als seinerzeit dem lebenden, was sich aber letzten Endes kaum anhand der Quellen belegen läßt.

So sind die Einwohner Speyers und nicht Bischof oder Kapitel Empfänger des berühmten Privilegiums, das Heinrich V. ausstellt anläßlich der Beisetzung seines Vaters in der Saliergrablege des Domes. Der Text, so ordnet der Kaiser an, sei in goldenen Lettern an der Kirchenwand anzubringen, was auch geschah.[13] In der Verfügung, deren Rechtsinhalt hier nicht näher vorgestellt zu werden braucht[14], werden die Speyerer Bürger verpflichtet, den Jahrtag Heinrichs IV. zu begehen, von der Vigil bis zu den Messen am Tag selbst. Zusammengenommen mit der Arenga, die das Werk der Väter in Erinnerung ruft, wird das neue Verständnis deutlich. Auch wenn Heinrich V. nicht alle Jahrtage seiner Vorfahren den Bürgern zur Pflicht macht, so stellt er doch die Verbindung zwischen den Saliern, dem Dom und der Stadt in den Vordergrund[15]: *Quoniam superne pietatis amminiculante gracia locum istum ob insignem patrum nostrorum memoriam et fidem civium ipsius erga nos semper constantissimam pre ceteris sublimare proponimus...*

Dem Domkapitel jedoch, als der für die Anniversarfeiern zuständigen Instanz, konnte diese Bestimmung gewiß nicht die Erfüllung aller seiner Vorstellungen bedeutet haben. Eine Begünstigung des Domklerus war ausgeblieben. Hatte noch sein Vater im April 1101 die (clericos) *nostros speciales in nostra speciali sancta Spirensi ecclesia* mit weitreichenden Privilegierungen ausgezeichnet[16], so scheint der letzte Salier darin Zurückhaltung geübt zu haben; genaugenommen hatte er sie in der an ihrer Kirche anzubringenden Verfügung nicht einmal erwähnt.

Allerdings haben die Speyerer Kanoniker Jahre gebraucht, um Heinrich V. auf sein Versehen aufmerksam zu machen. Frühestens 1116, spätestens 1119 verfassen sie einen Brief an den Kaiser, in dem sie ihn eindringlich gemahnen, sich der Stätte seines Vaters, dessen spezielle Söhne sie gewesen seien, zuzuwenden; ja, er möge sich in ihnen an die Vorfahren erinnern[17]: *recordamini ergo in nobis patris vestri, cuius speciales filii fuimus; recordamini*

13 Zu diesen Vorgängen mit weiteren Verweisen *Ehlers*, Metropolis Germaniae (1996), 118–128. Zur Echtheit vgl. *Wolfgang Müller*, Urkundeninschriften des deutschen Mittelalters. (Münchener hist. Stud., Abt. Gesch. Hilfswiss., Bd. 13.) München 1975, 23–26 sowie 43–48.

14 Vgl. *Hansjörg Grafen*, Die Speyerer im 11. Jahrhundert, in: Siedlungen und Landesausbau zur Salierzeit. Hrsg. von Horst Wolfgang Böhme. 2 Bde. (Römisch-Germanisches Zentralmuseum, Monographien 25 u. 26.) Sigmaringen 1990, hier Bd. 2, 97–152, v.a. 116–119. *Heidrich*, Bischöfe (wie Anm. 9), passim.

15 *Alfred Hilgard*, Urkunden zur Geschichte der Stadt Speyer. Straßburg 1885, Nr. 14.

16 MGH DDH IV, Nr. 466 (Kopie des 15. Jahrhunderts), vgl. die Bestätigung durch Konrad III. vom 31. März 1140 (MGH DDK III, Nr. 43).

17 Codex Udalrici Nr. 176 (*Philipp Jaffé*, Bibliotheca rerum Germanicarum. Bd. 5. Berlin 1869, 1–469, hier 308–310). Zur Datierung vgl. *Heidrich*, Bischöfe (wie Anm. 9), 218 mit Anm. 213. *Krey*, Bischöfliche Herrschaft (wie Anm. 1), 41f. entscheidet sich in Anm. 179 für das Jahr 1119. Die Formulierung „spezielle Söhne“ ist eine Anlehnung an das Diplom Heinrichs IV., vgl. Anm 16.

parentum vestrorum, qui nos quasi hereditario iure vobis commiserunt, quorum corporibus apud nos sepultis omnem honorem et reverentiam impendimus. Recordamini vestri honoris, vestrae promissionis, solitae benivolentiae, quam nunquam claudi nobis sensimus. Der dreifachen Aufforderung, sich zu erinnern, geht der ebenfalls dreimal geäußerte Appell voraus, Heinrich möge zuhören (*audistis*), denn seine Lage sei nicht die beste, immerhin sei er exkommuniziert. Das Domkapitel von Speyer hatte jedoch in dieser Zeit zu der kaiserlichen Partei gehört.[18]

Einerseits resultierte die Notlage sicherlich aus der selbst gewählten Nähe der Kanoniker zu Heinrich V., was ihre Position vor allem während der Abwesenheit des Saliers in Italien ab 1116 nicht gerade erleichterte. Andererseits waren offenkundig die dafür erwarteten Wohltaten des Kaisers ausgeblieben. Der Brief dokumentiert demnach nicht „salisches" Selbstverständnis, sondern das des Domkapitels, was zu trennen ist.[19] Im zweiten Jahrzehnt des 12. Jahrhunderts jedenfalls waren die Kanoniker Träger Speyerer Identität, sie interpretierten eine Bedeutung in die Grabkirche, die sie Heinrich V. in stilistisch eindringlicher Form nahebringen mußten. Er hatte die Einkünfte der *mensa episcopalis* durch die Privilegierung der Einwohner im Jahr 1111 geschmälert und keine entschädigenden Maßnahmen ergriffen.

Heinrichs IV. Ansinnen war seinem Sohn Verpflichtung, und auch er selbst dürfte sich eine Beisetzung an der Seite seiner Ahnen gewünscht haben. Eine daraus resultierende Bindung *quasi hereditario iure* erkannte hingegen nur das Kapitel. Anders kann der Brief nicht interpretiert werden, denn er wäre sinnlos, wenn Heinrich V. weitgehende Verpflichtungen für sich selbst aus der ‚Familiengrablege' abgeleitet hätte.

Als der Kaiser 1125 in Utrecht starb, war eine Stelle für sein Begräbnis im Dom nicht vorbereitet. Sein Sarg wurde dennoch in die vorhandene Anlage integriert, wo er über den Sarkophagen seines Vaters und Großvaters durch eine extra dafür durchgeführte Aufschüttung Platz fand. In der zeitgenössischen Historiographie erregten Einzelheiten der Beisetzung wenig Beachtung, so daß weder ihr Termin noch Informationen zum Hergang überliefert sind. Die Absicht des letzten Saliers, in Speyer beigesetzt zu werden, läßt sich nur erschließen; daß die Grablege nicht rechtzeitig erweitert worden war, mag zwar auf den unerwartet frühen Tod Heinrichs zurückzuführen sein, spricht aber wenig für die intendierte Familiengrablege. Derartige Pläne scheinen doch zweitrangig für den Herrscher gewesen zu sein, dessen Gemahlin Mathilde vermutlich die Utrechter Intestbestattung sowie die Überführung des Körpers nach Speyer veranlaßte.

Beobachtungen, die gegen ein kontinuierliches salisches Verständnis oder eines der Zeitgenossen sprechen, der Dom sei die deutsche Königsgrabkirche geworden, überwiegen demnach. Allein das Speyerer Domkapitel läßt in seinen Zeilen an Heinrich V. eine derartige Auffassung erkennen, die jedoch pragmatisch und den besonderen Umständen ihrer Entstehungszeit unterworfen ist. Schon Lothar III. wählt sich mit Königslutter einen eigenen Begräbnisort in seiner Heimat aus, und nicht alle Staufer verstehen sich als durch ihre salische Abkunft verpflichtet, Speyer als letzte Ruhestätte auszuwählen. Jedoch sind Tendenzen dieser Art zu erkennen[20], die allerdings kaum auf eine Absicht Konrads II. zurückzuführen und auch nicht realisiert worden sind. Aus der schwäbischen Königsfamilie wird allein

18 *Heidrich*, Bischöfe (wie Anm. 9), 214f. Sehr dicht dazu *Krey*, Bischöfliche Herrschaft (wie Anm. 1), 29–43.

19 *Krey*, Bischöfliche Herrschaft (wie Anm. 1), 41f., setzt jedoch beides zu sehr in eins.

20 Siehe dazu *Ehlers*, Metropolis Germaniae (1996), 166–183.

Philipp fünf Jahre nach seinem Tod auf Anordnung Friedrichs II. nach Speyer überführt, wo bis zu diesem Zeitpunkt nur die Gemahlin und eine Tochter Barbarossas beigesetzt worden sind.

Trotz dreier weiterer Königsgräber in den folgenden Jahrhunderten sind es die der Salier, die das Ansehen Speyers in erster Linie prägen. Der Weg vom Salier- zum Kaiserdom dauerte hingegen länger als das Jahrhundert der zweiten ostfränkisch-deutschen Dynastie. Auch das sogenannte Saliermonument[21] mit seinen berühmten, die salische Familie hervorhebenden Inschriften stammt wahrscheinlich vom Speyerer Domklerus selbst. Es dürfte in der zweiten Hälfte des 12. Jahrhunderts, möglicherweise nach 1157 und vor 1184, entstanden sein, und spiegelt in keinem Fall salisches Selbstverständnis wider. Mit dem erwähnten Brief des Kapitels an Heinrich V. ist es ein Zeugnis für die Indienstnahme der Grablegen und die Pflege des Gedenkens durch die Domgeistlichkeit. Inschriften, die auf das Selbstverständnis der Stifter schließen lassen, gibt es nicht. Im Laufe des 13. Jahrhunderts rückt zudem Heinrich IV. in den Mittelpunkt der liturgischen Memoria, sein Todestag wird so zum Termin einer gleichsam konzentrierten Jahrtagsfeier für die im Dom beigesetzten Salier bis in die beginnende Neuzeit.

*

Seit der Beisetzung Heinrichs V. waren über dreieinhalb Jahrhunderte verstrichen, als am 9. Juni 1494, dem Montag *Primi et Feliciani*, Maximilian I. und sein Hof im Dom zu Speyer eine Predigt hörten, die ihnen den Wert des Ortes vor Augen führte. Barg die Kirche doch die Gebeine bedeutender Vorgänger des Habsburgers, ja sogar die seiner Ahnherren Rudolf und Albrecht. Gehalten wurde die *oratiuncula* vom Speyerer Domvikar Jakob Wimpfeling, der den gegenwärtigen König mit den vergangenen in eine Linie setzte.[22] Kontinuität des Königtums unterstrich er dabei ebenso, wie er peinlich genau die der Memoria aufzeigte: *Hic etenim quotidie officia queque diuina rite peraguntur. Hic crebra est illorum regum memoria. Hic pro illis assidue sacrificium laudis offertur.* 12.167 Messen seien allein in dem „letztverflossenen" Jahr (*uno dumtaxat anno*) gefeiert worden, *nec numerus iste quamdiu stabit ecclesia Dei dono minui potest.*[23] Die „ins Unendliche verlängerte Gegen-

21 *Kubach/Haas*, Der Dom zu Speyer (wie Anm. 1), 901–906, zu dem nicht mehr erhaltenen Monument.

22 Vgl. *Schmid*, Sorge (1984), 666–726, hier 666f. – Regesta Imperii XIV/1 Nr. 747. Am 6. Juni traf Maximilian abends in Speyer ein, am 11. verließ er es wieder: Nrn. 734 bis 772. – *Maximilian Pfeiffer*, Der Besuch König Maximilians I. in Speier 1494. Mit einem verschollenen authentischen Bericht, in: MHVPfalz 32, 1912, 61–108.

23 *Pfeiffer* (wie Anm. 22), 82f. (lateinischer Text), 83f. (deutsche Übersetzung). – Wohlgemerkt steht die Zahl „12.167" in keinem Zusammenhang mit der Memoria, sondern wird von Wimpfeling auf den Dom bezogen. Das Umrechnen der genannten Summe ergibt 33,3 Periode Messen pro Tag. Geht man demnach von 1.000 Messen innerhalb von 30 Tagen aus, errechnet sich für das Jahr 1493, das wie 1494 kein Schaltjahr war, folgender Wert: (12x1.000)+(7x33)–(2x33)=12.165, da 7 Monate 31 Tage haben, der Februar aber nur 28. Circa 1014 Messen pro Monat wären anzunehmen (was jedoch 12.168 als Summe ergebe), somit hätten 30 Kanoniker (ein Idealwert, vgl. *Fouquet*, Speyerer Domkapitel [wie Anm. 33], 33f.) jeden Tag etwas mehr als eine Messe zu lesen, eine glaubwürdige Angabe. Ein amüsantes Detail am Rande ist, daß die einzige Rechenoperation (mit Ausnahme simpler Additionen oder Subtraktionen und wenn man ausschließlich natürliche Zahlen erlaubt), die sich mit dem Wimpfeling-Wert durchführen läßt, 23x23x23 ist: Die dritte Potenz der Primzahl 23, zu dieser vgl. etwa *Cassiodor*, Expositio Psalmorum. Hrsg. v. M. Adriaen. (Corpus Christianorum, Series Latina, Bd. 97.) Turnholt 1958, 220, zum 23. Psalm sowie den 23 Buchstaben des lateinischen Alphabets: *Vt apud hebraeos ui-*

wart" (Philipp Ariès) wird mit den Händen greifbar, drückt sich hier, am Vorabend der Reformation, in Zahlen und beschworener Unveränderbarkeit aus.

Fast fünf Jahrhunderte zuvor hatte der Aufstieg Speyers begonnen, unzweifelhaft ist im ausgehenden 15. Jahrhundert der Dom eine bedeutende Königsgrablege. Erasmus von Rotterdam († 1536) bezeichnet Speyer als berühmt wegen seines Kirchenbaues und der Bestattungen.[24] Inzwischen ruhen hier neben den Saliern und einigen ihrer Gemahlinnen (Gisela und Bertha) der Staufer Philipp von Schwaben, die Habsburger Rudolf und Albrecht I. sowie Adolf von Nassau. Nicht zu vergessen Adelheid und Agnes, Töchter Heinrichs IV. beziehungsweise Friedrichs I., sowie dessen Gemahlin Beatrix. Das Domkapitel bewahrt zahlreiche Urkunden der Könige und Kaiser und pflegt das Jahrgedächtnis der hier Bestatteten mit einer aufwendigen Liturgie. Deren Entstehung war ein ebenso langwieriger Prozeß wie die Einrichtung der Saliergrablege. Vermutlich erst in der Mitte des 13. Jahrhunderts ist die Ausformung abgeschlossen.

Verweilt der Blick beim Besuch Maximilians in Speyer, so fällt auf, daß der König am 7. Juni 1494, dem Tag nach seinem Eintreffen, für zwei Orte urkundet, die beide mit seinen salischen Vorgängern eng verbunden sind: Speyer und Goslar.[25] Weiterhin ist der Termin der erwähnten Messe sicherlich nicht zufällig gewählt, handelt es sich doch um die Vigil des Jahrtages Friedrich Barbarossas, dem Datum also, an dem eigentlich das Domkapitel des Staufers Anniversargottesdienst zu begehen hätte, denn schließlich war der 1190 verstorbene Kaiser Mitbruder des Kapitels gewesen, sein Todestag ist in den Nekrologien verzeichnet.[26] So erscheint es merkwürdig, daß Maximilian den feierlichen Gedenkgottesdienst für die im Dom bestatteten Könige anordnen mußte: *Nona die Junij Rex fecit peragi memoriam regum in templo Spirensi sepultorum.*[27] Kein Wort wird über den bestehenden Termin – Barbarossas Jahrtag – verloren. Ein erstes Anzeichen vielleicht, daß die Anniversarverpflichtungen durch das Domkapitel nicht mehr sehr ernst genommen wurden.[28]

---

ginti duae, apud latinos, unde nunc sermo est, uiginti tres; apud graecos uiginti quatuor habeantur; tamen in unaquaque lingua comprehendenda competens adhibetur quantitas litterarum; sic et in isto psalmi calculo redolet beata perfectio. Der 23. Psalm (nach heutiger Zählung der 24.) besingt den Einzug des himmlischen Königs.

24 *Spira urbs inter Germanicas haudquaquam postremi nominis nec solum episcopalis sede insignis, verum etiam templo adorandae structurae et regum Germaniae sepultura nobilitata.* Zitiert nach *Johannes Praun*, Enkomion Spirae. Lobsprüche auf Speier aus dem 16. Jahrhundert, in: MHVPfalz 23, 1899, 85–100, hier 89, mit zahlreichen Beispielen.

25 Regesta Imperii XIV/1 Nr. 737 (Konzept: Maximilian bestätigt dem Speyerer Bischof und Domkapitel alle alten Privilegien) sowie Nr. 738 (Registereintrag: Er bestätigt der Stadt Goslar alle alten Privilegien und Rechte).

26 Ältestes Nekrolog zu Juni 10: *Hansjörg Grafen*, Spuren der ältesten Speyerer Necrologüberlieferung. Ein verlorenes Totenbuch aus dem 11. Jahrhundert, in: FMSt 19, 1985, 379–431, hier 403. Nekrolog des 13. Jahrhunderts zu Juni 10: *Ders.*, Forschungen zur älteren Speyerer Totenbuchüberlieferung. (Quellen u. Abh. z. mittelrheinischen KiG, Bd. 74.) Mainz 1996, 319. *Ehlers*, Metropolis Germaniae (1996), 370f. – Zum Kanonikat Barbarossas in Speyer: *Manfred Groten*, Von der Gebetsverbrüderung zum Königskanonikat, in: HJb 103, 1983, 1–34, hier 24. Vgl. den Beitrag von *Michael Borgolte* in diesem Band.

27 Zeitgenössische, an den Predigttext angehängte Notiz über den Besuch Maximilians in Speyer, wiedergegeben bei *Pfeiffer* (wie Anm. 22), 85, der die Nachrichten in das Kloster Eußertal lokalisiert (94).

28 So fehlt Friedrich I. auch in dem im Laufe des 16. Jahrhunderts angelegten Nekrolog: Chorregel und jüngeres Seelbuch des alten Speyerer Domkapitels. Hrsg. von *Konrad von Busch/Franz Xaver Glasschröder*. 2 Bde. (Veröffentlichungen d. Hist. Museums d. Pfalz u. d. Hist. Ver. d. Pfalz, Bd. 1 u.

Am 10. Juni besichtigte Maximilian den Dom, die Königsgrablegen sowie den Reliquienschatz.[29] Diese Handlungen mögen mit der Absicht des Königs in Verbindung gestanden haben, selbst ein Monument an den Königsgräbern zu errichten, wenngleich er diesen Entschluß auch bei einem seiner späteren Besuche der Stadt gefaßt haben könnte[30], den Auftrag erteilt er jedenfalls erst 1512.

Aus den Quellen ergibt sich eine Realität, in der ewige Pflege der Memoria an den Speyerer Gräbern verstorbener Könige gleichsam durch den Besuch des lebenden Herrschers aufgewertet wird. Maximilian veranlaßt einen Memorialgottesdienst für die in Speyer beerdigten Herrscher, er plant sogar eine prächtige Zier für die Grablege im Königschor. Der Prediger unterstreicht die Kontinuitäten, die geistlichen wie die weltlichen.

Der Feststellung Karl Schmids ist unbedingt zuzustimmen, daß der Besuch Maximilians und die Predigt Wimpfelings zeigen, „wie sehr der Kaiserdom zum Inbegriff dessen geworden ist, was ‚Stätte des Gedenkens' an die mittelalterlichen Kaiser sein konnte".[31] Dies ist ein in der Mitte des 13. Jahrhunderts eingeleiteter Vorgang, als die Anniversarliturgie des Speyerer Domkapitels die Jahrtagsfeiern für Heinrich III. und Heinrich IV. zusammenfaßte und auf einen Tag festlegte. Stellvertretend wurde so am 7. August durch eine bis in die Details ausformulierte Anweisung ein Saliergedächtnis begangen, das im Speyerer Domnekrolog des 13. sowie in dem „Jüngeren Speyerer Seelbuch" des 16. Jahrhunderts tradiert wurde (Abb. 1).[32]

Andererseits gibt es aus dem beginnenden 16. Jahrhundert Speyerer Zeugnisse, die an jenem frommen Eifer Zweifel aufkommen lassen. Gut zehn Jahre nach dem Besuch Maximilians beschweren sich die Speyerer Bürgermeister über das rücksichtslose Reit- und Schießverhalten jagender Kleriker, 1516 sogar über nächtlichen Aufruhr, an dem bewaffnete Geistliche beteiligt gewesen waren, was insgesamt eher auf ungezwungenes Freizeitverhalten denn auf die Durchführung von etwa dreißig Messen pro Tag schließen läßt.[33]

2.) Speyer 1923/26, Edition des Seelbuches in Bd. 1, der Eintrag zu Juni 10: 295f. Von einem „allgemeinen Verfall des Gedenkwesens am Speyerer Dom seit dem 16. Jahrhundert" spricht auch *Grafen*, Forschungen (wie Anm. 26), 69, da das letzte Nekrolog keine Nachträge enthalte.

29 Beschreibung des Besuches bei *Pfeiffer* (wie Anm. 22), 77–80 (zeitgenössischer Bericht), 80–88.

30 Ebd. 95 werden insgesamt zehn Besuche Maximilians I. in Speyer ermittelt, der hier behandelte ist der erste. Nur ein weiterer, 27. April 1509, liegt relativ dicht an einem Jahrtag der in Speyer bestatteten Könige: Albrecht von Österreich starb am 1. Mai 1308 einen gewaltsamen Tod. Zum Monument: *Schmid*, Sorge (1984), 667, mit weiteren Verweisen. *Kubach/Haas*, Der Dom zu Speyer (wie Anm. 1), 63, 73 und 815. Abbildung ebd., Bd. 2, Nr. 1309. Es handelte sich um einen auf Säulen ruhenden Kronreif. An den Säulen sollten (Königs-)Plastiken vorgelagert werden.

31 *Schmid*, Sorge (1984), 666.

32 *Grafen*, Spuren (wie Anm. 26), zu den Nekrologien I und II (GLA Karlsruhe 64/33 fol. 206^r, vgl. Abb. 1), sowie *Ders.*, Forschungen (wie Anm. 26), 47–69. Jüngstes (drittes) Nekrolog, das Seelbuch: *Von Busch/Glasschröder* (wie Anm. 28), Bd. 1, die Anniversarliturgie dort 381f. sowie 507. Vgl. *Ehlers*, Metropolis Germaniae (1996), 357, 366–368 und öfter.

33 Diese und andere Zeugnisse bei *Wolfgang Eger*, Speyer und die Reformation, in: *Ders.* (Red.), Geschichte der Stadt Speyer. Bd. 3. Stuttgart 1989, 291–347, hier 296f. – Zum Domkapitel im fraglichen Zeitraum vgl. *Gerhard Fouquet*, Das Speyerer Domkapitel im späten Mittelalter. (Quellen u. Abh. z. mittelrheinischen KiG, Bd. 57.) Mainz 1987. Über die tatsächliche Beteiligung von Domherren an dem ‚Unfug' kann wenig ausgesagt werden, die nur 8,2% des Speyerer Klerus ausmachten: ebd. 33. Gegenstand des Spottes wegen ihres Verhaltens waren auch Domkanoniker (ebd. 46).

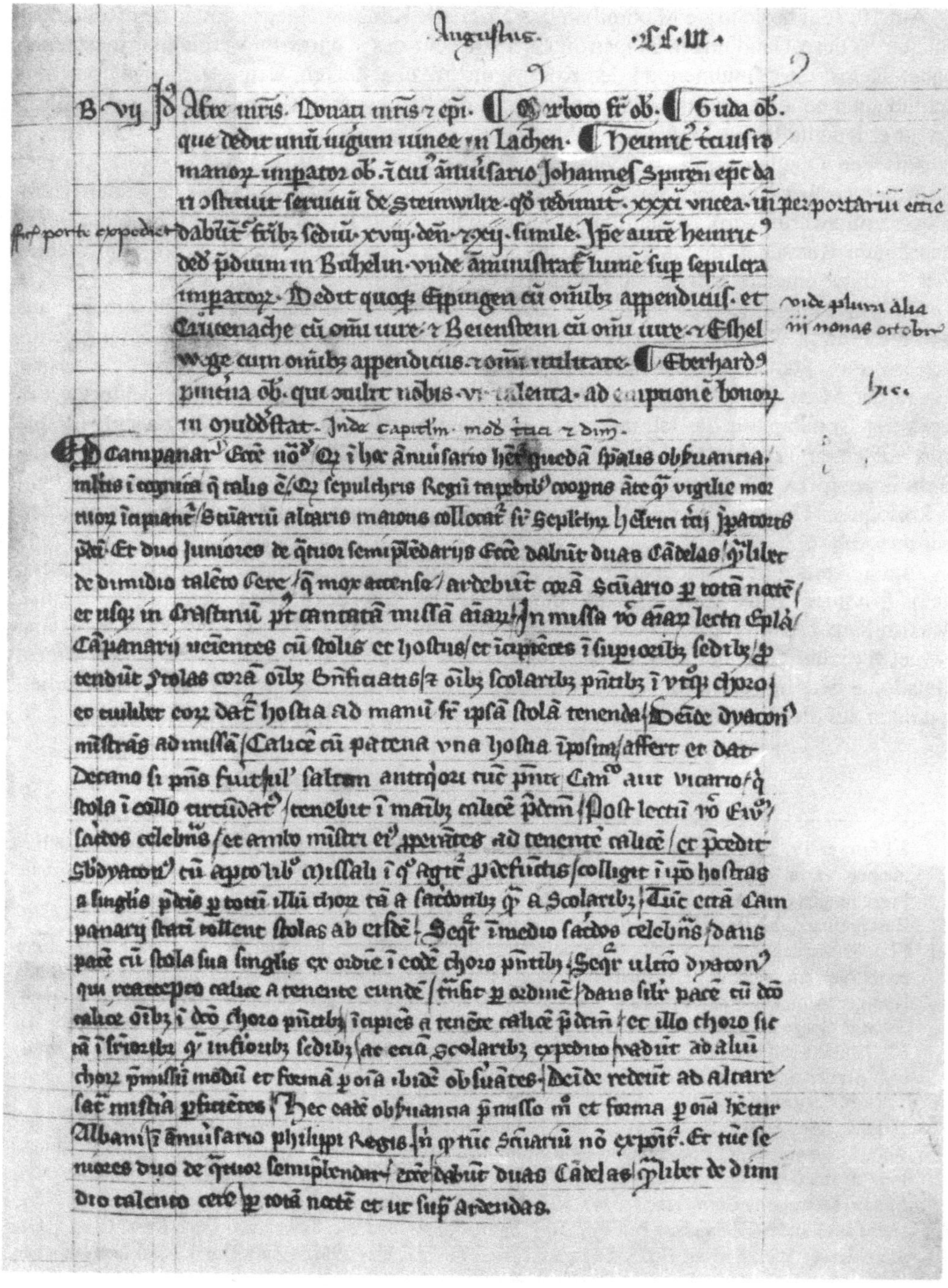

Abb. 1: Anweisung für ein Saliergedächtnis zum 7. August im Speyerer Domnekrolog des 13. Jahrhunderts (GLA 64/33 fol. 206[r])

Längst war die Position von Bischof und Kapitel innerhalb des städtischen Gefüges nicht mehr mit den Zeiten des früheren Mittelalters zu vergleichen. Eine Phase der Verwilderung scheint die Geschichte des Kapitels zu begleiten, dessen Aufnahmekriterium nicht Bildung, sondern Herkunft war. So stellt auch in Speyer die Reformation keine Zäsur dar, sondern ist ein Phänomen einer anhaltenden Krise, deren Anfänge weiter zurückreichen.

Nicht erwähnt wurden bislang die Stuhlbrüder, deren Aufgabe es war, täglich an den Gräbern im Königschor zu beten. Die Propstei dieser Laienbruderschaft wurde vom Bischof besetzt, eine der bischöflichen Einflußmöglichkeiten. Der Propst wiederum hatte das Präsentationsrecht; vorgestellt werden konnte jede ehrenhafte Person über 24 Jahren, adeliger oder nichtadeliger Herkunft.[34] Die Entstehung dieses genossenschaftlichen Instituts ist umstritten, von einer „königlichen Stiftung zu Beginn des 12. Jahrhunderts“ auszugehen, hieße, einen sehr frühen Zeitpunkt anzusetzen, denn sie wird erstmals 1236 urkundlich erwähnt, und auch die Beurteilung der Speyerer Quellen zur Memoria weist auf die Einrichtung der Bruderschaft zu Beginn des 13. Jahrhunderts.[35] Noch am Ende des 15. Jahrhunderts war diese Korporation aktiv, über die tatsächliche Verrichtung der auferlegten Dienste ist wenig bekannt. In der Wimpfelingschen Predigt jedenfalls finden sie keine Erwähnung.

Die sorgfältige Anlage des Seelbuches[36] und die Beschwerden über das ungebührliche Verhalten der Kleriker im frühen 16. Jahrhundert zeigen zwei Seiten einer Münze, die sicherlich schon im ausgehenden 15. Jahrhundert in Umlauf war. Jakob Wimpfeling gehörte wohlgemerkt zu den Kritikern dieser Zustände, war ihm doch auch wegen seiner Herkunft der Zutritt zum Kapitel verwehrt. Er wies auf die mögliche Diskrepanz zwischen Nobilität und Bildung hin.[37] Nicht ein ‚normaler‘ Angehöriger des Kapitels predigte vor Maximilian, sondern jemand aus dem äußeren Kreis. War Wimpfeling, der spätere Verfasser zweier Fürstenspiegel[38], ein Idealist oder erkannte er schlicht die Möglichkeit, durch die Predigt seine Karriere zu beschleunigen?

Man könnte meinen, daß „der letzte Ritter“ und der Vertreter einer verflossenen Zeit angesichts eines langwierigen Umbruchs eine Gegenwart stilisieren, die zu vergehen drohte. Das Spiegelbild der Quelle scheint trügerisch. Ist die *gedechtnus* der eigentliche Inhalt[39] und nicht eine Schilderung der realen Gegenwart des Sommers 1494? Bislang galt die Predigt

---

34 *Fouquet* (wie Anm. 33), 59f.

35 Früher Zeitansatz bei *Fouquet*, loc. cit., mit Hinweis auf die ungedruckte Untersuchung von *Anton Röder*, Beiträge zur Geschichte der Stuhlbrüder unter besonderer Berücksichtigung von Speyer. Diss. phil. Heidelberg 1949. Spätdatierung: *Ehlers*, Metropolis Germaniae (1996), 147.

36 Eingeleitet 1510 und abgeschlossen 1569: *Franz Xaver Glasschröder*, Einleitung, in: *Von Busch/Glasschröder* (wie Anm. 28), Bd. 2, Vf.

37 *Bruno Singer*, Die Fürstenspiegel in Deutschland im Zeitalter des Humanismus und der Reformation. (Humanistische Bibliothek, Bd. I/34.) München 1981, 210f. – Zu den Aufnahmekriterien *Fouquet* (wie Anm. 33), 33–46.

38 „Philippica“ für Pfalzgraf Philipp (gest. 1508) sowie die 1498 entstandene „Agatharchia“ für Pfalzgraf Ludwig V. den Friedfertigen (gest. 1544). Vgl. *Singer* (wie Anm. 37), v.a. 75–78 und 173–249.

39 Vgl. die ausführliche Darstellung der historischen Neigungen Maximilians, der damit verbundenen Hofkultur sowie der interesseleitenden Faktoren bei *Jan-Dirk Müller*, Gedechtnus. Literatur und Hofgesellschaft um Maximilian I. (Forschungen zur Geschichte der älteren deutschen Literatur, Bd. 2.) München 1982. Hier v.a. 87ff. zu genealogisch-dynastischen Traditionsbildungen.

als Beleg für den regelmäßigen Vollzug der liturgischen Memoria durch den Speyerer Domklerus[40], was aber offenbar in dieser Absolutheit nicht zutrifft.

Wimpfeling hatte schon im Frühjahr 1492 aus eigenem Antrieb Kontakt zum König gesucht, als er nach dem ‚Ehestreit' um Anna von Bretagne unterstützende Gedichte verfaßte und einen Brief an Maximilian sandte. Möglich ist, daß der König den Humanisten daraufhin mit der in Speyer zu haltenden Predigt beauftragt hatte.[41] Der aus Schlettstadt stammende Gelehrte war nach einem theologischen und kirchenrechtlichen Studium in Freiburg, Erfurt und schließlich Heidelberg, wo er auch lehrte, seit 1487 Domvikar in Speyer und als solcher Inhaber eine Pfründe, zuvor war er vier Jahre lang als nicht hauptamtlicher Prediger am Dom tätig.[42] Schon in dieser Zeit hegte er wohl den Plan eines „Abrisses der deutschen Geschichte", jedenfalls regte er den Kanoniker Johannes Murrho aus Colmar an, einen solchen zu verfassen. Als dieser 1494 verstarb, dem Jahr des Maximilianbesuchs in Speyer, mußte Wimpfeling das Werk selbst zu Ende bringen. Es erschien 1505 und enthält auch einen Hinweis auf Wimpfelings Arbeit in Speyer, denn er berichtet, er habe über den Krieg zwischen Rudolf von Rheinfelden und Heinrich IV. ein „schönes und elegantes Heldengedicht" in der dortigen Bibliothek gesehen und gelesen.[43]

Ein ausgeprägtes Interesse an der ‚deutschen' Geschichte zum Zeitpunkt seiner Speyerer Predigt ist bei Wimpfeling demnach unumstritten. Auf ihn haben die Königsgräber im Dom eine starke Wirkung gehabt. Dies heißt aber nicht, daß das auch bei den Domherren ebenso war, die sich gemäß einer Wimpfelingschen Einlassung ja nicht einmal die „Nase schneuzen" konnten. Trotz seiner bekannten Streitlust aber hätte der geschichtsbewußte Humanist den königlichen Besuch kaum genutzt, um öffentlich darzutun, wie verkommen die Zustände seiner Meinung nach waren.

Das tragende Motiv dieser Tage im Juni 1494 war *gedechtnus* und *memoria* (und Tradition im zukunftsbezogenen Sinne). Maximilian urkundet, wie erwähnt, für Speyer und Goslar, zwei eindrucksvoll mit dem mittelalterlichen Königtum verwobene Orte, während Wimpfeling die seit Jahrhunderten ungebrochene und für Jahrhunderte unveränderbare liturgische Memoria beschwört. Der König plant darüber hinaus eine imposante Überbauung der Grabanlage, gleichsam Stein gewordene Synthese beider Ideen.

Dem Speyerer Domkapitel als Korporation scheint dabei eine eher geringe Rolle zuzufallen. Weder predigte ein adeliger, den Aufnahmekriterien genügender Kanoniker, noch begegnet das Kapitel im zitierten Bericht in tragender Rolle. Vielmehr hört man von frevelhaftem Verhalten wenige Jahre später und liest, daß der Jahrtag Friedrichs I. in das Nekrolog des 16. Jahrhunderts nicht aufgenommen wurde, ebensowenig wie diejenigen Konrads II., seiner Gemahlin Giselas, Kaiserin Berthas, Heinrichs V., Rudolfs von Habsburg oder Adolfs von Nassau – um nur die im Dom Bestatteten zu nennen.

40 *Schmid*, Sorge (1984), 666f. – *Dieter Mertens*, Jakob Wimpfeling (1450–1528). Pädagogischer Humanismus, in: Humanismus im deutschen Südwesten. Hrsg. von Paul Gerhard Schmidt. Sigmaringen 1993, 35–57, hebt diese Kontinuität als prägendes Element in Wimpfelings Leben hervor (48).

41 *Pfeiffer* (wie Anm. 22), 88–91.

42 Chorregel: *Von Busch/Glasschröder* (wie Anm. 28), Bd. 2, 94. Biographische Daten bei *Mertens*, Jakob Wimpfeling (wie Anm. 40), passim. *Ders.*, Art. Wimpfeling, Jakob, in: LMA 9, 1998, 222f.; *Andreas M. Burg*, Art. Wimpfeling (Wimpheling), Jakob, in: LThK 10, ²1965, 1173f. – Wimpfeling erscheint nicht in der Reihe der Speyerer Domprediger: *Pfeiffer* (wie Anm. 22), 87.

43 Von mir benutzte Ausgabe: Epitome rerum Germanicarum Iacobi Vvimphelingi hactenus multis desiderata. Marburg 1562, hier fol. 24v. Vgl. zur Entstehung *Mertens*, Jakob Wimpfeling (wie Anm. 40), 42.

Heinrichs III. Jahrtag hatte man, wie erwähnt, mit dem seines Sohnes zusammengelegt auf den 6. August, den Vorabend des Anniversars Heinrichs IV. Mit ähnlicher, aber verkürzter Liturgie begingen die Kanoniker das Gedächtnis für Philipp von Schwaben. Friedrich der Schöne († 13. Januar 1330), ein Sohn Albrechts I., ist allerdings wie dieser verzeichnet, während beispielsweise Friedrich III. oder Maximilian selbst fehlen.[44]

Zweimal im Jahr also widmete sich das Speyerer Domkapitel des 16. Jahrhunderts königlicher Memoria der feierlicheren Art, zwei weitere Herrscher, Albrecht I. und Friedrich der Schöne, sind in Form kurzer Einträge kommemoriert, Heinrich II. begegnet als Tagesheiliger mit Meßstiftung. Bei der Anlage des (dritten) Nekrologs wurden die für unwichtig erachteten Einträge des vorhergehenden stillschweigend nicht übernommen. Eine sechsköpfige Kommission solle „das Entbehrliche ausscheiden“, wie es der Speyerer Bischof Philipp von Rosenberg am 10. Juli 1510 angeordnet hatte.[45] Da fielen die Jahrtage dann fort. Daß sie schon einige Zeit zuvor im Kapitel als unnötig angesehen wurden, läßt sich anhand dieses Befundes mehr als vermuten; sollte die Absicht bestanden haben, königliche Jahrtage prinzipiell, aus welchen Gründen auch immer, nicht mehr zu begehen, ergäben die verbliebenen keinen Sinn.

Das Fest des hl. Kaisers Heinrich II. (13. Juli) wird zelebriert, weil Dekan Heinrich von Helmstatt seinem Namenspatron eine Messe eingerichtet hat.[46] Der Dekan entstammte einer ritteradeligen Familie, die zahlreiche Speyerer Domherren und Bischöfe gestellt hatte[47], deren einer, Ludwig (1478–1504), die Reformvorstellungen Wimpfelings unterstützte und 1491 eine Meßstiftung für das Fest Compassio Mariae einrichtete, dessen Liturgie wiederum Wimpfeling verfaßt hatte.[48] Ludwigs Vetter war ebenjener Heinrich von Helmstatt, der von 1478 bis zu seinem Tod 1517 dem Kapitel angehörte, seit 1484 als Domdekan.[49] Der Impetus für seine Stiftung am Tage des hl. Kaisers Heinrich mag demnach auch Wimpfeling zuzuschreiben sein, jedenfalls wird ein Gruppe sichtbar, in der der Schlettstädter eine Rolle spielte. Zum „oberrheinischen Humanistenkreis um Jakob Wimpfeling“ gehörte u.a. der Speyerer Domherr Georg von Gemmingen († 1511), Dompropst seit 1488, der einen Monat nach Maximilians Besuch zum Dekan des Wormser Domkapitels gewählt werden und am 7. September 1494 seine Prälatur in Speyer zurückgeben wird.[50] Zum Umfeld zählte auch der Wormser Bischof Johannes von Dalberg (1482–1503), um den und Konrad Celtis sich 1495/96 ebenfalls eine Sodalität bildete, der auch Wimpfeling angehörte. Beide Humanisten waren dem Vorhaben einer deutschen Nationalgeschichte verpflichtet, Wimpfeling mit den „Epitome Germanorum“ und Celtis mit der „Germania Illustrata“.[51]

Im Speyerer Kapitel dürften demnach Propst Georg und vermutlich auch Dekan Heinrich durch Wimpfeling beeinflußt gewesen sein, der so als eine Art Schlüsselfigur im Jahr 1494

44 Der Einfachheit halber sei hier nur auf das Register zu Chorregel und Seelbuch (wie Anm. 28), Bd. 2, s.v. „Kaiser und römische Könige“ verwiesen (166f.), über das sich die Einträge auffinden lassen.

45 *Glasschröder*, Einleitung (wie Anm. 36), V.

46 Seelbuch zu Juli 14 (wie Anm. 28), Bd. 1, 347.

47 *Fouquet* (wie Anm. 33), 563–596.

48 Ebd. 575; *Mertens*, Jakob Wimpfeling (wie Anm. 40), 48.

49 *Fouquet* (wie Anm. 33), 570f.

50 Ebd. 521f.

51 *Mertens*, Jakob Wimpfeling (wie Anm. 40), 48; *Ulrich Muhlack*, Geschichtswissenschaft im Humanismus und in der Aufklärung. Die Vorgeschichte des Historismus. München 1991, 91ff. zu den „Epitome“ und 210ff. zu Celtis.

erscheint. Ein origineller Denker mit einem ausgeprägten Geschichtsverständnis, dennoch als Domvikar ein Außenseiter im Domklerus, hielt die Predigt vor König Maximilian.

In Speyer waren mit dem Habsburger und seiner Gemahlin Blanca von Kastilien noch die rheinischen Pfalzgrafen Ludwig und Philipp[52], Prinz Richard von England, die Herzöge Albert und Heinrich von Sachsen, der askanische Fürst Rudolf, Graf von Anhalt, die schon genannten Bischöfe Ludwig von Speyer und Johannes von Worms, der Erzbischof von Reims und der Herzog von Tremouille als Gesandte des französischen Königs Karls VIII. sowie weitere Gesandte aus Spanien, Neapel, Portugal und des Markgrafen von Monte Ferrara zugegen.[53] Die Chance, vor diesem Hörerkreis auch programmatisch zu sprechen, hat ein Mann wie Wimpfeling sicherlich nicht ungenutzt verstreichen lassen.

Kaum glaubhaft ist, daß der Verfasser einer „in jeder Hinsicht selbständigen deutschen Geschichte" ohne Vorläufer, deren Leitmotiv ein auf ewig geltenden Tugenden gegründeter Nationalcharakter ist[54], sich in seiner Ansprache am 9. Juni 1494 völlig zurückgenommen und eine selbstlose Schilderung der Wirklichkeit geboten haben soll. Keineswegs ist die Quelle ein Spiegel der intellektuellen Befindlichkeit des Speyerer Domklerus sowie der tatsächlichen Praxis der Memoria am ‚Kaiserdom'. Eine stilisierte Gegenwart also wird Maximilian und seinen hochkarätigen Begleitern serviert.

Der Eindruck einer Diskrepanz zwischen Wimpfelings Idealismus einerseits und der Nonchalance des Domkapitels den Königsgräbern gegenüber andererseits wird schließlich gestützt durch die mit Maximilians Plänen für ein Monument verbundenen Umstände. Vermutlich in Speyer im Juni 1494 – vermutlich von Wimpfeling beeinflußt – faßte der König die Absicht, die Herrschergrablege mit einem neuen Überbau versehen zu lassen, 1503 kam es darüber zu Beratungen zwischen Bischof Ludwig und dem Domkapitel, die ohne Ergebnisse blieben. 1512 erklärte der Habsburger, er werde tausend Gulden und den Marmor beisteuern, worüber „der Speyerer Domklerus nicht gerade entzückt" gewesen sei (Alphons Lhotsky); dennoch habe Maximilian 1514 in Salzburg über das Vorhaben mit Hans Valkenauer verhandelt, der jedoch nicht ausgiebig tätig wurde.[55] Das fehlende „Entzücken" des Kapitels hat sich in seinen Protokollen niedergeschlagen, ein zeitloses Manifest der Bedenkenträger: Erst wird der Sachverhalt der königlichen Beteiligung knapp dargelegt, dann heißt es nörgelnd, man könne das dem Stift nicht zumuten, es sei zu teuer und der Chor könne Schaden nehmen.[56]

Dessenungeachtet setzte sich der König durch, denn am 12. Januar 1516 rechnet das Domkapitel offenbar mit einem baldigen Baubeginn, man verhandelt mit dem Salzburger

---

52 Empfänger des einen erwähnten Fürstenspiegels Wimpfelings. 1498 versuchte er vergeblich, Wimpfeling zu gewinnen, den Juristen der Universität Heidelberg Geschichte zu lesen, vgl. *Erich Meuthen*, Humanismus und Geschichtswissenschaft, in: Humanismus und Historiographie. Rundgespräche und Kolloquien. (Deutsche Forschungsgemeinschaft). Hrsg. von August Buck. Weinheim 1991, 5–50, hier 21 mit Anm. 80.

53 Zeitgenössischer Bericht über den Besuch, vgl. oben Anm. 29.

54 *Muhlack* (wie Anm. 51), 99, 256 sowie 278. Muhlack spricht 112 von einem „germanisch-deutschen Nationalcharakter Wimpfelingscher Provenienz".

55 *Alphons Lhotsky*, Zur Geschichte des Grabmals König Rudolfs I., in: Fschr. Edmund E. Stengel zum 70. Geburtstag. Köln 1952, 425–427.

56 Die Protokolle des Speyerer Domkapitels 1500–1531. Bearb. von *Manfred Krebs*. 2 Bde. (Veröffentlichungen d. Komm. f. gesch. Landeskunde in Baden-Württemberg, Rh. A Bd. 17/1 u. 2.) Stuttgart 1968/69, Nr. 3683 (23. November 1512). Die Vorbehalte werden am 4. Dezember 1512 wiederholt, da offenbar von seiten der Kanzlei nachgehakt wurde (Nr. 3691).

Meister.[57] Als am 5. November 1516 schließlich bekannt wird, die Arbeiten am Grabmal würden in Salzburg nur schleppend vorangehen, beschließt das Kapitel, sich darüber bei Maximilian zu beschweren, was es in den folgenden Jahren noch öfter tun wird.[58] Die letzte Nachricht in den edierten Teilen der Kapitelsprotokolle stammt vom 24. Juli 1526 und mag ein Hinweis auf laufende Bauarbeiten sein, denn bei der Aussetzung des Heiltums gemäß der Anniversarliturgie für den 6. August werden Einschränkungen angeordnet.[59] In den nächsten fünfeinhalb Jahren ist in den Niederschriften nichts mehr über das Vorhaben zu lesen.

Recht rege scheint auf den ersten Blick der Domklerus das Werden des Denkmals zu verfolgen. Allerdings fällt auf, daß meist ein Name genannt wird, wenn es um das Monument geht: der des Domherren Martin Gotsmann von Thurn. Am 17. Juli 1517 erklärt er, nun nach Salzburg reiten zu wollen, um sich vom Stand der Arbeiten selbst zu überzeugen, wofür er *ex gracia* Urlaub erhält[60], ein Jahr zuvor war im Winter 1515/16 der Domvikar Johannes Husen mit der Angelegenheit betraut und nach Salzburg entsandt worden.[61] Am 1. Januar 1518 berichtet Gotsmann dem Kapitel über den weiterhin schleppenden Fortgang, im April 1518 wird er nach Augsburg gesandt, um sich bei Maximilian zu beschweren, im Mai informiert er darüber und wird in der gleichen Angelegenheit nach Salzburg zum Künstler geschickt, worüber er im Juni rapportiert und noch einmal über seinen zweiten Ritt nach Salzburg im Juli 1518.[62] Im folgenden Jahr geht es weiter, denn Gotsmann ist im Februar in Grabmalangelegenheiten in Würzburg, wieder verbunden mit Urlaub; im März 1519, Maximilian I. war seit zwei Monaten tot, wird entgegen den Erwartungen nicht Gotsmann, sondern erneut der Domvikar Johannes Husen nach Augsburg geschickt. Im März des Folgejahres schließlich greift der Bischof ein und entsendet Kantor Philipp von Flersheim an den niederländischen Hof des Kaisers, im Januar 1521 sogar mit dem Kantor noch Kustos Georg von Schwalbach nach Worms.[63]

Martin Gotsmann von Thurn, aus fränkischem Ritteradel stammend, zeichnete sich nicht gerade durch einen vorbildlichen Lebenswandel im Sinne kanonikaler Ideale aus. Er hatte ein Verhältnis mit der Frau des Speyerer Bürgermeisters unterhalten, weswegen er seiner Wege innerhalb der Stadt nicht mehr sicher war. Zudem befand er sich ohnehin am liebsten auf Reisen, war Inhaber weiterer auswärtiger Pfründen[64], und dürfte die Sorge um das Monument in erster Linie als wohlfeilen Grund für seine Absenz vom Speyerer Domkapitel

57 Ebd. Nr. 4443, 4507 (am 22. März 1516 berichtet der Vikar Hans Hausner dem Kapitel über seine Reise nach Salzburg), 4513 (am 31. März 1516 ordnet das Kapitel an, die Wappen[!] der bestatteten Herrscher zu kopieren und nach Salzburg zu schicken).

58 Ebd. Nr. 4689.

59 Ebd. Nr. 6701.

60 Ebd. Nr. 4836. Nach *Fouquet* (wie Anm. 33), 543 handelt es sich um ein „von der Speyerer Kirche und Kaiser Maximilian I. für den Domkreuzgang in Auftrag gegebenes Denkmal", was offenbar nicht zutrifft.

61 Protokolle des Speyerer Domkapitels (wie Anm. 56), Nr. 4443. Husen hatte im Oktober 1515 ein Gutachten über die Königsgräber vorgelegt: Nr. 4397.

62 Ebd. Nr. 4991, 5045, 5080, 5105.

63 Ebd. Nr. 5238, 5379 (Husen, vgl. oben), 5493, 5549.

64 *Fouquet* (wie Anm. 33), 542f.: Vor 1490 Inhaber einer Domherrenstelle in Eichstätt, 1510 bzw. 1515 Residenzjahr, Inhaber der Pfründe bis zu seinem Tode (er wurde in Eichstätt bestattet); 1505 Aufschwörung und Installation in Speyer, 1509 Residenzjahr, 1530 Resignation; 1527 Aufschwörung in Augsburg, 1529 Residenzjahr, 1530 Resignation.

genutzt haben. Obschon seine Motive letzten Endes im Halbdunkel liegen, Erfolge konnte er jedenfalls ebensowenig verzeichnen wie die übrigen Speyerer Emissäre.

Kaiser und Kapitel hatten in den genannten Jahren denn auch dringendere Probleme zu bewältigen als den Ausbau der Speyerer Königsgrablegen. Auf dem Wormser Reichstag 1521 ist die Anwesenheit der beiden Speyerer Domkanoniker bezeugt[65], das Grabmal war selbstverständlich nicht mehr Thema. Der Tod Maximilians im Januar 1519 dürfte ohnehin die Einstellung des Vorhabens nach sich gezogen haben, obgleich bis 1521 in den Kapitelprotokollen ab und an die Rede von dem geplanten Monument ist, das auf diese Weise die Wirren der beginnenden Reformation überdauerte. Ausgeführt wurde es bekanntlich nie, allein wenige Planskizzen sind erhalten.

Monument und Wandel der liturgischen Memoria an der Wende vom 15. zum 16. Jahrhundert zeigen exemplarisch die Veränderung auf: Die Speyerer Herrschergrablegen werden zum Sinnbild des Königtums an sich. Nicht mehr Individuen wird gedacht an ihrem speziellen Jahrtag, sondern es findet eine in-cumulo-Memoria statt. Im ersten Speyerer Nekrolog des 11.–13. Jahrhunderts finden sich reine Gedenknotizen, was allerdings an der abschriftlichen Überlieferung liegen kann, das zweite (entstanden um 1273) bietet einzelne Schenkungen, verewigt also individuelle Handlungen der kommemorierten Herrscher. Das dritte Totenbuch aus dem 16. Jahrhundert hingegen reduziert die Zahl der Einträge, wie erwähnt, und stellt dem aus dem zweiten Nekrolog übernommenen Eintrag für Heinrich III. vorweg: *non agitur hic, sed die s. Sixti, nisi fuerit dominica, tunc sabbato precedente*, und hebt ihn so in gewisser Weise auf. Dafür ist die Gedenknotiz Heinrichs IV., welche ebenfalls Schenkungen des Saliers aufzählte, verschwunden.[66] So entsteht der Eindruck, nicht die historische Person des Herrschers als Förderer der Domkirche findet das Interesse des Kapitels im 16. Jahrhundert, sondern deren Gesamtheit, denn alle Königsgräber werden geschmückt. Zwar steht das Grab Heinrichs IV. als Ziel der Heiltumsübertragung im Mittelpunkt der Liturgie des 6. August, aber am 21. Juni, dem mit ähnlicher *observantia* vollzogenen Jahrtag Philipps von Schwaben, fehlt dieser Teil der Zeremonie. Zweimal im Jahr also begingen die Speyerer Domkanoniker seit Jahrhunderten königliche Memoria in dieser speziellen Form. Verinnerlicht hatten sie die Liturgie anscheinend nicht, sah sich der Schreiber des dritten Nekrologs doch veranlaßt, der Anweisung vorauszuschicken: *pro campanariis ecclesiae notandum, quod in hoc anniversario habetur quedam specialis observantia multis incognita.*[67]

Nicht nur Trägheit des Domkapitels war für die geschilderte Entwicklung Anlaß, sondern auch ein sich wandelndes Verständnis, das seinen Niederschlag in der Wimpfelingschen Predigt fand: Abkehr von individueller Memoria zugunsten kumulativer in einem gestreckten Prozeß, der mit der Anlage des „Seelbuches" im 16. Jahrhundert festgeschrieben wurde. Der humanistisch geprägte Zugang zur Vergangenheit, bei dem ein ähnlicher Vorgang zu beobachten ist, wenn die Einteilung der Universalgeschichte in Großperioden „nicht die

65 Deutsche Reichstagsakten. Jüngere Rh. 2 (1896), 420 und 810. Zu Philipp von Flersheim vgl. *Fouquet* (wie Anm. 33), 502–506, zu Georg von Schwalbach ebd. 793–795. Beide gehörtem dem engsten Beraterkreis des Speyerer Bischofs, Pfalzgraf Georg († 1529), an, dessen Nachfolger Philipp wurde. *Johannes Praun*, Die Kaisergräber im Dom zu Speyer, in: ZGO 53, NF. 14, 1899, 381–427, hier 408f. Zu Praun vgl. im folgenden.

66 Vgl. die in Anm. 26 genannten Arbeiten von *Grafen* sowie *Ehlers*, Metropolis Germaniae (1996), 351ff. mit den Zitaten der drei Nekrologien nach Jahrtagen geordnet.

67 Seelbuch (drittes Nekrolog; wie Anm. 28), 381.

Individualität von Zeitaltern" bezeichnet, sondern „den zeitlichen Abstand vom Betrachter" markiert[68], wirkt sich aus.

Wimpfeling selbst nahm in seinen „Epitome" eine Dreiteilung noch nicht vor, sondern schied, wie Enea Silvio, zwei Epochen mittels der Christianisierung. Ein ‚Mittelalter' wäre ihm aufgrund mannigfaltiger Kontinuitäten von Karl dem Großen zu Maximilian I. als absurder Gedanke erschienen.[69] Diese Vorstellung begegnet deutlich erkennbar in Wimpfelings Speyerer Predigt wieder: unendliche Kontinuität von der Vergangenheit in alle Zukunft. Eine unwandelbare Wirklichkeit der herrscherlichen Stiftungen, verdeutlicht an der von ihm genannten Zahl der Meßfeiern, die „solange die Kirche stehen wird, durch Gottes Gnade nicht verringert werden" kann. Den „unsterblichen Ruhm seines Namens auf Erden zurückzulassen", habe „Gott, der Größte und Beste, oft den jüdischen Königen als große Wohltat verheißen: Das haben auch die unüberwindlichen Römischen Könige und Kaiser eifrig bedacht und erwogen und, um selig zu sterben, diesen hochheiligen Tempel errichtet, begabt und hier den ruhmwürdigen Begräbnisort erwählt", erläutert Wimpfeling seiner hochrangigen Zuhörerschaft.[70]

Ruhm der Herrscher und des Ortes fließen so ineinander. Wimpfeling schließt auch in den „Epitome" die Berichte über die in Speyer bestatteten Könige und Kaiser mit dem Hinweis auf ihren Begräbnisort ab – bemerkenswerter Weise allerdings fehlt das Detail in der Marburger Ausgabe von 1562 bei Heinrich III., für dessen Sohn allerdings auch der Todestag des Vaters angegeben wird[71], so daß beide Daten genannt und vermutlich nur wegen verlorener Übersicht Heinrich IV. zugeordnet werden. Eine ähnliche Verwechslung der Todestage findet sich auch im späten (dritten) Speyerer Totenbuch.[72] Ein nach Königen und Päpsten eingeteiltes Geschichtsbuch, hebt Wimpfelings Werk die schwäbischen Wurzeln Konrads II. hervor; das mit *De Conrado Sueviae duce et Imperatore* überschriebene Kapitel endet mit dem des Saliers Rolle für Speyer unterstreichenden Satz[73]: *Moritur Conradus anno nostrae redemptionis M.XXXIX. pridie nonas Iulii in templo Spirensi, quod funda[ve]rat, et dotaverat sepultus.* Wimpfeling hatte dessen Herkunft auch in seiner Predigt betont.[74]

68 *Dieter Mertens*, Mittelalterbilder in der frühen Neuzeit, in: Die Deutschen und ihr Mittelalter. Hrsg. von Gerd Althoff, Darmstadt 1992, 29–54, Zitat: 30 mit Anm. 6.

69 Vgl. zusammenfassend *Mertens*, Mittelalterbilder (wie Anm. 68), 34–37.

70 Übersetzung nach *Pfeiffer*, Besuch (wie Anm. 22), 83.

71 *Wimpfeling*, Epitome rerum Germanicarum (wie Anm. 43), fol. 21ᵛ (im 24. Kapitel *De Conrado Sueviae duce et Imperatore*), auf fol. 24ᵛ (im 28. Kapitel *De Henrico III & Mathilde*, das folgerichtig nur Geschicke Heinrichs IV. berichtet): *anno M.LVI, tertio Nonas octobres, in ornatißimo Spirensi templo sepultus*. sowie auf fol. 25ᵛ/26ʳ (im 29. Kapitel *Henricus III imperator*): *Moritur Henricus III. anno Christi MC.VI. septimo Idus Augusti, in sacro templo Spirensi sepultus*. Das 25. Kapitel *De Henrico Secundo Imperatore* (fol. 21ᵛ–22ʳ) nennt weder Sterbedatum noch Begräbnisort Heinrichs III. Das 34. Kapitel zu Otto IV. und Philipp von Schwaben verzeichnet auf fol. 31ᵛ Philipps Bestattung in Speyer, das 41. auf fol. 41ᵛ/42ʳ diejenige Rudolfs von Habsburg. Adolf von Nassau (cap. 42, fol. 43ʳ), ebenfalls in Speyer beerdigt, ist der letzte Herrscher, dessen Beisetzungsplatz Wimpfeling vermeldet.

72 Vgl. *Schmid*, Sorge (1984), 696, der darin ein Anzeichen für die „Vereinigung der einzelnen Gräber zu einem Saliergrabmal" sieht. Eventuell ist der Fehler in Wimpfelings Buch auf die Benutzung Speyerer Zeugnisse zurückzuführen.

73 Oben Anm. 71.

74 *Conradus inquam Francie orientalis sueuorumque dux inclytus. Primus Fundator.* Text der Predigt nach *Pfeiffer*, Besuch (wie Anm. 22), 82 sowie Tafel 1 neben 80: *qui Franciae orientalis, et Sueuiae dux fuerat*, *Wimpfeling*, Epitome rerum Germanicarum (wie Anm. 43), 21ʳ.

Im Sinne der mittelalterlichen Annalistik allerdings wäre es gewesen, auch die anderen Beisetzungsorte der Könige zu nennen. Neben den in Speyer beigesetzten Herrschern von Konrad II. bis Adolf von Nassau, was den Ort vor allen anderen Königsgrablegen auszeichnet, findet Wimpfeling aber nur Ottos II. Grablege in Rom erwähnenswert[75] – und auch Heinrich VI. soll in Speyer seine letzte Ruhestätte gefunden haben.[76] Hier übernimmt der Speyerer Domvikar, der es vermutlich besser gewußt haben dürfte, eine singuläre Fehlinformation aus der in der zweiten Hälfte des 13. Jahrhunderts entstandenen Chronik eines Erfurter Minoriten[77], wobei er das in derselben Quelle enthaltene Gerücht, auch Konrad III. sei hier beerdigt worden[78], ignoriert. In der Historiographie des ausgehenden 13. Jahrhunderts fanden solche durchgängig auf Staufer bezogenen Nachrichten eine gewisse Verbreitung, vor allem im Thüringer Raum.[79] Dies ist als Anzeichen für die aus den Bestattungen resultierende Bedeutung des Speyerer Doms zu werten: Ist ein Beisetzungsort unklar, dann wird es wohl Speyer gewesen sein, das so zur ‚deutschen Königsgrablege' stilisiert wird.

Im 15. Jahrhundert wird diese Auffassung mittels einer Inschrift im Speyerer Dom verkündet und Konrad II. die Absicht unterstellt, die Grabanlage für sich und seine Nachfahren eingerichtet zu haben, was der 1472 verstorbene pfälzische Geschichtsschreiber Johannes (Seffried) von Mutterstadt phantasievoll ausschmückt[80]: *Statuit etiam praefatus Conradus secundus, ut de cetero Romani imperatores vel reges, in citra montanis partibus morientes, in eadem sua ecclesia in urbe Spira fundata per ipsum et magnifice dotata sepeliri debeant, quod et ipse primus adimplevit.*

Aus den Grablegen werden Grablegenden. Durch die Jahrhunderte nahm das Interesse an den Herrscherbestattungen nicht ab, bis in die heutige Zeit sind sie ein Faszinosum. Nicht nur Intentionen und Personen, sondern auch der Inhalt der Sarkophage selbst rückte in den Mittelpunkt wissenschaftlicher und öffentlicher Wißbegierde. Am 29. Juli 1793 hatte man erstmals die Grabanlage im Königschor untersucht: „Das betreffende Schädelstück war durch die Schaufel eines bei der Grabung beschäftigten Arbeiters zutage gefördert worden. Litzel hob es auf mit den Worten: ‚Diesen Kopf kenne ich, er gehört dem Kaiser Albrecht, und diesen Hieb hat ihm der von Palm gegeben.' Der bischöfliche Baumeister Geiger und der bischöfliche Archivar Kuhn, welche damals anwesend waren, bezeichneten den Hieb, der den ganzen Knochen durchdringt, als scheermesserscharf".[81]

75 *Wimpfeling*, Epitome rerum Germanicarum (wie Anm. 43), 17v.

76 Ebd. fol. 30v am Ende des 33. Kapitels *De Henrico V. Friderici primi filio.*

77 *Iste Imperator Heinricus* (VI.) *veneno interiit et sepultus est in Spira.* Cronica minor minoritae Erpesfordensis. Hrsg. von *Oswald Holder-Egger* (MGH SSrerGerm, Bd. [42.]) Hannover 1899, 643.

78 Ebd. 638.

79 Vgl. dazu *Ehlers*, Metropolis Germaniae (1996), 229–233.

80 Johannes von Mutterstadt, Chronica praesulum Spirensium, in: *Johann Friedrich Boehmer/Alfons Huber* (Hrsg.), Fontes Rerum Germanicarum. Bd. 4. Stuttgart 1868, 327–351, hier 332. Vgl. im Quellenverzeichnis von *Anton Doll* in: *Kubach/Haas*, Der Dom zu Speyer (wie Anm. 1), 19f. die Nrn. *17 (Inschriften des 15. Jahrhunderts) und *18 (Johannes von Mutterstadt).

81 *Kubach/Haas*, Der Dom zu Speyer (wie Anm. 1), 1050–1089, hier 1055, vgl. auch *Praun*, Kaisergräber (wie Anm. 65), 420. In der Tat stammte die Verletzung von der Schaufel und der Schädel nicht von Albrecht: *Kubach/Haas*, Der Dom zu Speyer (wie Anm. 1), 1056ff. Ein beredtes Beispiel für voreilige Schlüsse aus Augenschein.

*

Im August 1900 wurden die Herrschergräber des Speyerer Domes erneut geöffnet, die folgenden zwei Zitate[82] beziehen sich auf dieses Ereignis und geben, jedes auf seine Art, in extremis wieder, auf welche Weise sich das Verständnis von Dom und Grablege verändert hat.

> *Nachdem das ganze Grab freigelegt, abgemessen und photographiert war, wurde die Platte unter der gespanntesten Aufmerksamkeit aller Anwesenden, worunter natürlich auch der Bischof und der Regierungspräsident waren, vom Grabe abgehoben. Was kam zum Vorschein? Ein einfacher Bleisarg! Wiederum begannen die Messungen und Photographierungen, bis endlich auch der Deckel vom Bleisarge entfernt wurde. Totenstille! Im Sarge lag eine vermoderte jedenfalls noch unberührte Leiche, eine braungelbe Masse. Wer ist es? ‚Meine Herrschaften', rief das Kommissionsmitglied, Universitätsprofessor Dr. Grauert, vom Grabe herauf, ‚wir haben es mit einer vornehmen Person zu tun. Die Leiche ist überdeckt mit einem kostbaren Seidenmantel, entweder ein Kaiser oder eine Kaiserin!' Nun wollte man den Sarg herausheben, aber siehe da, es ging nicht.*

Uns zuckt die hand im aufgescharrten chore
Der leichenschändung frische trümmer streifend.
Wir müssen mit den tränen unsres zornes
Den raum entsühnen und mit unserm blut
Das alte blut besprechen dass es hafte·
Dass nicht der Spätre schleicht um tote steine
Beraubte tempel ausgesognen boden . .
Und der Erlauchten schar entsteigt beim bann:

Des weihtums gründer· strenge kronenstirnen·
Im missglück fest· in busse gross: nach Konrad
Der dritte Heinrich mit dem stärksten zepter–
In wälschen wirren· in des sohnes aufruhr
Der Vierte reichsten schicksals: haft und flucht·
Doch wer ihn wegen sack und asche höhnte
Den schweigt er stolz: der orte sind für euch
Von schmählicherem klange als Kanossa.

82 Das erste Zitat stammt aus dem Bericht von *Jakob Baumann*, Die Öffnung der Kaisergräber im Dom zu Speyer. Speyer 1906, 9f. Das zweite: *Stefan George*, Die Gräber in Speier, in: *Ders.*, Der siebente Ring. (Blätter für die Kunst.) Berlin 1907, 22f.

Urvater Rudolf steigt herauf mit sippe·
Er sah in seinem haus des Reiches pracht
Bis zu dem edlem Max dem letzten ritter·
Sah tiefste schmach noch heut nicht heiler wunde
Durch mönchezank empörung fremdengeissel·
Sah der jahrtausendalten herrschaft ende
Und nun die grausigen blitze um die reste
Des stamms dem unsre treue klage gilt.

Vor allen aber strahlte von der Staufischen
Ahnmutter aus dem süden her zu gast
Gerufen an dem arm des schönen Enzio
Der Grösste Friedrich wahren volkes sehnen·
Zum Karlen- und Ottonen-plan im blick
Des Morgenlandes ungeheuren traum·
Weisheit der Kabbala und Römerwürde
Feste von Agrigent und Selinunt.

Als das Vorhaben der Öffnung der Gräber im Jahr 1900 bekannt wurde, fand es ein internationales Echo. Von nah und fern kamen Schaulustige an den Ort des Geschehens, „um ihren Wissensdurst zu löschen, allerdings nicht zur völligen Befriedigung". Abertausende seien schon immer nach Speyer „oder, wie sie [die Stadt] auch genannt wird, nach der Totenstadt am Rheine" gereist, „um ganz nahe an dem Grabe der größten Herrscher des Mittelalters zu weilen und einige Stunden den Gefühlen der Ehrfurcht und des hl. Schauers sich zu überlassen", schreibt der bischöflich-speyerische Sekretär und Domvikar Jakob Baumann[83], nicht minder ergriffen von der Würde des Ortes als sein entfernter Vorgänger, der Domvikar Wimpfeling.

Die mangelhafte wissenschaftliche Aufarbeitung der Kaisergräber habe, so Baumann weiter, bei Besuchern „Unwillen und Zorn" hervorgerufen. Dennoch sei es „Grundsatz, die Toten ruhen zu lassen". Die Forschungen des seinerzeit in Speyer tätigen Gymnasialprofessors Dr. Johannes Praun schließlich hätten Anlaß geboten, die Gräber zu öffnen.[84] Praun hatte in einem Beitrag für die „Zeitschrift für die Geschichte des Oberrheins" 1899 festgestellt, daß um die Speyerer Königsgrablege manches Geheimnis der Lüftung bedürfe, und argumentiert, die Untersuchung bedeute keine Störung der Totenruhe, sondern diene vielmehr „der endlichen Sühne des Frevels von 1689, zur Ehrung der gewaltigen Herrscher der deutschen Vorzeit", wobei er die Zerstörung der Grabanlage im Pfälzischen Krieg durch französische Truppen vor Augen hatte.[85] Jakob Baumann schließt denn auch sein 1906 erschienenes Büchlein zur „Öffnung der Kaisergräber im Dom zu Speyer" mit den Worten[86]: „Die von den Franzosen verübte ruchlose Schändung der Kaisergräber ist unter des

83 *Baumann*, Öffnung (wie Anm. 82), 3 (alle Zitate).

84 Ebd. 4–8.

85 Zitat: *Praun*, Kaisergräber (wie Anm. 65), 427. Die Zerstörung „von verruchten Händen" schildert er 413ff., sie dient ihm, wie gesagt, als Argumentationsgrundlage für die Öffnung der Gräber (415f.).

86 *Baumann*, Öffnung (wie Anm. 82), 37. Preußen und die Hohenzollern hatten kaum mit der Aktion zu tun. Insofern geht die Interpretation des Georgeschen Gedichts durch *Karl Korn*, Stefan George, in: *Ders.*, Rheinische Profile. Stefan George, Alfons Paquet, Elisabeth Langgässer. Pfullingen 1988, 9-110,

Prinzregenten Luitpold von Bayern huldvoller Fürsorge durch den bayerischen Staate in glänzender Weise gesühnt worden."

Praun, der sich dafür ausspricht, der Speyerer Dom sei von Konrad II. nicht als deutsche Königsgrabkirche für alle Zeiten konzipiert gewesen[87], erzählt chronologisch die Geschicke der Speyerer Grablege bis in seine Gegenwart. Akribisch trug er alle Quellen, derer er habhaft werden konnte, bis hin zu Reiseberichten der frühen Neuzeit abwägend zusammen und bietet somit die erste Monographie der Grablege in modernem Sinne, obgleich seine Bewertung der Vergangenheit die Handschrift des ausgehenden 19. Jahrhunderts trägt. Etwa wenn er über die Salierreihe verklärend schreibt[88]: „So vereinte nun die vordere Gräberreihe im Königschor das gesamte Geschlecht der fränkischen Kaiser. Die ruhelosen Salier, deren stürmisches Wesen uns oft an die Titanen gemahnt, hier hatten sie inmitten des ihnen stammverwandten Volkes das müde Haupt zum Schlummer gebettet."

Dieses Motiv der „Schlafenden Titanen", das oben wiedergegebene Gedicht Stefan Georges und ein das Baumannsche Bändchen abschließendes Preisgedicht in 13 Strophen ohne Verfasserangabe, in dem die Mystik des Ortes ausgedrückt wird, stehen für das Bild vom „Kaiserdom" um die Jahrhundertwende. Die ersten beiden Strophen bei Baumann lauten folgendermaßen[89]:

Stundenlang in ihrem Schatten
Möcht' ich einsam stille lauschen
Wenn beim Kaiserdom zu Speyer
Mächtig die Platanen rauschen.

Spielt das schönste Spiel der Harfen,
Sucht der zärtsten Stimmen Klänge,–
Tiefer greifen in die Seele
Der Platanen dumpfe Sänge!

Und weiter lesen wir (nachdem von „rohen Horden" die Rede war, den Dom zerstörend, der, nun wiedererrichtet, „stolz sich spiegelt in dem Rheine") in den Strophen zehn und elf:

Deutscher Macht und deutschen Ruhmes
Würdger Zeuge alter Zeiten;
Ernster Zeuge ernstem Volke
Deutscher Ohnmacht, deutscher Leiden!

---

hier 57 („auf Geheiß des Hohenzollernkaisers Wilhelms II."), an den Gegebenheiten vorbei. Korn meint, antipreußische Absichten des rheinisch-katholischen Dichters zu erkennen. Georges gespaltenes Verhältnis zu ‚Preußen' und vor allem zu Berlin dokumentiert *Robert Boehringer*, Mein Bild von Stefan George. München 1951, 89–91, mit fragmentarischer Wiedergabe des unveröffentlichten Gedichtes „Der Preusse". Vgl. dazu im folgenden sowie unten Anm. 106.

87 *Praun*, Kaisergräber (wie Anm. 65), 384f. Heute m.W. nur noch vertreten von *Krey*, Bischöfliche Herrschaft (wie Anm. 1), 1 sowie 29, vgl. oben.

88 *Praun*, Kaisergräber (wie Anm. 65), 391.

89 *Baumann*, Öffnung (wie Anm. 82), ohne Paginierung [39].

O wie mich ergreift das Singen
In den Zweigen der Platanen!
Laßt mich glücklich weiter träumen
Von den großen deutschen Ahnen!

Vielleicht vom Autor unbeabsichtigt, aber treffend gewählt: Das Bild des „Rauschens" tief in der deutschen Seele im Angesicht des Mittelalters. Wenn George „das alte blut besprechen" will, dann entspringen beide Gedichte in gewisser Weise dem gleichen Geist, auch wenn der eine Verfasser in seiner Beurteilung der Folgen dieser Öffnung der Speyerer Gräber diametral dem anderen gegenübersteht. George sieht warnend die mythischen Konsequenzen der „leichenschändung", „dass nicht der Spätre schleicht um tote steine", während Baumann sich wünscht[90]: „Möchte der altehrwürdige Kaiserdom zu Speyer zu der Menschheit Ehre der einst so schmerzlich und bitter empfundenen Roheit und Grausamkeit wilder Horden vergessend menschlichem Edelmut und Seelenadel sein Lob singen und dem Beschauer ein erhebendes, mächtig in die Seele klingendes TE DEUM sein durch unabsehbare Zeiten."

Auffallend ist vor allem aber der Aspekt der Sühne, der sich als roter Faden durch die Untersuchung Prauns zieht und, von Baumann aufgenommen, als ein ausschlaggebendes Argument für die Öffnung der Gräber hervorgehoben und schließlich im Zusammenhang mit dem Bericht über die Wiederbestattung erneut unterstrichen wird. „Der Schmerz über die frevelhafte Verletzung der Majestät des Todes und der lebhafte Wunsch nach Sühne und endlicher Erlangung dauernder Ruhe für die hier Bestatteten", nennt der königliche Regierungspräsident der Pfalz, Ritter von Neuffer, in seiner Ansprache auf den Stufen hinab zur Krypta am 16. Juli 1906 als „naturgemäß sich einstellende Gedanken".[91]

George verwendet 1907 dieses Leitmotiv: „wir müssen den raum entsühnen...". Auch hier wieder Gleichheit des Repertoires bei völligem Gegensatz der Beurteilungen. Der geleisteten Sühne steht die schändliche Tat gegenüber. In des Dichters Blick steigt sie herauf, die Schar „der Erlauchten", wobei interessant ist, wer nicht unter diese Kategorie fällt, denn George nennt Konrad II., Heinrich III. und seinen Sohn sowie Rudolf von Habsburg. Heinrich V. wird nur indirekt und negativ konnotiert genannt, als Ärgernis für den Vater. Ebenso fehlt Philipp von Schwaben, immerhin 1213 auf Geheiß des „größten" Friedrich nach Speyer überführt. Maximilian begegnet als „der letzte ritter", der Zeiten Wendepunkt also, und Friedrich II. als ebenfalls nicht im Dom Beigesetzter ist in mythischer Schau[92] „aus dem süden her zu gast".

Hier ist die „Ahnmutter" Georges Legitimation für die Einführung des von ihm verehrten letzten Stauferkaisers[93]; das Gedicht über die Speyerer Gräber mag übrigens eine Rolle bei

90 Letzter Satz Baumanns in seinem Büchlein (wie Anm. 82), 38, Hervorhebung im Original.

91 Zitiert nach *Baumann* (wie oben), 30.

92 *Albert Brackmann*, Kaiser Friedrich II. in ‚mythischer Schau', in: HZ 140, 1929, 534–549, der sich mit *Ernst H. Kantorowicz*, Kaiser Friedrich der Zweite. Berlin ²1928, und dem Einfluß des Georgekreises auf Autor und Werk nach dem Erscheinen der Biographie in der mittlerweile 2. Auflage auseinandersetzt. Zu dieser Kontroverse vgl. nun *Joseph Mali*, „Mythenschau": Die Geschichtsphilosophie von Ernst H. Kantorowicz, in: Geschichtskörper. Zur Aktualität von Ernst H. Kantorowicz. Hrsg. von Wolfgang Ernst/Cornelia Vismann. München 1998, 31–46.

93 Zwei „Ahnmütter" kämen sogar in Frage: Kaiserin Bertha († 1087, im Dom bestattet 1090), die Gemahlin Heinrichs IV. und Ururgroßmutter Friedrichs II., deren Tochter Agnes Friedrich von Schwaben († 1105) heiratete und so den folgenden Staufern königliche Abkunft verlieh, sowie Beatrix von

Ernst Kantorowicz' Entscheidung gespielt haben, sich mit Friedrich II. zu befassen. Insgesamt hat George nur dreimal öffentlich auf Friedrich II. Bezug genommen: in den zitierten „Gräbern", den Übertragungen aus Dantes „Göttlicher Komödie" (1909) sowie in den „Sprüchen an die Toten" aus dem Jahr 1921.[94] Hinzuzufügen ist ein vor 1902 entstandenes, unpubliziert gebliebenes Gedicht namens „Der Preusse", das Robert Boehringer mitteilt[95], worin es heißt: „Tat so nach väter traum der berg sich auf?" – mit dem Bild des Berges endet die Friedrich-Biographie von Ernst Kantorowicz[96]: „Wäre nicht Barbarossas Enkel, so stände der Berg heute leer.. doch der größte Friedrich ist bis heut nicht erlöst, den sein Volk weder faßte noch füllte." Aus der Stiftung Konrads II. ist durch das Georgegedicht ein Ort der Erinnerung an Friedrich II. geworden, obgleich er nicht hier ruht.

Karl Korns Interpretation[97] der „Gräber im Dom zu Speier" Jahrzehnte später zeigt, daß die negative Faszination der Graböffnung nicht erloschen ist. Er teilt die Verachtung des Dichters gegenüber den Ausgräbern, wenn er angewidert im Tafelband der Dommonographie blättert. Seine Deutung allerdings, es handele sich bei dem Werk um ein allein gegen die Hohenzollern gerichtetes Poem, ist insofern verfehlt, als kein Preuße daran beteiligt war, während der Hinweis auf Canossa sicherlich mit Bismarcks Diktum während des Kulturkampfes in Verbindung zu setzen ist.[98] Georges Verbindung von Bau und Mythos prägt.

‚Speyer 1900' ist für und durch den Dichter zum Synonym des Frevels am Mittelalter und den eigenen Wurzeln geworden. Der Ort wird mit Namen und Taten verbunden, die jedoch für ein idealtypisches Vergangenheitsbild stehen. Kaum speist der Wunsch nach Individualisierung der Geschichte die Zeilen, vielmehr ist es Verachtung der Gegenwart,

---

Burgund († 1184; Gattin Friedrich Barbarossas), die Großmutter Friedrichs II. Für letztere spricht die Bezeichnung „staufische Mutter" bei *Kantorowicz*, Friedrich (wie Anm. 92), 73, vgl. *Korn* (wie Anm. 86), 59f.

94 Vgl. *Boehringer*, Bild (wie Anm. 86), 180f., sowie *Eckhart Grünewald*, Ernst Kantorowicz und Stefan George. Beiträge zur Biographie des Historikers bis zum Jahre 1938 und zu seinem Jugendwerk „Kaiser Friedrich der Zweite". (Frankfurter Historische Abhandlungen, Bd. 25.) Wiesbaden 1982, 59–65 mit weiteren Verweisen. Im Eröffnungsgedicht der „Sprüche an die Toten" ist die Person des Staufers allerdings verschlüsselt („der dritte der stürme") und nur im Zusammenhang mit der Dante-Übertragung zu verstehen: „In diesem licht siehst du Konstanzas krone/ Der grossen, die dem Zweiten sturm aus Schwaben [scil. Heinrich VI.]/ Gebar den Dritten mit dem letzten throne".

95 *Boehringer*, Bild (wie Anm. 86), 90.

96 *Kantorowicz*, Friedrich (wie Anm. 92), 632.

97 *Korn* (wie Anm. 86), 57–61, macht sich Georges Position zu eigen: „Je mehr abendländische Substanz und Erinnern verlorengehen, umso mehr gilt: ‚Dass nicht der Spätere schleicht um tote Steine / Beraubte tempel ausgesognen Boden',, (57). Georges „Zeitschelte" sei durch „die politischen Lieder Walthers von der Vogelweide vorgeprägt" (ebd.), „die stampfenden Jamben lassen das neunzehnte Jahrhundert weit hinter sich" (58). Korn faßt zusammen: „Es hieße, Georges Vision mißverstehen, wollte man historische Belehrung heraushören. Was der Vates vorbringt, will Beschwörung sein. Das hat nichts mit Bildungsdichtung zu tun. Historische Erudition ist vorausgesetzt. Das Verhalten derer, die die großen Verse hören, sei es vor [!] den Gräbern von Palermo oder denen von Speyer, kann, falls es die Umstände gestatten, die Stille der Andacht sein, die mit sehr alten Formeln, sei es der Beschwörung, sei es des Gebets sanktioniert sind oder es einmal waren" (60). Korrigierend sei angemerkt, daß Heinrich III. weder der Sohn Konrads III. noch der Gründer des Speyerer Domes ist (so aber 58).

98 Loc. cit. Korn spricht von der Gräberöffnung als vom „schmählichen Zeitereignis" (57), das er Wilhelm II. anlastet, was nicht zutrifft, vgl. oben Anm. 86. Zu Canossa ebd. 58. Die Rezeption des Bismarckzitats in Verbindung mit einem anderen Ort historischen Erinnerns, nämlich der Harzburg, ist ebenfalls ein lohnendes Thema, vgl. etwa *Heinrich Dormeier*, „Nach Canossa gehen wir nicht!" Das Harzburger Bismarckdenkmal im Kulturkampf, in: NdsJb 62, 1990, 223–264.

Überhöhung Friedrichs II. Die Grablege als Gedenkort für verstorbene Einzelpersonen ist, wie oben gezeigt, mit der langsamen Veränderung der liturgischen Memoria, spätestens aber seit dem Laufe des 15. Jahrhunderts, verwandelt worden in einen Gedächtnisort für eine Dynastie beziehungsweise für das ‚deutsche' Kaisertum des Mittelalters als solches. Diese Auffassung steht schon hinter der Predigt und dem Geschichtsbild Jakob Wimpfelings und wird bei George in wuchtige Worte gesetzt: die Herrscher erscheinen als „in der Gruppe zwar Einzelne, aber im Habitus als Gleiche" (Karl Korn[99]).

Das Entblättern der Geheimnisse als Gefahr ist bei George ein wiederkehrendes Motiv, sei es Speyer, sei es Aachen[100]:

Wenn dies euch treibt so milderts euren frevel
Die wieder ihr in heiligen grüften scharrt:
Die dunkle furcht vor nahem pech und schwefel
Die ahnung dass am tor das end schon harrt.

Dem steht der unbekümmerte Wissensdurst der an der Untersuchung der Speyerer Grablege Beteiligten gegenüber, wie er sich in Domvikar Baumanns Schrift kundtut. Das übergeordnete, rechtfertigende Motiv ist zwar Sühne, doch steht hinter allem die Neugier. Zwei Spiegelungen der Jahrhundertwendezeit mit ihrem beschleunigten Erkenntnisfortschritt. Die Furcht Georges vor den Folgen: „Und wenn ins letzte dickicht du gebrochen / Vertrocknet bald dein nötigstes: der quell", wird von denen nicht geteilt, die in der ‚geordneten' Wiederbestattung der Exhumierten am Vorabend des ersten Weltkriegs die Erfüllung einer aus der französischen Zerstörung des Jahres 1689 resultierende Verpflichtung sahen. „Tote Steine" waren ihre Befürchtung nicht.

Die Wende vom 19. zum 20. Jahrhundert bedeutet für den Speyerer Dom Ver- und Entzauberung zugleich. Die Öffnung der Gräber mit der eingehenden Untersuchung der Skelette und der Grabbeigaben im nüchternen Stile der archäologischen Erschließung von Gräberfeldern[101] beispielsweise fränkischer Zeit hat unser Wissen um Bestattungen *regio more* erweitert. Den Beteiligten wie den Zeitgenossen war die Bedeutung des Augenblicks bewußt, der eine neue Etappe der Wahrnehmung einleitete. Aus der Stiftung war ein wissenschaftliches Objekt geworden, woran auch die feierliche Wiederbestattung der Herrscher und ihrer Angehörigen nicht viel hat ändern können. Symbol jedoch ist er geblieben, der „Kaiserdom", wenngleich er heute meist rationaler gesehen wird.

In den größeren geschichtswissenschaftlichen Periodika ist interessanter Weise die Graböffnung ohne nennenswerte Reaktion geblieben. Erst während des Weltkriegs nimmt Karl Hampe 1916 in der Historischen Zeitschrift Bezug auf die Ausgrabung: „mit Ehrfurcht kann man seit wenigen Jahren nach der gut durchgeführten Wiederherstellung die schlichten Steinsärge und die Reste von Waffen, Schmuck und Gewandung aus ihren Gräbern betrachten". Zugleich nutzt Hampe die Gelegenheit, auf die „starken Mauern des Domes" hinzuweisen, die „wiederholten Brandstiftungen und Sprengversuchen der Franzosen trotz aller Verheerung zuletzt doch siegreich widerstanden haben" und in die „gleichsam die

99 *Korn* (wie Anm. 86), 58.
100 „Aachen: Graböffner" (203) im „Siebenten Ring" (wie Anm. 82).
101 Vgl. den sachlichen Bericht des Konservators *Georg Berthold*, königlicher Regierungsrat, in seinem „Jahresbericht" zum Jahr 1900 in: MHVPfalz 25, 1901, 123–131.

ganze Geschichte des salischen Geschlechts hineingebaut" ist.[102] Im Jahr der Schlacht von Verdun ist der Dom erneut zur Metapher geworden.

*

Die Gegenwart der Speyerer Königsgrablegen ist unendlich und ihr Verständnis hat sich stets erneuert. Stand am Anfang der Wunsch Konrads II., als Stifter vor dem Hochaltar einer unfertigen, von ihm begonnenen Bischofskirche beigesetzt zu werden, so sieht unsere Zeit den „Kaiserdom" als ein Symbol vergangener Epochen, zu dem man Staatsgäste führt und in dessen Schatten ein Bundeskanzler verabschiedet wurde.[103] Persönliche Memoria hat sich zur Erinnerung an ein Zeitalter verdichtet. Längst werden nicht mehr über zwölftausend Messen in einem Jahr gelesen. Die in Prosa gesetzte Empörung Stefan Georges über die Öffnung der Kaisergräber in Speyer galt nicht der individuellen Totenruhe, sondern dem gestörten Mythos vom deutschen Reich des Mittelalters. Wie in jeder alteuropäischen Bischofsstadt, so ist auch in Speyer die Kathedrale Zeugnis der Vergangenheit. Der Lauf der Geschichte – nicht die Absicht eines Königs – sowie das Verständnis der Lebenden in den vergangenen 975 Jahren hat aus der Kirche eines alten, aber nicht sehr bedeutenden Bistums einen Knotenpunkt der Ereignis- und vor allem der Ideengeschichte werden lassen.

Das Selbstverständnis des Speyerer Domkapitels offenbart sich in dem angeführten Brief aus dem zweiten Jahrzehnt des 12. Jahrhunderts. Die Gemeinschaft definiert sich hier über die Grablege, aus der wiederum eine Verpflichtung für den lebenden Nachfahren entstehen sollte. Der seinerseits scheint allerdings weniger dieser Auffassung zu sein. Bereits zu jenem frühen Zeitpunkt also gibt es zwei Wahrnehmungen von Dom und Gräbern. In späteren Zeiten ist der Umgang der Domkleriker mit den toten Königen zunächst instrumentalisierend. Zur höheren Ehre ihrer Kirche wird das sogenannte Saliermonument errichtet, die feierliche Memorialliturgie entwickelt. Einem wahrscheinlichen Umschwung im späteren Mittelalter, der sich an der Reduzierung der Anniversarfeiern zeigen läßt, folgt mit Wimpfeling noch ein Aufleuchten. Maximilian I. ist im Begriff, ein neues Denkmal für den Königschor zu stiften; daß der Plan sich verliert, ist nicht nur den anfänglichen Bedenken des Kapitels zuzuschreiben, sondern auch einer Gegenwart, in der die Reformation wenig Raum läßt für die künstlerische Ausgestaltung der Erinnerung an die im Dom ruhenden Herrscher des Mittelalters.

Georges Geschichtsbild, das seines Kreises sowie das der Zeitgenossen Praun und Baumann konnten hier ebensowenig erschöpfend behandelt werden wie das der Humanisten, dennoch zeigte der Vergleich, wie ähnliches Verständnis von Gegenwart und Vergangenheit zu verschiedenen Bewertungen gelangt. Einschätzungen, die, unterschiedlich rezipiert, zu eigenständigen Wahrnehmungen von Wirklichkeit führen, bestimmen die Beurteilung des Speyerer Domes mit seinen Herrschergräbern. Überzeugung spielt eine große Rolle. Das Domkapitel versuchte, im beginnenden 12. Jahrhundert Heinrich V. ebenso zu gewinnen, wie Wimpfeling im ausgehenden 15. den König oder Stefan George seine Leser.

Der Dom wird Symbol. Ähnlich wie der Bamberger, den Kantorowicz in einem 1935 unter Pseudonym ausgestrahlten Rundfunkbeitrag als das „Delphi der wenigen Deutschen,

102 *Karl Hampe*, Die Pfälzer Lande in der Stauferzeit, in: HZ 115, 1916, 31–63, hier 35.

103 Die Bedeutung des Ortes blieb den Zeitgenossen nicht verborgen, wie etwa der Artikel von *Michael Winter*: „Die Feier in Speyer. Abschied mit großer Geste: Ist Helmut Kohl der letzte Salier?" (Süddeutsche Zeitung vom 19. Oktober 1998), zeigt.

die um Apollo wissen" bezeichnen wird.[104] Das hermetische Moment des ‚Erkenne Dich Selbst' durch Geschichte wird hier besonders hervorgehoben, neben die Historie tritt der Mythos, den zu erfassen es mehr als Studiums bedarf. In der erst 1953 veröffentlichten Druckfassung wird die Brücke zwischen Humanisten und Georgekreis durch einen vorangestellten Holzschnitt „Aquila Imperialis" von Hans Burgkmaier († 1531) geschlossen, dessen emblematische Gestaltung auf Konrad Celtis († 1508) zurückgeht; im Sinne des späten Georgekreises wird er von Lothar Helbing interpretiert[105], der die sinnstiftende Rolle der Dichter von Roswitha von Gandersheim über Dante und Celtis bis George hervorhebt. Dessen, in einem kultischen und nichtkirchlichem Katholizismus[106] wurzelndes Mittelalterbild verhalf schließlich den in Speyer begrabenen Herrschern zu einem Leben nach dem Tode ganz anderer Art, als es bis in Wimpfelings Zeiten die Memoria tat.

Dies geht einher mit einer Veränderung der identitätstiftenden Personengruppen und deren Rezipienten, woraus die geschilderte Entwicklung auch zu erklären ist. Im Gegensatz zum frühen 12. Jahrhundert ist der Diskurs über die Funktion von Dom und Grablegen im Laufe der Zeit ein öffentlicher geworden. Die Vereinnahmung der Monumente durch national intendierte Geschichtsschreibung hat einen Verständniswandel zur Folge: Das Kapitel argumentierte zu Beginn des 12. Jahrhunderts dem Kaiser gegenüber mit seiner familiären Verpflichtung, aber eben nicht mit einer im weitesten Sinne politischen. Ein Staatsgedanke ist aus dem Schreiben nicht herauszulesen. Anders schließlich bei George, der in der Rückschau die Individuen dem Imperium subsumiert und sie so als Regenten eines der Gegenwart überlegenen Reiches erscheinen läßt, das nach seinem Untergang Auferstehung erwartet.

Aus der liturgischen Memoria der Mitte des 11. Jahrhunderts zunächst für die Person des Stifters, Konrad II., und dann seiner Nachfahren wird kraft des Monumentes im 12. und der daran anschließenden neuen Form der Anniversarfeier im 13. Jahrhundert ein Gedenken an eine Personengruppe: die Salier. In der Wimpfelingschen Predigt stehen die individuellen Königsgräber des Domes in ihrer Gesamtheit bereits stellvertretend für die Institution, deren lebender Vertreter, Maximilian, in einen Kontinuitätszusammenhang von der Vergangenheit in eine gottgewollt unwandelbare Zukunft gestellt wird. Bei George schließlich sind die

104 *Ernst H. Kantorowicz*, Deutsches Papsttum, in: Castrum Peregrini 12, 1953, 7–24, hier 7. Verfaßt 1933, gesendet 1935, vgl. Castrum Peregrini 12, 1953, 68f., sowie *Johannes Fried*, Einleitung, in: *Ernst H. Kantorowicz*, Götter in Uniform. Studien zur Entwicklung des abendländischen Königtums. Hrsg. von Eckhart Grünewald/Ulrich Raulff. (deutsche Übersetzung von *Ernst H. Kantorowicz*, Selected Studies. New York 1965.) Stuttgart 1998, 7–45, hier 32f. Eine besondere Rolle kommt dabei dem Grabmal Clemens II. (Suidgers) im Bamberger Dom zu, vgl. *Fried* (a.a.O.), 34f.

105 *Lothar Helbing*, Der humanistische Reichsadler, in: Castrum Peregrini 12, 1953, 25–45.

106 Zum ambivalenten rheinischen Katholizismus Georges und dessen zeitlichen und intellektuellen Umfeld vgl. *Wolfgang Braungart*, Ästhetischer Katholizismus. Stefan Georges Rituale der Literatur. (Communicatio, Bd. 15.) Tübingen 1997, passim; 192–195, zu der Wechselwirkung zwischen dem Dichter und seinem Heimatort Bingen. *F.W. L'Ormeau*, Die Christologie Stefan Georges, in: Castrum Peregrini 15, 1953, nicht in neutraler Sicht, jedoch reich an Belegstellen zu Georges Religiosität. – Das ikonographische Programm der Domausmalung in der Mitte des 19. Jahrhunderts ist überwiegend als eine katholisch geprägte Darstellung der „ecclesia militans" zu verstehen. Die imperiale Vergangenheit des Domes spielte eine untergeordnete Rolle, allein die Kreuzzugspredigt Bernhards von Clairvaux am Weihnachtshoftag Konrads III. in Speyer 1146 wird selbstverständlich dargestellt. Der Speyerer Bischof Nikolaus von Weis († 1869) hatte in diesem Sinne starken Einfluß auf den entwerfenden Künstler, Johann Schraudolph, genommen, vgl. *Jochen Zink*, Ludwig I. und der Dom zu Speyer. (Veröffentlichungen z. Bayerischen Gesch. u. Kultur, Bd. 11.) München 1986, 105–118.

Grablegen Synonym für den vergangenen Glanz der mittlerweile verloschenen Monarchie des Mittelalters.

Schon das Domkapitel traf seinerzeit eine individuelle Wahl, als es sowohl durch den Termin der Jahrtagsfeier als auch durch deren liturgischen Schwerpunkt, der Heiltumsübertragung, die Person Heinrichs IV., seines größten Wohltäters, in den Mittelpunkt rückte und nicht etwa Konrad II., der als *fundator* des neuen Doms und der Königsgrablege den Grundstein der bedeutenden Geschichte des mittelrheinischen Bistums gelegt hatte. Privilegien zählten für die Kanoniker mehr als die Person des Stifters, dessen Jahrtag schon zu Maximilians Zeiten nicht mehr begangen worden sein dürfte.

Der König als Stifter

Streiflichter auf die Geschichte des Willens

Von

Michael Borgolte

Der Weg des Historikers in die Vergangenheit gleicht einer Höllenfahrt oft eher als einem Aufstieg zum Licht.[1] Denn unser Versuch, einen Anfang für das Geschehen unserer eigenen Gegenwart zu finden, führt zur Erkenntnis immer neuer Scheinanfänge, die selber durch Älteres bedingt sind. Ginge es uns gar darum, wie dem Romancier Thomas Mann in seinem Josephsroman, zu den „Anfangsgründen des Menschlichen, seiner Geschichte, seiner Gesittung“, vorzustoßen, würden wir den Brunnen der Vergangenheit unauslotbar finden. Trotzdem war es die radikale Frage nach den Anfängen, die jedenfalls dem großen Erzähler zu einer Einsicht verhalf, die wohl bei jeder historischen Arbeit zu beachten wäre und die im Leitmotiv des Historikertages 1998 aufscheint. Unter den unendlich vielen Ur-Beginnen, hinter denen sich immer neue „Anfänge und Vorlagerungen der Vergangenheit“ auftun, hat der Autor nämlich eine Zäsur von unübersehbarer Prominenz markiert: die Anfänge des menschlichen Willens. Thomas Mann, der anderswo davon sprach, er habe der „Geburt des Ich aus dem mythischen Kollektiv“ nachgespürt[2], hielt schon 1933 im ersten Teil seines Romanzyklus' Folgendes fest: „Die Geschichte des Menschen ist älter als die materielle Welt, die seines Willens Werk ist, älter als das Leben, das auf seinem Willen steht“.

Wenn also der Frankfurter Historikertag dem Zusammenhang von „Intentionen und Wirklichkeiten“ gewidmet ist, geht es ihm um eben die Geschichte des Willens, und es ist vielleicht gut, wenn man sich nicht zu spät daran erinnert, daß hiermit nur ein Ausschnitt der Menschengeschichte angesprochen wird. Wie aber soll man, anders als es sich der Romancier vorgenommen hatte[3], der Geschichte des Willens wissenschaftlich beikommen? Ohne

1 Das Folgende – auch was die Bilder betrifft – unter Anlehnung an *Thomas Mann*, Joseph und seine Brüder. Erster Band: Die Geschichten Jaakobs. Der junge Joseph. (Thomas Mann, Werke, Taschenbuchausgabe in zwölf Bänden.) Frankfurt a.M./Hamburg 1967, 5–39 (Vorspiel. Höllenfahrt); Zitate ebd. 5, 35, 27. – Im folgenden wird der Vortrag auf dem 42. Deutschen Historikertag in Frankfurt am Main am 10. September 1998 wiedergegeben.

2 *Thomas Mann*, Reden und Aufsätze. Bd. 3 (ders., Gesammelte Werke in zwölf Bänden, Bd. XI.) o.O. 1960, 665 (Vortrag Washington 1942).

3 Manns Technik, in seinem Roman die den biblischen Mythos entfaltende Erzählung mit essayistischen, religionshistorischen, mythenvergleichenden und soziologischen Einschüben anzureichern, entsprach einer humoristisch-ironisierenden Grundhaltung, „denn“, so seine Selbstbewertung, „das Wissenschaftliche, angewandt auf das ganz Unwissenschaftliche und Märchenhafte, ist pure Ironie“: Ebd. 656. Zum Werk insgesamt: Helmut Koopmann (Hrsg.), Thomas-Mann-Handbuch. Stuttgart ²1995, bes. 447–

Historiker sein zu müssen, wissen wir schließlich, daß die Wirklichkeit keineswegs das Ebenbild von Intentionen zu sein pflegt. Vielmehr brechen diese sich an jener – und verändern sie doch; schlägt aber die Wirklichkeit auf intentional Handelnde zurück, dann können diese Menschen selbst noch ihre Absichten wandeln. So ergibt sich schon bald ein schwer entwirrbares Gemenge von Wechselimpulsen, das, wie es scheint, nur beschrieben, aber kaum analysiert oder gar allgemeiner erklärt werden kann. Bleibt also, so möchte man fragen, dem Historiker nur übrig, von der Tragik des Menschen in seiner Geschichte zu erzählen, wenn er die Bezüge von Intentionen und Wirklichkeiten zu ergründen sucht?

Ohne daß einer solchen Perspektive der Historiographie abgesagt werden müßte, kann man doch über Alternativen nachdenken. Günstig wäre eine Versuchsanordnung, in der ein besonderer Wille möglichst klar zum Ausdruck kommt, ein Experiment, bei dem die Wirkung des Willens langfristig beobachtet werden kann; dabei wäre das vorgängige Umfeld der Willensäußerung ebenso einzubeziehen, wie die Wirklichkeiten, die das intentionale Handeln hervortreibt – Realitäten, die gleichzeitig, aber in verschiedenen Milieus erzeugt werden, oder besser noch Ordnungen, die nacheinander unter variablen Bedingungen entstehen. Eine solche Untersuchungsstrategie zur Geschichte des Willens könnte wertvolle Ergebnisse liefern; diese bestünden zwar niemals in Gesetzen, denn menschliche Phantasie und menschliches Handeln lassen sich nicht simpel auf allgemeine Normen zurückführen. Wohl aber kann das Experiment Befunde zum Vergleich mit anderen zutagefördern, so daß sich die Fülle der Erscheinungen auf einer mittleren Ebene zwischen dem Chaos der Besonderheiten und dem Schrecken von Einheit und Ganzheit ordnen ließe.

Für die skizzierte Methode zur Erforschung der Willensgeschichte eignet sich eine Handlungsform von universalhistorischer Verbreitung, die Stiftung.[4] Denn bei den Stiftungen wird unter bestimmten, je variierenden Rahmenbedingungen ein menschlicher Wille formuliert, der postmortal wirken soll, der also vom Tode des Stifters an unabänderlich wird. Durch ihre im Prinzip unbegrenzte Dauer haben die Stiftungen in der Geschichte des Willens Epoche gemacht. Der Wille des einzelnen verschleißt sich hier nicht in der zwischenmenschlichen Interaktion, er erschöpft sich auch nicht im einmaligen Vollzug einer testamentarischen Verfügung. Vielmehr soll der unabänderliche, schriftlich fixierte Wille auf ewig vollzogen werden, so daß er – getragen durch die Stiftung – auf eine sich ständig wandelnde Wirklichkeit trifft. Die Dauer der Stiftung war von jeher motiviert durch den Willen zum Nachleben, sei es, daß der Kult des Toten oder das Andenken seines Namens, sei es, daß das Heil seiner Seele gefördert werden sollte.[5] Im Christentum spielte der Glaube eine große Rolle, daß die Nachlebenden den Toten durch Gebete, Messen, Opfer, Wachen und Almosen zur ewigen Seligkeit verhelfen könnten; Theologen und Seelsorger konnten sich aber nie darauf einigen, wann dieses Ziel erreicht war, so daß sich eine zeitlich unbegrenzte Fürsorge empfahl.[6] Auch die orientalische Idee der Wohltätigkeit hat erst die christliche Religion zur Caritas gesteigert und mit der Stiftung verbunden, so daß die Werke der Barm-

474 (*Eckhard Heftrich*); *Hans H. Henschen*, Art. Joseph und seine Brüder, in: Kindler Literatur Lexikon. Bd. VI. Zürich 1960, Sonderausgabe Darmstadt 1972, 5019–5021.

4 *Borgolte*, Art. Stiftungen, Kirchliche, in: TRE (im Druck); *ders./Schreiner/Faroqhi*, Art. Stiftung (1997); *ders.*, „Totale Geschichte" des Mittelalters? (1993).

5 *Ders.*, Die Stiftungen des Mittelalters in rechts- und sozialhistorischer Sicht (1988); *Schmid*, Stiftungen für das Seelenheil (1985).

6 Dazu jetzt grundlegend *Lusiardi*, Stiftung und städtische Gesellschaft; *ders.* in diesem Band.

herzigkeit über die Lebenszeit des Stifters hinaus vollzogen werden sollten[7]; als Gegengabe konnte der Stifter auf die Fürbitten der Bedürftigen hoffen.

Um auf Dauer zu wirken, muß der Stifter seinen Willen auf Menschen übertragen, die ihn überleben. Dieser Vorgang ist der wichtigste Schlüssel zum Erfolg der Stiftung.[8] Der Stifter muß entweder eine Personengruppe bilden, die sich seinen Willen zu eigen macht, oder er muß einen vorhandenen Verband zur Annahme seines Willens bewegen. Keineswegs kann man dieses Verhältnis einseitig auf einen Befehl zurückführen, sondern es bedarf stets einer aktiven Zustimmung der betreffenden Gemeinschaft; dies wird in der Forschung viel zu häufig verkannt. In Abwandlung der berühmten Herrschaftsdefinition von Max Weber[9] könnte man geradezu sagen: „Stiftung soll die Chance heißen, für Befehle bestimmten Inhalts über den eigenen Tod hinaus bei angebbaren Gruppen von Menschen Gehorsam zu finden". Aus der aktiven Beteiligung der Gruppe resultiert aber Weiteres. Der Wille des Stifters ist von vorn herein nicht absolut, er ist eingeschränkt, er hat sich an den Möglichkeiten und auch an der Bereitschaft derjenigen zu orientieren, die gegenwärtig und künftig in seinem Sinne handeln sollen. Eine rein zweckrationale Auffassung von Stiftung führt in die Irre, weil dabei die Gestaltungschancen und der Handlungsspielraum derjenigen unterschätzt werden, an die sich der Stifter wendet und auf die er angewiesen ist.[10] Schließlich reicht es auch nicht aus zu sagen, daß der Wille des Stifters den Willen der von ihm in Dienst genommenen Gruppe bindet.[11] Denn tatsächlich muß dieser auch das politische, soziale, wirtschaftliche, kulturelle und religiöse Umfeld der Stiftung beeinflussen, ja verändern; solange der Staat mit seiner Rechtsordnung den Bestand der Stiftung nicht schützt, liegt es am Stifter selbst, das Überleben seines Werkes durch prospektive Maßnahmen zu sichern.

Eine Untersuchung der Stiftungen, die an den Aspekten und Problemen der Willensgeschichte orientiert wäre, gibt es bisher noch nicht. Überhaupt werden Stiftungen als inten-

---

7 *Borgolte*, Stiftungen, Kirchliche (wie Anm. 4); *Hendrik Bolkestein*, Wohltätigkeit und Armenpflege im vorchristlichen Altertum. Ein Beitrag zum Problem „Moral und Gesellschaft". Utrecht 1939; *Johannes von den Driesch*, Geschichte der Wohltätigkeit. Bd. 1. Die Wohltätigkeit im Alten Ägypten. Paderborn 1959; *Eberhard F. Bruck*, Kirchenväter und soziales Erbrecht. Wanderungen religiöser Ideen durch die Rechte der östlichen und westlichen Welt. Berlin/Göttingen/Heidelberg 1956; *Gerhard Uhlhorn*, Die christliche Liebesthätigkeit. 3 Bde. Stuttgart 1882–1890; *Marie-Luise Laudage*, Caritas und Memoria mittelalterlicher Bischöfe. (Münstersche Historische Forschungen, Bd. 3.) Köln/Weimar/Wien 1993.

8 *Borgolte*, Stiftungen des Mittelalters (1988); *ders.*, Stiftungen des Mittelalters im Spannungsfeld von Herrschaft und Genossenschaft (1994). – Die Genese des Stiftungsaktes im jeweiligen Umfeld untersucht vergleichend und mit eindrucksvollen Ergebnissen *Rexroth*, Deutsche Universitätsstiftungen von Prag bis Köln (1992).

9 *Max Weber*, Wirtschaft und Gesellschaft. Grundriss der verstehenden Soziologie. Hrsg. von Johannes Winckelmann. Tübingen ⁵1972, 28: „Macht bedeutet jede Chance, innerhalb einer sozialen Beziehung den eigenen Willen auch gegen Widerstreben durchzusetzen, gleichviel worauf diese Chance beruht. Herrschaft soll heißen die Chance, für einen Befehl bestimmten Inhalts bei anggebbaren Personen Gehorsam zu finden". Vgl. ebd. 122.

10 Vgl. bereits *Borgolte*, Die Stiftungsurkunden Heinrichs II. (1993).

11 Nach *Otto Gierke*, Deutsches Privatrecht. Bd. 1. Allgemeiner Teil und Personenrecht. Leipzig 1895, 647, ist die Stiftung „ein selbständiger gesellschaftlicher Organismus, dessen Seele der in ihm fortwirkende Wille des Stifters und dessen Körper der zur Verwirklichung dieses Willens hergestellte Verband von Menschen bildet". Die Willensbildung der Stiftung sei „durch den in sie hineingelegten Willen des Stifters ein für alle Mal fest bestimmt, so daß die Stiftungsorgane vor Allem diesen für sie unantastbaren Willen auszuführen (...) haben" (ebd., 655). Dazu *Borgolte*, Stiftungen des Mittelalters (1988), 84f.

tionale Akte und die Wirklichkeiten, die sie hervorrufen, kaum einmal vergleichend analysiert[12], wenn man absieht von der älteren institutionengeschichtlichen Forschung, die aber die Interaktion der Subjekte im Stiftungsprozeß verfehlt hatte.[13] An der Humboldt-Universität zu Berlin bemüht sich deshalb seit 1997 eine Arbeitsgruppe, die von der Deutschen Forschungsgemeinschaft unterstützt wird, Stiftungen und Stiftungswirklichkeiten in einer diachron angelegten Untersuchungsreihe exemplarisch aufzuhellen. Studienobjekte sind vor allem die Stiftungen der fränkischen und deutschen Könige des Mittelalters.[14] Gegenüber den anderen Stiftern sind die Könige und Kaiser freilich insofern Sonderfälle, als sie ihrem Handeln auch sonst postmortale Wirkung verleihen wollen, diese Freiräume aber oft nur durch Annullierung älterer Herrscherakte erlangen; bekanntlich betrifft dies vor allem den König als Gesetzgeber. Man hat von der „Geltungsschwäche" der rechtsetzenden Gewalt im Mittelalter gesprochen; denn wenn „ein konstituierender Faktor des Rechts (...) die Länge der Zeit, das Element der Dauer" war, so war ein anderer, nicht weniger konstituierender Faktor „die Macht des gegenwärtigen Herrschers", also ein „Element der Vergänglichkeit".[15] Ob eine Verleihung, ein Privileg, über die Lebensdauer des Verleihenden und auch des Beliehenen hinaus Kraft haben würde, war letztlich abhängig von der Duldung oder Bestätigung durch die Nachfolger. Für die Untersuchung der Stiftungen hat diese Konstellation einen Vorteil, weil sie die Überlieferungsbasis verbreitert. Die Stiftungswirklichkeit kann beim Königtum nicht nur, wie sonst, Verwaltungsschriftgut, liturgischen Memorialquellen oder Historiographie, sondern auch den Bestätigungsurkunden späterer Herrscher abgelesen werden.

*

Im folgenden möchte ich es mir versagen, spektakuläre Fälle königlicher Stiftungen und ihrer Geschichte darzustellen, an denen es insbesondere im Spätmittelalter nicht mangelt.[16] Stattdessen möchte ich einen einzigen Herrscher behandeln, der gerade kein eifriger Stifter

12 In letzter Zeit bewegt sich aber die Forschung auf diese Fragestellung zu: *Besold-Backmund*, Stiftungen und Stiftungswirklichkeit (1986); *Ehlers*, Metropolis Germaniae (1996); *Hansjörg Grafen*, Forschungen zur älteren Speyerer Totenbuchüberlieferung. Mit einer Textwiedergabe der Necrologanlage von 1273. (Quellen u. Abh. z. mittelrheinischen KiG, Bd. 74.) Mainz 1996; *Joachim Ehlers*, Magdeburg – Rom – Aachen – Bamberg. Grablege des Königs und Herrschaftsverständnis in ottonischer Zeit, in: Otto III. – Heinrich II. Eine Wende? Hrsg. v. Bernd Schneidmüller/Stefan Weinfurter. (Mittelalter-Forsch., Bd. 1.) Sigmaringen 1997, 47–76; *Wagner*, Universitätsstift und Kollegium (1999); *Michael Borgolte*, Die Dauer von Grab und Grabmal als Problem der Geschichte, in: Tendenzen der Grabmalsforschung. Hrsg. v. Michael Schwartz/Wolfgang Schmid (im Druck); *ders.*, Das Grab in der Topographie der Erinnerung. Vom sozialen Gefüge des Totengedenkens im Christentum vor der Moderne, in: ZKiG (im Druck).

13 Dazu *Borgolte*, Stiftungen des Mittelalters (1988).

14 Vorgängige Einzelstudien zu diesem Thema neben *Borgolte*, Die Stiftungsurkunden Heinrichs II. (1993), in Auswahl: *Ewig*, Der Gebetsdienst der Kirchen in den Urkunden der späteren Karolinger (1982); *Schmid*, Die Sorge der Salier um ihre Memoria (1984); *Althoff*, Adels- und Königsfamilien im Spiegel ihrer Memorialüberlieferung (1984); *Zielinski*, Die Kirchen- und Klostergründungen der Karolinger (1989); *Heidrich*, Die kirchlichen Stiftungen der frühen Karolinger (1990); *Wagner*, Das Gebetsgedenken der Liudolfinger (1994). S.a. Anm. 12 oben und Anm. 18 unten.

15 *Hermann Krause*, Dauer und Vergänglichkeit im mittelalterlichen Recht, in: ZRG 88 GA 75, 1958, 206–251, hier 217.

16 S. den Beitrag von Katrin Proetel in diesem Band.

war, an dem sich deshalb aber besonders deutlich die Probleme, die Wege und Chancen unserer Untersuchungen darlegen lassen. Der Herrscher selbst ist keine Randerscheinung der Geschichte, sondern einer der prominenten Kaiser des Mittelalters, Friedrich I. nämlich.

Schon auf dem vornehmsten Sektor königlicher Stiftungstätigkeit, der Gründung von Kirchen und Klöstern, ist Barbarossa nur bescheiden hervorgetreten[17]; weder nahm er es mit den großen Klosterstiftungen der Karolinger, noch mit den Bistums- bzw. Grabkirchengründungen der Ottonen und Salier auf.[18] Das Hauskloster seiner Vorfahren in Lorch und die Grabstätte seines Vaters, das Walburgis-Kloster im Heiligen Forst, bedachte er nur mit je einer Bestätigungs- bzw. Schutzurkunde.[19] Das Potential schöpferischer Kirchenpolitik östlich der Elbe hatte das Königtum schon seit Lothar III. aus der Hand gegeben[20], und Friedrich I. räumte hier selbst Herzog Heinrich von Sachsen das Recht ein, anstelle des Reichs Bistümer und Kirchen zu errichten und zu „pflanzen".[21] Die Rodung innerhalb des Altlandes überließ der Staufer vorzüglich Ministerialen[22], ohne selbst etwa Zisterzienser-

---

17 Vgl. *Ferdinand Opll*, Amator ecclesiarum. Studien zur religiösen Haltung Friedrich Barbarossas, in: MIÖG 88 (1980), 70–93; *ders.*, Aspekte der religiösen Haltung Kaiser Friedrich Barbarossas, in: Barbarossa und die Prämonstratenser. Hrsg. v. d. Gesellschaft für staufische Geschichte Göppingen. (Schr. zur staufischen Gesch. u. Kunst, Bd. 10.) Göppingen 1989, 25–45, hier bes. 27–29.

18 Neben der Anm. 14 zit. Lit. vgl. noch: *Bernd Schütte*, Untersuchungen zu den Lebensbeschreibungen der Königin Mathilde. (MGH. Studien und Texte, Bd. 9.) Hannover 1994, 93–98; *Joachim Ehlers*, Otto II. und Kloster Memleben, in: Sachsen und Anhalt 18, 1994, 51–82; *Gerd Althoff*, Gandersheim und Quedlinburg. Ottonische Frauenklöster als Herrschafts- und Überlieferungszentren, in: FMSt 25, 1991, 123–144; *Hartmut Hoffmann*, Mönchskönig und *rex idiota*. Studien zur Kirchenpolitik Heinrichs II. und Konrads II. (MGH. Studien und Texte, Bd. 8.) Hannover 1993, bes. 85ff.; *Joachim Wollasch*, Das Grabkloster der Kaiserin Adelheid in Selz am Rhein, in: FMSt 2, 1968, 135–143.

19 Die Urkunden Friedrichs I. Bearb. v. *Heinrich Appelt*. (MGH. Die Urkunden der deutschen Könige und Kaiser, Bd. 10/1–5.) Hannover 1975–1990, hier Teil 1, 128–130 Nr. 77 (D FI 77; in dieser Weise im folgenden zitiert); D FI 270. Zum Walburgis-Kloster s.a. unten Anm. 47. – In der „verstärkte(n) Privilegierung staufischer Hausklöster in den schwäbisch-elsässischen Stammlanden seines Hauses" in den ersten Regierungsjahren (*Opll*, Amator ecclesiarum [wie Anm. 17], 73), und zwar für Schlettstadt (1153), Lorch (1154), Lochgarten (1155) und Neuburg (1156), fehlt jedes Memorialmotiv und jeder Stiftungsanspruch. Lediglich in D FI 136 für das von Graf R. und F.s Vater gestiftete Zisterzienserkloster Neuburg referiert die Urkunde das Motiv der beiden Gründer mit der Formel *pro redemptione animarum suarum*, die aber Friedrich I. nicht erweiternd auf sich bezieht. Die Grablege seiner salischen Vorgänger und Vorfahren in Speyer hat Friedrich zwar schon früh beschenkt, und zwar u.a. zum Seelenheil für seine Eltern, dabei aber keine Stiftungsauflagen im Sinne von memorialen Gegenleistungen gemacht: D FI 34; vgl. auch D FI 397 für Goslar (zu Speyer ferner unten bei Anm. 79, zu Goslar Anm. 81). – Es fällt auf, daß Friedrich seine herrscherlichen Maßnahmen überhaupt vergleichsweise selten mit dem Heilsmotiv für sich und seine Angehörigen begründet; Listen von Familienangehörigen beim Motiv des *remedium animae* fehlen weithin (Gegenbeispiel aber D FI 470 für Weißenau).

20 *Michael Borgolte*, Die mittelalterliche Kirche. (Enzyklopädie deutscher Gesch., Bd. 17.) München 1992, 13f.; *ders.*, Vom Sacrum Imperium zum Heiligen Römischen Reich Deutscher Nation. Mittelalterliche Reichsgeschichte und deutsche Wiedervereinigung, in: Deutschland in Europa. Ein historischer Rückblick. Hrsg. v. Bernd Martin. München 1992, 67–87, hier 73f.

21 D FI 80; dazu zuletzt *Joachim Ehlers*, Heinrich der Löwe. Europäisches Fürstentum im Hochmittelalter. (Persönlichkeit und Geschichte, Bd. 154/155.) Göttingen/Zürich 1997, 30ff. Zu einem entsprechenden Vertrag Friedrichs mit Bertold IV. von Zähringen im Hinblick auf Burgund s. *Hagen Keller*, Zwischen regionaler Begrenzung und universalem Horizont. Deutschland im Imperium der Salier und Staufer 1024 bis 1250. (Propyläen Geschichte Deutschlands, Bd. 2.) Berlin 1986, 376f.

22 *Johannes Fried*, Die Wirtschaftspolitik Friedrich Barbarossas in Deutschland, in: BlldtLG 120, 1984, 195–239, hier 218.

mönche herbeizurufen[23]; seine Haus- und Königsgutspolitik, die zur Bildung von „Reichsländern" führte, konzentrierte sich stattdessen um Burgen oder Pfalzen mit Markt und Stadt.[24]

An diesen Kernen der Herrschaftskomplexe siedelte er aber, offenbar planmäßig, noch Einrichtungen an, die traditionell kirchliches Gepräge trugen, Spitäler, Institutionen der Caritas also.[25] So geschah es in Hagenau, dem städtischen Mittelpunkt des staufischen Familienbesitzes im Elsaß[26], so in der befestigten Siedlung (*burgus*) Lautern, die Friedrich I. zu einer gerühmten Pfalz ausbaute[27], so im thüringischen Altenburg, das er zum Vorort der *terra imperii* Pleißenland machte.[28] Aber auch an weniger markanten Orten stiftete oder

23 Das Zusammenwirken Barbarossas mit dem Zisterzienserorden war bekanntlich zwischen 1159 und 1177 auch durch das Papstschisma erschwert, wenngleich es nicht ganz aussetzte, vgl. Bemerkungen und Belege von *Alfred Haverkamp*, Einführung, in: Friedrich Barbarossa. Handlungsspielräume und Wirkungsweisen des staufischen Kaisers. Hrsg. v. Dems. (VuF, Bd. 40.) Sigmaringen 1992, 9–47, hier 46; ferner *Jiří Kejř*, Böhmen und das Reich unter Friedrich I., in: ebd. 241–289, bes. 273–277.

24 *Fried*, Wirtschaftspolitik (wie Anm. 22), 213, mit weitgreifenden Literaturhinweisen.

25 *Borgolte*, Die mittelalterliche Kirche (wie Anm. 20), 120f. u.ö.; noch immer grundlegend: *Siegfried Reicke*, Das deutsche Spital und sein Recht im Mittelalter. 2 Teile. (Kirchenrechtliche Abh., Hefte 111/112.) Stuttgart 1932.

26 D FI 995, vgl. D FI 447. – Zu Hagenau zuletzt im Überblick: *Ferdinand Opll*, Stadt und Reich im 12. Jahrhundert (1125–1190). (Forsch. zur Kaiser- u. Papstgesch. d. Mittelalters. Beih. zu J. F. Böhmer, Regesta Imperii, Bd. 6.) Wien/Köln/Graz 1986, 83–89 u.ö. Ferner unten bei Anm. 47.

27 Erste Erwähnung der Stiftung durch Friedrich I. (sowie durch Heinrich VI. und Philipp von Schwaben) 1215 durch eine Bestätigungsurkunde König Friedrichs II.: *Martin Dolch/Michael Münch* (Hrsg.), Urkundenbuch der Stadt Kaiserslautern. Teil 1 bis 1322. Otterbach/Pfalz 1994, 114–117 Nr. 229; *J.-L.-A. Huillard-Bréholles* (Ed.), Historia diplomatica Friderici Secundi. T. 1, Pars II. Paris 1852, 416–418; D FI *1221. Ein Propst von K. wird zwar in D FI 86 erwähnt, doch stammt dieses nicht von Friedrich I., sondern erst aus der Königszeit Friedrichs II. (1212–1220, s. DD FI Bd. 1, 564). Der erste nachweisbare Propst namens Ulrich wird aber 1190, noch unter Friedrich I., genannt (UB Kaiserslautern 1 Nr. 65). Vorher hatte allerdings ein unbekannter Priester und Spitalmeister in Lautern (*N. indignus sacerdos et magister in Lutherun scilicet in domo hospitali*) schon mit Hildegard von Bingen († 1179) korrespondiert: UB Kaiserslautern 1, 43–46 Nr. 12. Dieser Meister war offenbar Mönch gewesen, da er ins Klaustrum zurückkehren möchte; über seine Herkunft ist nichts bekannt. Die Prämonstratenser könnten aus Kloster Rot an der Rot unter Abt Ottino († 1182) gekommen sein, doch ist die Datierung der Spitalstiftung durch Friedrich „bald nach 1152" hypothetisch: UB Kaiserlautern 1, 42f. Nr. 11; *Volker Rödel*, Der Lauterer Reichsgutkomplex. Eine Zwischenbilanz, in: Deutsche Königspfalzen. Beiträge zu ihrer historischen und archäologischen Erforschung. Hrsg. v. Lutz Fenske. Bd. 4. Pfalzen, Reichsgut, Königshöfe. (MPIG, Bd. 11/4.) Göttingen 1996, 409–445, hier 417. Zu Kaiserslautern und seiner Pfalz noch bes.: *Peter Ganz*, Friedrich Barbarossa: Hof und Kultur, in: *Haverkamp*, Friedrich Barbarossa (wie Anm. 23), 623–650, hier 644f.; *Heinz Stoob*, Kaiserslautern, in: Deutscher Städteatlas. Lief. IV. Nr. 7. Altenbeken 1989 (mit z.T. irreführenden Angaben); *Ferdinand Opll*, Das Itinerar Kaiser Friedrich Barbarossas (1152–1190). (Forsch. z. Kaiser- u. Papstgesch. d. Mittelalters. Beih. zu J. F. Böhmer, Regesta Imperii, Bd. 1.) Wien/Köln/Graz 1978, 135; *Fritz Arens*, Die staufischen Königspfalzen, in: Die Zeit der Staufer. Geschichte, Kunst, Kultur. Katalog der Ausstellung. Bd. 3. Stuttgart 1977, 129–142, hier 131f.; *Franz Xaver Vollmer*, Reichs- und Territorialpolitik Kaiser Friedrichs I. Diss. phil. Freiburg i. Br. 1951 (Masch.), 212f. – S.a. unten Anm. 36, 38.

28 D FI 820. Zu Altenburg zuletzt vor allem: *Michael Gockel*, Art. Altenburg, in: Die deutschen Königspfalzen. Repertorium der Pfalzen, Königshöfe und übrigen Aufenthaltsorte der Könige im deutschen Reich des Mittelalters. Hrsg. vom Max-Planck-Institut für Geschichte. Bd. 2. Lief. 1. Göttingen 1984, 39–70.

förderte er Spitäler.[29] Mit seinen Maßnahmen reagierte der Staufer auf den wirtschaftlichen und sozialen Wandel seiner Zeit, vor allem die Verstädterung der Siedlungsstruktur und die erhöhte Mobilität, die er wirtschafts- und verkehrspolitisch selbst zu steuern suchte.[30] Im würzburgischen Reichardsroth veranlaßte er etwa die Stiftung von Spital und Kirche durch den Freien Albert von Hohenlohe, „wegen der Fülle der Reisenden" und „zur Aufnahme der Fremden und Armen".[31] Er ließ sich also auch vom Motiv der christlichen Barmherzigkeit leiten. Barbarossa ist überhaupt der erste deutsche Herrscher, der die angestammte Königspflicht zur Caritas in der hochmittelalterlichen Spitalbewegung wahrgenommen hat[32]; er hatte Anteil an der gerade einsetzenden Hinwendung der Laien zur Armensorge.[33] Welchen Eindruck die Brüder des Johanniterspitals in Jerusalem ihm einst gemacht hatten, hat er nicht nur persönlich bezeugt, sondern auch zu Taten umgesetzt[34]; so galt er in der Johanniterkomturei Heimbach bei Speyer als Fundator.[35]

---

29 Förderung von Spitälern (abgesehen von Reichardsroth und Heimbach, dazu weiter unten): DD FI 298 (Leprosenspital bei Metz), 377 (Kirche von Borgo San Donnino), 505 (Kloster Fulda), 518 (Spital auf dem Semmering), 706 (Kirche St. Leonhard am Esino), 838 (Spital zum Hl. Geist vor Erfurt), vgl. 1011 (Armensorge bei Piacenza). – Auch Friedrichs Gemahlin, die Kaiserin Beatrix, stiftete ein Spital, und zwar ein Leprosenhaus bei Besançon: D Beatrix *1. – Vgl. *Opll*, Amator ecclesiarum (wie Anm. 17), 73–76; *Ulf Dirlmeier*, Friedrich Barbarossa – auch ein Wirtschaftspolitiker?, in: *Haverkamp*, Friedrich Barbarossa (wie Anm. 23), 501–518, hier 513; *Fred Schwind*, Friedrich Barbarossa und die Städte im Regnum Teutonicum, in: ebd. 469–500, hier 495f.

30 Vgl. *Fried*, Wirtschaftspolitik (wie Anm. 22); *Dirlmeier*, Wirtschaftspolitiker (wie Anm. 29), 501–518.

31 Urkunde Bischof Reinhards von Würzburg von 1182: *Karl Weller* (Hrsg.), Hohenlohisches Urkundenbuch. Bd. 1. Stuttgart 1899, 9 Nr. 17: *ubi ob frequentiam viatorum dominus imperator ecclesiam et hospitale ad receptaculum peregrinorum et pauperum statuere decernens*; vgl. *Vollmer*, Reichs- und Territorialpolitik (wie Anm. 27), 179f.; *Fried*, Wirtschaftspolitik (wie Anm. 22), 231f. (mit weiterer Lit.).

32 Zur Armut im Mittelalter grundlegend: *Otto Gerhard Oexle*, Armut, Armutsbegriff und Armenfürsorge im Mittelalter, in: Soziale Sicherheit und soziale Disziplinierung. Beiträge zu einer historischen Theorie der Sozialpolitik. Hrsg. v. Christoph Sachße/Florian Tennstedt. Frankfurt am Main 1986, 73–100; *Michel Mollat*, Die Armen im Mittelalter. München 1984. Zur frühmittelalterlichen Armensorge durch den König: *Egon Boshof*, Armenfürsorge im Frühmittelalter. Xenodochium, matricula, hospitale pauperum, in: VSWG 71, 1984, 153–174; *ders.*, Untersuchungen zur Armenfürsorge im fränkischen Reich des 9. Jahrhunderts, in: AKG 58, 1976, 265–339; *Schmid*, Die Sorge der Salier um ihre Memoria (1984), 706–712. Zur folgenden Zeit: *Otto Gerhard Oexle*, Armut und Armenfürsorge um 1200. Ein Beitrag zum Verständnis der freiwilligen Armut bei Elisabeth von Thüringen, in: Sankt Elisabeth. Fürstin, Dienerin, Heilige. Aufsätze, Dokumentation, Katalog. Sigmaringen 1981, 78–100. Zur Spitalgeschichte dieser Zeit neben *Reicke*, Spital 1 (wie Anm. 25), 48ff., *Werner Moritz*, Das Hospital der heiligen Elisabeth in seinem Verhältnis zum Hospitalwesen des frühen 13. Jahrhunderts, in: Sankt Elisabeth, 101–116. – Eine wichtige Maßnahme Barbarossas zur Armensorge war auch das Scholarenprivileg von 1155: *Winfried Stelzer*, Zum Scholarenprivileg Friedrich Barbarossas (Authentica „Habita"), in: DA 34, 1978, 123–165.

33 Vgl. vor allem zum bruderschaftlichen Spital: *Reicke*, Spital 1 (wie Anm. 25), 53–71.

34 In der Bestätigungsurkunde des Kaisers für die Besitzungen der Johanniter in Österreich sowie im ganzen Reich von 1156 heißt es (D FI 152): *possessiones quasdam in ducatu Austrie sitas* (...) *sacro hospitali, quod est in Iherusalem, ubi vere misericordie opera Christi pauperibus exhiberi oculis nostris conspeximus, omni corroboracionis munimine confirmavimus* (...). Der hier genannte Adlige Kadold sei nach Jerusalem gekommen, *ac de fonte misericordie, qui de hospitali emanare cernitur, ardenter bibens* (...) habe er dem Johanniterspital Schenkungen gemacht. Vgl. auch D FI 228. Die Kenntnis des Spitals in Jerusalem geht bei Friedrich I. auf den zweiten Kreuzzug von 1147/49 zurück: *J. F. Böhmer*, Regesta Imperii, Bd. 4: Ältere Staufer, Zweite Abteilung: Die Regesten des Kaiserreiches un-

Bei mehreren Spitälern Barbarossas läßt sich eine zweistufige Gründung beobachten, die übrigens zeittypisch war.[36] In Hagenau bestand das Spital bereits 1164[37], bevor es 1189 noch von Friedrich selbst den Prämonstratensern übergeben wurde.[38] Reichardsroth ging nach dem Tod des Kaisers durch die Hohenlohe an die Johanniter über[39], und Altenburg übertrug Friedrich II. 1214 an den Deutschen Orden.[40] Mindestens in Altenburg muß vorher eine freie Spitalgenossenschaft bestanden haben. Bei seinem Gründungsakt von 1181 hatte Barbarossa verfügt, daß das Spital Brüdern anvertraut würde, die über alles frei verfügen sollten[41]; später hatte das Spital selbständig Kaufgeschäfte getätigt[42] und war durch

ter Friedrich I. 1152 (1122)–1190. 1. Lief. neubearb. v. *Ferdinand Opll/Hubert Mayr*. Wien/Köln/Graz 1980, 8 Nr. 38; *Ferdinand Opll*, Friedrich Barbarossa. Darmstadt 1990, 31f.

35 Das dortige Seelbuch zeigt zum Todestag Barbarossas, dem 10. Juni, den Eintrag: *Obiit Imperator Fridericus, fundator loci istius* (*Franz Xaver Remling*, Urkundliche Geschichte der ehemaligen Abteien und Klöster im jetzigen Rheinbayern. Bd. 2. Neustadt an der Haardt 1836, ND Pirmasens 1973, 303 Anm. 2). Dazu *Opll*, Amator ecclesiarum (wie Anm. 17), 75f.; *ders.*, Friedrich Barbarossa und das Oberrheingebiet, in: Stauferzeit. Geschichte, Literatur, Kunst. Hrsg. v. Rüdiger Krohn/Bernd Thum/Peter Wapnewski. (Karlsruher Kulturwiss. Arbeiten, Bd. 1.) Stuttgart 1978, 34–46, 37; *Vollmer*, Reichs- und Territorialpolitik (wie Anm. 27), 209. Dazu die Schutzurkunde König Philipps von 1207, in der allerdings Friedrich I. nicht erwähnt wird: *J. F. Böhmer*, Regesta Imperii. Bd. 5: Die Regesten des Kaiserreiches unter Philipp, Otto IV., Friedrich II., Heinrich (VII.), Conrad IV., Heinrich Raspe, Wilhelm von Holland 1198–1272. Neu hrsg. v. *Julius Ficker*. Bd. 1: Kaiser und Könige. Innsbruck 1881/82, 43 Nr. 146; Monumenta Boica. Vol. 31. Pars 1. München 1836, 468–470 Nr. 246. – Bekanntlich hat Barbarossa dem Johanniterorden auch ein allgemeines Schutzprivileg ausgestellt: D FI 228.

36 Vgl. *Reicke*, Spital 1 (wie Anm. 25), 102f., 115, 119, 121ff. – Vom Spital in Lautern sagte Friedrich II. 1215, daß es stets dem Prämonstratenserorden gehören solle wie schon von Anfang der Stiftung an (*in eodem loco ordinem et religionem Premonstratensem, quemadmodum a principio fundationis eiusdem loci constitutum est, perpetuo vigere et incommutabiliter decernimus permanere*: UB Kaiserslautern 1 [wie Anm. 27], 116). Dazu auch die Bestätigungsurkunde König Heinrichs VII. vom 2.6.1222: UB Kaiserslautern 1, 149–151 Nr. 288.

37 D FI 447.

38 D FI 995. – Weder auf die Prämonstratenser von Hagenau noch auf die von Lautern (s. oben Anm. 36) wird eingegangen in: Barbarossa und die Prämonstratenser (wie Anm. 17; mit Beiträgen u.a. von Odilo Engels und Stefan Weinfurter).

39 Hohenlohisches Urkundenbuch 1 (wie Anm. 31), Nrn. 21 (Papst Coelestin III. bestätigt am 17.12.1192 dem Johanniterorden die Schenkung der Kirche in R. durch Albert von Hohenlohe; dabei war wohl das Spital eingeschlossen: *Reicke*, Spital 1 [wie Anm. 25], 103f., vgl. 97, 101) und 387 (Gottfried von Hohenlohe verzichtet 1278 gegenüber dem Meister des Johanniterordens in Deutschland, Heinrich von Bocksberg, auf alles Herrschaftsrecht über die Güter der Johanniter zu R.).

40 *Hans Patze* (Bearb.), Altenburger Urkundenbuch 976–1350. (Veröff. d. Thüringischen Hist. Komm., Bd. 5.) Jena 1955, 58f. Nr. 70. Hierzu ferner unten bei Anm. 52.

41 D FI 820: Kaiser Friedrich stiftet *ad consolationem pauperum* und *ęternam retributionem attendentes* seine Hofstatt in A., die ‚Vorwerk' genannt wird, mit Äckern, Weiden und allem Zubehör zur Einrichtung eines Spitals (*ad instituendum hospi[ta]le*), etc. Die Brüder, denen die Sorge für das Spital anvertraut werden wird, sollen über alles frei verfügen können (*fratres, quibus cura hospitalis commissa fuerit, libere disponant omnia et ordinent*). Die Urkunde von 1181 wurde also offenbar ganz am Beginn des Stiftungsprozesses ausgestellt; das Spital besteht noch nicht, doch soll nach der Vorstellung Friedrichs I. hier eine Bruderschaft zur Armensorge tätig werden, und zwar in völliger Freiheit. – 1183 hat der Kaiser bei einem Aufenthalt in A. das Spital (*hospitale situm in Altimburc*) in seinen Schutz genommen und dabei die Ausstattung mit vier Hufen in A. sowie mit vier Hufen in Nennewitz durch ihn selbst beurkundet; ebenso hat er Ministerialen und Menschen jedweden Standes das Recht verliehen, das Spital zu beschenken. Alle Stiftungsgüter sollten uneingeschränkt den Armen des Hauses dienen: D FI 836; Altenburger UB (wie Anm. 40), Nr. 27. Zu Barbarossas Spitalgründung in A.: *Vollmer*, Reichs-

Heinrich VI. weiter bewidmet und privilegiert worden.[43] Die Freiheit des Spitals war freilich durch die staufische Stadtherrschaft eingeschränkt, die Stiftung blieb herrschaftsbestimmt. Aufgrund dieser äußeren Abhängigkeit mußten auch die Spitäler in Hagenau und Reichardsroth die Änderungen ihrer Verfassung dulden. Mit der Tradition an einen der neuen Orden mit ihrer überörtlichen Organisation wurde jede Weiterentwicklung zur Vollfreiheit verstellt. Ansatzpunkte bürgerlicher Selbstorganisation, wie sie die bruderschaftlichen Spitäler in den Städten boten, wollten die Staufer in ihren Herrschaftsbereichen offenbar nicht tolerieren.[44]

Friedrich hatte seine Spitäler als Werke der Nächstenliebe, zum Trost der Armen, Hungernden und Reisenden und auch für sein Seelenheil gestiftet[45]; nur in einem Fall, bei Hagenau, hat er aber ausdrücklich Gedenkleistungen verlangt.[46] Über diesen Befund darf man nicht einfach hinweggehen, als sei dies in den anderen Fällen stillschweigend voraus-

---

und Territorialpolitik (wie Anm. 27), 363; *Gockel*, Altenburg (wie Anm. 28), 64 u.ö.; *Opll*, Stadt und Reich (wie Anm. 26), 32. – Nach einer auf 1172 datierten Urkunde soll Friedrich I. auch das Augustiner-Chorherrenstift auf dem Berge bei A. gestiftet haben (Altenburger UB Nr. 17); es handelt sich jedoch um eine nicht vor 1286 in A. entstandene Fälschung (*Patze*, in: Altenburger UB, 57*, 60*, 86*ff.; hier auch 97* zu Altenburger UB Nr. 18). Während Hans Patze geltend macht, daß Friedrich Ende Juli 1172 trotzdem eine Stiftungsurkunde für das Kloster ausgestellt habe (Altenburger UB 88*, 90*, 97*; danach *Gockel*, Altenburg [wie Anm. 28], 64), hält die neuere Diplomatik „zwar die Existenz eines Diploms Friedrichs I." für „überaus wahrscheinlich", doch lasse sich „über den ursprünglichen, echten Inhalt nichts Konkretes aussagen" (*Opll*, Stadt und Reich [wie Anm. 26], 32; Vorbemerkung zu D FI 594). Für die Stiftung des Chorherrenstiftes durch Friedrich I. sprechen zwar allgemeinhistorische Gründe, doch fällt auf, daß der Kaiser bis zum Zeitpunkt der Fälschung niemals als Gründer genannt wird (vgl. bes. die Urkunden König Philipps von 1200, Altenburger UB Nrn. 45, 47, und von König Friedrich II. von 1215/17, ebd. Nrn. 74, 88). Als *fundator* der Kirche wird er am 10.11.1290 bezeichnet, als König Rudolf das Kloster in seinen Schutz nimmt und dessen Besitzungen und Rechte im einzelnen bestätigt (ebd. 270, 272 Nr. 339). In den späteren Schutzurkunden König Adolfs vom 2.5.1296 und König Albrechts vom 10.11.1306 fehlt wieder jeder Hinweis auf Friedrich I. (ebd. Nrn. 394, 453), während diesen Ludwig IV. am 18.11.1344 in der Reihe seiner Vorgänger aufführt, die das Kloster gefördert haben (ebd. Nr. 615; vgl. auch die Fälschung ebd. Nr. 431). Die Annahme einer Stiftung des Augustiner-Chorherrenstiftes durch Friedrich I. ist nicht zwingend; der Name des Herrschers kann in der historischen Erinnerung der Stadt A. an mehreren anderen Orten gehaftet haben, so daß ihm später auch die Gründung des Stiftes zugeschrieben worden sein mag. Spuren eines liturgischen Stiftergedenkens lassen sich in den Urkunden des Klosters nirgends entdecken, und selbst nach der Fälschungsaktion wurde Friedrich I. kaum als Gründer wahrgenommen.

42 Altenburger UB (wie Anm. 40), Nrn. 33f. von 1191.

43 Ebd. Nrn. 41 (*hospitale in Altimburc, quod serenissimus pater noster Fridericus quondam Romanorum imperator augustus pro remedio anime sue instituit*) und 43 von 1192; *J. F. Böhmer*, Regesta Imperii, Bd. 4: Ältere Staufer. 3. Abt.: Die Regesten des Kaiserreiches unter Heinrich VI. 1165 (1190)–1197. Neubearb. v. *Gerhard Baaken*. Köln/Wien 1972, 107–109 Nrn. 265, 268. Vgl. unten Anm. 55.

44 Zum Problem, wie Barbarossa zur stadtbürgerlichen Freiheit (Kommunebildung) im Regnum Teutonicum gestanden habe, s. *Opll*, Stadt und Reich (wie Anm. 26), 523; *Schwind*, Friedrich Barbarossa und die Städte (wie Anm. 29), 469–499; *Haverkamp*, Einführung (wie Anm. 23), 29f.

45 Vgl. D FI 820 neben dem in der folgenden Anmerkung zit. Diplom.

46 D FI 995: (...) *hospitale in Hagenowa in predio nostro construximus ad frangendum esurienti panem et vagos egenosque inducendos, in quo et pro habenda nostri parentumque nostrorum memoria oratorium ędificavimus in honore dei genitricis Marię, Pauli apostoli, Nycolai confessoris, ubi per prepositum et quatuor clericos de ordine Premonstratensi adiunctis ipsis aliquot conversis deo constanter serviatur.*

gesetzt gewesen. Hagenau war nämlich doch ein besonderer Fall.[47] Friedrich hatte hier eine Kapelle für seine Memoria und diejenige seiner Eltern errichtet und schrieb nun vor, daß diese Kirche durch einen Propst und vier Kleriker vom Prämonstratenserorden mit ein paar angeschlossenen Laienbrüdern versorgt werden sollte. Die Vorstellung von der sozialen Verfassung des Spitals und die Vorschriften für das Gedenken entsprachen einander; wo die Spitalgenossenschaft erkennbar wurde, nahm die Regelungskompetenz der Herrschaft zu.[48] Wo aber umgekehrt die soziale Gestalt des Spitals noch offen erschien, mochte es kaum an der Zeit sein, den Stifterwillen konkreter zu fassen.

Weil Barbarossa selbst die Prämonstratenser nach Hagenau geholt hat, besteht eigentlich kein Grund für die Vermutung, er hätte gegen die postmortale Änderung seiner Spitalstiftungen an anderen Orten Einwände erhoben.[49] Gewiß wären ihm jedenfalls die Johanniter in Reichardsroth willkommen gewesen[50], und auch die Deutschordensherren entsprachen mit ihrer noch vorwiegend karitativen Ausrichtung dem Stiftungszweck von Altenburg, als sie hier ab 1214 einzogen.[51] Trotzdem hat Friedrich II. in Altenburg dem Stifterwillen seines Großvaters eine ganz neue Richtung gegeben. Der junge Staufer verfügte zwar, daß wie vorher, so auch künftig Arme und Kranke im Spital Aufnahme finden sollten; er ergänzte aber, was bei den Ausgaben für die Armen übrigbleibe, solle zum Gebrauch der Brüder des Deutschen Ordens in Übersee verwendet werden.[52] Neben die lokale Fürsorge im städti-

47 Hingewiesen sei auch auf die Nähe der älteren staufischen Memorialstätte, des Walburgisklosters (s. oben bei Anm. 19), das bei Hagenau lag (*Vollmer*, Reichs- und Territorialpolitik [wie Anm. 27], 47), und auf die Zeitumstände der Stiftung: Nachdem er Ostern (9.4.1189) in Hagenau gefeiert hatte, befand sich Barbarossa bei Ausstellung der Stiftungsurkunde D FI 995 (16.4.1189, Selz) bereits auf dem Weg ins Heilige Land. Der Kreuzzug könnte ihn besonders an die Fürsorge für arme Reisende gemahnt haben. Zu Hagenau neben der Anm. 26 zit. Lit.: *Ganz*, Friedrich Barbarossa: Hof und Kultur (wie Anm. 27), 637f., 644f.; *Rudolf Hiestand*, „precipua tocius christianissimi columpna". Barbarossa und der Kreuzzug, in: *Haverkamp*, Friedrich Barbarossa (wie Anm. 23), 51–108, hier 52; *Vollmer*, Reichs- und Territorialpolitik (wie Anm. 27), 33, 37f., 41–45, 385; *Opll*, Itinerar (wie Anm. 27), 96, 133; *Reicke*, Spital 1 (wie Anm. 25), 291, 294; *Emil Schrieder*, Verfassungsgeschichte der Stadt Hagenau i. E. im Mittelalter (bis 1400). Mannheim 1909, hier 28.

48 Vgl. analog *Borgolte*, Die Stiftungsurkunden Heinrichs II. (1993), 249f.

49 Zu Reichardsroth s.o. bei Anm. 39, zu Altenburg oben bei Anm. 40 sowie im folgenden. – In Hagenau selbst änderte noch Heinrich VI. 1192 die von seinem Vater angeordnete materielle Ausstattung ‚seines' Spitals: *Baaken*, Regesten (wie Anm. 43), 88 Nr. 214.

50 Vgl. oben bei Anm. 34.

51 *Dieter Wojtecki*, Der Deutsche Orden unter Friedrich II., in: Probleme um Friedrich II. Hrsg. v. Josef Fleckenstein. (VuF, Bd. 16.) Sigmaringen 1974, 187–224, hier bes. 188f., 195, 217; *ders.*, Studien zur Personengeschichte des Deutschen Ordens im 13. Jahrhundert. (Quellen und Studien zur Geschichte des östlichen Europa, Bd. 3.) Wiesbaden 1971, bes. 53–55, 66–69; *Reicke*, Spital 1 (wie Anm. 25), 112–132, bes. 118f.; *Udo Arnold*, Entstehung und Frühzeit des Deutschen Ordens. Zu Gründung und innerer Struktur des Deutschen Hospitals von Akkon und des Ritterordens in der ersten Hälfte des 13. Jahrhunderts, in: Die geistlichen Ritterorden Europas. Hrsg. v. Josef Fleckenstein/Manfred Hellmann. (VuF, Bd. 26.) Sigmaringen 1980, 81–107. – Zu Spitalübertragungen an den Deutschen Orden vgl. *Klaus van Eickels*, Die Deutschordensballei Koblenz und ihre wirtschaftliche Entwicklung. (Quellen u. Stud. zur Gesch. d. Deutschen Ordens, Bd. 52.) Marburg 1995, 18–24.

52 Altenburger UB (wie Anm. 40), 58f. Nr. 70: (...) *de mera liberalitate nostra contulimus et in pauperum proprietatem donavimus sepe dicto hospitali sancte Marie* [sc. Teuthonicorum in transmarinis partibus] *domum hospitalem pauperum in civitate nostra apud Aldenborg sitam cum rebus et personis et universis eius pertinenciis ita tamen, ut, sicud hactenus consuetum est, ita quoque de cetero observetur in eadem domo receptaculum pauperum et infirmorum, et, si quid inibi residuum fuerit post expensas pauperum deductas, ad usum fratrum hospitalis Teuthonicorum in transmarinis partibus domino fa-*

schen Zentrum des Pleißenlandes sollte die Förderung der Spitalbrüder in der Terra Sancta treten, und es ist klar, wie sich die Gewichte verschieben würden. Nur noch einmal erschienen danach in Altenburger Urkunden die Armen selbst als Empfänger einer Wohltat[53]; an ihrer Stelle wurden die Brüder des Ordens als wirkliche Adressaten aller Gaben aufgefaßt.[54] Man ging offenbar sogar so weit, jetzt in alten Stauferdiplomen den Namen der *pauperes* durch den der *fratres* zu ersetzen.[55] Seit 1238 verschwindet die Armensorge aus den Dokumenten des Spitals, und dies fügt sich zur allgemeinen Abwendung des Ordens von karitativer Tätigkeit.[56] In Altenburg trat zur gleichen Zeit das Spital des Augustiner-Chorherrenstiftes hervor[57], das auch danach kontinuierlich bezeugt[58] und im späteren Mittelalter offenkundig die wichtigere Fürsorgeanstalt der Stadt gewesen ist; allerdings haben die Deutschordensherren 1272 wenigstens noch eine Schule eingerichtet.[59] Die Orientierung nach außen, die der große Förderer der Ordens, Friedrich II., der Gründung seines Vorfahren gegeben hatte, erwies sich als stabil. Noch 1296, also kurz nach dem Fall von Akkon, hat ein Schenker des Spitals verlangt, daß die Brüder fünf Mark Silber zur Hilfe ins Heilige Land schickten, sobald der Seeweg wieder offenstünde.[60] Friedrich I. selbst war, soweit die Urkunden dies erkennen lassen, über dieser Entwicklung im Spital schnell in Vergessenheit geraten[61]; aber auch die Namen Heinrichs VI. und selbst Friedrichs II. werden 1261 zum letzten Mal erwähnt.[62] Die Stiftung von Altenburg wurde je länger je

---

mulantium deducatur. Die Gründung des Spitals durch Friedrich I. erwähnt Friedrich II. mit keinem Wort.

53 Und zwar neben den ‚Brüdern‘ in einem Diplom Friedrichs II. von 1238: Altenburger UB (wie Anm. 40), 106 Nr. 141, vgl. auch Urkunde König Wenzels von Böhmen von 1237: ebd. 105 Nr. 139. S.a. nächste Anm.

54 Vgl. bereits Urkunde Friedrichs II. von 1216: Altenburger UB (wie Anm. 40), 69f. Nr. 80.

55 D FI 836 = Altenburger Urkundenbuch (wie Anm. 40), 24 Nr. 27 von 1183: Alle Stiftungsgüter sollen uneingeschränkt den Armen des Hauses dienen; von einer Hand des 14. Jahrhunderts wurden für die ‚Armen‘ als Adressaten der Stiftungen die ‚Brüder‘ eingebessert, womit wohl die Verwalter (oder Herren) des Spitals gemeint waren (*ut <et fratribus> eiusdem domus libere deserviant*, dabei *et fratribus* über getilgtem *pauperibus*). In der Urkunde Heinrichs VI. von 1192 mit dem Passus *ut quecumque hospitali collata fuerint ad usus fratrum eiusdem hospitalis libere deserviant* steht *ad usus fratrum* auf Rasur: Altenburger Urkundenbuch 31 Nr. 41 (nach Meinung des Herausgebers dies aber von der Hand der Urkunde selbst; vgl. oben Anm. 43).

56 *Wojtecki*, Der Deutsche Orden unter Friedrich II. (wie Anm. 51), 195, 217; *Reicke*, Spital 1 (wie Anm. 25), 114, 118f., 130–132.

57 Altenburger Urkundenbuch (wie Anm. 40), Nr. 137f. von 1237.

58 Ebd. Nrn. 173, 330f., 345, 633.

59 Ebd. Nr. 227.

60 Ebd. 314 Nr. 386: *ut fratres domus prescripte quinque marcas argenti, cum transitus per partes marinas patebit, transmittent in subsidium terre sancte pro nostrorum omniumque salute*.

61 Schon von Friedrich II. wird er nicht mehr erwähnt, s.o. Anm. 52. Vgl. *Marie-Luise Favreau*, Studien zur Frühgeschichte des Deutschen Ordens. (Kieler Historische Studien, Bd. 21.) Stuttgart o.J. [1974], 119f.

62 Und zwar in einer Urkunde, die Margarete, die Tochter Kaiser Friedrichs II., mit ihrem Gemahl, Markgraf Albrecht von Landsberg, ausgestellt hat: Altenburger Urkundenbuch (wie Anm. 40), 138f. Nr. 187. Vgl. dazu Nrn. 188 und 163. – Bemerkenswert ist, daß Friedrich II. erst 1844 als Gründer der Komturei wiederentdeckt worden ist: *H. C. von der Gabelentz*, Die Aufhebung des deutschen Ordenshauses zu Altenburg und deren Folgen 1539ff., in: Mittheilungen d. Geschichts- u. Alterthumsforschenden Ges. d. Osterlandes zu Altenburg 2, 1845–1848, 145–201, hier 145f. (Vortrag von 1844). – Das Deutsche Haus ist auch sonst für Memorialleistungen kaum in Anspruch genommen worden (vgl. aber ebd. Nrn. 202f., 262, 616); bevorzugter Adressat für diesen Zweck war in Altenburg wiederum das Augustinerstift (vgl.

mehr als Förderung des Deutschen Ordens verstanden, hinter der die ursprüngliche karitative Zielsetzung zu verschwinden drohte. Ganz aufgegeben wurde das Spital aber nicht; im Jahr 1448 lebten im Ordenshaus neben vier Herren mit dem Kreuz und 19 weiteren Personen immerhin noch „zwei Sieche im Spital".[63]

Der Stifterwille wurde plötzlich wieder aktuell, als sich Stadt und Landesherrschaft dem neuen Glauben zuwandten, die Deutschordensherren aber katholisch blieben.[64] Der Orden war schnell bereit, Meßpflichten, Schule und Spital aufzugeben und dafür zum Unterhalt der Kirchendiener sowie der Armen dem Gemeinen Kasten von Altenburg Geld zu überweisen (1529).[65] Die Herren verzichteten von sich aus auf die Erfüllung eines Auftrags, der ihnen lästig geworden war und deren ersten Geber sie offenbar nicht mehr kannten. Damit endete die Geschichte des Stifterwillens Barbarossas in Altenburg aber keineswegs. Einige Jahre später verlangten nämlich Kurfürst Johann Friedrich I. und sein Bruder Herzog Johann Ernst von der Stadt, im Deutschen Haus erneut ein Spital einzurichten, weil dies seiner ursprünglichen Bestimmung gemäß sei (1539).[66] Tatsächlich geschah dies auch, vorübergehend

ebd. Nrn. 53, 64, 66, 121, 174, 176, 192, 196, 198f., 209, 213, 219, 222, 245, 253, 273, 297, 335, 383, 407f., 427–430, 468f., 484, 493, 569f., 585, 594, 609, 633; s.a. Nrn. 202f., 611, 613).

63 *Johannes Voigt*, Urkunden zur Geschichte der deutschen Ordens-Ballei Thüringen, in: ZThürG 3, 1859, 313–334, 330 (Aufstellung der nutzbaren Rechte und der Schulden der Ballei Thüringen): *Das huß hat IIII heren mit dem crutze, der sint III prister, I hußschuler, I rappirirsknecht, II sychin ym Spittal, I schulmeister, II koche, I kelner, I hoffeknecht, II hertin und X person gesindis.* – In einer Quelle von 1553, die aber vorreformatorische Zustände festhält, heißt es vom Armenspital: *Dar Innen zum wenigsten viij altte Vorlebtte vnnd krancke Personen, sambt einem Priester, vonn dem hause ohne des Amptss vnnd Stadt Aldenburgk zuthun, vntterhaltten vnd vorsehenn wordenn*: *Von der Gabelentz*, Aufhebung (wie Anm. 62), 193 Nr. 20, 147f.

64 Zum Folgenden allgemein: *Hans Patze/Walter Schlesinger* (Hrsg.), Geschichte Thüringens. Bd. 3: Das Zeitalter des Humanismus und der Reformation. Köln/Graz 1967; zu Altenburg hier bes. 25–27. Zu Altenburgs Spital immer noch *Von der Gabelentz*, Aufhebung (wie Anm. 62), mit ausführlichem Textanhang (s. bereits vorige Anm.). – Was sich in Altenburg zutrug und debattiert wurde, war typisch für die Geschichte der Stiftungen in reformierten Städten, vgl. *Liermann*, Handbuch des Stiftungsrechts (1963), 124–168, hier bes. 133f., 136f., 143f., 147, 150.

65 *Von der Gabelentz*, Aufhebung (wie Anm. 62), 171f. Nr. 6 (Vereinbarung zwischen dem Administrator des Hochmeisteramtes und Meister des Deutschen Ordens in Deutschland, Walter von Cronberg, mit Kurfürst Johann von Sachsen von 1529, die allerdings nur sechs Jahre gelten sollte): *Aber der Comptur zu Aldennburg. so itzundt Ist. vnnd die vorberuerte Zeit sein wirdet. sol zu vnterhaltung der kirchendiner vnd der armen doselbst. Ierlich auff Johannis des Teuffers tag. dreissig alte schock. den vorstehern des gemeinen Chastens zu Aldennburgk geben. Dagegen sol er. vnd der orden solch zeitlang enthabenn sein. die messen, die schulen bei dem Compturhoff. vnnd spittal zu haben. So wollen wir In vnser ampt doselbst beuelhenn. Domit denn armen von dem schlos. korn vnnd Holtzs. aus unserm Holtz. die Leine genant. Ierlichen so von denn Comptern. von ordens wegen angezogen ist wordenn. gebuerlich huelff geschehenn vnd ausgeteilt sol werden. Vnd dabei sol es die vorberuerte Zeitlangk durch Vns. vnser erben. vnnd nachkommen. beiderseits vnuorrucklich vnd ane allen eintrag. vnd vorhinderung gelassen werden.* Nach einer Visitation von 1528 sollte der Deutsche Hof jährlich sechs Scheffel Korn und anderthalb Scheffel Hafer an den Gemeinen Kasten abführen; im Jahr 1541 berichtet Georg Spalatin dem Hauptmann von Aldenburg von der Klage des Vorstehers des Gemeinen Kastens, daß das Deutsche Haus die Korn- und Haferabgabe nicht leiste: *Von der Gabelentz*, Aufhebung (wie Anm. 62), 184f. Nr. 13, vgl. 149. Zur Errichtung des Gemeinen Kastens in Altenburg s. *Irmgard Höß*, Humanismus und Reformation, in: *Patze/Schlesinger*, Geschichte Thüringens 3 (wie Anm. 64), 1–145, hier 83f.

66 *Von der Gabelentz*, Aufhebung (wie Anm. 62), 175 Nr. 8 (an dem Amtmann von Altenburg): (...) *Weil dem zuvor der deutsch hoff zu Aldenburg ein pfarr, vnnd schulh versorgt auch ein Spitalh mit armen Leuten vnnderhalten, welchs Spitalh die Inhaber des hoffs habenn fallenn lassen, Deren vnnd ander*

wurden hier etwa 40 Arme versorgt (1546).[67] Um den angestammten Aufgaben des Hauses gerecht zu werden, verlangten die Ernestiner überdies die Vorlage der alten Urkunden, was die Ordensherren jedoch zu vermeiden wußten. Kurfürst Johann Friedrich erhob deshalb gegen sie den Vorwurf, sie hätten gegenüber der Stadt Altenburg aus Eigennutz ihre Pflichten zur Seel- und Armensorge fallen lassen *wider altt herkommen vnd der stiffter willen vnd meynung* (1547).[68] Auch wenn der oder die Stifter anonymisiert waren und deren Wille nicht präzisiert werden konnte, handelte jetzt die politische Obrigkeit wieder im Sinne von Barbarossas Anliegen. Der Bedarf an Armensorge und selbst die Form der spitalitischen Betreuung hatten sich seit dem 12. Jahrhundert hier nicht grundlegend gewandelt.[69] So überlebte Friedrichs I. Stifterwille selbst die Reformation nicht durch die Spitalbrüder, sondern durch die Adressaten seiner Wohltaten, denen sich seine Rechtsnachfolger in der politischen Herrschaft ebenso verpflichtet fühlten wie er selbst. 1594 wurde das Deutsche Haus allerdings an die Herzöge Friedrich Wilhelm und Johann verkauft.[70]

Abgesehen von den Spitalstiftungen hat Friedrich I. bereits bestehende Kirchen und Klöster wiederholt bewidmet; von diesen unselbständigen Stiftungen schreibt Rahewin, der Kaiser habe im Dienst der Armen ein Zehntel seiner Gelder verteilt.[71] Über Geldgaben

---

mer vrsachen, halben, Wir dem Itzigenn kompter Anthonien von Harstalh beuolhen, auch In verpflichtung lassen nehmen, auß solchem hauß an vnnser vorwissen nichts zugeben, noch zuuerandern, Vnnd gedachter kompter, wie wir vermarckt, ein annder ampt vnnd hauß angenomen, So begernn wir, Du wollest In crafft diß vnnsers beuelhs mit Ime reden, daß er vnß solch haus, sampt seiner zugehorung, damit dieselben widerumb zu milden vnd Cristlichen werken gebraucht werden mugenn, abtretten vnd einreumen solle. Dazu ebd. 152.

67 *Von der Gabelentz*, Aufhebung (wie Anm. 62), 191f. Nr. 19 (*Erblich Einkommenn des deutzschenn Hauses zu Alldennburgk Ao. xlvj*): (...) *So ist auch ßunst an bemelthem Compthorhoff ein ßunderliche kirche zw Sant Lorentz gnant Vnd Ein Hospital gelegen gewest, Dar Inne der orden, etzliche arme Lewthe zw vnderhalden, schuldig gewest welchs aber von dem gewesenden, Hawß Compthor Ein Zeit nicht gehalden (...). Es hat aber hochgedachter Churfuerst awß Christlichenn gemuet vnd vffs Rades alhir vnderthenige bit, den Compthorhoff mit allen gebewden, Auch beyden kirchen, gedachten Rade, Zw eynem gemaynen Hospital gnediglich geaigent, dar Innen auch biß vff diesen tagk vngeuerlich xl perßonen vorhanden vnd vnderhalden werdenn.* (...). Vgl. ebd. 153 und 186f. Nr. 15.

68 Ebd. 155.

69 Zur Geschichte der Armut und Armensorge in Spätmittelalter und Reformationszeit vgl. außer der in Anm. 32 genannten einschlägigen Lit. jetzt *Rexroth*, Armut und Memoria im spätmittelalterlichen London (1994). *Valentin Groebner*, Ökonomie ohne Haus. Zum Wirtschaften armer Leute in Nürnberg am Ende des 15. Jahrhunderts. (MPIG, Bd. 108.) Göttingen 1993; *Frank Rexroth*, Das Milieu der Nacht. Obrigkeit und Randgruppen im spätmittelalterlichen London. (MPIG, Bd. 153.) Göttingen 1999.

70 *Von der Gabelentz*, Aufhebung (wie Anm. 62), 164. Der letzte Komtur von Altenburg starb 1601: *Bernhard Sommerlad*, Der Deutsche Orden in Thüringen. Geschichte der Deutschordensballei Thüringen von ihrer Gründung bis zum Ausgang des 15. Jahrhunderts. (Forsch. zur sächsisch-thüringischen Gesch., Heft 10.) Halle (Saale) 1931, 216.

71 Ottonis et Rahewini Gesta Friderici I. Imperatoris. Hrsg. v. *Georg Waitz/Bernhard von Simson*. (MGH SSrerGerm, Bd. [46.]) Hannover/Leipzig 1912, 344 lib. IV.86: *Elemosinas in ministerio pauperum plerumque ipse manu sua distribuit, pecuniarum suarum decimam aecclesiis et monasteriis fideliter divisit.* Dazu ebd. 184 lib. III.15a. – Entsprechendes berichtet: Die Chronik des Klosters Petershausen. Neu hrsg. v. *Otto Feger*. (Schwäbische Chroniken der Stauferzeit, Bd. 3.) Sigmaringen 1978, 246 lib. VI.4, zur Unterwerfung Mailands im Jahr 1162: *omnes civitates, quę antea repugnaverant, infinitas pecunias imperatori pro gratia eius deferebant. Ex his ergo et ex aliis, quas antea et postea quacumque conditione acquisierat, deliberavit decimas dari monasteriis in elemosinam tam per Italiam quam per Theotonicam.* Vgl. *Opll*, Amator ecclesiarum (wie Anm. 17), 70f., 78f. (mit weiteren Belegen). Zur

pflegten keine Urkunden ausgestellt zu werden, sie haben aber oft zum Erwerb zinsbarer Immobilien gedient, so daß sie in Anniversarbüchern der jeweiligen Gemeinschaft ihren Niederschlag gefunden haben.[72] Die Stiftungsgüter dienten dann einer dauernden Memoria des Kaisers am betreffenden Termin, meist am Todestag.[73] Oft lassen die Einträge selbst allerdings keinen eindeutigen Rückschluß auf die Grundlage der Memorialleistungen zu.[74]

---

wirtschaftspolitischen Seite dieser Maßnahmen, dem Verhältnis Friedrichs zum Geld, s. *Dirlmeier*, Wirtschaftspolitiker (wie Anm. 29), 508ff.

72 Speyer: Das älteste, nur fragmentarisch und in Abschriften überlieferte Speyerer Totenbuch aus den 1030er Jahren (so *Grafen*, Speyerer Totenbuchüberlieferung [wie Anm. 12], 52) hat zum 10.6. den Vermerk: *Fridericus imperator obiit, qui dedit fratribus 500 marcas, cum quibus comparavimus diversa praedia, qui inveniuntur in novo calendario* (*Hansjörg Grafen*, Spuren der ältesten Speyerer Necrologüberlieferung. Ein verlorenes Totenbuch aus dem 11. Jahrhundert, in: FMSt 19, 1985, 379–431, 403). Im Totenbuch von 1273 (Necrologium Spirense II) steht zum selben Tag (*Grafen*, Forschungen 319, vgl. ebd. 133f.): *Fridericus Romanorum imperator obiit, qui nobis, fratribus suis, dedit quingentas libras, cum quibus comparauimus curiam cum lapidea domo in loco, qui dicitur Grasehof, cum suis appenditiis et aliam curiam cum lapidea domo et suis appendiciis in loco, qui dicitur Howebuhel, insuper predium in Hermigesheim. Preterea et alia predia tam in agris, quam in vineis in Ditensheim. De hiis bonis constituit fratribus claustralibus dari seruicium in anniuersario suo, quod redimitur VIIII vnceis*. – Bamberg: *Casp. Ant. Schweitzer*, Vollständiger Auszug aus den vorzüglichen Calendarien des ehemaligen Fürstenthums Bamberg, in: Siebenter Bericht über das Bestehen und Wirken des historischen Vereins zu Bamberg in Oberfranken und Bayern. Bamberg 1844, 192 ad 10.6. (Oblationen- und Servitienverzeichnis des Bamberger Domstifts, 13./14. Jh.): *Fridericus pius imperator obiit, qui auro et argento honoravit ecclesiam, de quo datur 1/2 tal. de curia sua et est illa de qua officiatur capella s. Pauli.* Ein Bezug des Eintrags auf die Bamberger Urkunden Friedrichs ist hier nicht erkennbar. Zur Quelle: *Erich Freiherr von Guttenberg* (Bearb.), Die Regesten der Bischöfe und des Domkapitels von Bamberg. (Veröff. d. Ges. f. fränkische Gesch., VI. Rh.) Würzburg 1963, 185 u.ö. – Weingarten: *Franz Ludwig Baumann* (Ed.), Necrologia Germaniae, T. 1: Dioeceses Augustensis, Constantiensis, Curiensis. (MGH Necr., Bd. 1.), Berlin 1888, 226 ad 10.6. (etwa zeitgenössisch): *Fridericus imperator obiit, hic inter alia beneficia dedit nobis calicem et 25 marcas.* Friedrich hatte dem Kloster offenbar 1187 eine Bestätigungsurkunde der Rechte und Besitzungen ausgestellt, die sich aber kaum mit dem Nekrologeintrag in Verbindung bringen läßt: D FI *964, vgl. Spuria DD FI 1033, 1079. – Nicht eindeutig auf eine Gabe Friedrichs selbst führt ein Eintrag im Nekrolog der Kathedrale von Genf zurück (*Albert Sarasin*, Obituaire de l'église cathédrale de Saint-Pierre de Genève avec une introduction. Genéve 1882, 134f.): (...) *pro cujus anniversario assignati sunt XX solidi super censum Francisci.*

73 Das Nekrolog des Allgäuer Benediktinerklosters Isny, das nur durch die Auszüge des Mönchs Georg Neher von 1799 erhalten blieb, enthält zum 10. Juni den Vermerk: *Fridericus I. Romanorum imperator 1190, benefactor* (MGH Necr. 1 [wie Anm. 72], 178). Es ist fraglich, ob die Notiz damit in Verbindung gebracht werden darf, daß der Kaiser 1189 die dem Kloster gehörende Kirche in Rohrdorf in seinen Schutz genommen hat, als die Nonnen hierher umsiedelten: D FI 999, anders *Opll*, Amator ecclesiarum (wie Anm. 17), 76. In der Klostertradition von Isny erscheint der Kaiser anderswo als *plenus frater nostrae congregationis*, was eher auf eine Gebetsbruderschaft hindeutet, zit. Opll 76 Anm. 33. – Auch im Kloster Prüfening wurde Friedrichs I. als ‚Wohltäter' gedacht, und zwar wohl bis zur Säkularisation 1803: *Franz Ludwig Baumann* (Ed.), Necrologia Germaniae, T. 3: Dioeceses Brixiensis, Frisingensis, Ratisbonensis. (MGH Necr., Bd. 3.) Berlin 1905, 406 (ad 15.7.!, 14. Jh.) und 354 ad 11.6. (18. Jh.). Man kann auch diese Notizen kaum mit *Opll*, Amator ecclesiarum (wie Anm. 17), 76, mit einem Diplom des Kaisers in Verbindung bringen; darin beurkundet Friedrich einen Tausch zwischen Herzog Otto von Bayern und Abt Erbo von P. von 1181: D FI 804.

74 Zum Problem bereits *Borgolte*, Die Stiftungsurkunden Heinrichs II. (1993), 233f., 240 mit Anm. 38. Die herrschende Unsicherheit in der Forschung verdeutlichen zwei Äußerungen der letzten Zeit. Während *Grafen*, Forschungen (wie Anm. 12), 121 unter Bezug auf Althoff behauptet, es sei „zumindest für die Ottonenzeit bekannt (...), daß der Tod des Herrschers prinzipiell sein Gebetsgedenken an den Kon-

Diese konnte abgesehen von Stiftungen auch in einer Verbrüderung bestehen.[75] Auch wenn solche Verträge von materiellen Gaben des Herrschers als neuen Bruders der Kommunität begleitet zu werden pflegten, ist der Unterschied zwischen Verbrüderung und Stiftung in unserem Zusammenhang beachtlich. Denn bei der Verbrüderung stand am Beginn der Beschluß der Konvente und Kapitel, den Herrscher in ihre Reihen aufzunehmen und ihm die gleichen Leistungen wie einem der Ihren zu erbringen, bei der Stiftung lag die Initiative hingegen beim König. Für die Dauer der Memoria konnte sehr wohl entscheidend sein, ob das Kollektiv auf ein Angebot oder eine Bitte von außen reagiert hatte oder von sich aus tätig geworden war.

Die Durchsicht von Urkunden und Totenkalendern ergibt freilich, daß Friedrich I. an der liturgischen Memoria, sei es begründet durch Stiftung, sei es beschlossen durch Verbrüderung, recht wenig interessiert war. Schon in der Verwandtensorge engagierte er sich kaum. In Bamberg bestiftete er die Grabkirche seines Onkels und Vorgängers Konrads III.[76], in Besançon die Familiensepultur seiner Gemahlin Beatrix[77]; und als er auf seinem sechsten Italienzug vom Tod seiner kleinen Tochter Agnes erfuhr, beschenkte er spontan das Kloster San Donato a Torri für deren Seelenheil mit dem Recht des Mühlenbaus und der Fischerei.[78] Sonst fällt auf, daß Stiftungen für seine eigene Memoria im Kontext von Verbrüderungen gestanden haben; so war es etwa bei den Domkapiteln von Speyer[79] und Bamberg[80] und

---

ventualkirchen des Reiches zur Folge hatte", zitiert ein anderer Autor Wollasch, nach dem jede nekrologische Nennung eines Herrschers auf einer Verbrüderung mit dem jeweiligen Überlieferungsträger beruhe: *Hubertus Seibert*, Herrscher und Mönchtum im spätottonischen Reich. Vorstellung – Funktion – Interaktion, in: *Schneidmüller/Weinfurter*, Otto III. – Heinrich II. (wie Anm. 12), 205–266, hier 240 Anm. 181.

75 Zur Unterscheidung: *Borgolte*, Über Typologie und Chronologie des Königskanonikats (1991), 22–26.

76 DD FI 3, 70.

77 D FI 994. Bestätigt 1191 durch den Sohn des Kaiserpaares, Pfalzgraf Otto I. von Burgund: *Ferdinand Güterbock*, Zur Geschichte Burgunds im Zeitalter Barbarossas, in: Zs. f. Schweizerische Gesch. 17, 1937, 145–220, hier 224f. Nr. V. S.a. die Bestätigung einer Stiftung Ottos von Burgund durch dessen Bruder (Barbarossas anderen Sohn) König Philipp: *Eduard Winkelmann* (Hrsg.), Acta Imperii Inedita Seculi XIII. Urkunden und Briefe zur Geschichte des Kaiserreichs und des Königreichs Sicilien in den Jahren 1198 bis 1273. Innsbruck 1880, 9 Nr. 12.

78 D FI 882; vgl. *Ehlers*, Metropolis Germaniae (1996), 349 u.ö.

79 Im Eintrag des Speyerer Totenbuches von 1273 (wie Anm. 72) wird Friedrich I. aus Speyerer Sicht als ‚Bruder' bezeichnet; deshalb ist sicher von einer Gebetsverbrüderung als Voraussetzung und Rahmen der Stiftung auszugehen. Auch Friedrichs Onkel und Vorgänger Konrad III. wird im älteren Totenbuch zu seinem Todestag als ‚unser Bruder' genannt, ohne daß hier oder in der urkundlichen Überlieferung eine Stiftung belegt wäre (*Grafen*, Forschungen [wie Anm. 12], 287 zum 15.2.), das Gleiche gilt entsprechend für Konrads Gemahlin Gertrud von Sulzbach (ebd. 306 zum 14.4.). Die DD FI 34 (vgl. oben Anm. 19) und 827 für den Speyerer Bischof bzw. die Bewohner von Speyer selbst können mit dem Einträgen in den Kapitelsnekrologien nicht in Verbindung gebracht werden. Zurecht lehnt *Grafen*, Forschungen (wie Anm. 12), 133, die Annahme ab, Friedrich habe in Speyer einen Königskanonikat errichtet; vgl. dazu auch *Ehlers*, Metropolis Germaniae (1996), 221–224. Doch kann man nicht nur Verbrüderung von Kanonikat, sondern vor allem auch Stiftung von Kanonikat klar trennen: *Borgolte*, Über Typologie und Chronologie des Königskanonikats (1991), bes. 26.

80 In Urkunden von 1163 und 1165 (DD FI 420, 478) nannte Friedrich die Kanoniker der Bischofskirche seine ‚(sehr) geliebten und getreuen Brüder'. Von wann die Verbrüderung datiert, ist ungewiß. 1152, schon vier Tage nach seiner Salbung zu Aachen, hatte Barbarossa den Bamberger Bischof und seine Kirche bewidmet, und zwar zum immerwährenden Gedächtnis seiner selbst und seines Vorgängers und Onkels, des Königs Konrads (III.), der in der Kirche leiblich ruhe (D FI 3); 1154 hatte er die Schenkung bestätigt (D FI 70). Wie in Speyer (wie Anm. 79) war bereits Konrad III. Bruder der Bamberger Dom-

beim Augustinerchorherrenstift Seckau[81], die dann jeweils das Gedenken Friedrichs jahrhundertelang pflegen sollten.

Wie die Stiftung eine Fraternitas ergänzte und erweiterte, läßt sich besonders gut beim Kloster St. Ulrich und Afra in Augsburg beobachten.[82] Barbarossa hatte die Abtei schon 1177 einmal gefördert[83], als er anläßlich eines Besuches in Augsburg 1182 in die Bruderschaft der Mönche aufgenommen wurde. Dabei wurde vereinbart, daß die Brüder dem Kaiser im Falle seines Todes an Vigilien, Fasten, Gebeten und anderen geistlichen Werken die gleichen Leistungen erbringen sollten, wie sie es für einander oder ihren Abt zu tun pflegten.[84] Für dieses Werk der Frömmigkeit habe Friedrich, wie es in seinem Diplom heißt, den Besitz der Brüder und ihrer Nachfolger bestätigt und in Schutz genommen. Schon kurze Zeit darauf hat sich der Kaiser für die verbrüderte Gemeinschaft besonders engagiert. Nachdem im Sommer 1183 die Klosterkirche abgebrannt war, war e r es offenbar, der den raschen Neubau förderte. An der Neuweihe 1187 nahm er mit dreien seiner Söhne teil und übertrug persönlich die Reliquien des heiligen Ulrich an dessen neue Ruhestätte.[85] Kurz nach seiner Abreise aus Augsburg beschenkte er die Ulrichkirche mit drei Höfen. Dies geschah im Hinblick darauf, daß Abt und Brüder gelobt hatten, für ihn ein Jahresgedächtnis an den Quatembertagen vor Weihnachten mit Vigilien, Messen und Gebeten zu halten; nach seinem Tod sollte aber das Anniversar seiner selbst sowie das seiner Gemahlin Beatrix auf ewig begangen werden.[86] Hatten die Mönche ihrem kaiserlichen Bruder 1182 also das Totengedenken wie einem ihrer Klosterinsassen gewährt – wobei nicht klar ist, ob ein Anniversar eingeschlossen sein sollte –, so waren die Bestimmungen von 1187 eindeutiger und umfassender. Jetzt war ausdrücklich vom jährlichen Totengedenken die Rede, das auch der bereits verstorbenen Kaiserin Beatrix zugewandt werden sollte. Außerdem setzte der Stifter ein jährliches Lebendengedenken für sich an den Winterquatembern fest. Da diese Fasttage

---

herren gewesen. Daraus darf man wiederum nicht die Existenz eines Königskanonikats ableiten: Vgl. *Hoffmann*, Mönchskönig und *rex idiota* (wie Anm. 18), 121f.; *Manfred Groten*, Königskanonikat und Krönung, in: DA 48 (1992), 625–629, hier 629 (zu dessen Kritik an meiner Anm. 75 zit. Arbeit hier im übrigen nicht Stellung genommen werden muß); zum Problem der Abgrenzung des Königskanonikats s. *Borgolte*, Über Typologie und Chronologie des Königskanonikats (1991), passim.

81 *Sigismund Herzberg-Fränkel* (Hrsg.), Necrologia Germaniae, T. 2: Dioecesis Salisburgensis. (MGH Necr., Bd. 2.) Berlin 1904, 415 ad 10.6. (Mitte 14. Jh.): *Fridricus imperator Romanorum in expeditione obiit, qui dedit nobis duas v(ineas?) in Chotsamsdoerf et Ra..tenpach in marchia* .... Außerdem wird *Fridericus imperator* im Verbrüderungsbuch von Seckau unter denen aufgeführt, denen die Bruderschaft der Stiftsherren zuteil geworden ist (ebd. 363; vgl. *Opll*, Amator ecclesiarum [wie Anm. 17], 76f.). Die Bestätigungsurkunde D FI 202 kann mit den Gedenkeinträgen offenkundig nicht in Verbindung gebracht werden. – In Goslar waren Friedrich I. und seine Gemahlin Beatrix in eine Bruderschaft von Geistlichen und Laien eingeschlossen: D FI 1013.

82 Zu Barbarossas Verhältnis zu Augsburg jetzt *Opll*, Stadt und Reich (wie Anm. 26) 33–39; *ders.*, Itinerar (wie Anm. 27), 124f.; *ders.*, Winterquatember (wie Anm. 87).

83 Nach einer Urkunde Papst Alexanders III. vom 6.8.1177: *Richard Hipper* (Bearb.), Die Urkunden des Reichsstiftes St. Ulrich und Afra in Augsburg 1023–1440. (Schwäbische Forschungsgemeinschaft b. d. Kommission f. Bayerische LG, Rh. 2a: Urkunden und Regesten, Bd. 4.) Augsburg 1956, Nr. 10.

84 D FI 834.

85 *Jürgen Petersohn*, Kaisertum und Kultakt in der Stauferzeit, in: Politik und Heiligenverehrung im Hochmittelalter. Hrsg. v. Dems. (VuF, Bd. 42.) Sigmaringen 1992, 101–146, hier 110.

86 D FI 957.

kalendarisch variierten[87], mußten die Pflichten in einem Missale notiert werden; erst beim Tod Barbarossas kam für die dauernde Leistung eine Kalendarnotiz in Betracht. Tatsächlich ist aus St. Ulrich und Afra ein Nekrolog erhalten geblieben, das von 1514 stammt und bis zur Aufhebung des Reichsstifts 1802 benutzt worden sein kann. Es enthält die Todeseinträge von Friedrich und Beatrix, freilich ohne Bezug auf Stiftung oder Verbrüderung.[88] Die Dynamik der Memoria läßt sich in Augsburg zweifellos auf eine intensive Wechselbeziehung zwischen dem Kloster und seinem externen Bruder zurückführen, ohne daß der Stiftung Barbarossas das entscheidende Gewicht beigemessen werden könnte.[89]

Während Friedrich I. nur mäßiges Interesse an seinem Gebetsgedenken in alten Kirchen und Klöstern zeigte[90], erkannte er hier wiederum die Möglichkeiten der neuen Orden.[91]

---

87 Sie fielen auf den Mittwoch, Freitag und Samstag in der Woche nach dem 13. Dezember: *Ansgar Franz*, Art. Quatember, in: LMA 7. München 1995, 357. *Ferdinand Opll*, Die Winterquatember im Leben Friedrich Barbarossas, in: MIÖG 85, 1977, 332–341, hat die These aufgestellt, daß sich die Quatember auf die Geburtszeit Friedrichs beziehen. Dem Bezug auf einen Geburts- (Tauf-)Tag widerspricht aber die Variabilität der Quatemberdaten.

88 MGH Necr. 1 (wie Anm. 72), 124 (ad 10.6.): *Obiit Fridericus primus imperator et dux Suevorum*; 127 ad 16.11.: *Beatrix regina*. Die Parallelität der Einträge spricht dafür, daß sie auf die Stiftung von 1187 zurückgehen. Andererseits genoß in St. Ulrich und Afra die Verbrüderungs- und Besitzbestätigungsurkunde von 1182 auffallende Wertschätzung; sie wurde von zwei Herrschern erneuert, durch Kaiser Friedrich II. im Jahr 1240 und durch König Albrecht I. 1302 (Urkunden des Reichsstiftes St. Ulrich und Afra [wie Anm. 83], Nrn. 24, 68), und bildete die Vorlage für eine auf Friedrichs I. Namen angefertigte Fälschung (ebd. Nr. 8 = D FI 1063, wohl aus der Zeit nach 1215, mit dem Vermerk: *in sue plenarie fraternitatis receperunt consorcium*).

89 Das Augsburger Beispiel läßt auch den sensationellen Fall einer angeblichen Stiftung Friedrichs I. (oder für Friedrich) in neuem Licht erscheinen (*Joachim Wollasch*, Vom Überleben einer Jahrtagsstiftung für Kaiser Friedrich I. Barbarossa, in: Kelten und Alemannen im Dreisamtal. Beiträge zur Geschichte des Zartener Beckens. Hrsg. v. Karl Schmid. [Veröff. d. Alemannischen Inst. Freiburg i. Br., Nr. 49.] Bühl/Baden 1983, 153–167). Wollasch hat nachgewiesen, daß in der 1796 gegründeten Pfarrei Buchenbach bei Freiburg i. Br. seit der Säkularisation (1810ff.) Meßreihen für Friedrich gelesen wurden, die auf Gedenkverpflichtungen aufgehobener Klöster zurückgingen; diese Messen mußten gratis gehalten werden, gehörten aber zum sogenannten Religionsfonds. Bis 1920 läßt sich die Spur der Staufermemoria in Buchenbach weiterverfolgen. Wollasch führt die Verpflichtung auf das Kloster Langnau (Hiltensweiler) zurück, an dem Barbarossa sein Anniversargedächtnis erwirkt habe. Das von ihm angeführte D FI 71 ist jedoch für einen „Fundatorenrang" Friedrichs (*Wollasch* 158) nicht beweiskräftig, weil die Urkunde für Langnaus (Hiltensweilers) Mutterkloster Allerheiligen ausgestellt wurde, Hiltensweiler nur sehr beiläufig nannte und gerade in diesem Punkt nur die Bestätigung einer Urkunde Konrads III. darstellte (Die Urkunden Konrads III. und seines Sohnes Heinrich. Bearb. v. *Friedrich Hausmann*. [MGH. Die Urkunden der deutschen Könige und Kaiser, Bd. 9.] Wien/Köln/Graz 1969, 236 Nr. 130). Vor allem aber kann als alternative Erklärung für die überaus stabile Memoria Friedrichs eine Verbrüderung nicht ausgeschlossen werden.

90 Ergänzend zu den angeführten Belegen sei noch erwähnt, daß Friedrich I. im Totenbuch des Kollegiatstifts S. Evasio von Casale Monferrato vermerkt ist: *III. Non. Iun. a. d. 1190 Fredericus felic. mem. quondam Rom. imp. peregre profectus pro defendenda Dominicae Nativitatis terra migravit ad Dominum; qui inter multa beneficia, qui huic ecclesie contulit, claustrum suis expensis fieri fecit* (zit. nach *Henry Simonsfeld*, Jahrbücher des Deutschen Reiches unter Friedrich I. Bd. 1. 1908, ND Berlin 1967, 664; danach ist hier auch Beatrix als Wohltäterin vermerkt). Nach dem Wortlaut des Eintrags zu schließen, war es in erster Linie die (einmalige?) Gabe für den Klosterbau, die Barbarossa das Anniversargedächtnis sicherte. Eine Stiftung im strikten Sinne läge hier nicht vor, da bei dieser ja nur die (Zins-)Erträge konsumiert werden. Zur Förderung der Stiftskirche im übrigen: DD FI 255, 935. Vgl. *Opll*, Stadt und Reich (wie Anm. 26), 227–230. – Zur Verbrüderung Friedrichs I. mit Cluny s.u. Anm. 94.

Nach Überwindung des alexandrinischen Schismas[92] boten ihm jedenfalls die Zisterzienseräbte Peter von Clairvaux und Bernhard von Bellevaux an, daß für ihn nach seinem Tode in allen Klöstern des Ordens das volle Offizium wie für einen Abt gehalten werden sollte.[93] Die zentrale Organisation des Ordens verhieß ihm also eine im Frühmittelalter noch ungewohnt weite Verbreitung seines Gebetsgedenkens[94], und Barbarossa war bereit, dafür alle Niederlassungen der Zisterzienser in seinen Schutz zu nehmen. Allerdings mußte die Zusage der beiden Äbte noch vom Generalkapitel bestätigt werden. Ein solcher Beschluß wurde jedoch ausweislich der Kapitelsprotokolle nie gefaßt. Was gleichzeitig dem französischen König Ludwig VII., dem Ungarn Bela III., dem Engländer Heinrich I. sowie Richard Löwenherz gewährt wurde, das ordensweit verfügte Gedenken[95], blieb Friedrich I. versagt.

*

Ich versuche ein Resümee. Stiftungsforschung hat es immer mit der Suche nach den Anfängen zu tun. Sie steht deshalb in der Gefahr, einem Idol zu huldigen, das ein kluger Kritiker der Geschichtswissenschaft den Stammesgötzen der Historiker genannt hat.[96] Trotzdem muß

91 Zu den Nekrologeinträgen in der Johanniterkomturei Heimbach s.o. bei Anm. 35, im Augustinerchorherrenstift Seckau bei Anm. 81. Zur Bestiftung der Zisterzienserklöster Sittichenbach im Jahr 1154 und Tennenbach 1180: D FI 73 bzw. MGH Necr. 1 (wie Anm. 72), 340, D FI *1183.

92 Vgl. D FI 690.

93 D FI 1023.

94 In einem Brief an Barbarossa von etwa 1157 beteuerte allerdings Abt Hugo III. von Cluny, daß seine Brüder, zugleich die Mitbrüder (*confratres*) des Adressaten, für das Seelenheil des Herrschers und für die Wohlfahrt seines Reiches täglich Gebete sprächen, wie sie auch das Jahresgedächtnis Konrads III. regelmäßig hielten. Demnach ist Friedrich I. auch mit Cluny verbrüdert gewesen: *Auguste Bernard/Alexandre Bruel* (Edd.), Recueil des chartes de l'abbaye de Cluny. T. 5. Paris 1894, 540 Nr. 4193. Vgl. *Opll*, Winterquatember (wie Anm. 87), 333; zum Brief und zur schwierigen Lage Clunys zu jener Zeit s. *Joachim Wollasch*, Cluny – „Licht der Welt". Aufstieg und Niedergang der klösterlichen Gemeinschaft. Zürich/Düsseldorf 1996, 319, vgl. 322, 282. – Weder Konrad III. noch Friedrich I. sind allerdings in den Nekrologien von Cluny nachgewiesen: Vgl. *Joachim Wollasch* (Hrsg.), Synopse der cluniacensischen Necrologien. (MMS, Bd. 39/I–II.) München 1982, Bd. 1, 340, Bd. 2, 92f. (zu 15.2.), 322f. (10.6.).

95 *Josephus-Maria Canivez* (Ed.), Statuta Capitulorum Generalium Ordinis Cisterciensis ab anno 1116 ad annum 1786. T. 1. Louvain 1933, 59 Nr. 34 (ad 1154?), 91f. Nr. 1 (ad 1183), 107 Nr. 9 (ad 1187): zu Ludwig VII. von Frankreich († 1180), der in dem von ihm gegründeten Zisterzienserkloster Notre-Dame-de-Barbeau bei Fontainebleau beigesetzt wurde, s. *Joachim Ehlers*, Ludwig VII. 1137–1180, in: Die französischen Könige des Mittelalters. Von Odo bis Karl VIII. 888–1498. Hrsg. v. Dems./Heribert Müller/Bernd Schneidmüller. München 1996, 139–154, hier 153. – *Canivez*, Statuta Capitulorum 1, 94 Nr. 19 (ad 1183): u.a. zu Bela III. von Ungarn († 1196); ebd. 94f. Nr. 21 (ad 1183): zu Heinrich I. von England († 1135); ebd. 101 Nr. 26 (ad 1185): zu Richard Löwenherz († 1199). – Friedrich II. bat bereits in einem Brief von 1215 das Generalkapitel der Zisterzienser um Aufnahme in die Fraternitas, die ihm auch gewährt wurde: ebd. 432–434. – Zur Frühgeschichte der zisterziensischen Memorialsorge: *Franz Neiske*, Cisterziensische Generalkapitel und individuelle Memoria, in: De ordine vitae. Zu Normvorstellungen, Organisationsformen und Schriftgebrauch im mittelalterlichen Ordenswesen. Hrsg. v. Gert Melville. Münster 1996, 261–283; zur Beteiligung von Generalkapiteln der Zisterzienser und Dominikaner an der Organisation königlicher Memoria: *ders.*, Gebetsgedenken und päpstlicher Ablaß. Zur liturgischen Memoria französischer Könige und Grafen im Spätmittelalter, in: *Geuenich/Oexle*, Memoria in der Gesellschaft des Mittelalters (1994), 178–206.

96 *Marc Bloch*, Apologie der Geschichte oder Der Beruf des Historikers. Hrsg. v. Lucien Febvre. Stuttgart [3]1992, 45.

die Stiftungsforschung nicht zur Höllenfahrt werden.[97] Denn es hat sich gezeigt, daß die Scheinanfänge, auf die sie in der Geschichte der Stiftungen zu stoßen meint, einerseits zwar auf Wirkungen der ursprünglichen Stiftung zurückgehen, andererseits aber doch Anfänge eigenen Rechts darstellten. Wenn ursprüngliche Impulse weitergetragen und revitalisiert wurden, dann lag das an Rahmenbedingungen, die dem Stifterwillen immer wieder Aktualität verliehen, aber auch an der Interessenkongruenz derjenigen, die den Stifterwillen weitertragen wollten. Stiftung ist in der Tat nur die C h a n c e, für Befehle bestimmten Inhalts über den Tod hinaus Gehorsam zu finden[98]; die von ihr angesprochenen Gruppen von Menschen müssen dazu eigene Bereitschaft und eigenes Wollen mitbringen. Es kann also keine Rede davon sein, daß der Stifterwille in der Stiftungsforschung gewissermaßen zum Selbstläufer mystifiziert werden könnte. Wie er gleichwohl den dialektischen Prozeß von Herrschaft und Genossenschaft in der Geschichte beeinflußt und von Zeit zu Zeit sogar gestaltet hat, ist und bleibt eine spannende Frage der Geschichtswissenschaft überhaupt.[99]

Kaiser Friedrich I. scheint allerdings recht wenig von der postmortalen Wirkung der Stiftungen gehalten zu haben. Dieser Befund könnte überraschen, da doch der Rezeption des römischen Rechts, an der er Anteil hatte, gerade eine Stabilisierung der Geltungsdauer von Recht überhaupt zugeschrieben wird.[100] Und hat ihm nicht der Erzbischof von Mailand 1158 zugerufen: „Was dem Princeps gefällt, hat Gesetzeskraft (...). Denn alles, was der Kaiser brieflich anordnet oder anerkennend beschließt oder durch Edikt befiehlt, das gilt als Gesetz“?[101] Andererseits wußte Barbarossa, daß selbst Kirchenbesitz nicht ewigen Bestand hat. In seinen Diplomen für italienische Empfänger nahm er wiederholt Bezug auf das Präskriptionsrecht der alten Kaiser, versuchte aber auch, den Verjährungsschutz für usurpierte Besitzansprüche ganz aufzuheben.[102] Was seine Stiftungen betrifft, so lag ihm offenbar daran, Gutes zu tun und für seine Taten auf die Gegengabe des ewigen Lebens zu hoffen; an dauernder liturgischer Memoria war ihm weniger gelegen. Vielleicht wußte er, aber das ist nur eine Vermutung, daß eine Dauer dieser Art ohne starke Genossenschaften nicht möglich war, denen er aus der Sicht des Herrschers mit Mißtrauen begegnete. Deshalb mochten ihm die großen neuen Orden als Partner sympathisch sein, die selbst herrschaftlich organisiert und deshalb berechenbarer waren.

Was für Barbarossa gilt, läßt sich auf andere Herrscher nicht ohne weiteres übertragen. Ein allgemeines Bild vom König als Stifter läßt sich noch nicht zeichnen, das wird vermut-

97 S.o. bei Anm. 1.

98 S.o. bei Anm. 9.

99 *Borgolte*, Stiftungen des Mittelalters im Spannungsfeld von Herrschaft und Genossenschaft (1994).

100 *Krause*, Dauer und Vergänglichkeit (wie Anm. 15), 231ff.; vgl. auch *Appelt*, Die Urkunden Friedrichs I., 5 (wie Anm. 19), 123–129; *Stelzer*, Scholarenprivileg (wie Anm. 32), bes. 153–162. Weitere Literaturhinweise bei *Keller*, Zwischen regionaler Begrenzung (wie Anm. 21), 531f.

101 Rahewini Gesta Friderici I. (wie Anm. 71), 239 lib. IV.5, nach Institutiones I,2,6. Vgl. *Keller*, Zwischen regionaler Begrenzung (wie Anm. 21), 402.

102 *Ekkehard Kaufmann*, Art. Verjährung, in: Handwörterbuch zur deutschen Rechtsgesch. Bd. 5. Berlin 1998, 734–737, hier 734; *Jürgen Petersohn*, Das Präskriptionsrecht der Römischen Kirche und der Konstanzer Vertrag, in: Ex Ipsis Rerum Documentis. Beiträge zur Mediävistik. Fschr. für Harald Zimmermann. Hrsg. v. Klaus Herbers/Hans Henning Kortüm/Carlo Servatius. Sigmaringen 1991, 307–315. Von den 311f. mit Anm. 28 genannten 29 Diplomen bezieht sich nur eines auf einen nichtitalienischen Empfänger (D FI 634; Forcalquier, Provence). Einen vollen Schutz vor Verjährung ihrer Ansprüche (*nulla prescriptio*) gewährte Friedrich Kirchen und anderen Empfängern in DD FI 91, 242, 246, 257, 267, 275, 278, 301, 309, 314, 413, 414, 422, 634, 677, 728, 894.

lich nie möglich sein. Das Studium der Stiftungen in ihrer Geschichte steht aber noch ganz am Anfang. Wer es betreibt, kann das ganze Leben in seinem Zusammenhang und in seinem Wandel durch die Jahrhunderte erfahren.[103] Und er hat die Chance zu lernen, wie die Menschen der Vergangenheit mit dem zentralen Problem ihrer Existenz umgegangen sind, dessen Aktualität heute vielleicht verblaßt: dem Problem, in welchem Verhältnis Menschenzeit und Ewigkeit zueinander gestanden haben.

103 *Borgolte*, „Totale Geschichte" des Mittelalters? (1993); *ders.*, Memoria. Zwischenbilanz eines Mittelalterprojekts, in: ZfG 46, 1998, 197–210.

Großes Werk eines „kleinen Königs“

Das Vermächtnis Friedrichs des Schönen zwischen Disposition und Durchführung

Von

Katrin Proetel

Als sich Friedrich der Schöne[1] im Herbst des Jahres 1314 mit einem stark gerüsteten Gefolge nach Frankfurt begab, um sich dort zum römischen König wählen zu lassen, war ihm bewußt, daß keine leicht zu bewältigende Regierungszeit vor ihm stand. Ausgerechnet sein Freund und Vetter Ludwig von Bayern, mit dem zusammen er seine Kindheit am habsburgischen Hof verbracht hatte, sollte sein Thronkonkurrent und damit ärgster politischer Gegner werden. Die Doppelwahl vor den Toren der Stadt Frankfurt markiert denn auch den Auftakt

1 Zu Friedrich dem Schönen immer noch grundlegend: *Alphons Lhotsky*, Geschichte Österreichs seit der Mitte des 13. Jahrhunderts (1281–1358). (Veröffentlichungen der Kommission für Geschichte Österreichs, Bd. 1.) Wien 1967, 169–309; veraltet und nur auf den politischen Gang der Geschehnisse konzentriert ist *Franz Kurz*, Österreich unter Friedrich dem Schönen. Leipzig 1818; stark, teils wörtlich, an Lhotsky angelehnt ist *Günther Hödl*, Habsburg und Österreich 1273–1493. Gestalten und Gestalt des österreichischen Spätmittelalters. Wien/Köln/Graz 1988, der allerdings zu neuen Ergebnissen hinsichtlich des Ausbaus Wiens zur Residenzstadt unter Friedrich dem Schönen gelangt, s. auch *Ders.*, Friedrich der Schöne und die Residenz Wien, in: Jahrbuch des Vereins für die Geschichte der Stadt Wien 26, 1970, 7–35. Einen Abschnitt widmet auch *Karl Friedrich Krieger*, Die Habsburger im Mittelalter. Von Rudolf I. bis Friedrich III., Stuttgart/Berlin/Köln 1994, 114–127, dem politischen Wirken Friedrichs des Schönen. Eine neue wissenschaftliche Biographie über den Habsburgerkönig steht noch aus. Einschlägige Regestenwerke und Quelleneditionen: *Ernst Birk*, Regesten der Habsburger-Urkunden, in: Geschichte des Hauses Habsburg. Hrsg. von *Eduard Maria Lichnowsky*. Bd. 3. Wien 1838, 325–525; Regesta Habsburgica. Regesten der Grafen von Habsburg und der Herzöge von Österreich aus dem Hause Habsburg. (künftig Reg. Habsb.) Bd. III.1: Die Regesten der Herzöge von Österreich sowie Friedrichs des Schönen als deutschen Königs von 1314–1330. Hrsg. v. *Lothar Gross*. Innsbruck 1924; Regesta Imperii inde ab anno 1314 usque ad annum 1347. Die Urkunden Kaiser Ludwigs des Baiern, König Friedrich des Schönen und König Johanns v. Böhmen nebst einer Auswahl der Briefe und Bullen der Päbste und anderer Urkunden. Hrsg. v. *Johann Friedrich Böhmer*. Frankfurt am Main 1839; *Joseph Chmel*, Zur Geschichte König Friedrichs des Schönen. (Auszüge aus einer Handschrift des 14. Jahrhunderts im k.k. Haus-, Hof- und Staats-Archive), Verpfändungen aus den Jahren 1308 bis 1315, in: Archiv für österreichische Geschichte 2, 1849, 511–557; *Johann Friedrich Baumann*, Voluntarium imperii consortium inter Fridericum Austriacarum et Ludovicum Bavarum Augg. quod ex pacto de anno 1325. Frankfurt am Main/Leipzig 1735; Urkundenbuch des Landes ob der Enns. Bd. 5 u. 6. Wien 1868 u. 1872; Urkunden und Regesten aus den Archiven der k.k. Reichshaupt- und Residenzstadt Wien. Hrsg. v. *Karl Uhlirz*. Bd. 1, Jb.16/2. Wien 1895; Acta imperii selecta. Urkunden deutscher Könige und Kaiser mit einem Anhange von Reichssachen. Hrsg. v. *Johann Friedrich Böhmer*. Innsbruck 1870, 465–481.

einer langen kriegerischen Auseinandersetzung um den Thron, die das politische Handlungsvermögen beider Kontrahenten über Jahre hinweg hemmen und für Friedrich in einer fast vier Jahre währenden Gefangenschaft in den Händen der Wittelsbacher auf der oberpfälzischen Burg Trausnitz enden sollte.[2]

Neben dem Konflikt mit dem Gegenkönig Ludwig wird gemeinhin ein weiteres politisches Ereignis mit der Regierungszeit Friedrichs des Schönen in Verbindung gebracht: Die „Katastrophe von Morgarten„[3], die für die Habsburger ein Scheitern gegenüber der eben entstandenen schweizerischen Eidgenossenschaft in ihrem angestammten Machtbereich bedeutete. Diese beiden politischen Niederlagen trugen wohl maßgeblich dazu bei, das negative Urteil der Historiographie über den Habsburger festzuschreiben. Friedrich sei „kein ebenbürtiger Nachfolger seines Vaters gewesen“[4], „vom Standpunkt der Dynastie aus gesehen“ habe er „alles völlig heruntergebracht“, was sein Vater Albrecht aufgebaut hätte[5], und vor allem nach seiner Trausnitzer Gefangenschaft, namentlich dem Tod seines Bruders Leopold I. im Jahr 1326, sei Friedrich „unselbständig, politisch inaktiv und ideenlos“ verblieben[6], zweifellos sei Herzog Albrecht II. nun „der eigentliche Wortführer und einzig wirklich tätige Politiker auf habsburgischer Seite“ gewesen.[7]

Die negative Beurteilung des dritten Habsburgerkönigs ist zweifelsohne insofern gerechtfertigt, als seine Regierungszeit von verschiedenen militärischen und diplomatischen Niederlagen gezeichnet ist.[8] Der Verlust der Königskrone fällt dabei vielleicht am meisten ins Gewicht. Wenn man auch den gegebenen Handlungsspielraum, die Aktionsmöglichkeiten Friedrichs des Schönen im veränderten politischen Umfeld, nicht aus dem Blick verlieren darf, läßt sich dem König auf reichspolitischer Ebene wohl eine mangelnde Tatkraft sowie zögerliches und bedingt unkluges politisches Verhalten zur Last legen. Doch wird man dem Habsburger nicht gerecht, wenn man ihm jegliches politisches Durchsetzungsvermögen abspricht und ihm eine Erfolglosigkeit auf ganzer Linie attestiert.

Denn um zu einem ausgewogenen Urteil über eine Herrscherpersönlichkeit zu gelangen, müssen auch solche Mittel des herrscherlichen Agierens in die Beurteilung mit einfließen, die heute zumeist weniger der Regierungstätigkeit eines Herrschers, sondern eher dem Bereich der privaten Frömmigkeit zugerechnet werden. Faßt man politisches Handeln jedoch in einem weiteren Sinne als „Handlungskonzeption im Interesse von Gruppen und Gemeinschaften“ auf, das zugleich der Machtlegitimation dient[9], so müssen zweifellos auch die „frommen Werke“, die Stiftungen, die jeder mittelalterliche König, mancher in größerem,

2 Zum Verlauf des Konflikts *Lhotsky*, Geschichte (wie Anm. 1), 228–292.

3 *Hödl*, Habsburg (wie Anm. 1), 59, zum Verlauf des Konflikts 60f.; *Krieger*, Habsburger (wie Anm. 1), 118–120; *Lhotsky*, Geschichte (wie Anm. 1), 237–240.

4 *Lhotsky*, Geschichte (wie Anm. 1), 308. *Krieger*, Habsburger (wie Anm. 1), 127, relativiert dieses Urteil insofern, als er bereits die Aufbauarbeit König Albrechts in Frage stellt.

5 *Lhotsky*, Geschichte (wie Anm. 1), 308, und diesem wörtlich folgend *Hödl*, Habsburg (wie Anm. 1), 65.

6 *Hödl*, Habsburg (wie Anm. 1), 64.

7 *Lhotsky*, Geschichte (wie Anm. 1), 299.

8 Hierzu *Lhotsky*, Geschichte (wie Anm. 1), 169–269.

9 *Volker Sellin*, Art. Politik, in: Geschichtliche Grundbegriffe. Historisches Lexikon zur politisch-sozialen Sprache in Deutschland. Hrsg. v. Otto Brunner/Werner Conze/Reinhart Koselleck. Bd. 4. Stuttgart 1978, 789–874, hier 874.

mancher im kleinerem Umfang, tätigte[10], als Bestandteil des politischen Wirkens wahrgenommen werden. Dies, zumal dem Herrscher qua Amt die *pietas* oblag, in welche die Stiftungstätigkeit einzureihen ist, und das königliche Ansehen sich maßgeblich in der Intensivität seiner Werkfrömmigkeit bemaß.[11] Die Stiftungen konnten demnach, wie am Fall König Friedrichs gezeigt werden soll, auf vielfache Weise zur Herrschaftslegitimierung und –stabilisierung beitragen und, ihrem Anspruch auf Ewigkeit entsprechend, bei geschickter Initiierung von dauerhaftem Nutzen auch für die dem Stifter nachfolgenden Generationen sein.

Friedrich der Schöne hat sich auf dem Gebiet der Stiftungstätigkeit in besonderem Maße hervorgetan. Zahlreiche stifterliche Vergabungen, die hier näher vorgestellt werden, zeugen davon, daß ihm die Förderung von geistlichen Gemeinschaften ein großes Anliegen war. Den unbestreitbaren Höhepunkt seines Stiftungswerkes stellt das Testament Friedrichs dar. Dieses umfassende Stiftungsdiplom, mit dessen Durchführung umgehend nach der Ausstellung begonnen wurde, fertigte der Habsburger im Jahre 1327 an. Daß er die Umsetzung seines Willens in die richtigen Bahnen lenkte und einen maßgeblichen Anteil an der erfolgreichen Verankerung der Stiftungen bei den verschiedenen geistlichen Gemeinschaften hatte, soll im zweiten Teil der Arbeit gezeigt werden.

*

Am Anfang seiner aus den Quellen faßbaren Stiftertätigkeit steht die Gründung des Kartäuserklosters Mauerbach. Bereits während seiner Regentschaft als Herzog von Österreich und Steiermark hatte Friedrich gemeinsam mit seinen Brüdern Leopold, Albrecht, Heinrich und Otto Pläne für die Errichtung des Klosters für einen Prior und zwölf Mönche mitsamt einem Armenhaus für 17 Bedürftige gemacht.[12] Ein gutes Jahr nach seiner Königskrönung ließ Friedrich dann einen ausführlichen Stiftungsbrief für das Kloster ausstellen.[13] Hierin wurden die Geistlichen zur Feier der Anniversare prominenter Familienmitglieder verpflichtet: So sollte für seine Amtsvorgänger, die Habsburgerkönige Rudolf und Albrecht, sowie für Albrechts Gemahlin Elisabeth, für seinen verstorbenen Bruder Rudolf, König von Böhmen, und für ihn selbst die Jahrtage mit Messen, Vigilien, Gebeten und anderen göttli-

10 Diese Einsicht wurde durch Forschungen im Rahmen des DFG-Projektes „Quellencorpus zum deutschen Stiftungswesen“, jetzt „Stiftungen der fränkischen und deutschen Könige des Mittelalters und ihre Wirklichkeiten“, erzielt; zum Projekt vgl. *Michael Borgolte* (in diesem Band).

11 *Ernst Schubert*, König und Reich. Studien zur spätmittelalterlichen deutschen Verfassungsgeschichte (MPIG, Bd. 63.). Göttingen 1979, 49f. Neben Chroniken und anderen erzählenden Quellen, in denen die *pietas* eines Königs hervorgehoben wird, weisen vor allem die Wahlanzeigen der Kurfürsten an den Papst auf die Vorstellungen der vom König erwarteten Frömmigkeitsgesten hin. Zur Wahlanzeige Friedrichs des Schönen ebd. 45.

12 Das Datum geht aus der Chronik Leopold Brenners, eines Mauerbacher Prälaten aus dem 17. Jahrhundert, hervor, wo Auszüge aus einer Stiftungsurkunde von 1313 wiedergegeben sind, die sonst nicht überliefert ist; s. *Wolfgang Hingst*, Leopold Brenners "Historia Cartusiae Maurbacensis". Diss. phil. (ungedruckt). Wien 1964, 21. Ansonsten gilt das Jahr 1316, Ausstellungsdatum des zweiten Stiftungsbriefes, als Gründungsjahr der Kartause, s. Reg. Habsb. Bd. III.1 (wie Anm. 1), 54, Nr. 427.

13 18.4.1316, Druck bei *Theodor Wiedemann*, Geschichte der Karthause Mauerbach, in: Berichte und Mittheilungen des Alterthum-Vereines zu Wien (künftig: BMAW) 13, 1873, 69–71; *Rolanda Hantschk*, Die Geschichte der Kartause Mauerbach. (Analecta Cartusiana Bd. 7.) Diss. phil. Salzburg 1972, 139–143.

chen Diensten gefeiert werden „wie es im Orden für die Klostergründer üblich ist“.[14] Zeit seines Lebens stand Friedrich in engster Beziehung zu dem Konvent und seinem Vorsteher, dem von ihm eingesetzten Prior Gottfried, der zugleich sein Beichtvater und treuer Berater war.[15] Mauerbach wurde schließlich von dem Habsburger zu seiner Grablege bestimmt.[16]

Zum römisch-deutschen König gekrönt, sieht man Friedrich zunächst für das Zisterzienserkloster in Salem stiften. Am 25. April 1315 verlieh er dem dortigen Abt und Konvent das bisher dem Reich zustehende Patronatsrecht über die Kirche in Pfullingen (Diözese Konstanz) zu dauerndem Eigen. Auch mit dieser Vergabung erinnerte er an die Traditionslinie, in der sein Königtum stand: Neben einer feierlichen Messe zu seinen Lebzeiten sollten die Einkünfte der Kirche dazu benutzt werden, die Jahrtage seiner Vorgänger, der Könige Rudolf, seines Großvaters, und Albrecht, seines Vaters, sowie seiner Mutter Elisabeth und nach seinem Tod schließlich sein eigenes Anniversar wie die seiner Vorfahren zu begehen (*ad instar progenitorum nostrorum, ut premissam est*[17]). Offensichtlich bedurfte die Veräußerung von Reichsgut der besonderen Erlaubnis der Kurfürsten. Zwischen den Jahren 1315 und 1332 erteilten vier der Kurfürsten kraft sogenannter Willebriefe ihr Einverständnis mit Friedrichs Stiftung.[18]

Auch das in den westlichen Stammlanden gelegene Habsburger Hauskloster Königsfelden[19], das Friedrichs Mutter Elisabeth an der Todesstätte ihres Gemahls Albrecht gestiftet hatte, wurde vom König in mehrfacher Weise begünstigt. Gemeinsam mit seinem Bruder Leopold übergab er dem dortigen Frauenkonvent zum Seelenheil seiner Eltern sowie zu seines und Leopolds Memoria das ihm und seinen Brüdern zustehende Patronatsrecht der Kirche in Windisch und versprach, innerhalb von drei Jahren die Einverleibung der Kirche an das Kloster und ihre Befreiung von der Leistung des bischöflichen Zehntviertels vom Bischof von Konstanz zu erreichen.[20] Die in Aussicht gestellte Einverleibung der

14 Im Stiftungsbrief von 1316 wurde die Memorialpflicht der Geistlichen gegenüber dem König und seinen Verwandten verankert: *Igitur eandem fundationem sic instituimus, quod prior et conventus in claustro et hospitali dies anniversarios infrascriptos, scilicet: dive recordationis dominorum Rudolphi avi et Alberti genitoris nostri regum Romanorum ac preclare Elisabeth genitricis nostre quondam Romanorum regine incliti fratris nostri Rudolfi quondam regis Bohemie nostrum quoque ac coherendum nostrorum cum Deo volente e medio vocati fuerimus, singulis annis debeant peragere cum missis, vigiliis, orationibus ac aliis divinis obsequiis, sicut in ordine pro fundatoribus fieri est consuetum*, s. *Hantschk*, Geschichte (wie Anm. 13) 139–143, hier 143.

15 „Dort verlebte er glückliche Stunden in heiliger Andacht, dort fand er einen Frieden, den diese Welt nicht geben kann, dort ruhte der müde Wanderer aus und sehnte sich nach seinem wahren Vaterlande“ bemerkte pathetisch *Kurz*, Österreich (wie Anm. 1), 357. Zu Gottfried s. *Wiedemann*, Geschichte (wie Anm. 13), 79f.

16 Johann von Viktring, Liber certarum historiarum. Hrsg. v. *Fedor Schneider*. 2 Bde. (MGH SSrerGerm, Bd. 36.) Leipzig/Hannover 1909/10, hier Bd. 2, 101. *Hantschk*, Geschichte (wie Anm. 14), 160.

17 Reg. Habs. Bd. III.1 (wie Anm. 1), 26, Nr. 190. Druck: Codex diplomaticus Salemitatus. Urkundenbuch der Cisterzienserabtei Salem. Hrsg. v. *Friedrich v. Weech*. Bd. 3. Karlsruhe 1895, 212f., Nr. 1172.

18 28.4.1315: Herzog Rudolf von Sachsen; 13.10.1315: Pfalzgraf Rudolf am Rhein, Herzog von Bayern; 20.5.1322: Erzbischof Matthias von Mainz; vor dem 5.1.1332: Erzbischof Heinrich von Köln (ohne Ort und Datum), s. ebd., 213, Nr. 1172a–1172d (Regesten). Die Klärung der Frage, in welchen Fällen die Einverständniserklärung zu den Stiftungen verlangt wurde, steht noch aus.

19 Zu Königsfelden s. *Georg Boner*, Art. Königsfelden, in: Helvetia sacra V,1: Der Franziskanerorden. Die Franziskaner, die Klarissen und die regulierten Franziskanerterziarinnen in der Schweiz. Bearb. v. Brigitte Degler-Spengler. Bern 1978, 206–211 (Barfüßerkloster) und 561–576 (Klarissenkloster). *Ders.*, Die Gründung des Klosters Königsfelden, in: ZSzKiG 47, 1953, 1–24; 81–112; 181–209.

20 Reg. Habs. Bd. III.1 (wie Anm. 1), 47, Nr. 358 vom 11.12.1315.

Windischer Kirche erfolgte ein Vierteljahr später zusammen mit der Stiftung eines Hofes zu Windisch an das Kloster.[21] Die letzte Stiftung außerhalb der österreichischen Territorien ist die Gründung eines Studium Generale in Treviso im Jahre 1318.[22] Die oberitalienische Stadt bekannte sich damals zu Friedrich als römischem König und hatte sich vermutlich daher an den Habsburger mit der Bitte um Einrichtung einer Universität gewandt, die allerdings nie ins Leben getreten ist.

Von nun an beschränkten sich die stifterlichen Vergabungen Friedrichs allesamt auf das östliche Herrschaftsgebiet der Habsburger. Bekannt sind Stiftungen an die Klöster in Lilienfeld[23], Rein[24], Stainz[25], Seitenstetten[26], Lambach[27], Baumgartenberg[28] und Aldersbach.[29] Aber nicht nur die regionale Konzentration auf die Herzogtümer Österreich und Steiermark ist charakteristisch für diese Vergabungen Friedrichs, sondern auch die Art der Stiftungen, d.h. die Dotation und die damit verbundenen Auflagen, folgten ein und demselben Schema. Stets wurden nun bestimmte Geldsummen vergeben, mit denen die Forderung verknüpft war, zu Friedrichs Lebzeiten am Todestag seines Vaters und Amtsvorgängers von einem eigens hierfür bestellten Priester eine ewige Messe feiern zu lassen, nach seinem Tod jedoch die Ewigmesse in ein besonders feierliches Anniversar an seinem eigenen Todestag umzuwandeln. Zur Betonung der Festlichkeit wurde dem Konvent ein außerordentliches Mahl in Aussicht gestellt. Finanziert werden sollten die liturgischen Dienste durch den Erwerb von Ländereien im österreichischen Herrschaftsgebiet (*in districtibus Austrie*[30]).

---

21 Reg. Habs. Bd. III.1 (wie Anm. 1), 51, Nr. 401 vom 13.3.1316. Original: Staatsarchiv des Kantons Aargau, U.17 (Königsfelden), Nr. 56, Kopialbuch I, Bl. 31^{v}–32^{r} (Nr. 43).

22 Zu dieser Universitätsgründung s. *Heinrich Denifle*, Die Entstehung der Universitäten des Mittelalters bis 1400. Berlin 1885, 461–467. Edition der Stiftungsurkunde bei *Eduard Winkelmann*, Acta imperii inedita. Bd. 2. Innsbruck 1885, 275f., Nr. 434.

23 Wien, Haus-, Hof- und Staatsarchiv (künftig HHStA), Familienurkunden (künftig FU 64), Regest: Die Urkunden des Zisterzienserstiftes Lilienfeld 1111–1892. Hrsg. v. *Gerhard Winner*. (Fontes rerum Austriacarum, Bd. II. 81.) Wien 1974, 170, Nr. 409; Reg. Habs. Bd. III.1 (wie Anm. 1), 97, Nr. 760.

24 1.1.1319: Reg. Habs. Bd. III.1 (wie Anm. 1), 97, Nr. 764.

25 1.1.1319: Reg. Habs. Bd. III.1 (wie Anm. 1), 97, Nr. 763. Druck: *Michael Kuen*, Collectio scriptorum rerum historico-monastico-ecclesiastiarum varium religiosorum ordinum. Bd. V.2. Günzburg 1765, 106.

26 19.3.1319: Reg. Habs. Bd. III.1 (wie Anm. 1), 102, Nr. 798. Druck: UB des Benedictiner-Stiftes Seitenstetten. Hrsg. v. *Isidor Raab*. (FRA, Bd. II, 33.) Wien 1870, 165f., Nr. 153. Revers vom 20.3.1319, Reg. Habs. Bd. III.1, 102, Nr. 799. Druck: FRA, Bd. II. 33, 166, Nr. 154.

27 Stiftungsurkunde und Revers vom 8.9.1319, s. Reg. Habs. Bd. III.1 (wie Anm. 1), 109, Nr. 863, Druck: UB des Landes ob der Enns. Hrsg. v. Verwaltungsausschuß des Museums Francisco-Carolinum zu Linz. Bd. 5. Wien 1868, 244, Nr. 255. Revers der Stiftung vom gleichen Tag: Reg. Habs. Bd. III.1 (wie Anm. 1), 109f., Nr. 864. Druck: UB des Landes ob der Enns. Bd. 5, 245, Nr. 256.

28 Stiftungsurkunde vom 3.3.1322: Reg. Habs. Bd. III.1 (wie Anm. 1), 143, Nr. 1153. Druck: UB des Landes ob der Enns (wie Anm. 27), 314, Nr. 327.

29 1.5.1327: Reg. Habs. Bd. III.1 (wie Anm. 1), 221, Nr. 1806. Erhalten als Entwurf in einem Brief an den Abt Konrad von Aldersbach. Revers vom 3.9.1329, ebd., 241, Nr. 1973.

30 So heißt es im Revers der Stiftung Friedrichs an Baumgartenberg, s.o. bei Anm. 28. An anderer Stelle ist von den Einkünften *de possessionibus in terris nostris sitis* die Rede, s. den Revers des Klosters Seitenstetten und die Stiftungsurkunden der Klöster Lambach und Stainz. Daß das Geld, das Friedrich an das Kloster Lilienfeld vergabte, auch in den österreichischen Erbfürstentümern angelegt werden sollte, geht nicht aus dem überlieferten Revers hervor, sondern aus einer später ausgestellten Ankaufserlaubnis, die der König dem Kloster erteilte. Hierin gab er dem Abt und Konvent die Erlaubnis, *das si umb die hundert phund pfennig, die wir in geben haben zu einem almussen und ze einem selgeret,*

Selbstverständlich variieren die geforderten Gegengaben von Fall zu Fall etwas, hatte doch jedes Kloster seine eigenen Konventionen und Gepflogenheiten bei der Abhaltung von Jahrtagen und einen gewissen Einfluß auf die Modalitäten des Stiftungsgeschäfts.[31] So versprachen Abt Gundaker und der Konvent des Seitenstettener Benediktinerklosters, für die 100 Pfund Pfennige, die man von Friedrich erhalten hatte, neben der Feier einer täglichen Ewigmesse ein feierliches Anniversar abzuhalten mit Vigilien, Gebeten, Messen, Kerzen und Mahlzeiten *sicut alia sua maiora anniversaria.*[32] Auch die Lambacher Geistlichen wollten Friedrichs Jahrtag feierlich nach den dortigen Gewohnheiten gleich dem der klösterlichen *fundatores* und der dort begrabenen Großen begehen. Die äußeren Rahmenbedingungen wurden jedoch vom königlichen Stifter festgelegt, dem bei der Bestimmung der Modalitäten sicherlich ein weit größeres Einwirkungsrecht zugestanden haben dürfte als anderen Wohltätern der Klöster. Dies wird nicht allein auf die hohen Beträge der Dotationen zurückzuführen sein, sondern auch auf Friedrichs vornehme Herkunft. Eine ganze Reihe von Punkten scheinen dem Habsburger bei der Bestimmung der Stiftungsauflagen wichtig gewesen zu sein. Nicht erst nach seinem Tod, schon in der Gegenwart wollte Friedrich in den Genuß der geistlichen Fürbitte gelangen. Täglich sollte in den bestifteten Klöstern durch einen eigens hierzu bestellten und mit einer besonderen Pitanz entlohnten Priester Messen für den König und seine Vorfahren gelesen werden. Nicht nur die Fürbitte vor Gott, die Verzeihung für die verstorbenen Verwandten und die Tilgung der Schuld des noch Lebenden[33] werden Friedrich dazu veranlaßt haben, die Ewigmesse bei den geistlichen Kommunitäten in Auftrag zu geben. Auch war die ständige Nennung seines Namens in Verbindung mit dem römischen Königstitel sowie die Erwähnung seiner berühmten Vorfahren und Verwandten, darunter immerhin drei Träger der Königskrone, zweifellos von großer Attraktivität für den umstrittenen König. Daß die liturgischen Leistungen nicht nur für Friedrich selbst, sondern auch für die übrigen prominenten Mitglieder der jungen Königsdynastie zu verrichten waren[34], bezeugt den Wunsch des Habsburgers, sein Andenken in eine Traditi-

chauffen mugen zehen phund geltes in unserm lande, wo es in aller beste fueget: *Winkelmann*, Acta (wie Anm. 22), 277f., Nr. 438. Verschiedene Ankaufsurkunden des Klosters belegen, daß diese Bestimmung befolgt wurde: Knapp drei Monate nach Ausstellung des Reverses beurkundete Abt Ottokar, ein Lehen zu *Heunne* von *Heinrich dem Vlezlehen* und seiner Frau *Geysel* für 30 Pfund gekauft zu haben, die das Kloster von König Friedrich als Seelgerät erhalten habe (Urkunde vom 12. März 1320, Regest: FRA II. 81, 171f., Nr. 412). Genau ein Jahr später verkaufte *Hainrich der Raedler von Sichtenberch* 3 ½ Pfund und 43 Denare Gülten für 62 Pfund an Abt Ottokar, die aus dem Seelgerät Friedrichs stammen (Urkunde vom 12. 3.1321, Regest: ebd. 174, Nr. 422). Des weiteren kauften Abt und Konvent des Klosters Lilienfeld von Alber von Mainberch und seine Frau Margret für 45 Pfund, die vom Seelgerät König Friedrichs stammten, 12 Schilling auf 2 Höfen beim *Caumberch* und 13 *Tagwerk Wisen* im *Sulczgraben* (Urkunde vom 1.5.1321, Regest: ebd. 176, Nr. 426).

31 Hierzu *Neiske*, Rechtssicherung und Praxis spätmittelalterlicher Gedenkstiftungen (1986), 519f. S. auch den Beitrag von Wolfgang E. Wagner in diesem Band.

32 Die Lambacher Geistlichen versprachen die Feier des Jahrtags für Friedrich *iuxta Monasterii sui consuetudinem tanquam fundatorum suorum et maiorum inibi sepultorum.* Eine ähnliche Formulierung findet sich auch in der Stainzer Stiftungsurkunde, in der die Feier des Jahrtags *sicut suorum fundatorum anniversaria peragere perpetuo, sicut ipsius monasterii consuetudo* garantiert wurde.

33 Zum impetratorischen und propitiatorischen Charakter der *missa specialis* s. *Arnold Angenendt,* Geschichte der Religiosität im Mittelalter. Darmstadt 1997, 495. Ausführlicher zur Entstehung und Funktion der Ewigmesse *Ders*. Missa specialis (1983).

34 So wurden die Geistlichen des Klosters Baumgartenberg dazu verpflichtet, von den Stiftungsbeträgen nicht nur Friedrichs eigenen Jahrtag, sondern auch den *patris sui, beate memorie domini Alberti,*

onslinie mit diesen zu stellen und ist Ausdruck eines starken Familienbewußtseins des Königs.

Aus der dargestellten Kongruenz der Stiftungen, die zwischen den Jahren 1318 und 1327 entstanden, läßt sich eine gewisse Planmäßigkeit im Handeln des Königs ablesen. Dieser Eindruck wird unterstützt durch eine Urkunde, die Friedrich für das Kloster Geras ausstellte. Hierin gestattet er den dortigen Geistlichen, die sich „ebenso wie Zwettel, Heiligenkreuz, Lilienfeld und andere österreichische und steirische Klöster" zur Abhaltung einer ewigen Messe für ihn und seine Vorfahren verpflichtet hatten, sechs Pfund aus den jährlichen Einkünften von seinen Besitzungen in Österreich und der Steiermark zu erwerben.[35]

*

Auch das 1327 ausgefertigte Vermächtnis Friedrichs, von dem im folgenden die Rede sein soll, zeugt von der Systematik, die dem gesamten Stiftungswerk des Königs zugrunde lag.[36] Mit Zustimmung und Rat seiner herzoglichen Brüder Albrecht (II.) und Otto bedachte der gerade achtunddreißigjährige Testamentsaussteller hierin zahlreiche geistliche Gemeinschaften mit Geldlegaten, allen voran die Bischofssitze und Domstifte sowie verschiedene große Klöster aus dem südlichen Teil des Reichs, von denen er dafür die Feier einer ewigen Messe und eines Anniversars einforderte. Ferner wurden Summen für verschiedene Regensburger Klöster und Stifte ausgesetzt, um diese für ihre bei den Kämpfen zwischen dem Habsburger und dem Wittelsbacher entstandenen Schäden zu vergüten. Auch hier hatten die geistlichen Gemeinschaften im Gegenzug ewige Messen und Jahrtage zu feiern. Nun kamen die Gotteshäuser der Herzogtümer Österreich und Steiermark an die Reihe: Insgesamt wurden 48 der dortigen Klöster mit Legaten zwischen 40 und 200 Pfund Pfennigen ausgestattet, zunächst die älteren männlichen Orden, dann die Frauenklöster und schließlich die Konvente der Bettelorden. Auch die österreichischen Konvente wurden zur Abhaltung von ewigen Messen und Anniversaren angehalten. Teilweise wurde der Verwendungszweck der Legate noch spezifiziert: So sollten die Nonnen in Ybbs hiervon eine Priesterpfründe einrichten und das Heiligenkreuzer Spital für die Verbesserung der Siechenpfründe sorgen. Als Legat für sein Hofgesinde setzte Friedrich 400 Mark aus, und auch seine unehelichen Söhne vergaß er nicht: Sie sollten 100 Pfund erhalten; ebensoviel bekam Otto „der Haymen", offenbar ein Wiener Bürger. Dem Spital in München vermachte Friedrich 40 Pfund Wiener Pfennige, wofür es verpflichtet wurde, ein Anniversar und eine wöchentliche Seelmesse zu

---

magnifici quondam romanorum regis, ac inclite matris sue, domine Elyzabet zu feiern. Die täglich zu lesende Ewigmesse sollte dem Heil des Königs und seiner Brüder, der berühmten österreichischen Herzöge (*illustrium ducum Austrie*) dienen. Auch in Aldersbach sollte der Jahrtag abgesehen von Friedrich auch für bestimmte namentlich genannte Vorfahren, i.e. König Rudolf, König Albrecht I. und Königin Elisabeth, König Rudolf von Böhmen und die Herzöge Leopold und Albrecht II., abgehalten werden.

35 23.7.1322, Druck: Urkunden des Prämonstratenser-Stiftes Geras. Zusammengestellt und erläutert von *Theodor Mayer*, in: Archiv für österreichische Geschichte 2, 1849, 3–52, hier 48, Nr. 35. Daß für den Erwerb von Ländereien das explizite Einverständnis des Königs erforderlich war, ist auf das Amortisationsgesetz von 1303 zurückzuführen, durch das die Beschränkung des kirchlichen Immobilienbesitzes verfügt werden sollte, hierzu *Karl Gutkas*, Geschichte des Landes Niederösterreich. St. Pölten 1974, 85.

36 Trotz seines außergewöhnlichen Umfangs und der Tatsache, daß es sich bei dem Vermächtnis um das älteste überlieferte Testament eines österreichischen Fürsten handelt, fand das Zeugnis bislang kaum das Interesse der Historiker, s. jedoch jetzt *Michael Borgolte*, Das Grab in der Topographie der Erinnerung, in: ZKiG (im Druck).

feiern. Die gesamte Summe von 4280 Pfund Wiener Pfennigen und 1636 Mark Silber sollte aus der Maut in Enns erhoben werden[37], welche die Provisoren bis zum Vollzug aller Stiftungen einzunehmen hatten. Aus der Maut von Stein waren jährlich 100 Pfund für die Tilgung der Schulden Friedrichs und seines Bruders, König Rudolfs von Böhmen, sowie als Ersatz für die Geistlichen und Laien aufzubringen, die durch die kriegerischen Auseinandersetzungen zwischen Wittelsbachern und Habsburgern oder gewaltsame Besitzaneignungen Friedrichs geschädigt worden waren. Für den Fall, daß die Ennser Maut von den Brüdern, Erben und Nachkommen des Königs nicht mehr freigegeben würde, sah Friedrich den Erwerb der Gülte an einer ebenso lukrativen Stelle vor, die jährlich 100 Pfund abwerfe. Nach Tilgung der Schulden und Wiedergutmachungszahlungen an alle Geschädigten sollten von den 100 Pfund jährlich alternierend eine Priesterpfründe und zwei Siechenpfründen in einem Spital eingerichtet werden. Weiterhin bestimmte Friedrich, daß das von ihm gegründete Spital in Wien und auch die von ihm gestiftete Kartause Mauerbach mitsamt Spital gemäß den Verfügungen der jeweiligen Stiftungsurkunden vollendet werden solle, wofür er dem Kartäuserkloster die Wagenmaut zu Wien zuwies. Abschließend vermachte er dem Kloster Gurk 100 Pfund für eine ewige Messe und ein Anniversar. Als allgemeine Richtschnur verfügte Friedrich, daß alle Gemeinschaften, die mindestens 50 Mark bzw. 100 Pfund erhielten, einen ewigen Jahrtag und eine ewige Messe für ihn zu feiern hätten. Von den Gemeinschaften, denen ein kleineres Legat zugedacht war, forderte er neben der Abhaltung des Anniversars lediglich die Feier einer wöchentlichen Messe. Allein für die Bettelorden, deren Klöster allesamt nur mit einer Summe von je 40 Pfund bedacht worden waren, galt diese Maxime nicht. Unabhängig von der Legatshöhe verlangte Friedrich von ihnen die Feier einer täglichen Messe und eines Anniversars. Für die Umsetzung der Testamentsbestimmungen in den diesseits des Lechs gelegenen Ländern sollte der Abt von Heiligenkreuz zusammen mit dem Prior von Mauerbach sorgen; für die oberen Länder wurden die Äbte von Salem und Wettingen mit dieser Aufgabe betraut. Seine Gattin Elisabeth und seine Schwester Agnes sowie die Herzöge Albrecht und Otto, die sich abschließend mit den Bestimmungen einverstanden erklärten, waren gehalten, sie hierbei zu unterstützen.

Soweit die Bestimmungen des Testaments. Bereits auf den ersten Blick wird Friedrichs Streben deutlich, sein Gedenken räumlich möglichst breit zu streuen. Die Gotteshäuser, die sich seiner Gunstzuweisungen erfreuen konnten, befinden sich, wie die in den Jahren zuvor unter den gleichen Modalitäten bestifteten, zum großen Teil in den Herzogtümern Österreich und Steiermark, also im Zentrum des späteren Hauses Österreich.[38] Diese Fixierung auf die Länder östlich der Alpen ist Spiegelbild von Friedrichs sonstigen politischen Aktivitäten: Nachdem der Habsburger infolge der Verhandlungen mit den Wittelsbachern im Frühjahr 1325 aus seiner Trausnitzer Haft entlassen worden war, trat er auf reichspolitischer Ebene nicht mehr in Erscheinung – und dies, obwohl Ludwig ihm zum ersten Mal den Titel

37 Zur Bedeutung der Mauten für das Finanzwesen der österreichischen Herzöge im späten Mittelalter s. *Christian Lackner*, Das Finanzwesen der Herzöge von Österreich in der zweiten Hälfte des 14. Jahrhunderts, in: Unsere Heimat. Zeitschrift des Vereins für Landeskunde von Niederösterreich 63, 1992, 289f.

38 Zum Begriff s. *Alphons Lhotsky*, Was heißt "Haus Österreich", in: Ders., Aufsätze und Vorträge. Bd. 1: Europäisches Mittelalter. Das Land Österreich. München 1970, 344–364; *Erich Zöllner*. Formen und Wandlungen des Österreich-Begriffs, in: Historica. Studien zum geschichtlichen Denken und Forschen. Wien 1965, 63–89.

des römischen Königs offiziell zuerkannt hatte.[39] Seine Konzentration galt nun ganz der Leitung und Obsorge seiner Herzogtümer.[40] Besonders die zukünftige Residenz- und Hauptstadt Wien, die seit dem Frühjahr 1327, dem Jahr der Testamentsaustellung, zu seinem bevorzugten Aufenthaltsort geworden war[41], rückte ins Zentrum seiner Aufmerksamkeit. So sorgte Friedrich im Juli durch die Stiftung eines Armenhauses (*valetudinarium*) für die Alten und Kranken in der Stadt. Dreizehn Personen, darunter ein Priester, der sich um die Seelsorge der Gemeinschaft zu kümmern hatte, sowie zwei Scholaren sollten in der vor den Stadttoren gelegenen Armengemeinschaft Aufnahme finden.[42]

Bereits einige Monate zuvor hatte Friedrich eine für das Ansehen der Stadt wohl noch bedeutendere Gemeinschaft etabliert. Am 15. März 1327 stellte er den Stiftungsbrief für die Gemeinschaft der Wiener Augustinereremiten aus [43], die vorher in einem nun dem Armenhaus bereitgestellten Gebäude außerhalb der Stadt untergebracht waren. Der Überlieferung zufolge war die Idee, den Augustinereremiten einen Platz innerhalb der Stadtmauern zum Bau eines neuen Klostergebäudes zu übergeben, bereits während Friedrichs Gefangenschaft gereift.[44] Von der Burg Trausnitz aus leitete Friedrich dann auch bereits die ersten Schritte für die Errichtung des neuen Klosters in die Wege. Die für die Verlegung eines Klosters notwendige Zustimmung des Ordensgenerals wurde im Jahr 1324 aus Rom eingeholt.[45] Wieder nach Österreich zurückgekehrt, mußten weitere vorbereitende Schritte eingeleitet werden, um die geplanten architektonischen Neuerungen durchzuführen und der Gemeinschaft die für sie vorgesehenen Rechte und Privilegien zu erteilen. Wenn auch die Quellen hierzu nicht besonders zahlreich sind, kann doch davon ausgegangen werden, daß die Umsetzung des Stifterwillens eines großen zeitlichen und organisatorischen Aufwandes bedurfte. Neben dem von Friedrich ausgestellten Stiftungsdiplom und einer weiteren Privilegienerteilung erhellt nur noch ein weiteres schriftliches Zeugnis das Engagement für seine

39 Zum Inhalt der Verträge zwischen den Königen, die sich nun gegenseitig in ihrem Amt respektieren wollten, *Lhotsky*, Geschichte (wie Anm. 1), 287–293; *Walter Friedensburg*, Ludwig IV. der Baier und Friedrich von Oesterreich von dem Vertrage zu Trausnitz bis zur Zusammenkunft in Innsbruck 1325–1326. Diss. phil. Hamburg 1877.

40 Zu Friedrichs Itinerar nach der Gefangenschaft *Lhotsky*, Geschichte (wie Anm. 1), 297–300.

41 *Hödl*, Friedrich (wie Anm. 1), 14.

42 *Leopold Fischer*, Brevis notitia Vindobonae. Wien 1764, 154; Reg. Habsb. III.1 (wie Anm. 1), 226, Nr. 1844 (3.7.1327). Im Testament bestimmte Friedrich, die Stiftung seinem Willen gemäß auszurichten, s. Anhang I [13]. Allerdings scheint die Stiftung nicht in ausreichendem Maße abgesichert gewesen zu sein: „Mangelhafter und unregelmäßiger Verwaltung wegen" (*Anton Mayer*, Das kirchliche Leben und die christliche Charitas, in: Geschichte der Stadt Wien. Bd. II.2. Wien 1905, 867–945, hier 943) wurde das Armenhaus aufgehoben und durch Herzog Albrecht II. im Jahr 1346 mit dem von Herzog Otto gegründeten Spital St. Martin zusammengelegt. Das so erweiterte Spital war für 30 Sieche (20 Männer und 10 Frauen) bestimmt, und vier Kapläne übten den Gottesdienst in der Kapelle und die Seelsorge bei den Siechen aus. Edition der Stiftungsurkunde bei *Joseph Ogesser*, Beschreibung der Metropolitanskirche zu St. Stephan in Wien. Wien 1779, 53–59. In dieser Ausgestaltung bestand das Spital mehr als hundert Jahre; 1468 erneuerte Kaiser Friedrich III. die Stiftung und verlieh die Einkünfte aus derselben dem von ihm zur Bekämpfung der Türken ins Leben gerufenen St. Georgsorden, vgl. *Mayer*, Das kirchliche Leben, 944.

43 Druck der Stiftungsurkunde bei *Friedrich Rennhofer*, Die Augustiner-Eremiten in Wien. Ein Beitrag zur Kulturgeschichte Wiens. (Cassiciacum, Bd. 13.) Würzburg 1956, 263f., Reg. Habsb. III.1 (wie Anm. 1), 220, Nr. 1794.

44 *Rennhofer*, Die Augustiner-Eremiten (wie Anm. 43), 50.

45 Ebd., 51.

Stiftung. Kraft einer Schenkungsurkunde vom Juni 1327 widmete Friedrich dem umgezogenen Kloster ein vorher von den Mauerbacher Kartäusern genutztes, an der Burganlage gelegenes Gebäude, mußte den geschädigen Kartäusern hierfür allerdings Ersatz verschaffen.[46]

Durch die Ansiedlung der Augustiner in unmittelbarer Nähe der Hofburg stellte das Kloster ein Bindeglied zwischen dem alten Stadtkern und der durch König Albrecht geschaffenen Burgkapelle dar; bereits Albrecht hatte die Integration und Ausweitung der Anlage in die Stadt zu seinem – unverwirklicht gebliebenen – Anliegen erklärt.[47] Besonders durch ihre äußere „kathedralartige Gestalt" trug die Stiftung Friedrichs dazu bei, den Anschein eines herrschaftlichen Residenzsitzes auszustrahlen.[48] Auch darf nicht vergessen werden, daß das Kloster schon bald den geistigen Mittelpunkt des neuen Herrenviertels bildete, rekrutierten sich doch aus ihm eine ganze Reihe königlicher und herzoglicher Ratgeber.[49]

Daß die Gründung des Augustinerklosters einen konstitutiven Bestandteil der Konsolidierung Wiens zur Haupt- und Residenzstadt darstellt, wurde von der Forschung bereits erkannt.[50] Mit dem Ausbau der Stadt zum Zentrum seines herrschaftlichen Wirkens könnte Friedrich eine politische Maßnahme seines ehemaligen Thronkonkurrenten aufgegriffen haben. Denn auch Ludwig der Bayer trieb den Ausbau Münchens zum Herrschaftsschwerpunkt voran.[51] Indikatoren für eine Orientierung Ludwigs auf die Stadt München sind neben der Häufigkeit der Aufenthalte vor allem die Bemühungen des Wittelsbachers um die Frauenkirche, die er zu seiner Grablege bestimmte und zum täglichen Gottesdienst für das Seelenheil seiner selbst und seiner Gemahlin Beatrix sowie zu einer wöchentlich zu singenden Seelmesse verpflichtete.[52] Nach Günther Hödl ist die Wahl des neuen Herrschaftsmittelpunkts in Wien als eine bewußte Imitatio der wittelsbachischen Politik durch Friedrich zu betrachten.[53] Ob man tatsächlich von einer bewußten Nachahmung sprechen kann oder eher von einer Koinzidenz, soll hier nicht näher erörtert werden. Tatsache ist jedenfalls, daß auch die (sonstige) Stiftungstätigkeit der beiden Gegenkönige starke Ge-

46 Reg. Habs. Bd. III.1 (wie Anm. 1), 225, Nr.1836.

47 *Hödl*, Friedrich (wie Anm. 1), 18.

48 *Hans Sedlmayr*, Epochen und Werke. Gesammelte Schriften zur Kunstgeschichte. Bd. 1. Wien/München 1959, 195. Die Hofkirche des Augustinerklosters gilt als eines der bedeutendsten Bauwerke der Wiener Hochgotik, s. *Nikolaus Grass*, Der Wiener Stephansdom als capella regia Austriaca, in: Fschr. Karl Pivec. (Innsbrucker Beiträge zur Kulturwissenschaft, Bd. 12.) Innsbruck 1966, 91–129, hier 93. Zur Definition einer Residenzstadt s. *Klaus Neitmann*, Was ist eine Residenz? Methodische Überlegungen zur Erforschung der spätmittelalterlichen Residenz. (Vorträge und Forschungen zur Residenzenfrage, Bd. 1.) Sigmaringen 1990, 11–43.

49 *Hödl*, Friedrich (wie Anm. 1), 18; *Ders.*, Habsburg (wie Anm. 1), 68.

50 Für *Rennhofer*, Augustiner-Eremiten (wie Anm. 43), 65 stellt die Gründung von Sankt Augustin eine „wahrhaft königliche Stiftsgründung zur Residenz" dar. Zur Bedeutung des Klosters für die Residenzstadt Wien *Hödl*, Friedrich (wie Anm. 1), 20–22.

51 *Harry Kühnel*, Die Hofburg zu Wien. Graz/Köln 1964, 21. S. auch *Heinrich Koller*, Die Residenz im Mittelalter, in: Jahrbuch für Geschichte der oberdeutschen Reichsstädte. (Esslinger Studien, Bd. 12/13.) Esslingen 1966/67, 9–39, hier 32.

52 Der hierzu gestiftete Altar wurde mit Urbaren im Gerichtsbezirk Pähl ausgestattet und erhielt vier Mühlen zu Eigen, Edition der Stiftungsurkunde: Monumenta Boica Bd. 19. München 1850, 468, Nr. 17 (22.1.1331). Acht Jahre später stiftete Ludwig zum Seelenheil seiner 1322 verstorbenen und in der Frauenkirche beigesetzten Frau Beatrix ein ewiges Licht am Altar ihres Grabes, s. ebd. 474, Nr. 22. Bereits 1321 stiftete Ludwig der Kirche zum Andenken an seine Eltern und seinen 1319 verstorbenen Bruder Rudolf einen ständigen Hofkaplan, s. ebd. 466, Nr. 15.

53 *Hödl*, Friedrich (wie Anm. 1), 13f., vgl. auch ebd., 21.

meinsamkeiten aufweist. In gleichem Maße wie die Stiftungen Friedrichs des Schönen sind die zahlreichen Vergabungen Ludwigs territorial, in diesem Fall auf das bayerische Hausmachtsgebiet, konzentriert.[54] Am sinnfälligsten wird die Regionalisierung der ludovizianischen Stiftungen an der Einführung eines sogenannten Fürstenjahrtags als Reaktion auf den militärischen Sieg bei Mühldorf gegen Friedrich den Schönen.[55] Für die Gewährung der Testierfreiheit und die Befreiung von der Hofkleiderordnung sollten die Weltgeistlichen aller Dekaneibezirke den Jahrtag Ludwigs, seines Vaters und seiner Vorfahren an einem zentralen Ort des Herzogtums mit abendlicher Vigil und morgendlicher Seelmesse begehen. Bis ins 19. Jahrhundert hinein wurde das Anniversar, das von Ludwigs Nachfolgern durch die Privilegienbestätigung immer wieder eingefordert wurde, in Bayern abgehalten.[56] Durch die Einführung des Fürstenjahrtags als nur einem von vielen durch Stiftungen Ludwigs ins Leben gerufenen Gedenktagen[57] gelang es dem König, seine Herrschaft in dem bayerischen Territorium zu vergegenwärtigen. Ebenso wie für Friedrich war die Streuung der Gedächtnisorte innerhalb seines Hausmachtgebietes für ihn von ausschlaggebender Bedeutung. Die konsequente Bestiftung der Klöster und Stifte in den jeweiligen Landesfürstentümern trug zweifellos dazu bei, das Zusammengehörigkeitsgefühl der dortigen Bevölkerung zu stärken und so die Landesintegration von innen voranzutreiben.[58] Sowohl Ludwigs als auch Friedrichs Stiftungen fügen sich demnach in das Gesamtbild einer Politik ein, deren erklärtes Ziel es war, die jeweilige Hausmacht zu stärken und den Ausbau der Residenzstadt zu entwickeln.

---

54 Diese Erkenntnis wurde durch die Forschungen im Rahmen des oben genannten DFG-Projekts erzielt (s.o. bei Anm. 10). Vgl. auch die Sammlung der wittelsbachischen Stiftungen und Schenkungen von *Johann Michael von Sötl*, Die frommen und milden Stiftungen der Wittelsbacher. Über einen großen Teil von Deutschland aus archivalischen und anderen Quellen geschöpft. Landshut 1858.

55 Einen Überblick über die Entstehung und Geschichte des Fürstenjahrtags bietet *Straub*, Hausstiftung der Wittelsbacher (1978), 47–53. Einsicht in die Fortdauer des Jahrtags bietet die kurze Abhandlung von *Paul Ernst Rattelmüller*, Pompe funèbre im alten Bayern und seiner Landeshauptstadt München. München o.J., 73–76.

56 *Straub*, Hausstiftung der Wittelsbacher (1978), 135, bei Anm. 69.

57 Vor allem die alten wittelsbachischen Familienklöster wurden, häufig mit explizitem Bezug auf die von seinen Vorfahren gemachten Wohltaten, durch die Übertragung von Legaten und Privilegien zur Feier der Memoria Ludwigs verpflichtet; allen voran ist hier das Kloster Niederschönfeld zu nennen, wo ebenso wie in der Frauenkirche täglich eine Ewigmesse für Ludwig und seine Gemahlin Beatrix gelesen und jeden Freitag eine Seelmesse für den König und seine Nachkommen gesungen werden sollte, s. Peter Acht (Hrsg.), Regesten Kaiser Ludwigs des Bayern (1314–1347) nach Archiven und Bibliotheken geordnet. Heft 3: Die Urkunden aus Kloster- und Stiftsarchiven im Bayerischen Hauptstaatsarchiv und in der Bayerischen Staatsbibliothek München. Bearb. v. *Michael Menzel*. Wien 1996, 63, Nr. 128 (4.12.1322); ferner Scheyern, Fürstenberg und Dießen. Neben dem landesweiten Fürstenjahrtag ist noch ein weiterer Jahrtag für das Haus Wittelsbach aus dem Kloster Altenhohenau bekannt, das sich mit der Abhaltung der Memoria für die wöchentliche zollfreie Durchfuhr einer Salzfuhre erkenntlich zeigten, s. *Lorenz Huber*, Die Klosterkirche Altenhohenau. Rosenheim 1914, 31f. Eine Untersuchung der dynastischen Jahrtage, die auch aus anderen Gebieten des Reichs bekannt sind, steht noch aus.

58 Die politische Bedeutung von Stiftungen als Instrument des Landesausbaus wurde auch herausgearbeitet von *Erwin Eugster*, Adlige Territorialpolitik in der Ostschweiz. Kirchliche Stiftungen im Spannungsfeld früher landesherrlicher Verdrängungspolitik. Diss. phil. Zürich 1991. *Klaus Schreiner*, Klöster im Spannungsfeld landesherrlicher Territorialpolitik, in: BlldtLG 109, 1973, 196–246, geht sogar so weit, Begünstigungen von Klöstern immer als politischen, und zwar als territorialpolitischen Akt zu interpretieren.

Dadurch, daß Friedrich den in seinem Vermächtnis genannten wie den bereits zuvor bestifteten Gemeinschaften nicht nur die Abhaltung einer klassischen Anniversarfeier, sondern auch die *missa specialis*, die bereits zu Lebzeiten gesprochene Ewigmesse, auferlegte, sicherte sich der Habsburger die tägliche Vergegenwärtigung seines Namens in Verbindung mit dem in den Stiftungsurkunden, Reversen und Gedenkbüchern[59] festgehaltenen und von ihm und seinem Geschlecht so sehr erkämpften Titel des *Romanorum Rex semper Augustus* in weiten Teilen seines territorialen Herrschaftsbereichs. Mindestens auf diesem Wege sollten also seine Untertanen daran erinnert werden, daß ihr Landesherr auch König von Gottes Gnaden war.[60] Indem Friedrich testamentarisch nicht nur die österreichischen, sondern auch die bayerischen Gotteshäuser bestiftete, die durch den langwierigen habsburgisch-wittelsbachischen Krieg zu Schaden gekommen waren[61], trug er maßgeblich dazu bei, die Position der Habsburger auch in diesen Gebieten des Reiches zu verbessern.[62]

Bereits jetzt kann resümiert werden, daß Friedrich der Schöne die Zeit nach seiner Gefangenschaft nicht, wie in der Geschichtsschreibung immer wieder zu lesen, in Inaktivität und Lethargie verharrte[63], sondern sich vielmehr – neben anderen Regierungstätigkeiten – ausgiebig um die Errichtung von Stiftungen in den Herzogtümern Österreich und Steiermark bemühte. Daß die Ausrichtung von Stiftungen ein zeitaufwendiges Unterfangen war, zu der es mehr als der bloßen Bereitstellung eines Dotationsgutes und des einmal artikulierten Stifterwillens bedurfte, wurde von der Forschung bereits erkannt.[64] Auch das Beispiel der Gründung von St. Augustin verdeutlicht, daß die Verankerung einer überlebensfähigen Stiftung ein langwieriger Prozeß war: Die Durchsetzbarkeit der Stiftervorstellungen mußte im Vorfeld der Initiierung einer Stiftung ebenso geprüft werden, wie es darum ging, konkrete organisatorische Maßnahmen zu ergreifen, wie etwa das Stiftungsgut bereitzustellen und mit den beteiligten Personen und Personengruppen in Verhandlung zu treten.

Ausgehend von dem Vermächtnis Friedrichs des Schönen, das, wie aufgezeigt wurde, den Höhepunkt eines auf die österreichischen Länder konzentrierten Stiftungsplanes des

59 S.u. Anhang, II.

60 Auch Brenner weist in seiner Chronik darauf hin, daß Friedrich der Schöne in den ihm vorliegenden Reversen stets als *Romanorum Rex semper Augustus* bezeichnet wird. Anhang der Brennerschen Chronik (wie Anm. 67), 42: *Elenchus originalium literarum, quibus infra scriptae Ecclesiae et utriusque sexus monasteria ad anniversarium perpetuum pro serenissimo Principe Domino Friderico Tertio celebrandum se obligant: in quibus omnibus et singulis praenominatus princeps romanorum rex semper augustus appellatur.*

61 S. im Vermächtnis, Anhang I, Abschnitt 3. Gelitten hatten die Gemeinschaften nicht nur durch die Folgen der kriegerischen Auseinandersetzung, schwerer noch wogen wohl die außerordentlichen Auflagen und gesonderten Besteuerungsaktionen, durch die sie die Schlachten mitfinanzieren mußten, s. hierzu *Hödl*, Habsburg (wie Anm. 1), 61.

62 Hierzu *Johann Schmuck*, Ludwig der Bayer und die Reichsstadt Regensburg. Der Kampf um die Stadtherrschaft im späten Mittelalter. (Regensburger Studien und Quellen zur Kulturgeschichte, Bd. 4.) Regensburg 1997, 306, der solch positive Auswirkungen des Testaments für das Verhältnis der Habsburger zu der Reichsstadt Regensburg konstatiert. Angemerkt sei hier, daß auch Friedrichs Gemahlin Elisabeth in ihrem 1328 ausgestellten Testament den um Ravensburg gelegenen Klöstern, denen *auch von uns schade geschehen ist,* mit einem Geldlegat bedenkt, Reg. Habsb. III.1 (wie Anm. 1), 233, Nr. 1914 (24.4.1328). Edition im UB des Landes ob der Enns, Bd. 5 (wie Anm. 27), 505–509, Nr. 511, auch abgedruckt bei *Joseph Maurer*. Zwei Wohlthäterinnen der Minoriten, in: BMAW 26, 1890, 6f.

63 Z.B. *Koller*, Residenz (wie Anm. 51), 31.

64 *Rexroth*, Deutsche Universitätsstiftungen (1992). Jüngst *Wagner*, Universitätsstift und Kollegium (1999).

Habsburgers darstellt, soll nun untersucht werden, wie man sich die konkrete Durchführung seiner testamentarischen Bestimmungen vorzustellen hat. Wann, auf welchem Wege und durch wen gelangten die Legate an die zahlreichen Klöster und Stifte, ja, gelangten sie überhaupt dorthin? Und wenn dem so ist, läßt sich die Beherzigung des Stifterwillens bei den Legatsempfängern nachweisen, d.h. vor allem: erfüllten sich Friedrichs Forderungen nach der liturgischen Gegengabe in den von ihm bestifteten Gotteshäusern, und wie hat man sich die Gestalt der Memorialfeiern vorzustellen? Und schließlich: Wurden die Stiftungen so erfolgreich in den Klöstern und Stiften verankert, daß die Gedenkfeierlichkeiten für den Stifter ihrem Anspruch nach „auf Ewigkeit" Platz im liturgischen Kalender der Gemeinschaften fanden?

Zahlreiche Quellenzeugnisse unterschiedlicher Art ermöglichen es, die Nachgeschichte des friderizianischen Vermächtnisses zu erhellen. Um Aufschlüsse über die Erfüllung der testamentarischen Verfügung zu erhalten, müssen wir unseren Blick zunächst auf das Kloster Mauerbach richten. Eine Reihe von Zeugnissen, die von der Umsetzung und Wirkungsgeschichte des Testaments berichten, verdanken wir einer Mauerbacher Klosterchronik aus dem 17. Jahrhundert.[65] Verfasser dieser Schrift, deren vornehmliches Anliegen in der Ehrerweisung gegenüber dem königlichen Klostergründer lag, war der dortige Prälat Leopold Brenner.[66] Im Anschluß an eine auf Urkunden und andere Quellenzeugnisse gestützte Darstellung der Klostergeschichte kommt Brenner auf das Testament des Habsburgers zu sprechen, welches ihm so bedeutend erschien, daß er es in voller Länge abschrieb.[67] Wahrscheinlich war das dem Chronikverfasser vorliegende Testament also nach seiner Ausstellung in Wien nach Mauerbach gebracht worden und wurde dort, bei Friedrichs Beichtvater und Berater Gottfried, verwahrt, der ja von Friedrich auch zu einem der Testamentsvollstrecker bestimmt worden war. Vielleicht hatte der Mauerbacher Prior, der sich zur Zeit der Testamentsausstellung an der Seite des Königs befand, das Dokument geradewegs in die Kartause mitgenommen.[68] Von hier aus wurde dann mit der Verteilung der Legate begonnen. Diese Erkenntnis verdanken wir wiederum dem zuverlässigen Chronisten und dem Archivierungseifer der Mauerbacher Klosterbrüder. Brenner berichtet nämlich von sogenannten „Quittungen" (*quietantiae et syngraphae*[69]), mit denen der Erhalt der im Testament genannten Beträge durch die Empfänger bescheinigt wurde. Insgesamt 57 dieser

65 Die Chronik ist in mehreren Handschriften überliefert, s. *Hingst*, Leopold Brenners Historia (wie Anm. 12), 8–11. Druck auf der Basis verschiedener Handschriften bei *Hieronymus Pez*, Scriptores rerum austriacarum. Bd. 2. Leipzig 1725, 334–370, und in Auszügen bei *Baumann*, Voluntarium (wie Anm. 1), 19–23.

66 *Hingst*, Leopold Brenners Historia (wie Anm. 12), II und 38. Zur Person des Mönchs und späteren Mauerbacher Prälaten Leopold Brenner s. ebd., 1–7.

67 Die Abschrift beginnt mit den einleitenden Worten: *Appendicis loco sequitur Austriacae pietatis nobile monumentum serenissimi principis Friderici Pulchri testamentum, ut vocant: cuius autographum in oblonga membrana servatur in Archivo Cartusiae in Maurbach*, s. ebd., 85. Der Anhang der Mauerbacher Chronik, die dem Codex R 4 (Böhm 57) im HHStA in Wien beigefügt war, gilt als verloren, s. *Hingst*, Leopold Brenners Historia (wie Anm. 12), 9 und 85 sowie Reg. Habsb. III.1 (wie Anm. 1), 225, Nr. 1835. Teile davon habe ich jedoch im Wiener HHStA einsehen können unter folgender Signatur: Habsburgisches Hausarchiv, Familienakten Karton 17 (Kloster Mauerbach), Konvolut 5, I.9 (künftig: Anhang der Brennerschen Chronik).

68 Am Tag der Testamentsanfertigung übertrug der König Gottfrieds Kloster ein Haus und befreite es von allen Steuern, Reg. Habs. Bd. III.1 (wie Anm. 1), 225, Nr. 1836. Auch vier Tage vorher urkundete Friedrich zugunsten des Kartäuserklosters: ebd., 224, Nr. 1834.

69 *Pez*, Scriptores (wie Anm. 65), 350.

Belege lagen ihm vor[70], die heute leider allesamt verschollen sind. Anders verhält es sich mit den Reversurkunden, von denen Brenner im Anhang seiner Chronik insgesamt 95 Stück anführt.[71] Hierin verpflichteten sich die Legatsempfänger zu der Durchführung der von ihnen geforderten liturgischen Auflagen. *Nos vero tanti beneficii tanteque gracie non inmemores obligamus nos singulis diebus ad unam missam perpetuo celebrandam pro anima ipsius* [Friderici] *ac progenitorum suorum regine et salute, nichilominus anniversarium eorundem celebrabimus semel in anno, in vigiliis et in missis ad quod etiam obligati esse volumus et astricti*: dies versprachen beispielsweise der Abt des Niederaltaicher Benediktinerklosters Rugerus und dessen Konvent dem König, der dem Kloster die 100 Pfund Wiener Pfennige in der Hoffnung übertragen hatte, „durch diese Temporalien die ewige Belohnung zu erlangen".[72] Auch das Kloster in Garsten verpflichtete sich mit Zustimmung all seiner Mitglieder dazu, die Gabe des Königs in der gewünschten Form zu erwidern. Ab jetzt wollten die Geistlichen täglich eine Ewigmesse zum Heil Friedrichs feiern, zu dessen Lebzeiten wie nach seinem Tod. Darüber hinaus sollte ein Jahrtag im Kloster begangen werden, zu Lebzeiten des Königs am Tag der Apostel Philipp und Jakob [Todestag König Albrechts I.] für seine Vorfahren, danach für Friedrich selbst an seinem Todestag mit feierlichem Gottesdienst, Vigilien und Totenmesse.[73] Ähnliche Zusicherungen machte das Kloster Formbach[74], und auch in Friesach verpflichtete man sich 1329 *ad anthidota* der königlichen Gabe zur Feier einer ewigen Messe und eines Jahrtages.[75]

Ein besonders facettenreiches Bild von der Willensumsetzung König Friedrichs bietet der Revers des Konstanzer Domstifts aus dem Jahre 1331.[76] Dekan, Propst und Domkapitel bestätigten hierin den Erhalt von 80 Silbermark, die ihnen der Salemer Abt, offensichtlich in seiner Funktion als Testamentsvollstrecker[77], aus Friedrichs Legat zugeteilt hatte. Zwölf Mark dieser Summe sollten dem dortigen Johannesaltar zum Seelenheil des Königs angewiesen, der übrige Betrag in Projekte investiert werden, von deren Erträgen der Jahrtag Friedrichs festlich zu begehen war. So sollte am Abend des Jahrtags beim ersten Glockenschlag ein seidenes Tuch in der Mitte des Chores ausgebreitet und vier brennende Kerzen aus vier Pfund Wachs dazugestellt werden, die erst am nächsten Tag nach der Messe wieder gelöscht werden durften. Zum ersten Schlag der Vesper sollte eine feierliche Vigil bei dem Tuch im Chor gehalten werden. Allen dort erscheinenden Geistlichen wurde ein Präsenzgeld zugesichert. Danach war die Feier einer Totenvesper vorgesehen sowie die Begehung der anderen Horen: der Frühmette, der Prim, der Terz, der Sexta und der Nona, die traditionsgemäß von dem Psalm *De profundis* und den Gebeten *Deus indulgenciarum* und *Fidelium Deus omnium conditor* zu begleiten waren. Alle kanonischen Stunden sollten an Friedrichs Festtag mit der größten Glocke geschlagen werden. Daß sich die Gedächtnisfeierlichkeiten für den König im Laufe der Zeit fest etabliert hatten, belegt ein knapp dreißig Jahre später vom Konstanzer Propst, Dekan und Stiftskapitel ausgestellter Revers, der Herzog

70 *Pez*, Scriptores (wie Anm. 65), 349f.

71 *Baumann*, Voluntarium (wie Anm. 1), Anhang der Brennerschen Chronik (wie Anm. 67), fol. 42–47. Die Reverse sind ferner angeführt im „Mauerbach Index" Wien, HHStA, Klosterakten, 193 (Abschrift Andreas Albrecht 1785–1786).

72 Anhang, II.6.

73 Anhang, II.2.

74 Anhang, II.5.

75 Anhang, II.3.

76 Anhang, II.7.

77 Anhang, I [1].

Rudolf IV. von Habsburg aufgrund einer Patronatsübergabe die Feier seiner Jahrzeit zusicherte. Hier heißt es: *Promisimus, quod anniversarium ipsius diem, quo adiuxerit annuatim in die defunctionis ipsius cum missa, vigilia, incensione candelarum et pulsatione campanarum prout in anniversario die inclite memorie quondam domini Friderici regis Romanorum, olim sui patrui, facere et celebrare.*[78]

Die in den Reversen zugesicherten Gebetsauflagen bestätigen, daß die testamentarische Verfügung Friedrichs von den Legatsempfängern akzeptiert wurden. Verständlich wird nun auch das vermeintliche Mißverhältnis zwischen Legatshöhe und Memorialpflichten.[79] Verlangte Friedrich im Testament von all jenen Orten, denen er weniger als 50 Mark bzw. 100 Pfund gestiftet hatte, die Feier eines ewigen Jahrtags und einer wöchentlichen Messe, von jenen, die mehr erhielten, jedoch „nur" die Abhaltung eines Jahrtags und einer Messe, so meinte er hiermit, wie aus den Reversen hervorgeht, die Feier einer täglichen *missa specialis*, die er ja auch den zuvor bestifteten Gemeinschaften auferlegt hatte. Die Weisung, eine Messe zu Lebzeiten abzuhalten, macht selbstverständlich nur dann Sinn, wenn das Testament bereits prämortal in Kraft tritt. Daß eben dies der Fall war, belegen die Ausstellungsdaten der Reverse, die Brenner anführt. Offenbar ist mit der Austeilung der Legate unmittelbar nach der schriftlichen Fixierung des Testaments begonnen worden. Das Gros der Reverse datiert bereits aus dem Jahr 1327. Die Wiener Dominikaner und Minoriten stellten bereits einen guten Monat nach der Testamentsausstellung die ersten Reverse für die Legate aus.[80] Ein ganzer Schub von Gegenbestätigungen wurde am Vorabend von Mariae Geburt, also am 8. September, ausgefertigt.[81]

Die in Mauerbach archivierten Reverse und Quittungen stammen alle aus den Klöstern „diesseits des Lechs", dem Verantwortungsbereich des Mauerbacher Abtes. Es ist jedoch kaum wahrscheinlich, daß Gottfried bei der Umsetzung der Testamentsbestimmungen völlig autonom handelte, vermutlich leistete er vielmehr den Anweisungen des Königs Folge. So bedurfte die Erhebung der Legatssummen aus den verschiedenen Mauten zweifellos der Anweisung eines Angehörigen des Herzogshauses. Entsprechende Auszahlungsbefehle sind dann auch tatsächlich erhalten.[82] Zwar fehlt bedauerlicherweise eine Abrechnung mit den Mautnern in Enns, von denen die Stiftungserträge zu Friedrichs Lebzeiten erhoben werden

78 *Uwe Braumann*, Die Jahrzeitbücher (*tabulae anniversariorum*) des Konstanzer Domkapitels 1253/55–um 1521. Diss. Manuskript 1998, zum 28.11.1360. Dem Verfasser, der mir freundlicherweise sein bisher unveröffentlichtes Dissertationsmaterial zur Verfügung gestellt hat, sei dafür an dieser Stelle herzlich gedankt!

79 S.o. S. 65f.

80 Anhang der Brennerschen Chronik (wie Anm. 67), 43 (6.8.1327).

81 Die Bestätigungsbriefe der Wiener Augustinerinnen, der Augustiner in Bruck und Baden, der Benediktiner in Kremsmünster sowie der Zisterzienserinnen in Wien und Ybbs, s. Anhang der Brennerschen Chronik (wie Anm. 67), 44–47.

82 S.u., Anhang III. Das Rechnungsbuch der österreichischen Herzöge aus den Jahren 1326–1338 ist neben den Tiroler Raitbüchern aus den Jahren 1392–1394 das einzig überlieferte zentrale Rechnungsbuch Österreichs aus dem 14. Jahrhundert, s. *Lackner* (wie Anm. 37), 285, dort auch Edition der Tiroler Raitbücher. Das hier interessierende Rechnungsbuch der österreichischen Herzöge wurde erstmals ediert (auszugsweise) von *Joseph Chmel*, Zur österreichischen Finanzgeschichte in der 1. Hälfte des 14. Jahrhunderts, in: Der österreichische Geschichtsforscher 1, 1838, 28–49; 2/1, 1841, 203–259; 2/2, 1842, 418–447. Volledition: *Klaus Rumpler*, Das Rechnungsbuch der österreichischen Herzöge aus den Jahren 1326–1338. Prüfungsarbeit am Institut für Österreichische Geschichtsforschung (ungedruckt). Wien 1977, s. Anhang, bei IV.

sollten[83], aber die Rechnungsnahmen der Folgejahre belegen die Auszahlung von Beträgen an verschiedene Klöster *pro testamento domini regis.*[84] Auch der Urkunde Hayms von Regensburg, kraft derer der Amtmann sich für die ordnungsgemäße Abhaltung der Gedächtnisfeierlichkeiten für Friedrich im Kloster Heiligenkreuz verbürgt, ist eine Beteiligung des Königs an der Ausführung seines Vermächtnisses zu entnehmen. Der Amtmann spricht hier von dem Legat, *daz in mein herr chunig Friderich hat gegeben.*[85] Einen weiteren Hinweis darauf, daß Friedrich die Verantwortung für die Testamentsumsetzung nicht völlig aus den Händen gegeben hat, ergibt ein Vergleich der Brennerschen Reversliste mit dem Testament. Hier fallen einige Unstimmigkeiten bezüglich der Orte und der Legatssummen auf. Einerseits liegen nicht von allen im Testament genannten Gemeinschaften Reverse vor, andererseits führt Brenner Bestätigungsurkunden von geistlichen Kommunitäten an, die laut Vermächtnis nicht mit Legaten versehen wurden. So der bereits oben beschriebene Revers Abt Rugers und des Niederaltaicher Konvents. Aus diesem geht hervor, Friedrich habe dem Kloster kraft seines letzten, *lectulo egritudinis* beschlossenen Testaments 100 Pfund Pfennige übertragen.[86] In dem Vermächtnis von 1327 taucht das Benediktinerkloster jedoch nicht auf.[87] Zweifellos hatte der König also sein Testament zu einem späteren Zeitpunkt noch einmal geändert. Vorstellbar wäre entweder die schriftliche Reformulierung seines Letzten Willens oder eine zusätzliche mündliche Vereinbarung der neuen Modalitäten mit den von ihm bestimmten Treuhändern. Daß diese zu Friedrichs Lebzeiten eigenmächtig über die Umwandlung der testamentarischen Verfügungen bestimmten, ist wohl ausgeschlossen.

Friedrich der Schöne starb zweieinhalb Jahre nach Ausstellung seines Vermächtnisses. Bis zu dem Zeitpunkt seines Todes hatte zwar ein Großteil der Gemeinschaften mit Hilfe seines Beichtvaters und verschiedener habsburgischer Amtmänner[88] die ihnen versprochenen Legate erhalten, einige Stiftungen standen jedoch noch immer aus. Hiermit hatte Friedrich allerdings gerechnet und ausdrücklich verfügt, daß den Empfängern all die Legate, die er vor seinem Tod nicht selbst ausfolgen könnte, von den dazu bestimmten Treuhändern ausgehändigt werden sollten.[89] Diese nahmen ihre Pflichten dann auch in Angriff. Von den Tätigkeiten des königlichen Beichtvaters war bereits die Rede. Aber auch die anderen von Friedrich designierten Testamentsvollstrecker walteten ihre Amtes, soweit sie konnten.[90]

Urkundlich belegt sind die durch die Treuhänder unternommenen Stiftungen an Straßburg, Königsfelden, Passau und Salzburg. Elf Jahre nachdem Friedrich sein Testament zu

83 Anhang, I [10] und [16].

84 Anhang, III. In der Abrechnung von 1329 (Anhang III.1) wird zwar nicht explizit auf das Testament Bezug genommen, da die angeführten Orte und Summen jedoch weitgehend deckungsgleich mit denen des Testaments sind, kann wohl von einem direkten Bezug ausgegangen werden.

85 Anhang, VI.2.

86 Anhang, II,6.

87 Insgesamt tauchen bei Brenner 17 Gemeinschaften mehr auf als in Friedrichs Vermächtnis, wovon jedoch einige nachweislich bei anderer Gelegenheit von Friedrich bestiftet worden sind, so daß sich die Reverse möglicherweise hierauf beziehen, so die Stiftungen an die Klöster Aldersbach (s. bei Anm. 29), Seitenstetten (s. bei Anm. 26) und Friesach (Anhang II.3).

88 Die Mithilfe eines weiteren Amtmannes, des königlichen Notars Konrad Bullensdorf, geht aus einer Empfangsbestätigung des friderizianischen Legats durch den Regensburger Kanoniker Ludwig Wechsler hervor (Anhang VI.3).

89 Anhang I [16].

90 Der Abt von Heiligenkreuz starb bereits vor Friedrich im Jahr 1329 (s. Anhang I [1]). Auch Friedrichs Gemahlin Elisabeth verstarb nur kurze Zeit nach dem König, so daß auch sie nicht mehr ihren treuhänderischen Aufgaben nachkommen konnte (s. ebd.).

Papier gebracht hatte, wurde dem Passauer Domkapitel von den Herzögen Albrecht II. und Otto, denen Friedrich die Oberaufsicht über die Willensvollstreckung auferlegt hatte, eine Ewigrente von 20 Pfund Wiener Pfennigen aus der Gmundener Maut zugewiesen. Diese Summe, die ihr *lieber und seliger brueder kunig Fridrich von Rom* (...) *durch Got und durch hail und seld seiner, unser selber und aller unsrer vordern sele* dem Passauer Domkapitel zugedacht hatte, sollte dem dortigen Priester jährlich durch die herzoglichen Amtleute ausgehändigt werden. Sechzehn Pfund des Legats wurden als dessen Pfründe veranschlagt, von den restlichen vier Pfund jedoch sollte der Geistliche den Jahrtag Friedrichs im Passauer Chor begehen.[91] Dieser Brief wurde im 16. Jahrhundert vom Propst Georg von Passau vidimiert; die Stiftung hatte demnach noch zu diesem Zeitpunkt Bestand.

Ähnlich verhält es sich mit dem Legat, das Friedrich für das Salzburger Domstift bestimmt hatte. Waren den Chorherren per Testament 100 Mark zugedacht worden, übertrug Herzog Albrecht ihnen am 21. April 1339 eine ewige Rente von 16 Pfund Wiener Pfennigen *von unsers lieben herren und brüder, wilent chunig Friderich von Rom seligem gescheft wegen.*[92] Als Gegenleistung wurde den Kanonikern die Feier einer täglichen Ewigmesse auferlegt. Außerdem war der Jahrtag am Todestag des Königs mit Messen und Vigilien zu begehen. Die 16 Pfund Pfennige sollten dem Domstift so lange von österreichischen Amtmännern ausgezahlt werden, bis ihnen die Herzöge die vollständige Summe von 80 Mark Silber Wiener Gewichts übertragen würden, womit für Jahrtag und Messe eine Rente gekauft werden sollte.[93] Auch Friedrichs Schwester Agnes von Ungarn, die Klostervorsteherin von Königsfelden, sieht man mehrere Male Stiftungen für die Memoria des verstorbenen Königs einrichten. Am 23. Mai 1331 bestätigte das Straßburger Domstift die Feier eines Anniversars für König Friedrich am 13. Januar, da sie von Agnes in ihrem Amt als Testamentsvollstreckerin Friedrichs 400 Florin Gold erhalten hatten.[94] Noch 27 Jahre nach dem Tod des dritten Habsburgerkönigs wirkte Agnes für das Seelenheil ihres Bruders, indem sie dem Kloster Engelberg 60 Mark Silber zukommen ließ. Von den Erträgen des Legats sollten

91 Anhang IV.1.

92 Anhang IV.2.

93 Fraglich ist der Bezug auf das Testament bei einigen von den Provisoren errichteten Stiftungen, in denen der Dienst für das Seelenheil des verstorbenen Königs ausdrücklich gefordert wird. So übertrug Herzog Albrecht dem Kloster Königsfelden sieben Jahre nach Friedrichs Tod die Güter zu Gränichen und Suhr zur Begehung der Jahrzeiten König Friedrichs sowie anderer seiner verstorbenen Geschwister, für die noch keine Jahrzeiten im Kloster gestiftet worden waren. Auch eine Geldstiftung des Herzogs an die Barfüßer und Klarissen in Königsfelden forderte die Memoria seines Bruders Friedrich an dessen Todestag in der Weise, wie auch die Jahrzeit Herzog Leopolds begangen werden sollte *mit Lichtern, mit Spenden, mit Diensten, mit singen und lesen und aller Weise*, Staatsarchiv des Kantons Aargau, U.17 (Königsfelden), Nr. 185 a. Regest: *Hermann von Liebenau*, Lebensgeschichte der Königin Agnes von Ungarn, der letzten Habsburgerin des erlauchten Stammhauses aus dem Aargaue. Regensburg 1868, 497–499, Nr. 186. Bereits 1334 stiftete Albrecht gemeinsam mit seinem Bruder Otto dem Kloster Waldhausen zwei Lehen und sechs Hofstätten zu ihrem und König Friedrichs Seelenheil, Regest: *F. X. Pritz*, Geschichte des aufgelassenen Stiftes der regulirten Chorherren des heil. Augustin zu Waldhausen im Lande ob der Enns, in: Archiv zur Kunde österreichischer Geschichtsquellen 9, 1853, 305–350, hier 329 (4.4.1334).

94 Regest: Urkundenbuch der Stadt Straßburg. Bd. 3: Privatrechtliche Urkunden und Amtslisten von 1266–1332. Bearb. v. *Aloys Schulte*. Straßburg 1884, 391, Nr. 1298. Die Stiftung erfolgte am 25.11.1330 (Regest: *Liebenau*, Lebensgeschichte (wie Anm. 93), 472, Nr. 118). Ankaufsurkunde vom 23.8.1331, s.u. Anhang I [1].

die Jahrtage Friedrichs und des mittlerweise ebenfalls verstorbenen Herzogs Leopold gefeiert werden.[95]

Daß Friedrichs Anliegen, Aufnahme in das Gebet der bestifteten Gemeinschaften zu finden, von Erfolg gekrönt war, belegt schließlich auch ein Blick in die Memorialbücher der Legatsempfänger.[96] In Basel waren, so ist im dortigen Anniversarbuch zu lesen, Chorherren, Priester, der Subkustos, Scholaren, Vorleser, Glöckner sowie der *dormentarius* an der Ausführung des Jahrtags beteiligt.[97] Noch im jüngsten Konstanzer Anniversarbuch vom Anfang des 16. Jahrhundert findet sich ein Hinweis auf den Vollzug von Friedrichs Memoria an seinem Todestag[98], über deren Ablauf ja bereits oben berichtet wurde. Ähnlich wie hier ist in einer Reihe von anderen Totenbüchern nur lapidar der Name des Königs um seinen Todestag herum angeführt, so daß man sich kein konkretes Bild von der Gestaltung der Memoriafeier machen kann.[99] Jedoch belegen all diese Einträge, daß der König des Gebetes der Geistlichen wunschgemäß teilhaftig geworden ist.

*

Das Vermächtnis Friedrichs, so sollte gezeigt werden, stellt ein besonders umfassendes Stiftungsdokument dar, mit dem der König die Memoria seiner selbst und seiner Vorfahren und Nachkommen etablierte. Mit den hier verfügten Stiftungen folgte Friedrich einer Stiftungspraxis, die er bereits in den Jahren zuvor angewandt hatte und mit der er sich den Gedächtnisdienst der in seinem Herrschaftsbereich gelegenen Klöster und Stifte sicherte. Durch die breite Streuung der Ewigmessen, die zum großen Teil im Gebiet seiner Hausmacht initiiert wurden, erwirkte der auf Reichsebene gescheiterte Habsburger die Vergegenwärtigung seines Namens in Verbindung mit dem von ihm nie unumstritten geführten Titel des römischen Königs. Die Stiftungstätigkeit Friedrichs kann als Teil eines politischen Plans interpretiert werden, deren erklärtes Ziel die Stärkung der Hausmacht und die Wahl eines neuen Herrschaftsmittelpunkts darstellte. Die politische Dimension der Stiftungen zeigt sich auch und besonders im Vergleich mit der Stiftungs- und Hausmachtpolitik des Wittelsbacher Thronkonkurrenten. Auch wenn die mit den Stiftungen einhergehende Stärkung der Erblande im Inneren nicht, wie vielleicht erhofft, als Basis einer kraftvollen Reichspolitik genutzt werden konnte, dürfen die Erfolge Friedrichs auf territorialer Ebene m.E. nicht unterschätzt werden.

Auf jeden Fall hat die Betrachtung der Wirkungsgeschichte des friderizianischen Vermächtnisses gezeigt, daß dem Habsburger, den die Historiker gemeinhin als schwachen, erfolglosen König mit mangelndem Durchsetzungsvermögen einschätzen, eines nicht vorgeworfen werden kann: daß es ihm mißlang, seine Stiftungen geschickt zu etablieren, somit möglichst vielerorts im Rahmen von Ewigmessen und Anniversarfeiern im Gedächtnis

95 *Liebenau*, Lebensgeschichte (wie Anm. 93), 545, Nr. 332.

96 S. bei Anhang I die Anmerkungen zu den jeweiligen Orten und unter V.

97 Anhang V.2.

98 Anhang V.1.3.

99 S. z.B. die Einträge an Friedrichs Todestag im Anniversarbuch der Heiligenkreuzer Dominikanerinnen: MGH Necr. Bd. 3: Diocesis Brixensis, Frisingensis, Ratisbonensis. Hrsg v. *Franz Ludwig Baumann.* Berlin 1905, 294; im Nekrolog des Salzburger Domstifts: MGH Necr. Bd. 2: Diocesis Salisburgensis. Hrsg. v. *Sigmund Herzberg-Fränkel*. Berlin 1904, 95, zum 14.1.

seiner Untertanen zu verweilen und die Fürbitte der geistlichen Männer und Frauen vor Gott zu erzielen.

Anhang[1]

I. Vermächtnis Friedrichs des Schönen von 1327 Juni 24.

Friedrich setzt mit Zustimmung und Rat seiner Brüder, der Herzöge Albrecht (II.) und Otto von Österreich und Steiermark, sein Testament auf.

A: Original. Pergament. Siegel Herzog Albrechts II. an Pergamentstreifen hängend, das Siegel Herzog Ottos fehlt. Wien, HHStA, FU 78.
B: Abschrift aus dem 17. Jh., Wien, HHStA, FU 78/2.
Druck (nach A): Voluntarium imperii consortium inter Fridericum Austriacarum et Ludovicum Bavarum Augg. quod ex pacto de anno 1325. Hrsg. v. Johann Friedrich Baumann. Frankfurt am Main/Leipzig 1735, 27–32. Wenzel Adalbert Czerwenka, Annales et acta Pietatis Augustissimae ac Serenissimae Domus Habsburgo-Austriacae. Prag 1691, 349–353. Wolfgang Hingst. Leopold Brenners „Historia Cartusiae Maurbacensis". Diss. phil. (ungedruckt). Wien 1964, 86–91.
Regest: Geschichte des Hauses Habsburg (mit Regesten bearb. von E. Birk). Hrsg. v. Eduard Maria Lichnowsky. Bd. 3. Wien 1838, Nr. 738; Regesta Imperii inde ab anno 1314 usque ad annum 1347. Die Urkunden Kaiser Ludwigs des Baiern, König Friedrich des Schönen und König Johanns v. Böhmen nebst einer Auswahl der Briefe und Bullen der Päbste und anderer Urkunden. Hrsg. v. Johann Friedrich Böhmer. Frankfurt am Main 1839, 179, Nr. 233; Hermann von Liebenau, Lebensgeschichte der Königin Agnes von Ungarn, der letzten Habsburgerin des erlauchten Stammhauses aus dem Aargaue. Regensburg 1868, 457, Nr. 86. Regesta Habsburgica. Regesten der Grafen von Habsburg und der Herzoge von Österreich aus dem Hause Habsburg. Bd.

1 *Bei den Transkriptionen wurden Johannes Schultzes Richtlinien für die äußere Textgestaltung bei der Herausgabe von Quellen zur neueren deutschen Geschichte, in: BlldtLG 102, 1966, 1–10, mit einigen Abweichungen befolgt. Ausnahmen sind folgende: Übergeschriebene Vokale wurden hinter die untenstehenden Buchstaben gesetzt, Konsonantenhäufungen beibehalten, grundsätzliche Kleinschreibung außer am Satzanfang sowie bei Personen- und Ortsnamen. Abkürzungen wurden grundsätzlich stillschweigend aufgelöst. Auslassungen der Verfasserin wurden in runde, unleserliche Stellen in eckige Klammern gesetzt. Punkte in der Vorlage, die Namen oder Titeln vorausgehen (Referenzpunkte), wurden nur dann beibehalten, wenn die Personen* ratione officii *und nicht* ratione personae *angesprochen sind. Diese Grundsätze wurden auch auf die Wiedergabe bereits gedruckter Quellen übertragen.*

III.1: Die Regesten der Herzoge von Österreich sowie Friedrichs des Schönen als deutschen Königs von 1314–1330. Hrsg. v. Lothar Gross. Innsbruck 1924, 224f., Nr. 1835.

Wir, Friderich, von Gots gnaden romscher chunig, alle zeit ein merer des reichs, veriehen und chunden offenleich mit disem brief und tuen chunt allen den, die in ansehent, lesent oder horent lesen, daz wir mit gueter und goetleicher betrahtunge umb unser sel selde und hail nach christenleichem gelauben bechant und angesehen haben unser zergenchleich leben auf diser werlt, daz daz niht ain leben gehaizzen noh gesein mag, wand so vil ez geordent wirt zu dem ewigen leben, daz wir mit werltlichem guet daz himelische begreiffen, und mit goetlicher arbait die ewigen vreude und rueb besitzen, und da von haben wir mit gunst, willen und rat unser lieb brueder und fursten Albrehten[2] und Otten[3], der hertzogen inn Osterreich und in Steyr mit welbedahtem muet und ze der zeit, do wir ez wol getuen mohten, unser selgeret geschaft und geordent in aller der weis, als hernach geschriben ist.
[1] Also daz der apt von dem Heiligen Chreutz[4] und der prior von Maurbach[5], unser peihtiger, welich zu den zeiten do sint hie niden in dem land inderhalbe des Lechs, und die .. aebte von Zalmanswil[6] und von Wettingen[7] in obern landen unsers gescheftes und selgeretes volfuerer schullen sein mit hilf unserr vorgenanten brueder, die sich des verbunden habent, und mit hilf ander unserr erben und nahchomen und mit namen unserr hertzen lieben Elizabethen, der romischen chuniginne[8], Agnesen, weilen chuniginne von Ungern[9], unsrer swester, und des pharrers von Wienn[10], der ze den zeiten da ist, in aller der weis, als wir ez geschaft haben, daz si lon vor Gott darumb enphohen und von dhainer saumung ewige pein und Gotes rah iht verdienen.
[2] Des ersten schaffen wir zu den ztyften und chlostern, die hernach genant sint, auf igleichen tuoem und chloster umb ein ewige messe und jartag: Des ersten gen Zaltzburch[11]

---

2 *Herzog Albrecht II. (der Weise, der Lahme), *1298, gest. 20. Juli 1358.*

3 *Herzog Otto (der Fröhliche), *1301, gest. 16. oder 17. Februar 1339.*

4 *Abt Pilgrim III., der noch vor Friedrich im Jahr 1329 starb.*

5 *Die Kartause Mauerbach (Hzgt. Österreich) wurde 1316 von König Friedrich gegründet. Der hier als Testamentsvollstrecker designierte Prior von Mauerbach, Gottfried (1314–38), war gleichzeitig Beichtvater Friedrichs.*

6 *Abt Konrad von Salem, späterer Abt von Gurk. Beichtvater König Friedrichs.*

7 *Wettingen stellte sich im Thronstreit zwischen Friedrich dem Schönen und Ludwig dem Bayern auf Habsburger Seite. Ferner war das Kloster nach dem Tod König Albrechts für 15 Monate Grablege desselben, was auf eine gute Beziehung zwischen den Habsburgern und dem Zisterzienserkloster hinweist. Daß diese nicht immer so waren, zeigen Anton Kottmann und Markus Hämmerle, Die Zisterzienserabtei Wettingen. Geschichte des Klosters Wettingen und der Abtei Wettingen-Mehrerau. Wettingen 1996, 52.*

8 *Königin Elisabeth von Aragon, *1300, gest. 12. Juli 1330.*

9 *Agnes von Ungarn. Zu diesem Zeitpunkt älteste Schwester Friedrichs des Schönen, *1280, gest. 11. Juni 1364, wirkte als Laienäbtissin im Kloster Königsfelden (nahe Brugg in den habsburgischen Vorlanden).*

10 *Nach* Theodor Wiedemann, *Geschichte der Karthause Mauerbach, in: BMAW 13, 1873, 81, war das Pfarrer Heinrich.*

11 *Salzburg. Domstift. Stiftungsurkunde Herzog Albrechts vom 21.4.1339 und Widemsbrief des Bischofs Berthold von Chiemsee vom 23.11.1523 s.u. bei IV.2.*

hundert mark, gen Speyr[12] hundert marc, gen Strazburch[13] hundert marc, gen Pasel[14] sechtzich marc, gen Chostentz[15] sechtzich mark, gen Augsburch[16] sechtzich mark, gen Pazzawe[17] sechtzich mark, gen Freisingen[18] sechtzich mark, gen Chempten[19] fumftzich mark, gen Weingarten[20] fumftzich mark, gen Zels den munichen[21] sechtzich marck, gen Weizzenburch[22] fumftzich mark, gen Paris[23] fumftzich mark, den munichen ze Neunburch in Elsazzen[24] fumftzich mark, gen Peunt[25] dreizzich mark, gen Mulenbrunne[26] fumftzich mark, gen Vellenbach[27] dreizzich mark. Der summe ist tausent und zwaintzich mark silbers. [3] Darnach schaffen wir gen Regensburch auf den tuoem und auf die chloster, die her nach geschriben stent, auf igleich ztifte umb ein ewige mess und umb einen ewigen jartag und fur den schaden, den wir in getan haben: Des ersten auf den tuoem ze Regensburch[28]

12 *Speyer. Domstift. Eintrag in das dortige Anniversar:* Item hic agitur anniversarium Friderici ducis Austrie unde capitulum dabit 17 libras hallensium donec refundet 360 libras hallensium, *Reimer, Das Todtenbuch des Speirer Domstifts, in: ZGO 26, 1874, 418, zum 13.1.*

13 *Straßburg. Domstift. Vollzug der Stiftung durch Agnes von Ungarn am 25.11.1330 (Regest: Hermann von Liebenau, Lebensgeschichte der Königin Agnes von Ungarn, der letzten Habsburgerin des erlauchten Stammhauses aus dem Aargaue. Regensburg 1868, 472, Nr. 118); diesbezügliches Revers vom 23.5.1331 von Propst Gebhard von Freiburg, Dekan Johann von Schwarzenberg und dem Kapitel des Straßburger Domstifts (Regest: Urkundenbuch der Stadt Straßburg. Bd. 3: Privatrechtliche Urkunden und Amtslisten von 1266–1332. Bearb. v. Aloys Schulte. Straßburg 1884, 391, Nr. 1298); Ankaufsurkunde vom 23. 8.1331, kraft derer von einem Gut einer* domicella Phyna *mit dem Geld von König Friedrich 2 Pfd. jährlicher Einkünfte erworben wurden (Regest: Ebd., 394, Nr. 1306).*

14 *Basel. Domstift. Eintrag in das dortige Anniversar, s.u. bei V.2.*

15 *Konstanz. Domstift. Einträge in die dortige Anniversarbücher, s.u. bei V.1. Revers des Domstifts, s.u. bei II.7.*

16 *Augsburg. Domstift. Eintrag in das dortige Anniversar:* Anniversarium Friderici de Austria, Regis Romanorum, obiit 1330; dedit 70 Pfund Pfennige et ut anniversarium suum in interiori cripta habeatur, vicario eiusdem altaris 56 Pfund Pfennige, *MGH Necr. Bd. 1: Diocesis Augustensis, Constantiensis, Curiensis. Hrsg. v. Franz Ludwig Baumann. Berlin 1888, 56, zum 13.1.*

17 *Passau. Domstift. 14.11.1338: Vollzug der Stiftung durch die Herzöge Albrecht und Otto und Widemsbrief des Propstes Georg v. Passau vom 10.5. 1501, s.u. bei IV.1. Vermerk in Rechnungsbuch zu 1329, s.u. III.1.*

18 *Freising. Domstift.*

19 *Kempten. Benediktiner (Diözese Konstanz).*

20 *Benediktiner (Diözese Freising). Eintrag in Anniversar des Klosters:* Fridericus rex romanorum. In ann[iversario] eius ministrantur conventui annuatim 25 solidus Pfennig de curia Wielansriet, *MGH Necr. Bd. 1 (wie Anm. 16), 223, zum 14.1.*

21 *Selz im Elsaß. Benediktiner (Diözese Straßburg).*

22 *Weißenburg im Elsaß (Diözese Straßburg).*

23 *Pairis bei Colmar. Zisterzienser (Diözese Basel).*

24 *Bei Hagenau. Zisterzienser (Diözese Straßburg).*

25 *Nicht identifiziert.*

26 *Maulbronn. Zisterzienser (Diözese Speyer).*

27 *Feldbach bei Steckborn im Thurgau. Zisterzienser (Diözese Konstanz). Eintrag in Anniversar des Klosters:* Obiit serenissimus rex Fridericus noster dilectissimus, qui dedit nobis 30 marcas pro cottidiana missa perpetuo celebranda, *MGH Necr. Bd. 1 (wie Anm. 16), 390, zum 13.1.*

28 *Regensburg. Empfangsbestätigung des Legats, s. Hieronymus Pez, Scriptores rerum Austriacarum, Bd. 2, Leipzig 1725, 350. Revers von Propst Wernt und dem Domkapitel zu Regensburg vom 16.10.1329, Auszug abgedruckt bei Baumann, Voluntarium imperii (s. Vorbemerkung), 36 nach der Chronik Leopold Brenners, Wien, Habsburgisches Hausarchiv, Familienakten Karton 17 (Kloster Mauerbach), Konvolut 5, I.9, fol. 46ʳ. Revers vom Dekan und Kapitel des Regensburger Domkapitels vom 11.11.1343, s. ebd.*

anderthalbhundert schok pehemischer phenninge, gen Sand Haemeran[29] achtzich schok, gen Sand Paul[30] dreizzich schok, gen Sand Marein Magdalen[31] sechundreizzich schok, gen dem Heiligen Creutz[32] sechundsechtzich schok. Dem apt von Pruel[33] sybentzich schok, gen Pullenhoven[34] dreizzich schok, gen Petendorf[35] dreizich schok, gen Ror[36] sibentzich schok, gen Peringen[37] dreizzich schok, gen Geysenveld[38] sechsunddreizzich schok. Darnach gen Sand Lyenhard[39] umb einen ewigen jartag und umb ein licht fumfzehen schok. Den Schotten[40] umb einen ewigen jartag sechtzehen schok. Dem spytal[41] fur seinen schaden dreizzich schok. Den arme sundersiechen[42] fuer iren schaden zehen schok. Hintz Weichsandpeter[43] fuemf schok. Den sundersiechen datz osten[44] fumf schok. Und andern armen chirichen auzzerthalb der ztat, die wir mit prant geschadigt haben, dreizzich schok.[45] Der summe ist sibenhundertnewnunddreizzich schok, die machent an silber sechshundertsechtzehen mark[a].
[4] Darnach schaffen wir umb ewige messe und ewige jarteg den chlostern, die hernach geschriben sint: Der ersten gen Gesten[46] hundert phunt, gen Gluenich[47] hundert phunt, gen

a *Am linken Seitenrand von anderer Hand in Umrahmung:* Summa totalis 1636 marcae.

29 *St. Emmeram. Benediktiner (Diözese Regensburg). Empfangsbestätigung des Legats, s. Pez, Scriptores (wie Anm. 28). Revers vom 16.10.1329 (s.u. bei II.4).*
30 *Benediktiner (Diözese Regensburg). Empfangsbestätigung des Legats, s. Pez, Scriptores (wie Anm. 28). Revers vom 1.2.1330, s. die Brennersche Reversliste (wie Anm. 28). Eintrag in Urbar des Klosters (s.u. bei VI.1).*
31 *Klarissen (Diözese Regensburg). Revers von 1329 (o.T.), s. die Brennersche Reversliste (wie Anm. 28).*
32 *Dominikanerinnen (Diözese Regensburg). Empfangsbestätigung des Legats, s. Pez, Scriptores (wie Anm. 28). Revers vom 6.11.1329, s. die Brennersche Reversliste (wie Anm. 28). Urkunde des Amtmanns Haym von Regensburg vom 5.11.1329 (s.u. bei VI.2).*
33 *Prüll bei Regensburg. Benediktiner (Diözese Regensburg).*
34 *Pielenhofen bei Regensburg. Zisterzienser (Diözese Regensburg). Revers vom 13.10.1329, s. die Brennersche Reversliste (wie Anm. 28).*
35 *Pettendorf bei Regensburg. Dominikanerinnen (Diözese Regensburg). Empfangsbestätigung des Legats, s. Pez, Scriptores (wie Anm. 28). Revers vom 5.11.1329, s. die Brennersche Reversliste (wie Anm. 28).*
36 *Rohr bei Regensburg. Augustinerchorherren (Diözese Regensburg).*
37 *Paring bei Regensburg. Augustinerchorherren (Diözese Regensburg). Empfangsbestätigung des Legats, s. Pez, Scriptores (wie Anm. 28).*
38 *Geisenfeld bei Regensburg. Benediktinerinnen (Diözese Regensburg).*
39 *St. Leonhard in Regensburg. Johanniterordenkommende (Diözese Regensburg). Empfangsbestätigung des Legats, s. Pez, Scriptores (wie Anm. 28).*
40 *St. Jakob. Benediktiner (Diözese Regensburg).*
41 *St. Katharinen-Spital (Diözese Regensburg). Empfangsbestätigung des Legats, s. Pez, Scriptores (wie Anm. 28).*
42 *St. Lazarus (Diözese Regensburg).*
43 *Weihsanktpeter. Benediktiner (Diözese Regensburg).*
44 *St. Nikola, zum Stift Niedermünster gehörig (Diözese Regensburg).*
45 *Empfangsbestätigung Ludwig Wechslers vom 14.11.1329, s.u. bei VI.3.*
46 *Garsten. Benediktiner (Diözese Passau). Empfangsbestätigung des Legats, s. Pez, Scriptores (wie Anm. 28). Revers des Abtes und Konvents vom 23.2.1329, s.u. bei II.2. Vermerk in Rechnungsbuch zu 1329, s.u. III.1.*
47 *Gleink in Oberösterreich. Benediktiner (Diözese Passau). Vermerk in Rechnungsbuch zu 1329, s.u. III.1.*

Chremsmunster[48] hundert phunt, gen Lambach[49] hundert phunt, gen Meldich[50] hundert phunt, gen Chostwich[51] hundert phunt, gen Sand Poelten[52] hundert phunt, gen Sand Andre[53] hundert phunt, gen Hertzogenburch[54] hundert phunt, gen Sand Mareincelle[55] hundert phunt, gen Varnbach[56] hundert phunt, gen Wilheringen[57] hundert phunt, gen Engelszelle[58] hundert phunt, gen Zeccowe[59] hundert phunt, gen Sand Florian[60] hundert phunt, gen Vorawe[61] hundert phunt, gen Suben[62] hundert phunt, gen Sand Nyclos ze Pazzawe[63] hundert phunt, gen

48 *Kremsmünster in Oberösterreich. Benediktiner (Diözese Passau). Revers vom 8.9.1327, s. die Brennersche Reversliste (wie Anm. 28).*

49 *Oberösterreich. Benediktiner (Diözese Passau). Stiftungsurkunde Friedrichs vom 8.9.1319, mittels derer er der Klosterkirche 100 Pfund Wiener Pfennige zukommen läßt und bestimmt, daß hiervon für ihn und seine Vorfahren Messe gehalten wird (Urkundenbuch des Landes ob der Enns. Bd. 5. Wien 1868, 244, Nr. 255); Revers des Abtes und Konvents zu Lambach vom selben Tag (ebd. 245, Nr. 256). Bezug zum Testament fraglich.*

50 *Melk in Niederösterreich. Benediktiner (Diözese Passau).*

51 *Göttweig in Niederösterreich/Wachau. Benediktiner (Diözese Passau).*

52 *Sankt Pölten in Niederösterreich. Augustinerchorherren (Diözese Passau). Vermerk in Rechnungsbuch zu 1330, s.u. III.2.*

53 *St. Andrä-Wördern in Niederösterreich. Augustinerchorherren (Diözese Passau). Empfangsbestätigung des Legats, s. Pez, Scriptores (wie Anm. 28). Revers vom 1.1.1330, s. die Brennersche Reversliste (wie Anm. 28). Vermerk in Rechnungsbuch zu 1330, s.u. III.2.*

54 *Herzogenburg in Niederösterreich. Augustinerchorherren (Diözese Passau). Empfangsbestätigung des Legats, s. Pez, Scriptores (wie Anm. 28). Vermerk in Rechnungsbuch von 1330, s.u. III.2.*

55 *Klein Maria Zell. Herzogtum Steiermark/Innerösterreich. Benediktiner (Diözese Passau). Empfangsbestätigung des Legats, s. Pez, Scriptores (wie Anm. 28). Vermerk in Rechnungsbuch von 1330, s.u. III.2. Eintrag in Anniversar des Klosters:* Anno domini 1330 obiit Fridericus Romanorum rex, qui legavit ad Cellam S. Marie 100 Pfund Pfennige pro eius anniversario peragendo et pro missa defunctorum cottidie celebranda, *MGH Necr. Bd. 5: Diocesis Pataviensis pars altera (Austria inferior). Hrsg. v. Adalbert Fuchs. Berlin 1913, 167, zum 14.1.*

56 *Formbach. Innerösterreich/Oststeiermark. Benediktiner (Diözese Passau). Revers von Abt Job und dem Konvent des Klosters Formbach vom 28.12.1329 (s.u. bei II.5.). Vermerk in Rechnungsbuch von 1330, s.u. III.2.*

57 *Wilhering a.d. Donau. Niederösterreich. Zisterzienser (Diözese Passau). Empfangsbestätigung des Legats, s. Pez, Scriptores (wie Anm. 28). Revers vom 19.8.1327, s. die Brennersche Reversliste (wie Anm. 28).*

58 *Engelszell a.d. Donau. Niederösterreich. Zisterzienser (Diözese Passau). Empfangsbestätigung des Legats, s. Pez, Scriptores (wie Anm. 28).Revers vom 19.8.1329, s. die Brennersche Reversliste (wie Anm. 28)*

59 *Seckau i. d. Steiermark. Innerösterreich. Augustinerchorherren (Diözese Seckau). Eintrag in Anniversar des Klosters:* Fridericus rex Romanorum frater noster [Datur consolacio unius ferculi], ob cuius remedium habemus 100 Pfund Wyennensium Pfennige et hic eciam ditavit ecclesiam nostram multis bonis, dedit nobis alpes et silvas diversas ut in privilegiis nostris continetur, *MGH Necr. Bd. 2: Diocesis Salisburgensis. Hrsg. v. Sigmund Herzberg-Fränkel. Berlin 1904, 403f., zum 12.1. Vermerk in Rechnungsbuch zu 1329, s.u. III.1 und zu 1330, s.u. III.2.*

60 *Oberösterreich. Augustinerchorherren (Diözese Passau). Vermerk in Rechnungsbuch zu 1329, s.u. III.1.*

61 *Vorau in der Steiermark/Innerösterreich. Augustinerchorherren (Diözese Salzburg). Vermerk in Rechnungsbuch von 1331, s.u. III.3.*

62 *Suben am Inn/Oberösterreich. Augustinerchorherren (Diözese Passau). Vermerk in Rechnungsbuch zu 1329, s.u. III.1.*

63 *Augustinerchorherren (Diözese Passau). Eintrag in Anniversar der Kirche:* Fridericus rex Romanorum et dux Austriae obiit, qui dedit nobis 100 libras promptorum Wiennensium denariorum, de quibus dat

Walthausen[64] hundert phunt, gen Reichartsperig[65] hundert phunt. Den nunnen ze Ybs[66] zwaihundert phunt umb ein ewige priestersphruende und umb einen jartag. Den nunnen zu Sand Larentzen zu Wienn[67] hundert phunt. Den nunnen ze der Newnstat[68] hundert phunt. Den nunnen zu Sand Nyclo ze Wienn vor der stat[69] sehtzig phunt. Den nunnen ze Gosse[70] sechtzich phunt. Den nunnen ze Chirichberch[71] sechtzich phunt. Den nunnen ze Sand Marien Magdalen ze Wienn[72] sechtzich phunt, gen dem Heiligen Chreutz in daz siehaus[73] tzwaihundert phunt, do mit man gelt chauf und den siechen ir phruende pezzer[b].

[5] Darnach schaffen wir auf der minnerbrueder chloster ze Wienn[74], zu der Neunstat[75], ze Gretz[76], ze Marchpurch[77], ze Judenpurch[78], zu Prucke auf der Muere[79], ze Haimburch[80], ze

---

b *Am rechten Seitenrand von anderer Hand in Umrahmung:* Summa 2840 librae wiennensium.

nobis dominus praepositus 1 libram, *MGH Necr. Bd. 4: Diocesis Pataviensis pars prior. Hrsg. v. Maximilian Fastlinger. Berlin 1920, 131, zum 14.1, s. auch den Eintrag im Rechnungsbuch der Herzöge von Habsburg:* Item Religiosis viris ad Sanct Nicolaum extra Muros in Patavia pro anniversario domini Regis Friderici 50 talenta *(Abrechnung vom 1.2.1334:Klaus Rumpler, Das Rechnungsbuch der österreichischen Herzöge aus den Jahren 1326–1338. Prüfungsarbeit am Institut für Österreichische Geschichtsforschung (ungedruckt). Wien 1977, 143).*

64 *Augustinerchorherren (Diözese Passau). Empfangsbestätigung des Legats, s. Pez, Scriptores (wie Anm. 28). Revers vom 19.8.1327, s. die Brennersche Reversliste (wie Anm. 28). Stiftungsurkunde vom 4.4.1334: Die Herzöge Albrecht und Otto stiften dem Kloster zwei Lehen und sechs Hofstätten zu ihrem und König Friedrichs Seelenheil (Regest: F. X. Pritz, Geschichte des aufgelassenen Stiftes der regulirten Chorherren des heil. Augustin zu Waldhausen im Lande ob der Enns, in: Archiv zur Kunde österreichischer Geschichtsquellen 9, 1853, 329, Bezug zu Testament fraglich).*

65 *Reichersberg in Oberösterreich. Augustinerchorherren (Diözese Passau). Vermerk in Rechnungsbuch zu 1329, s.u. III.1.*

66 *Niederösterreich. Zisterzienserinnen (Diözese Passau). Empfangsbestätigung des Legats, s. Pez, Scriptores (wie Anm. 28). Revers vom 8.9.1327, s. die Brennersche Reversliste (wie Anm. 28). Vermerk in Rechnungsbuch von 1330, s.u. III.2.*

67 *Dominikanerinnen (Diözese Passau). Revers vom 6.11.1329, s. die Brennersche Reversliste (wie Anm. 28).*

68 *Wiener Neustadt. Dominikanerinnen (Diözese Passau). Empfangsbestätigung des Legats, s. Pez, Scriptores (wie Anm. 28). Revers vom 13.9.1327, s. die Brennersche Reversliste (wie Anm. 28).*

69 *Zisterzienserinnen (Diözese Passau). Empfangsbestätigung des Legats, s. Pez, Scriptores (wie Anm. 28). Revers vom 8.9.1327, s. die Brennersche Reversliste (wie Anm. 28).*

70 *Göss bei Leoben. Steiermark /Innerösterreich. Benediktinerinnen (Diözese Salzburg).*

71 *Kirchberg a.d.Raab? Augustinerchorfrauen. (Diözese Passau). Revers vom 28.7.1330, s. die Brennersche Reversliste (wie Anm. 28). Vermerk in Rechnungsbuch von 1330, s.u. III.2.*

72 *Augustinerinnen (Diözese Passau). Empfangsbestätigung des Legats, s. Pez, Scriptores (wie Anm. 28). Revers vom 8.9.1327, s.u. bei II.1.*

73 *Diözese Regensburg. Revers vom 13.10.1329, s. die Brennersche Reversliste (wie Anm. 28).*

74 *Diözese Passau. Revers vom 6.8.1327, s. die Brennersche Reversliste (wie Anm. 28). Eintrag in Anniversar des Klosters:* Obitus domini Friderici, illustrissimi domini romanorum regis, solempniter celebretur, qui mortuus est anno 1330, [quique fratribus 40 Pfund Pfennig pro perpetua missa dedit promptorum denariorum], *MGH Necr. Bd. 5 (wie Anm. 55), zum 12.1.*

75 *Wiener Neustadt (Diözese Passau). Revers vom 28.8.1327, s. die Brennersche Reversliste (wie Anm. 28).*

76 *Graz (Diözese Passau). Empfangsbestätigung des Legats, s. Pez, Scriptores (wie Anm. 28). Revers vom 13.10.1327, s. die Brennersche Reversliste (wie Anm. 28).*

77 *Heutiges Maribor/Slowenien (Diözese Lavant). Revers vom 16.11.1327, s. die Brennersche Reversliste (wie Anm. 28).*

Stain[81], ze Ens[82], ze Lyntz[83] und ze Wels[84] und der prediger chlostern ze Wienn[85], ze Chrems[86], ze Neunstat[87], ze Leuben[88] und ze Retze[89] und der augestinerchlosteren ze Pruck[90], ze Paden[91] und ze Marhekk[92] iedem chloster viertzich phunt umb ein ewige mess und jartag. Der chloster sind zwaintzich[93], so ist der phenning summa ahthundert phunt.

[6] Dornach haben wir geschaffet zetailen under unser hofgesinde, daz nach uns unberaten beleibet, vierhundert phunt, iedem manne ze geben nach seinem dienst.

[7] Wir schaffen ouch dem zpytal ze Munichen viertzich phunt wienner umb einen jartag und umb ein selmess alle wochen.

[8] Wir schaffen ouch tzwain unsernn sunen[94] hundert phunt und daz seu mit gotsgaben erleichen berat.

[9] Dornach schaffen wir Otten dem Haymen[95] hundert phunt und seinen tail an dem werde, oder alsvil gult der tail getragen mag, ze nutzen und ze haben untzen an seinen und seiner wierting tode.

[10] Der phenning summ uberal wirt viertausenttzwaihundertundachtzichphunt wienner, die schaffen wir mit sampt den setzehenhundert und sechsunddreizzich mark silbers, die do oben benant sind, auf unser mautt ze Ens[96], daz man da von die vorgenanten phenning und daz silber verrichten sol, und daz ouch die volfuerer unsers gescheftes, die vorgenant sint,

---

78 *Judenburg a.d. Mur. Steiermark/Innerösterreich (Diözese Salzburg). Revers vom 13.11.1327, s. die Brennersche Reversliste (wie Anm. 28).*

79 *Bruck a.d. Mur (Diözese Salzburg). Revers vom 11.9.1327, s. die Brennersche Reversliste (wie Anm. 28).*

80 *Hainburg a.d. Donau (bei Bruck a.d. Leitha). Niederösterreich (Diözese Passau).*

81 *Niederösterreich, bei Krems (Diözese Passau). Revers vom 6.8.1327, s. die Brennersche Reversliste (wie Anm. 28).*

82 *Enns a.d. Donaumündung. Oberösterreich (Diözese Passau).*

83 *Linz in Niederösterreich (Diözese Passau). Revers vom 21.10.1327, s. die Brennersche Reversliste (wie Anm. 28).*

84 *Wels (Diözese Passau). Revers vom 25.8.1327, s. die Brennersche Reversliste (wie Anm. 28).*

85 *Diözese Passau. Revers vom 16.8.1327, s. die Brennersche Reversliste (wie Anm. 28).*

86 *Diözese Passau. Revers vom 5.8.1327, s. die Brennersche Reversliste (wie Anm. 28).*

87 *Wiener Neustadt (Diözese Passau). Revers vom 5.8.1327, s. die Brennersche Reversliste (wie Anm. 28).*

88 *Leoben (Diözese Salzburg). Revers vom 28.10.1327, s. die Brennersche Reversliste (wie Anm. 28).*

89 *Retz in Niederösterreich (Diözese Passau).*

90 *Bruck a.d. Leitha. Niederösterreich (Diözese Salzburg). Revers vom 7.9.1327, s. die Brennersche Reversliste (wie Anm. 28).*

91 *Baden in Niederösterreich (Diözese Passau). Revers vom 7.9.1327, s. die Brennersche Reversliste (wie Anm. 28).*

92 *Niederösterreich (Diözese Passau).*

93 *Tatsächlich sind es nur 19 Klöster.*

94 *Es sind keine legitimen Nachkommen Friedrich des Schönen bekannt, stattdessen sieben außereheliche. Hier handelt es sich wahrscheinlich um seine beiden unehelichen Söhne Friedrich und Friedrich, hierzu Franz Maschek, Herzog Friedrich der Schöne von Österreich und seine illegitimen Nachkommen, in: Adler. Zeitschrift für Genealogie und Heraldik 2, 1952, 189–192.*

95 *In einer Urkunde vom 26.6.1327 übergibt Friedrich dem Bürger Ott dem Haymen und seiner Frau Gertrud seine Insel jenseits des Donauarms vor dem roten Turm, die der Pfarrer zu Wien bis dahin besessen hat, zu lebenslänglichem Nießbrauch: Reg. Habs. III.1 (s. Vorbemerkung), 225f., Nr. 1839; s. auch das diesbezügliche Revers vom darauffolgenden Tag, ebd., 226, Nr. 1840.*

96 *Zur Ennser Maut s. bei III.*

dieselben mautt als lange innemen schullen, untz daz si unsers vorgeschribenez geschefte gar und gentzleichen verrihten do von[c].

[11] Darnach schaffen wir auf die mautt ze Stayn hundert phunt, die man alle jar do von nemen sol, und sol die tailen an alle die stet, do wir oder unser lieber brueder, chunig Rudolf seliger von Pehem, hin gelten sullen und auch an die stet, do wir phaffen und layen schaden getan haben und ouch den, die mit phandungen fuer uns geschadigt sint, und ouch den, do wir unrehte wandel abgenomen haben. Und swenn unsrer brueder erben oder nahchomen der phunt von der mautt niht mer geben wellen, so sullen seu hundert phunt geltes an ainer als gueten stat als do chauffen, die man aller ierehleich an dieselben stet dienen und geben sol unser und unserr vordern und nahchomen selen zehilf und zetrost.

[12] Und swenn man den geltern und die ouch von unsern wegen geschadigt sint, van welhen sachen daz geschehen sei, als vor geschriben stat, da von vergiltet und seu gewert, so sol man umb die vorgenanten hundert phunt geltes aller jerehleich ie ain jar da von ainen ewigen priester und daz ander jar tzwo siechenphruende in ain spital stiften.

[13] Darnach schaffen wir, daz man daz spital, daz wir auf der augustiner hofstat vor Werder tor gestiftet haben[97], volfuere, und stet habe, in aller des weis, als die brief sagent, die wir doruber gegeben haben.

[14] Wir schaffen ouch die wagenmautt ze Wienn ze unserr ztyfte gen Maurbach, daz man die als lange darzue dienen sol, untz daz daz chloster und ouch daz spital gar und gentzleichen volpraht werden und daz stet haben in aller der weis, als die brief sagent, die wir doruber geben haben.

[15] Wir schaffen ouch, daz man sich mit dem pischolf von Seckowe umb die ansprach rihte, die er umb die veste ze Wehseneck hat, und ouch mit der Lutenbergerinne umb daz Haus ze Lutenberg, daz man die mit irem wellen habe, und daz man den Tannbergern die veste ze Tannberg umb drithalbhundert phunt ze losen gebe, do si uns umb stet, oder daz man mit in red, daz man die mit irem willen habe.

[16] Wir schaffen ouch und wellen, swaz wir pei unsern lebentigen tagen geben und verrihten an dem vorgeschriben unserm geschefte, daz daz an der mautt ze Ens abegen sol und daz man daz uberige, daz noch unserm tode unberihtet beleibet, gar und gentzleich do von verrihtet, als vorgeschriben stat.

[17] Wir schaffen ouch dem chloster ze Guerke[98] von der selben mautt hundert phunt um ein ewige messe und umb einen jartag.

[18] Wir schaffen ouch, swo hin wier hundert phunt oder fumftzich mark oder dar uber geschaft haben, do sol man uns einen ewigen jartag und eyn ewige messe stiftan. Swo hin wir aber minner geschaft haben, do sol man uns einen ewigen jartag, und alle wochen ein messe styften, an alain in der petleor orden, do sol man uns alle tag messe und ewige jarterg stiften.

Und dorumbe, daz ditz geschefte, als vor geschriben ist, stet beleib und volfuert wert, haben wir disen brief mit unserm und mit unserr vorgenanten brueder Albrehten und Otten insigeln

---

c *Am rechten Seitenrand von anderer Hand in Umrahmung:* Summa 1440 talenta wiennensium.

97 *Das Spital vor dem Werdertor wurde von Friedrich in dem zuvor von den Augustinern bewohnten Johanneskloster gegründet.*

98 *Domstift. Revers von Propst Gottfried, Dekan Gottfried und dem Kapitel von Gurk vom 6.11.1327. Druck: Baumann, Voluntarium imperii (s. Vorbemerkung), 36 nach der Chronik Leopold Brenners (wie Anm. 28). Vermerk in Rechnungsbuch zu 1329, s.u. III.1. und zu 1330, s.u. III.2.*

besigelt. Wir, Albreht und Otto, von Gots gnaden hertzogen in Osterreich und in Steyr, veriehen, daz daz vorgeschriben geschefte mit unserm guetem willen und gunst geschehen ist und binden uns mit disem brief, daz wir ez volfueren wellen an alle geverde gar und gentzleich, als vorgeschriben ist. Und des ze urchunde haben wir unserer insigel gehenchet an disen brief. Der ist geben ze Wienn an Sand Johans Baptisten tag ze sonnwenden, do man zalt von Gotes gebuert dreutzehenhundert jar und darnach in dem syben und zwaintzigisten jar, unser chunig Friedereichs reich in dem dreutzehenden jar.

II. Reverse

II.1. *1327 September 8: Revers der Priorin Hilta und des Konvents des Augustinerinnenklosters Maria Magdalena.*

Nach Druck bei Joseph Hormayr, Wien's Geschichte und seine Denkwürdigkeiten Bd. II.2. Wien 1825, 218 f., Nr. 276.
Regest: Reg. Habsb. III.1 (wie bei I.), 229, Nr. 1869. QGStW, Bd. 1.3, Wien 1897, 167, Nr. 2976.

Nos Hilta priorissa totusque conventus sanctimonialium monasterii Beate Marie Magdalene ordinis S. Augustini extra muros Wienne ante portam Scothorum publice recognoscimus in hiis scriptis. Quod a serenissimo Domino Frederico, Rege inclito Romanorum et semper augusto, triginta libras antiquorum dennariorum Wiennensium monete recepimus [...] post mortem vero ipsius diem anniversarium debitum obdormicionis sue quolibet anno promittimus insuper pie recordationis Domini Rudolfi, avi sui, Domini Alberti, patris sui Regum Romanorum, Domini Rudolfi, Regis Bohemie, nec non aliorum principum et ducum Austrie, videlicet Domini Liupoldi, Domini Heinrici et omnium progenitorum suorum in die proxime feriata post exaltacionem sancte crucis anniversarium annis singulis facere manebimus obligati. In cuius rei testimonium sigillum nostri conventus presentibus est appensum. Actum et datum anno Domini 1327 ipso die nativitatis Beate Marie.

II.2. *1329 Februar 23: Revers von Abt und Konvent des Benediktinerklosters in Garsten.*

Nach Druck im Urkundenbuch des Landes ob der Enns Bd. 5. Wien 1868, 532f., Nr. 806.
Regest: Reg. Habsb. III.1 (wie bei I.), 239, Nr. 1948.

Serenissimo principi domino Friderico Romanorum Regi domino suo gracioso Abbas et Conventus Monasterii in Gersten Pataviensis dyocesis orationes in Christo sedulas et devotas. Cum a vestra celsitudine centum libras denariorum Wiennensium recepimus pro una missa perpetua et anniversario in dicto nostro Monasterio Gerstensi pro vestra et vestrorum progenitorum salute celebranda perpetuo et annis singulis peragendo, serenitati vestre hoc munus tam dignanter nobis exhibitum pia et devota vicissitudine rependere cupientes libero et concordi omnium nostrorum consensu unam ex nunc instituimus in nostro monasterio missam perpetuam pro salute vestra in vita vestra pariter et in morte per ebdomadarium ad hoc specialiter institutum cottidie celebrandam et eidem ebdomadario singulis diebus specialem ac bonam pitanciam, ut eo devotius et libentius celebret, promittimus porrigendam. Volentes insuper in vita vestra singulis annis peragere anniversarium omnium progenitorum vestrorum in die beatorum Philippi et Jacobi apostolorum. Vobis autem decedente, in ipsa die obitus vestri ipsum anniversarium cum sollempni officio, vigilia ac misa (sic) defunctorum perpetuo celebrandis. In cuius rei testimonium sigilla nostra appendimus huic scripto. Datum in Styra anno Domini 1329, in vigilia sancti Mathye apostoli.

II.3. *1329 Oktober 1: Revers von Abt und Konvent des Dominikanerklosters Friesach*[99].

A: Original. Wien HHStA FU 84.
Druck: (–).
Regest: Reg. Habsb. III.1(wie bei I.), 242, Nr. 1980. Monumenta Historica Ducatus Carinthiae. Geschichtliche Denkmäler des Herzogtums Kärnten. Bd. 9: Die Kärntner Geschichtsquellen 1326–1335. Hrsg. v. Hermann Wiessner, Klagenfurt 1965, 78, Nr. 276. Eduard Maria Lichnowsky, Geschichte des Hauses Habsburg (mit Regesten bearb. von E. Birk), Bd. 3. Wien 1838, 402, Nr. 784.

Serenissimo principi domino Friderico, romanorum regi semper augusto ..prior totusque .. conventus ordinis predicatorum in Frisaco utriusque regni presentis videlicet et futuri imperium feliciter obtinere. In lege morali scriptum reperitur, beneficiarius benefactori suo ad anthidota naturaliter obligatur. Cum igitur a vestra regali munificentia pia devotione, qua nos et ecclesiam nostram predictam favore benivolo prosequimini quadraginta libras denariorum wiennensium pro una missa perpetua et anniversario cum vigilia et missa defunctorum pro vestra ac progenitorum et successorum vestrorum animarum salute in ecclesia nostra celebranda nos cognoscimus percepisse. Excellentie vestre promittimus per presentes singulis annis peragere anniversarium diem mortis preclarissimorum progenitorum vestrorum videlicet Ruodolfi et Alberti, quondam romanorum regum, ac christianissime regine, domine Elyzabet, matris vestre, et hoc in crastino beatorum Phylippi et Jacobi apostolorum, post vitam vero vestram in ipsa die obitus vestri cum sollempnibus vigiliis et missa defunctorum perpetuo peragendis. In cuius rei testimonium presentes nostri conventus sigillo fecimus roborari. Datum in Gretz dominica proxima post festum sancti Michahelis archangeli anno Domini millesimo trecentesimo vicesimo nono.

II.4. *1329 Oktober 16: Revers von Abt Albert und dem Kapitel des Benediktinerklosters St. Emmeram zu Regensburg.*

A: verloren.
B: Auszug in der von Leopold Brenner verfaßten Historia cartusiae Maurbacensis von 1669[100].
Druck: Baumann, Voluntarium imperii (wie bei I.), 37.
Regest: Reg. Habsb. III.1 (wie bei I.), 243, Nr. 1985.

99 *Friesach ist im Testament von 1327 nicht erwähnt, wird jedoch von Brenner in seiner Reversliste angeführt, s. Anhang der Chronik Leopold Brenners, Wien, HHStA, Habsburgisches Hausarchiv, Familienakten Karton 17 (Kloster Mauerbach), Konvolut 5, I.9, fol. 42^v.*

100 *Brenner (wie Anm. 99). Dort auch Auszüge aus den Reversen des Bischofs und des Domkapitels zu Regensburg vom selben Tag, des Propstes und des Kapitels zu Gurk vom 6.11.1327 und der Urkunde des Regensburger Kanonikers Ludwig Wechsler vom 14.11.1329, s.u. VI.3.*

Nos, Albertus, Dei et apostolicae sedis gratia abbas totusque conventus monasterii Sancti Emmerani Ratisbonae praesentibus publice profitemur, quo nos religiosum virum F. (?) presbyterum confratrem nostrum exhibitorem prasentium, nostrum verum et legitimum procuratorem in his scriptis facimus et ordinamus, dantes pradicto procuratori nostro prasentibus plenam et liberam potestatem octoginta sexagenas grossorum denariorum de Bohemia, quas nobis et monasterio nostro serenissimus princeps et dominus noster, dominus Fridericus, romanorum rex ob animae suae remedium specialiter deputavit exigendi etc. etc.[d] Datum Ratisbona in nostro monasterio anno Domini 1329 in die Beati Galli.

II.5. *1329 Dezember 28: Revers von Abt Job und dem Konvent des Benediktinerklosters in Formbach.*

A: Original. Wien HHStA FU 86.
Druck: (–).
Regest: Reg. Habsb. III.1 (wie bei I.), 245, Nr. 2005. Lichnowsky, Geschichte (wie bei II.3.), 406, Nr. 844.

Sincerissimo principi domino Friderico Romanorum regi semper augusto. Job, Dei gratia abbas ecclesie Vornpacensis nec non totusque conventus monasterii eiusdem orationes in Christo debitas et devotas piam devotionem nec non devotam pietatem quam caritative in elemosine vestre videlicet centum[e] talentorum denariorum Wyennensium largitione nobis pro relevamine nostre inopie ostendistis devotionis nostre remediis et orationibus continuis repondere pro viribus cupientes. Nos et monasterium nostrum ad hoc serenitati vestre tenore presentium obligamus, ut pro dicte elemosine largitione unam missam perpetuam in nostro monasterio celebrari pro vestre ac vestrorum progenitorum et heredum salute animarum devotione debita procuramus ad quem vobis vivente eorundem progenitorum nec non divorum parentum vestrorum, serenissimi domini Alberti, regis Romanorum, nec non domine Elizabethe, conthoralis sue, anniversarium cum vigiliis et missa defunctorum in vigilia sanctorum Philippi et Jacobi peragamus, quousque vocatione divina diem clauseritis extremum. In qua quidem diem ex tunc in evum vestrum et progenitorum vestrorum anniversarium cum vigiliis et missis defunctorum, ut premittitur, cum devotione debita peragemus. In cuius rei testimonium presentes literas sigillo nostro corroboramus. Datum in Cloknitz, anno Domini millesimo trecentesino (sic) tricesimo in die Innocentum.

II.6. *1331 Februar 3: Revers von Abt Ruger und dem Konvent des Benediktinerklosters in Niederaltaich*[101].

A: Original. Wien HHStA FU 92.
Druck: (–).
Regest: Lichnowsky, Geschichte (wie bei II.3.), Nr. 844.

d *Auslassung in der Vorlage.* – e *Auf Rasur!*

101 *Niederaltaich taucht im Testament nicht auf, das Revers ist jedoch auch angeführt bei Brenner (wie Anm. 99). Auch im Rechnungsbuch der habsburgischen Herzoge ist unter Bezugnahme auf das Testament Friedrichs ein an Niederaltaich bezahlter Betrag quittiert, s.u. bei III.3.*

Nos Rugerus, Dei gratia abbas Althe Inferioris pataviensis dyocesis, totusque conventus ibidem tenore presentium profitemur, quod felicis recordacionis dominus Fridericus, quondam serenissimus rex Romanorum, in lectulo egritudinis constitutus, pie devocionis affectus in ultimo testamento suo centum libras denariorum wiennensisium nobis ac nostre ecclesie de relictis suis ordinavit liberaliter ac legavit sperans per ista temporalia se adepturum premia sempiterna etc. Karissimus frater suus, dominus Albertus, inclitus dux Austrie et Styrie, eiusdem testamenti fidelis exsecutor existens, eandem pecuniam nobis exhibuit ac donavit. Nos vero tanti beneficii tanteque gracie non inmemores obligamus nos singulis diebus ad unam missam perpetuo celebrandam pro anima ipsius ac progenitorum suorum regine et salute, nichilominus diem anniversarium eorundem celebrabimus semel in anno, in vigiliis et in missis ad quod etiam obligati esse volumus et astricti. In cuius obligationis testimonium presens porrigimus instrumentum sigillorum nostrorum munimine consignatum. Actum et datum anno Domini 1331, in crastino purificationis virginis gloriose.

II.7. *1331 Juni 19: Revers von Dekan Johann von Porta, Propst Diethelm von Stainegg und dem Konstanzer Domkapitel (fälschlich datiert auf 1431 Juni 19).*

A: verloren.

B. Abschrift im Konstanzer Domanniversar, GLA Karlsruhe, Hs. 64/9. Nach einer Transkription von Uwe Braumann, Die Jahrzeitbücher (tabulae anniversariorum) des Konstanzer Domkapitels 1253/55 – um 1521. Diss. Manuskript Freiburg i.Br. 1998.

Copia instrumenti super anniversario celebrando illustrissimi regis Friderici quondam Romanorum. Vide in originali tabula 19 Kallendas Februarii.

Omnibus Christi fidelibus presentes litteras inspecturis Johannes de Porta decanus, Diethelmus de Stainegg prepositus totumque capitulum ecclesie Constanciensis salutem in domino sempiternam. Noverint universi, quos nosse fuerit oportunum, quod nos nomine ecclesie nostre predicte a religiosis viris abbate et conventu monasterii in Salem, ordinis Cisterciensis nostre dyocesis, octuaginta marcas argenti computando marcham pro quatuor florenis auri per serenissimum quondam dominum Fridericum dei gratia Romanorum regem nobis et ecclesie nostre legatas recepimus sub hac forma, ut altari sancti Johannis Ewangeliste duodecim marcas argenti prenotati ministremus ob salutem anime predicti quondam domini regis, residuas sexaginta octo marcas in certas possessiones ac annuos redditus convertere debeamus. De quibus redditus, qui secundum communem taxationem ad octo libras denariorum annuorum reddituum estimati sunt, eiusdem domini Friderici dies anniversarius in crastino beati Hilarii mediantibus octo libris reddituum eorundem, quas eidem anniversario deputavimus cum solenitate, que tali principi competit, annis singulis debeat celebrari et bona deliberatione prehabita taliter duximus preordinandum, ut in sero diei anniversarius predicti in prima pulsatione vespere pannus de serico in medio chori nostri ponatur et quatuor candele ardentes quatuor libras cere ponderantes apponatur non extinguende usque in crastinum post missam et in prima pulsatione vespere predicte vigilia solennis in choro iuxta pannum predictum habeatur. Et omnibus sacerdotibus sive cappellanis altarium seu cappellarum chorum frequentantibus et in dicta vigilia presentibus singulis VI denarii et cappellanis prebendarum sancti Cuonradi nove et antique utreque duodecim denarii ministrentur. Ordinavimus etiam, ut post vesperam predictam vespera pro defunctis habeatur et post completorium etiam omnes alias horas – matutinum, primam, terciam, sextam et nonam – ad quamlibet horam adiungatur prout moris est psalmus de profundis cum collecta Deus indulgencia(rum) et fidelium Deus omnium conditor. In die autem anniversarii sui predicti omnia signa cum maxima campana compulsentur, et inde editui habeant unum solidum, et finita missa scolaribus et aliis pauperibus 10 solidi denariorum pro pane distribuantur. Et quod supererit ultra ordinationem predictam de octo libris predictis ipsa die anniversarii canonicis presentibus ob eiusdem domini Friderici et omnium fidelium animarum memoriam in predicto choro nostro in quantum se extendit distribui debeat et expendi; de distributione recipiat etiam unum solidum distributor. Nos itaque prelibati domini Friderici munificencie regali ac devotioni singulari devoto respondere animo cupientes promitimus nos nobisque omnes in eadem ecclesia in perpetuum successores presentibus obligamus, quod premissa omnia prout scripta sunt fideliter exequemur nec permittimus aut sustinebimus, quod idem redditus unquam in usus alios quam in anniversarii celebritatem prout premittitur aliquatenus expendatur. Et in huius rei evidenciam hanc litteram sigillo capituli nostri duximus muniendam. Actum et datum Constan(tie) Anno domini 1431 in die beatorum Gervasii et Prothasii, quod fuit 13 Kallendas Julii, 13 indictione.

III. Nachweise aus den Rechnungsbüchern der österreichischen Herzöge

III.1. *Abrechnung aus der Maut in Enns von 1329 Dezember 20.*

A: Original. Wien HHStA Blau 19.

Druck: Klaus Rumpler, Das Rechnungsbuch der österreichischen Herzöge aus den Jahren 1326–1338. Prüfungsarbeit am Institut für Österreichische Geschichtsforschung (masch.schriftl). Wien 1977, 7f. Auszug bei Joseph Chmel. Zur österreichischen Finanzgeschichte in der ersten Hälfte des 14. Jahrhunderts, in: Der österreichische Geschichtsforscher 1, 1838, 28–49, 2,2, 1841, 203–259, 2,3, 1842, 418–447.

Primo ostenderunt se exposuisse in litteris domini regis: (...) Item in Sekowe 50 talenta. Item in Gersten 50 talenta. Item Augustinensibus in Wienna[102] 175 talenta. Item in Reichersberg 50 talenta. Item ad Sanctum Nycolaum in Patavie 50 talenta. Item in Suben 50 talenta. Item in Gloung 50 talenta. Item in Floriano 100 libri. Item in Rotenhaslach[103] 20 talenta. Item in Gurk 50 talenta. Item canonibus in Patavie 80 talenta.

III.2. *Abrechnung aus der Maut in Enns von 1330 November 25.*

Druck: Rumpler, Rechnungsbuch (wie bei III.1.), 32f.

Primo exposuerunt in litteris nostris pro testamento domini regis dive recordationis: Item ad Sanctum Ypolitum[104] 50 talenta. Item ad Sanctum Andream 50 talenta. Item ad monasterium in Gurk 50 talenta. Item in Hertzogenburg 50 talenta. Item in Raytenhaslach[105] 50

102 *Nicht im Testament angeführt.*
103 *Nicht im Testament angeführt.*
104 *St. Pölten.*
105 *Nicht im Testament angeführt. Revers vom 14.9.1327 erwähnt bei Brenner (wie Anm. 99).*

talenta. Item in Chirichperg 30 talenta. Item in Altenpurch[106] 50 talenta. Item canonibus Pataviensibus 80 talenta. Item in Reychersperg[107] 50 talenta. Item ad cellam Sancte Marie 50 talenta. Item ad Sanctum Crucem in Ybsam 100 talenta. Item in Varnbach 50 talenta. Item ad Sancte monialibus in Gretz 40 talenta. Item in Sekkow 50 talenta.

III.3. *Abrechnung aus der Maut in Enns von 1331 Oktober 16.*
Druck: Rumpler, Rechnungsbuch (wie bei III.1.), 84.

Primo per litteras domini ducis Alberto: (...) Item praeposito et capellano ecclesie in Vorow 50 talenta pro testamento domini regis (...).
Item praeposito et capellano ecclesie in Alderspach[108] 100 talenta pro testamento domini regis (...).
Item abbati et conventui monasterii in Nydernaltach[109]. 100 talenta pro testamento domini Regis.

IV. Stiftungsurkunden

IV.1. *1338 November 14: Die Herzöge Albrecht (II.) und Otto weisen die von ihrem verstorbenen Bruder König Friedrich zu einer ewigen Messe und einem Jahrtag im Passauer Dom vermachten 20 Pfund Wiener Pfennig auf die Maut zu Gmunden an.*
A: Druck nach dem Urkundenbuch des Landes ob der Enns. Bd. 6. Wien 1872, 282, Nr. 279. Auch abgedruckt in den Monumenta Boica NF. Bd. 30. München 1835, 165f., Nr. 318.
B: Widemsbrief des Propstes Georg v. Passau v. 10.5.1501.
Druck: (–)
Regest: Lichnowsky, Geschichte (wie bei II.3.), Nr. 844.

Wir Albrecht und Ott von gots gnaden hertzogen ze Osterreich, ze Steyr und ze Chernden veriehen und tuen chunt offentlich mit disem brief, daz wir, als unser lieber und seliger brueder kunig Fridrich von Rom geschaft hat durch Got und durch hail und seld seiner, unser selber und aller unsrer vordern sele geben haben vreilich gen Pazzave in den tuem zu einer ewigen Messe und zu einem jartag zwaintzig phunt gelts wienner pfenning auf unserr mautt ze Gmunden also beschaidenlich, daz unser amptleut, die ie ze der zeit sind, alle iar ewichleich geben und richtten an allen aufschub die zwaintzig phuent, halb auf sand Görgen tag und halb auf sand Michels tag dem priester, der den altar hat, zu der messe, oder seinem

106 *Nicht im Testament angeführt.*
107 *Nicht im Testament angeführt.*
108 *Nicht im Testament angeführt. Bei Brenner 100 Pf. Im Aldersbacher Archiv existieren zwei Reverse, ausgestellt von Abt und Konvent des Klosters, in denen die Abhaltung einer ewigen Messe für König Friedrich sowie ein Anniversar für König Rudolf I., König Albrecht I. und Königin Elisabeth [von Görz-Tirol] sowie für Friedrichs Brüder zu halten gelobt wird: auf den 1.5.1327 datierter Entwurf, der offensichtlich als Vorlage diente für das Revers des Klosters vom 3.9.1329 gleichen Inhalts, Reg. Habsb. III.1 (1924), 221, Nr. 1806 und 241, Nr. 1973. Revers von 1329 (o.T.) angeführt bei Brenner (wie Anm.99).*
109 *Nicht im Testament erwähnt, s. jedoch auch das Revers von Abt Ruger und dem Konvent des Klosters bei II.6.*

gewissen boten, und sol der selb priester der selben phenning vier phunt geben alle jar zu unsers vorgenanten bruder jartag auf dem chör ze Pazzowe, ze trost und ze helf seiner sel und unser, aller unsrer vordern selen, und die uebrigen sechtzehen phunt sol der priester ze seiner phruent haben. Wär aber, daz demselben priester oder seinem boten die werung nicht widerfuer ze den vorgenanten tägen, und im ueber zwen tag vertzogen wuerde, so sullen die amptleut im oder seinem boten die choste fürbaz richtten, daz er des vertziechens fürbaz unschadhaft sei, als oft ez vertzogen wuerde oder ze schuelden chumt. Und des ze uerchund geben wir disen brief versigelten mit unsern insigeln. Der ist geben ze wienne an samztag nach sant Mertens tag, Do man zalt von Christs gepuerd dreutzehen hundert jar, dar nach in dem acht und dreizkisten jar.

IV.2. *1339 April 21: Herzog Albrecht (II.) weist dem Kapitel und den Chorherren zu Salzburg nach dem letzten Willen seines Bruders Kg. Friedrich jährlich 16 Pfund Wiener Pfennige aus dem Amt Aussee an.*

A: Original. Wien HHStA AUR..
B: Transsumpt des Bischofs Berthold von Chiemsee vom 23.11.1523, Wien HHStA AUR..
Druck: (–)
Regest: Lichnowsky, Geschichte (wie bei II.3.) 844; Die Regesten der Erzbischöfe und des Domkapitels von Salzburg 1247–1343. Bd. III: 1315–1334. Bearbeitet v. Franz Martin. Salzburg 1934, 114, Nr. 1136 f.

Wir, Albrecht, von gotes gnaden hertzog ze Styr und ze Kernd. Tun chunt offenlich mit disem brief, daz wir von unsers lieben herren und brüder, wilent chunig Friderich von Rom seligem gescheft wegen durch seiner sel hail und seld willen den erbern dem capitel und den chorherren ze Saltzbürch sechtzehen phunt wienner phenning geltes auf unser ampt ze Auzse geschaft haben, und schaffen ouch mit disem brief, daz man in die ierlich von demselben ampt an sand Michels tag geben und richten sol. Und sullen si dar umb unserm vorgenanten herren und bruder chunig Friderich ein ewigew mezse in dem tum ze Salzbürch teglichen haben und begen. Und ouch im alle iar ewichlichen seinen iartag an dem sibenten tag nach dem perchten tag mit mezse und mit vigili begen. Darumb gebieten wir unsern amptleuten und phlegern, di daz ampt ze Auzse innhabent, wer di ze den zeiten sind, daz si den vorgenanten chorherren ze Saltzburch dieselben sechtzehen phunt phenning ierlich an sand Michels tag von dem ampt ze Auzse richtten und weren, also beschaydenlichen, wanne wir oder unser erben, di vorgenanten chorherren ze Saltzbürch achtzig mark silbers wienner gewichtes verichten und in die geben, darumb si zu der vorgenanten ewigen mezse und iartag ander gult chouffen, so sullen uns die obgenanten sechtzehen phunt phenning geltes auf unserm ampt ze Auzse von in gar und gentzlich ledig sein. Des geben wir zu ürchud disen brief besigelten mit unserm grözzen anhangundem insigel. Der geben ist ze Steyer, do man zalt von Christes gebürd drentzehen hundert jar darnach in dem neun und dreizgisten jar des mitichens vor sand Jorgen tag.

V. Memorialbücher

V.1. Einträge in den Konstanzer Anniversarbüchern
Drucke nach Braumann, Die Jahrzeitbücher (wie bei II.7.).

V.1.1. Ältestes Konstanzer Anniversarbuch (1253/55) zum 14. Januar.

Anno domini 1330 Romanorum rex Fridericus, nacionis de Austria, obiit. In cuius anniversario canonicis et prependis, videlicet sancti Cunradi antique et nove, sacerdotibus capellarum et altarium presentibus et chorum frequentantibus, subcustodi pro candelis, pauperibus, distributori et edituis distribuuntur 8 libre denariorum Constantiensium secundum tenorem instrumenti. Et hec danda sunt de decima in Bankelshoven.

V.1.2. Konstanzer Anniversarbuch von 1480/81 zum 14. Januar[110].

Anno domini 1330 Romanorum rex Fridericus, nacionis de Austria, obiit.
In cuius anniversario celebrando distribuuntur 8 libre denariorum tali videlicet modo: prebende sancti Cunradi antique et nove utrique 1 solidus denariorum, subcustodi pro quatuor libris cere 8 solidi denariorum, edituis pro pulso 1 solidus denariorum, pauperibus 10 solidi denariorum pro panibus, cappellanis cappellarum et altarium chorum frequentantibus cuilibet 6 denarii, quorum 9 sunt, sindico generali 1 solidus denariorum. Sumuntur de suprascriptis octo libris denariorum, remanent 6 libre, 13 solidi, 6 denarii, qui dividuntur inter s[i]b[i] (?) et prebendas canonicorum presentes. Huius melioris habemus declarationem in instrumento folio signo tali.

V.1.3. Konstanzer Anniversarbuch von 1498 zum 14. Januar.

Anno domini 1330 Romanorum rex Fridericus, nacionis de Austria, obiit.
Legavit omnibus sacerdotibus sive cappellanis altarium seu cappellarum chorum frequentantibus et in vigilia presentibus singulis 6 denarios et cappellanis prebendarum sancti Cuonradi antique et nove utreque duodecim denarii.[f] Item scolaribus et aliis pauperibus 10 solidos denariorum pro pane, edituis 1 solidum denariorum. Item subcustodi pro 4 libris cere 8 solidos denariorum. Item procuratori capituli 1 solidum denariorum et sic iuxta instrumentum.[g] Remanent de 8 libris denariorum ad distribuendum canonicorum prebendis 6 libre, 13 solidi denariorum, 6 denarii una cum obitu de decima in Bankoltzhoven.

V.1.4. Konstanzer Anniversarbuch von 1502/19 zum 14. Januar.

Fridericus Romanorum rex legavit 6 libras, 13 solidos, 6 denarios.

V.2. Basler Anniversarbuch zum 12. Januar.

Druck nach Paul Bloesch, Das Anniversarbuch des Basler Domstifts (Liber vite Ecclesie Basiliensis) 1334/38–1610. Text (Quellen und Forschungen zur Basler Geschichte 7.II.) Basel 1975, 58.

f *Folgt Lücke von 5 cm.* – g *Folgt Lücke von 5,5 cm.*

110 *Eintrag aus dem Anniversar von 1253/55 steht durchgestrichen vorweg.*

Anno domini 1330 obiit illustris Fridericus Romanorum rex, qui sepultus est in Austria in claustro prioratus Murbach ordinis cartusiensium. In cuius anniversario dantur octo libre denariorum qui sic dividuntur: Canonicis qui vigilie interfuerint 36 solidi cum 11 denarii et sacerdotibus totidem, item canonicis qui misse interfuerint 36 solidi cum 10 denarii et sacerdotibus totidem, item ..utrique celebrantium missas defunctorum et diei 6 denarii, .. subcustodi pro baldekino 8 denarii et 6 solidi pro quatuor candelis usque ad earum consumptionem arsuris, item ..subscolastico ut cum scolaribus misse intersit 6 denarii, ..6 denarii, ..imponenti missam cappa induto 6 denarii, ..lectoribus s. denarii, .. campanariis pro conpulsatione omnium campanarum ad vigiliam et missam s.denarii, ..cantantibus graduale 4 denarii, ..cantantibus tractus s.denarii et ..dormententario 6 denarii. Cottidiana presentia in missa publica non omittatur. Predictorum denariorum 36 solidi dantur de cellario nostro, item 50 s. et 2 circuli in festo beati Martini dantur de domo dicta Ystein que nunc est domus caponum cuius proprietas spectat ad nostrum capitulum, item 3 libre cum 14 solidi et 4 circulis dantur de domo sita in foro frumenti iuxta rivolum, quam nunc possidet Ludmannus Glaser.

VI. Sonstiges

VI.1 *Urbar des Benediktinerklosters St. Paul in Regensburg.*

Druck nach: Die Traditionen, Urkunden und Urbare des Klosters St. Paul in Regensburg. Hrsg. v. Johann Geier/Paul Mai. (Quellen und Erörterungen zur bayerischen Geschichte, NF Bd. 34.) München 1986, 243, Nr. 359.

Item primo ad anniversarium domini Friderici ducis Austrie dabitur ½ libra denariorum Rat[isponensium] et quatuor denarii, qui recipiendi sunt de una libra denariorum, quam dictus dominus dux ad missam quandam septimanatim celebrandam ordinavit.

VI.2 *1329 November 5: Haym von Regensburg, Amtmann in Österreich, gelobt, daß die Heiligenkreuzer Nonnen für das von Friedrich dem Schönen erhaltene Geld eine Messe und einen ewigen Jahrtag zum Seelenheil des Königs abhalten.*

A: Original. Wien HHStA FU Nr. 85.
Druck: (–)
Regest: Reg. Habsb. III.1 (wie bei I.), 244, Nr. 1997.

Ich Haym van Regenspurch, ze den zeiten amptman in Osterrich, vergich offenbar an disen brief, daz ich gelubt und gehaizzen han pei meinen treun fuer di erbering vrown ze dem Heyligenchreutz ze Regenspurch, daz si um daz gelt, daz in mein herr chunig Friderich hat gegeben, schullen chauffen ein gult, da van si in irem chloster megen gehaben ein ewige messe, di nicht vor da sei gewesen und da seu seinen iartach ewichleich van wegen und an seinem iartag den vrowin in dem chloster geben ein phunt phennig, da mit si des selben tages pezzern ir phruent. Und dar uber gib ich in meinen brief, versigelt mit meim insigel ze einem zeug der warhait. Der ist geben nach Christes gepurd uber dreutzehen hundert iar dar nach in dem neun und zwantzichisten iar des suntages vor Sand Linhartes tag.

VI.3 *1329 November 14: Ludwig Wechsler, Kanoniker der Regensburger Kirche, bestätigt den Empfang von 36 Schock Prager Groschen aus den Händen des Herrn Konrad, Pfarrer in Bullensdorf und Notar König Friedrichs.*

A: verloren.
B: Abschrift nach dem Original in der Historia cartusiae Maurbacensis Leopold Brenners (wie Anm. 1).
Regest: Reg. Habsb. III.1 (wie bei I.), 244, Nr. 1999.

Noverint universi praesentium inspectores, quod ego, Ludovicus Wechsler, Canonicus Ecclesiae ratisbonae fateor et recognosco in his scriptis, me recepisse ac habuisse triginta sexagenas grossorum pragensium in peccunia nunc rata ab honorabili viro, domino Chunrado, plebano in Bullenstorff, notario domini Friderici romanorum regis, quos idem dominus rex disposuit et ordinavit ecclesiis depauperatis ex incendio vel spolio per dioecesis Ratisbonensis cum ibidem cum exercitu suo fecit, dividendo ipsas triginta sexagenas per singulas ecclesias iuxta arbitrium et discretionem episcopi Ratisbonensis. Datum anno Domini 1329, feria 3. proxima post Martini.

Fegefeuer und Weltengericht

Stiftungsverhalten und Jenseitsvorstellungen im spätmittelalterlichen Stralsund

Von

Ralf Lusiardi

Mittelalterliche Stiftungen waren getragen von dem Wunsch, die Seele des Stifters vor den Qualen jenseitiger Sündenreinigung oder gar ewiger Verdammnis zu bewahren, sie waren, um ein Diktum Karl Schmids zu zitieren, „Stiftungen für das Seelenheil".[1] Als solche stellten sie bekanntlich nur eine von mehreren Möglichkeiten dar, für die eigenen Sünden im Diesseits zu büßen oder büßen zu lassen: Bußleistungen konnten ebenso erbracht werden durch Fasten, durch private Gebete oder auch durch Pilgerfahrten.[2] Nicht zuletzt boten sich zur Seelenheilssicherung Schenkungen an, also materielle Vergabungen, deren Bestehen oder deren Bindungen zeitlich befristet waren. In der Stadt des späten Mittelalters weitete sich – vornehmlich im liturgischen und karitativen Bereich – das Spektrum derartiger Handlungsoptionen zusehends aus: Der Bußfertige konnte sich entscheiden für Wachsspenden, Legate für die Kirchenfabrik, Stipendien für einzelne Messen, Almosen in die Hände von Armen und Kranken oder auch für Legate an Spitäler und Armenhäuser – um nur einige unter mannigfachen Möglichkeiten zu nennen. Der Vorteil solcher Vergabungen bestand vor allem darin, daß auf diese Weise stellvertretende Buß- und Fürbittleistungen möglich wurden und dementsprechend eine Potenzierung von Seelenheilmaßnahmen, die mit den Formen persönlicher Buße – wie etwa dem Fasten und dem Pilgern – nicht erreichbar war.[3] Zudem ließen sich stellvertretende Opfer und Fürbitten nach dem Tod des Gebers seinen Vorstellungen gemäß terminieren, also zu bestimmten Zeiten konzentrieren oder auch über längere Zeiträume gleichmäßig verteilen. Tatsächlich begegnen solche Zeitstrategien im Spätmittelalter in vielfachen Formen, etwa wenn eine Testatorin anordnete, den Armen in ihrer Stadt sollten Almosen ausgeteilt werden, solange ihr Leichnam noch nicht beerdigt

1 *Schmid*, Stiftungen für das Seelenheil (1985). Der vorliegende Beitrag basiert auf einem Referat, das auf dem 42. Deutschen Historikertag in Frankfurt am Main gehalten wurde. Zugleich führt er eine zentrale Untersuchungsperspektive meiner 1997 von der Humboldt-Universität zu Berlin angenommenen Dissertation vor (*Ralf Lusiardi*, Stiftung und städtische Gesellschaft [2000]).

2 Zur bereits biblisch und patristisch bezeugten Buß-Trias von Beten, Fasten und Almosen und ihrer Bedeutung seit dem frühen Mittelalter *Arnold Angenendt*, Geschichte der Religiosität im Mittelalter. Darmstadt 1997, 627, 637; *Ders.*, Theologie und Liturgie der mittelalterlichen Toten-Memoria, in: *Schmid/Wollasch*, Memoria (1984), 79–199, hier 133, 140–143; zur Ausweitung der Formen tätiger Reue im späten Mittelalter *Lusiardi*, Stiftung und städtische Gesellschaft (2000), 70–77.

3 Zur Möglichkeit der Stellvertretung *Angenendt*, Geschichte der Religiosität (wie Anm. 2), 639; *Ders.*, Theologie und Liturgie (wie Anm. 2), 150–152.

sei[4], oder wenn ein anderer sich im ersten Jahr nach seinem Tod täglich je eine Seelenmesse wünschte.[5] Offenkundig waren solche Vergabungsstrategien nicht zuletzt beeinflußt von den Vorstellungen, die sich die Geber von der jenseitigen Welt machten. Die Kumulation von Buß- und Fürbittleistungen im Anschluß an den Tod verweist demnach auf den Glauben an eine postmortale Seelenwägung beziehungsweise auf die Erwartung, eine bestimmte Zeit lang im Jenseits für die noch unverbüßten Sünden quälende Strafen erleiden zu müssen. Beabsichtigt war also die Verkürzung dieser Leidenszeit oder die günstige Beeinflussung des Gerichtsurteils über das eigene Seelenschicksal.

Dementsprechend liegt es nahe, Stiftungen in Verbindung mit einer anderen, älteren Jenseitsvorstellung zu sehen. Denn Stiftungen sind gekennzeichnet durch das Moment der Dauerhaftigkeit, sie lassen sich definieren als Vergabungen von Gütern, mit denen ein bestimmter, vom Stifter gesetzter Zweck auf unbegrenzte Dauer realisiert werden soll.[6] Ihre innere Logik korrespondierte insofern mit der Idee des Weltengerichts: Würde das entscheidende Urteil über das Seelenschicksal erst am Jüngsten Tag gefällt, so könnte ein Stiftungswerk in der gesamten verbleibenden Zeit seine heilsame Wirkung entfalten.

Derartige Korrelationen von religiösen Vergabungsformen und Jenseitsvorstellungen thematisierte bereits Jacques Chiffoleau in seiner beeindruckenden Studie über die spätmittelalterlichen Testamente aus Avignon und der Grafschaft Venaissin, wobei er sich auf die Entwicklung testamentarischer Meßaufträge konzentrierte.[7] Er konstatierte – vor allem für

4 Ein derartiges Legat sah beispielsweise das 1509 abgefaßte Testament von Margarete Darne, der Witwe des Stralsunder Bürgermeisters Matthias Darne, vor, die den Kranken und Siechen im Heiliggeistspital, im Jürgenspital, im Gasthaus und vor dem Tribseer Tor insgesamt 50 Mark sundisch austeilen lassen wollte *de wile, dat ik baven der erde sta, up dat se den leven God vor my bidden*; Stadtarchiv Stralsund (im weiteren zit. als: StAS) Test. Nr. 906.

5 So gab der Stralsunder Bürger Hans Wulf an der Pfarrkirche St. Jakobi und an der Dominikanerkirche St. Katharinen ein Jahr lang täglich je eine Seelmesse in Auftrag; zugleich hob er mit zwei weiteren Legaten auf eine andere traditionelle Gedenkzeit ab, indem er bei den Franziskanern und den Dominikanern je dreißig Seelmessen bestellte; StAS Test. Nr. 486. Daß derartige Vergabungsstrategien im übrigen keineswegs eine Erfindung des Spätmittelalters waren, belegt beispielhaft das Testament der 1054 verstorbenen Essener Äbtissin Theophanu; sie sah zahlreiche, planvoll angeordnete Meß- und Almosenopfer vor, die auf den 3., den 8., den 30. Tag und den Jahrestag ihres Todes und die durch diese Termine markierten Zeiträume bezogen waren; *Theodor Josef Lacomblet* (Hrsg.), Urkundenbuch für die Geschichte des Niederrheins oder des Erzstifts Cöln, der Fürstenthümer Jülich und Berg, Geldern, Meurs, Cleve und Mark, und der Reichsstifte Elten, Essen und Werden. Bd. 1. Von dem Jahr 779 bis 1200 einschliesslich. Düsseldorf 1840, ND Aalen 1960, 122 Nr. 190; vgl. dazu auch *Angenendt*, Geschichte der Religiosität (wie Anm. 2), 683.

6 Die vorgeschlagene Definition beruht auf einem sozialhistorischen Stiftungsverständnis, demzufolge die mittelalterliche Stiftung gekennzeichnet ist durch eine soziale Wechselbeziehung zwischen den Stiftungsempfängern bzw. -beauftragten und dem Stifter, der auch nach seinem Tod als Rechtssubjekt fortexistiert; dazu wegweisend *Borgolte*, Stiftungen des Mittelalters in rechts- und sozialhistorischer Sicht (1988), v.a. 83f., 91f., 94. Die Definition führt diesen Gedanken fort, indem das Kriterium der Dauerhaftigkeit an den Stiftungszweck und damit an die durch die Stiftung geschaffene soziale Beziehung geknüpft wird; mit anderen Worten: eine Dauerhaftigkeit des Stiftungsgutes wird – anders als vor allem in der älteren, rechtshistorisch geprägten Stiftungsforschung – nicht zum Definitionsmerkmal mittelalterlicher Stiftungen erhoben; vgl. dazu ausführlicher *Lusiardi*, Stiftung und städtische Gesellschaft (2000), 49f.

7 *Jacques Chiffoleau*, La comptabilité de l'au-delà. Les hommes, la mort et la religion dans la région d'Avignon à la fin du Moyen Age (vers 1320 – vers 1480). (Collection de l'École française de Rome, Bd. 47.) Rom 1980.

die Avignoneser Testamente – einen relativen Bedeutungsrückgang von gestifteten Ewigmessen und seit etwa der Mitte des 14. Jahrhunderts einen erstaunlichen Anstieg von kumulativen Meßstipendien, also von Meßanhäufungen in einem verhältnismäßig kurzen Zeitraum nach dem Tod des Testators.[8] Diesen Befund interpretierte Chiffoleau als ein wesentliches Indiz für die Ausbreitung des Fegefeuerglaubens in der zweiten Hälfte des 14. Jahrhunderts.[9] Einen Schritt weiter ging Jean-Claude Schmitt in seiner Studie über das Phänomen der Wiedergänger im Mittelalter: Er sah mit der Verbreitung der Fegefeuerlehre dauerhafte liturgische Memoria in all ihren Formen ihrer transzendentalen Logik beraubt und so dem allmählichen Niedergang geweiht.[10]

Doch können die Ergebnisse Chiffoleaus tatsächlich dergestalt verallgemeinert werden, wurden demnach Stiftungen im Spätmittelalter zum ‚Auslaufmodell' der Seelenheilvorsorge? Am Beispiel der Hansestadt Stralsund soll im folgenden untersucht werden, ob das spätmittelalterliche Stiftungsverhalten und die darauf einwirkenden Jenseitsvorstellungen ein solch pauschales Urteil rechtfertigen. Für eine derartige Fragestellung, die auf langfristige Veränderungen von Verhaltens- und Denkweisen abzielt, eignet sich Stralsund vor allem aus einem Grund in besonderer Weise: Die Ostseestadt kann nämlich mit einem Bestand von annähernd eintausend vorreformatorischen Originaltestamenten eine Quellengruppe von hoher serieller Qualität vorweisen, ein Corpus also, das sich einem quantifizierenden Zugriff geradezu aufdrängt.[11]

Welchen Stellenwert nahmen Stiftungen in der testamentarischen Seelenheilvorsorge der Stralsunder Einwohnerschaft ein? Zuerst ist danach zu fragen, wie oft sich Testatoren überhaupt für eine oder mehrere Stiftungen entschieden. Zwischen 1320 und 1520 beträgt der Stifter-Anteil an der Gesamtzahl der Testatoren – von einem statistischen ‚Ausreißer' abgesehen – im Durchschnitt zwischen 8 und 26 Prozent je Dezennium.[12] Er weist also eine beachtliche Stabilität auf. Noch bedeutsamer ist eine zweite Beobachtung: Eine langfristige

8 Ebd. 326–352; vgl. *Jacques Chiffoleau*, Sur l'usage obsessionnel de la messe pour les morts à la fin du Moyen Age, in: Faire croire. Modalités de la diffusion et de la réception des messages religieux du XIIe au XVe siècle. Table ronde, organisée par l'École française de Rome, en collaboration avec l'Institut d'histoire médiévale de l'Université de Padoue (Rome, 22–23 juin 1979). (Collection de l'École française de Rome, Bd. 51.) Rom 1981, 235–256, hier 240–245.

9 *Chiffoleau*, La comptabilité de l'au-delà (wie Anm. 7), 412, 420. Einen zweiten, noch eindeutigeren Beleg für die Popularisierung der Fegefeueridee fand Chiffoleau in der Entstehung und Verbreitung eines Kultes der Fegefeuerseelen, der etwa zur selben Zeit in den Testamenten faßbar wird und nach Chiffoleaus Dafürhalten nicht nur Indiz, sondern entscheidendes Moment der Veralltäglichung der neuen Jenseitsvorstellungen war; ebd. 408–420.

10 *Jean-Claude Schmitt*, Die Wiederkehr der Toten. Geistergeschichten im Mittelalter. Stuttgart 1995 (französisches Original 1994), 16–18.

11 Vgl. zur testamentarischen Überlieferung Stralsunds *Johannes Schildhauer*, Hansestädtischer Alltag. Untersuchungen auf der Grundlage der Stralsunder Bürgertestamente vom Anfang des 14. bis zum Ausgang des 16. Jahrhunderts. (Abh. zur Handels- und Sozialgesch., Bd. 28.) Weimar 1992, 11–14; *Ders.*, Stralsunder Bürgertestamente vom Anfang des 14. bis zum Ausgang des 16. Jahrhunderts. Listen sämtlicher Testatoren in chronologischer und alphabetischer Reihenfolge, in: Akteure und Gegner der Hanse. Zur Prosopographie der Hansezeit. Konrad-Fritze-Gedächtnisschrift. Hrsg. v. Detlef Kattinger/Horst Wernicke (Hansische Stud., Bd. 9; Abhandlungen zur Handels- und Sozialgeschichte, Bd. 30.) Weimar 1998, 327–403; *Lusiardi*, Stiftung und städtische Gesellschaft (2000), 31, 40–43, 119–127.

12 Die Ergebnisse der statistischen Auswertung werden im Detail präsentiert und diskutiert bei *Lusiardi*, Stiftung und städtische Gesellschaft (2000), 124–131.

Abnahme der Stiftungstestamente läßt sich nicht feststellen; eher ist – wenn auch in bescheidenem Ausmaße – für die zweite Hälfte des 15. Jahrhunderts das Gegenteil zu konstatieren.

Ähnliches gilt für einen zweiten Indikator, nämlich die Anzahl der Stiftungen pro Stiftungstestament: Der durchschnittliche Wert liegt – mit wenigen Ausnahmen – zwischen etwa 1,5 und 3,5. Auch hier ist seit der Mitte des 15. Jahrhunderts ein leichter Anstieg der Zahlen zu beobachten.[13]

Weitaus schwieriger als die eben genannten Ergebnisse ist ein anderer Aspekt zu eruieren, der jedoch für die Einschätzung der Bedeutung von Stiftungen im Rahmen der Seelenheilvorsorge ebenfalls von Belang ist: In welchem Verhältnis standen die finanziellen Aufwendungen für Stiftungen zu den testamentarisch verfügten Gesamtausgaben für das eigene Seelenheil? Die Frage wirft beträchtliche methodische Probleme auf, die vor allem darauf zurückzuführen sind, daß testamentarische Verfügungen über Sachgegenstände, über Geld- und Naturalrenten wie auch über Geldsummen in fremden Währungen den Geldwert des Legats meist nicht preisgeben. Man kommt also sehr häufig nicht ohne Schätzungen aus, zumal da die jeweilige Preisentwicklung und die allgemeine Münzwertentwicklung für Stralsund nur in groben Zügen zu erschließen sind. Dabei erreicht die zwangsläufige Unschärfe oft ein Ausmaß, das den Verzicht auf eine weitere Auswertung des jeweiligen Testaments nahelegt.[14] Immerhin läßt sich unter diesen Voraussetzungen noch für annähernd die Hälfte der Stiftungstestamente die Kostenrelation beziffern. Die Ergebnisse fallen nun allerdings weniger gleichmäßig aus als die vorangegangenen; denn über die gesamten zweihundert Jahre hinweg schwankt der Stiftungsanteil an den Gesamtaufwendungen in einer enormen Bandbreite von einigen wenigen bis zu einhundert Prozentpunkten. Dabei überwiegt die Zahl der Testamente, in denen für Stiftungen das Gros der Ausgaben vorgesehen ist, wobei sich im 15. Jahrhundert ein leicht gegenläufiger Trend abzeichnet.[15]

Was ist aus all dem zu schließen? Erst einmal fällt ein gewisser Widerspruch auf, der nach einer Erklärung verlangt: Während die Zahl der Stiftungen pro Testament im 15. Jahrhundert leicht ansteigt, entwickelt sich der Anteil der Stiftungsaufwendungen eher rückläufig – wie im übrigen auch die durchschnittlichen Ausgaben pro Stiftung. Die Hauptverantwortung dafür trägt ein Stiftungstyp, der im 15. Jahrhundert einen eindrucksvollen

13 Ergänzen ließen sich diese Befunde durch eine Erfassung der Häufigkeit von ‚Zustiftungen', verstanden als Vergabungen an bestehende – eigene oder fremde – Stiftungen, ohne daß dadurch eigenständige dauerhafte soziale Beziehungen im Sinne der vorgeschlagenen Stiftungsdefinition geschaffen würden. Die Bestandsaufnahme läßt eine im Vergleich mit den Stiftungszahlen weitaus geringere quantitative Bedeutung wie auch eine größere Unbeständigkeit dieser Vergabungsform deutlich werden. Seit etwa der Mitte des 15. Jahrhunderts verzeichnen die testamentarischen Zustiftungen eine spürbare Vermehrung, die vor allem auf den Wunsch nach Unterstützung der nun beliebt werdenden Offizienstiftungen zurückzuführen ist; aber auch dann vermag die Anzahl der Zustiftungen allenfalls ein Viertel der testamentarischen Stiftungsfälle zu erreichen.

14 Zu den methodischen Problemen und zum Vorgehen ausführlicher *Lusiardi*, Stiftung und städtische Gesellschaft (2000), 131–134.

15 Von den 161 Stralsunder Stiftungstestamenten, die sich überhaupt als Grundlage quantifizierender Auswertungen eignen, wurde hier für 76 die Kostenrelation ermittelt; in 41 Fällen machte der Stiftungsanteil deutlich mehr als die Hälfte der Gesamtausgaben aus, in 17 Fällen deutlich weniger als die Hälfte. Dabei lag das Zahlenverhältnis zwischen beiden Kategorien im 14. Jahrhundert bei 25 zu 6, im 15. Jahrhundert nur noch bei 16 zu 11.

Aufschwung erlebte[16]: die Memorienstiftung, also die Begründung einer individuellen Gebetsmemoria im Rahmen gottesdienstlicher Handlungen, etwa im allgemeinen Gebet im Anschluß an die sonntägliche Predigt. Diese vergleichsweise unaufwendige Memorialform war entsprechend kostengünstig[17] und wurde zunehmend genutzt – von wohlhabenderen Bürgern, die eine Multiplizierung des Gedenkens und der Gedächtnisorte zu erreichen suchten, und von weniger wohlhabenden, die sich andere Formen gestifteter individueller Memoria gar nicht leisten konnten. Die Gebetsmemorie ist mithin das Medium einer erheblichen Popularisierung der Handlungsform Stiftung im 15. Jahrhundert.

Bedeutsamer als diese Beobachtung ist im Hinblick auf unsere Fragestellung jedoch ein anderes Ergebnis: Im Spiegel der Stralsunder Testamente erscheinen Stiftungen als ein Phänomen, das während des gesamten Spätmittelalters einen zwar begrenzten, aber festen Platz in der Seelenheilssicherung einnahm – ungeachtet der Schwankungen bei den Stiftungszahlen und -aufwendungen. Das Schicksal eines ‚Auslaufmodells' der vorreformatorischen Seelenheilvorsorge also hat die Handlungsform Stiftung wenigstens in Stralsund nicht ereilt.

Bedeutet diese Konstanz des Phänomens aber zugleich, daß die Fegefeuerlehre, die nach den Erkenntnissen Chiffoleaus in Avignon maßgeblich zu einem Bedeutungsrückgang der Meßstiftungen beigetragen hat, kaum Eingang in die stralsundischen Jenseitswelten gefunden hat, daß – anders gewendet – die Vorstellung von einem ausschlaggebenden Jüngsten Gericht einen ungeschmälerten Einfluß auf das Denken und Handeln behauptet hat? Eine Antwort darauf kann allein anhand der bisherigen Befunde nicht gegeben werden, sie bedarf vielmehr zusätzlicher Anhaltspunkte, ebenso wie überhaupt die Hypothese eines Wirkungszusammenhangs zwischen Jenseitserwartungen und Handlungsformen der Seelenheilssicherung weiterer Indizien bedarf, um ihre Plausibilität zu erweisen.

Hier versprechen in erster Linie drei Aspekte nähere Klärung: die Entwicklung zeitlich befristeter Meßstipendien, die Gestaltung der Testamentsarengen und schließlich die Veränderungen der Begräbnisfeiern im Spiegel der Testamentsklauseln. Meßstipendien bieten sich hier nicht allein wegen der grundsätzlichen Bedeutung der Messe als des zentralen Heilsmittels des späten Mittelalters[18] in besonderer Weise an, sondern auch weil die entsprechenden Dispositionen die zeitlichen Konzepte der Testatoren deutlicher und differenzierter als bei anderen Vergabungsarten, etwa bei karitativen Legaten, erkennen lassen. Mit gutem Grund waren es ja gerade die kumulativ organisierten Totenmessen, deren „obsessiver" Einsatz bei Jacques Chiffoleau zum Ausgangspunkt weiterer Überlegungen wurde.[19] Von einem solchen „obsessiven" Gebrauch ist nun allerdings in Stralsund wenig zu entdecken: So veranlaßte nur etwa jeder siebzehnte Testator überhaupt derartige Meßopfer, ein Anteil, der im letzten Drittel des 15. Jahrhunderts leicht anstieg und sich in den ersten zwei Jahrzehnten des 16. Jahrhunderts immerhin verdoppelte. Eine ähnliche Entwicklung verzeich-

---

16 Die quantifizierbaren Stiftungstestamente aus den Jahren zwischen 1321 und 1420 enthalten 14 Memorienstiftungen, diejenigen der darauffolgenden einhundert Jahre dagegen 98 Fälle.

17 Der durchschnittliche Aufwand für testamentarische Memorienstiftungen betrug 13 Mark sundisch, während er etwa für Anniversarienstiftungen bei 76 Mark sundisch lag; im Hinblick auf die Dynamik dieses Stiftungstyps ist zudem der allmähliche Rückgang der Ausgaben zu beachten: Lag im 14. Jahrhundert die Minimaldotierung noch bei 5 Mark sundisch, so sank sie in der Folgezeit auf ½ Mark sundisch.

18 Vgl. dazu *Angenendt*, Missa specialis (1983), 214; *Ders.*, Geschichte der Religiosität (wie Anm. 2), 497–499, 515; *Chiffoleau*, La comptabilité de l'au-delà (wie Anm. 7), 322f.; *Kamp*, Memoria und Selbstdarstellung (1993), 281.

19 *Chiffoleau*, Sur l'usage obsessionnel (wie Anm. 8).

nete im übrigen auch die absolute Zahl der testamentarischen Meßaufträge.[20] Detailliertere Aufschlüsse als dieser Pauschalbefund bietet freilich die Erfassung der einzelnen Meßwünsche. Immense Meßzahlen kommen indes auch hier nicht zum Vorschein: Legate für einhundert oder zweihundert Messen stellten zwar keine Seltenheit dar[21], wohl aber Verfügungen wie diejenige der Eheleute Hinrik und Reynsborch Symmekendorp, die Dominikaner sollten zehn Jahre lang vier Messen pro Woche für sie lesen, summa summarum also mehr als 2000 Messen.[22]

Immerhin werden andere direkte und indirekte Hinweise auf den Glauben an das Fegefeuer faßbar. So wuchs nicht nur die Gesamtzahl der Meßstipendien allmählich an, sondern auch die Genauigkeit, mit der die Stralsunder Testatoren die Anzahl und den Zeitpunkt der gespendeten Messen schriftlich fixierten.[23] Noch bemerkenswerter ist, daß die Zeiträume, innerhalb derer die Messen gefeiert werden sollten, kürzer wurden: Während im 14. Jahrhundert die traditionelle Jahresfrist dominierte[24], begegnen in der Folgezeit – und gehäuft im letzten Drittel des 15. Jahrhunderts – verschiedene Meßreihen, die kürzere Fristen implizierten. Besonderer Beliebtheit erfreute sich bei den Stralsunder Testatoren eine Reihe von vierzig Messen[25]; mehrfach wurden auch Reihen von dreißig Messen[26] und von fünf Messen[27] erbeten. Gerade letztere, die an die fünf Wunden Jesu und damit zugleich an das mit dem Leiden Jesu verbundene Erlösungsversprechen erinnerten[28], sind fraglos als Ausfluß des Fegefeuerglaubens zu sehen. Darauf verweisen auch ihre Benennungen in den Testamenten als *fegefurs myssen*[29], als *de vyff noth myssen*[30] oder auch als *de vyff pyne myssen.*[31] Überhaupt können derartige Meßreihen als Indiz für die Vorstellung jenseitiger Läuterung gewertet werden, standen sie doch seit den Empfehlungen Papst Gregors des Großen im Ruf einer besonderen Erlösungskraft.[32]

20 Dazu ausführlicher *Lusiardi*, Stiftung und städtische Gesellschaft (2000), 140f.

21 Meßstipendien in ungefähr dieser Größenordnung enthalten: StAS Test. Nr. 122, 145, 266, 349, 386, 670, 972.

22 StAS Test. Nr. 449/450.

23 So bestimmten Werner und Kunigunde von Soest im Jahre 1356 10 Schilling sundisch und Margarete von Bremen vier Jahre später 2 Mark sundisch für Seelmessen, ohne einen Legatempfänger oder Meßtermin anzugeben; StAS Test. Nr. 220, 263. Derartige Legate begegnen zwar auch noch im 15. Jahrhundert (s. StAS Test. Nr. 676, 734), sie treten jedoch gegenüber präziseren Dispositionen zunehmend in den Hintergrund.

24 StAS Test. Nr. 117, 122, 145, 349. Eine davon abweichende, zehnjährige Frist wählten expressis verbis nur die gerade genannten Heinrich und Reynsborch Symmekendorp; StAS Test. Nr. 449/450. Vgl. zu den traditionellen Gedenktagen und -zeiträumen im christlichen Abendland *Angenendt*, Theologie und Liturgie (wie Anm. 2), 172; *Ders.*, Missa specialis (1983), 202; *Ders.*, Geschichte der Religiosität (wie Anm. 2), 683, 712; *Karl Joseph Merk*, Die meßliturgische Totenehrung in der römischen Kirche. Zugleich ein Beitrag zum mittelalterlichen Opferwesen. 1. Teil. Stuttgart 1926, 93–104; *Adolph Franz*, Die Messe im deutschen Mittelalter. Beiträge zur Geschichte der Liturgie und des religiösen Volkslebens. [o. O.] 1902, ND Darmstadt 1963, 234–237.

25 StAS Test. Nr. 788, 838, 850, 852, 859, 860, 863, 913, 917, 921, 932, 941, 965.

26 StAS Test. Nr. 700, 788, 863, 917.

27 StAS Test. Nr. 788, 829, 852, 863, 972.

28 *Franz*, Die Messe (wie Anm. 24), 261–264.

29 StAS Test. Nr. 972.

30 StAS Test. Nr. 863.

31 StAS Test. Nr. 829.

32 *Angenendt*, Theologie und Liturgie (wie Anm. 2), 158f.; *Franz*, Die Messe (wie Anm. 24), 244–246, 253.

Die testamentarischen Meßklauseln lassen also durchaus das Echo der neuen Lehre vernehmen, wobei sie im übrigen recht häufig auf die vermeintliche Leidenszeit im Fegefeuer zielten, selten indes auf den Zeitraum zwischen Tod und imaginiertem Partikulargericht.[33] Vergleicht man die Meßwünsche der Stralsunder Testatoren mit den Avignoneser Meßstipendien, so bleibt dennoch festzuhalten, daß sie bei weitem nicht den Variantenreichtum, den Kumulationsgrad und die großen Zahlen ihrer südfranzösischen Gegenstücke erreichten – und daß sie sich erheblich verspäteten, denn der Aufschwung der kumulativen Meßstipendien setzte in Avignon schon rund hundert Jahre früher ein.

Die Aufschlüsse, die aus den Arengentexten der Stralsunder Testamente zu gewinnen sind, fügen sich an diese Befunde keineswegs nahtlos an. Das muß nicht verwundern, denn die Arengen sind – in wesentlich stärkerem Maße als die Meßaufträge – Produkte einer sozialen Konstruktion: Abgefaßt von den Testamentsschreibern, oft nur wenig beeinflußt von den einzelnen Testatoren[34], geben sie eher Auskunft über langfristige Veränderungen kollektiver Anschauungen als über individuelle Erwartungen und Empfindungen.

Bemerkenswerterweise wird das Fegefeuer selbst in den Arengen kaum angesprochen. Dafür begegnen andere Motive, die mit dieser Jenseitskonzeption zumindest in Zusammenhang stehen. Generell läßt sich eine zunehmende Thematisierung des eigenen Todes feststellen, die sich auch in einer allmählichen Ausdehnung der Arengentexte niederschlägt[35], einem im späten Mittelalter auch andernorts zu beobachtenden Phänomen.[36] In Verbindung mit diesem Thema steht häufig ein zweites, allgemeineres: die *conditio humana*. Es wird bestimmt von zwei Motiven, der Sterblichkeit des Menschen und dem Nichtwissen um den Zeitpunkt des eigenen Todes.[37] Hinter letzterem steht die mitunter konkret geäußerte Angst

33 Die Vorstellung eines kurz nach dem Tod stattfindenden Partikulargerichts lassen lediglich zwei testamentarische Meßstipendien mit größerer Deutlichkeit erkennen, die zusätzlich zu den üblichen Messen an der Begräbniskirche weitere Messen vor Abschluß der Begräbnisfeier vorsahen; StAS Test. Nr. 534, 788. Dabei ist indes zu beachten, daß auch bei manchen Legaten für nicht terminierte, aber offenbar bald nach dem Tod abzuhaltende Messen der Gedanke an ein Individualgericht maßgebend gewesen sein könnte. Im übrigen ist der Zeitraum zwischen Tod und Beerdigung in den Stralsunder Testamenten etwas häufiger bei der Terminierung von Almosengaben anzutreffen; s. StAS Test. Nr. 632, 767, 906, 959.

34 Ausnahmen, die eine vom Üblichen deutlich abweichende Gestaltung der Arenga bewirkt haben, finden sich in Stralsund vor allem unter den Klerikern und den Angehörigen der städtischen Führungsschicht; dazu ausführlicher *Lusiardi*, Stiftung und städtische Gesellschaft (2000), 148f.

35 Die Untersuchung der Stralsunder ‚Arengen' hat sinnvollerweise die gesamte Testamentseinleitung zu berücksichtigen, da der Aufbau der Stralsunder Testamente erhebliche Abweichungen vom klassischen Urkundenformular bietet, beispielsweise die meist als Beginn der Dispositio gestaltete *commendatio animae*. Nimmt man also den Abschnitt zwischen Intitulatio und erstem dispositiven Legat in den Blick, so stellt man fest, daß sein Umfang von etwa zehn bis zwanzig Wörtern in der ersten Hälfte des 14. Jahrhunderts kontinuierlich auf durchschnittlich 100 bis 120 Wörter in der zweiten Hälfte des 15. Jahrhunderts ansteigt. Diese Entwicklung ist jedoch nicht allein durch die zunehmende Ausgestaltung der auf den Tod und das Jenseits bezogenen Elemente bedingt, sondern daneben auch durch die Vermehrung rechtserheblicher Klauseln.

36 Vgl. *Paul Baur*, Testament und Bürgerschaft. Alltagsleben und Sachkultur im spätmittelalterlichen Konstanz. (Konstanzer Geschichts- und Rechtsquellen, Bd. 31.) Sigmaringen 1989, 76f.; *Chiffoleau*, La comptabilité de l'au-delà (wie Anm. 7), 107.

37 Beide Motive verbinden sich gegen Ende des 14. Jahrhunderts zu einem eingängigen, in der Folgezeit sehr häufig verwendeten Topos, dem nämlich, *dat nicht wissers is wen de dot unde nicht unwissers wen de stunde*; StAS Test. Nr. 747. Ausführlichere und weniger formelhafte Varianten dieses Themas finden sich in: StAS Test. Nr. 605, 612, 613, 615, 633, 657, 737, 817.

vor einem jähen Ende, genauer: vor einem Intestattod und seinen diesseitigen und jenseitigen Folgen.[38]

Weitere Elemente lassen sich anführen, die auf die Tragweite des Todesgeschehens verweisen: So wird die Erwähnung des eigenen Todes seit dem letzten Drittel des 15. Jahrhunderts sehr oft ergänzt um die beschwörende Formel *des de stunde yo salich sy*[39], ein Zusatz, der der Dramatisierung der *hora mortis* zusätzlichen Ausdruck verleiht. Auch findet sich die weithin verbreitete *commendatio animae* im 15. Jahrhundert häufig verknüpft mit einer Anempfehlung des toten Körpers. Die dabei gewählten Formulierungen geben in zunehmendem Maße den Gedanken an eine sofortige Trennung von Seele und Körper im Moment des Todes zu erkennen.[40]

Schließlich ist noch ein weiteres Thema der Testamentsinitien für die Jenseitsvorstellungen von Bedeutung. Gemeint ist das Gottesbild, das im 15. Jahrhundert eine bezeichnende Ausprägung erfährt. Eine Antwort auf die Frage, ob der gerechte, aber unerbittliche Richtergott oder der gnädige Erlösergott die kollektiven Vorstellungen dominierte, läßt sich aus den Testamenten des 14. Jahrhunderts noch nicht ablesen, in denen als zentrales Attribut Gottes lediglich seine Allmacht erscheint. Danach jedoch huldigt man statt dem Allmächtigen des öfteren *dem barmhertigen Gade*[41] und folgt damit einem von der Hochscholastik wiederbelebten, neutestamentarischen Gottesbild, dessen Wechselwirkung mit der im Grunde ja optimistischen Konzeption jenseitiger Läuterung unverkennbar ist.

Auf einen einfachen, knappen Nenner lassen sich die – hier zudem sehr komprimiert wiedergebenen – Arengeninhalte der Stralsunder Testamente schwerlich bringen. Immerhin darf man festhalten, daß sich die wesentlichen Elemente im Einklang mit der offiziellen Buß- und Fegefeuerlehre befinden oder wenigstens nicht im Widerspruch zu ihr stehen. Der Jüngste Tag als entscheidender Gerichtstermin vermag dagegen keine sichtbare Rolle zu spielen.

Findet die zunehmende Fixierung auf die Todesstunde und das Partikulargericht, wie sie aus den Testamentsarengen hervortritt, auch in der Gestaltung, der Inszenierung des eigenen

---

38 Vgl. StAS Test. Nr. 215; StAS Urk. Marienkrone Nr. 83. Eine ähnliche Gefahr hatte der Ratsherr Matthias Bene vor Augen, nämlich im Falle einer schweren Krankheit nicht mehr mit der notwendigen Sorgfalt für das eigene Seelenheil vorsorgen zu können; StAS Test. Nr. 633, 657. Unausgesprochen bleibt in den Testamenten eine andere Dimension des jähen Endes, auf deren Virulenz der Erfolg der Ars-moriendi-Literatur im 15. Jahrhundert verweist: der Tod ohne eine richtige Sterbevorbereitung, insbesondere ohne letzte Beichte und Absolution, die Voraussetzungen für eine jenseitige Läuterung oder eine stellvertretende Abbüßung der noch ungesühnten Sünden.

39 StAS Test. Nr. 837; ebenso oder ähnlichlautend u.a. StAS Test. Nr. 696, 697, 698, 737, 751, 757, 785, 791, 809, 815, 818, 826, 838, 839, 850, 859, 860, 876, 879, 896, 902, 906, 911, 927, 932, 941, 942, 947, 948, 950, 951, 954, 959, 961, 965, 968.

40 Anfangs nämlich werden Seele und Körper noch gemeinsam in die Hände Gottes empfohlen (s. etwa StAS Test. Nr. 500, 516, 526, 535, 555, 557, 569, 581, 614, 632), während etwa seit der Jahrhundertmitte die Trennung in doppelter Hinsicht vollzogen wird, so beispielsweise 1467 durch Heinrich Hofmester in einer später immer wieder begegnenden Wendung: *Interste so bevele ik myne sele in de hand des almechtigen Godes, de se geschapen heft, unde den lycham der erden, dar he van gekomen is*; StAS Test. Nr. 659. Statt einfach nur der Erde wird der Leichnam dann mitunter auch einem christlichen Begräbnis anempfohlen; s. z. B. StAS Test. Nr. 653, 696, 837.

41 S. etwa StAS Test. Nr. 402, 500, 556, 633, 657, 694, 698, 699, 704, 713, 715, 717, 725, 730, 734, 737, 740, 752, 753, 773, 774, 783, 787, 837, 875. Deutlich gehäuft tritt das Barmherzigkeitsattribut zwischen 1475 und 1495 auf und wird in den ersten beiden Jahrzehnten des 16. Jahrhunderts fast vollständig wieder verdrängt.

Begräbnisses einen entsprechenden Widerhall? Bleibt – mit anderen Worten – das Bild stimmig, wenn man von den in starkem Maße sozialisierten und literalisierten Glaubensmanifestationen zur Ebene der rituellen Praktiken zurückkehrt? Will man den Testamenten Glauben schenken, so fällt die Antwort negativ aus.[42] Häufig nämlich gingen die Stralsunder Testatoren auf ihr eigenes Begräbnis überhaupt nicht ein. Geschah dies doch, dann keineswegs immer, um Details der Bestattungsfeier zu regeln. Vielmehr beschränkten sich die Testatoren oftmals auf die Wahl der Begräbniskirche oder die genauere Angabe des gewünschten Begräbnisplatzes. Wenn die Beerdigung selbst zum Gegenstand testamentarischer Dispositionen wurde, dann betreffen diese oft das Sterbeläuten an der Begräbniskirche, das im Laufe der Zeit zumindest bei wohlhabenderen Verstorbenen offenbar zum Standardelement wurde.[43] Mitunter sahen Testatoren zudem Legate für andere Kirchen vor, um dort ebenfalls läuten zu lassen.[44] Seltener als diese indirekte Aufforderung zur Teilnahme an der Totenfeier begegnen Verfügungen, die mit einem Obolus für anwesende Kleriker oder Pfarrschüler die Zahl der Teilnehmer und Fürbittleistenden zu erhöhen suchten.[45] Erst recht als marginal erscheint nach dem Ausweis der Testamente die Bedeutung von Almosenverteilungen im Rahmen der Bestattungsfeier[46], eine Feststellung, die immerhin eine gewisse Relativierung durch andere Testamentslegate erfährt, die auf die Verteilung von Almosen an anderen Orten, aber vor beziehungsweise während der Beerdigung zielten.[47]

Darf man aus diesen recht kargen Testamentsbefunden nun ohne weiteres auf ebenso unspektakuläre Bestattungen schließen? Tatsächlich gilt es zweierlei zu bedenken: Zum einen konnten mündliche Anweisungen des Testators oder schriftliche Vereinbarungen mit der jeweiligen Kirche testamentarische Dispositionen überflüssig werden lassen.[48] Zum anderen

42 Zum folgenden ausführlicher *Lusiardi*, Stiftung und städtische Gesellschaft (2000), 154–161; vgl. zu Begräbnisklauseln in Stralsunder Testamenten auch *Schildhauer*, Hansestädtischer Alltag (wie Anm. 11), 26–29; *Poeck*, Omnes stabimus (1995), 241f.

43 Eine gewisse Standardisierung dieses und anderer Elemente der Begräbnisfeier wird deutlich aus zahlreichen Klauseln, die – wie etwa im Testament Barbara Grapes – als Gegenleistung für das vorgesehene Legat an die jeweilige Kirche eine freie *graft myt den clocke ludent unde wes dar to horet* ausbedingen; StAS Test. Nr. 668; vgl. ähnliche Wendungen u.a. in: StAS Test. Nr. 699, 891, 942, 959, 961. Manche Testatoren waren bei der Auflistung der kostenfreien kirchlichen Leistungen etwas ausführlicher, so etwa Hinrik Holste, der 1506 *vryge graft, lichte, luchtere, ludent, boldeke unde allent, wes dar to horet*, verlangte; StAS Test. Nr. 891; vgl. ähnliche Dispositionen u.a. in: StAS Test. Nr. 715, 826, 830, 876, 899, 900, 912, 913, 948, 965. Derartige Bestimmungen, die ja weniger eine bestimmte Ausgestaltung der Exequien bezweckten als vielmehr die Sicherung der Gegenleistung für das Legat, also den Verzicht der jeweiligen Kirche auf zusätzliche Begräbnisgebühren, unterstreichen den Befund einer scheinbar geringen Neigung der Stralsunder Testatoren zu individuellen Inszenierungen des eigenen Todes.

44 S. u.a. StAS Test. Nr. 606, 737, 900, 970.

45 Vgl. etwa Pommersches Urkundenbuch. VII. Band. 1326–1330. (Veröff. d. Hist. Komm. f. Pommern, Rh. 2, Bd. 7.) Stettin 1939/40, ND Köln/Graz 1958, 343, Nr. 4561; StAS Test. Nr. 697, 711.

46 S. StAS Test. Nr. 319, 651.

47 S. oben Anm. 33.

48 Hier ist etwa an schon zu Lebzeiten vollzogene oder zumindest vereinbarte Stiftungs- oder Schenkungsakte zu denken, die Zusagen kirchlicher Bestattungsleistungen enthielten; vgl. für Stralsund: Der Stralsunder Liber memorialis. Teil 1: Fol. 1–60. 1320–1410. (Veröff. d. Stadtarchivs Stralsund, Bd. V/1.) Schwerin 1964, 55, Nr. 237; Der Stralsunder Liber memorialis. Teil 6: Fol. 301–344. 1471–1525. (Veröff. d. Stadtarchivs Stralsund, Bd. V/6.) Weimar 1988, 29, Nr. 37; StAS HS 427, fol. 188^{v}; Vor-

ist hier ein Handlungsfeld umrissen, das in erheblichem Maße durch Regeln und Gewohnheiten strukturiert war, das also der besonderen Gestaltung durch den Testator nicht unbedingt bedurfte.[49] Man darf sich die Begräbnisfeierlichkeiten daher durchaus aufwendiger vorstellen, als dies die Testamente zu erkennen geben, eine Hypothese, die auch durch andere Stralsunder Zeugnisse gestützt wird.[50]

All dies macht eine Interpretation der Ergebnisse nicht einfacher. Immerhin bleibt der Eindruck bestehen, daß die Begräbnisfeier mehr durch kollektive Gewohnheiten geprägt blieb, als zum gebräuchlichen Schauplatz enormer Bußanhäufungen oder spektakulärer Selbstinszenierungen zu werden. Auffällig ist auch, daß in der zweiten Hälfte des 15. Jahrhunderts, als die testamentarischen Meßstipendien und die Arengentexte unter dem Einfluß der Fegefeuerlehre merkliche Veränderungen erfuhren, die Testamentsklauseln zur Ausgestaltung der Beerdigungen keine ähnlich signifikante Entwicklung verzeichneten. Als Beleg für eine omnipräsente Fegefeuervorstellung können die Stralsunder Begräbnisfeiern also kaum dienen, mögen sie auch durchaus Spuren der neuen Lehre aufweisen.

Was für ein Gesamtbild vom Jenseits, von den darauf gerichteten Vorbereitungen und Vorstellungen, fügt sich aus den Stralsunder Beobachtungen zusammen? Sicherlich eines, in dem die logische Spannung zwischen der kirchlichen Propagierung der Fegefeuerlehre und der über zweihundert Jahre hinweg weitgehend ungebrochenen Bedeutung der Handlungs-

---

pommersches Landesarchiv Greifswald (im weiteren zit. als: VpLAG) Rep. 1 Stralsund 6. St. Jacobi 23.

49 Das Spektrum solcher Vorstrukturierungen reicht von der durch den Pfarrzwang prädestinierten Wahl des Begräbnisortes bis zu liturgischen Standardisierungen, wie sie *Martin Illi*, Wohin die Toten gingen. Begräbnis und Kirchhof in der vorindustriellen Stadt. Zürich 1992, 78–108, am Beispiel der feierlichen Exequien für Chorherren und wohlhabende Laien am Züricher Großmünster aufgezeigt hat. In diesem Zusammenhang sind auch die Konsequenzen zu beachten, die sich aus der Mitgliedschaft in einer Zunft oder Bruderschaft ergaben; dazu konnte die Möglichkeit gehören, sich bei einer Klosterkirche an vorbestimmtem Ort und mit einheitlichem Ritus bestatten zu lassen, wenn die eigene Vereinigung einen entsprechende Generalvereinbarung mit dem Konvent getroffen hatte. Aus Stralsund sind solche Verträge zwischen den Dominikanern und dem Amt und der Bruderschaft der Leineweber aus dem Jahre 1404 (StAS Städt. Urk. 628) sowie mit der Kompanie der Müller von 1513 (VpLAG Rep. 1 Stralsund 2. Dominikaner-Kloster 3) und der Franziskaner mit dem Amt und der Bruderschaft der Zimmerleute von 1426 (StAS Städt. Urk. Nr. 785) überliefert. Eine zweite Konsequenz bestand in der keiner individuellen Disposition bedürfenden, weil obligatorischen Teilnahme der Genossen an Leichenzug und Totenmesse, wenn – wie üblicherweise der Fall – die allgemeinen Statuten dieses bestimmt hatten; vgl. für Stralsund die Statuten der Leinewandschneiderkompanie (StAS HS 164, fol. 26^v, 27^v) und der Schifferbruderschaft (Archiv d. Schifferkompanie Stralsund Nr. 1, Art. 16, 21) und allg. *Illi*, Wohin die Toten gingen (wie Anm. 49), 99, 102f., 105f.

50 Hier ist zum einen auf die eben erwähnten Amts- bzw. Bruderschaftsstatuten zu verweisen, zum anderen auf eine von Bürgermeister Franz Wessel im Jahre 1550 verfaßte Darstellung des vorreformatorischen Gottesdienstes in Stralsund, die ungeachtet ihrer reformatorischen Polemik auf die Bedeutung von Exequienelementen hindeutet, die in den Testamenten kaum hervortreten, aus anderen Orten jedoch gut bekannt sind, so die Almosenverteilung am Grab, die Mitwirkung von Pleurants und die Beteiligung möglichst vieler Kleriker; vgl. *Ernst Heinrich Zober* (Hrsg.), Franz Wessels, weiland Bürgermeisters der Stadt Stralsund, Schilderung des katholischen Gottesdienstes in Stralsund kurz vor der Kirchenverbesserung. Stralsund 1837, 16, und allgemein *Illi*, Wohin die Toten gingen (wie Anm. 49), 69f., 87; *Ders.*, Begräbnis, Verdammung und Erlösung. Das Fegefeuer im Spiegel von Bestattungsriten, in: Himmel, Hölle, Fegefeuer. Das Jenseits im Mittelalter. Eine Ausstellung des Schweizerischen Landesmuseums in Zusammenarbeit mit dem Schnütgen-Museum und der Mittelalterabteilung des Wallraf-Richartz-Museums der Stadt Köln. Katalog von Peter Jezler. Zürich 21994, 59–68, hier 64–66; *Chiffoleau*, La comptabilité de l'au-delà (wie Anm. 7), 124–126.

form Stiftung keine Auflösung erfahren hat. Es wurde aber auch ersichtlich, daß der Glaube an das Fegefeuer in Stralsund durchaus auf dem Vormarsch war – deutlicher und früher in den Testamentsarengen, verhaltener auf der Ebene der Frömmigkeitspraktiken. Von einem unangefochtenen Siegeszug des Fegefeuers kann in Stralsund freilich keine Rede sein. Dagegen spricht das aus den Kontinuitäten des Stiftungsverhaltens hervortretende Beharrungsvermögen der Vorstellung eines entscheidenden Weltengerichts; und dies lehrt auch der vergleichende Blick auf Avignon, wo die neue Lehre rund einhundert Jahre früher und weitaus markanter ihren Niederschlag fand.[51]

Wo liegen die Gründe für diese Divergenzen? Eine wirklich befriedigende Antwort erscheint kaum möglich, durchaus aber einige Überlegungen: Sicherlich waren die homiletischen Voraussetzungen in den beiden Städten alles andere als identisch. So dürfte die Propagierung der Fegefeuerlehre in Stralsund etwas später begonnen haben als in Avignon.[52] Und Stralsund konnte sich auch im Hinblick auf die Intensität der theologischen Unterweisung mit Avignon, einem der Zentren der Christenheit, schwerlich messen.[53] Ein Blick auf die ‚andere Seite' der Glaubensvermittlung, auf die Bedingungen der Rezeption also, läßt über einen weiteren bedeutsamen Unterschied zumindest Mutmaßungen anstellen: Chiffoleau sah die Rezeption der neuen Lehre nicht zuletzt getragen durch die Aussicht auf

---

51 Die unterschiedliche Situation wird auch darin manifest, daß der Kult der Fegefeuerseelen in Stralsund – anders als in Avignon (s. oben Anm. 9) – keine deutlichen Spuren hinterlassen. So ist in der Hansestadt beispielsweise keine Bruderschaft der Fegefeuerseelen nachweisbar. Auch um Belege für Frömmigkeitsformen, die indirekt auf den Fegefeuerglauben verweisen könnten, ist es nicht übermäßig gut bestellt: Der Rosenkranz war, wie wir durch einige testamentarische Legate wissen, als auch den armen Seelen im Fegefeuer zugute kommende Gebetsform (s. dazu: Himmel, Hölle, Fegefeuer [wie Anm. 50], 296–298) zwar bekannt, aber eine Rosenkranzbruderschaft existierte offenbar nicht. Die Verehrung des hl. Antonius, der auch als Patron gegen die Qualen im Fegefeuer galt, fand zwar ihren Ausdruck in zwei innerstädtischen Antoniuskapellen und womöglich auch in Gestalt einer städtischen Antoniusbruderschaft, es bleibt allerdings die Frage, ob der hl. Antonius dort nicht in erster Linie als Patron der Kranken und Armen verehrt wurde.

52 *Chiffoleau*, La comptabilité de l'au-delà (wie Anm. 7), 398f., 422, gibt an, daß die neue Lehre in der Region um Avignon im Laufe des 13. Jahrhunderts Verbreitung fand. In Stralsund begann die Propagierung vielleicht nicht zeitgleich, aber zweifelsohne ebenfalls noch im 13. Jahrhundert, denn die Dominikaner und die Franziskaner, mithin die wichtigsten Propagandisten des Fegefeuers, gründeten hier bereits um die Jahrhundertmitte ihre Ordensniederlassungen; vgl. zu den Klostergründungen *Hermann Hoogeweg*, Die Stifter und Klöster der Provinz Pommern. Bd. 2. Stettin 1925, 709f., 718f.; *Herbert Ewe*, Zur Baugeschichte Stralsunds, in: Die Altstadt von Stralsund. Untersuchungen zum Baubestand und zur städtebaulichen Denkmalpflege. (Deutsche Bauakad. Städtebau u. Siedlungswesen. Kurzber. über Forschungsarbeiten u. Mitt., Bd. 12/13.) Berlin 1958, 9–57, hier 29–31; *Ders.*, Die Franziskaner in der mittelalterlichen Ostseestadt Stralsund, in: Recht und Alltag im Hanseraum. Gerhard Theuerkauf zum 60. Geburtstag. Hrsg. v. Silke Urbanski/Christian Lamschus/Jürgen Ellermeyer. Lüneburg 1993, 145–162, hier 145; *Martin Wehrmann*, Zur Gründung des Johannisklosters zu Stralsund, in: Monatsbll. d. Ges. f. pommersche Gesch. u. Altertumskunde 15, 1901, 122–124; *Rudolf Baier*, Bruchstücke einer stralsundischen Chronik, in: Pommersche Jbb 1, 1900, 51–76, hier 64f., 70f.; *Dora Kurtz*, Das Katharinenkloster zu Stralsund und seine Gewölbemalereien. Bd. 1. Diss. phil. Greifswald 1959, 24–28; *Nikolaus Zaske*, Die gotischen Kirchen Stralsunds und ihre Kunstwerke. Kirchliche Kunstgeschichte von 1250 bis zur Gegenwart. Berlin 1964, 246, 251; *Horst-Diether Schroeder*, Bürgerschaft und Pfarrkirchen im mittelalterlichen Stralsund, in: ebd. 260–290, hier 263f.; *Lusiardi*, Stiftung und städtische Gesellschaft (2000), 83.

53 Zu Avignon *Chiffoleau*, La comptabilité de l'au-delà (wie Anm. 7), bes. 433; zur Stralsunder ‚Kirchenlandschaft' vor allem *Hellmuth Heyden*, Die Kirchen Stralsunds und ihre Geschichte. Berlin 1961; *Schröeder*, Bürgerschaft und Pfarrkirchen (wie Anm. 52).

einen neuen sozialen Halt, die sich den Entwurzelten der mobilen städtischen Gesellschaft eröffnet habe. Nicht mehr im Diesseits, gekennzeichnet durch die Auflösung horizontaler und vertikaler Familienbande, sondern im Jenseits, in der Versammlung der armen Seelen im Fegefeuer nämlich, habe die Hoffnung auf eine neue „famille imaginaire", auf Ersatz für den Verlust der eigenen Ahnen und vielleicht sogar auf eine Wiedervereinigung mit diesen gelegen.[54] In Stralsund nun war dieses Moment, wenn man ihm überhaupt eine maßgebliche Rolle im Rezeptionsprozeß einräumen möchte, offenbar weniger ausgeprägt. Denn die Testamente lassen die von Chiffoleau benannten Symptome der Verwaistheit – also die narzißtische Inszenierung des eigenen Begräbnisses, aber auch den obsessiven Zug in der Anhäufung von Totenmessen – nicht in gleichem Maße hervortreten. Vielmehr erscheinen die Dispositionen der Stralsunder Testatoren noch stärker von kollektiven Gewohnheiten geprägt; waren diese auch vielleicht nicht mehr vorrangig durch familiäre Bindungen bestimmt, dann doch durch andere Sozialbeziehungen, die in der städtischen Gesellschaft auf ihre Weise Halt und Orientierung zu geben vermochten.

Unterschiedliche Bedingungen der Verbreitung also, die – das gilt natürlich nicht nur für Stralsund und Avignon – in Raum und Zeit variierende Konstellationen des Nebeneinanders, der Überlagerung, der Verdrängung der Jenseitsmodelle heraufbeschwören mußten. Diese Verhältnisse ließen Stiftungen als eine religiöse Handlungsform nicht obsolet werden; sie übten jedoch auf die Stiftungsaktivitäten einen nachhaltigen Einfluß aus – ebenso wie sie auch auf den Stiftungsvollzug nicht ohne Auswirkung bleiben konnten. Denn die Vorstellung, die Seele eines Stifters werde in mehr oder minder kurzer Zeit von ihren jenseitigen Läuterungsqualen erlöst und endgültig ins Paradies aufgenommen, war durchaus geeignet, die Bereitschaft zur dauerhaften Umsetzung des Stifterwillens zu beeinträchtigen – nahm sie doch den Nachkommenden die moralische Last, sich solcherart am Seelenheil des Stifters zu

54 *Chiffoleau*, La comptabilité de l'au-delà (wie Anm. 7), 418f. Ein zweiter wichtiger Rezeptionsfaktor ergab sich Chiffoleau zufolge aus der zeitlichen Begrenzung des Fegefeuers; diese habe es ermöglicht, dem mit der Verbreitung des kaufmännischen Denkens wachsenden Bedürfnis nach einer Vermessung des Jenseits und nach einer auf die individuellen Jenseitserwartungen bezogenen Organisation genau berechneter und terminierter Bußleistungen Raum zu geben; ebd. 392. Demgegenüber hat Thomas Lentes zu Recht darauf hingewiesen, daß eine „comptabilité de l'au-delà" im Sinne der Vorstellung einer ‚Verrechenbarkeit' von Bußleistungen und Fegefeuerstrafen von Chiffoleau nicht nachgewiesen wird: *Arnold Angenendt/Thomas Braucks/Rolf Busch/Thomas Lentes/Hubertus Lutterbach*, Gezählte Frömmigkeit, in: FMSt 29, 1995, 1–71, hier 40 Anm. 238. Und bereits *Joachim Wollasch*, Hoffnungen der Menschen in der Zeit der Pest, in: HJb 110, 1990, 23–51, hier 28f., 37–39, sowie *Franz Neiske*, Frömmigkeit als Leistung? Überlegungen zu großen Zahlen im mittelalterlichen Totengedenken, in: Zs. f. Literaturwiss. u. Linguistik 20, 1990, 35–47, hier 41f., haben angesichts des Anstiegs kumulativer Meßstipendien im 14. Jahrhundert daran erinnert, daß der frühmittelalterliche Tarifbußgedanke auch vorher schon zu enormen Anhäufungen von Gebets- und Meßleistungen geführt hat. Die Interpretation Chiffoleaus, die bereits im 13. Jahrhundert vor allem in adligen Testamenten begegnenden großen Meßzahlen seien, da zeitlich nicht terminiert, nicht Ausfluß eines – erst im 14. Jahrhundert entstehenden – „esprit comptable", sondern eines älteren „esprit de largesse", erscheint insofern nicht überzeugend; *Chiffoleau*, La comptabilité de l'au-delà (wie Anm. 7), 339–341; sie läßt nämlich die tarifbußliche Tradition außer acht und ebenso die Möglichkeit, daß ungeachtet einer fehlenden schriftlichen Fixierung im Testament gewisse Vorstellungen über die zeitliche Abfolge der Meßfeiern vorhanden sein konnten. Man sollte also eher von einem sich steigernden statt von einem völlig neuen Bedürfnis nach großen Meßzahlen und kalkülhaften Frömmigkeitspraktiken ausgehen, das gleichwohl der Rezeption der nun systematisierten und intensiver propagierten Fegefeuerlehre förderlich sein mußte, – und wird hierin im übrigen keinen substantiellen Unterschied etwa zwischen Avignon und Stralsund feststellen können.

versündigen. Um so leichter konnte dann wirksam werden, was Jean-Claude Schmitt als wesentlichen Zug liturgischer Memoria interpretiert hat: das Bestreben der Lebenden nämlich, mit der Erlösung der Seele des Verstorbenen zugleich dessen endgültigen Übergang in das Jenseits und damit dessen Trennung von der Gesellschaft der Lebenden zu bewirken, kurz: den Toten „vergessen" zu können.[55]

Daß dieses ‚Vergessen' jedoch eben nicht ohne weiteres möglich war, zeigt der vergleichende Blick auf Stralsund und Avignon. Von der Fegefeuerlehre ging fraglos eine Gefahr aus für die auf Dauerhaftigkeit zielenden Stifterintentionen. Die Bedrohung blieb in ihrem Ausmaß jedoch abhängig von den Auswirkungen des Nebeneinanders, aber auch der Amalgamierung der Jenseitsszenarien; sie blieb begrenzt, solange den Jenseitsvorstellungen weder Kohärenz noch Kongruenz zu eigen war.

55 *Schmitt*, Die Wiederkehr der Toten (wie Anm. 10), 16–18; *Ders.*, Bilder als Erinnerung und Vorstellung. Die Erscheinungen der Toten im Mittelalter, in: Hist. Anthropologie 1, 1993, 347–358, hier 348f., 356.

Stiftungen und die Frühgeschichte von *Policey* in spätmittelalterlichen Städten

Von

Frank Rexroth

1. Die Erforschung von Stiftungen und die ‚gute Policey'

Im Februar des Jahres 1522 erinnerte man sich beim Nürnberger Rat einer Stiftung, die der Bürger Sigmund Oertel Jahrzehnte zuvor getätigt hatte und die schon seit längerem brachlag. Wenngleich Oertel nur einen alltäglichen Mißstand in der Stadt beheben wollte, war der Zweck dieser Stiftung doch ganz ungewöhnlich gewesen: Mit seinem Legat hatte man nämlich dafür sorgen sollen, daß die Kirchen der Stadt nicht länger von streunenden Hunden heimgesucht würden. Diese einzigartige Hundefängerstiftung hatte man jedoch mittlerweile vernachlässigt, und so entschied der Rat, daß die Stiftungserträge künftig bei einem Spital besser aufgehoben seien.[1]

Was soll man mit Oertels eigenwilligem Werk anfangen? Gibt die mittlerweile reichhaltige Forschungsliteratur zu den vormodernen Stiftungen Fingerzeige, in welchem Rahmen man die Hundefängerstiftung eines spätmittelalterlichen Stadtbürgers ansiedeln könnte? Einerseits nicht, denn die Nutznießer der am besten erforschten Stiftungen sind weder Stadträte noch städtische Dienstämter, sondern in der Regel Mönchs- und Klerikergemeinschaften, Gelehrte verschiedener Wissenschaften und allenfalls mittelbar die Kranken in den Spitälern.[2] Andererseits enthält Oertels Werk ein Element, das von fern an das anklingt, was der Stiftungsforschung seit Michael Borgoltes Arbeit über „Die Stiftungen des Mittelalters

1 *Walter Lehnert*, Entsorgungsprobleme der Reichsstadt Nürnberg, in: Städtische Versorgung und Entsorgung im Wandel der Geschichte. Hrsg. v. Jürgen Sydow. (Stadt in d. Gesch., Bd. 8.) Sigmaringen 1981, 151–163, dort 156; *Ernst Mummenhoff*, Die öffentliche Gesundheits- und Krankenpflege im alten Nürnberg, in: Fschr. zur Eröffnung des neuen Krankenhauses der Stadt Nürnberg. Nürnberg 1898, 1-122, dort 11. – Ich verwende in den Anmerkungen die folgenden beiden Abkürzungen: CLBk = *Reginald R. Sharpe* (Hrsg.), Calendar of Letter Books preserved among the Archives of the Corporation of the City of London at the Guildhall. Letter Book A-L. London 1899–1912; StANür = Stadtarchiv Nürnberg.

2 *Borgolte*, Stiftungen des Mittelalters in rechts- und sozialhistorischer Sicht (1988); *Ders.*, „Totale Geschichte" des Mittelalters? (1993); *Ders.*, Stiftungen des Mittelalters im Spannungsfeld von Herrschaft und Genossenschaft (1994); *Liermann*, Handbuch des Stiftungsrechts, 1 (1963); *Schulze*, Art. ‚Stiftungsrecht' (1990); *Fuhrmann*, Kirche und Dorf (1995). Zu Universitäten als einem Stiftungstypus *Rexroth*, Deutsche Universitätsstiftungen (1992). Zu Universitätsstiften *Wagner*, Universitätsstift und Kollegium (1999). Daß auch fromme Stiftungen in den Jahrzehnten vor der Reformation stärker als zuvor der Gesamtheit einer *civitas* verpflichtet sein konnten als zuvor, erörtert am Beispiel Nürnberger Familien *Staub*, Memoria im Dienst von Gemeinwohl und Öffentlichkeit (1995).

in rechts- und sozialhistorischer Sicht“ von 1988 vorrangiges Anliegen gewesen ist: nämlich die soziale, gemeinschaftsbildende und damit unweigerlich memoriale Dimension mittelalterlichen Stiftungshandelns zum Angelpunkt des historischen Verständnisses zu machen.[3] Daß der Nürnberger Hundefänger Gebetsgedenken in einem ganz schlichten Sinn wenn auch nicht gerade ermöglichen, so doch angenehmer machen sollte[4], ist offensichtlich, und so steht zu vermuten, daß auch Oertels Werk den Zeitgenossen als frommes Werk, als dem Seelenheil dienende Tat erschien. Ob die Nürnberger Oertels deswegen dankbar im Gebet gedacht hätten, kann man nicht sagen, denn die Stiftung wurde schon bald anderen Zwecken zugeführt.

Freilich gibt es einen anderen Sinnzusammenhang, in den man diesen Vorgang mit größerer Berechtigung stellen könnte, nämlich die Sphäre vormoderner Policey. Unter diesem Begriff faßt man seit langem ein weites Terrain obrigkeitlich-reglementierender Maßnahmen zu dem Zweck, in einer Stadt oder einem Territorium einen ‚Zustand guter Ordnung‘ herbeizuführen und zu sichern, der dem Ideal des ‚gemeinen Nutzens‘ am weitesten entspricht.[5] Die policeylichen Belange der spätmittelalterlichen Obrigkeiten erstreckten sich von der Überwachung des städtischen Sonderfriedens und des Marktgeschehens bis zur Aufwands- und Luxusgesetzgebung, von Hochzeits- und Bestattungsordnungen bis zur Reglementierung der nichtehelichen Sexualität, von Bettelverboten bis zur Ahndung von Verschmutzungsdelikten und darüber hinaus auf die Überwachung des Straßenzustands, der Feuerprävention, der Reinigungsarbeiten oder der Tierhaltung in der Stadt.[6] Da die Vorstel-

3 *Borgolte*, Stiftungen des Mittelalters in rechts- und sozialhistorischer Sicht (1988). Die nichtliturgischen Ausprägungen von Memoria sind jüngst, angeregt durch nichtmediävistische Arbeiten zur Erinnerungskultur, stärker gewichtet worden. *Otto Gerhard Oexle*, Art. ‚Memoria‘, in: LMA 6, 1993, 510–513; *Oexle*, Memoria als Kultur (1995).

4 Vgl. Sebastian Brants Klage von 1494: *Wer Vogel und Hund zur Kirche führt / Und andre Leute im Beten beirrt, / Derselbe den Gauch wohl streicht und schmiert.* Sebastian Brant, Das Narrenschiff. Hrsg. v. *Hans-Joachim Mähl*. Stuttgart 1998, 156; *Georg Wacha*, Tiere und Tierhaltung in der Stadt, in: Das Leben in der Stadt des Spätmittelalters. Internationaler Kongreß Krems an der Donau, 20. bis 23. September 1976. (SB Österr. Akad. d. Wiss. Phil.-hist. Kl., Bd. 325; Veröff. d. Inst. f. mittelalterl. Realienkunde Österreichs, Bd. 2.) Wien 1977, 229–260, dort 240.

5 Neben den Titeln unten, Anm. 7, *Franz-Josef Knemeyer*, Polizeibegriffe in Gesetzen des 15. bis 18. Jahrhunderts. Kritische Bemerkungen zur Literatur über die Entwicklung des Polizeibegriffs, in: Archiv d. öffentl. Rechts 92, 1967, 153–180; *Ders.*, Art. ‚Polizei‘, in: Geschichtliche Grundbegriffe. Historisches Lexikon zur politisch-sozialen Sprache in Deutschland. Hrsg. v. Otto Brunner/Werner Conze/Reinhart Koselleck. Bd. 4. Stuttgart 1978, 875–897; *Andrea Bendlage/PeterSchuster*, Hüter der Ordnung. Bürger, Rat und Polizei in Nürnberg im 15. und 16. Jahrhundert, in: MVGNürnb 82, 1995, 37–55; *Udo Gittel*, Die Aktivitäten des Niedersächsischen Reichskreises in den Sektoren „Friedenssicherung“ und „Policey“ (1555–1682). (Veröff. d. Hist. Komm. f. Niedersachsen u. Bremen, Bd. 35; Quellen u. Untersuchungen z. allg. Gesch. Niedersachsens in d. Neuzeit, Bd. 14.) Hannover 1996; *Peter Moraw*, Über Landesordnungen im deutschen Spätmittelalter, in: Im Spannungsfeld von Recht und Ritual. Soziale Kommunikation in Mittelalter und Früher Neuzeit. Hrsg. v. Heinz Duchhardt/Gert Melville. (Norm u. Struktur, Bd. 7.) Köln/Weimar/Wien 1997, 187–201; *André Holenstein*, Die „Ordnung“ und die „Mißbräuche“. „Gute Policey“ als Institution und Ereignis, in: Institutionen und Ereignis. Über historische Praktiken und Vorstellungen gesellschaftlichen Ordnens. Hrsg. v. Reinhard Blänkner/Bernhard Jussen. (MPIG, Bd. 138.) Göttingen 1998, 253–273.

6 *Eberhard Isenmann*, Die deutsche Stadt im Spätmittelalter, 1250–1500. Stadtgestalt, Recht, Stadtregiment, Kirche, Gesellschaft, Wirtschaft. Stuttgart 1988, 154–160. Als Panoramen hilfreich sind noch *Willi Varges*, Die Wohlfahrtspflege in den deutschen Städten des Mittelalters, in: Preuß. Jbb 81, 1895, 250–318; *Georg v. Below*, Die städtische Verwaltung des Mittelalters als Vorbild der späteren Territo-

lungen von der Beschaffenheit dieses ‚Zustandes guter Ordnung' ebenso umfassend wie vage waren, sind Kataloge vormoderner policeylicher Belange zwangsläufig uferlos. Den jüngsten Versuch, die einschlägigen landesherrlichen Ordnungen der frühen Neuzeit zu systematisieren, unternahmen Karl Härter und Michael Stolleis. Sie schufen auf diesem Weg ein opulentes Listenwerk mit fünf Haupt- und 25 Untergruppen, in denen sie sämtliche obrigkeitlich reglementierten Bereiche vom Zünden von Feuerwerken und der seuchenpoliceylichen Einreisekontrolle über die Ernteordnungen bis zum Wetterläuten versammelten. Im Druck umfaßt es über zehn Seiten.[7] Einen ähnlich vollständigen Katalog für die Städte des späten Mittelalters gibt es nicht, doch findet man in Härters und Stolleis' „Repertorium der Policeyordnungen der Frühen Neuzeit" all die vielen Belange wieder, die man von der Lektüre der deutschen mittelalterlichen Policeyordnungen und Bursprakern, aus Ratsverlässen und Morgensprachen kennt. Auch Sigmund Oertels Nürnberger Stiftung würde man hier leicht einen Platz zuweisen können. Passend wäre die Rubrik „Tierhaltung in der Stadt" – für städtische Magistrate ein häufig traktiertes Kapitel.[8]

Haben die Sozialgeschichte von Stiftungen und die vormoderne Policey wirklich etwas miteinander gemeinsam? Belastet man Oertels (ohnehin bald aufgegebenes) Werk nicht zu stark, wenn man es als Brücke vom einen zum anderen Thema verwenden will? Immerhin zielt die städtische Policey in erster Linie auf einen innerweltlichen Idealzustand. Die Berufung auf den gemeinen Nutzen ist vor der Reformationszeit die maßgebliche Redeform, wenn es darum geht, policeyliche Neuerungen zu legitimieren.[9] Stiftungen, wie wir sie kennen, sind ganz im Gegenteil überwiegend mit der Sorge einer Person um ihr Seelenheil motiviert. Policey wird damit gerechtfertigt, daß sie allen Untertanen eine Verbesserung ihrer alltäglichen Befindlichkeit in Aussicht stellt, sofern diese nur bereit sind, sich dem obrigkeitlichen Reglement zu fügen. Altarpfründen-, Kloster-, Kollegiatkirchen- oder Universitätenstiftungen dagegen schöpfen Werke für Wenige, knüpfen Bande zwischen einem *fundator* und einer begrenzten Personengruppe. Auch die Stiftungen von Altären, Kirchenfenstern, liturgischen Handschriften und Gegenständen sind unschwer diesem letzteren Kontext zuzuordnen.[10]

---

rialverwaltung, in: HZ 39, 1895, 396–463. Am Beispiel der Reinheitsbelange detaillierter und auf neuerem Forschungsstand *Ulf Dirlmeier*, Die kommunalpolitischen Zuständigkeiten und Leistungen süddeutscher Städte im Spätmittelalter (vor allem auf dem Gebiet der Ver- und Entsorgung), in: Städtische Versorgung (wie Anm. 1), 113–150.

7 *Michael Stolleis* (Hrsg.), Policey im Europa der Frühen Neuzeit. (Ius Commune Sonderh. – Studien z. europ. Rechtsgesch., Bd. 83.) Frankfurt am Main 1996, dort 20–30; *Karl Härter/Michael Stolleis* (Hrsg.), Repertorium der Policeyordnungen der Frühen Neuzeit. (Ius Commune Sonderh. – Studien z. europ. Rechtsgesch., Bd. 84.) Frankfurt am Main 1996; vgl. *Wilhelm Ebel*, Geschichte der Gesetzgebung in Deutschland. Eine staatsbürgerliche Einführung. 2. Aufl. Göttingen 1958, 59–62.

8 *Lehnert*, Entsorgungsprobleme (wie Anm. 1), 155f.; *Wacha*, Tiere (wie Anm. 4), 240. Zu Nürnberg vgl. den Brief StANür A1, 1554 September 13/I.

9 *Peter Hibst*, Utilitas Publica – Gemeiner Nuz – Gemeinwohl. (Europäische Hochschulschr., Rh. 3, Bd. 497.) Frankfurt am Main/Bern/New York 1991. *Adolf Diehl*, Gemeiner Nutzen im Mittelalter. Nach süddeutschen Quellen, in: ZWLG 1, 1937, 296–315. – Dies ändert sich mit der Reformation, wie die ersten Traktate zur Policey belegen. S. etwa Johann Oldendorp, Von Rathschlägen, wie man gute Policey und Ordnung in Stadten und Landen erhalten möge (1530) (hochdt. Übers. v. C. Forsterow). Rostock 1697. *Monika Hagenmaier*, Predigt und Policey. Der gesellschaftspolitische Diskurs zwischen Kirche und Obrigkeit in Ulm 1614–1639. (Nomos Universitätsschr. – Gesch., Bd. 1.) Baden-Baden 1989.

10 Materielle Kultur und religiöse Stiftung im Spätmittelalter (1990); *Sauer*, Fundatio und Memoria (1993); *Kamp*, Memoria und Selbstdarstellung (1993); *Schmid*, Stifter und Auftraggeber im spätmittel-

Näher kommen sich die beiden Themen schon, wenn man sich auf die Praxis karitativen Stiftens konzentriert und damit die Sorge um die Armen, die in ihr zum Ausdruck kommt. Etwa von der zweiten Hälfte des 14. Jahrhunderts an kann man häufig das Bemühen der Stifter erkennen, ihre dauerhaften Vergabungen nicht mehr unter einer anonymen und möglichst großen Menge von Armen zu streuen, sondern diese auf eine begrenzte Zahl von Mitbewohnern zu verteilen, die im Umfeld des Stifters bekannt sind und die man als eines Almosens würdig ansieht. Solche Legate an die Armen oder ‚Hausarmen' der eigenen Familie, der Bruderschaft, der Zunft, der Pfarrei oder des Stadtbezirks (bestenfalls in der Form einer Armenhausstiftung) korrespondieren also mit dem Bemühen der policeylichen Bettelordnungen, Unwürdige (zumal Ortsfremde) am Erhalt von Almosen zu hindern und so aus der Stadt zu zwingen. Man könnte also sagen, daß die typisch spätmittelalterlichen Stiftungen für Kleingruppen von Armen aus dem nächsten sozialen Umfeld kongenial sind zu den exclusiven Zwecken der gleichzeitigen Bettelordnungen, wie sie in ganz Europa erlassen werden. Praktizierte stifterliche Fürsorge für die Wenigen und beabsichtigter policeylicher Ausschluß der Vielen erscheinen als zwei Seiten ein und derselben Medaille.[11]

Es gibt noch weitere Berührungspunkte zwischen den Bereichen policeylicher Reglementierung und dem klassischen Horizont christlicher *caritas*. Die Sorge um die Begehbarkeit von Straßen und Brücken zählt hierzu, die sich aus dem christlichen Gedankengut heraus als fürsorgliche Maßnahme für die Reisenden verstehen läßt; dieselben Belange werden in policeylicher Sicht als Engagement um die Reinheit und Unversehrtheit der Straßen verstanden, als Maßnahmen zur Beseitigung von Verunreinigungen und zur Förderung von Handel und Verkehr. Hiervon wird sogleich noch ausführlich die Rede sein.[12] Stiftungen zu Gunsten armer Mädchen, die in Bürgertestamenten des späten Mittelalters begegnen, können als karitative Akte gelesen werden – und zugleich als Versuche, den sozialen Abstieg mittelloser Frauen in die gefürchtete Welt der sexuellen Unmoral zu verhindern.[13]

Selten hat die stadtgeschichtliche Forschung das Phänomen ‚Stiftung' in Zusammenhang mit der säkularen Ausgestaltung urbanen Zusammenlebens thematisiert. Um die Spannweite der Haltungen zu verdeutlichen, die dabei eingenommen wurden, seien hier zwei Meinungen angeführt, die einander diametral gegenüberstehen. Ulf Dirlmeier beobachtete 1981, daß Belange wie Wohlfahrt, Gesundheit, Schule oder auch Trinkwasserversorgung in den Stadtrechnungen nur „als verschwindend kleine Etatposten nachweisbar" seien. Er vermutete,

alterlichen Köln (1994). – Ein in Deutschland wenig bekannter Stiftungstypus dürften die Stiftungen von Büchern religiös erbaulichen Inhalts gewesen sein, die man im England des 15. Jahrhunderts als ‚common-profit books' bezeichnet. Ihr momentaner Inhaber wurde gemahnt, für das Seelenheil des Bücherstifters zu beten und verpflichtete sich, dieses an eine (und nur eine) Person seiner Wahl weiterzugeben. *Scase*, Reginald Pecock, John Carpenter and John Colop's „Common-Profit" Books (1992).

11 *Frank Rexroth*, Das Milieu der Nacht. Obrigkeit und Randgruppen im spätmittelalterlichen London. (MPIG, Bd. 153.) Göttingen 1999, Kap. VI; *Ders.*, Armut und Memoria im spätmittelalterlichen London (1994); *Ernst Schubert*, Gestalt und Gestaltwandel des Almosens im Mittelalter, in: JbFränkLF 52, 1992, 241–262, dort 260ff.; *Ropertz*, Wohnungsstiftungen (1977). Als lokales Exempel s. *Ernst Voltmer*, Reichsstadt und Herrschaft. Zur Geschichte der Stadt Speyer im hohen und späten Mittelalter. (Trierer Hist. Forsch., Bd. 1.) Trier 1981, 291 mit Anm. 35.

12 S. unten, S. 115-119.

13 Beispiele etwa bei *Besold-Backmund*, Stiftungen und Stiftungswirklichkeit (1986), 106. Einen Sonderfall bilden die Stiftungen zur Verheiratung von Prostituierten. *Peter Schuster*, „Sünde und Vergebung". Integrationshilfen für reumütige Prostituierte im Mittelalter, in: ZHF 21, 1994, 145–170, dort 154–156.

daß Bürger selbst oder aber eben Stiftungen diese Leistungen erbracht hätten.[14] Angeregt wurde er hierzu möglicherweise durch seinen Lehrer Erich Maschke, der in einem tour d'horizon über „Die Brücke im Mittelalter" auf die große Bedeutung von Zustiftungen für das Zustandekommen ausgesprochener Brückenvermögen hingewiesen hatte.[15] Auch auf eine Arbeit Karl Büchers hätte Dirlmeier sich berufen können. In einer kleineren Studie über das öffentliche Haushalten im reichsstädtischen Frankfurt hatte der Nationalökonom der Jahrhundertwende nämlich die Bedeutung des „Dotations- oder Stiftungsprinzips" für den Unterhalt von Brücken und städtischen Ämtern demonstriert. Erst Gerhard Fouquet rief diese Arbeit ins Bewußtsein der Stadthistoriker zurück.[16]

Demgegenüber zeigte sich Hartmut Boockmann in einer unlängst veröffentlichten Studie zum spätmittelalterlichen Mäzenatentum eher skeptisch; es gebe nur wenige Anzeichen dafür, daß sich die urbane Stiftungsfreudigkeit des späten Mittelalters auch auf weltliche Gemeinschaftswerke erstreckt habe, sei es auf den Bau von Brunnen oder auf die Ausstattung von Rathäusern.[17]

Und doch hat der Historiker, der das Stiften als eine weitverbreitete soziale Praxis mit den Inhalten der obrigkeitlichen Policey verbinden will, gar nicht so selten mit unkonventionelleren Vergabungszwecken wie der Oertelschen Stiftung zu tun. Ein Bürger Esslingens verhilft 1344 seiner Stadtgemeinde auf diesem Weg zu einem hauptamtlichen Totengräber[18], Herzog Rudolf IV. von Österreich beschert der Stadt Hall in Tirol 1365 einen ständigen Turmwächter[19], das Amt des städtischen Züchtigers, vier Gerichtsdiener und ein Frauenhaus werden 1433 in München durch eine Stiftung der Herzöge Ernst und Wilhelm von Bayern im Zusammenwirken mit dem Stadtrat fest eingerichtet.[20] Der Londoner Aldermann Robert Chichele schafft 1417 eine Stiftung, aus deren Erträgen künftig die Huren aus der engli-

14 *Dirlmeier*, Zuständigkeiten (wie Anm. 6), 149f.

15 *Erich Maschke*, Die Brücke im Mittelalter, in: Die Stadt am Fluß. Hrsg. v. Dems./Jürgen Sydow. (Stadt in d. Gesch., Bd. 4.) Sigmaringen 1978, 9–39, dort 27–29; dazu zuletzt *Gerhard Fouquet*, Bauen für die Stadt. Finanzen, Organisation und Arbeit in kommunalen Baubetrieben des Spätmittelalters. (Städteforsch., Rh. A, Bd. 48.) Köln/Weimar/Wien 1999, 304f. Herr Fouquet überließ mir bereitwillig den Umbruch seines Buches, wofür ich ihm herzlich danke.

16 *Karl Bücher*, Der öffentliche Haushalt der Stadt Frankfurt im Mittelalter, in: Zeitschrift für die gesamte Staatswissenschaft 52, 1896, 1–19. Zu Bücher *Bertram Schefold*, Karl Bücher und der Historismus in der deutschen Nationalökonomie, in: Deutsche Geschichtswissenschaft um 1900. Hrsg. v. Notker Hammerstein. Stuttgart 1988, 239–265.

17 *Hartmut Boockmann*, Mäzenatentum am Übergang vom Mittelalter zur Reformationszeit, in: Stadt und Mäzenatentum. Hrsg. v. Bernhard Kirchgässner/Hans-Peter Becht. (Stadt in d. Gesch., Bd. 23.) Sigmaringen 1997, 31–44, dort 33.

18 Urkundenbuch der Stadt Esslingen. Hrsg. v. *Adolf Diehl*. Bd. 1. (Württembergische Geschichtsquellen, Bd. 4.) Stuttgart 1899, 394–398 Nr. 781; vgl. dazu *Boockmann*, Mäzenatentum (wie Anm. 17), 33f.

19 *Franz Huter*, Herzog Rudolf der Stifter und die Tiroler Städte. Festgabe der Gewerblichen Wirtschaft Tirols zum 600-Jahr-Jubiläum der Vereinigung Tirols mit Österreich. (Tiroler Wirtschaftsstudien, Bd. 25.) Innsbruck/München 1971, 62; Edition der Urkunde ebd. separate Urkundentexte, 28f. Nr. 20. Ein Regest in: Urkunden der Stadt Hall in Tirol. Teil 1: 1303–1600. Bearb. v. *Heinz Moser*. (Tiroler Geschichtsquellen, Nr. 26.) Innsbruck 1989, 28 Nr. 63. Zum Türmer allgemein *Walter Salmen*, Vom Musizieren in der spätmittelalterlichen Stadt, in: Das Leben in der Stadt (wie Anm. 4), 77–87, dort 80.

20 Monumenta Boica. Nova Collectio, Bd. 8,2. (Monumenta Boica, Bd. 35.) München 1849, 306–312 Nr. 228; vgl. dazu *Peter Schuster*, Das Frauenhaus. Städtische Bordelle in Deutschland 1350 bis 1600. Paderborn/München/Wien/Zürich 1992, 40f.

schen Metropole vertrieben werden sollen[21], und einer seiner prominentesten Mitbürger läßt wenige Jahre später gemeinsam mit einem Armenhaus, das auf einem in die Themse hinausragenden Dock errichtet wird, auch eine Latrinenanlage als Stiftung errichten, wie sie die Stadt bis zu diesem Zeitpunkt noch nicht gekannt hat: Je 64 Sitzplätze für Männer und für Frauen auf den entgegengesetzten Längsseiten des Docks sorgen nicht nur dafür, daß die Themsegezeiten zur Reinhaltung der Stadt beitragen, sie garantieren auch die Scheidung der Geschlechter in ‚Ladies' und ‚Gents' so, wie wir dies auch heute schätzen.[22]

Doch wenn im folgenden policeyliche Stiftungen genauer betrachtet werden sollen, dann nicht in erster Linie zu dem Zweck, die Weite stifterlicher Aktivitäten im Dienst des säkularen ‚gemeinen Nutzens' zu dokumentieren. Ganz im Gegenteil wird ein deutlicher Schwerpunkt der folgenden Ausführungen auf den Stiftungen zum Bau und zur Instand- bzw. Reinhaltung städtischer Straßen, Brücken und Brunnen liegen. Vielmehr sollen die Motive, die Vergabungen dieser Art bewirken, erörtert werden. Es wird zu zeigen sein, in welchem Umfang sich in den beiden Jahrhunderten vor der Reformation die traditionellen Aspekte der Frömmigkeit als Deutungsrahmen präsentierten, der die Einordnung säkularer Mißstände ermöglichte, der also, um eine Formulierung aus der Feder von Alfred Schütz aufzugreifen, zum „sinnhaften Aufbau der sozialen Welt" beitrug – in einer Zeit also, in der die innerweltlichen Werte und ihre Einübung durch städtische Magistrate und Stadtherren mit dem Instrumentarium der Policey neu definiert und besser als bisher organisiert wurden (Abschnitt 2).[23] Sozusagen propädeutische Funktion werden diese Ausführungen zur Motivation policeylicher Stiftungen dann haben, wenn wir anschließend die Frage nach der Dauerhaftigkeit solcher Vergabungen mitbedenken und erforschen, inwiefern Stiftungen zur über den Augenblick hinaus reichenden Institutionalisierung städtischer Policey beitrugen. Diese Frage nach der Kontinuität der Stiftungszwecke soll anhand der Nürnberger (3) und Londoner (4) Überlieferung erörtert und in einer Zusammenfassung (5) neu bewertet werden.

Um Mißverständnissen vorzubeugen, sei noch vorausgeschickt, was im folgenden unter einer Stiftung zu verstehen ist. Gerade im Schrifttum zur Stadtgeschichte wird dieser Begriff manchmal in einem unzulässig weiten Sinn gebraucht, als Synonym für testamentarische Legate jeglicher Art – also etwa dann, wenn ein Testator für die Verbesserung der städtischen Bausubstanz 3 Mark aus seinem Vermögen zur Verfügung gestellt hat.[24] Nach unseren Begriffen wäre dies eine Schenkung: eine einmalige Zahlung in einer Höhe, mit der keine dauerhafte Leistung ins Werk zu setzen ist. Doch nicht die Höhe des Betrags, der Wert der Vergabung, ist dabei für die Unterscheidung von Schenkung und Stiftung konstitutiv – auch die 100 Pfund, die der Londoner Gerber Thomas Legge 1375 zur Reinigung der Stadt-

21 *Rexroth*, Milieu (wie Anm. 11), Kap. VII, 3; vgl. *Henry Thomas Riley*, Memorials of London and London Life in the Thirteenth, Fourteenth, and Fifteenth Centuries, being a Series of Extracts, Local, Social, and Political, from the Early Archives of the City of London. A. D. 1276 – 1419. London 1868, 647f.

22 *Rexroth*, Milieu (wie Anm. 11), Kap. VI, 3; *John Schofield*, The Building of London from the Conquest to the Great Fire. 2. Aufl. London 1993, 111.

23 *Alfred Schütz*, Der sinnhafte Aufbau der sozialen Welt. Eine Einleitung in die verstehende Soziologie. 6. Aufl. Frankfurt am Main 1993. – *Ulf Dirlmeier*, Obrigkeit und Untertan in den oberdeutschen Städten des Spätmittelalters, in: Histoire comparée de l'administration (IVe–XVIIIe siècles). Hrsg. v. Werner Paravicini/Karl Ferdinand Werner. Zürich/München 1980, 437–449.

24 So etwa bei *Joachim Prochno*, Straßen- und Brückenbau als Seelgerät im späteren Mittelalter, insbesondere in der Oberlausitz, in: VSWG 32, 1939, 37–41.

gräben hinterläßt, wurden geschenkt und nicht gestiftet: Einen Monat nachdem der Stadtrat von Legges Absicht in Kenntnis gesetzt worden war, gab man zu Protokoll, daß das Legat jetzt ganz verbraucht sei.[25] Stiften soll dagegen heißen: ein dauerhaft bestehendes Vermögen an einen bleibenden Zweck zu binden. Stiftungen sollen über das Leben ihres Schöpfers hinaus wirken. Unter einer Stiftung zur städtischen Policey soll eine solche Vergabung verstanden werden, sofern sie einen der charakteristischen Zwecke der ‚guten Ordnung und Policey' verfolgt und vom Rat der Stadt oder seinen subalternen Organen verwaltet wird.

2. Motive und Erfahrungshintergründe

Nicht um einen Katalog der möglichen Beweggründe für solche Werke soll es zunächst gehen. Stattdessen wollen wir zeigen, wie eng die policeylichen Stiftungen den traditionellen Vorstellungen christlicher *caritas* verpflichtet blieben – und gerade deshalb Handlungsantriebe ganz anderer Art zu integrieren vermochten.

Schenkungen zu Gunsten von ‚Stegen und Wegen', von Straßen, Brücken und Gebäuden unter städtischer Aufsicht, sind häufig Bestandteile spätmittelalterlicher Testamente.[26] Am Lebensende seiner Heimatstadt einen kleineren Betrag zur Ausbesserung der Straßen- und Bausubstanz zu vermachen, scheint seit dem 14. Jahrhundert ein immer weiter verbreitetes Bedürfnis gewesen zu sein, wie schon ein kursorischer Überblick über spätmittelalterliche Testamente zeigt.[27] Stiftungen zum selben Zweck waren seltener, und noch seltener ist heute ihr schriftlicher Niederschlag. Das Wissen darum, welche Immobilien tatsächlich als Stiftungsgüter an städtische Belange gebunden waren, scheint manchmal mündlich von Amtsträger zu Amtsträger weitergegeben worden zu sein. Der Nürnberger Baumeister Endres Tucher etwa wußte zwar, daß es in der Stadt und ihrer Umgebung Häuser und Grundstücke gab, *die do gehören zu wege und stege, dieselben damit zu pessern.* Er wußte auch, daß er sich wie schon seine Amtsvorgänger um die zugehörigen Renten zu kümmern hatte – doch welche Werte dies waren und von wem sie der städtischen Sorge um Straßen und Brücken übereignet worden waren, dies vertraute der schreibfreudige Mann seinem Baumeisterbuch nicht an.[28] Denkbar ist einerseits, daß es private stifterliche Initiativen waren, die den Nürn-

25 CLBkH (wie Anm. 1), 9f. Vgl. eine Trierer Schenkung von 130 Pfund *ad fabricam ciuitatis*; *Rudolf Holbach*, Inventar und Testament des Scholasters Arnold von Hohenecken († 1422). Mobilbesitz und materielle Kultur, Mentalität und persönliche Bindungen eines Trierer Prälaten im Spätmittelalter, in: KurtrierJB 19, 1979, 111–150, dort 126 u. 119f., 149. – Nicht eingehen kann ich an dieser Stelle auf das Phänomen, das Ralf Lusiardi als „verdeckte Stiftung" bezeichnet; *Lusiardi*, Stiftung und städtische Gesellschaft (2000), 57f. u. 111.

26 *Prochno*, Straßen- und Brückenbau (wie Anm. 24); *Lentze*, Seelgerät (1958), 78–80.

27 *Hartmut Boockmann*, Leben und Sterben in einer spätmittelalterlichen Stadt. Über ein Göttinger Testament des 15. Jahrhunderts. Göttingen 1983, 17f.; *Maschke*, Brücke (wie Anm. 15), 34; *Gerhard Jaritz*, Die realienkundliche Aussage der sogenannten „Wiener Testamentsbücher", in: Das Leben in der Stadt (wie Anm. 4), 171–190, dort 189; *Schulz*, Testamente (1976), 93–96 (auch mit Beispielen für Stiftungen); zu Braunschweig *Dietrich Mack*, Testamente der Stadt Braunschweig. Teil 1. (Beitr. zu Genealogien Braunschweiger Familien, Bd. 3,1.) Göttingen 1988, 9; *Johannes Schildhauer*, Hansestädtischer Alltag. Untersuchungen auf der Grundlage der Stralsunder Bürgertestamente vom Anfang des 14. bis zum Ausgang des 16. Jahrhunderts. (Abh. z. Handels- u. Sozialgesch., Bd. 28.) Weimar 1992, 41–43.

28 Endres Tuchers Baumeisterbuch der Stadt Nürnberg 1464–1475. Hrsg. v. *Matthias Lexer*. (Bibliothek d. Litterarischen Vereins Stuttgart, Bd. 64.) Stuttgart 1862, 207. Freilich hätte Tucher auf eine einschlägige Liste in den städtischen Satzungsbüchern zurückgreifen können; Satzungsbücher und Satzungen der Reichsstadt Nürnberg aus dem 14. Jahrhundert. Erste Lieferung, Teil 1. Hrsg. v. *Werner*

bergern einen solchen Fonds bescherten, oder aber daß die Stadt die üblichen Schenkungen kapitalisierte, also selbst ein Vermögen erst schuf und dann den Ertrag an den bleibenden Zweck band.

Viele Menschen ordneten die Instandhaltung von Wegen und Brücken der traditionellen Sphäre der christlichen Nächstenliebe zu, wenn sie sich um die Wege übers Land kümmerten.[29] Ein Zittauer Bürger gedachte 1392 der armen Leute, die sich der Stadt vom Gebirge her näherten, band seine Mittel an deren Besserung und ließ sich von der Stadt bestätigen, daß zu seinem Gedächtnis ein Steinkreuz an besagter Straße errichtet würde – eine Aufforderung zur Stiftermemoria, die zumindest bis zum Jahr 1939, also über 550 Jahre hinweg, Bestand haben sollte. Solange mindestens blieb Hänsel Glätzels Steinkreuz am Weg bestehen.[30] Wege und Brücken außerhalb der Stadt evozierten das Bild des Reisenden in der Fremde, dieses rief möglicherweise ähnliche Emotionen hervor wie Friedrich Barbarossas Beschreibung der ortsfremden Scholaren in Bologna („Wer würde sich ihrer nicht erbarmen?"): nämlich *compassio* mit den Menschen, die sich im eigentlichen Sinn des Wortes im ‚Elend' befanden.[31] Wege und Stege instandzusetzen, wurde als probates Mittel für *divites* verstanden, sich der *pauperes* anzunehmen. Der Reiche in William Langlands Gedicht „Piers the Plowman" mußte sich von der personifizierten Wahrheit raten lassen, ... *promptly to put right all unrepaired roadways / And to rebuild all broken-down bridges.*[32] So wird man nicht allzu erstaunt sein, daß etwa in der Stadt Dresden das Brückenmeisteramt mit dem Amt eines Kirchvorstehers bei der Kreuzkirche verbunden werden konnte. Die Ein-

Schultheiss. (Quellen z. Gesch. u. Kultur d. Stadt Nürnberg, Bd. 3.) Nürnberg 1965, 201–203. Erstaunlich ist dennoch, daß er diese Posten nicht in sein Buch übertrug. – Zu Tucher, dem „geborenen Bürokraten", und seinem Amt *Ernst Pitz*, Schrift- und Aktenwesen der städtischen Verwaltung im Spätmittelalter. Köln – Nürnberg – Lübeck. Beitrag zur vergleichenden Städteforschung und zur spätmittelalterlichen Aktenkunde. (Mitt. aus d. Stadtarchiv v. Köln, Bd. 45.) Köln 1959, 234–239.

29 Am besten erforscht hat dies für die Brücken *Maschke*, Brücke (wie Anm. 15).

30 *Prochno*, Straßen- und Brückenbau (wie Anm. 24), 39.

31 *Winfried Stelzer*, Zum Scholarenprivileg Friedrich Barbarossas (Authentica „Habita"), in: DA 34, 1978, 123–165, dort 165: *Quis eorum non misereatur, cum amore scientie facti exules de divitibus pauperes semetipsos exinaniunt, vitam suam omnibus periculis exponunt, et a vilissimis sepe hominibus – quod graviter ferendum est – corporales iniurias sine causa perferunt?* Dazu *Otto Gerhard Oexle*, Alteuropäische Voraussetzungen des Bildungsbürgertums – Universitäten, Gelehrte und Studierte, in: Bildungsbürgertum im 19. Jahrhundert, Teil 1: Bildungsbürgertum und Professionalisierung in internationalen Vergleichen. Hrsg. v. Werner Conze/Jürgen Kocka. (Industrielle Welt. Schriftenrh. d. Arbeitskreises f. moderne Sozialgesch., Bd. 3/1.) Stuttgart 1985, 29–78, dort 42. Zur studentischen Mobilität *Jürgen Miethke*, Die Studenten, in: Unterwegssein im Spätmittelalter. Hrsg. v. Peter Moraw. (ZHF, Beih. 1.) Berlin 1985, 49–70. – Das anrührendste Zeugnis für die „Armut" des Reisenden ist das von Heinrich Isaac (ca. 1450–1517) mit einem berühmten Satz versehene Lied: *Isbruck* [!], *ich muss dich lassen, / ich far dahin mein strassen / in fremde land dahin. / Mein freud ist mir genommen, / die ich nit weiss bekummen, / wo ich im elend bin.* Heinrich Isaac, Weltliche Werke, Bd. 1. Hrsg. v. *Johannes Wolf.* (Denkmäler der Tonkunst in Österreich, Bd. 28.) Graz 1959, 15 Nr. 12. Vgl. *Martin Staehelin*, Art. „Heinrich Isaac", in: The New Grove Dictionary of Music and Musicians, vol. 9. London/Washington, D. C./Hongkong 1980, 329–337. Das Motiv des Pilgers hebt *Boockmann*, Leben (wie Anm. 27), 17f., besonders hervor.

32 William Langland, The Vision of Piers Plowman. Translated by *Terence Tiller*. London 1981, Passus VII, Vers 27f.

nahmen aus Geld- und Naturalzinsen, Nutzungen von Grundstücken, Brückenzoll, Almosen etc. verwaltete man für Brücke und Kirche gemeinsam.[33]

Diese klassische Gleichsetzung des Reisenden mit dem Armen konnte konkretisiert werden, wo man die Verarmung von Menschen auf die Unsicherheit der Wege zurückzuführen vermochte. Nicht immer waren Räuber und Diebe dafür verantwortlich. Die Stadt Hameln etwa verfügte über Stiftungsmittel aus einem beträchtlichen Legat ihres Kanonikers Arnold Bavensen, der über den schlechten Zustand der Straßen und Brücken wohlinformiert war. Mit seinen eigenen Augen, so Arnold im Jahr 1405, habe er gesehen, wie eine Brücke eingestürzt sei und wie deshalb eine ganze Wagenladung Salz mit einem Kaufwert von 40 Gulden von einer Stunde auf die nächste vernichtet worden sei. Auch in anderen Städten habe er beobachtet, daß die Kauf- und die Fuhrleute wie die Krämer solche Straßen mieden – die Folge sei, daß der Handel zurückgehe und damit alles ausbleibe, was dem gemeinen Besten des Landes fromme. Daß Arnold seine Stiftung von immerhin elf Hufen Land und einem Steinhaus so ausführlich motiviert, liegt sicher daran, daß er andere mit seinem eigenwilligen Vergabungszweck in Erstaunen gesetzt hat: Er habe nicht auf die Leute gehört, so schreibt er weiter, die sagten, solch eine Tat sei nutzlos und gegen das gemeine Beste gerichtet. Er habe vielmehr den allgemeinen Schaden der Stadt Hameln betrachtet, der aus solchen Mißständen resultiere. Offenbar gab es Menschen, die von ihm, noch dazu einem Kleriker, Anderes und Konventionelleres erwarteten; er beeilte sich jedenfalls anzudeuten, daß es in seiner Stadt Almosen in ausreichendem Maß gebe.[34] Hier wird der gemeine Nutzen also in eine ganz zwingende Verbindung zum Gedanken der *caritas* gebracht: Städte, die nach der Maßgabe des gemeinen Nutzens regiert werden, ziehen Handel und Gewerbe an, florieren – und bieten so günstigere Gelegenheiten, sich in christlicher Liebestätigkeit zu üben. In reichen Städten konnte man leichter mildtätig sein.

Auch die Straßen innerhalb der Stadt wurden mit den Armen in Verbindung gebracht. Ein Halberstädter Bürger etwa bedachte 1294 aus recht üppigen Renten, die er für über 105 Mark reinen Silbers erworben hatte, ganz verschiedene ‚Arten' von Armen und Bedürftigen: die, die man auf der Straße und den Kirchhöfen antreffe, die Spitaliten, die Leprösen, die Hausarmen und seine mittellose Verwandtschaft. Auch dem Ziel, *pauperes* würdig zu bestatten, widmete er sich und reservierte hierfür eigens ausgewiesene Beträge. Inmitten dieser Verfügungen findet sich eine Stiftung für Steg und Weg, und zwar in einer sprechenden

33 *Otto Richter*, Verfassungs- und Verwaltungsgeschichte der Stadt Dresden. Bd. 1: Verfassungsgeschichte. Dresden 1885, 116–118. Bis ins 16. Jahrhundert war der Meister der Koblenzer Moselbrücke Kleriker; *Schulz*, Testamente (wie Anm. 27), 95.

34 Urkundenbuch des Stiftes und der Stadt Hameln bis zum Jahre 1407. Hrsg. v. *Otto Meinardus*. (Quellen u. Darstellungen z. Gesch. Niedersachsens, Bd. 2.) Hannover 1887, 532–535 Nr. 771, dort 533: [...] *den* [Schaden, F. R.] *ick sulvest mit minen eigen ogen gesehen hebbe uppe der duvenbrugge, alse de brugge gebroken was, dat dar in einer stunde verging undt vernichtet wart ein wage mit solte, datt vor 40 gulden gekofft was, dar ick jammer undt bedröffnusse sach, undt veelmehr ock in andern steden gesehen hebbe undt gemarcket, datt genendte kopman, foerlüde, kramer umb sollikes gebreckes willen dusse strate flehen undt umbthehen möten, de kopenschop vergaith undt verbliefft alles, dat dussem lande undt gemeinen besten tho gute undt tho fromen kohmen scholle; undt hebbe ock nicht geachtet der lude, de da spreken, dat hiervan nene frucht ankomen, undt geren segen, datt datt gemeine beste verbleve undt verlaten worde, sondern eck hebbe geachtet undt angesehen den vorgeschrevenen gemeinen schaden undt gebrecke der genandten stadt Hameln, de van sonderliker genade wegen tho den almosen undt andern wercken der mildigheit wollgeneiget is* [...]. Das Testament wird auch von *Maschke*, Brücke (wie Anm. 15), gelegentlich herangezogen. Dort auch weitere Belege dafür, daß die Instandhaltung der Brücke als caritatives Werk, als den Armen dienliche Tat, angesehen wurde.

Kombination. Wie die Glieder einer gedanklichen Assoziation lesen sich die unmittelbar benachbarten Verfügungen für die *pauperibus, qui de plateis et cymiteriis sunt assumpti*, und der folgende Wunsch, ein Pfund Pfennige sei *ad plateas civitatis ubicunque ... reparandas* zu verwenden. Der Eindruck, daß der Gedanke an die Menschen ‚von der Straße' das Augenmerk auf den allgemeinen Zustand der letzteren provoziert hatte, wird weiter bestärkt: Solle man die Stege- und Wegestiftung bis Johannis nicht ausführen, dann seien die entsprechenden Mittel für die Fabrik der Martinskirche und für besagte Arme zu verwenden.[35] Zum Wohl der Bedürftigen tätig zu sein, bedeutete hier auch, für einen zufriedenstellenden Erhaltungszustand der öffentlichen Räume in der Stadt zu sorgen.

So wird sichtbar, daß der Gedanke der *caritas* ganz unterschiedlich gefaßt werden konnte: einerseits recht traditionell wie bei dem Zittauer Bürger, im Rahmen eines differenzierten Armutsbildes, das zwischen diversen Kategorien von Bedürftigen unterscheidet und jeden dieser Typen gerecht zu bedenken sucht, und andererseits in seinem Zusammenhang mit den Risiken der Handelstätigkeit und ihrer wirtschaftlichen Bedeutung für die Stadt. In zwei der drei Beispielen ist die *civitas* (und nicht etwa die *christianitas*) der Bezugsrahmen, in dem die Stifter ihr Handeln sehen. Gemeinsam ist allen ferner, daß *caritas* nach der Sorge um den guten Zustand der öffentlichen Räume verlangt. Bei allen scheint überdies – mehr oder weniger deutlich – persönliches Erleben die Reflexion über diesen Zusammenhang gestärkt zu haben. Diese spezifische Gemengelage tradierter Frömmigkeit mit anderen Sinnzusammenhängen bzw. dem persönlichen Blick auf die Lebenswelt findet man auch anderswo. So hat man zum Beispiel jüngst ganz zu Recht auf die Aspekte traditioneller Frömmigkeit hingewiesen, die die Esslinger Totengräberstiftung von 1344 bestimmt hätten.[36] Forscht man aber nach dem Willen ihres Urhebers Albrecht Steck, dann erkennt man wiederum zugleich andere Begründungszusammenhänge in Gestalt der Reinheitsvorstellungen und der Miasmentheorie, die gerade im 14. Jahrhundert an Bedeutung zunahmen: Aufgabe des Amtsinhabers sei es, die Gräber sieben Schuh tief zu graben und auch dann wieder so tief auszuheben, wenn sich der erste Tote aufgelöst habe. Er solle darauf achten, daß kein Holz, keine Gebeine *noch kain ander unsauberkait* um die Gräber herumlägen, und darauf, *alte unsauber graber und da man leichen inne findet* des Nachts zu graben. Auf Diskretion legt man hier viel Wert – der Totengräber müsse *damit haimlichen umbgehn, so er beste mag.*[37]

Bei einer anderen, sechseinhalb Jahre jüngeren Stiftung Albrechts war es der Sinnzusammenhang ‚militärische Sicherheit', der den Vergabungszweck diktierte: die Esslinger Stadtmauer sei nämlich schadhaft und habe in der Vergangenheit dazu geführt, daß *vil lute da erslagen, geschadget und gefangen wurden.*[38] Aus ähnlichen Beweggründen und unmittelbar nach seinem Krieg gegen Bayern verhalf Erzherzog Rudolf IV. von Österreich seiner Tiroler Stadt Hall zu ihrem ständigen Turmwächter.[39] Gerade im Medium der Stiftung ließen sich Frömmigkeit und die Sorge um den profan verstandenen gemeinen Nutzen mitein-

35 Urkundenbuch der Stadt Halberstadt, Teil 1. Hrsg. v. *Gustav Schmidt*. (Geschichtsquellen d. Provinz Sachsen, Bd. 7,1.) Halle 1878, 197–199 Nr. 1294, dort 198: *Quodsi predictum talentum ad reparationem alicujus platee ante festum s. Johannis baptiste assumptum non fuerit, extunc post predictum festum debent x solidi ipsius talenti dari ad structuram ecclesie s. Martini, reliqui vero x solidi debent dari pauperibus jam predictis.*

36 *Boockmann*, Mäzenatentum (wie Anm. 17).

37 S. oben, Anm. 18.

38 Urkundenbuch Esslingen (wie Anm. 18), 469f. Nr. 945.

39 S. oben, Anm. 19.

ander vermitteln. Kontrafaktisch war der allseits bekannte Akt der frommen Stiftung auf andere Inhalte zu münzen.

3. Die ‚Wirklichkeit' policeylicher Stiftungen (1): Bauämter und städtische Stiftungspraxis in Nürnberg

Städtischer Straßenbau als karitative Praxis wurde nach dem Willen der Stifter auch mit anderen Manifestationen bürgerlicher Frömmigkeit kombiniert: mit Seelmessen und Priesterstipendien, der Sorge für die Chorschüler und den Mesner der eigenen Pfarrkirche, Wachs und Tuch für die Sakristei.[40] Eine Zustiftung zum Nürnberger Steg- und Wegamt von 1355 wurde vorübergehend für drei Jahre an den Zweck gebunden, zuerst *von der egeschriben gult die pilde zu sant Sebalt, die da sten bei unsern frawen tur, di Ulrich der Schreiber dar liezz machen,* zu *vernewen unn bezzern.*[41] Diese Nähe der Sorge um die städtische Bausubstanz zu den zeitgenössischen Memorialpraktiken konnte so weit gehen, daß ein Jahr später ein Stifter ein halbes Pfund Heller und zwei Fastnachtshühner, die er ausschließlich auf den Unterhalt eines Brunnens vor dem Nürnberger Weinmarkt verwendet wissen wollte, ausdrücklich als das „Seelgerät" seiner verstorbenen Frau bezeichnete.[42]

Die Verbindung baulicher Zwecke mit im einschlägigen Sinn frommen Stiftungen wurde auf diese Weise so eng, daß sich die Beauftragten der Stadt mit den Verwaltern frommer Stiftungen ins Benehmen setzen mußte, um zu ihrem Geld zu kommen. Eine Brücke über den Fischbach, so wußte Endres Tucher, war zur Hälfte von ihm als Stadtbaumeister, zur anderen Hälfte aber aus dem „reichen Almosen", einem Sammelpunkt für bürgerliche Zustiftungen, zu unterhalten. Immerhin war das reiche Almosen bekanntlich noch in Laienhand.[43] Doch auch eine gestiftete Altarpfründe konnte mit solcher Verpflichtung belastet sein, so daß etwa ein Meßpriester bei einem nicht näher bezeichneten Marienaltar der Stadt aus seinen Einkünften jährlich ein Pfund neue Heller und zwei Schillinge für den Erhalt eines Brunnens in der Zistelgasse abgeben mußte.[44] Einem anderen Brunnen bei der Lorenzkirche stand von den Erträgen seiner Pfarrei jährlich eine feste Getreidemenge zu.[45] Um die Mitte des 15. Jahrhunderts hatten die Inhaber einer Vikarie im Katharinenchor der Sebaldskirche und sein Nachbar, der am Kunigundenaltar die Messe las, je ein Pfund neue

40 So von der Nürnberger Stifterin Elspet Vorchtel. StANür A1, 1379 September 1.

41 StANür A1, 1355 März 6. Gemeint war ein Stifterbild Ulrichs, des Schreibers bei Burggraf Friedrich von Nürnberg, für St. Sebald und zu Ehren von St. Sebald und St. Wolfgang (1330): Satzungsbücher, Teil 1 (wie Anm. 28), 201 u. 240. Bemerkenswert ist an diesem Vorgang, daß Ulrichs Stiftung ihrerseits vorgesehen hatte, daß eventuelle Reste nach der Instandhaltung des Bildes an Steg und Weg gehen sollten.

42 StANür A1, 1356 März 7. – Für die kunstgeschichtlichen Studien zu den (großen) Nürnberger Brunnen *Sven Hauschke*, Der Nürnberger Tugendbrunnen von Benedikt Wurzelbauer – ein reichsstädtisches Monument, in: MVGNürnb 81, 1994, 31–71. Zu sozialgeschichtlichen Bezügen der vormodernen Brunnen *Andrea Fleck/Wolfgang Schmid*, Die Rechnung über die Herstellung des Petrusbrunnens auf dem Trierer Hauptmarkt (1594/95), in: KurtrierJb 36, 1996, 123–154; *Wolfgang Schmid*, Brunnen und Gemeinschaften im Mittelalter, in: HZ 267, 1998, 561–586; *Fouquet*, Bauen (wie Anm. 15), 224–251.

43 Endres Tuchers Baumeisterbuch (wie Anm. 28), 229. Zum reichen Almosen *Willi Rüger*, Mittelalterliches Almosenwesen. Die Almosenordnungen der Reichsstadt Nürnberg. (Nürnberger Beitr. zu d. Wirtschafts- und Sozialwiss., Bd. 31.) Nürnberg 1932, 18–22.

44 StANür B 35, B1, fol. 20^r.

45 Ebd. fol. 103^v.

Heller an Weg und Steg abzuführen. Der Küster des Heiliggeistspitals, der Nutznießer einer über 70 Jahre alten Zustiftung war, mußte zum Veitstag ein halbes Pfund aus seiner Pfründe weiterleiten. Wiederum doppelt so hoch war die Verpflichtung, die die Bewohnerinnen eines Seelhauses in der Stöpselgasse zu erfüllen gehalten waren.[46]

Das Augenmerk, das man nach Maßgabe der liturgischen Memoria und der christlichen Liebestätigkeit auch auf den Zustand der Straßen, Brücken und die Wasserversorgung für alle richten konnte, war also die Voraussetzung dafür, daß die Inhaber städtischer Ämter auf regelmäßig verfügbare Einkünfte zurückgreifen konnten.[47] Diese Einsicht vorausgesetzt, drängt sich dem Beobachter der Verdacht auf, daß man die Bedeutung der Stiftungspraxis für die Frühgeschichte des städtischen Policey dann unterschätzt, wenn man den schriftlichen Niederschlag von Stiftungen nur an einer von mehreren in Betracht kommenden Stellen gesucht hat. Nicht nur nach dem unmittelbaren Niederschlag des Stifterwillens in Stiftungsurkunden und Testamenten muß man forschen, sondern man hat ebenso die Verwaltung der Institute durch Rats- und Dienstämter abseits der zentralen städtischen Rechnungsbücher unter die Lupe zu nehmen. Mit anderen Worten: Nicht der Akt der Stiftung selbst, sondern die Wirklichkeit des durch ihn geschaffenen Instituts hält den Schlüssel zu einer angemessenen Bewertung der privaten Initiativen bereit. In Nürnberg findet man etwa eine Aufzählung von immerhin acht Wegestiftungen, die um 1330 angelegt wurde, in den städtischen Satzungsbüchern.[48] Welchen Anteil die dort genannten Beträge an der Veränderung und Ausbesserung der städtischen Infrastruktur um 1330 insgesamt im Vergleich zu Steuern und Zöllen hatten, entzieht sich freilich einer Schätzung.

Ein Glücksfall in der Überlieferung, der wenigstens im Detail eine quantifizierende Aussage zum Beitrag der Stiftungen ermöglicht, stellen die Überreste des Nürnberger Brunnenmeisteramtes dar. Das älteste Brunnenbuch etwa, das zwischen 1419 und 1459 in Gebrauch war, vermerkt insgesamt 93 Brunnen der Sebalder und der Lorenzer Stadtseite samt den zugehörigen Arealen in den Vorstädten sowie jeweils den verantwortlichen Brunnenmeister und die Namen der Hauseigentümer, die Brunnengelder entrichten mußten. Aus diesem Buch erfahren wir, wie man die Brunnen unterhielt. Die Regel war ein festes Brunnengeld, die Umlage der Unterhaltskosten auf eine definierte Menge von Häusern, die als einem Brunnen für zugehörig erachtet wurden. Es gab ferner Nachbarschaften, die sich bei einer obrigkeitlichen Befragung darauf beriefen, noch nie zur Kasse gebeten worden zu sein: Seit 26 Jahren sei niemals ein Anlegen getätigt worden, auch sei kein Zettel mit den anzulegenden Häusern vorhanden – *und wil sich des nyemand unterfahen.*[49] Die dritte Möglichkeit war schließlich, daß die Nachbarschaften durch Stiftungen in ihren Belastungen erleichtert wurden. Dies waren nach Ausweis des Brunnenmeisterbuches elf (und damit knapp 12 Prozent der) Brunnengemeinschaften.[50] Die Regel scheint dabei eine Rente von jährlich einem bis zwei Pfund Hellern gewesen zu sein. Ausnahme blieben die drei Pfund neuer Heller für den Radbrunnen bei dem Neuen Tor – genug, um die Anwohner von aller finanziellen Belastung zu befreien. Der Eintrag ins Brunnenmeisterbuch mochte sie sicher erleichtern: *Es ist*

46 Lutz Steinlingers Baumeisterbuch von 1452. Hrsg. v. *Ernst Mummenhoff*, in: MVGNürnb 2, 1882, 15–77, dort 41f.

47 Bei den Brunnen wird wohl auch der Gedanke an die Möglichkeiten der Brandbekämpfung eine Rolle gespielt haben.

48 Satzungsbücher (wie Anm. 28), 201.

49 StANür B 35, B1, fol. 64^r.

50 Ebd. fol. 3^r, 20^r, 23^r, 103^v, 119^r, 124^v, 140^r, 142^r, 144^v.

czü wissen, das biß her kein hawß hat geben zü dem obgenanten prunnen, wan er jerlicher gült so vil hat, das er des biß her nicht nordurftig ist gewesen, und des rats meynung ist, es sülle dabey bleiben. Der Rat behielt sich 1470 die Möglichkeit vor, dies zu ändern, falls die Stiftungsgüter nicht mehr ausreichten.[51]

Hochinteressant ist ferner das Baumeisterbuch Lutz Steinlingers von 1452, das zwar seit langem ediert ist, bisher aber im Schatten von Endres Tuchers größerem und besser systematisiertem Werk stand.[52] Steinlinger begann seine Handschrift mit der Reminiszenz, daß man sich im Jahr 1415, also 37 Jahre zuvor, um die Nutznießer von Immobilien gekümmert habe, *die zinss geben hie in der stat zu Nuremberg an steg und weg.* Das Wissen um diese Maßnahme beflügelt ihn, gleiches zu tun – und so fährt er fort, insgesamt 30 Anwesen aufzuzählen, die dem innerstädtischen Straßen-, Brücken- und Brunnenbau zinspflichtig seien. Alles spricht dafür, daß diese Belastungen auf Stiftungsakte zurückgingen. Steinlinger erachtet sie als von vornherein und unabänderlich zweckgebunden. Er unterstellt ihren Inhabern, daß sie auf den Gedanken verfallen könnten, die Zinse, Erträge und Gülten weiterzuverkaufen. Solches wird ihnen untersagt, und man sieht, daß die Nutzung der Immobilien eine nur treuhänderische ist. Bei der Aufzählung der einzelnen Anwesen führt er fast immer an, wem das Gut einstmals gehört hat. Hinter diesen Namen hat man die Stifter zu vermuten.

Der Brauch, baupoliceyliche und im engeren Sinn memoriale Verfügungen miteinander zu kombinieren, findet auch in Steinlingers Aufzählung ihren Niederschlag, ja man kann gerade in dieser den Variantenreichtum der Stiftungspraxis noch besser erkennen: Es gab Verfügungen, die sich in der schon beschriebenen Art an fromme Stiftungen (zum Beispiel Altäre) richteten mit der Auflage, das Weg- und Stegamt regelmäßig zu versorgen[53], es gab aber offenbar auch den umgekehrten Fall, daß die Vergabung primär ans Wegamt, das Anwesen dann nachgeordnet auch dem vom Deutschen Orden betriebenen Elisabethenspital verpflichtet war.[54] Man erkennt die Kombination pauschaler Zuweisung an Weg und Steg mit der Auflage, einen festgesetzten Betrag einem ganz bestimmten Brunnen zuzuführen.[55] Eine interessante Spielart verbirgt sich auch hinter zwei Fällen, in denen die städtische Losungstube selbst Subjekt der durch Vergabung entstandenen Verpflichtungen ist. Steinlingers Formulierung läßt darauf schließen, daß dies das Resultat einer Stiftung durch Rentenkauf bei der Stadt selbst ist. Diese war offenbar die Verpflichtung eingegangen, die Ewigrente für die Besserung der städtischen Infrastruktur zur Verfügung zu stellen. So mußte der Baumeister seine Vorgesetzten, die Losunger, jährlich an ihre Verbindlichkeiten ihm gegenüber erinnern.[56]

Im allgemeinen waren es also die von der Stadt ernannten Bau-, Wege- und Brunnenmeister, bei denen das Wissen um die Bestiftung der Nachbarschaften zuhause war. Sie wußten, welche Immobilien der Instandhaltung von Straßen verschrieben waren, sie hatten am unmittelbarsten Einblick in den finanziellen Aufwand, den die gute Policey verlangte,

---

51 Ebd. fol. 16^{rv}.

52 Zum folgenden siehe Lutz Steinlingers Baumeisterbuch (wie Anm. 46), 38–46. Die sich anschließenden Notizen zu extramuranen Brücken sind anders angelegt, denn sie verzeichnen Instandhaltungsverpflichtungen. Sie wurden deshalb nicht miteinbezogen.

53 Ebd. 40 (das Reiche Almosen), 41f. (zwei Pfründen bei St. Sebald und das Heiliggeistspital), 42 (ein Seelhaus).

54 Ebd. 40 (Hans Braun gibt 1 lib. neuer Heller an Weg und Steg und ½ lib. an das Elisabethenspital).

55 Ebd. 41 (Hans Hofmann).

56 Ebd. 43f. (Bartholomäus Neithart, Heinz Mayer und Barbara Erber).

und in die Chancen, die sich mit dem Instrument der Stiftung boten.[57] Daher ist es sicher kein Zufall, daß ein einschlägiges Legat des Merkel Rotensteiner von 1355 durch den Pfleger der Wege und Stege Philipp Groß vermittelt wurde, daß Philipp Groß selbst noch im selben Jahr einen Teil seines Vermögens für einen Brunnen reservierte und daß 1359 sein Amtsnachfolger Fritz Behaim jährlich zwei Pfund Heller für die Straßen zur Verfügung stellte.[58] Von der Stiftertätigkeit eines Pflegers aus der zweiten Hälfte des 15. Jahrhunderts weiß Tucher zu berichten: Zwei eigene Güter habe dieser Philipp Pirckheimer dem Zweck zugeführt, drei bestimmte Brücken zu unterhalten und zu jeder einen eigenen Brückenmeister zu delegieren. Beide Güter gemeinsam gaben sechs Sümmer Korn, zwei Sümmer Hafer, zu Michaelis ein halbes Pfund Heller, ein halbes Pfund Eier zu Ostern, zwölf Pfingstkäse, acht Weihnachtskäse, sechs Herbsthühner und drei Fastnachtshennen.[59] Auch fremde Verpflichtungen versuchte Pirckheimer wenigstens vorübergehend für den Straßenbau zu reservieren.[60] Und noch ein weiterer Hinweis auf die Existenz besonderer Fonds bei den einschlägigen städtischen Ämtern fällt dabei auf. Die Originalurkunde, in der der Steg- und Wegmeister Philipp Groß im Jahr 1355 die besagte Brunnenstiftung ins Leben ruft, wird nämlich noch im Mittelalter mit der Dorsualnotiz *Zistelgaß an steg und weg 1355* (und nicht etwa ‚Zistelgasse an Brunnen') versehen. Und tatsächlich besagt das Protokoll der Urkunde selbst, daß Philipp den Betrag von 22 Schilling in kurzen Hellern jährlich zunächst dem Wegeamt zukommen ließ – erst von dort aus sollte er seiner eigentlichen Zweckbindung, dem baulichen Unterhalt eines Brunnens in der besagten Gasse, zugeführt werden.[61] Nach dem bereits Gesagten entspricht dies wohl der Nürnberger Praxis, und so muß man sich die Stiftungsmittel für den Zustand der städtischen Bausubstanz nicht so sehr als zahlreiche kleine getrennt gerechnete Sondervermögen denken; wahrscheinlicher ist, daß Legate in einem von den städtischen Bediensteten zu verwaltenden Fonds akkumuliert und von dort den verschiedenen, durch Stifterwillen definierten Aufgaben zugeteilt wurden.[62]

Eine erschöpfende Analyse der policeylichen Stiftungen zu Nürnberg wäre durchaus möglich und würde lediglich die Bereitschaft voraussetzen, die zum Wegeamt gehörenden Zinsbücher, die Gesamtheit der Brunnenbücher sowie die erhaltenen Rechnungen des Baumeisteramtes auszuwerten.[63] Den Anteil der Stiftungsmittel am Gesamtaufkommen der

57 Vgl. oben, S. 119f. Zum Brunnenmeister leider ungenügend *Paul Sander*, Die reichsstädtische Haushaltung Nürnbergs, dargestellt auf Grund ihres Zustands von 1431–1440. Bd. 1. Leipzig 1902, 227. Zum Baumeister ebd. 276f. und besser *Pitz*, Schrift- und Aktenwesen (wie Anm. 28), 234–239.

58 StANür A1, 1355 März 6, 1355 August 29, 1359 März 24. Zu Philipps beträchtlicher Zustiftung zum Spital siehe Das älteste Urbar des Nürnberger Heilig-Geist-Spitals. Hrsg. v. *Michael Diefenbacher*. (Quellen z. Gesch. u. Kultur d. Stadt Nürnberg, Bd. 23.) Nürnberg 1991, 14f., 58–62. Zur Familie Groß in ihrem Verhältnis zur Heiliggeiststiftung zuletzt *Katrin Proetel*, Spitalgeschichte des späten Mittelalters als Problem vergleichender Stiftungsforschung. Staatsexamensarbeit (masch.) Humboldt-Universität zu Berlin 1995.

59 Endres Tuchers Baumeisterbuch (wie Anm. 28), 206f.

60 Ebd. 205.

61 StANür A1, 1355 August 29. In dieselbe Richtung weist auch ein Eintrag im ältesten Brunnenbuch; StANür B35, B1, fol. 103^v: *Sand Lorentzen prun hat* [...] *alle iar 1 lb. newr haller auf dem haws bey frawen tor, daz ytzund dez Plankensteiners ist, und von demselben pfunt newr haller sol man den steeg über den Vispach auch pessern, als die brief aufweisen, die vor handen sein.* Zwei ähnliche Fälle sind auch in der Auflistung von Stiftungen in: Satzungsbücher, Teil 1 (wie Anm. 28), 201f., enthalten.

62 S. oben, S. 116.

63 Auch müßte man die Ratsverlässe im Auge behalten auf der Suche nach Umstiftungen, wie sie etwa mit der Oertelschen Hundefängerstiftung vorgenommen wurde. Siehe oben, S. 111.

baulichen Aktivitäten zu bestimmen, wäre freilich unmöglich – ein solches Unterfangen wäre den Zeitgenossen auch als unstatthaft erschienen, legten sie doch offenbar Wert auf die Sonderung der Posten von der städtischen Zentralkasse. Fest steht allerdings, daß Ulf Dirlmeier mit seiner oben referierten Vermutung, Stiftungen hätten die Kasse der städtischen Zentrale entlastet, zumindest für Nürnberg den Finger auf genau die richtige Stelle legte und daß Hartmut Boockmann mit seiner Negativeinschätzung zu skeptisch gewesen ist.[64] Stiftungen trugen in der Pegnitzstadt Erhebliches zur Instandhaltung der kommunalen Infrastruktur bei.

4. Die ‚Wirklichkeit' policeylicher Stiftungen (2): Die Praxis der Subsidiärstiftung und das städtische Bauwesen in London

Sind ‚Variantenreichtum' und ‚dezentrale Verwaltung' also Schlüsselbegriffe für die Beschreibung der Nürnberger Stiftungspraktiken, so steht doch zu erwarten, daß dieselbe Varianz der Formen anderswo eine ganz andere Morphologie des Stiftungsverhaltens hervorbrachte. Der reiche Schatz Londoner Testamente soll im folgenden den Einblick in eine weitere Strategie ermöglichen, die das Institut der frommen Stiftung für das baupolizeyliche Alltagsgeschäft fruchtbar machte. Der Fall London ist für sich genommen hochinteressant und veranlaßt den Betrachter, die Bedeutung gerade frommer Vergabungen für den städtischen Baubetrieb aus anderen Gründen als in Nürnberg als erheblich einzuschätzen.

Schenkungen für Weg und Steg sind in der Stadt an der Themse so üblich wie anderswo[65], und auch direkte Bestiftungen sind in einem geringen Umfang nachweisbar.[66] Daneben gab es aber eine weitverbreitete Stiftungspraxis, von der die Stadtführung profitierte. Ihr zufolge treffen die Testatoren Vorkehrungen für den Fall, daß ihre Messen künftig vernachlässigt würden. Sie bestimmen dann nicht nur, welche Kirche, welches Kloster oder welche Kapelle ihr Legat beziehen soll, sondern auch, was mit dem Gut zu geschehen habe, wenn diese bei der Ausführung ihrer Memorialpflichten versagen. In der überwiegenden Zahl der Fälle wird in den Testamenten festgelegt, daß die Vergabung dann bei einer anderen Institution angesiedelt werden soll: bei einer weiteren Kirche etwa, einer Zunft, einer Bruderschaft – aber in den meisten Fällen beim Bürgermeister und der Stadtgemeinde. Ich möchte diesen Stiftungstypus fortan als Subsidiärstiftung bezeichnen und meine damit den Übergang an einen zweiten Benefiziaten nur für den Fall, daß der erste beim Einlösen seiner Bringschuld versagt.[67]

64 Siehe oben, S. 114f. Unzureichend war schon Gasners frühe Einschätzung der Stiftungen in ihrem Verhältnis zu Umlagen und Wegegeldern. Seine Vermutung, auch das in Testamenten genannte Stiftungsvermögen und nicht nur die Renten seien ad hoc aufgebraucht worden, ist im Licht der Nürnberger Überlieferung falsch. *Ernst Gasner*, Zum deutschen Straßenwesen von der ältesten Zeit bis zur Mitte des XVII. Jahrhunderts. Eine germanistisch-antiquarische Studie. Leipzig 1899, ND Wiesbaden 1966, 128.

65 Nur als ein Beispiel: Calendar of Wills proved and enrolled in the Court of Husting, London, A. D. 1258 – A. D. 1688. Hrsg. v. *Reginald R. Sharpe*. Bd 2. London 1890, 364.

66 Calendar of Wills (wie Anm. 65), 529 (Richard Malt 1456), 576f. (William Stafford 1478), 579 (Stephen Broun 1480). Als Gesamterbin des städtischen Besitzes fungiert die Stadt, 575 (Walter Hunt 1477).

67 Auch subsidiäre Stiftungen zweiter Ordnung gibt es. In ihnen wird für den Fall Sorge getragen, daß auch der zweite Benefiziat versagt. Siehe als Beispiel Calendar of Wills (wie Anm. 65), 435, 465. – Das

Hintergrund dieser Praxis ist das Mißtrauen gerade gegenüber den Kaplänen, was die Sorge um die liturgische Memoria anbelangt, oder die Befürchtung, daß ein Mißverhältnis zwischen ihnen die Ausführung des Stifterwillens trübt.[68] In 114 von 541 Testamenten, die während des 15. Jahrhunderts im Court of Husting registriert werden (also immerhin in jedem fünften Testament), sind Subsidiärstiftungen vorgesehen. Mehr als die Hälfte davon, nämlich 68, sollen der Stadtführung und ihren Ämtern zugute kommen, wogegen die 26 für geistliche Einrichtungen und die 16 für Zünfte und deren Bruderschaften deutlich abfallen.[69]

Diese Subsidiärstiftungen an die Stadt können zweierlei Gestalt annehmen. In 38 von 68 Fällen wünschen sich die Testatoren, daß beim Scheitern ihrer primären Vergabungszwecke das Stiftungsvermögen an den Bürgermeister und die Gemeinde der Stadt London mit der Auflage übergehen solle, die Erfüllung der Memorialpflichten selbst in die Hand zu nehmen. Der bevorzugte Ort für die ‚subsidiären' Ewigmessen ist dabei die Kapelle in der zentralen Gildehalle der Stadt.[70] Der zweite Typus, repräsentiert durch 30 Testamente, ist ganz ähnlich formuliert, enthält aber die konkrete Anweisung, die Erträge für den Unterhalt der Themsebrücke zu verwenden. Der bevorzugte Ort für die Memoria ist dann jedoch nicht mehr die Gildehalle, sondern die Kapelle des heiligen Thomas Becket mitten auf der Brücke selbst.[71] So konterkarierte man das Mißtrauen gegenüber den Priestern mit der Zuversicht in

Phämonen ist auch aus kontinentaleuropäischen Testamenten bekannt, hat aber m. W. nur dann Beachtung gefunden, wenn die Verfallsklauseln des Stiftungsrechts und die Frage nach der Lehenschaft über Stiftspfründen behandelt wurden. *Robert Bartsch*, Seelgerätstiftungen im XIV. Jahrhundert, in: Fschr. f. Karl v. Amira zu seinem sechzigsten Geburtstage. Berlin 1908, 1–58, dort 46–48; *Dieter Pleimes*, Weltliches Stiftungsrecht. Geschichte der Rechtsformen. (Forsch. z. deutschen Recht, Bd. 3,3.) Weimar 1938, 39–47. *Alfred Schultze*, Stadtgemeinde und Kirche im Mittelalter, in: Festgabe f. Rudolph Sohm. München/Leipzig 1914, 107–142, dort 114f.; *Hans Lentze*, Begräbnis und Jahrtag im mittelalterlichen Wien, in: ZRG 67 KA 36, 1950, 328–364, dort 358–362; *Ders.*, Die Rechtsform der Altarpfründen im mittelalterlichen Wien, in: ZRG 68 KA 37, 1951, 221–302, dort 250–273 passim. In London scheint es aber keine Institution gegeben zu haben, die von Rechts wegen automatisch die Verfügungsgewalt über die Pfründe innegehabt hätte.

68 Zum schlechten Prestige gerade der Meßpriester *Rosalind Hill*, „A Chaunterie for Soules". London Chantries in the Reign of Richard II., in: The Reign of Richard II. Essays in Honour of May McKisack. Hrsg. v. F. R. H. Du Boulay/Caroline Barron. London 1971, 242–255; *Rexroth*, Milieu (wie Anm. 11), Kap. IV, 2 u. VII. Dieses kommt ab und zu in Strafandrohungen zum Ausdruck. Siehe zum Beispiel das Testament von William Wyse von 1454: Jedesmal, wenn der Stifterwille ein Vierteljahr oder länger nicht ausgeführt worden sei, sollte aus den Einkünften ein Bußgeld an die Zunft des Testators zu entrichten sein. Habe die Stiftung aber ein Jahr lang ohne einleuchtenden Grund brachgelegen, trete die Subsidiärstiftung an die Zunft in Kraft. Dann solle dort der Wille des Testators erfüllt werden. Calendar of Wills (wie Anm. 65), 524f. – Die folgenden Bemerkungen beruhen auf einer Auswertung von Calendar of Wills, 342–601.

69 Die vier übrigen Subsidiärstiftungen wenden sich an Mitglieder der eigenen Familie und an ein Cambridger Universitätskolleg.

70 Als Beispiel hier ein früher Fall aus dem 14. Jahrhundert: Calendar of Wills (wie Anm. 65), 120f. (Simon de Benyngton 1368).

71 Siehe z. B. ebd. 74f. (Nicholas Pounge 1363). Das Legat kann auch direkt an die Brücke gehen; ebd. 286f. (John Foxton 1391). – Die Kapelle war als Grablege für den Priester Peter aus der Marienkirche „Colechurch", den Erneuerer der Brücke in den 1170er Jahren, errichtet worden. Dem heiligen Thomas wurde sie geweiht, weil Thomas einstmals Peters Pfarrei angehört haben soll. *Christopher N. L. Brooke*, London 800–1216. The Shaping of the City. Berkeley/Los Angeles 1975, 44, 109f.; *Anne F. Sutton*, The Silent Years of London Guild History before 1300. The Case of the Mercers, in: HR 72, 1998, 121–141, dort 125f. Zu Brückenkapellen *Nicholas Orme*, Church and Chapel in Medieval Eng-

die Verläßlichkeit künftiger Bürgermeister. Ein Stifter verfügt, daß das Stadtoberhaupt in Zukunft die Ausführung seines Willens überwachen und für diesen Dienst immerhin sechs Schillinge und acht Pfennige erhalten solle; ein anderer stellt dem Stadtkämmerer die Hälfte dieses Betrages dafür in Aussicht, daß er an den Messen persönlich teilnehme.[72]

Eine Stiftung, die mit 31 Jahren Verspätung ihrem subsidiären Zweck zugeführt wurde, ging auf einen gewissen John Hatfeld und das Jahr 1363 zurück.[73] John, der neben seiner

---

land, in: Transactions of the Royal Historical Society, Sixth Series 6, 1996, 75–102, dort 86 (mit dem Bild einer Yorker Brückenkapelle von 1785).

72 So Calendar of Wills (wie Anm. 65), 368 (William Brampton 1407), 580f. (John Maldon 1480). Vgl. William Est (1422): Dieser will nicht nur, daß die Brückenmeister sich um seine Ewigmesse kümmern, falls die Primärstiftung versagt, sondern auch, daß sie seine Immobilien in der Dionysiuspfarrei im Bezirk Langbourn verwalten; ebd. 430.

73 Zum folgenden ebd. 79 und der folgende Eintrag in Corporation of London Record Office, Letter Book H, fol. 291ᵛ–292ʳ: *Omnibus Christi fidelibus, ad quos presens scriptum pervenerit, Thomas Hatfeld filius et heres Johannis Hatfeld senioris civis et candelerii* [!] *Londoniensis salutem in domino sempiternam. Cum predictus Johannes in testamento suo legaverit Johanni filio suo vocato Mountagu, Johanni Pountfreyt juniori, Johanni de Beverley et Rogero Leycestre totum tenementum cum solario, celario et ceteris pertinenciis in Graschyrchestret in parochia sancti Benedicti, quod quidem tenementum scituatur inter tenementum quondam predicti Johannis Hatfeld modo Ricardi Hatfeld civis et grossarii Londoniensis ex parte australi et tenementum quondam Ricardi Patryk modo Willelmi Olyver civis et pelliparii dicte civitatis ex parte aquilonari et vicum regni ex parte orientali et cimiterium ecclesie sancti Clementis de Candelwykestret ex parte occidentali, ac duas marcas et dimidam annui et quieti redditus exeuntes de tenemento, quod quondam fuit Ricardi Patryk modo predicti Willelmi Olyver in parochia sancti Benedicti predicti, quod tenementum scituatum est inter tenementum predictum quondam predicti Johannis Hatfeld modo pertinens ponti Londoniensis ex parte australi et tenementum, quod dominus Rogerius Mayel capellanus quondam perquisivit de Williemo Howes de Blacolveslee capellano modo Ricardi Spenser civis et cissoris dicte civitatis ex parte aquilonari, ad sustentandum inde et inveniendum unum capellanum ydoneum in predicta ecclesia sancti Benedicti continue et perpetue celeraturum, qui quidem capellanus eligendus est per predictos Johannem Mountagu, Johannem Pountfreyt, Johannem de Beverley et Rogerium Leycestre, ita quod si contigeret predictos Johannem Mountagu, Johannem Pountfreyt, Johannem de Beverley et Rogerium Leycestre non sustentare nec sursum tenere in statu competenti tenementum predictum cum pertinenciis vel eleccionem* [et] *presentacionem huiusmodi capellani per unum dimidum annum cessare, tunc predicti tenementum et redditus cum suis pertinenciis maiori et communitati civitatis Londoniensis et eorum successoribus ad sustentacionem cuiusdam capellani in capella sancti Thome martiris super pontem Londoniensis celebraturi ac ad sustentacionem et usum predicti pontis imperpetuum remaneret, prout in testamento ipsius Johannis Hatfeld probato et irrotulato in Hustengo Londoniensi de communibus placitis tento die Lune proximo post festum Translacionis sancti Edwardi regis et confessoris anno regni regis Edwardi tercii tricesimo septimo plenius continetur. Et quia predictum tenementum non fuit sufficienter sustentatum nec reparatum nec aliquis capellanus inventus fuit in ecclesia sancti Benedicti predicta per unum annum pro anima predicti Johannis Hatfeld, maior et communitas civitatis predicte ac custodes pontis predicti tenementum et redditus predicti in manus suas seisierunt ad usum et proficium pontis predicti et virtute testamenti predicti et occupant in presenti. Noveritis me predictum Thomam Hatfeld remisisse, relaxasse et omnio pro me et heredibus meis quietumclamasse Johanni Hadlee nunc maiori et communitati civitatis predicte ac Henrico Yevelee et Willelmo Waddesworth custodibus pontis predicti et eorum successoribus ad usum et profitum pontis predicti totum ius et clamenciam, quod habeo seu quovismodo habere potero, in predictis tenemento et redditu cum omnibus suis pertinenciis ac in qualibet parcella eiusdem, ita quod nec ego predictus Thomas nec heredes mei aliquid iuris vel clamei in predictis tenemento et redditu cum suis pertinenciis exigere vel vendicare poterimus, sed ab omni iure et accione sumus exclusi imperpetuum per presentes. Et predicti maior et communitas ac custodes pontis predicti et eorum successores concedunt invenire quemdam capellanum divina perpetue celebraturum in dicta*

Tätigkeit als Kerzenmacher selbst das Amt des Brückenaufsehers ausgeübt hatte, hatte sich gewünscht, in seiner Pfarrkirche zu St. Benedikt „Gracechurch" an der Seite seiner beiden verstorbenen Ehefrauen beigesetzt zu werden. Dort wollte er auch eine Ewigmesse eingerichtet wissen. Zu diesem Zweck hinterließ er seinem Sohn John und drei weiteren Personen ein Haus samt Rentenbezügen mit der Auflage, in der besagten Kirche für den Unterhalt eines geeigneten Meßpriesters zu sorgen; sie selbst sollten diesen nominieren. In bewährter Weise verfügte er aber, daß man den Vollzug seines Willens überwachen solle. Würden seine Benefiziaten (also auch: seine Nachkommen) nicht darauf achten, das Haus in gutem Zustand zu belassen oder aber die Wahl und Präsentation des Priesters ein halbes Jahr lang ungeschehen lassen, dann gehe das Anwesen in ähnlicher Weise an Bürgermeister und Stadt. Zweck sei dann, einen Priester in St. Thomas beten zu lassen und die Brücke zu unterstützen.

Die Memoria in der Benediktskirche scheint etwa 1393, vielleicht durch eine Vakanz der Priesterstelle, tatsächlich vernachlässigt worden zu sein. Am 8. April des Folgejahres veranlaßte die Stadt den noch lebenden Sohn des Stifters, Thomas Hatfeld, auch im Namen seiner Nachkommen, schriftlich aller Ansprüche auf das Gut zu entsagen und der Einrichtung der Subsidiärstiftung ganz nach dem Wortlaut des jahrzehntealten Testaments zuzustimmen. Das Haus sei nicht ausreichend versorgt und repariert worden, und schon seit einem Jahr habe in der Benediktskirche niemand mehr für John Hatfeld gebetet! Also bestimmten der Bürgermeister, die Aldermänner, die gesamte Kommune und die beiden Brükkenkustoden für sich und ihre Nachkommen, daß ein Priester namens John White künftig für Hatfelds Seele und die Seelen der im Testament von 1363 Genannten beten solle. Er werde hierfür bis zum Ende seiner Tage jährlich so viel erhalten, wie dies in der Thomaskapelle üblich sei, und dürfe nur aus den im Testament genannten Gründen von der Priesterstelle entfernt werden.[74] Die Subsidiärstiftung war damit tatsächlich vollzogen, die Stadtführung und ihre Ämter hatten sich wirkungsvoll gegen die Interessen der Stifterfamilie durchgesetzt. Dies war möglich, da dem Stifter selbst die Memoria für sich und seine Lieben wichtiger gewesen war als die Konzentration seines Besitzes bei seiner Nachkommenschaft – und da die Londoner Stiftungspraktiken ihm ein Instrument an die Hand gaben, künftige Bürgermeister und Kustoden für seine Wünsche zu interessieren.

Wie viele der 68 Subsidiärstiftungen aus dem 15. Jahrhundert auf diese Weise tatsächlich in Kraft traten, kann zwar niemand sagen. Doch vermag man angesichts der Häufigkeit, mit der diese Praxis geübt wurde, immerhin auf eine allgemein verbreitete Denkform rückzuschließen: Im London des späten Mittelalters war demzufolge die Stadtgemeinde die wichtigste Institution, wenn es darum ging, sich der Mittel aus brachliegenden frommen Stiftun-

capella sancti Thome martiris de redditibus provenientibus de tenemento predicto secundum formam et effectum testamenti predicti Johannis Hatfeld, prout invenire teneantur. In omnis rei testimonium presentibus sigillum meum apposui. Datum Londoniis octavo die mensis Aprilis anno regni regis Ricardi secundi decimo septimo.

74 Ebd. fol. 292^r: [...] *Johannes Hadlee maior, aldermanni et communitas Londoniensis necnon Henricus Yevelee et Willelmus Waddesworth custodes pontis eiusdem civitatis anno regni regis Ricardi secundi decimo septimo volunt et concedunt pro se et successoribus suis, quod Johannes Whyte capellanus Londoniensis diocesis decetero celebrabit in capella sancti Thome martiris super pontem predictum pro animabus in testamento Johannis Hatfeld contentis capiendo annuatim de tenemento et redditu predictis, prout alii capellani pontis predicti celebrantes in capella predicta capiunt vel in futurum capient ad terminum vite sue, ita quod abinde non ammoveatur, nisi ex causis in dicto testamento expressis etc.*

gen anzunehmen und das Verlangen der Stifter nach Ewigmessen in eigener Regie zu verwirklichen. Der zweite der genannten Vergabungstypen belegt fernerhin, daß man der Stadt das Recht zusprach, den Überschuß aus Renteneinkünften, der nach der Finanzierung der Memoria übrigblieb, zu baulichen bzw. Instandhaltungszwecken an der Brücke zu verwenden. Daneben wird derselbe Fonds auch für andere städtische Vorhaben verwendet worden sein. Als man zwischen 1411 und 1431 die zentrale Gildehalle neu baute, stand das Vermögen des Londoner „Bridge House Estate" (so nannte man nämlich in künftigen Jahren den Sammelfonds für Stiftungen und Schenkungen) als Geldquelle zur Verfügung.[75] Schon ein Inventar der zur Brücke gehörenden Gegenstände von 1350 verzeichnet eine ungeheure Menge von Baumaterialien, angefangen von Hölzern über diverse Steine, Ziegel und Zement bis zu -zigtausend Nägeln der unterschiedlichsten Sorten. Dieses Baumaterial hatte einen geschätzten Gesamtwert von über 250 Pfund.[76]

Akzeptiert man die These, daß das Recht auf die vernachlässigten Stiftungsmittel bei der Brücke und der Gildehalle lag, dann kann man noch einen Schritt weitergehen und sagen, daß die Fonds für solche Aufgaben wahrscheinlich in enger Verbindung mit zwei großen Kapellen existierten, in denen der Rat der Stadt das Sagen hatte: nämlich der Kapelle in der Gildehalle selbst und der Thomaskapelle auf London Bridge. Die Inventarisierung der Thomaskapelle, die gleichzeitig mit der gerade genannten Bestandsüberprüfung der Brücke selbst vorgenommen wurde, zeigt, daß diese außerordentlich gut ausgestattet war. Allein das Verzeichnis der liturgischen Handschriften beinhaltet drei Breviare, drei Heiligenlegenden, vier Psalter, drei Graduale, ein Tropar, zwei Antiphonare, ein Ordinale, drei Missale und ein Epistolar.[77] Unmittelbar an sie angebaut, unterhielt man ein Wohnhaus für die Meßpriester von St. Thomas. Man sorgte dafür, daß deren Einkünfte gleich hoch waren – und setzte damit natürlich Restbeträge frei aus den Legaten, die diese Standardausstattung von Priesterstellen überschritten.[78] Im Unterschied zum heutigen Sprachgebrauch scheint die Bezeichnung *domus pontis*, also „Bridge House", in bezeichnender Weise mehrdeutig gewesen zu sein: Es meinte einerseits das Priesterkollegium auf der Brücke, dann den Baufonds bei

75 *Caroline M. Barron*, The Medieval Guildhall of London. London 1974, 31f. u. 49f. Anm. 106; *Dies.*, The Later Middle Ages, 1270 – 1520, in: The British Atlas of Historic Towns. Bd. 3: London from Prehistoric Times to *c.* 1520. Hrsg. v. Mary D. Lobel. 2. Aufl. Oxford 1991, 42–56, dort 45. – Als Beispiel dafür, daß man mit Überschuß rechnet, siehe Calendar of Wills (wie Anm. 65), 469f. (Peter David 1434): Was nach der Leistung der Memoria übrigbleibe, solle der städtischen Kasse zugute kommen. Zum Immobilienbesitz der Brücke London Bridge. Selected Accounts and Rentals. Hrsg. v. *Vanessa Harding/Laura Wright*. (London Record Society 1995.) London 1995. S. zum Bsp. IX: Schon im ausgehenden 14. Jahrhundert waren die Brückenkustoden neben der Instandhaltung der Brücke hauptsächlich mit der Verwaltung des Immobilienbesitzes beschäftigt. Zu den Einkommensquellen ebd. XVII–XX, wo jedoch nur pauschal von „legacies" und „benefactions" die Rede ist, auf die Praxis der Subsidiärstiftungen jedoch nicht eingegangen wird. Das gleiche gilt für eine Studie, die aus der editorischen Arbeit an den Rechnungen der Brückenwarte hervorging; *Vanessa Harding*, Supplying London Bridge, 1380–1540, in: Franco-British Studies 20, 1995, 111–124. Vgl. auch *John F. Harvey*, Four fifteenth-Century London Plans, in: London Topographical Record 20, 1952, 1–8; *Philip E. Jones*, Four fifteenth-Century London Plans, in: ebd. 23, 1972, 35–59.

76 Englische Übersetzung bei *Riley*, Memorials (wie Anm. 21), 261f.; Regest in CLBkF (wie Anm. 1), 228. Dazu auch *Harding*, Supplying London Bridge (wie vorige Anm.), 115.

77 *Riley*, Memorials (wie Anm. 21), 263f.; CLBkF (wie ebd.). London Bridge (wie Anm. 75), XVIf.

78 Siehe dazu das Zitat in Anm. 74.

London Bridge und schließlich das zugehörige Anwesen in Southwark, auf dem die Baumaterialien gelagert wurden.[79]

5. Zusammenfassung

Die Beschäftigung mit den Nürnberger und Londoner Stiftungspraktiken ermutigt in jedem Fall dazu, die Bedeutung privater dauerhafter Vergabungen zur Förderung des gemeinen Nutzens als hoch einzuschätzen. Dirlmeiers Vermutung, daß auf diesem Weg Mittel zur Instandhaltung der städtischen Infrastruktur bereitgestellt wurden, die in den Stadtrechungen nicht auftauchen oder nur angedeutet werden, scheint genau richtig zu sein.[80] Dann aber wäre eine systematische Behandlung dieser Praktiken für eine oder mehrere Städte nicht nur möglich, sondern auch wichtig. Die neuere Stiftungsforschung würde davon profitieren, denn sie könnte sich davon eine erweiterte Kenntnis der Inhalte und Formen von Stiftungen versprechen und würde sich ein Terrain erschließen, in dem sich die Wirklichkeit der Institute, die Kontinuität und Diskontinuität der Zwecke besser studieren ließen. Die stadtgeschichtliche Forschung würde schon dadurch bereichert, daß das Verständnis der städtischen Finanzen verbessert würde. Die Nichtexistenz der fiskalischen Kasseneinheit würde nicht mehr so sehr als erkenntnishindernde Rückständigkeit moniert als vielmehr als historisches Faktum gewürdigt und erklärt werden.[81]

Und nicht nur Aufschlüsse über die Routine der Bau- und Instandsetzungsarbeiten könnte sie sich von einer solchen Untersuchung versprechen, sondern auch einen neuen Einblick in die Institutionalisierung städtischer Ämter. Dies war ja an unseren Nürnberger Ausführungen deutlich geworden: daß die Amtsträger nicht nur die Nutznießer und Verwalter der durch Stiftungen bereitgestellten Mittel waren, sondern zugleich wichtige Figuren schon bei der Initiation neuer Stiftungen selbst. Damit schufen sie selbst die Wirklichkeit, an deren Ausgestaltung sie kraft Amtes anschließend teilhatten. Sie sammelten die Einzelvergabungen wie in einer separaten Kasse und bewahrten zugleich das Wissen darum, wo Testatoren ihre Mittel zu ganz spezifischen Zwecken, also etwa zum Unterhalt des Brunnens, aus dem sie zu Lebzeiten selber Wasser geschöpft hatten, reserviert hatten. Es war in erster Linie ihre Aufgabe, dem Stifterwillen Gerechtigkeit widerfahren zu lassen.

Das Bemerkenswerte an den oben untersuchten Legaten aus Nürnberg und London war aber nicht ihre Nähe zu den ‚diesseitigen' Bezügen städtischer Existenz, sondern ihre *gleichzeitige* Zugehörigkeit zu den Sinnzusammenhängen ‚Policey' und ‚Frömmigkeit'. Sie waren organisatorisch eingefügt in die kleingliedrige städtische Stiftungslandschaft, banden die Brückenmeister und das Personal der Kirchen, Altäre und Spitäler in der Sorge um die Ausführung des Stifterwillens aneinander. Konstitutiv für diese doppelte Zugehörigkeit war die Tatsache, daß die Wahrnehmung säkularer Mißstände durch die Kategorien der Fröm-

79 CLBkB (wie Anm. 1), 216; CLBkC (wie ebd.), 61.

80 Siehe oben, S. 114f.

81 Vgl. *Bücher*, Haushalt (wie Anm. 16), 7; *Georg Fengler*, Untersuchungen zu den Einnahmen und Ausgaben der Stadt Greifswald im 14. und beginnenden 15. Jahrhundert (besonders nach dem Kämmereibuch von 1361–1411). (Greifswalder Abhandlungen zur Geschichte des Mittelalters, Bd. 7.) Greifswald 1936, 41; *Bernhard Kirchgässner*, Zur Frühgeschichte des modernen Haushalts. Vor allem nach den Quellen der Reichsstädte Esslingen und Konstanz, in: Städtisches Haushalts- und Rechnungswesen. 12. Arbeitstagung in Überlingen, 9.–11. November 1973. Hrsg. v. Erich Maschke/Jürgen Sydow. (Stadt in d. Gesch., Bd. 2.) Sigmaringen 1977, 9–44, dort 38.

migkeit geleitet wurde. Der öffentliche Nutzen, so Boockmann, wurde „geistlich vermittelt“.[82]

82 *Boockmann*, Mäzenatentum (wie Anm. 17), 35

Individualisierungsprozesse?

Programme und Propaganda Florentiner Quattrocento-Kapellen

Von

Volker Reinhardt

Stiftungen sind bis heute Brückenschläge zwischen Individuum und Gesellschaft. Das auf einer Sitzbank an der Kurpromenade eines Ostseebades befestigte Messingschild des Stifters ist ein säkularisierter und etwas abgesunkener Nachfahre der Inschrift, die Giovanni Rucellai im Jahre 1470 an der Marmorfassade von S. Maria Novella anbringen ließ.[1] So unscheinbar oder banal solche Widmungen auch ausfallen mögen, so bilden sie doch das decisive link zwischen frommem bzw. wohltätigem Individuum und dem sozialen Kontext; erst durch diese Entanonymisierung, die in der frühen Neuzeit meist durch eine Kombination aus verbalen und nicht schriftlichen Erkennungszeichen, in der Regel dem Wappen, hergestellt wird, wird die Stiftung auf Öffentlichkeitswirkung hin angelegt, erfüllt sie eine Funktion: Nützlichkeit, Verdienste, Bindungen und Loyalität nachzuweisen, damit das Prestige des Auftraggebers zu mehren und für soziopolitische Prozesse nutzbar zu machen.

Daß darüber hinaus in Stiftungen Antriebe persönlicherer Natur zum Tragen kommen, ist ebenso unbestreitbar wie diese Grenze zum Privaten in der Neuzeit osmotisch ist, da bekanntlich Haus und Lebensführung erst viel später abgetrennte Bezirke nichtöffentlicher Intimität werden. Der Gordische Motivknoten scheint mir aus der Sicht des Historikers jedoch pragmatisch durchschlagbar zu sein: eine wie auch immer geartete Zelebrierung in publicis fokussiert nicht nur die historische Analyse prioritär auf die Instrumentalisierungs-Dimension, sie verunklärt darüber hinaus, zumindest im Florenz des 15. Jahrhunderts, alle über die Topoi genuiner Frömmigkeit und Sorge für das eigene Seelenheil hinausgehenden nicht-öffentlichen Motivationen bis zur Unerkennbarkeit.[2] Wenn etwa ein Giovanni Rucellai sein weitgespanntes Mäzenatentum in seinem Zibaldone mit geradezu leitmotivischer Besessenheit als rein privates Sichergötzen am puren Schönen ausgibt, dann wird damit ein Image ostentativer Politik-Distanziertheit aufgebaut, das schon für die Zeitgenossen überaus politisch ausfiel. Und der Neubau eines Klosters als fraglos aufrichtiger Akt der

1 Zu Rucellai und seinem Zibaldone vgl. die Aufsatzsammlung: Giovanni Rucellai e il suo palazzo. A Florentine Patrician and his Palace. London 1981.

2 Zu den methodischen Prämissen vgl. *Volker Reinhardt*, Der rastlos bewährte Pontifex. Eine ikonologische Deutung der Fresken Vasaris im "Saal der Hundert Tage" der Cancelleria, in: QuFiAB 76, 1996, 274–307.

Gewissensbereinigung, wie von Cosimo de' Medici an S. Marco vorgenommen[3], ist gleichzeitig ein soziopolitischer Paukenschlag mit jahrzehntelang nachwirkenden Vibrationen. Für das hochgradig agonale Klima des politischen Systems von Florenz folgt daraus eine – wohl bei der Analyse frühneuzeitlicher Oligarchien allgemein anzuratende – agnostische Selbstbeschränkung des Historikers auf die funktionale Komponente der Stiftung, will man nicht die eher zweifelhafte Kategorie anthropologischer Konstanten, in diesem Fall die des Selbstverewigungs-Strebens, in Rechnung stellen, wie sie das Haschen nach einem Fitzelchen immortalitas durch Talkshow-Exhibitionismus in unseren Tagen suggerieren könnte.

Von den vier Haupttypen gänzlicher Anonymität, kollektiver, dynastischer oder individueller Siegelung, ist im Florenz des 15. Jahrhunderts die erste, den Urheber nicht kennzeichnende, nur für das Auge Gottes bestimmte Stiftung so gut wie absent.[4] Die Stiftung durch Korporationen, ist, mißt man ihre Frequenz und Signifikanz an den großen Bauprojekten, eindeutig im Abnehmen; immer wieder dafür angeführtes Beispiel die Art und Weise, wie die Medici schon vor der Machtübernahme den Bau von S. Lorenzo prestigemäßig akquirieren.[5] Doch hat man die horizontale Dimension von Stiftung und Mäzenatentum zu früh scheintot gesagt; gerade die karitativ ausgerichteten Bruderschaften sind durch mildtätige wie bauliche Aktivitäten im Florenz nach 1434 sehr vital.[6] Auch sie aber haben in einem gewandelten soziomentalen Klima eine bislang zu wenig untersuchte, differenziertere, über das Knüpfen klientelärer Bindungen hinausreichende Funktion: Gerade durch das ostentative Bekenntnis zu traditionellen kommunalen Werten können sie zum Medium einer mit kollektiven Werten kaschierten Opposition werden, hinter der sich sehr spezifische gruppen- und vor allem familienzentrierte Interessen verbergen.[7]

Die im Florenz des Quattrocento dominierende Stiftungsform aber ist die durch eine Kernfamilie bzw. deren Haupt, wobei in der äußeren Kennzeichnung ein stufenreiches Spektrum hervortritt, das vom Bezug auf die Familie allein bis zum scheinbar reinen Personen- und Ego-Kult reicht. Seit ihren wissenschaftlichen Anfängen Ende des 19. Jahrhunderts haben historisch-ikonographische Forschungen nach der Aussagekraft dieser Abstufungen gefragt. Überwiegend als Entwicklung hin zu schrankenloser Selbstverewigung in Kunstwerken wahrgenommen, deren religiöse Thematik dadurch oft zu bloßer Staffage, zu Komparserie, ja reinem Vorwand herabgewürdigt wurde, schien die Ikonographie florentinischer Kapellenstiftungen der Renaissance unwiderlegliche Beweise für die Burckhardtschen Thesen von Individualisierung und Säkularisierung als Geschwisterphänomene zu liefern, die man bei Bedarf zudem als Belege für den Neopaganismus der Epoche oder, auf Rom bezogen, auch für die Reformbedürftigkeit des Papsttums und damit für die Notwendigkeit

3 Zu Cosimo dem Älteren grundlegend: *Francis Ames-Lewis* (Hrsg.), Cosimo il Vecchio de' Medici, 1389–1464. Essays in Commemoration of the 600th Anniversary of Cosimo de' Medici's Birth. Oxford 1992.

4 Überblick bei: *Volker Reinhardt*, Die Medici. Florenz im Zeitalter der Renaissance. München 1998.

5 Vgl. *Caroline Elam*, Cosimo de' Medici and San Lorenzo, in: *Ames-Lewis*, Cosimo il Vecchio de' Medici (wie Anm. 3), 157–180.

6 Vgl. *Dale Kent*, The Buonomini di San Martino: Charity for „the Glory of God, the Honour of the City, and the Commemoration of myself", in: *Ames-Lewis*, Cosimo il Vecchio de' Medici (wie Anm. 3), 49-67; *Ronald F.E. Weissman*, Lorenzo de' Medici and the Confraternity of San Paolo, in: Lorenzo de' Medici. New Perspectives. Hrsg. v. Bernard Toscani. New York 1993, 315–329.

7 Zur Opposition gegen die Medici vgl. *Paula C. Clark*, The Soderini and the Medici. Power and Patronage in Fifteenth Century Florence. Oxford 1991.

der Reformation ausweiten konnte.[8] Natürlich ist diese Argumentation heute obsolet, doch scheint sie mir in verschiedenen neueren Interpretationsmustern fortzuleben: etwa in einer Perzeption, die den Abspiegelungscharakter von Quattrocento-Kunst betont, in der sich vergangene Lebenswirklicheit wie die Fliege im Bernstein erhalten habe.[9] Eine solche Sicht aber verkennt die Virtualität frühneuzeitlicher Bildwelten.

Um sie soll es hier vorrangig gehen. Gerade weil vom Primat intendierter Außenwirkungen, modernisierend ausgedrückt von Imagebildungs-Bemühungen geleitet, die in sezierend analytischen Texten wie denen Machiavellis freigelegt, in humanistischen Schriften durch die Topoi *magnificentia*, *liberalitas* und *immortalitas* zugleich überhöht und impliziert werden[10], gerade weil von der Funktion her als ein ganzes zu betrachten, soll im folgenden, von Stiftungen ausgehend, aber über die Rechtsform auch hinausgehend, religiöses Mäzenatentum im Florenz des 15. Jahrhunderts ganzheitlich gesehen und hinsichtlich seiner Aussagekraft für mental-kulturelle und eben soziopolitische Entwicklungen und Prozesse untersucht werden. Als partes pro toto bieten sich dabei vor allem Stiftungen bzw. Ausstattungen von Kapellen, angesichts der Konzentration auf die Kernfamilie als Klientelzentrum vor allem Familienkapellen, an.

Daß im Florentiner Quattrocento die Bilderwelten eine Konjunktur sondergleichen erleben, daß also gerade Freskierungen zum Propagandamedium von Stiftungen schlechthin avancieren, ist nicht zuletzt Folge des sozialen Ausdifferenzierungs- und Oligarchisierungsprozesses unter der moderierenden und kanalisierenden Ägide der Medici, somit Produkt eines soziomentalen Klimas, das immer feiner dosierte und sorgfältiger auf den Zeitkontext abgestimmte Bild-Aussagen zwecks Prestigegewinnung erforderlich machte.[11] Thematische Einkleidung und formale Präsentation dieser Botschaft aber – ob mehr auf das bonum comune, Korporationen, Familie oder Individuen zentriert – werden somit von soziopolitischen Konstellationen bestimmt. Als Indikator allgemeiner kultureller und mentaler Prozesse, etwa der Stellung des einzelnen zu Gruppe und Gesellschaft und seiner Reflexionen dieses Standortes, scheint mir religiöse Ikonographie der Zeit höchstens sehr gebrochen aussagekräftig. Wir finden gerade am Anfang und in der Mitte des 15. Jahrhunderts für breiteste Adressatenkreise aus religiöser Einkleidung unschwer herauszuschälende höchste persönliche Apologie: Beleg dafür, daß im Verlaufe des Quattrocento hier weder Hemmschwellen zu überschreiten noch Individualisierungsprozesse zu bewältigen waren. Ein entsprechendes Repertoire von Verherrlichungsmitteln lag also hier gewissermaßen bereit; daß man es im 15. und 16. Jahrhundert entschlossener, aggressiver zur Anwendung brachte, reflektiert kein Fortschreiten auf dem Weg zu machiavellistischer Staatsräson, sondern den angesprochenen Prozeß soziomentaler Ausdifferenzierung, der nicht zuletzt, wie schon Machiavelli bei seiner Analyse des Ciompi-Aufstandes luzide erkannte[12], durch Kumulierung von Sozialprestige durch die zunehmend in abgegrenzte klienteläre Verbände zerfallende Oberschicht akzeleriert wurde.

8 À titre d'exemple: *Ernst Steinmann*, Die Sixtinische Kapelle. München 1901.

9 Vgl. Anm. 1.

10 *James Hankins*, Cosimo de' Medici as a Patron of Humanistic Literature, in: *Ames-Lewis*, Cosimo il Vecchio de' Medici (wie Anm. 3), 69–94.

11 Grundlegend hierzu immer noch *Nicolai Rubinstein*, The Government of Florence under the Medici (1434 to 1494). Oxford 1966.

12 Vgl. *Mark Hulliung*, Citizen Machiavelli. Princeton 1983.

Diese Prägung religiöser Ikonographie durch den spezifischen soziopolitischen Kontext soll im folgenden an einigen Beispielen erläutert werden. Das erste Wort im doppelten Wortsinn haben hier die Medici, deren ungewöhnlich intensiver Bedarf an verklärenden Kunstwerken stark kompensativ, nämlich durch die Absenz traditioneller Herrschaftslegitimationen, bestimmt ist. Stiftungen und Kunstbeauftragung der Medici allgemein lassen sich in den ersten sechs Jahrzehnten an den Schalthebeln der Macht idealtypisch nach – im Einzelfall nicht selten kombinierten – Zielrichtungen unterscheiden.[13] Prioritär ist gerade am Anfang fraglos mentale Kalmierung, eine Aussöhnung zwischen der in Florenz so stark ausgeprägten republikanisch-kommunalen Ideologie[14] des freien Wettbewerbs und einer nach 1434 durch Handauslese der führenden Ämterkandidaten de facto dramatisch verengten politischen Wirklichkeit. Unter diesem Blickwinkel hatten Stiftungen Kontinuität der Werte, das Fortleben ihrer Substanz in den Zeitverhältnissen angepaßter Form, zu verkünden. Aufs engste verknüpft damit war die Apologie der Medici als republikanische Gralshüter, ein Topos, der sich zur Inkarnation des Gemeinwesens durch den großen einzelnen steigern konnte. Beide Perspektiven setzen die prestigemäßige Enteignung der Institutionen zwingend voraus, die vor 1434 als Depositare und Kontrolleure dieser Werte und Traditionen fungierten.[15] Mit beiden als okkasionell bis pragmatisch zu definierenden Stoßrichtungen aber tritt, nicht selten in ein und demselben Werk durch mythologische oder religiöse Zeichen verschmolzen, von Anfang an eine viel weiterreichende Propaganda-Dimension auf, die die gegenwärtige Wirklichkeit der Medici höchstens als Verpuppungs-Stadium gelten läßt, nach welchem sich weit höhere Geschicke entfalten – eine Komponente, deren Kühnheit, ja geradezu surrealer Charakter die Historiker meist ratlos ließ und die extrem kontraproduktiv ausfallen müßte, ließe sie sich nicht immer auch in Unverbindlichkeit auflösen.[16]

Die Primärfunktion, republikanische Gesinnung vorzuweisen, den faktisch herbeigeführten Systemwechsel auszublenden und damit mental zu beruhigen, verdeutlicht die Ausgestaltung der Sakramentskapelle in SS.ma Annunziata im Auftrag Pieros de' Medici (Abb. 2).[17] Um ein sehr altes, seit jeher im Zentrum kommunaler Kulthandlungen angesiedeltes Gnadenbild errichtet, macht die neue Kapelle diese Werte- und Interessen-Einheit von Medici und Kommune jenseits allen politischen Wandels deutlich. Ja sie nimmt Wandel zurück, eines der großen Leitmotive politischer Quattrocento-Ikonographie, nicht zuletzt im päpstlichen Rom.[18] Zugleich geht sie wie alle größeren Medici-Stiftungen und Kunstaufträge über diese auch für skeptische Gemüter noch akzeptable Botschaft weit hinaus, wobei auch hier diese Grenz- und Tabuverletzung durch den offen gehaltenen Ausweg in unverbindlichere Aussagen abgefedert wird. Durch die Anbringung des Mediciwappens wird

13 Vgl. Anm. 4.

14 Vgl. die inzwischen in ihrer Tragweite stark eingeschränkten Thesen von *Hans Baron*, In Search of Florentine Humanism. Essays on the Transition from Medieval to Modern Thought. 2 Bände. Princeton 1988.

15 *Nerida Newbigin*, Piety and Politics in the feste of Lorenzo's Florence, in: Lorenzo il Magnifico e il suo mondo. Hrsg. von Gian Carlo Garfagnini. Firenze 1994, 17–41.

16 Vgl. *Volker Reinhardt*, Florenz zur Zeit der Renaissance. Die Kunst der Macht und die Botschaft der Bilder. Freiburg/Würzburg 1990, 85–102.

17 Vgl. *Wolfgang Liebenwein*, Die „Privatisierung" des Wunders. Piero de' Medici in SS. Annunziata und San Miniato, in: Piero de' Medici „il Gottoso" (1416–1469). Kunst im Dienste der Mediceer. Art in the Service of the Medici. Hrsg. v. Andreas Beyer u. Bruce Boucher. Berlin 1993, 251–290.

18 *Volker Reinhardt*, Rom. Kunst und Geschichte 1480–1650. Freiburg/Würzburg 1992, 22–36.

Abb. 2: Dem kommunalen Heiligtum der Sakramentskapelle in Santissima Annunziata haben die Medici einen kostbaren Rahmen gestiftet, wie ihr Wappen deutlich macht, aber sie haben zugleich das damit verbundene Prestige von der Kommune auf sich übertragen.

zugleich suggeriert, daß die Medici an die Stelle der Kommune getreten und, noch gravierender, durch die Verantwortung für das kommunale Gnadenbild Heilsverwalter, Heilsspender geworden sind, eine Funktion, die eine besondere Mission, ja Prädestination impliziert.

Genau diesen von der Vorsehung erteilten Auftrag und damit eine metahistorische, transzendente Rechtfertigung der Mediciherrschaft als gottgewollt finden wir in der ungefähr gleichzeitig ausgestatteten Alten Sakristei von S. Lorenzo, der Grablege Cosimos und seiner Eltern, also einer zentralen Stätte des Familienkultes (Abb. 3).[19] Überwölbt wird sie bekanntlich von einem Tierkreishimmel. Über den genauen Zeitpunkt, den die Gestirne hier festhalten, haben selbst computergesteuerte Ausmessungen keine einheitlichen Ergebnisse erbracht. Am wahrscheinlichsten aber ist weiterhin der 6. Juli 1439, der Tag des Abschlusses des Konzils von Florenz, also der ephemeren Union von lateinischer und griechischer Kirche. Doch ist die genaue Datierung, da auch für das zeitgenössische Publikum nicht nachvollziehbar, nicht die zentrale Aussage des Werkes, die vielmehr in einer für damalige Adressaten eingängigen Aussage besteht: Daß die Medici, vor gut einer Generation noch als chronisch gewalttätig verschrien[20] und verarmt auf dem absteigenden Ast der florentinischen Oligarchie, von Anbeginn der Zeiten an zu höchsten Geschicken am Arno vorherbestimmt waren, daß die zeitweilige Verdüsterung der Familiengeschichte also nur den vorsehungsbestimmten Kontrast-Hintergrund für heilsgeschichtlich vorgezeichneten Aufstieg zur Herrschaft, also eine Art Läuterungsbad darstellt, durch das der Gossengeruch des Parvenütums ein für alle Mal abgewaschen ist. Vergleichbare, aber viel stärker personalisiert gefaßte Botschaften, die Cosimo de' Medici zur durch göttlichen Willen prädestinierten Rettergestalt von Florenz erheben, finden wir bezeichnenderweise zeitgleich vor, etwa im Fresko der Sintflut im Chiostro verde von S. Maria Novella.[21]

Die langfristige Herbeiführung eines Prinzipats, die diese gewagtesten Produkte mediceischer Propaganda durch langfristige Einwirkung auf kollektive Mentalitäten zweifellos zu fördern bestimmt waren, hat sich bekanntlich mit inneren Mitteln nicht bewerkstelligen lassen; hier stößt das Instrumentum Regni Stiftungen und Mäzenatentum an unüberwindbare Grenzen.

Das lag nicht zuletzt daran, daß die führenden Familien der Oligarchie die Medici prestigemäßig nicht enteilen ließen und sich selbst als ebenbürtige Kandidaten im Wartestand profilierten – wiederum zum großen Teil in Stiftungen. In welchem Maße letztere strategisch bestimmt, ihre Motive damit mutatis mutandis übertragbar waren, zeigt sich im zwischen Medici und Pazzi ab den 1460er Jahren ausgetragenen Krieg der Vorsehungszeichen.[22] Nachfolger der Medici als Generaldepositare des Papstes, aufgrund ihres wirtschaftlichen Erfolges auf die traditionelle, aber de facto längst blockierte Offenheit der Republik pochend, haben die Pazzi nicht gezögert, ihren Sternenhimmel über ihren Toten zu entwerfen – eine Usurpation von Heilssymbolen, die den Übergang vom Kalten zum Heißen Krieg beschleunigen mußte, in dem die Pazzi im April 1478 nach dem fehlgeschlagenen Attentat auf Lorenzo de' Medici unterlagen.

19 Zur Alten Sakristei: *Janet Cox-Rearick*, Dynasty and Destiny in Medici Art. Pontormo, Leo X and the two Cosimos. Princeton 1984; *Isabella Lapi Ballerini*, Gli emisferi celesti della Sagrestia Vecchia e della Cappella Pazzi, in: Rinascimento 28, 1988, 321–355.

20 *Gene A. Brucker*, The Medici in the Fourteenth Century, in: Spec 32, 1957, 1–26.

21 *Volker Gebhardt*, Ein Porträt Cosimo de' Medicis von Paolo Uccello, in: Pantheon 48, 1990, 28–35.

22 *Riccardo Fubini*, La congiura dei Pazzi: radici politico- sociali di un fallimento, in: *Toscani* (Hrsg.), Lorenzo de' Medici (wie Anm. 6), 219–247.

Abb. 3: Der Tierkreishimmel in der Alten Sakristei, nach 1439 entstanden, verweist auf die die Geschicke der Medici lenkende Vorsehung.

Weitere Ziel- und Stoßrichtungen virtueller Stiftungswelten verdeutlicht die Tornabuoni-Kapelle in S. Maria Novella[23], die man früh als Exempel dafür gedeutet hat, wie Eitelkeit und Geltungsbedürfnis einer neuheidnischem Schönheitsrausch erlegenen high society metastasenartig religiöse Bilder überdecken und Frömmigkeit ersticken (Abb.4). Obwohl in den vielen riesigen Wandfeldern Ghirlandaios in der Tat die vornehme Florentiner Gesellschaft mehr als eine religiöse Szene mehr als einrahmt, ja manchmal qua schierer Masse geradezu beherrscht, ist auch hier die eigentliche Botschaft und damit raison d'être der Ausstattung gewiß nicht primär im Abspiegelungseffekt sehr vergänglicher Gesichtszüge zu sehen, deren Wiedererkennbarkeit angesichts der Anbringung der Fresken ohnehin zweifelhaft sein mußte. Überwältigend ins Auge hingegen sticht die Präsenz des Auftraggebers und seiner Familie in der biblischen Bilderzählung des Marienlebens. Diese Allgegenwart scheint mir zugleich die Kernaussage des Zyklus anzuzeigen, macht sie doch die Nähe eines patrizischen Familienverbandes zum heiligen Geschehen deutlich, Nähe im Sinne von Zeugenschaft, Affinität – ja dadurch, daß die Geburt der Jungfrau geradezu in ein patrizisches Ambiente verlegt wird, auch im Sinne von Verschmelzung des Ortes und der Würdigkeit. Die Familie Tornabuoni, mit den Medici verschwägert und geschäftlich eng verbunden, nimmt damit reduziert und redimensioniert, aber ebenso unübersehbar von den Medici ins Spiel gebrachte Motive sakraler Legitimation auf, und zwar in einer betont dynastischen, nicht auf eine einzelne Persönlichkeit zugespitzten Ausformulierung. Und keineswegs nebenbei wird hier Sozialprestige durch Wohnen, Kleidung und Benehmen, durch Etikette und standesgemäße Selbstdisziplinierung vorgewiesen und hinzugewonnen.

Gleichzeitig zu dieser Breitbanddarstellung patrizischer Prätention und Abgrenzung entsteht wenige Meter entfernt eine weitere Kapellenausmalung, die im Gegensatz zur Prestigestreuung der Tornabuoni eine extreme Personalisierung, ja eine Übersteigerung individueller Größe zur Hybris persönlicher Vorherbestimmung vorzunehmen scheint.[24] So ist die Botschaft der neuen Strozzi-Kapelle in S. Maria Novella offenbar auch ab 1494 verstanden worden, als, um in der Sprache Savonarolas zu reden, Eitelkeiten im religiösen Gewande der Ächtung verfielen (Abb. 5). Daß, wie hier geschehen, ein Auftraggeber, Filippo Strozzi, Episoden aus der Legende seines Namenspatrons, des heiligen Philippus, darstellen läßt, ist alles andere als neu oder gar kühn. Doch liegen bei näherem Zusehen in S. Maria Novella Akzent-, ja Achsenverschiebungen vor.

Zum einen wurden grobe Eingriffe in Stoff und Erzählstruktur vorgenommen, die – untrügliches Kennzeichen für kontextbezogene Aussagen – nicht nur zu Abweichungen von der Vorlage der Legenda aurea, sondern auch zu örtlichen Inkongruenzen führen: Die Szene ist ja unzweifelhaft Rom, wo der Apostel Philippus nichts zu suchen hat, der Auftraggeber Filippo Strozzi hingegen seine geschäftlichen Erfolge feierte, die hier als Werke der Vorsehung ganz ins Zentrum gerückt werden. Wer hier vor allem gefeiert wird, macht zudem die letzte Ruhestätte des Auftraggebers deutlich, dessen Sarkophag unter dem Altar, also an einer Heiligen vorbehaltenen Stelle, plaziert ist. Obwohl alles nach Blasphemie streifendem Personenkult eines überspannten Egos aussieht, führt eine solche Deutung meines Erachtens in die Irre. Denn auch in dieser Kapelle liegt ikonographischer Zugzwang vor.

23 Vgl. *Horst Heintze, Giuliano Staccioli, Babette Hesse* (Hrsg.), Lorenzo der Prächtige und die Kultur im Florenz des 15. Jahrhunderts. Berlin 1995.

24 *D. Friedman*, The Burial Chapel of Filippo Strozzi in Santa Maria Novella, in: L'Arte 9, 1970, 109-131.

Abb. 4: Ghirlandaios Fresken in der Tornabuoni-Kapelle von S. Maria Novella thematisieren das Marienleben, verkünden aber zugleich die Nähe der omnipräsenten Auftraggeber-Familie zum sakralen Geschehen.

Abb. 5: Auf dem Bild treibt der Apostel Philippus einen Pesthauch verströmenden Drachen aus, doch nicht, wie es die *Legenda aurea* will, im fernen Skythien, sondern in Rom, wo der Auftraggeber geschäftlich reüssierte.

So wie der ebenfalls von Filippo errichtete Palazzo Strozzi[25] mit dem der Medici konkurriert, so nimmt die Strozzi-Kapelle das Motiv des aufs äußerste gesteigerten persönlichen Prestiges auf, das die Selbstdarstellung Lorenzos de' Medici kennzeichnet.[26]

Wie wenig aber mit dieser Zuspitzung auf persönlichen Ruhm eine durchgehende Entwicklungslinie markiert ist, zeigt sich daran, daß eine Generation später die neue Medici-Familienkapelle der neuen Sakristei jetzt, da es um das Überleben des stirps medicea geht, geradezu entpersönlicht ausfällt.[27]

Nochmals das quod erat demonstrandum! Stiftungen sind im Florenz des Quattrocento strategisch eingesetzte Machterweiterungs- und Statusbehauptungsmittel; innerhalb eines nicht nur hochagonalen, sondern von Wertekonflikten, ja Werteinkongruenzen und zunehmender soziomentaler Ausdifferenzierung gekennzeichneten politischen Kontextes erweist sich das Medium Bild als fungibelstes Stiftungsmedium. Seine Komposition und die Formulierung seiner Botschaften in Farben aber sind von der spezifischen Art des angestrebten Prestiges, also in hohem Maße kontextuell, taktisch bestimmt, damit nicht Abspiegelung von Lebenswelten, sondern Quellen einer soziopolitischen Konkurrenz, deren Entzifferung aus den Bilderwelten heraus gerade erst begonnen hat.

25 *Richard A. Goldthwaite*, The Building of the Palazzo Strozzi. The Construction Industry in Renaissance Florence, in: Studies in Medieval and Renaissance History 10, 1973, 99–194.

26 *Gian Carlo Garfagnini*, Lorenzo de' Medici. Studi. Firenze 1992.

27 Vgl. *Reinhardt*, Florenz (wie Anm. 16), 224–228.

Von der Stiftungsurkunde zum Anniversarbucheintrag

Beobachtungen zur Anlage des *Liber oblationum et anniversariorum* (1442 – ca. 1480) im Wiener Schottenkloster

Von

Wolfgang Eric Wagner

Stiftung und Stiftungsvollzug sind zweierlei. Eine Stiftungsurkunde allein bewirkt noch keine Stiftung. Für Aussagen über die mittelalterliche Stiftungswirklichkeit gelten daher Nekrologien und Anniversar-, auch Seelgerät- oder Jahrzeitbücher genannt, als einschlägige Quellen.[1] Doch selbst die in ihnen enthaltenen, zumeist kalendarisch angeordneten Einträge belegen zunächst nichts weiter als die schriftlich fixierte Absicht der Begünstigten, bestimmte liturgische Handlungen für das Seelenheil namentlich genannter Wohltäter auch nach deren Tod zu vollziehen. Dies ist zu bedenken, wenn wie im folgenden die Beachtung stifterlicher Willensäußerungen durch die Empfänger bei der Anlage eines Anniversarbuches eingehender betrachtet werden soll.

Während Nekrolognotizen zur Fürbitte innerhalb des täglichen Stundenoffiziums dienten, forderten Jahrzeitstiftungen am oder um den Todestag herum oder am Festtag eines be-

---

1 Für das Früh- und Hochmittelalter ist diese Quellengattung in den letzten Jahrzehnten intensiv erforscht worden. Auf einen umfassenden Literaturnachweis nur der Vollständigkeit halber sei jedoch verzichtet. Siehe stattdessen allgemein *Nicolas Huyghebaert*, Les documents nécrologiques. (Typologie des sources du moyen âge occidental, Fasc. 4.) Turnhout 1972 u. *Karl Schmid*, Gedenk- und Totenbücher als Quellen, in: Mittelalterliche Textüberlieferung und ihre kritische Aufarbeitung. München 1976, ND München 1993, 76–85. Einen konzisen Überblick über den derzeitigen Erkenntnisstand mit ausführlichen Literaturangaben bietet zuletzt *Neiske*, Funktion und Praxis der Schriftlichkeit im klösterlichen Totengedenken (1997), bes. 99f. Die spätmittelalterlichen Nekrologien und Anniversarbücher stehen dagegen trotz einiger vorbildlicher neuerer Editionen insgesamt gesehen noch am Rand des Forschungsinteresses. Siehe hierzu *Peter-Johannes Schuler*, Das Anniversar. Zu Mentalität und Familienbewußtsein im Spätmittelalter, in: Die Familie als sozialer und historischer Verband. Untersuchungen zum Spätmittelalter. Hrsg. v. Dems. Sigmaringen 1987, 67–117, u. Necrologien, Anniversarien- und Obödienzenverzeichnisse des Mindener Domkapitels aus dem 13. Jahrhundert. Hrsg. v. *Ulrich Rasche*. (MGH.Antiquitates, Rh. 4. Libri memoriales et Necrologia, Bd. 5.) Hannover 1998, bes. 49-51. An Editionen seien genannt: *Paul Bloesch*, Das Anniversarbuch des Basler Domstifts (Liber vite Ecclesie Basiliensis) 1334/38–1610. 2 Bde. (Quellen u. Forsch. zur Basler Gesch., Bd. 7,1 u. 2.) Basel 1975; *Erwin Butz*, Das Jahrzeitbuch des Münsters zu Freiburg im Breisgau: (um 1455–1723). (Forsch. zur oberrheinischen LG, Bd. 31.) Freiburg/München 1983 sowie demnächst *Uwe Braumann*, Die Jahrzeitbücher (*tabulae anniversariorum*) des Konstanzer Domkapitels 1253/55–um 1521. Diss. phil. Freiburg. (Ms.). – Zum mittelalterlichen Stiftungswesen s. vor allem die Arbeiten von Michael Borgolte, die in der Literaturauswahl zum mittelalterlichen Stiftungswesen am Ende dieses Bandes angeführt werden.

stimmten Heiligen eine individuellere Totenmemoria, die über die Namensnennung im Gebet hinausging.[2] Dieser funktionelle Unterschied spiegelt sich vor allem darin wider, daß Anniversarbücher nicht nur die Namen, sondern auch die materielle Gegengabe und die Forderungen der Stifter für das zu leistende Totengedächtnis aufführen.[3] Neben den eindeutig liturgisch orientierten Verwendungszweck des Nekrologiums trat damit ein rechtlicher, indem das Stiftungs-„Geschäft" dokumentiert wurde. Insofern schienen Anniversarbücher mit ihren detaillierten Angaben über Stiftungsgüter, Zinsen, Verteilungen und liturgische Bestimmungen nunmehr auch für die Verwaltung der Stiftungen geeignet, ebenso als Besitznachweis, etwa als Beweisurkunde in Streitigkeiten.[4] Da sich die Forschung neben dem personengeschichtlichen Informationsgehalt zunächst überwiegend für die beiden letztgenannten Funktionsbereiche interessierte, dominiert anders als für die früh- und hochmittelalterlichen Nekrologien bislang eine wirtschafts- und rechtsgeschichtliche Interpretationsweise der Jahrzeitbücher. Danach hätten diese den Charakter eines liturgischen Buches verloren und stattdessen den von Amts- und Rechtsbüchern angenommen.[5] Diese Deutung bestimmt auch die Versuche, die Entstehung der einzelnen Anniversarbucheinträge zu erklären. So formulierte Peter-Johannes Schuler: „Der eigentliche konstitutive Rechtsakt der Stiftung wurde meist in Form einer Urkunde vollzogen. Ins Anniversar wurden nur die wesentlichen Bestimmungen regestartig eingetragen".[6] So betrachtet erscheint eine Jahrzeitstiftung als einseitiger Befehlsakt des Stifters, der mit der Ausstellung der Stiftungsurkunde Ausdruck und zugleich seinen Abschluß gefunden hat. Die empfangende Seite, welche die Stiftung ja auszuführen hatte, wird nicht berücksichtigt. Ein Anniversarbucheintrag käme demnach lediglich der erinnernden Notiz in einem Rechnungsbuch gleich.

Erwin Butz, der Editor des Jahrzeitbuches des Freiburger Münsters, hat hingegen die Genese des einzelnen Eintrags als einen mehrschrittigen Vorgang beschrieben: „Hat ein Jahrzeit-Stifter (...) seine Stiftungsabsicht dem Stiftungsempfänger (...) mitgeteilt, so wird die Stiftung mit einem S t i f t u n g s b r i e f beurkundet (...). Der Stiftungsempfänger stellt nun seinerseits eine Art Empfangsbestätigung, den ‚Revers' (‚literae reversales') aus, der in der Regel wörtlich mit dem Stiftungsbrief übereinstimmt und auch vom selben Schreiber, womöglich am selben Tag oder kurz darauf geschrieben wird. In der Regel erfolgte am Tag der

2 Das Nekrologium lag hierzu meist im Chor der Kirche aus. Die Anniversarbucheinträge wurden hingegen außerhalb der Liturgie, in der Regel im Refektorium oder im Kapitelsaal des Stifts oder in der Pfarrkirche, und zwar gleich für die gesamte nachfolgende Woche verlesen; vgl. *Schuler*, Anniversar (wie Anm. 1), 87.

3 Damit sei jedoch nicht behauptet, daß sich von diesem Wandel der Memorialformen her zugleich die direkte Entwicklung des Anniversarbuches aus dem Nekrologium verstehen läßt; vgl. *Schuler*, Anniversar (wie Anm. 1), 84. Eine genaue Untersuchung dieser Zusammenhänge steht noch aus.

4 Vgl. *Schuler*, Anniversar (wie Anm. 1), 88, für letzteres mit Verweis auf *Georg Boner*, Die Urkunden des Stiftsarchivs Zofingen. (Aargauer Urkunden, Bd. 10.) Aargau 1945, Nr. 1 u. 611.

5 So *Schuler*, Anniversar (wie Anm. 1), 87f. Franz Neiske weist darauf hin, daß die Vereinbarung zum Totengedenken im Formular durchaus einem zeitgenössischen Kauf- oder Tauschvertrag entspreche: „Die rechtliche Absicherung eines in allen Einzelheiten festgelegten Geschäfts steht im Mittelpunkt (...)" – eine Entwicklung, die für den Austausch von geistlicher Hilfe und materieller Gabe schon seit dem frühen Mittelalter zu beobachten sei, *Neiske*, Rechtssicherung und Praxis spätmittelalterlicher Gedenkstiftungen (1986), 528. *Ferdinand Elsener*, Vom Seelgerät zum Geldgeschäft. Wandlungen einer religiösen Institution, in: Recht und Wirtschaft in Geschichte und Gegenwart. Fschr. für Johannes Bärmann. München 1975, 85–97, leitet jedoch in dieser Hinsicht m.E. aus zu wenigen Vergleichsfällen zu weitreichende Folgerungen ab.

6 *Schuler*, Anniversar (wie Anm. 1), 88.

Stiftung oder der Ausstellung des Reverses die Eintragung ins Jahrzeitbuch. Doch kann auch mit längerem Zeitabstand gerechnet werden, da auch von dem Revers öfters Abschriften gemacht wurden".[7]

Butz' ideal zu verstehende Vorgangsbeschreibung trägt der Tatsache Rechnung, daß mit jeder Stiftung ein zweiseitiges, auf Gegenseitigkeit angelegtes Verhältnis begründet wird. Faßt man nämlich Stiftung in Analogie zu Herrschaft als die „Chance, bei einer angebbaren Gruppe von Menschen für gegebene Befehle in einem umfassenden Themenbereich mit großer Regelmäßigkeit Gehorsam zu finden"[8], so beschreibt dies eine Wechselbeziehung, bei der der Stifter bzw. der Herrschen-Wollende auf die fügsame Mitwirkung der Adressaten seiner Befehle angewiesen ist. Denn: „Ein bestimmtes Minimum an Gehorchen w o l l e n, also: I n t e r e s s e (äußerem oder innerem) am Gehorchen, gehört zu jedem echten Herrschaftsverhältnis".[9] Jede Stiftung, die auf Dauer überleben soll, erfordert folglich auch ein gewisses Maß an Entgegenkommen der Begünstigten. Jenes zeigt sich darin, inwieweit diese bereit sind, den Auflagen des Stifters Folge zu leisten, in welchem Maß sie diese umsetzen. In der oben beschriebenen Handlungskette wird das „Gehorchenwollen" in Form einer „Selbstverpflichtung" der Kleriker sichtbar, und zwar zum einen in der Abfassung und Übergabe eines Reverses auf die Stiftungsurkunde, zum anderen in der Übernahme der stifterlichen Forderungen in das Anniversarbuch der Gemeinschaft. Erst damit war der Stiftungsvertrag abgeschlossen. Konstitutiv für das Zustandekommen einer Jahrzeitstiftung war somit nicht allein die Ausstellung der Stiftungsurkunde durch den Stifter oder seine Beauftragten. Ebenso wesentlich war vielmehr die Annahme der Zuwendung für diesen Zweck durch die bedachte geistliche Gemeinschaft.[10] In der Art und Weise, mit der

7 *Butz*, Jahrzeitbuch (wie Anm. 1), 87f. An die Stelle des Reverses konnte auch ein „besonderer Verpflichtungsakt" in Form eines Gelöbnisses treten, so daß es schon in der Stiftungsurkunde heißt, die Kleriker hätten sich *verlobt und verpunden*, den Stifterwillen zu erfüllen. Ferner war die Ausstellung von Bestätigungsurkunden der Erben und Geschäftsvollstrecker nach dem Tod des Stifters üblich. Vgl. *Robert Bartsch*, Seelgerätstiftungen im XIV. Jahrhundert. Ein Beitrag zur Geschichte des Testaments in Österreich, in: Fschr. für Karl von Amira. Berlin 1908, ND Aalen 1979, 1–58, hier 45f., sowie zu den Wiener Gewohnheiten: *Hans Lentze*, Begräbnis und Jahrtag im mittelalterlichen Wien, in: ZRG 67 KA 36, 1950, 328–364, hier 359. Zu weiteren Abweichungen s.u.

8 *Hans Paul Bahrdt*, Schlüsselbegriffe der Soziologie. Eine Einführung mit Lehrbeispielen. 6. Aufl. München 1994, 166, in Anlehnung an die Begriffsbestimmung von *Max Weber*, Wirtschaft und Gesellschaft. Grundriß der verstehenden Soziologie. Bearb. v. Johannes Winckelmann. 5. überarb. Aufl. Studienausgabe. Tübingen 1980, 122. Vgl. auch *Steven Lukes*, Macht und Herrschaft bei Weber, Marx, Foucault, in: Krise der Arbeitsgesellschaft? Verhandlungen des 21. Deutschen Soziologentages in Bamberg 1982. Hrsg. v. Joachim Matthes, Frankfurt a.M./ New York 1983, 106–119 u. *Alf Lüdtke*, Einleitung. Herrschaft als soziale Praxis, in: Herrschaft als soziale Praxis: historische und sozialanthropologische Studien. Hrsg. v. Dems. (MPIG, Bd. 81.) Göttingen 1991, 9–63. Lüdtke kritisiert Webers Ansatz als zu einseitig aus der Perspektive des Herrschenden betrachtet, was die vielfältigen Übergangsformen der Willensdurchsetzung unzureichend berücksichtige. Herrschaft sei hingegen als "soziale Praxis" zu begreifen, deren keineswegs "einfache Zweipoligkeit" sich besser mit dem Begriff des "Kräftefeldes" fassen lasse (ebd. 10–12).

9 *Weber*, Wirtschaft und Gesellschaft (wie Anm. 8), 122 (Gesperrtes wie im Or.). Zur Korrelation von Befehl und Gehorsam in der deutschen philosophischen Tradition s. *Johannes Chr. Papalekas/Johannes Winckelmann*, Art. Herrschaft, in: Historisches Wörterbuch der Philosophie. Hrsg. v. Joachim Ritter. Bd. 3. Basel/Stuttgart 1973, Sp. 1084–1088.

10 *Butz*, Jahrzeitstiftung (wie Anm. 1), 136f. Butz fährt dann einschränkend fort: „Die Schenkung mit Auflage oder das Testament ist lediglich die Form der Vermögensübereignung. Die Rechtsform der Stiftung ist aber ein Vertrag" (ebd. 137). Für die beiden zuerst genannten Vorgänge gilt jedoch ebenso

die Begünstigten ihr Einverständnis erklärten, dokumentiert sich zugleich ihre „Chance“: Inwieweit sie nämlich tatsächlich bereit waren, den Forderungen der Stifter Folge zu leisten, zeigt sich erst und vor allem in den entsprechenden Anniversarbucheinträgen. Auf das aber, was dort im einzelnen eingetragen wurde, und auf dessen wirkliche Umsetzung, den dauerhaften Vollzug ihrer Jahrzeitstiftungen gemäß ihren Anordnungen nach ihrem Tod, konnten die Stifter trotz aller eventuellen Kontroll- und Strafmaßnahmen letztlich nur vertrauen.

Im folgenden soll die eben beschriebene Problematik der Wechselbeziehung zwischen dem Stifter und der von ihm bedachten und beauftragten Gemeinschaft am Beispiel des 1442 angelegten *Liber oblationum et anniversariorum* des Wiener Schottenklosters beleuchtet werden.[11] Die günstige Überlieferungssituation von Stiftungsurkunden einerseits und Anniversar- bzw. Wohltäterverzeichnis andererseits ermöglicht es, den Verfassern bei

das Gabentausch-Prinzip der Gegenseitigkeit. Denn auch bei diesen Handlungsformen bedarf es der Annahme durch den Beschenkten, um das Geschäft zum Abschluß zu bringen und so den Willen des Urhebers wirksam werden zu lassen. – Den vertraglichen Charakter der Anniversarstiftung als eine *beiderseitige* Vereinbarung betont auch *Neiske*, Rechtssicherung und Praxis spätmittelalterlicher Gedenkstiftungen (1986), 519f.: „Den genannten spätmittelalterlichen Gedenkeinträgen muß deshalb fast immer der Abschluß eines Vertrages zwischen einem Petenten, der für eine Stiftung bestimmte Gebetsleistungen erkaufte, und dem Konvent, der sich zu solchen Leistungen verpflichtete, vorausgegangen sein“. Die separate Archivierung von (Stiftungs-)Urkunden und Nekrologien und Anniversarbüchern, von den geistlichen Gemeinschaften zunächst wohl aus praktischen Gründen so angelegt und von späteren Archivaren bis heute mit Recht beibehalten, sowie die dementsprechend gesonderte Edition dieser beiden Quellengruppen scheint den Blick auf ihre gegenseitige Bezogenheit und damit auf den Handlungszusammenhang, dem sie ihre Entstehung verdanken, zu verstellen. Daher ist für die Edition von Jahrzeitbüchern die parallele Herausgabe oder zumindest der Verweis auf etwaige Stiftungsurkunden sowie andere Seitenzeugnisse für die Stiftungen gefordert worden, wie dies z.B. *Butz*, Jahrzeitstiftungen (wie Anm. 1), umgesetzt hat. Vgl. *Karl Siegfried Bader*, Grundsätze und Fragen der Herausgabe kirchlicher Jahrzeitbücher, in: BlldtLG 85, 1939, 192–203, bes. 193–196, u. *Borgolte*, Stiftergedenken im Kloster Dießen (1990), 253.

11 Schottenarchiv Wien Scrinium 103 Nr. 1. Zuerst unvollständig ediert von *Georg Zappert*, Über das Fragment eines Liber dativus, in: SB d. Kaiserlichen Akad. d. Wiss. Philos.-Hist. Classe. Bd. 13. Wien 1854, 97–183, hier 107–118, dann 1913 vollständig von *Adalbert Franz Fuchs*, in: MGH.Antiquitates. Rh. 2. Necrologia Germaniae. Bd. 5: Dioecesis Pataviensis (Austria inferior). (MGH Necr., Bd. 5.) München 1913, ND 1983, 308–318. Der von Zappert im Zusammenhang mit dem *Liber oblationum et anniversariorum* veröffentlichte sogenannte Liber dativus ist eine von ihm selbst stammende Fälschung. Den Nachweis führte zuerst Karl Uhlirz, der aber darauf hinwies, daß Zappert den Auszug aus dem *Liber oblationum* hingegen korrekt, „mit ganz richtiger Scheidung der einzelnen Schreiber“ abgedruckt habe (s. *Karl Uhlirz*, Das Gewerbe, in: Geschichte der Stadt Wien. Bd. 2/2. Wien 1905, 592-740, hier 592f. Anm. 1). Eine Erklärung der Beweggründe Zapperts für seine Fälschungen aus dessen problematischen Lebensumständen heraus, besonders aus dem Ringen um Anerkennung in der Wiener Gelehrtenwelt seiner Zeit, versuchte *Heinrich Fichtenau*, Die Fälschungen Georg Zapperts, in: Beiträge zur Mediävistik. Bd. 1. Stuttgart 1975, 270–297, bes. 281–283. – Zur Geschichte des Wiener Schottenklosters s. *Ernest Hauswirth*, Abriß einer Geschichte der Benedictiner-Abtei U.L.F. zu den Schotten in Wien. Wien 1858; *Albert Hübl*, Catalogus codicum manuscriptorum qui in bibliotheca monasterii B.M.V. ad Scotos Vindobonae servantur. Wien/Leipzig 1899; *Pirmin Lindner*, Monasticon metropolis Salisburgensis antiquae. Supplementum. Bregenz 1913, 11–16; *Wilibald Berger*, Die Wiener Schotten. (Österreich-Rh., Bd. 179/181.) Wien 1962; *Cölestin Roman Rapf*, Das Schottenstift. (Wiener Geschichtsbücher; Bd. 13.) Wien/Hamburg 1974 u. *Heinrich Ferenczy O.S.B.*, Die Geschichte des Schottenstiftes, in: Museum im Schottenstift. Kunstsammlungen der Benediktinerabtei zu den Schotten in Wien. (Katalog) Bad Vöslau 1994, 7–27.

der Einrichtung und Fortführung des Buches quasi „über die Schulter zu schauen“.[12] Zusätzliche Spannung gewinnt dieser Fall dadurch, daß die ersten und ältesten Einträge Stiftungen berücksichtigen, die zum Teil bereits mehr als einhundert Jahre vor der Anlage des Anniversarbuches getätigt wurden. Einige Rahmenbedingungen, unter denen die Stiftungsverfügungen einst getroffen worden waren, hatten sich inzwischen stark gewandelt, so daß eine Neubewertung und Anpassung der ursprünglichen stifterlichen Willensäußerungen an die veränderte Situation von den Verfassern für notwendig erachtet wurde. Die hierbei von ihnen zugrundegelegten Maßstäbe gewähren über die Frage nach der Übereinstimmung von Stiftung und Stiftungswirklichkeit hinaus Einblick in zeitgenössische Denkhaltungen und Handlungsmotive sowie in deren Voraussetzungen.

*

Am Montag, dem 13. August 1442, zur Vesperzeit, ließ der Abt des Wiener Benediktinerklosters zu den Schotten, Johannes von Ochsenhausen (1428–1446), im Abteigebäude in seinem und im Namen seines Konvents von dem öffentlichen Notar Nikolaus Gerlac von Königsberg in Gegenwart genannter Zeugen ein Instrument anfertigen, das zwei Urkunden zusammenfaßte und beglaubigte.[13] Bei diesen handelte es sich zum einen um ein Auftragsschreiben (*littera commissionis*) des Bischofs von Passau, Leonard von Layming (1424–1451)[14], vom 10. Juni 1442, das an den Doktor der Heiligen Schrift und Kanoniker des Wiener Stephansstiftes Magister Narziß von Berching gerichtet war, sowie zum anderen um einen Bericht über die Erledigung der gestellten Aufgabe durch diesen vom 13. August 1442.[15] Aus dem an Narziß adressierten Auftragsbrief geht hervor, daß der Abt und sein

12 Die im Archiv des Schottenstiftes befindlichen Urkunden bis zum Jahr 1418 edierte *Ernest Hauswirth* (Hrsg.), Urkunden der Benedictiner-Abtei Unserer lieben Frau zu den Schotten in Wien vom Jahre 1158–1418. (FRA, Rh. 2, Bd. 18.) Wien 1859. Regesten zu den dortigen Urkunden von 1158 bis 1479 erarbeitete *Cölestin Wolfsgruber*, Regesten aus dem Archive des Benedictinerstiftes Schotten in Wien, in: QGStW Abt. 1 Bd. 1. Wien 1895, 39–118. Hans Lentze, der vor allem anhand spätmittelalterlicher Testamente in mehreren Aufsätzen die Wiener Schenkungs- und Stiftungspraxis behandelt hat (s. etwa bei Anm. 7, 17 u. 63), geht immer wieder auch auf die beurkundeten Vergabungen an das Schottenkloster ein, stellt jedoch keinen Zusammenhang zu dem dortigen *Liber oblationum* her.

13 MGH Necr. 5 (wie Anm. 11), 308–312.

14 *August Leidl*, Art. Laiming, Leonhard von (1381–1451). in: Die Bischöfe des Heiligen Römischen Reiches: 1448 bis 1648: ein biographisches Lexikon. Hrsg. v. Erwin Gatz. Unter Mitw. von Clemens Brodkorb. Berlin 1996, 400f.

15 Die beiden inserierten Urkunden sind auch im Original überliefert und befinden sich im Archiv des Wiener Schottenstiftes (QGStW 1/1, Nr. 510 u. 511). – Narziß von Berching (Kreis Beilngries, Oberpfalz, Bayern) immatrikulierte sich im Wintersemester 1406 an der Wiener Universität als Angehöriger der Rheinischen Universitätsnation. Ab 1416 wird er als Magister der Artes in den Universitätsakten geführt, nach dem Studium der Theologie wird er 1433 zum Lizentiaten und Doktor promoviert. Mehrfach bekleidet er das Dekanat der Artistenfakultät, im Sommersemester 1423 das Rektorat der gesamten Universität. 1430 erlangte Narziß über das artistisch-theologische Herzogskollegium eines der acht Universitätskanonikate im Allerheiligenkapitel der Wiener Stephanskirche. 1434 ging er in das monastische Reformzentrum Melk. Vgl. *Joseph Aschbach*, Geschichte der Wiener Universität im ersten Jahrhundert ihres Bestehens. Bd. 1. Wien 1865, 453–455; *Hermann Göhler*, Das Wiener Kollegiat-, nachmals Domkapitel zum hl. Stephan in seiner persönlichen Zusammensetzung in den ersten zwei Jahrhunderten seines Bestandes 1365–1554. Diss. phil. Wien 1932, 256f. Nr. 147; *Heinz Schauwecker*, Dr. Narzissus Herz von Berching, in: Die Oberpfalz, 56, 1968, 169f. (mit Schriftprobe); Acta facultatis arcium universitatis Vindobonensis 1385–1416. Hrsg. v. *Paul Uiblein*. (Publikationen d. Inst. f. Österr.

gesamter Konvent zur Klärung und Reinigung ihres Gewissens (*pro suarum conscienciarum informacione ac puritate*) Urkunden ihres Klosters, die von überallher dort hinterlegt worden waren, sorgfältig durchgesehen und dabei einige entdeckt hätten, aus denen diverse Verpflichtungen hervorgingen, die jedoch bereits von ihren Vorgängern, so lange wie deren Gedächtnis reiche, keineswegs erfüllt worden seien noch erfüllt würden.[16] Zwar hätten sie nunmehr einige Güter, wenngleich auch nur wenige, in ihrem Besitz gefunden, doch ob die Ausführung gemäß dem Inhalt der Urkunden erfolge, die Güter entweder in den Gebrauch des Klosters und der Brüder gelangt oder auf welche Weise diese etwa entfremdet worden seien, könnten sie kaum feststellen. Die Brüder hätten daher den Passauer Bischof inständig gebeten, sie väterlich in dieser Angelegenheit zu beraten. Deshalb bevollmächtigte nun der Bischof den Magister Narziß mit der Aufgabe, sie in seinem Namen in Geist und Gewissen zu beruhigen, damit sie das Empfangene Gott dienstbar zurückgeben könnten (*ut acceptum deo valeant reddere famulatum*), wobei er von der Rechtschaffenheit und Erfahrung des Magisters höchst überzeugt sei (*de tuaque legalitate et peritia plurimum confidentes*). Mit der Autorität des Bischofs ausgestattet, sollte Narziß die urkundlichen Verfügungen prüfen und entsprechende Anordnungen für deren künftigen Vollzug treffen.

Wie aus dem Weiteren hervorgeht, handelte es sich bei den fraglichen Dokumenten um an das Kloster gerichtete Stiftungsurkunden. Zwar befanden sich einige der Stiftungsgüter anscheinend im Klosterbesitz, doch waren die daran geknüpften Memorialauflagen von den Mönchen offensichtlich nicht erfüllt worden. Sie hatten also ihren Teil der einst getroffenen Abmachungen bislang nicht eingehalten. Diese Fehlleistung beschwerte nicht nur ihr Gewissen, es mangelte ihnen dadurch auch an der rechtmäßigen Begründung ihres Anspruchs auf die Güter. Waren doch Verfallsklauseln für den Fall der Nichterfüllung stifterlicher Verfügungen inzwischen schon mehrfach zum Bestandteil von Stiftungsurkunden geworden.[17] Daß diese wirksam würden, konnte eine gesonderte, serielle Aufzeichnung der Stiftungsvorgänge verhindern helfen.

Der Zeitpunkt für diese Maßnahme war kein zufälliger, worauf schon die erläuternde Hinzufügung *sacro Basiliensi durante concilio* in der Datierung des Instrumentes hindeutet.[18] Das seit 1431 tagende Basler Konzil war nach dem Konstanzer Konzil (1414–1418) und dem dadurch angeregten Äbtekapitel von Petershausen (28. Februar–29. März 1417) unter anderem auch zum Treffpunkt, ja zur Vermittlungszentrale der an der Reform des

Geschichtsforsch., Rh. 6 Abt. 2.) Graz/Wien/Köln 1968, 549 (von dort das Zitat), sowie *Leonhard Hell*, Art. Narcissus Her(c)z von Berching, in: LThK³ 7, 638.

16 *(...) ex quorum tenore aliqua implenda essent obnoxii, que tamen ab antecessoribus suis etiam tam diu, quo usque memoria huiusmodi se extenderet, minime essent completa neque complerentur*, MGH Necr. 5 (wie Anm. 11), 309.

17 Vgl. hierzu *Bartsch*, Seelgerätstiftungen (wie Anm. 7), 46–48; *Alfred Schultze*, Stadtgemeinde und Kirche im Mittelalter, in: Festgabe für Rudolf Sohm. München/Leipzig 1914, 103–142, hier 114f. *Dieter Pleimes*, Weltliches Stiftungsrecht. Geschichte der Rechtsformen. (Forsch. z. deutschen Recht, Bd. 3,3.) Weimar 1938, 39–47 u. *Butz*, Jahrzeitbuch (wie Anm. 1), 135f. Speziell zu den Wiener Verhältnissen s. *Hans Lentze*, Die Rechtsform der Altarpfründen im mittelalterlichen Wien, in: ZRG 68 KA 37, 1951, 221–302, hier 250–272 sowie *Ders.*, Begräbnis und Jahrtag (wie Anm. 7), 358–362. Eine Untersuchung zur Wirksamkeit derartiger Verfallsklauseln, die zweifellos einen wichtigen Beitrag zur Erforschung von Stiftungswirklichkeiten darstellen würde, fehlt bisher meines Wissens. Siehe aber jetzt den Beitrag von Frank Rexroth in diesem Band (Abschnitt 4).

18 MGH Necr. 5 (wie Anm. 11), 308.

Benediktinerordens im Reich Interessierten geworden.[19] Mit dem Erlaß eigener Bullen und Statuten zur Ordensreform führte die Basler Synode eine in Konstanz wiederbegründete Tradition weiter und gab ihr selbst neue Impulse.[20] In dem Bestreben, das Klosterleben durch zeitgemäße Auslegung und Durchsetzung der Benediktsregel zu vereinheitlichen, blieb auch der Bereich des Gottesdienstes, speziell der Liturgie, und damit der (Anniversar-)Stiftungen nicht ausgespart.[21]

Zeitgenössischen Protokollen von Klostervisitationen ist vielfach die Klage über ausufernde Gebetsverpflichtungen, insbesondere durch (Jahrzeit-)Stiftungen, zu entnehmen.[22] Täglich und wöchentlich abzuhaltende Gedenkmessen, zusätzliche Rezitationen einzelner Horen, vollständig durchzuführende Totenoffizien und der ständig steigende Aufwand an Wachskerzen für Gräber und Altäre belasteten demnach den einzelnen Konvent in einem

---

19 Zur Einwirkung der Konzilstätigkeit auf die Reform des Benediktinerordens s. *Johannes Helmrath*, Reform als Thema der Konzilien des Spätmittelalters, in: Christian Unity. The Council of Ferrara-Florence 1438/39–1989. (Bibliotheca Epehemeridum Theologicarum Lovanensium, Bd. XCVII.) Löwen 1991, 75–153, bes. 131–146 mit ausführlichen Literaturangaben. Zu Petershausen s. *Joseph Zeller*, Das Provinzialkapitel im Stifte Petershausen im Jahre 1417. Ein Beitrag zur Geschichte der Reformen im Benediktinerorden zur Zeit des Konstanzer Konzils, in: StMittOSB 41, 1921/22, 1–73. Zu den Reformbestrebungen in Österreich unter Herzog Albrecht V. s. *Gerda Koller*, *Princeps in ecclesia*. Untersuchungen zur Kirchenpolitik Herzog Albrechts V. von Österreich. (Archiv f. österr. Gesch., Bd. 124.) Graz/Wien/Köln 1964, speziell zu den Wiener Verhältnissen 95–97. Vgl. auch *Meta Niederkorn-Bruck*, Die Melker Reform im Spiegel der Visitationen. (MIÖG, Erg.–Bd. 30.) Wien/München 1994, u. *Patrick J. Barry*, Die Zustände im Wiener Schottenkloster vor der Reform des Jahres 1418. Aichach 1927. Anders als nach dem Titel zu erwarten, behandelt der Autor auch die Einwirkungen späterer Reformschübe auf das Schottenkloster. Siehe auch *Hugo Hantsch O.S.B.*, Die Geschichte der Schottenabtei im Mittelalter und die Melker Reform, in: Religion – Wissenschaft – Kultur. Vierteljahresschrift der Wiener Kathol. Akad. 11, 1960, 39–49.

20 Siehe hierzu *Johannes Helmrath*, *Capitula*. Provinzialkapitel und Bullen des Basler Konzils für die Reform des Benediktinerordens im Reich. Mit einer Konkordanz und ausgewählten Texten, in: Studien zum 15. Jahrhundert. Fschr. für Erich Meuthen. Hrsg. v. Johannes Helmrath/Heribert Müller in Zusammenarb. mit Helmut Wolff. München 1994, 87–121, mit umfangreichen Literaturangaben. Der Autor versucht darin, erstmals Art und Anzahl sowie Entstehung und Verbreitung der entsprechenden Texte zu erhellen.

21 Zum Einfluß der Reformbemühungen auf die Veränderung der Liturgie in den Benediktinerklöstern Österreichs s. *Joachim Angerer*, Die liturgisch-musikalische Erneuerung der Melker Reform. (SB d. Österr. Akad. d. Wiss. Philos.-Hist. Klasse, Bd. 287,5; Veröff. d. Komm. f. Musikforsch., Bd. 15.) Wien 1974; *Johann Hisch*, Die liturgischen Bestimmungen der Basler Statuta für den Benediktinerorden aus zwei Salzburger Handschriften. Diss. theol. (Maschinenschrift). Wien 1976, sowie jüngst *Albert Groiss*, Spätmittelalterliche Lebensformen der Benediktiner von der Melker Observanz vor dem Hintergrund ihrer Bräuche. Ein darstellender Kommentar zum Caeremoniale Mellicense des Jahres 1460. (Beitr. z. Gesch. d. alten Mönchtums u. d. Benediktinertums, Bd. 46.) Münster 1999, bes. 242-244. Die genannten Arbeiten enthalten jedoch nur wenige Bemerkungen zum Verhältnis von Reform und Stiftungswesen. Diesbezügliche Studien sind noch rar. Vgl. etwa *Klaus Schreiner*, Erneuerung durch Erinnerung. Reformstreben, Geschichtsbewußtsein und Geschichtsschreibung im benediktinischen Mönchtum Südwestdeutschlands an der Wende vom 15. zum 16. Jahrhundert, in: Historiographie am Oberrhein im späten Mittelalter und in der frühen Neuzeit. Hrsg. v. Kurt Andermann. (Oberrheinische Studien, Bd. 7.) Sigmaringen 1988, 35-88, bes. 77f. Auswirkungen der Bursfelder Reformbestrebungen auf Gebetsverbrüderung und Wohltätergedächtnis untersucht beispielgebend *Barbara Frank*, Das Erfurter Peterskloster im 15. Jahrhundert. Studien zur Geschichte der Klosterreform und der Bursfelder Union. (MPIG, Bd. 34; Studien zur Germania Sacra, Bd. 11.) Göttingen 1973, 145–173. Für hilfreiche Hinweise bedanke ich mich bei Herrn Prof. Dr. Johannes Helmrath.

22 Vgl. *Angerer*, Erneuerung (wie Anm. 21), 84 mit Anm. 25.

Ausmaß, das die Ausübung des Gottesdienstes im Sinne der Regel beinahe unmöglich machte. Das Prinzip „Ora et Labora" drohte so sein Gleichgewicht zu verlieren. Viele Klostergemeinschaften befanden sich in einer Zwickmühle: Wollten die Konventualen gemäß der Regel leben, so brauchten sie neben den übernommenen Meßverpflichtungen ebenso Zeit für die vorgeschriebene Handarbeit sowie für private geistliche Exerzitien. Vernachlässigten sie jedoch die zusätzlichen Gebetsdienste ohne jegliche Legitimation, „dann führte dies zu einem ‚schlechten Gewissen' und vor allem zu Ärger mit den Stiftern oder deren Nachkommen".[23] Andererseits war die Fürbitte das einzige Mittel der Mönche, sich ihren Wohltätern erkenntlich zu zeigen. Und viele Wohltäter brachten materielle Vorteile mit sich, aber eben auch wieder neue Gebetsverpflichtungen.

Große Beachtung dürfte daher der Vortrag des Priors Martin von Senging aus dem österreichischen Reformzentrum Melk im Spätsommer 1436 auf dem gut und prominent besuchten zweiten Basler Generalkapitel der Schwarzen Mönche aus der Ordensprovinz Köln/Trier gefunden haben.[24] In seinen *Tuitiones pro observantia regulae sancti patris nostri Benedicti ex concilio Basilensi* beklagte er, daß die Überhäufung mit Nebenoffizien, die z.T. auch aus Stiftungen resultierten, den Konventen die Erfüllung der Gottesdienste nur noch *confusissime et cum magna festinatione, indevotione ac intentione perversa* erlaube. Deshalb plädierte er für die Abschaffung der Legatmessen, der Bußpsalmen, der 15 Gradus und des Totenoffiziums mit neun Lesungen, damit nicht fast täglich u.a. zwei Messen zu singen seien.[25] Hinsichtlich der vielen gestifteten Jahrtagsgedächtnisse schlug der Reformer vor, deren Abhaltung so zu vereinfachen, daß die (Toten-)Messe und Teile des Totenoffiziums sowie die auf drei verminderten Lectiones nicht mehr zu singen, sondern nur noch mit Betonung zu lesen seien. Letztere sollten lediglich zu Allerseelen und am Jahrtag der Klosterstifter in Gänze gesungen werden. Auch könnten zwei oder drei Jahrzeiten zusammen gefeiert werden.[26] Durch die *Statuta concilii Basiliensis ad fratres ordinis s. Benedicti* von 1434 oder 1436/37 wurde schließlich „die Möglichkeit eröffnet, die Anniversarien – die Totengedächtnisse – und die Meßstiftungen auf ein solches Maß zu reduzieren, daß eine würdige Feier des Divinum Officium gewährleistet sein konnte".[27] Deren Canones *De anniversariis et missis fundatis* forderten, beim Totenoffizium nicht über drei Psalmenlesungen

23 *Frank*, Peterskloster (wie Anm. 21), 151.

24 *Helmrath*, *Capitula* (wie Anm. 20), 93.

25 Druck in: *Bernhard Pez*, Bibliotheca ascetica. Bd. 8. Regensburg 1725, ND Farnborough 1967, 505-550, hier 545. Vgl. *Angerer*, Erneuerung (wie Anm. 21), 85 Anm. 30 u. *Groiss*, Spätmittelalterliche Lebensformen (wie Anm. 21), 243 sowie allgemein *Albert Schmidt O.S.B.*, Zusätze als Problem des monastischen Stundengebets im Mittelalter. (Beitr. z. Gesch. d. alten Mönchtums u. d. Benediktinertums, Bd. 36.) Münster 1986.

26 *Opportunum item judico, quod ubi anniversaria tanta sunt fundata apud aliquod monasterium, quod duae Missae saepe vel quasi quotidie cantentur, ut dispensetur, quod pro tempore Missa possit legi, et Officium mortuorum, videlicet Placebo et vigiliae nunquam cantentur, sed semper legantur, et solum cum tribus Lectionibus et Laudibus. Lectiones tamen legantur per accentus excepto die commemorationis animarum et anniversario fundatorum, in quibus per totum cantetur. Si tamen specialius alias volunt aliquod anniversarium peragere, possunt cum novem Lectionibus, ita quod solae Lectiones, cum Responsoriis cantentur et Antiphona ad Benedictus cum ipso Cantico, dummodo alia omnia legantur aut agentur duo vel tria anniversaria sub uno, Pez*, Bibliotheca ascetica (wie Anm. 25), 545.

27 *Hisch*, Bestimmungen (wie Anm. 21), 75. Helmrath weist den Statuta mit Blick auf ihre geringe Überlieferungshäufigkeit zwar eine eher marginale Rolle bei der Genese der reformerischen Konzilstexte zu, sieht aber eben seinen Geltungs- und Empfängerkreis in der Salzburger Ordensprovinz, zu der ja auch das Wiener Schottenkloster gehörte, *Helmrath*, *Capitula* (wie Anm. 20), 98f.

hinauszugehen.[28] Im Canon *De Ceremoniis* wurden die Verhältnisse im Wiener Schottenkloster als nachahmenswert empfohlen.[29]

Der Abt des Schottenklosters, Johannes von Ochsenhausen, war im November 1432 von einer Äbteversammlung der Diözese Passau zusammen mit Petrus von Rosenheim als Abgesandter zum Konzil gewählt worden und wird mehrfach, zu verschiedenen Zeitpunkten unter den berühmten und bedeutsamen Teilnehmern erwähnt.[30] Dem Abt mußten die höchstwahrscheinlich von ihm dort mitangeregten Entscheidungen insofern entgegenkommen, als sich sein Konvent in starker wirtschaftlicher Bedrängnis befand. Gut zwanzig Jahre waren bereits vergangen, seit das Kloster von seinen ursprünglichen und namengebenden Bewohnern, iro-schottischen Mönchen, an einheimische Kleriker übergeben worden war.[31] Durch die Hussitenkriege und adelige Übergriffe waren die Klostergüter in der Folgezeit arg in Mitleidenschaft gezogen worden. Obendrein sorgten die ebenfalls „reformbedürftigen" Gebäude des Klosters für erhöhten Geldbedarf. Neben sparsamer Haushaltsführung dürften daher zusätzliche Zuwendungen nicht unerwünscht gewesen sein. Auf die Vorteile in temporalibus, die ein großer Stifter- und Wohltäterkreis für ein Kloster mit sich brachte, wurde oben bereits hingewiesen. Es erscheint durchaus denkbar, daß Abt und Konvent sich unter diesen Umständen von der „aus der Vergangenheit übernommene(n) Hypothek"[32] alter Stiftungen befreien oder zumindest ihre Verpflichtungen einschränken wollten, um dadurch Freiraum für neue und einträgliche Vereinbarungen zu gewinnen.

Ein derartiges Vorgehen erforderte allerdings Fingerspitzengefühl. Das Problem bestand darin, den Stiftern und ihren Angehörigen sowie potentiellen Gönnern zu vermitteln, daß die Einführung der Reform eine veränderte Situation geschaffen hatte, und sie davon zu überzeugen, daß die Anforderungen der Observanz künftig schwerlich mit dem bisherigen Ausmaß der Seelmessen vereinbar sein würden. Deshalb galt es, „Verständnis dafür zu wecken, daß die Fürbitte eines gottgefällig lebenden Konvents, wo zudem die Bereitschaft zu auf-

28 *C. 20: Insuper ordinamus, quod in diebus trium lectionum et infra officium pro mortuis numquam obmittatur. C. 21: Tempore pasce usque penthecosten: et octavis Sanctorum dumtaxat exceptis. C. 22: Inter quod anniversaria maiora et minora ita distribuantur, ut omnia pro ut fundata sunt debite compleantur. C. 23: Omnes misse consuete et fundate suis diebus et horis sine defectu persolvantur*, *Hisch*, Bestimmungen (wie Anm. 21), 119f.

29 *C. 8: In quo et aliis observanciis regularibus cerimoniae et ritus monasteriorum Mellicensis et Scotorum Wienne observentur* (ebd. 117).

30 *Ursmer Berlière*, La Réforme de Melk au XVe Siècle, in: RBénéd 11, 1895, 204–213 u. 289–310, hier 289. Vgl. auch *Hisch*, Bestimmungen (wie Anm. 21), 35, u. *Berger*, Wiener Schotten (wie Anm. 12), 21. Bevor Johannes nach Wien kam, war er Mitglied des schwäbischen Benediktinerkonvents Ochsenhausen und später des von Melk, *Hauswirth*, Abriß (wie Anm. 12), 30; *Rapf*, Schottenstift (wie Anm. 12), 115 Anm. 58.

31 Zu den Vorgängen von 1418, infolge deren die Schotten veranlaßt wurden, das seit seiner Stiftung (1158) von ihnen bewohnte Kloster aufzugeben, s. *G. A. Renz*, Beiträge zur Geschichte der Schottenabtei St. Jakob und des Priorates Weih St. Peter (O.S.B.) in Regensburg, in: StMittOSB 16, 1895, 64-84, bes. 73ff.; *Albert Hübl*, Die Wiener Schotten und das Mutterkloster St. Jakob in Regensburg. (Beilage „Symbolae Scotenses" zum Jahres-Bericht des kais. kön. Ober-Gymnasiums zu den Schotten in Wien am Schlusse des Schuljahres 1913/14) Wien 1914, 143f. sowie am ausführlichsten *Barry*, Zustände (wie Anm. 19), bes. 33–50.

32 *Frank*, Peterskloster (wie Anm. 21), 152. In der Literatur zum Schottenkloster wird wiederholt hervorgehoben, Abt Johannes hätte sich „rastlos" darum bemüht, durch Einwerbung von Stiftungen und Schenkungen „den Übeln der Zeit nach Möglichkeit zu begegnen und der Noth seines Hausstandes abzuhelfen", *Hauswirth*, Abriß (wie Anm. 12), 33. Vgl. auch *Berger*, Wiener Schotten (wie Anm. 12), 21.

richtiger und inniger Fürbitte vorausgesetzt werden konnte, schon in kleinerem Ausmaß großen Wert besaß".[33] So gesehen war die Signierung oder sogar die Anlage eines Jahrzeitbuches durch einen öffentlichen Notar in Gegenwart von Zeugen nichts Ungewöhnliches.[34] Sie verlieh dem Schriftstück erhöhte Beweiskraft und bot mehr Rechtssicherheit hinsichtlich der Besitztitel für die Bezieher der jährlichen Erträgnisse sowie für die Stifter bezüglich der Einhaltung der Fürbitten. Andererseits demonstrierte die notarielle Unterfertigung als öffentlicher, vor Zeugen vollzogener Akt zugleich den Willen und die Bereitschaft der Schottenmönche, zukünftige Stiftungen ebenso gewissenhaft wahrzunehmen wie die in dem Notariatsinstrument behandelten Präzedenzfälle. Der Vorgang besaß somit zugleich den Charakter einer vertrauensbildenden Maßnahme.

Von den Klosterinsassen schien zu dieser Zeit noch keiner in der Lage zu sein, solch eine diffizile Aufgabe zufriedenstellend zu lösen, da sie sich hilfesuchend an ihren Diözesan wandten. Aus dem Auftragsschreiben des Bischofs geht lediglich hervor, daß er die Ehrbarkeit und die Erfahrung des Magisters Narziß in diesem Fall für schätzenswert hielt. Narziß dürfte tatsächlich zu diesem Zeitpunkt bereits ein versierter Visitator gewesen sein, denn fünf Jahre zuvor, am 3. August 1437, hatte ihm und sechs weiteren Geistlichen die Basler Generalsynode die Vollmacht erteilt, sämtliche in der Passauer Diözese und in den Landen des Herzogs Albrecht V. gelegenen Klöster zu visitieren.[35] Eine gewisse Vertrautheit des Magisters mit den Zielen der Ordensreform wird man daraus ohne Zweifel ableiten dürfen. Verbindungen zwischen dem Schottenkloster und der Wiener Universität hatte es seit deren Stiftung zwar reichlich gegeben.[36] Neben seinen sonstigen Qualifikationen, etwa als Theologieprofessor der Wiener Universität, wird Narziß es letztlich aber vor allem seiner Funk-

33 *Frank*, Peterskloster (wie Anm. 21), 160f. Vgl. etwa die Begründung für die Verringerung von Gebetsverpflichtungen in einem Visitationsrezess von 1418 für den Benediktinerkonvent Göttweig: *Item oblagium est ipsis receptum nec mortuorum vigilie cantentur et respondeant fundatoribus pro vigiliis secundum commune dictum, quod brevis oratio penetret celum, et ita dicant unum ‚Ave Maria' etc., quod cum devota cordis intentione deo plus gratum censetur quam centum vigilie sine vita religiosa* (FRA 2/55, 401 Nr. 2235). Die Einverständniserklärung eines Stifters von 1455 dazu, die vertraglich festgelegten, aber nach der Reform für das Erfurter Peterskloster nicht mehr tragbaren Bedingungen einer Seelmeßstiftung seiner Eltern zu ändern, bei *Frank*, Peterskloster (wie Anm. 21), 352 Nr. 14.

34 Der Schweizer Leutpriester und öffentliche Notar Heinrich Vinsler legte beispielsweise zwischen 1495 und 1506 mindestens fünf Anniversarbücher an (vgl. *Friedrich Hegi*, Die Jahrzeitenbücher der Zürcherischen Landschaft, in: Festgabe Paul Schweizer. Zürich 1922, 120–217, hier 124–126).

35 QGStW 1/4 Nr. 4689=1/7 Nr. 14748. Bereits 1435 hatte Narziß im Auftrag Herzog Albrechts V. das Konzil von Basel aufgefordert, Visitatoren in die österreichischen Lande des Herzogs zu schicken: *Postea dux Austriae Albertus misit ambasiatam doctorem unum in theologia studii Wiennensis Narcissum nomine, qui exhibuit litteras credenciales et alias in effectu continentes, quod concilium mittere deberet visitatores ad Austriam, qui visitare et reformare deberent omnem statum tam secularem quam spiritualem exemptum et non exemptum: hoc ardentissime petivit idem dux, et fuit peticio ista delata ad deputaciones* (Concilium Basiliense. Studien und Quellen zur Geschichte des Konzils von Basel. Bd. 5. Hrsg. v. *Gustav Beckmann/Rudolf Wackernagel/Giulio Coggiola*. Basel 1904, 126).

36 Vgl. hierzu *Hermann Pleichl O.S.B.*, Die Beziehungen des Schottenstiftes zur Wiener Universität seit deren Gründung, in: Religion – Wissenschaft – Kultur. Vierteljahresschrift der Wiener Kathol. Akad. 11, 1960, 63–67. Abt Johann selbst hatte sich im Sommersemester 1417 als Mitglied der Rheinischen Nation an der Wiener Universität immatrikuliert, Die Matrikel der Universität Wien. Bd. 1 (1377–1450). Bearb. v. *Kurt Soukup/Willy Szeivert/Franz Gall*. (Publikationen d. Inst. f. Österr. Geschichtsforsch., Rh. 6, Abt. 1.) Wien 1956, 115 (1417 I R 74).

tion als Klostervisitator zu verdanken gehabt haben, daß ihn der Bischof mit der Revision des Stiftungswesens im Wiener Schottenkonvent betraute.[37]

Nachdem ihm der Auftragsbrief des Bischofs präsentiert worden war und Narziß ihn entgegengenommen hatte, so fährt der Text des Notariatsinstruments fort, schritt der so Bevollmächtigte auf Bitte des Abtes zur Durchsicht der Stiftungsurkunden. Für die Prüfung der Urkundeninhalte hatte ihm der Bischof bereits einige Bewertungskriterien vorgegeben. Narziß sollte nicht nur die besagten Urkunden, sondern auch andere, ihm beachtenswert erscheinende Dokumente in die Untersuchung miteinbeziehen. Dabei sei zu prüfen, ob die Güter, auf denen die Auflagen beruhten, sich im Besitz des Klosters befänden oder entfremdet seien. Narziß sollte sie in Augenschein nehmen und einschätzen, ob deren Einkünfte bislang zweckmäßig, d.h. entsprechend ihrer Vorgabe, sie für Anniversare oder anderes zu verwenden, eingesetzt würden. Falls er den Eindruck habe, daß die Ordnungen und Verfügungen (*ordines atque statuta*) weniger würdig erfüllt würden, als es getan werden sollte, so durfte er andere in dieser Angelegenheit erlassen, die ihm zur Beruhigung und Reinheit der brüderlichen Gewissen förderlich zu sein schienen.

Sobald Narziß die ihm vom Abt vorgelegten Fälle geprüft hatte, traf er kraft der ihm verliehenen Autorität seine Festlegungen und las sie dem Abt in Gegenwart des Notars vor. Narziß hatte neun Stiftungen begutachtet, die wahrscheinlich alle durch Urkunden in Angriff genommen worden waren. Für sieben der neun Fälle sind die Stiftungsurkunden im Original überliefert, so daß eine Gegenüberstellung möglich wird.[38] Doch mag die ausführ-

37 Einer Angabe von *Uhlirz*, Gewerbe (wie Anm. 11), 592f. Anm. 1 zufolge, die sich jedoch weder mit Hilfe der einschlägigen Literatur noch der entsprechenden Quellen verifizieren ließ, habe Narziß zudem an Wiens größter Pfarrkirche, dem Stephansdom, neben seinem Kanonikat das Amt des Chur- (von cura animarum) bzw. Chormeisters bekleidet. Das bedeutet, daß er der Leiter des dortigen Kollegiums der Seelsorgegeistlichkeit und damit vicarius perpetuus des Wiener Pfarrers gewesen wäre. Als Chormeister wäre er vor allem für die Verteilung der pfarrlichen Einkünfte an die einzelnen Seelsorger zuständig gewesen, wozu zum einen Beiträge aus der Mensa des Propstes und zum anderen die eigenen Einkünfte der cura animarum, besonders aus (Jahrtags-)Stiftungen und der Stola (Gebühren für Kulthandlungen wie Trauungen, Taufen und Begräbnisse sowie Meßstipendien) gehörten. Vgl. *Viktor Flieder*, Stephansdom und Wiener Bistumsgründung. Eine diözesan- und rechtsgeschichtliche Untersuchung. (Veröff. d. Kirchenhist. Inst. d. Kathol. Theol. Fak. d. Univ. Wien, Bd. 6.) Wien 1968, 171-173, u. *Willibald M. Plöchl*, Geschichte des Kirchenrechts. Bd. 2. Wien/München ²1962, 434ff.

38 MGH Necr. 5 (wie Anm. 11), 309–311. Fuchs, dem 1913 ebenfalls schon die Urkundenedition Hauswirths wie die Regesten Wolfsgrubers zur Verfügung standen, hat in seiner Edition – nicht immer zutreffend – nur auf das Jahr der Stiftung hingewiesen. – Die Stiftungsurkunden: *Hauswirth*, Urkunden (wie Anm. 12), 109–111 Nr. 91, 115f. Nr. 97 bzw. 169f. Nr. 147 (dazu unten), 130f. Nr. 111, 149f. Nr. 127, 189f. Nr. 166, 221f. Nr. 195, 271 Nr. 240; QGStW 1/1, Nr. 274, 278, 290, 302, 317, 327, 345, 371 u. 508. Uhlirz geht in seiner Kritik an Zappert von acht Stiftungsurkunden aus. Wahrscheinlich stützte er sich dabei auf die Urkundenregesten in den QGStW 1/1. Im Fall des Testamentes der Agnes Perwinder (QGStW 1/1, Nr. 508) ist jedoch mit der dortigen Quellenangabe „Erwähnung im *grösseren Stift Büchel*" zweifellos der *Liber oblationum* selbst gemeint (dem entspricht, daß Fuchs zu ihrem Eintrag keine Angabe über ein Stiftungsjahr macht), so daß sich die Anzahl der überlieferten Stiftungsurkunden auf sieben reduziert. Das Fehlen einer Stiftungsurkunde für die Geldschenkung der Gräfin Wilburg von Hardegg in den Regesten läßt andererseits kaum zwingend auf die einstige Nichtexistenz einer entsprechenden Urkunde schließen. Hingegen sprechen die detaillierten Angaben, die Narziß über die Wünsche der Stifterin machen konnte, eher dafür, daß ihm die Stiftungsurkunde der Gräfin noch vorlag; vgl. MGH Necr. 5 (wie Anm. 11), 311. Somit dürften ursprünglich für alle neun Fälle Stiftungsurkunden vorhanden gewesen sein. Die Gräfin Wilburg von Hardegg († 1314) hatte laut dem Bericht von Narziß 100 Pfund Pfennige in barem Geld an die Kirchenfabrik des Klosters gegeben, wovon

lichere Schilderung von drei Fällen mit Ausblicken auf die übrigen sechs genügen, um tieferen Einblick in die Gutachtertätigkeit des Narziß zu gewinnen.

Nach dem Bericht von Narziß habe Jakob von Chrut dem Kloster drei Pfund Pfennige an regelmäßigen Einkünften für eine ewige Messe im Karner übertragen. Weiterhin habe derselbe sechs Pfund an Einkünften für sein Anniversar gegeben, ferner ein Pfund für ein ewiges Licht in dem Beinhaus, wovon eine hierüber ausgestellte Urkunde genauer berichte (*de quibus littera desuper confecta plenius relacionem facit*). Da man aber von diesen zehn nicht mehr als zweieinhalb Pfund tatsächlich habe, setzte Narziß fest, daß für ein Pfund dauerhaften Zinses der Jahrtag mit Vigilien von drei gesungenen Lektionen und einer gesungenen Totenmesse begangen und von den übrigen Einkünften ewig eine wöchentliche Apostelmesse gelesen werden sollte. Und zwar an dem Altar, der vor allem dem heiligen Jakob dem Älteren geweiht sei, dessen besonderer Verehrer Jakob nach Ausweis seiner Urkunde (*littera teste*) war, da er ihm zu Ehren eine Kapelle im Karner gestiftet habe. Deshalb sollte für den Fall, daß die bislang gewöhnlich im Karner gehaltene Messe einginge, dieselbe von dem Jakobsaltar, der sich in der Kirche befinde, in die Kapelle des Karners verlegt werden; jedoch so, daß zumindest eine Messe pro Woche im Karner gelesen werde, die auf ewig zu feiern sei.[39]

Schaut man nun zum Vergleich in die angesprochene Stiftungsurkunde Jakobs, so hatte Jakob ihrzufolge am 2. September 1304 mit Zustimmung seiner Ehefrau Katharina für ihr gemeinsames Seelenheil und das ihrer beider Vorfahren dem Schottenkloster zehn Pfund Wiener Pfennige zu bestimmten Zwecken vermacht. Sechs Pfund sollten aus Gülten von einem Gut zu Leutweins fließen, vier Pfund von Jakobs Meierhof *in der Lantstrass*. Fünf Pfund von den ersten sechs bestimmte er für seinen ewig zu haltenden Jahrtag, mit einem Pfund sollte der Konvent seine Pfründe an diesem Tag aufbessern. Falls einer seiner nächsten Verwandten an dem Jahrtag teilnehme, sollte dieser samt seinem Pferd zweimal, abends und morgens, verköstigt werden. Die weiteren vier Pfund waren für den täglichen Gesangsdienst in einem Karner gedacht, dessen Errichtung auf dem Friedhof des Klosters geplant war. Für dessen Bau übertrug er dem Kloster noch einmal 60 Pfund, die seine Frau nach seinem Tod auszahlen sollte.[40] Noch am selben Tag, also ebenfalls am 2. September 1304, hatten Abt Wilhelm II. und sein Konvent mit einem Revers nicht nur ihr Einverständnis und ihre Bereitschaft erklärt, die Bestimmungen Jakobs zu beachten, sie hatten diese sogar prä-

---

der Jahrtag ihres verstorbenen Gatten Otto († 1260) jährlich zu feiern war ganz in der Weise, mit der Feierlichkeit und mit der Freigebigkeit bei den Almosen, wie der des Stifters Heinrich, des Herzogs von Österreich, begangen wurde. Da jedoch nicht feststehe, daß sich dieses Geld im Gebrauch des Klosters befinde und zudem das Kloster hierdurch um mehr als die Hälfte einer herkömmlichen Bitte zusätzlich belastet werden würde, befand Narziß, daß diese Anordnung ihre Gewissen, sowohl die der derzeitigen Brüder als auch die der zukünftigen, nicht mehr belasten solle: *Sed quia non constat hanc pecuniam in utilitatem monasterii premissi et eciam ultra dimidium iusti precii monasterium ipsum esse gravatum, ideo arbitratus est, hanc ordinacionem eorum consciencias, qui nunc sunt et qui post eos in perpetuum futuri sunt, non obligare*, MGH Necr. 5 (wie Anm. 11), 311. Wilburgs Verfügung war damit gänzlich aufgehoben. Der Jahrtag des Klosterstifters Heinrich Jasomirgott († 1177) wurde vermutlich mit großem Aufwand gestaltet (Eintrag mit seiner Gemahlin im Nekrologium des Schottenklosters zum 13. Januar ohne Zusätze; MGH Necr. 5 (wie Anm. 11), 304. Zu diesem Nekrologium s.u. bei Anm. 58.

39 MGH Necr. 5 (wie Anm. 11), 309.

40 *Hauswirth*, Urkunden (wie Anm. 12), 115f. Nr. 97; QGStW 1/1, Nr. 278 (das Regest ist ungenau und z.T. fehlerhaft).

zisiert: *und schullen ouch seiner sel gedenchen fleischleich mit messen, mit vigilien, mit beten, mit allen gueten werchen.*[41]

Zwar stimmt die Gesamtsumme der Einkünfte in Stiftungsurkunde und Revers mit der im Eintrag von Narziß überein, doch weichen sowohl die Höhe der Teilbeträge für die jeweiligen Stiftungszwecke als auch die einzelnen Zweckbestimmungen selbst in Stiftungsurkunde und Eintrag erheblich voneinander ab. Von dem Lichterdienst z.B., den Narziß in seinem Eintrag anspricht, ist weder in der Stiftungsurkunde noch im Revers der Mönche die Rede. Die Diskrepanz erklärt sich z.T. daraus, daß der Stifter einige Jahre später eine Änderung seines ursprünglichen Stiftungsauftrags vorgenommen hatte: Am 24. April 1322 hatten sich Abt Moriz und sein Konvent in einem erneuten Revers verpflichtet, eine mit neun Pfund Pfennig dotierte Stiftung Jakobs und seiner Gemahlin Katharina einzuhalten. Die Auflagen bestanden nunmehr darin, alle Tage in der von den Eheleuten auf dem Friedhof außerhalb der Schottenkirche gestifteten Kapelle eine heilige Messe zu lesen, wofür fünf Pfund aufzuwenden waren, des weiteren für die Beleuchtung der Kapelle ein Pfund zu verwenden und von den verbleibenden drei Pfund auf ewig den Jahrtag der Stifter zu halten. Falls die Mönche diese Bestimmungen nicht beachteten, hätten die Nachkommen des Ehepaares das Recht, die von diesen gemachte Stiftung auf eine andere Kirche zu übertragen.[42]

Hier stimmen nun zwar die einzelnen Stiftungsauflagen (Ewigmesse, Lichterdienst und Jahrtag) mit den Angaben von Narziß überein, jedoch differieren immer noch die dafür aufzuwendenden Teilbeträge, und auch die Gesamtsumme liegt mit neun um ein Pfund Pfennige niedriger als der vom Gutachter angeführte Betrag. Möglicherweise hat Narziß die Zuordnung der Stiftungszwecke zu den Beträgen durcheinandergebracht. In einem anderen Punkt hat er jedenfalls den Stifterwillen eindeutig verändert: In beiden Reversen heißt es über die Kapelle zwar, daß Jakob und seine Frau sie *gestift habent*, von einem besonderen Bezug auf den Apostel Jakob ist aber, abgesehen vom Vornamen des Ehemannes, in keiner der Urkunden die Rede. Hier hat Narziß dem Stifter offensichtlich sogar eine Intention unterstellt.[43]

Die Stiftung von 1304 wurde mit Stiftungsurkunde und Revers des Konvents vereinbart. Nachdem die Stiftung in Gang gekommen war, nahmen die Stifter 1322 eine Präzisierung ihrer ursprünglichen Verfügungen vor. Diese wurde jedoch offenbar mündlich verabredet und von der Klostergemeinschaft nur durch eine Selbstverpflichtung bestätigt. Offen bleibt

---

41 *Hauswirth*, Urkunden (wie Anm. 12), 117f. Nr. 98; QGStW 1/1, Nr. 279.

42 *Hauswirth*, Urkunden (wie Anm. 12), 169f. Nr. 147; QGStW 1/1, Nr. 317.

43 Ähnlich verfuhr der Gutachter im Fall des Heinrich Semft. Dieser habe dem Kloster ein halbes Pfund Pfennigen ewigen Zinses an einem Haus übertragen, das vormals ein allgemein *Waicz* genannter besessen hatte, welches jedoch bereits seit seinem Bau dem Kloster zinspflichtig sei. Von diesem halben Pfund habe er ein nächtliches Ewiglicht bei der Martinskapelle des Klosters bestimmt. Da jedoch die Einkünfte nicht ausreichten, befand Narziß, diese gottesdienstliche Auflage in ein anderes frommes Werk umzuwandeln (*Sed quia redditus sunt minus sufficientes, ideo arbitratus est id ipsum divinini cultus obsequium in aliud pietatis opus commutare*). So ordnete er für das Gedenken des Wohltäters an, daß jährlich um das Fest des hl. Martin herum, dessen Verehrer Heinrich war, wie vorausgesetzt wurde, durch die Mönchsbrüder eine Missa pro defunctis auf ewig im Chor gesungen werden sollte, MGH Necr. 5 (wie Anm. 11), 310. – Am 21. Januar 1351 hatte Heinrich Semft dem Kloster eine jährliche Gülte in Höhe eines halben Pfundes Pfennige von seinem Haus gewidmet, das dem Schottenkloster bereits mit zwei Pfennigen jährlich zu dienen hatte, *Hauswirth*, Urkunden (wie Anm. 12), 271 Nr. 240; QGStW 1/1, Nr. 371. Am 3. Januar 1358 verkaufte Heinrich das Haus für 30 Pfund Pfennige an den Weber Andreas Baier, wobei jedoch die darauf liegenden Belastungen erhalten blieben, *Hauswirth*, Urkunden (wie Anm. 12), 293f. Nr. 259; QGStW 1/1, Nr. 382.

in diesem Fall noch die Frage, woher Narziß die Informationen über den seinerzeitigen Stand der einst gestifteten Einkünfte bezog, aufgrund dessen er die Stiftungsauflagen verringerte. Dies geht jedoch aus dem folgenden von ihm begutachteten Fall hervor.

Danach hatte Konrad Urbetsch, auch Haarmarkter genannt, einst Hubmeister in Österreich, zusammen mit seiner Frau Gisela der Kapelle des heiligen Georg in der Klosterkirche viereinhalb Pfund Pfennige übertragen für eine Ewigmesse mit Gesang und Ewiglicht, die dort gehalten werden sollte. Desgleichen hätten die beiden, damit ihr Anniversar auf ewig mit seinen Auflagen gefeiert werde, weitere fünfeinhalb Pfund gemäß dem Wortlaut einer hierüber ausgefertigten Urkunde (*iuxta tenorem littere desuper confecte*) gegeben. Narziß kam allerdings zu der Auffassung, daß vieles, was diese Urkunde enthielte, weder den Sitten noch der Religion der Brüder des genannten Klosters, ja vielmehr auch nicht den Seelen, für die es gegeben wurde, angemessen sei. Dies werde sofort klar, sobald man die fragliche Urkunde einsehe.[44] Da sich jedoch von den genannten Einkünften *in libro fundi* vier Pfund dauernder Gülte finden ließen, habe er festgelegt, daß für dieses Geld das Anniversar der beiden mit Vigilien von drei gesungenen Lektionen und einer gesungenen Totenmesse begangen und darüber hinaus in der oben genannten Kapelle wöchentlich eine Messe zu ihrem Gedenken gelesen werden solle, wie sie es dafür auch gestiftet hätten (*qui et pro quibus fundaverunt*).

Die entsprechende Stiftungsurkunde vom 5. Februar 1310 ist sowohl in einer mittelhochdeutschen als auch in einer lateinischen Ausfertigung überliefert.[45] Ihrzufolge hatten Konrad und seine Frau Gisela dem Kloster eine jährliche Gülte in Höhe von zehn Pfund Wiener Pfennigen vermacht, die sich aus diversen Einzelerträgen zu drei, vier und wieder drei Pfund zusammensetzten. Dafür erwarteten die Stifter ein ewiges Anniversar mit Seelmesse und langen Vigilien, also mit neun Psalmenlesungen. Aus den darauffolgenden Bestimmungen wird schnell klar, warum sie Narziß für unhaltbar hielt. Am Jahrtag der Stifter sollte der Konvent zwei gute Gerichte, *ain gesoten und ain gepraten, von fleische oder von vischen, und des pesten weins und protes* bekommen. Das Verbot des Fleischessens war jedoch zu allen Zeiten ein Schwerpunkt bei der Reform des klösterlichen Lebens.[46] Nach der Regel Benedikts war der Genuß von Fleisch nur kranken oder sehr gebrechlichen Brüdern erlaubt. Deshalb konnte Narziß diesen Passus nicht durchgehen lassen. Nach dem Willen des Stifters sollten den Klosterschülern ferner zu der Vigil ein Eimer Wein gegeben und unter die Armen Brote und sechs Eimer Wein verteilt werden. Darüber hinaus gab Konrad weitere fünfeinhalb Pfund für eine tägliche heilige Messe und ein ewiges Licht in der Georgskapelle. Falls der Konvent Konrads Forderungen nicht nachkomme, sollten seine *nechst vreunt und erben* die 15½ Pfund zurückfordern und sie für Gott sowie zu seinem Seelenheil auf andere Gotteshäuser verteilen.[47]

---

44 *In quibus quidem arbitratus est quam plura in eadem littera contenta non competere neque moribus neque religioni ipsorum fratrum predicti monasterii, ymmo nec animabus, pro quibus est collatum, ut clare patet litteram ipsam intuenti*, MGH Necr. 5 (wie Anm. 11), 310.

45 *Hauswirth*, Urkunden (wie Anm. 12), 130f. Nr. 111 (mhd. Version); QGStW I/1, Nr. 290. Die Angabe von Fuchs, der Eintrag gehe auf eine Stiftung von 1324 zurück, bezieht sich auf eine spätere Verfügung Konrads.

46 Vgl. die zu diesem Thema die Konkordanz der Reformtexte bei *Helmrath*, *Capitula* (wie Anm. 20), 110f.

47 Diesen in vielen zeitgenössischen Verfallsklauseln angelegten Übergang an einen anderen Benefiziaten bei Versagen des ersten, bezeichnet Rexroth als „Subsidiärstiftung" (vgl. den Beitrag von Rexroth in diesem Band bei Anm. 67). – Für drei der zehn Pfund, auf denen die Anniversarstiftung fußte, wies

Die Verfügungen der Stiftungsurkunde wurden von Narziß exakt wiedergegeben. Zu seiner Entscheidung über diese Stiftung – und daher wohl auch über die obige von Jakob Chrut – gelangte der Gutachter dann nach Einsichtnahme in einen *liber fundi* der Abtei, aus dem er den Besitzstand und die Erträge der vergabten Güter ermittelt hatte. Nach der auch in dieser Hinsicht äußerst günstigen Überlieferung standen ihm für den fraglichen Zeitraum mindestens zehn Urbare, Dienst- und Gewährbücher des Schottenklosters zur Verfügung.[48] Für eine der begutachteten Stiftungen läßt sich sogar feststellen, welches der Dienstbücher

---

Konrad Urbetsch am 22. Juli 1324 im Austausch andere Einkünfte an, *Hauswirth*, Urkunden (wie Anm. 12), 172f. Nr. 150; QGStW I/1, Nr. 320. Seine Gemahlin Gisela hatte zuvor am 1. April desselben Jahres mit seiner Zustimmung in der Schottenkirche, die sie zu ihrer Begräbnisstätte erwählt hatte, auf einem Pfund Geldes ein ewiges Licht gestiftet, *Hauswirth*, Urkunden (wie Anm. 12), 171f. Nr. 149; QGStW I/1, Nr. 319. Im unmittelbar darauffolgenden Fall hatte Konrad Urbetsch, ebenfalls Hubmeister, der Sohn des Obengenannten, dem Kloster ein Viertel des Weinbergs übertragen, der *am Nuesperg* gelegen war. Von dessen Einkünften, so habe dieser befohlen, sei auf ewig sein Anniversar und das seiner Gemahlin Brigitte mit dem in der Urkunde beschriebenen Aufwand zu feiern. Da jedoch der Weinberg von seinen Früchten her nicht in der Lage sei, den beschriebenen Aufwand zu unterstützen (*quia ipsa vinea de suis fructibus non potest onus predictum supportare*), befand Narziß, daß das Anniversar genauso versehen werden sollte wie das des zuvor genannten Hubmeister-Vaters und daß in der erwähnten Georgskapelle wöchentlich eine Ewigmesse zu halten sei, wenigstens eine zum Gedenken des Paares, MGH Necr. 5 (wie Anm. 11), 310. In der entsprechenden Stiftungsurkunde vom 7. Juni 1330 hatte Konrad Urbetsch jr. über die Festlegungen seines Vaters hinausgehend angeordnet, daß dem Schulmeister 24 und dem Mesner zwölf Pfennige anläßlich seiner Jahrtagsvigil zu geben seien. Von der Forderung seines Vaters nach einem Fleisch- und einem Fischgericht war er indes zu zwei Fischgerichten übergegangen, *Hauswirth*, Urkunden (wie Anm. 12), 189f. Nr. 166; QGStW I/1, Nr. 327.

48 Als ältestes ein Gülten-Buch des Schottenklosters in Wien vom Jahre MCCCXIV. Hrsg. v. *Franz Goldhann*, in: Quellen und Forschungen zur vaterländischen Geschichte, Literatur und Kunst. Wien 1849, 1–208; sodann ein Urbar über die nördlich der Donau gelegenen Schottenbesitzungen von 1322 (ediert von *Karl Lechner*, Ein unbekanntes Urbar des Wiener Schottenklosters aus dem Jahre 1322, in: MIÖG 68, 1960, 402–433); zwei Grundbücher, die von 1376–1389 und 1390–1402 reichen (Edition: Zwei Urbare des Stiftes Schotten in Wien aus den Jahren 1376 und 1390. Hrsg. v. *Albert Ritter von Camesina*, in: BMAW 13, 1873, 177–194; ein Urbar von 1377, das den Schottenbesitz südlich der Donau verzeichnet (ediert von *Sylvia Petrin*, Das Urbar des Wiener Schottenklosters über dessen außerstädtischen Besitz vom Jahre 1376. Ungedruckte Prüfungsarbeit am Institut für Österreichische Geschichtsforschung. Wien 1962, die mir leider nicht zugänglich war); ein unediertes Grundbuch, das sich im Archiv des Schottenklosters befindet (Scrinium 77, N.2; vgl. *Lechner*, Ein unbekanntes Urbar, 402 Anm. 1); ferner ein Rechnungsbuch für die Jahre 1411 bis 1418 (vgl. *Karl Schalk*, Berechnungen von Amtleuten der Stiftsherrschaft Schotten in Wien aus den Jahren 1411 bis 1418, in: Bll. f. Landeskunde von NÖ, 277–328) sowie schließlich mehrere unedierte Urbare, Dienst- und Gewährbücher aus den Jahren 1401–1414, 1418, 1434–1436 und 1434–1461 (vgl. die Aufstellung von *Karl Janecek*, Zur Besitzgeschichte des Wiener Schottenklosters, in: Jb. d. Ver. f. Gesch. d. Stadt Wien 5/6, 1947, 24–92, hier 24f.). Zu einem *liber fundi* von 1334ff., auf den im *Liber oblationum* hingewiesen wird, s.u. Die umfangreiche topographische und ertragsgeschichtliche Auswertung der Grundbücher von Janecek hat für den Wiener Grundbesitz des Schottenklosters durch Einbeziehung des ältesten Dienstbuches von 1314/27 zuletzt ergänzt *Richard Perger*, Die Grundherren im mittelalterlichen Wien, in: Jb. d. Ver. f. Gesch. d. Stadt Wien 19/20, 1963/64, 15–35. Vgl. *Rapf*, Schottenstift (wie Anm. 12), 111f. Anm. 21. – Konrad Urbetsch wird im ältesten Gültenbuch von 1314/27 mehrfach erwähnt (*Goldhann*, Gülten-Buch, 167, 176f., 181, 186, 193f.). Ebenso ist darin der zuvor erwähnte Jakob von Chrut mehrfach verzeichnet (*Goldhann*, Gülten-Buch, 167, 170, 174, 178, 181–183, 192, 194). *Janecek*, Besitzgeschichte, u. *Perger*, Grundherren, 16 (Tab.) haben aus allen von ihnen einbezogenen Grund- und Dienstbüchern für ihn Beträge von 360 bzw. 240 Pfennigen errechnet. 240 Pfennige entsprachen seinerzeit einem Pfund Wiener Pfennigen.

von Narziß in diesem Fall benutzt wurde: Eine Dame namens Matz, die Hinterbliebene des Herrn Ulrich von Neuburg, hatte dem Kloster viereinhalb Pfund Pfennige ewigen Zinses von dem Gut vor der Pforte der Schotten gemäß dem Wortlaut der darüber abgefaßten Urkunde vermacht, wobei die Einkünfte, wie Narziß feststellte, tatsächlich noch vom Kloster besessen wurden (*qui quidem redditus adhuc hodie quasi possidentur a predicti monasterio*). Daher ordnete Narziß an, daß ihr Anniversar gänzlich gemäß ihrer Urkunde abzuhalten sei, wiederum nämlich mit Vigilien, bei denen drei Lektionen zu singen waren, und mit einer gesungenen Totenmesse.[49]

Matz hatte mit ihrer Urkunde vom 16. Februar 1315 für sich einen Jahrtag stiften wollen, wozu sie der Klostergemeinschaft viereinhalb Pfund und 46½ Pfennige an Gülten von 29 namentlich und mit ihren Beträgen genannten Wiener Grundholden übertragen hatte.[50] Im ältesten Dienstbuch des Schottenklosters von 1314/1327 findet sich ein Eintrag mit allen in der Stiftungsurkunde aufgezählten Holden samt ihren Belastungen.[51] Obwohl auch Matz für den Fall der Nichterfüllung ihrer Auflagen verfügt hatte, daß ihre *naehste(n) vrewnt* sich

49 MGH Necr. 5 (wie Anm. 11), 310. Eine gewisse Elisabeth, genannt Metterin, so Narziß in einem anderen Fall, hatte dem Kloster ein bestimmtes Haus übertragen, von dessen jährlichem Zins eine tägliche Ewigmesse in der dem Kloster zugehörenden Paulskapelle gehalten werden sollte mit bestimmten Aufwendungen gemäß dem Wortlaut der darüber erlassenen Urkunde. Desgleichen habe sie dem einstigen Abt Heinrich (I.) in das Sondervermögen einen bestimmten Weinberg, der *an der Weissenleytten* gelegen war, übergeben. Doch weil das genannte Haus nicht bekannt sei und der Weinberg durch den Abt Heinrich in den gemeinsamen Besitz des Klosters gelangte, obwohl er von Rechts wegen nicht in das Eigentum desselben hätte fallen dürfen, wenngleich auch der Weinstock jährlich kaum zwei Pfund Pfennige an barem Gelde erbringe, habe er befunden, daß es für das Seelenheil der genannten Dame und für die Gewissensruhe sowohl des Abtes als auch der Brüder des Klosters hinreiche, wenn sie ihren Jahrtag und den ihres Gatten Konrad Metter auf ewig begehen in der Weise wie oben, doch so daß ihnen bei jeder Jahrtags- und Hauptmesse vier weitere gelesene Messen auferlegt seien zum Gedenken der Wohltäter, MGH Necr. 5 (wie Anm. 11), 310. In diesem Fall brauchte Narziß nichts zu ändern, denn die Stifterin hatte in ihrem Testament vom 20. Juli 1340 von den Mönchen für sich und ihren verstorbenen Gatten einen ewigen Jahrtag gefordert *mit vigili, mit Selmesse und mit anderm gepet, als irs Ordens gewonhait ist, des naehsten tages vor sant Andres tage oder darnach*, also bereits in der Form, die Narziß, wie aus den vorangegangenen Fällen hervorgeht, augenscheinlich anstrebte, *Hauswirth*, Urkunden (wie Anm. 12), 221f. Nr. 195; QGStW 1/1, Nr. 345. Agnes, die Hinterbliebene des Perwinder, hatte in ihrem Testament dem Kloster einen Weinberg, *in Grinczing am Schenkenperg* gelegen, mit seinen Rechten und Zubehör vermacht, dessen Weinstöcke fünf Viertel ertrügen. Von diesem Weinberg und seinen jährlichen Einkünften bestimmte sie, daß zum Lob des Allmächtigen und seiner Jungfrau Maria sowie zu ihrem Seelenheil jährlich und wöchentlich eine Totenmesse montags in der Katharinenkapelle, ihrem Begräbnisort, gesungen werden sollte. Da dies jedoch die Brüder auf gemeinsamen Beschluß hin so nicht akzeptiert hätten (*Verum quia predicti monasterii fratres de communi consilio non ita acceptaverunt*), ordnete Narziß mit der ihm verliehenen Autorität an, daß gemäß der bisher geübten Gewohnheit (*iuxta consuetudinem hactenus inolitam*) wöchentlich eine Missa pro defunctis gelesen und zum Ausgleich für den Gesang ihr Jahrtag mit Vigilien von drei gesungenen Lektionen und einer gesungenen Totenmesse begangen werden sollte. Unmittelbar bei dieser Messe sollten vier weitere zu ihrem Gedenken gelesen werden, in jede von ihnen eingeschlossen eine Kollekte für ihre Seele, MGH Necr. 5 (wie Anm. 11), 310f. Dazu vgl. QGStW 1/1, Nr. 508 zu 1442 mit der Quellenangabe: „Erwähnung im *grösseren Stift Büchel*", womit zweifellos der *Liber oblationum* gemeint ist.

50 *Hauswirth*, Urkunden (wie Anm. 12), 149f. Nr. 127; QGStW 1/1, Nr. 302.

51 *Goldhann*, Gülten-Buch (wie Anm. 48), 181.

dann um ihren Jahrtag entweder im Schottenkloster oder in einem anderen Gotteshaus bemühen sollten, waren die von ihr vergabten Mittel im Besitz der Mönche geblieben.[52]

Die klar erkennbare kaufmännische Rechenhaftigkeit in der Verfahrensweise des Kommissars scheint die oben unterstellten Motive für diese Bestandsaufnahme zu bestätigen. Zunächst überprüfte Narziß jeweils, ob sich die angegebenen gestifteten Güter oder Geldmittel überhaupt noch im Klosterbesitz nachweisen ließen. Hierzu zog er die damals verfügbaren Dienstbücher und Urbare des Klosters heran. Wurde er auf diese Weise fündig, dann versuchte er in einem zweiten Schritt, die Höhe der seinerzeitigen Einkünfte aus den Stiftungsgütern zu ergründen. Diese verglich er in einem dritten Schritt mit den in der entsprechenden Stiftungsurkunde angegebenen und setzte sie darauf viertens ins Verhältnis zu den dafür geforderten liturgischen Leistungen. Entsprachen die ermittelten Erträge nicht mehr den ursprünglichen stifterlichen Vorgaben, so wurden dementsprechend auch die vom Konvent zu erbringenden Gebetsdienste vermindert. Maßgebend war dabei weder die Höhe der Stiftungen noch Stand und Ansehen des Stifters. Bei der Festlegung der Gegenleistungen strebte Narziß vielmehr offenkundig eine fest umrissene, vereinheitlichte Form für die Abhaltung der Jahrtagsfeierlichkeiten an. Denn in sieben der neun Fälle ordnete er Vigilien mit drei gesungenen Lektionen und einer gesungenen Totenmesse an. Hierbei griff Narziß wahrscheinlich zum einen die Anregungen Martins von Senging auf und orientierte sich andererseits an den Bestimmungen der Basler Statuta. Verallgemeinernd kann man sein Vorgehen insofern durchaus als eine vorreformatorische „Stiftungsreduktion“, also eine „Herabsetzung der auf Stiftungen ruhenden Lasten“, bezeichnen.[53] Neben seinen Normierungsbemühungen war Narziß jedoch sichtlich bestrebt, auch der Individualität der stifterlichen Verfügungen noch gerecht zu werden. Wiederum in Abhängigkeit von den ermittelten Stiftungseinnahmen nahm er auf persönliche Heiligenpatrone oder die Begräbnisorte der Stifter Rücksicht und verfügte in einem letzten Schritt Ewigmessen und spezielle Gebetsge-

52 In einem weiteren Fall hatte ein Hierz genannter Wiener Bürger in seinem Testament dem Kloster wegen Gott und zum Heil seiner Seele sowie dem seiner Gemahlin, genannt Hailken, rechtmäßig einen Weinberg in Ottakring, Pyber bezeichnet, vermacht. Von vier Pfund Einkünften des Weinbergs sollte der Jahrtag der beiden gefeiert und von vier weiteren Pfund kranke Brüder des Klosters gepflegt werden. Narziß ordnete an, daß das Anniversar der beiden mit Vigilien von drei gesungenen Lektionen und einer gesungenen Totenmesse auf ewig zu begehen sei. Darüber hinaus verfügte er, daß am Jahrtag zusätzlich ein besonderes Gedenken im Kapitel gehalten werden sollte, wo alle Brüder zum Gebet für die Verstorbenen zusammenzukommen pflegten, und zwar so daß bei dieser Gelegenheit verkündet werde, daß Hierz für sein besonderes Andenken vier Pfund von dem erwähnten Weinstock für den Krankensaal gewidmet habe, MGH Necr. 5 (wie Anm. 11, 311. Die Bestimmungen aus Hierz‘ Testament vom 13. Dezember 1302 wurden, soweit sie sich auf das Schottenkloster bezogen, exakt wiedergegeben, *Hauswirth*, Urkunden (wie Anm. 12), 109–111 Nr. 91; QGStW 1/1, Nr. 274. Hierz hatte das Testament doppelt ausfertigen lassen und je ein Exemplar dem Schottenkloster und dem Zisterzienserstift Zwettl ausgehändigt, da die jeweiligen Äbte als Vollstrecker fungieren sollten (QGStW 1/1, Nr. 744). Während von beiden Äbten am 1. Februar 1304 der Vollzug weiterer in dem Testament enthaltener Verfügungen beurkundet wurde (QGStW 1/1, Nr. 747 u. 748), blieben die obigen Auflagen jedoch auch in diesem Fall offenbar unerledigt.

53 Vgl. *Hermann Nottarp*, Die Stiftungsreduktion. Ein Beitrag zur Lehre von der Clausula rebus sic stantibus, in: Fschr. Ernst Zitelmann. Altenburg 1923, 373–411, hier 375. Ähnliche Maßnahmen lassen sich bereits im Früh- und Hochmittelalter beobachten, etwa wenn ein vergleichsweise reicher Konvent wie Cluny unter der Last zehntausender Armenspeisungen wirtschaftlich zusammenzubrechen drohte. Siehe hierzu *Joachim Wollasch*, Konventsstärke und Armensorge in mittelalterlichen Klöstern, in: Saec 39, 1988, 184–199, bes. 195ff.

denken an den entsprechenden Festtagen und den Grablegen, sofern sich diese im Bereich des Klosters befanden.

Damit war Narziß' Tätigkeit jedoch noch nicht beendet. Laut dem Bericht aus dem Notariatsinstrument wurden von ihm mit der größtmöglichen Sorgfalt ebenfalls alle anderen Urkunden durchgesehen, in denen im Namen des Herrn Auflagen gemacht worden waren. Dabei habe er festgestellt, daß die Einkünfte, auf denen sie gestiftet waren, teilweise entfremdet worden waren, während von einigen stark anzunehmen sei, daß an deren Übertragung von Einkünften nie eine Verpflichtung geknüpft war.[54] Daher habe er aufgrund der ihm übertragenen Vollmacht im Hinblick auf die Lauterkeit und Ruhe der Gewissen jetziger und zukünftiger Brüder des Klosters beschlossen, daß diese Verfügungen alle zukünftig keine Kraft und Bedeutung mehr haben und die Brüder aufgrund dieser Urkunden zu gar nichts verpflichtet sein sollten.[55] Ausschlaggebend für die Aufhebung der Verpflichtungen waren also wiederum die fehlenden Einkünfte aus den einstigen Stiftungen sowie fehlende Auflagen. Weiterhin habe Narziß in gleicher Weise die Totenbücher (*libri mortuorum*) des Klosters durchgesehen. Hierbei seien sehr viele von alters her eingeschriebene Anniversare entdeckt worden, von denen man überhaupt nichts besitze, von denen auch einige seit so langer Zeit nicht gefeiert würden, wie sich das menschliche Gedächtnis erstrecke.[56] Daher habe er kraft der ihm verliehenen Autorität die Brüder davon befreit, so daß sie in Zukunft zu deren Abhaltung nicht mehr verpflichtet seien, da dies sowohl ihnen als auch ihren Nachfolgern nur Bürde und Last wäre (*quia tam ipsis, quam posteris eorum esset onerosa atque tediosa*). Ebenso sei anzunehmen, daß sehr viele der vorgenannten Wohltäter auch einiges für den Gottesdienst übertragen hätten, wofür bislang im besonderen nichts geschehe. Und es sei zu befürchten, daß diese Güter durch die Nachlässigkeit ihrer Vorgänger (sc. der Iro-Schotten) entfremdet oder verfallen sind. Damit aber sowohl der Abt als auch die derzeitigen Konventsmitglieder sowie ihre Nachfolger gegenüber den Wohltaten nicht undankbar erschienen (*ne igitur eorum beneficencie ipsi tam abbas quam conventus et eorum successores videantur ingrati*), habe er verordnet, daß alle Spender und Wohltäter gemäß dem Ausmaß ihrer Verdienste an den geistlichen Früchten der Gemeinschaft teilhaftig sein sollten.[57] Damit schließt der Bericht des Narziß. Es folgen die Zeugen und die Beglaubigung durch den Notar.

Da diese Bemerkungen eher allgemein gehalten sind, ist aus ihnen kein Anhaltspunkt zu gewinnen, wessen Schenkungen mit oder ohne Auflagen hier abgehandelt wurden. Auch der Hinweis auf die durchgesehenen Totenbücher des Klosters ist angesichts ihrer Überlieferungslage zunächst wenig hilfreich. Ein mittelalterliches Nekrologium des Schottenklosters ist lediglich in einer Abschrift des späten 16. und in einem Druck des 18. Jahrhunderts er-

54 *(...) perspectis (...) litteris, in quibus divini nominis obsequia sunt ordinata, reperit et invenit, quod redditus, super quibus erant fundata, sunt partim alienati et de quibusdam vehementer presumitur, quod eorum ordinatio cum reddituum collacione numquam sit excucioni demandata*, MGH Necr. 5 (wie Anm. 11), 311.

55 *Ideo auctoritate prefata sibi, ut prescribitur, tradita ob serenitatem ac quietudinem conscienciarum presencium et futurorum fratrum eiusdem monasterii decrevit, eas omnes et singulas nullius fore roboris aut momenti et ipsos fratres propter easdem litteras penitus ad nichilum obligari* (ebd.).

56 *(...) de quibus penitus nichil habetur, quorum eciam aliqua non sunt celebrata a tanto tempore, quantum se memoria hominum extendit* (ebd.).

57 *(...) ut iuxta suorum meritorum exigenciam omnes collatores et benefactores communium bonorum sint participes* (ebd.).

halten.[58] Die darin enthaltenen Namen reichen zwar bis in die Frühzeit des Klosters zurück, bezeichnen jedoch überwiegend österreichische Äbte, Markgrafen und Herzöge. Die Namen der neun bisher angesprochenen Stifter erscheinen jedenfalls nicht. Auf einige wenige im Nekrologium dokumentierte Anniversarstiftungen wird aber aufgrund ihrer Aufnahme in den *Liber oblationum* im folgenden noch einzugehen sein.

Aufschlußreicher für den Umgang mit früheren Schenkungen und Stiftungen erscheint hingegen der vom Gutachter eingeschlagene Argumentationsgang. Ganz ähnlich wie die reformierenden Benediktiner andernorts operierte auch Narziß mit den *onera in spiritualibus*, den in der Vergangenheit für einst willkommene Wohltaten übernommenen und nun als Last empfundenen Gegenleistungen, sowie mit den *onera in temporalibus*, den durch die Liederlichkeit der verweltlichten Vorgänger, hier der Iro-Schotten, hervorgerufenen wirtschaftlichen Mißständen, um seine Entscheidungen zu rechtfertigen.[59] Indem er dadurch die Mönche gegenüber ihren Wohltätern nicht als undankbar erscheinen lassen wollte, nahm er Rücksicht auf die öffentliche Meinung, in diesem Fall wohl auf die Familien der Stifter.

Nach dem Abzug der Iro-Schotten schien es leicht, sie für allerlei Mißstände verantwortlich zu machen. Zwar wird man mit Blick auf die Visitationsberichte über den Zustand der Temporalia in anderen Benediktinerkonventen Österreichs annehmen müssen, daß sich die weltlichen Besitztümer des Schottenklosters 1418 ebenfalls in keinem befriedigenden Zustand befanden. Daß die iro-schottischen Mönche in ihrer Güterverwaltung sehr nachlässig gewesen sein sollen, wird jedoch durch die zahlreich überlieferten Grund- und Dienstbücher des Klosters aus dem 14. Jahrhundert und dem Anfang des 15. nicht gerade gestützt.[60] Vielmehr verstärkt sich der Eindruck, daß sich der neue Konvent auf dem Wege der Interpretation alter Stiftungsurkunden durch einen Beauftragten bisheriger Verpflichtungen, die den Neuanfang belasteten, zu entledigen suchte.

Narziß von Berching verstarb am 16. Oktober 1442. Die Klostergemeinschaft hätte sich also im Bedarfsfall entweder beim Diözesan um einen anderen Beauftragten bemühen müssen oder die Stiftungsangelegenheiten von nun an selbst in die Hand nehmen. Offensichtlich entschied man sich für letzteres. Auf das Notariatsinstrument folgt in dem *Liber* dann die Abschrift einer Urkunde des Abtes Johannes und seines Konventes vom 5. Januar 1443, mit der die Mönche ihre Absicht bekundeten, ein Verzeichnis ihrer Wohltäter anzulegen. Damit man sich leichter und sicherer der Gönner erinnern könne, die dem Kloster für ihre Gaben

58 Vgl. dazu *Adalbert Fr. Fuchs*, Bericht über die Totenbücher Nieder-Oesterreichs, in: NA 35, 1910, 721–766, hier 735f. u. *Helmut Flachenecker*, Schottenklöster: Irische Benediktinerkonvente im hochmittelalterlichen Deutschland. (Quellen u. Forsch. aus d. Gebiet d. Gesch., NF. H. 18.) Paderborn/München/Wien/Zürich 1994, 35f. *Flachenecker* verweist außerdem noch auf ein *Kalendarium de Anno 1515* (Schottenarchiv Scrinium 103 Nr. 2), das aber lediglich das Gedächtnis des Klosterstifters enthalte (*Flachenecker*, Schottenklöster, 36 Anm. 111).

59 Vgl. etwa *Frank*, Peterskloster (wie Anm. 21), 152.

60 Zur wirtschaftlichen Lage des Konvents ca. 1400 bis 1418 und zur tendenziösen Beurteilung derselben durch das in der zweiten Hälfte des 15. Jahrhunderts geschriebene *Memoriale reformationis ad Scotos* sowie zu dessen anhaltender Wirkung auf die Historiographie des Schottenklosters s. *Barry*, Zustände (wie Anm. 19), 79–83. Man hat den Iro-Schotten z.B. ferner unterstellt, sie hätten bei ihrem Abzug nach Regensburg 1418 wichtige Dokumente mitgenommen, *Hauswirth*, Abriß (wie Anm. 12), 28. Doch ließen sich in St. Jakob zu Regensburg keine Hinweise finden, die diese Behauptung hätten stützen können, *Hübl*, Wiener Schotten und das Mutterkloster (wie Anm. 31), 150; vgl. *Ders.*, Catalogus (wie Anm. 12), Vf. Und ebenso spricht die beachtliche urkundliche Überlieferung, wie sie durch Hauswirths Edition und Wolfsgrubers Regesten dokumentiert wird, dagegen.

keinerlei Verpflichtungen auferlegten (*ut facilius atque cercius rememorari valeant nostrorum carorum beneficia nobis gratuito exhibita*), hätten sie sich bemüht, in kurzem Schreibstil deren Schenkungen zusammenzufassen (*sub brevi stilo conscribere*). Als Grund dafür gaben sie an, daß kein Eintrag über diese Wohltaten in dem Kalendarium dieses Buches gefunden werden konnte und daß diese auch nicht in Anniversar-Urkunden (*in litteris anniversarialibus*) festgeschrieben seien. Vertrauend auf die Frömmigkeit der Brüder (*de fratrum devocione confisi*) hätten viele der Spender beabsichtigt, sich mit den daraus erwachsenden geistlichen Früchten zu begnügen, indem sie die Schultern der Mönche nicht zusätzlich durch die dauerhafte Einrichtung von Jahrtagen oder anderen gottesdienstlichen Verpflichtungen beschweren wollten.[61] Schließlich ermahnten die Brüder in der Liebe zu Christus alle ihre Nachfolger, sich ebenfalls, von frommer Andacht bewegt, ähnlich zu bemühen, die Wohltaten ihrer Gönner Gott zu befehlen und auf ähnliche Weise in Schriften zusammenzufassen. Somit könnten sie dann zur Einsichtnahme wiederholt darauf zurückgreifen, um Gott den Allmächtigen für die Spender zu bitten, so daß weder die jetzigen noch spätere Konventualen der Undankbarkeit beschuldigt würden (... *et in scriptis simili modo redigere, ut crebro ad ipsa conspicienda fratres recurrant deum omnipotentem pro eisdem rogaturi, ne tam nos quam ipsi aput ipsum deum omnipotentem arguamur ingratitudinis in futurum*).

Neben dem ausführlich geschilderten internen Verwendungszweck für das Wohltäterverzeichnis scheint hier wiederum als Motiv auf, nach außen, etwa gegenüber den Angehörigen der Stifter und Wohltäter, auf Dauer einen korrekten und damit vertrauenswürdigen Umgang mit deren Vergabungen und den daran geknüpften Auflagen demonstrieren zu wollen.

An diese Ausführungen schließt sich eine Liste von zunächst 28 Einträgen an mit den Namen der Wohltäter und ihren Gaben sowie ihrem Todestag. Diese Einträge wurden auf einmal von einer Hand vorgenommen. Ihre Zusammengehörigkeit ergibt sich auch aus der wohl gleichlautenden Originalurkunde.[62] In dieser folgt allerdings die Datierungszeile auf die Liste, was bei dem in Buchform fortzuführenden Verzeichnis freilich störend gewirkt hätte. Dieser erste Listenteil der Wohltäter wird zwar von König Albrecht II., als Herzog der fünfte dieses Namens, und seiner Gemahlin Elisabeth sowie dem herzoglichen Hubmeister Berthold von Mangen eröffnet, läßt aber dann keine weitere Hierarchisierung oder nur Ordnung, weder nach Stand oder Geschlecht noch nach Gabenwert oder Todesdatum, erkennen. Soweit erschließbar, stammen die Zuwendungen von einer Ausnahme abgesehen wohl aus den Jahren 1433 bis 1439. Die Gaben reichen von Büchern, Kirchenschmuck und Altarstiftungen über eigene Bauleistungen an den Klostergebäuden, Bettzeug für die klösterliche

61 (...) *quorum multi de fratrum devocione confisi studuerunt communibus bonis contentari, nolentes humeros nostros in speciali onerare per anniversariorum aut aliorum divini cultus obsequiorum perpetuam institucionem*, MGH Necr. 5 (wie Anm. 11), 312.

62 QGStW 1/1, Nr. 512. Zwar führt das Regest nur 27 Wohltäter auf und nennt auch nicht deren Todesdaten, jedoch ist aufgrund des Vergleichs der von Hauswirth edierten Stücke mit den entsprechenden Regesten anzunehmen, daß deren Bearbeiter Wolfsgruber auch in diesem Fall nur ihm relevant erscheinende Angaben wiedergegeben hat. So würde sich auch erklären, daß im Regest ausgerechnet ein anonymer Priester (*quidam sacerdos*) fehlt, der dem Kloster auch nur eine theologische Schrift vermacht hatte, MGH Necr. 5 (wie Anm. 11), 314. Einsichtnahme in das Original wird freilich schnell Klarheit bringen.

Krankenstube oder kostenlosem Theologieunterricht für die Mönche bis zu Wein und Speisen, sachkundiger Beratung und Hilfe oder barem Geld.[63]

Nur vier von den 28 Wohltätern erscheinen auch in dem oben angesprochenen Nekrologium des Schottenklosters.[64] Schon diese deutliche Differenz spricht dagegen, dieses Nekrologium als für die Totenmemoria im 15. Jahrhundert relevantes Zielverzeichnis anzusehen. So wird z.B. dem Hubmeister Berthold von Mangen im Wohltäterverzeichnis zugute gehalten, daß er einen Großteil zur Errichtung des neuen Dormitoriums beigetragen und mit Rat und Hilfe das geistliche und weltliche Gedeihen des Klosters befördert habe. „Er starb am 15. August; seinen Jahrtag, der nach wohlgefälliger Gewohnheit eingeführt wurde, sind wir gehalten, zu begehen, wie es sich an anderer Stelle offenbart."[65] In dem überlieferten Nekrologium findet sich zwar der Jahrtag Bertholds, *magni fautoris nostri et benefactoris nostri*, eingetragen zum 25. August, jedoch ohne nähere Erläuterungen zur Gestaltung des Anniversars. Wenn nicht schon in diesem, dann in einem anderen Fall scheint eher umgekehrt eine Nekrolognotiz als Quelle für einen Eintrag im Wohltäterverzeichnis gedient zu haben. Diesem zufolge hatte der Händler Hermann Hasil den Mönchen gemeinsam mit seiner Gattin Margaretha 200 Pfund Pfennige übertragen. Davon habe der Konvent bestimmte Einkünfte in Maisbierbaum und einen Obstgarten in Pulkau sowie eine ewige Gülte in Breitenlee gekauft. Das Anniversar Hermanns, der an einem 23. September verstorben war, sollte an diesem Tag mit Singen begangen und seine Gattin aller von den Mönchen abzuhaltenden Gebete teilhaftig werden.[66] Im Nekrologium ist die für Hermann und seine Gemahlin abzuhaltende Jahrzeit zum 23. September vermerkt mit dem Zusatz, *qui ad hoc dedit 200 florenos pro vinea Resinger*.[67] Vermutlich hatte Hasil an das Bargeldlegat den Kauf eines bestimmten Weingartens als Bedingung geknüpft. Doch die Mönche kauften schließlich andere Einkünfte dafür. Dies muß nicht unbedingt als mangelnde Berücksichtigung des Stifterwillens ausgelegt werden. Zuweilen gelang es dem Kloster einfach nicht, geschenkte Güter in seinen Besitz zu bringen, weil sich die Bürger, Nachbarn oder Erben der Vereinnahmung entgegenstellten. So geschehen im Fall des Kürschners Johannes Pruggel, der laut Wohltäterverzeichnis zusammen mit seiner Gattin einen neuen Altar in der rechten Apsis zu Ehren der heiligen Jungfrau Maria, des heiligen Johannes des Evangelisten und der heiligen Katharina errichtet hatte. Seine Gemahlin hatte dem Konvent nach seinem Ableben ein Haus in der Nähe des Chores der Klosterkirche vermacht. Da aber die Bürger nicht wollten, daß dieses in den Besitz des Klosters käme, hätten sie bestimmt, daß den Mönchen für dieses Gebäude 50 Pfund Pfennige gegeben würden.[68] Der Eintrag ist auch noch in anderer Hinsicht aufschlußreich. Dieser Johannes, so heißt es weiter, verstarb am 8. September, wo er zusammen mit seiner Gattin in den *Liber mortuorum* eingeschrieben ist.[69]

63 Zum Formenreichtum frommer Vergabungen in Wien, auf den hier nicht näher eingegangen werden kann, s. *Lentze*, Seelgerät (1958).

64 König Albrecht II. († 27.10.1439), zu seinem Jahrtag im Nekrologium eingetragen, aber ohne seine im Wohltäterverzeichnis mitvermerkte Gemahlin Elisabeth; Berthold von Mangen († 15.8.), eingetragen zum 25. August; Magister Nikolaus von Dinkelsbühl († 13.2.1433), eingetragen zum 14.3.; Hermann Hasil († 23.9.), eingetragen zum 23.9.

65 MGH Necr. 5 (wie Anm. 11), 312.

66 MGH Necr. 5 (wie Anm. 11), 313.

67 MGH Necr. 5 (wie Anm. 11), 306.

68 MGH Necr. 5 (wie Anm. 11), 313. Vgl. auch weiter unten den Fall des Georg Melkamer.

69 *Obiit autem ipse Johannes VI.. yd. septembris, ubi cum ipso sua coniunx libro mortuorum est inscripta*, MGH Necr. 5 (wie Anm. 11), 313.

Den entsprechenden Vermerk sucht man in dem überlieferten Nekrologium indes vergeblich. Glaubt man hier noch an eine weitere Nachlässigkeit der Mönche, so wird man durch einen gleich gelagerten Fall schnell eines Besseren belehrt. Der Bregenzer Konrad Schmid und seine Gattin Dorothea, die in dem Konvent einen Sohn namens Melchior besaßen, hätten dem Kloster 100 Rheinische Gulden geschenkt und seien zum 20. Oktober in das Totenbuch eingeschrieben.[70] Auch hier wird man in dem überlieferten Nekrologium nicht fündig. Also kann dieses nicht gemeint gewesen sein, und es wird folglich noch ein anderes existiert haben.[71]

Als Begründung für die Anlage des Spenderverzeichnisses hatten Abt Johann und seine Brüder unter anderem angeführt, daß keine der ihnen erwiesenen Wohltaten in einer Anniversar-Urkunde festgeschrieben sei. Diese Angabe trifft nicht völlig zu. Der Wiener Bürger Georg Melkamer hatte dem Schottenkloster am 4. Januar 1434 seine sämtlichen Erbgüter, Weingärten, Häuser und Gärten, vermacht. Dafür sollten die Mönche, solange er lebte, ihm und seinen mit ihm im Kloster wohnenden zwei Dienern Unterhalt in Form von Speisen, Wein und Holz gewähren. Außerdem sei für seine Vorfahren am Montag in den Osterfeiertagen ein Jahrtag mit Vigil, neun Lektionen und Seelamt zu halten, und jeden Sonntag oder sooft gepredigt werde, *umb ir aller seln* [*zu*] *pitten (...) auf dem predigtstul*. Die Urkunde wurde von Leonhard, dem Prior von Mauerbach, als Stellvertreter des auf dem Basler Konzil weilenden Abtes Johann, sowie von Benedikt, dem Prior des Schottenkonvents, ausgestellt, und beide gelobten Melkamer, seine Verfügungen einzuhalten. Sobald der Abt zurück sei, wollte der Konvent ihn bitten, die Urkunde zu bestätigen.[72] Anscheinend hatte Melkamer keine eigene Stiftungsurkunde ausgestellt, sondern sich die Angelegenheit gleich in einer Selbstverpflichtung von der begünstigten Gemeinschaft bestätigen lassen, quasi als Stiftungsurkunde und Revers in einem. Ins Wohltäterverzeichnis schrieb man, zwar hätte Georg Melkamer, mit seinen und für seine Wohltaten ein Anniversar eingerichtet, doch da das ausgegebene Geld weit über diesen Zweck hinausreiche, habe es den Mönchen gefallen, zu seiner besonderen Empfehlung seine Schenkungen zudem auch hier einzufügen. „Denn selbiger Georg hat uns sieben Weinstöcke und zwei Häuser in Perchtoltsdorf übertragen, ebenso vier Weinstöcke zu St. Veit und ebenso zwei weitere Weinstöcke, einen auf dem Berg Hohenbar, den anderen in Alseck, zusammen mit Gefäßen und dem Wein eines Jahres. Dazu einen silbernen, vergoldeten Becher im Wert von 50 Pfund [Pfennigen]. Er verstarb am 29. März, und sein Jahrtag wird fürderhin immer am Montag nach Ostern mit Vigilien von neun Lektionen am Abend vor den Vespern begangen, wobei das Invitatorium [Ps. 94] mit Responsorien und das „Benedictus" zu singen sind, während die übrigen gelesen werden. Und am Morgen wird durch die Brüder die Messe gesungen mit aufgestellten größeren und kleineren Kerzen sowohl zu den Vigilien als auch zur Messe. Darüber hinaus vollzieht man dessen Memoria und die seiner Gemahlin zugleich auch mit der seines Schwiegervaters, Friedrich von Doerffen, in allen öffentlichen Predigten bis zum Weltenende. Zu beachten ist jedoch, daß die Einwohner von Perchtoltsdorf nicht wollten, daß die genannten beiden Häuser in den Besitz des Klosters kämen, ja uns sogar zwangen, die Häuser für 126

70 *(...) et sunt libro mortuorum inscripti XIII. kal. Novembris*, MGH Necr. 5 (wie Anm. 11), 313.

71 Nicht völlig auszuschließen ist freilich, daß bereits der Abschreiber des Nekrologiums im späten 16. Jahrhundert auf diese Einträge verzichtet hat.

72 QGStW 1/1, Nr. 493.

Pfund Pfennige zu verkaufen. Doch ist das Geld ohne Zweifel zum Nutzen des Klosters verplant und ausgegeben worden."[73]

Auch in diesem Fall konnte das Kloster nicht in den Besitz der Stiftungsgüter gelangen und mußte sich mit einer geldlichen Abfindung zufrieden geben. Weit über einhundert Gulden erschienen den Mönchen indes zuviel für einen einmal pro Jahr zu feiernden Jahrtag und das Gedenken für die Angehörigen des Stifters innerhalb der Predigten. Deshalb fühlten sie sich verpflichtet, ihn über diese Leistungen hinaus auch in das Verzeichnis ihrer Gönner aufzunehmen, um ihn so an den geistlichen Früchten der Gemeinschaft teilhaben zu lassen.

Ebenso verfuhren sie mit dem bereits oben erwähnten Ritter Jakob von Chrut. Zunächst wurde auf seine Kapellenstiftung im Beinhaus, den dortigen Lichterdienst und sein Anniversar verwiesen, für die er Gülten in Höhe von zehn Pfund übertragen habe, wie aus dem Notariatsinstrument und den entsprechenden Urkunden klar hervorgehe (*de quibus in instrumento plenius patet atque litteris*). Da Jakob dem Konvent aber zudem noch andere Besitzungen ohne jede Auflage geschenkt habe, und zwar mit einer jährlichen Gülte von drei Pfund, drei Schilling und sieben Pfennigen, zieme es sich, Gott für ihn sehr eifrig zu bitten. Die Gülten nehme man von bestimmten Gütern vor dem Schottenkloster ein, wie dies einem alten *liber fundi* zu entnehmen sei, der mit dem Jahr 1334 oder kurz danach einsetze.[74]

Auf die ersten 28 zusammen vorgenommenen Einträge folgen weitere 21, die sämtlich von einer Hand geschrieben wurden.[75] Fast alle dokumentieren einmalige Zuwendungen ohne Auflage an das Kloster, also Schenkungen. Lediglich zwei Vergabungen sind als Stiftungen im engeren Sinn anzusprechen, indem eine dauernde Gegenleistung verlangt wird. Für beide ist keine Stiftungsurkunde überliefert. In einem Fall hat das jedoch seinen guten Grund, und aus diesem heraus stellt die betreffende Stiftung in dem immer wieder beob-

---

73 *Item Georius dictus Melkamer licet cum et pro suis beneficiis anniversarium instituerit, tamen quia multum superogasse videtur, ideo placuit ad eius specialem commendacionem suas donaciones hic inserere. (...) Obiit autem IV. kal. Aprilis, et eius anniversarium pro pluribus semper peragitur secunda feria in pasche cum vigiliis novem leccionum de sero ante vesperas cantando invitatorium cum responsoriis et „Benedictus", cetera leguntur, et in crastino per fratres canitur missa pro eisdem cum candelis maioribus et minoribus erectis tam ad vigilias quam ad missam. Item ipsius memoria et sue uxoris Barbare pariter et soceri sui Friderici de Doerffen fit in omnibus predicacionibus popularibus usque in finem seculi etc. Notandum tamen quod, quia cives in Perchtoltsdorff nolebant predictas duas domus venire in possessionem monasterii, quin ymmo cogebant nos ipsas domus vendere pro 126 lb. d., que tamen pecunia ad monasterii utilitatem est sine omni ambiguitate in pensa et expensa*, MGH Necr. 5 (wie Anm. 11), 314.

74 *Sed quia de bona voluntate alias possessiones nobis donavit gratis omnino videlicet annui census 3 lb. 3 β 7 δ, que habentur de certis fundis ante monasterium Scotorum, prout hoc clare invenitur in quodam libro antiquo fundi, qui incipit ab anno domini 1334 vel citra*, MGH Necr. 5 (wie Anm. 11), 314. Das fragliche Urbar läßt sich jedoch unter den überlieferten wohl nicht ausmachen. Vgl. *Lechner*, Ein unbekanntes Urbar (wie Anm. 48), 302 Anm. 1.

75 Nach Angabe des Editors Fuchs wurde das Wohltäterverzeichnis an dieser Stelle von dem auf Johann von Ochsenhausen folgenden Abt Martin von Leibitz (1446–1461) persönlich fortgeführt, MGH Necr. 5 (wie Anm. 11), 315 Note c. *Rapf*, Schottenstift (wie Anm. 12), 115 Anm. 63, zufolge soll indes Abt Martin 1449 und dann 1454 das von seinem Vorgänger und Konvent angelegte ausführliche Wohltäterverzeichnis fortgesetzt haben, was aber wohl auf eine Überinterpretation einer Fußnote bei *Hauswirth*, Abriß (wie Anm. 12), 40 Anm. 3, zurückgeht; vgl. MGH Necr. 5 (wie Anm. 11), 316 bzw. *Zappert*, Fragment (wie Anm. 11), 113f.

achteten Ringen der Klostergemeinschaft um das Vertrauen ihrer weltlichen Umgebung einen gewissen Höhepunkt dar. Sie soll deshalb wörtlich zitiert werden:

„Zu wissen ist, daß unser Mitbruder Erasmus Hacker, Bürger von Wien, uns einen bestimmten Weingarten, bei Ueteldorf gelegen, vermacht hat, so daß wir, Abt Martin und der Konvent des Wiener Schottenklosters, den guten Willen des genannten Mannes gegen uns und unser Kloster wahrnehmend (*attendentes prefati viri bonam voluntatem erga nos et nostrum monasterium*), in gemeinsamer Beratung beschlossen haben, ihm dies in Geistlichem zu vergelten (*pari consilio deliberavimus eidem vices in spiritualibus rependere*) und für ihn und die Seinen, wie er es wünschte, jährlich bis in alle Ewigkeit vier Requien um die Fronfasten herum durch uns selbst oder von unseren Schülern zu singen sowie immer an dem Tag, an dem eines dieser Requien gesungen wird, falls es uns möglich ist, weitere vier Messen für ihn und für jene zu lesen, für die er dies begehrte. Wenn anders, dann am vorhergehenden oder am folgenden Tag. Und weil über das Vorangeschickte keine Urkunde ausgefertigt wurde, da Erasmus und ebenso die Seinen uns aufrichtig vertrauen, haben wir für unsere Nachfolger dieses Memoriale eingetragen im Jahr des Herrn 1449, an der Vigil von Epiphania [5. Januar]. Unser erwähnter Mitbruder verstarb im vorangegangenen Jahr, im Herbst – seine Seele ruhe in Frieden!“[76]

Der Eintrag dokumentiert einen außerordentlichen Vertrauensbeweis eines Stifters. Dessen Zutrauen und das seiner Familie in den Konvent war offensichtlich so groß, daß eine Stiftungsurkunde von ihm für überflüssig erachtet wurde. An ihre Stelle und die eines Reverses konnte deswegen als weitere Schwundstufe des sonstigen Beurkundungsvorgangs von Jahrzeitstiftungen lediglich ein Anniversarbucheintrag treten. Dies zeigt zugleich, wie wichtig es ist, bei jeder Stiftung die Frage nach der Initiative zu stellen. Denn hierin konnte sich das Spektrum vom dezidierten stifterlichen Befehl offenbar bis zur Bitte einer geistlichen Gemeinschaft um eine Stiftung erstrecken.[77] Freilich ist im vorliegenden Fall zu berücksichtigen, daß Erasmus Hacker als Mitbruder bereits die Gebetsbruderschaft der Mönche besaß.

*

Gleichsam triumphierend kündete der zuletzt besprochene Eintrag vom wiedergewonnenen Vertrauen der Stifter. Das Bemühen des Schottenkonvents, die ihm von seinen Wohltätern auferlegten Verpflichtungen in ein angemessen erscheinendes Verhältnis zu seinen Interessen und Möglichkeiten zu setzen, war bei seiner Umgebung offenbar auf Verständnis gestoßen. Dieser Balanceakt, der vor dem Hintergrund der Reformbestrebungen zu einer stetigen Gratwanderung zwischen den monastischen Idealen und den Realitäten, sprich: den Erfordernissen einer Klosterwirtschaft geraten war, schien von Erfolg gekrönt. Aus dem beobachteten Umgang der Schottenmönche mit stifterlichen Willensäußerungen geht indes hervor, daß sie alle drei Möglichkeiten eines jeden Empfängers, sich zu den Verfügungen von

---

76 *Et quia de premissis nulla littera confecta fuit, quia prenominatus Erasmus et eciam sui nobis simpliciter sunt confisi, ideoque propter successores nostros hoc memoriale conscripsimus anno domini 1449 in vigilia epiphanie*, MGH Necr. 5 (wie Anm. 11), 316.

77 So nimmt *Bartsch*, Seelgerätstiftungen (wie Anm. 7), 15f., aufgrund von Formularvergleichen an, daß jedes der von ihm berücksichtigten Klöster (darunter auch das Wiener Schottenkloster) ein Formular bereithielt, nach dem es je nach Bedarf Urkunden auf Wunsch der Stifter anfertigte (Nachweise zum Schottenkloster ebd. 42 u. 48).

Stiftern zu verhalten, nutzten: Nämlich entweder erstens, die stifterlichen Verordnungen genau zu beachten, zweitens, diese zu erweitern, oder drittens, sie umzuändern, was im Extremfall auch deren Nichterfüllung einschloß. Der Anteil von Schriftlichkeit und Mündlichkeit an der jeweiligen Stiftungsvereinbarung hing vom Vertrauen der Stifter zu den Empfängern ab. So reichte das Ausmaß an Schriftlichkeit vom „vollständigen“ Beurkundungsvorgang mit Stiftungsurkunde, Revers des Empfängers und Anniversarbucheintrag über eine Schwundstufe ohne Stiftungsurkunde, bestehend aus einem Revers des Empfängers auf einen mündlichen Stiftungsauftrag und dem Anniversarbucheintrag, bis hin zum bloßen Eintrag ins Jahrzeitbuch. Insofern stellt jedes Jahrzeitbuch auch einen Nachweis des Vertrauens der klösterlichen Umgebung in einen Konvent dar.[78] Für die Stiftungswirklichkeit im Sinne der Zweckerfüllung liefern Anniversarbucheinträge als Absichtserklärung der Empfänger einschlägige Nachrichten, zumal wenn sie bei der Neuanlage von Gedenkbüchern immer wieder übernommen werden. Hinweise auf die Dauer von Stiftungen sind aber auch aus der Anlage der Dotation zu gewinnen. Die stetig wiederkehrenden Einkünfte bildeten ja die materielle Voraussetzung für den Bestand einer Stiftung, so daß ihre Dokumentation durch Rechnungsbücher, Quittungen u.ä., eventuell mit Verweisen auf den Verwendungszweck versehen, ebenfalls als Beleg für die Weiterexistenz von Stiftungen herangezogen werden können.

In Abhängigkeit von der jeweiligen Überlieferungslage dürften sich ähnliche Beobachtungen bei jeder Neuordnung des Totengedenkens, die im 15. oder Anfang des 16. Jahrhunderts von einem Klosterkonvent oder einem Stiftskapitel vorgenommen wurde, anstellen lassen.[79] Eine Untersuchung dieser Maßnahmen in vergleichender Perspektive könnte daher

78 Die Fülle der Schenkungen dokumentiert die Verbundenheit der Wiener mit dem Schotten-Konvent. Die übrigen 68 von verschiedenen Händen vorgenommenen Einträge reichen mindestens bis zum Jahr 1481 und halten vor allem Schenkungen an das Kloster fest, die vornehmlich zum Wiederaufbau der bei einem starken Erdbeben am 5. Juni 1443 schwer beschädigten Kirche sowie zur Ausschmückung ihrer Altäre dienten. Unter den Einträgen finden sich jedoch nur noch wenige Stiftungen im engeren Sinne, für die anscheinend auch keine Stiftungsurkunden überliefert sind. So hatte Dorothea Puschingerin dem Kloster 200 Pfund Pfennige vermacht, ohne eine spezielle Verpflichtung aufzuerlegen, in der Hoffnung, ihr werde Fürsprache durch die Gebete der Brüder zuteil (*nullam obligacionem specialem monasterio imponens, sperans suffragium sibi impendi oracionibus fratrum*). Diese 200 Pfund sollte ein Beauftragter in einem Zeitraum von 20 Jahren zahlen, jedes Jahr zehn Pfund um das Fest Michaelis (29. September) herum, beginnend im Jahre 1450. Einem anderen Eintrag zufolge hatten 1454 zwei namentlich nicht genauer bezeichnete Magister *de Pruna* dem Kloster 50 Gulden geschenkt und gebeten, daß der Jahrtag ihres Vaters und ihrer Vorfahren um das Fest des hl. Bischofs Ulrich (4. Juli) herum begangen werde, solange es den Mönchen gefalle (*quod anniversarium patris eorum et suorum progenitorum peragatur, quamdiu nobis placuerit*, MGH Necr. 5 [wie Anm. 11], 316). Für die Altarausstatter wurde sogar eine eigene Rubrik eröffnet, die jedoch nicht so konsequent geführt wurde, daß in ihr ausschließlich Schenkungen für Altäre erscheinen. Einer der letzten Einträge ist auf 1481 datiert, MGH Necr. 5 (wie Anm. 11), 318. Ein Wohltäter wurde aufgrund seiner Zuwendungen sogar in das Nekrologium aufgenommen: *October, VI. id.* [Anniversarium] *Leonhardi Suss, qui erexit et decoravit altare sanctae Crucis* (ebd. 306).

79 Siehe etwa *Frank*, Peterskloster (wie Anm. 21), 145–173; *Bloesch*, Anniversarbuch (wie Anm. 1), 47-49 („Nikolaus Blauensteins Revision der Präsenzverwaltung“, bis1452); *Butz*, Jahrzeitbuch (wie Anm. 1), 4; Dokumente ältester Münchner Familiengeschichte 1290–1620. Aus dem Stifterbuch der Barfüßer und Klarissen in München 1420. Hrsg. im Auftr. d. bayer. Franziskanerprovinz. (Münchner franziskanische Dokumente.) München 1958 (Erneuerung des Anniversarbuchs der Münchner Franziskaner 1424; vgl. *Schuler*, Anniversar [wie Anm. 1], 88); sowie die Anlage eines Wohltäterverzeichnisses im 16. Jahrhundert im Anschluß an das Nekrolog der Abtei Saint-Martin-des-

sowohl für die Frage nach dem Verhältnis von Stiftung und Stiftungswirklichkeit als auch nach der Wirksamkeit der Reformbemühungen des 15. Jahrhunderts neue Erkenntnisse zutage fördern.

Champs: Obituaire du prieuré de Saint-Martin-des-Champs, in: Obituaires de la province de Sens. Bd. 1. Hrsg. v. *Auguste Molinier*. (Receuil des Historiens de la France. Obituaires, Bd. 1.) Paris 1902, 419-486, hier 479–486; s. hierzu *Neiske*, Funktion und Praxis der Schriftlichkeit im klösterlichen Totengedenken (1997), 109–111. Zur Neuredaktion der Anniversarliturgie für die Salier durch das Speyerer Domkapitel im 13. Jahrhundert s. den Beitrag von Caspar Ehlers in diesem Band, S.19.

Der Bischof, die Stadt und der Tod

Kunststiftungen und Jenseitsfürsorge im spätmittelalterlichen Trier*

Von

Wolfgang Schmid

I. Einleitung

I.1. Trier um 1500 – eine Einführung

Trier um 1500, das ist eine Stadt, die mit knapp 10 000 Einwohnern an der Schwelle zur Großstadt angesiedelt werden kann, ein Handels- und Gewerbezentrum von überregionaler Bedeutung, wobei insbesondere der Handel mit Tuch und Wein hervorgehoben werden muß.[1] Zahlreiche geistliche Institutionen befanden sich innerhalb und außerhalb der Stadt[2], sie beherbergten eine stattliche Zahl bedeutender Reliquien, darunter in St. Matthias das einzige Apostelgrab nördlich der Alpen sowie den Petrusstab und den 1512 erhobenen Heiligen Rock im Dom.[3] Zu den Elementen, die die SANCTA TREVERIS charakterisieren,

---

* Die folgenden Untersuchungen stellen die persönlich gefärbte Schlußbilanz einer langjährigen Beschäftigung mit der Trierer Bildhauerei der Gotik und der Renaissance dar. Es würde zu weit führen, allen zu danken, denen das Projekt Anregungen und Unterstützung verdankt. Genannt seien vor allem die Kollegen vom Fach Geschichtliche Landeskunde an der Universität Trier, die studentischen Hilfskräfte im Grabmalprojekt, die Teilnehmer an Lehrveranstaltungen sowie die Mitarbeiter des Amtes für Kirchliche Denkmalpflege und des Bischöflichen Dom- und Diözesanmuseums. Es wäre ein Leichtes gewesen, den Anmerkungsapparat mit einer Vielzahl von Hinweisen auf ältere und neuere lokalgeschichtliche Literatur im speziellen, zur Kunst-, Sozial-, Kirchen- und Mentalitätsgeschichte im allgemeinen sowie mit Hinweisen auf archivalische Quellen zu den im Text genannten Personen anzufüllen; aus Gründen der Lesbarkeit beschränke ich mich auf die unmittellbaren Nachweise.
Abkürzungen: BAT: Bistumsarchiv Trier, LHKo: Landeshauptarchiv Koblenz, KDR: Die Kunstdenkmäler der Rheinprovinz.

1 *Lukas Clemens*, Trier – Eine Weinstadt im Mittelalter. (Trierer Hist. Forsch., Bd. 22.) Trier 1993; *ders./Michael Matheus*, Trierer Wirtschaft und Gewerbe im Hoch- und Spätmittelalter, in: Trier im Mittelalter. Hrsg. v. Hans Hubert Anton/Alfred Haverkamp. (2000 Jahre Trier, Bd. 2.) Trier 1996, 501-529; *Michael Matheus*, Trier am Ende des Mittelalters. Studien zur Sozial-, Wirtschafts- und Verfassungsgeschichte der Stadt Trier vom 14. bis 16. Jahrhundert. (Trierer Hist. Forsch., Bd. 5.) Trier 1984.

2 Knappe Einführung bei *Frank G. Hirschmann*, Civitas Sancta – Religiöses Leben und sakrale Ausstattung im hoch- und spätmittelalterlichen Trier, in: Trier im Mittelalter (wie Anm. 1), 399–476; *Rudolf Holbach*, Stiftsgeistlichkeit im Spannungsfeld von Kirche und Welt. Studien zur Geschichte des Trierer Domkapitels und Domklerus im Spätmittelalter. (Trierer Hist. Forsch., Bd. 2.) 2 T. Trier 1982; *Hans-Joachim Schmidt*, Bettelorden in Trier. Wirksamkeit und Umfeld im hohen und späten Mittelalter. (Trierer Hist. Forsch., Bd. 10.) Trier 1986.

3 Der Heilige Rock zu Trier. Studien zur Geschichte und Verehrung der Tunika Christi. Trier 1995; *Petrus Becker*, Die Benediktinerabtei St. Eucharius-St. Matthias vor Trier. (Germania Sacra, NF. Bd. 34.) Berlin/New York 1996.

gehört nicht zuletzt auch der Dom, der im 11. Jahrhundert seine in wesentlichen Teilen heute noch sichtbare Gestalt erhielt und in dem die meisten Trierer Erzbischöfe bestattet wurden. Ihre Grabmonumente stellen nicht nur eine zentrale Aufgabe der Bildhauerei dar, sondern beleuchten auch schlaglichtartig die sakralen Zentralitätselemente Triers: Die Residenzfunktionen der Moselmetropole hatten sich im 15./16. Jahrhundert bereits weitgehend nach Koblenz bzw. Ehrenbreitstein verlagert, dennoch blieb die Stadt Trier das kultisch-kulturelle Oberzentrum des Erzbistums. Neben der großen Zahl geistlicher Institutionen und der Universität macht dies vor allem die Kathedralkirche als Sitz des Domkapitels, als erzbischöfliche Grablege und als Zentrum der Heilig-Rock-Verehrung deutlich.[4]

Hinzuweisen ist außerdem auf den schwelenden Konflikt zwischen Stadt und Stadtherrn um die Reichsunmittelbarkeit Triers, Auseinandersetzungen, die sich bis zum endgültigen Urteil des Reichskammergerichts – das zu Ungunsten der Stadt ausfiel – im Jahre 1580 hinziehen sollten.[5] Im späten 15. Jahrhundert, als die meisten der hier zu besprechenden Werke entstanden, war die Stadt noch zuversichtlich. Wichtige Ereignisse fanden in diesen Jahren statt: 1473 erfolgte die Eröffnung der Trierer Universität. Das Unternehmen war zunächst von Erzbischof Jakob von Sierck in Angriff genommen worden, dann aber aus Finanzmangel ins Stocken geraten; es wurde schließlich auf Initiative des Rates zum Abschluß gebracht.[6] Im gleichen Jahr fand der Trierer Fürstentag statt, ein Treffen zwischen Kaiser Friedrich III. und Herzog Karl dem Kühnen, ein glanzvoller Höhepunkt spätmittelalterlicher Adelskultur, der Repräsentanten nahezu sämtlicher Häuser des europäischen Hochadels nach Trier führte.[7]

Wenige Jahre später – 1481/83 – wurde die Steipe durchgreifend umgebaut. Das um 1430 am Hauptmarkt errichtete Fest- und Empfangshaus des Rates läßt sich von seiner Funktion her mit dem Kölner Gürzenich vergleichen. Das viergeschossige Gebäude besitzt im Erdgeschoß drei offene Spitzbogenarkaden; es verdankt dem moselfränkischen Wort „Steipen“ für Stützen seinen Namen (Abb. 6).[8] Über den Öffnungen befinden sich krabbenbesetzte Kielbögen, zwischen denen vier Statuen angebracht sind: Petrus, der – so die Trierer Gründungslegende – seine drei Schüler Eucharius, Valerius und Maternus persönlich zur Missionierung der Moselstadt entsandte und diesen als Zeichen der apostolischen Sukzession der Trierer Bischöfe seinen Stab mitgab, weiter die nach der Legende in Trier geborene Kaiser-

4 *Dieter Kerber*, Die Itinerare der Trierer Erzbischöfe – Ansätze zur Residenzbildung, in: RhVjbll 56, 1992, 112–147; *ders.*, Herrschaftsmittelpunkte im Erzstift Trier. Hof und Residenz im späten Mittelalter. (Residenzenforsch., Bd. 4.) Sigmaringen 1995.

5 *Richard Laufner*, Triers Ringen um die Stadtherrschaft vom Anfang des 12. bis zum ausgehenden 16. Jahrhundert, in: Trier. Ein Zentrum abendländischer Kultur. (Jb d. Rhein. Ver. f. Denkmalpflege u. Heimatschutz, Bd. 34.) Neuss 1952, 151–174.

6 *Götz-Rüdiger Tewes*, Die Studentenburse des Magisters Nikolaus Mommer von Raemsdonck – Ein Konflikt zwischen Rat und Universität im spätmittelalterlichen Köln, in: Gesch. in Köln 20, 1986, 31-66; *ders.*, Die Esslinger Kreidweiß an den Höfen der Markgrafen von Baden und der Kurfürsten von Trier und Köln in der zweiten Hälfte des 15. Jahrhunderts, in: Esslinger Stud. 27, 1988, 33–66; *Michael Matheus*, Das Verhältnis der Stadt Trier zur Universität in der zweiten Hälfte des 15. Jahrhunderts, in: KurtrierJb 20, 1980, 60–139; *ders.*, Die Trierer Universität im 15. Jahrhundert, in: Trier im Mittelalter (wie Anm. 1), 531–552.

7 *Richard Laufner*, Der Trierer Fürstentag 1473, in: Trier vor 500 Jahren. Eröffnung der alten Trierer Universität und Trierer Fürstentag. Trier 1973, 15–26; 1473. Kat. Trier 1973.

8 *Hermann Spoo*, Beiträge zur Geschichte der Steipe zu Trier, in: Trierische Chronik 17, 1921, 25–27, 43–44, 62–63, 76–80; *ders.*, Das Haus der Bürger in Trier. Erforschtes zur Geschichte der mittelalterlichen Steipe, in: Die Steipe. Eine Dokumentation. Hrsg. v. Walter Queck. Trier 1972, 41–60.

Abb. 6: Die Steipe

mutter Helena, die das heilige Kreuz auffand, der Apostel Paulus, Schutzpatron der Universität, sowie Jakobus der Ältere, Patron des bedeutenden Jakobsspitals. Wir haben also ein Bildprogramm vor uns, das städtisches Selbstbewußtsein unter Beweis stellt, das signalisiert, daß Stadt, Rat und Marktgeschehen unter dem unmittelbaren Schutz der Heiligen stehen.[9] An den Ecken des Obergeschosses befinden sich zwei geharnischte Gestalten, die eine mit offenem, die andere mit geschlossenem Visier. Bereits in den Quellen des 15. Jahrhunderts werden sie als ‚Riesen' bezeichnet. Man könnte sie mit den Rolanden im norddeutschen Raum vergleichen, allerdings handelt es sich bei jenen stets um Einzelfiguren.[10] In jedem Fall kann man die ‚Riesen' als Schutzpatrone des Marktgeschehens deuten, wobei es der Phantasie der Betrachter überlassen bleibt, darin auch eine gegen die Erzbischöfe gerichtete Demonstration zu sehen – der ‚Riese' mit dem geschlossenen Visier wendet sich zur Sternstraße, die zum Domfreihof hin führt.

Zwei weitere Baumaßnahmen sind anzuführen: 1496 wurde eine Wasserleitung vom Herrenbrünnchen zum Hauptmarkt gebaut, wo der prächtige spätgotische Petrusbrunnen errichtet wurde. Sein Aussehen läßt sich aus einer Zeichnung von 1571 rekonstruieren; 1594/95 wurde er abgerissen, um einem aufwendigen Renaissancebrunnen Platz zu machen.[11] 1513 schließlich wurde im Trierer Rathaus – wie in zahlreichen Städten zuvor – eine Ratskapelle eingerichtet, für die ein Altarbild sowie die erforderlichen liturgischen Bücher und Geräte angeschafft wurden.[12]

Die genannten Bauten, die prächtigen Wohnhäuser der Bürger[13] und die Kurien der Mitglieder des Domkapitels[14], der Schmuck der vielen Kirchen und nicht zuletzt auch die zahlreichen Stiftungen am Vorabend der Reformation schufen eine rege Nachfrage nach Grabdenkmälern, Epitaphien, Heiligen- und Marienbildern, Altarretabeln, Wappentafeln, Fenstern, Türstürzen und anderem mehr.[15] Viele Bildhauernamen tauchen in den Quellen

9 *Ernst Voltmer*, Leben im Schutz der Heiligen. Die mittelalterliche Stadt als Kult- und Kampfgemeinde, in: Die okzidentale Stadt nach Max Weber. Zum Problem der Zugehörigkeit in Antike und Mittelalter. Hrsg. v. Christian Meier. (HZ Beih. NF. 17.) München 1994, 213–242; *Winfried Ehbrecht*, Die Stadt und ihre Heiligen. Aspekte und Probleme nach Beispielen west- und norddeutscher Städte, in: Vestigia Monasteriensia. Westfalen – Rheinland – Niederlande. (Stud. z. Regionalgesch., Bd. 5.) Bielefeld 1995, 197–261; *Wolfgang Schmid*, Stefan Lochners ‚Altar der Stadtpatrone'. Zur Geschichte eines kommunalen Denkmals im Heiligen Köln, in: Wallraf-Richartz-Jb 58, 1997, 257–284.

10 *Hans Rempel*, Die Rolandstatuen. Herkunft und geschichtliche Wandlung. Darmstadt 1989.

11 *Wolfgang Schmid*, Der Petrusbrunnen auf dem Trierer Hauptmarkt. Ein Werk Hans Ruprecht Hoffmanns von 1595. Trier 1995, 8.

12 *Matheus*, Trier (wie Anm. 1), 132; *Uwe Heckert*, Die Ratskapelle als Zentrum bürgerlicher Herrschaft und Frömmigkeit. Struktur, Ikonographie und Funktion, in: BlldtLG 129, 1993, 139–164; *ders.*, Die Ratskapelle als religiöses und politisches Zentrum der Ratsherrschaft in deutschen Städten des späten Mittelalters. Diss. phil. Bielefeld 1997.

13 *Klaus Freckmann*, Das Bürgerhaus in Trier und an der Mosel. (Das Deutsche Bürgerhaus, Bd. 32.) Tübingen 1984, 15–41.

14 *Rudolf Holbach*, Inventar und Testament des Scholasters Arnold von Hohenecken († 1422). Mobilbesitz und materielle Kultur, Mentalität und persönliche Bindungen eines Trierer Prälaten im Spätmittelalter, in: KurtrierJb 19, 1979, 111–150; *ders.*, Beiträge zu Geschichte und Topographie von Trierer Domkurien und Domfreiheit im Mittelalter, in: KurtrierJb 20, 1980, 5–59; *ders.*, "Item noch eyn swartz rock". Zum häuslichen Besitz von Trierer Domkanonikern im Spätmittelalter, in: Bewahren und Gestalten. Der Trierer Dombereich, eine "Stadt in der Stadt". Hrsg. v. Johannes Michael Nebe. (Schr. d. Trier Forums, Bd. 2.) Trier 1991, 81–96.

15 *Hans Lückger*, Zur gotischen Plastik in Trier, in: Wallraf-Richartz-Jb 5, 1928, 27–46; *Walther Zimmermann*, Zur Trierer Bildnerei der Gotik, in: TrierZ 13, 1939, 121–136; *Hans Eichler*, Ein Wap-

auf, einige lassen sich sogar mit erhaltenen Werken in Verbindung bringen: Peter von Wederath z. B. kann als Urheber des Michaelsaltars benannt werden, als Hersteller der Figuren an der Steipe nennen die Quellen einen Meister Steffen, und den Kalvarienberg bei St. Martin fertigte Meister Paulus an. Zahlreiche weitere Namen sind in den städtischen Rentmeisterei- bzw. Baumeistereirechnungen überliefert[16], ohne daß sie mit erhaltenen Werken in Verbindung gebracht werden können.

Erst im 16. Jahrhundert gewinnt man festeren Boden: Hans Bildhauer – bei dem die Berufsbezeichnung mit dem Familiennamen identisch ist – läßt sich zwischen 1556 und 1579 nachweisen. Er wohnte in der Neustraße und war vermutlich ein Sohn des Hieronymus Bildhauer und ein Bruder des Peter Bildhauer. Einige Werke hat er mit dem Monogramm „HBvT" – „Hans Bildhauer von Trier" – signiert, weitere können ihm zugeschrieben werden. Hans war offensichtlich Spezialist für aufwendige Renaissance-Epitaphien; von den 17 Arbeiten, die sein erhaltenes Werk nach dem derzeitigen Stand der Forschung umfaßt, sind 15 Grabdenkmäler. Seine Kunden waren vor allem Adelige und Kanoniker; das Absatzgebiet seiner Werkstatt umfaßte fast das ganze Kurfürstentum.[17] Hans Bildhauer fertigte Arbeiten von beachtlicher Qualität an, konnte sich aber dann gegen die Konkurrenz Hans Ruprecht Hoffmanns nicht durchsetzen. Dieser wurde 1543 in Worms geboren und hat seine Lehr- und Wanderjahre bei Dietrich Schro in Mainz, bei Johann von Trarbach in Simmern, vielleicht auch bei Cornelius Floris in Antwerpen verbracht. Spätestens 1566 ließ er sich in Trier nieder, wo er bis zu seinem Tod 1617 eine große und leistungsfähige Werkstatt betrieb, die das ganze Erzstift mit Altären und Epitaphien, mit Kanzeln, Brunnen und Portalen belieferte.[18]

Freilich ist die lokale Produktion nur eine Seite der Medaille. Ohne daß sich daraus eine Faustregel ableiten ließe, wurden Werke von überdurchschnittlichem Anspruch – namentlich die Grabdenkmäler der Erzbischöfe – in der Regel von auswärtigen Meistern hergestellt bzw. geliefert. Das Grabmal des Erzbischofs Jakob von Sierck z. B. wurde 1462 von Nikolaus Gerhaert von Leiden signiert, und für das Grabmal seines Nachfolgers Johann von Baden liegt eine Abrechnung vor, aus der hervorgeht, daß es 1478 von dem Utrechter Bildhauer Nikolaus Myert geliefert worden war.

I.2. Zu Forschungsstand, Methodik und Terminologie

Die Beschäftigung mit den Trierer Kunststiftungen im Rahmen der Jenseitsfürsorge geht auf ein kleines Kolloquium von 1988 über Werke der Trierer Bildhauerei der Spätgotik zurück. Es handelt sich um Arbeiten von teilweise überragender, teils aber auch von recht provinzieller Qualität, die bis dahin weder in kunsthistorischer noch in historischer Hinsicht son-

penrelief aus dem Kreis des Nikolaus Gerhaert von Leyden, in: Münchner Jb d. bildenden Kunst 3. F. 3–4, 1952–1953, 181–190.

16 Erste Auswertung bei *Matheus*, Trier (wie Anm. 1).

17 *Wolfgang Schmid*, Das Grabdenkmal des Johann Blesen aus Siegen († 1568) in der Trierer Liebfrauenkirche, in: Liber amicorum necnon et amicarum für Alfred Heit. Beiträge zur mittelalterlichen Geschichte und geschichtlichen Landeskunde. (Trierer Hist. Forsch., Bd. 28.) Trier 1996, 111–127.

18 *Franz Balke*, Über die Werke des kurtrierischen Bildhauers Hans Ruprecht Hoffmann († 1616). Bonn 1916. – Neuere Literatur bei *Andrea Fleck/Wolfgang Schmid*, Die Rechnung über die Herstellung des Petrusbrunnens auf dem Trierer Hauptmarkt (1594/95). Edition und Kommentar, in: KurtrierJb 36, 1996, 123–154. – Vgl. allg. *Jeffrey Chipps Smith*, German Sculpture of the Later Renaissance, c. 1520–1580. Art in an Age of Uncertainty. Princeton 1994.

derlich viel Aufmerksamkeit erfahren hatten, obwohl die Quellenlage in den meisten Fällen vorzüglich ist und sich der Brückenschlag zu der recht regen stadtgeschichtlichen Forschung der letzten Jahre anbot. Diese hat ein anschauliches Bild vom spätmittelalterlichen Trier gezeichnet, ohne allerdings wiederum den Weg zu den in diesem Beitrag behandelten Werken zu finden oder sie auch nur zur Kenntnis zu nehmen.

Über das Interesse an der Trierer Situation hinaus ergeben sich interessante Möglichkeiten des Vergleichs mit anderen Städten, namentlich mit Köln. Der Untertitel der Untersuchung spielt auf eine 1988 veröffentlichte Studie über ‚Kunststiftungen im spätmittelalterlichen Köln' an, einen Werkstattbericht, in dem ich seinerzeit versuchte, die definitorischen Probleme, die Gemeinsamkeiten und Unterschiede zwischen der Stiftung von Kunstwerken und der von Renten, Bargeld, Wachs oder Eisbärfellen herauszuarbeiten.[19] Hier erschien es von Interesse, die am Beispiel der Kölner Tafel- und Glasmalerei entwickelte Typologie der Stifter, ihrer sozialen Zusammensetzung und ihrer Motive, der Stiftungen und ihrer Bestimmungsorte mit den Verhältnissen in einer kleineren, nicht reichsunmittelbaren Stadt und mit einem anderen Quellenmaterial, mit Werken der Bildhauerei, zu konfrontieren. Auch auf die zentrale Frage nach dem Verhältnis von Stiftungen und Stiftungswirklichkeit soll anhand der Trierer Quellen eine Antwort versucht werden.

Das Kolloquium über die Trierer Bildhauerei der Spätgotik von 1988 mündete nach anfänglichen Schwierigkeiten in ein 1993 von der Gerda Henkel Stiftung gefördertes Pilotprojekt und schließlich 1994 in das Teilprojekt „Grabdenkmäler zwischen Rhein und Maas" in dem von der Deutschen Forschungsgemeinschaft getragenen Trierer Sonderforschungsbereich 235 „Zwischen Rhein und Maas. Beziehungen, Begegnungen und Konflikte in einem europäischen Kernraum von der Spätantike bis zum 19. Jahrhundert" ein. Die Projektarbeit umfaßt die Zeit vom 11. bis ins 17. Jahrhundert und konzentriert sich insbesondere auf die Residenzen und die Bischofsgrablegen in Trier, Köln und Mainz. Sie fand in zahlreichen Vorträgen und Einzelveröffentlichungen[20], in einem Sammelband über die „Grabmäler der Luxemburger. Image und Memoria eines Kaiserhauses"[21] und zwei im Druck befindliche Tagungsbände des Kolloquiums „Tendenzen der Grabmalforschung"[22] ihren Niederschlag. Die vorliegende Studie stellt einen Ausschnitt aus der Projektarbeit vor, den Versuch, für die Stadt Trier eine Bilanz zu ziehen. Die Untersuchung beschränkt sich dabei auf das späte 15. und frühe 16. Jahrhundert. Die Denkmäler des hohen Mittelalters[23] bleiben ebenso unbe-

19 *Wolfgang Schmid*, Kunststiftungen im spätmittelalterlichen Köln, in: Materielle Kultur und religiöse Stiftung im Spätmittelalter (1990), 157–185; *ders.*, Stifter und Auftraggeber im spätmittelalterlichen Köln (1994). – Vgl. für Nürnberg *Schleif*, Donatio et Memoria (1990); dazu meine Rezension in: Kunstchronik 45, 1992, 99–110.

20 *Wolfgang Schmid*, Grabdenkmäler im Erzbistum Trier (1150–1650). Methoden, Probleme und Perspektiven einer Bestandsaufnahme, in: KurtrierJb 35, 1995, 99–129. – Vgl. auch die kommentierten Bibliographien des SFB 235 sowie dessen homepage (http://www.uni-trier.de/infos/sfb235/projects/a2.htm) sowie diejenigen der Landesgeschichte (http://www.uni-trier.de/fb3/geschichte/haefele/lehrst2.htm).

21 *Michael Viktor Schwarz* (Hrsg.), Grabmäler der Luxemburger. Image und Memoria eines Kaiserhauses. (Publications du Centre Luxembourgeois de Documentation et d'Etudes Médiévales, Bd. 13.) Luxemburg 1997.

22 Vgl. die Besprechung von *Gottfried Kerscher*, Tendenzen der Grabmalforschung, in: Kunstchronik 51, 1998, 340–344.

23 *Michael Viktor Schwarz*, "Flet Roma, flet undique Trevir". Grabmalstiftungen und Grabmal des Trierer Erzbischofs Albero (1131–1152): Sepulkrale Repräsentation nach dem Investiturstreit (im Druck);

rücksichtigt wie etwa Grabmalskunst und Kunstpolitik der Gegenreformationszeit.[24] Auch auf Vergleiche mit der Entwicklung in den benachbarten Kathedralstädten, die gleichzeitig auch Bildhauereizentren waren, namentlich mit Köln[25] und Mainz[26], muß weitgehend verzichtet werden.[27]

Der Begriff der Kunststiftung versucht, der Tatsache gerecht zu werden, daß im Mittelalter neben Geld, Grundbesitz und Naturalien auch Gegenstände gestiftet wurden, die heute unter dem modernen Begriff „Kunst" zusammengefaßt werden. Es handelt sich um Dinge, die dem Schmuck der Kirche dienten (*ornamenta ecclesiae*), aber auch das Andenken an ihre Stifter bewahren sollten. Für sie existierte ein strenges Reglement sowohl bezüglich der Gattungen (Altarbild, Epitaph, Fenster, Monstranz, Wandteppich) als auch bezüglich der Ikonographie; weiter gab es Konventionen, in welcher Form und welcher Größe die Stifter darzustellen waren und wo innerhalb oder außerhalb der Kirche die Monumente plaziert werden durften.[28]

Nicht einfach zu lösen ist das Problem, Kunststiftungen in einem Gesamtkontext von Meß- und Armenstiftungen einzuordnen: In manchen Testamenten werden Kunstwerke gestiftet, die entweder nie angefertigt oder später zerstört wurden. Und es haben sich Kunstwerke erhalten, die in gleichzeitig entstandenen Nachlaßregelungen mit keinem Wort

---

Wolfgang Schmid, Poppo von Babenberg († 1047). Erzbischof von Trier – Förderer des hl. Simeon – Schutzpatron der Habsburger. Trier 1998.

24 *Wolfgang Schmid*, Kölner Renaissancekultur im Spiegel der Aufzeichnungen des Hermann Weinsberg (1518–1597). (Veröff. d. Kölner Stadtmuseums, Bd. 8.) Köln 1991; *ders.*, Petrusbrunnen (wie Anm. 11); *ders.*, Das Grabdenkmal des Johann Blesen (wie Anm. 17); *ders.*, Das Grabdenkmal des Nikolaus Lant aus Zell († 1566) aus der Stiftskirche in Pfalzel (im Druck); *ders.*, Grabdenkmäler und Kunstpolitik der Erzbischöfe von Trier und Köln im Zeitalter der Gegenreformation (im Druck).

25 *Rolf Lauer* (Hrsg.), Erzbischöfe von Köln. Porträts – Insignien – Weihe. Kat. Köln 1989; *Marc Steinmann*, Das Grabmal des Erzbischofs Friedrich von Saarwerden im Kölner Dom, in: Köln. Dombll. 58, 1993, 63–144; *Petra Böttcher*, Das Epitaph für Konrad Kuyn im Kölner Dom, in: Köln. Dombll. 60, 1995, 47–102; *Wolfgang Georgi*, Die Grablegen der Erzbischöfe von Köln im Mittelalter, in: Dombau und Theologie im mittelalterlichen Köln. Festschrift zur 750–Jahrfeier der Grundsteinlegung des Kölner Domes. (Stud. zum Köln. Dom, Bd. 6.) Köln 1998, 233–265.

26 *Wolf Goeltzer*, Der "Fall Hans Backoffen". Studien zur Bildnerei in Mainz und am Mittelrhein am Ausgang des Spätmittelalters, in: MainzZ 84–85, 1989–1990, 1–70 u. 86, 1993, 1–62; *Irnfriede Lühmann-Schmid*, Peter Schro. Ein Mainzer Bildhauer und Backoffen-Schüler, in: MainzZ 70, 1975, 1-100; *Verena Kessel*, Memorialfunktionen Mainzer Erzbischofsgrabmäler von 1249 bis 1434, in: Kunst in Hessen und am Mittelrhein 34, 1994, 13–39; *Dies.*, Sepulkralpolitik. Die Krönungsgrabsteine im Mainzer Dom und die Auseinandersetzung um die Führungsposition im Reich, in: Der Mainzer Kurfürst als Reichskanzler. Funktionen, Aktivitäten, Ansprüche und Bedeutung des zweiten Mannes im alten Reich. Hrsg. v. Peter Claus Hartmann. (Gesch. Landeskunde, Bd. 45.) Stuttgart 1997, 9–21; *Nicole Beyer*, Künstlerischer Ausdruck der Ansprüche und Stellung der Mainzer Erzbischöfe in der frühen Neuzeit: Das Beispiel von Grabdenkmälern, in: Kurmainz, das Reichskanzleramt und das Reich am Ende des Mittelalters und im 16. und 17. Jahrhundert. Hrsg. v. Peter Claus Hartmann. (Gesch. Landeskunde, Bd. 47.) Stuttgart 1998, 173–206.

27 Wichtigste Literatur: *Erwin Panofsky*, Grabplastik. Vier Vorlesungen über ihren Bedeutungswandel von Alt-Ägypten bis Bernini. Köln 1964, ND Köln 1993; *Kurt Bauch*, Das mittelalterliche Grabbild. Figürliche Grabmäler des 11. bis 15. Jahrhunderts in Europa. Berlin/New York 1976; *Hans Körner*, Grabmonumente des Mittelalters. Darmstadt 1997; *Dorothea Terpitz*, Figürliche Grabdenkmäler im Rheinland. Leipzig 1997.

28 *Wolfgang Schmid*, Stifterbilder als historische Quelle – Köln und Nürnberg im 15. und 16. Jahrhundert, in: Anz. d. Germanischen Nationalmuseums Nürnberg 1994, 111–128; *ders.*, Stifter und Auftraggeber im spätmittelalterlichen Köln (1994).

erwähnt werden. Man wird spätmittelalterlichen Stiftungen erst dann gerecht, wenn man in ihnen komplexe Jenseitsfürsorgepläne sieht, die sich aus Kunst-, Meß- und Armenstiftungen, aus Kunstwerken, Testamenten, Stiftungsverträgen sowie aus Übertragungs- und Bestätigungsurkunden zusammensetzen. Neben den Interessen der Stifter waren diejenigen einer Vielzahl geistlicher Institutionen zu berücksichtigen. Insbesondere mit den Vertretern der Grabeskirche, die in der Regel die aufwendigsten Legate erhielt, waren umfangreiche Vereinbarungen erforderlich. Die Verhandlungen wurden teils schon zu Lebzeiten, teils auch erst nach dem Tod des Stifters geführt. Mittelalterliche Kunstwerke wurden nicht für Museen gefertigt; sie sind Fossilien, die an komplexe ‚Stiftungsfahrpläne' erinnern, Spitzen von Eisbergen aus Tausenden von Messen, Armenspeisungen und Kerzen, die die Aufgabe hatten, der Fürbitte der Verstorbenen zu dienen.

Neben der Konzeption des Kunstwerks als religiöser Stiftung muß als zweites der Aspekt der Kommunikation angesprochen werden. In der Stadt des späten Mittelalters erfolgte – trotz eines nicht unbeträchtlichen Alphabetisierungsgrades – die Weitergabe von Informationen aller Art nicht nur durch schriftliche Zeugnisse, sondern auch durch Zeichen.[29] Es konnte sich dabei um Töne (Glockenschlag, Uhrenläuten, Trompeten), um sichtbare Kennzeichen (Wappen, Hausmarken, Fahnen) oder aber um regelmäßig wiederkehrende Rituale (Einzüge, Prozessionen, Versammlungen) handeln. Diese Phänomene sind in der stadtgeschichtlichen Forschung der letzten Jahre auf zunehmendes Interesse gestoßen, nicht zuletzt auch deshalb, weil sich gerade hier bemerkenswerte Aufschlüsse auf Selbstdarstellung und Selbstverständnis städtischer Gemeinschaften gewinnen lassen. Ich nenne vor allem die vom Germanischen Nationalmuseum veranstaltete Tagung ‚Visualisierung städtischer Ordnung. Zeichen – Abzeichen – Hoheitszeichen' (Nürnberg 1991)[30] oder das vom Historischen Kolleg veranstaltete Kolloquium ‚Information, Kommunikation und Selbstdarstellung in mittelalterlichen Gemeinden' (München 1995).[31]

Offensichtlich zu kurz gekommen ist bei diesen zum Teil weitgefächerten Bestandsaufnahmen jedoch der vielschichtige und keineswegs unbedeutende Aspekt der Kommunikation durch Bilder. Die Auseinandersetzung mit dieser Quellengruppe haben die Historiker häufig gescheut und sie der Kunstgeschichte überlassen. Für die ikonographische Deutung etwa eines Heiligenbildes an einem städtischen Brunnen benötigt man jedoch Informationen aus der jeweiligen Stadtgeschichte. Erst wenn man diese besitzt, lassen sich auch Heiligenbilder als stadtgeschichtliche Quellen auswerten. Bilder sind demnach nicht nur Kunstwerke, sondern auch kommunikative Zeichen, die einem spezifischen Betrachterkreis eine bestimmte Botschaft vermitteln sollten. Rezipientengruppen und Nachrichten erfordern differenzierte Analyseverfahren. Altäre z. B. dienten nicht nur der Meßfeier, sie sollten auch das Andenken an die Stifter und ihre Familie bewahren. Grabdenkmäler besaßen nicht nur

29 *Gerd Althoff*, Demonstration und Inszenierung. Spielregeln der Kommunikation in mittelalterlicher Öffentlichkeit, in: FMSt 27, 1993, 27–50; zuletzt in *Ders.*, Spielregeln der Politik im Mittelalter. Kommunikation in Frieden und Fehde. Darmstadt 1997, 229–257.

30 Publiziert im Anz. d. Germanischen Nationalmuseums Nürnberg 1993, 7–252.

31 *Alfred Haverkamp* (Hrsg.), Information, Kommunikation und Selbstdarstellung in mittelalterlichen Gemeinden. (Schr. des Historischen Kollegs, Kolloquien, Bd. 40.) München 1998. – Verwiesen sei außerdem auf die von Klaus Schreiner geleitete Sektion ‚Texte, Rituale, Bilder. Wirklichkeitsbezug und Wirklichkeitskonstruktion politisch-rechtlicher Kommunikationsmedien in Stadt- und Landgesellschaften des späten Mittelalters' (Historikertag Frankfurt 1998). – Zur ersten Information über die Arbeiten aus Schreiners Schülerkreis vgl. Mundus in imagine. Bildersprache und Lebenswelten im Mittelalter. Festgabe für Klaus Schreiner. München 1996.

die Aufgabe, die „Memoria" der Verstorbenen zu sichern, sondern sie sollten darüber hinaus auch der Nachwelt ein zeit- und standesspezifisches „Image" der jeweiligen Person vermitteln.[32] Wird die Gesamtheit der erhaltenen Denkmäler mit den aus den Schriftquellen gewonnenen Ergebnissen konfrontiert, dann läßt sich ein anschauliches Bild von der spätmittelalterlichen Stadt als Kommunikationssystem gewinnen.

Die folgende Untersuchung befaßt sich mit etwa einem Dutzend Werken der Bildhauerei, die mit einer Ausnahme, dem Grabmal für Erzbischof Balduin, zwischen ca. 1460 und ca. 1540 für Trierer Kirchen angefertigt wurden. Sie stellen vermutlich nur ein Segment aus der ursprünglichen Produktion dar. Auch die Quellenlage ist disparat: Einige Fälle sind vorzüglich dokumentiert, bei anderen besitzen wir keinerlei Hinweis aus den Schriftquellen. Die Untersuchung konzentriert sich auf Werke, die im Zusammenhang mit der Seelenheilfürsorge gestiftet wurden, vernachlässigt also die Steipenriesen und den Petrusbrunnen ebenso wie Werke der Bauplastik, Heiligen- und Marienbilder. Daß von den behandelten Personen noch weitere Kunstwerke gestiftet wurden, kann nur am Rande gestreift werden. Wenngleich die Trierer Werkstätten auch Kirchen des Umlandes belieferten, muß die Untersuchung auf das Stadtgebiet beschränkt bleiben; Peter von Wederath wird z. B. mit dem Stiftergrab des Gottfried von Esch im Augustinerchorherrenstift Eberhardsklausen ebenso in Verbindung gebracht wie mit dem Grabmal der Cusanusschwester Klara Krebs im Hospital in Cues.[33] Die Auftraggeber der untersuchten Werke waren in erster Linie die Erzbischöfe, weiter Mitglieder des Domkapitels und Adelige; von bürgerlichem Mäzenatentum haben sich dagegen nur spärliche Spuren erhalten.

II. Die Grabdenkmäler der Erzbischöfe von Trier

Bei einem großen Teil der Grabdenkmäler der rheinischen Erzbischöfe handelt es sich um Meisterwerke der Bildhauerei von europäischem Rang. Waren die Oberhirten bis zum hohen Mittelalter in der Regel in Kloster- und Stiftskirchen begraben worden, die sie zu Lebzeiten gegründet oder zumindest intensiv gefördert hatten, so traten nach dem Investiturstreit zwei Veränderungen ein: Die Bischofsbegräbnisse konzentrierten sich zunehmend auf die Kathedralkirche. Nur in Ausnahmefällen – etwa wenn Streitigkeiten mit der Stadt eine Bestattung im Dom verhinderten – wurden Bischöfe in Koblenz oder in anderen Kirchen begraben.[34] Zudem entstand der Brauch, an den Grabstätten der Erzbischöfe nicht nur Schrifttafeln anzubringen, sondern auch weithin sichtbare Monumente zu errichten: Grabbögen, Steintumben mit Liegefiguren und Grabaltäre, die den Besuchern der Kirche vor Augen führten, wer hier begraben lag und für wen sie beten sollten. Wann dieser Brauch aufkam bzw. sich allgemein durchsetzte, ist angesichts der zahlreichen Zerstörungen und der dürftigen Quellenlage schwer zu entscheiden, in Trier vielleicht schon mit Poppo von

32 *Michael Viktor Schwarz*, Image und Memoria. Statt einer Zusammenfassung, in: *Schwarz*, Grabmäler der Luxemburger (wie Anm. 21), 175–182. – Jetzt auch *Andreas Köstler/Ernst Seidl* (Hrsg.), Bildnis und Image. Das Portrait zwischen Intention und Rezeption. Köln/Weimar/Wien 1998.

33 *Wolfgang Schmid*, Der Michaelsaltar in der Trierer Pfarrkirche St. Gangolf. Ein spätgotisches Kunstwerk in seinem historischen Zusammenhang, in: KurtrierJb 28, 1988, 23–98, 72.

34 *Ernst Gierlich*, Die Grabstätten der rheinischen Bischöfe vor 1200. (Quellen u. Abh. z. mittelrheinischen KiG, Bd. 65.) Mainz 1990; *Wolfgang Schmid*, Zu den Grabstätten der Erzbischöfe von Trier, Köln und Mainz im 11./12. Jahrhundert, in: Regionale Aspekte der Grabmalforschung, Hrsg. v. Dems./Wilhelm Maier/Michael V. Schwarz (im Druck).

Babenberg († 1047)[35], vielleicht auch erst mit Albero von Montreuil († 1152).[36] In jedem Fall hatte sich im 13. Jahrhundert die Gattung des monumentalen Bischofsgrabes fest etabliert, in Trier mit dem um 1230 errichteten Dreiergrab der bereits zwischen 1078 und 1124 verstorbenen Erzbischöfe Udo, Egilbert und Bruno, in Mainz mit dem um 1249 entstandenen Grab des Siegfried von Eppstein und in Köln um 1261 mit dem Bronzegrab des Konrad von Hochstaden.[37]

Im Mittelpunkt des folgenden Kapitels stehen die Monumente fünf Trierer Erzbischöfe des 14.–16. Jahrhunderts: Balduin von Luxemburg, Jakob von Sierck, Johann von Baden, Richard von Greiffenklau und Johann von Metzenhausen. Die Reihe ist nicht vollständig: Balduins Nachfolger Boemund von Saarbrücken resignierte 1361; er starb 1367 und wurde im Trierer Dom begraben. Ein Grabstein aus schwarzem Marmor war im 17./18. Jahrhundert noch vorhanden, die Inschrift ist überliefert.[38] Kuno von Bolanden-Falkenstein wurde 1388 in St. Kastor in Koblenz begraben; das Grabmal ist erhalten[39], ebenso das seines Nachfolgers Werner von Bolanden-Falkenstein († 1418).[40] Bei Otto von Ziegenhain († 1430) existierte bis ins 18. Jahrhundert ein Monument aus schwarzem Marmor mit einer „erhabenen Arbeit“ aus Erz, von dem sich keine Spuren erhalten haben.[41] Rhaban von Helmstadt wurde 1436 in Speyer begraben[42], an Johanns Bruder Jakob von Baden († 1511) erinnert ein Renaissance-Epitaph in St. Florin in Koblenz[43], und von dem sicherlich aufwendigen Grabmonument des Johann Ludwig von Hagen († 1547) hat sich nur ein Fragment des Kopfes erhalten.[44]

II.1. Die Marmortumba Kurfürst Balduins im Trierer Dom

Erzbischof Balduin von Luxemburg († 1354) – Bruder Kaiser Heinrichs VII. und Großonkel Kaiser Karls IV. – gehört zu den imposantesten Gestalten auf dem Trierer Bistumsstuhl. Insofern ist es durchaus folgerichtig, daß das monumentalste mittelalterliche Grabmonument im Trierer Dom an seine Person erinnert (Abb. 7).[45] Allein schon der Aufstellungsort – im

35 *Schmid*, Poppo von Babenberg (wie Anm. 23).

36 *Schwarz*, Grabmalstiftungen (wie Anm. 23).

37 *Schmid*, Grabstätten (wie Anm. 34).

38 KDR 13,1, 271–272; *Christian Brower/Jakob Masen*, Antiquitatum et Annalium Trevirensium libri XXV. 2 Bde. Lüttich 1670, Bd. 2, 240.

39 KDR 20,1, 136; *Terpitz*, Grabdenkmäler (wie Anm. 27), Kat. Nr. 66.

40 KDR 20,1, 136–138; *Terpitz*, Grabdenkmäler (wie Anm. 27), Kat. Nr. 68.

41 KDR 13,1, 272; *Brower/Masen*, Antiquitatum (wie Anm. 38), Bd. 2, 273: ... *lapide marmoreo nigro tectus est, qui aeneis insertis varia caelatura laminis, ejusmodo inscriptionem exhibet.*

42 *Holbach*, Stiftsgeistlichkeit (wie Anm. 2), T. 2, 498–499.

43 KDR 20,1, 60–62; Große Leute – Kleine Leute. 2000 Jahre Koblenzer Geschichte. Kat. Koblenz 1992, Nr. 5.4.3.3–4; *Richard Laufner*, Die letzten Lebenswochen des Trierer Erzbischofs und Kurfürsten Jakob II. Markgraf von Baden (1471–1511), in: KurtrierJb 34, 1994, 111–128; *Heinz Monz*, Die Flucht aus dem "Schlachthaus". Der Trierer Kurfürst Jakob II. kehrte heim, in: Jb Kreis Trier-Saarburg 1994, 115–124.

44 KDR 13,1, 275–276; Für Gott und die Menschen. Die Gesellschaft Jesu und ihr Wirken im Erzbistum Trier. (Quellen u. Abh. z. mittelrhein. KiG, Bd. 66.) Mainz 1991, Nr. 38a.

45 KDR 13,1, 270–271; *Franz J. Ronig*, Die Ausstattung, in: Der Trierer Dom. Hrsg. v. Dems. (Jb des Rhein. Ver. für Denkmalpflege und Landschaftsschutz 1978/79.) Neuss 1980, 231–362, 248–249; *ders.*, Kunst unter Balduin von Luxemburg, in: *Heyen*, Balduin von Luxemburg. Erzbischof von Trier – Kurfürst des Reiches 1285–1354. Hrsg. v. Franz-Josef Heyen. (Quellen u. Abh. z. mittelrheinischen KiG, Bd. 53.) Mainz 1985, 489–558, 511; *Wolfgang Schmid/Michael Viktor Schwarz*, Jenseits-Fürsorge und

Westchor und in der Mittelachse des Domes – ist an Bedeutung kaum zu übertreffen, es ist ein Ort, der in vielen Kirchen den Stiftergräbern vorbehalten war. Dann das Material: Die Tumba ist aus düster glänzendem, tiefschwarzem Marmor gearbeitet, einem Material, das Beziehungen zur Pariser Hofkunst assoziierte. Und schließlich die Größe: Die riesige monolithe Deckplatte stellt mit 310x149 cm selbst die nicht eben kleinen Tumben der zeitgenössischen Kölner Kollegen in den Schatten. Aber das Denkmal „spricht" nicht: Keine Grabfigur hält das Aussehen des Erzbischofs für die Nachwelt fest, die Nischen für Heiligenfiguren oder Pleurants sind leer, die Architektur hinterläßt einen unvollendeten Eindruck; das ganze Grab zeigt zudem Beschädigungsspuren, vor allem aber sind die bronzenen Inschriftenbänder gewaltsam entfernt worden.[46]

So stimmig diese Grabmalkonzeption zu unserem Bild des einflußreichen Reichs- und Territorialpolitikers zu passen scheint, so wenig war sie von Anfang an vorgesehen: Erzbischof Balduin wollte nämlich in der Kartause begraben werden. Die Förderung des ‚Ordens der schweigenden Mönche' war ein wichtiges Anliegen der geistlichen und weltlichen Fürsten seiner Zeit: 1320 gründete der Mainzer Erzbischof die Kartause Petersthal, 1330/31 gründete Erzbischof Balduin St. Alban vor Trier, außerdem wandelte er das Chorherrenstift auf dem Beatusberg bei Koblenz in eine weitere Kartause um. 1334 schließlich wurde unter intensiver finanzieller Beteiligung der Kölner Patrizier von Erzbischof Walram von Jülich die Kartause St. Barbara gegründet.

Über die wohlgeplante, finanziell gut dotierte Gründung von St. Alban[47] sind wir aus den Gründungsurkunden und dem im späten 14. Jahrhundert angelegten Wohltäterverzeichnis der Kartause recht gut informiert: Nicht nur Grundstücke, Häuser und Renten stellte der Erzbischof zur Verfügung, sondern auch Reliquien, liturgische Geräte, Bücher und Gewänder und nicht zuletzt eine ganze Bibliothek, für die er ein eigenes Gebäude errichten ließ. Die Funktion der Stiftung wird eindeutig genannt: Die Trierer Kartause sollte sowohl als Memorienstiftung für die Erzbischöfe von Trier, die Vorgänger und Nachfolger Balduins, dienen, als auch für seine Vorfahren aus der Familie der Grafen von Luxemburg.[48] Das Wohltäterbuch berichtet weiter, Balduin habe sich in dem Kloster eine Wohnung reserviert, wohin er sich von Zeit zu Zeit die Einsamkeit suchend (*solitariam vitam diligens*) als demütiger Mönch zurückzog. Er habe im Kloster das einfache Gewand eines Kartäusers getragen und mit den Mönchen den Gottesdienst besucht.[49] Das Memorienbuch berichtet

---

Hausmacht-Politik: Erzbischof Balduins Grabmal im Trierer Dom, in: *Schwarz*, Grabmäler der Luxemburger (wie Anm. 21), 97–122.

46 Der Text ist u. a. bei *Brower/Masen*, Antiquitatum (wie Anm. 38), Bd. 2, 226, überliefert.

47 KDR 13,3, 396; *Manfred Oldenburg*, Die Trierer Kartause St. Alban von der Gründung (1330/31) bis zur Mitte des 15. Jahrhunderts. (Analecta Cartusiana, Bd. 132.) Salzburg 1995; *Johannes Simmert*, Solitariam vitam diligens. Balduin von Luxemburg und die Kartäuser 1330–1354, in: *Heyen*, Balduin von Luxemburg (wie Anm. 45), 213–222; *ders.*, Zur Frühgeschichte der Kartause St. Alban b. Trier. 1330/1–54, in: Jb f. Gesch. u. Kunst d. Mittelrheins u. seiner Nachbargebiete 15–16, 1964, 5–38.

48 ... *in salutem et remedium animarum nostre, predecessorum et successorum nostrorum archiepiscoporum Treverensium et Comitum Lutzellimburgensium progenitorum nostrorum*, *Oldenburg*, Kartause (wie Anm. 47), 32; *Simmert*, Frühgeschichte (wie Anm. 47), 10.

49 Die reichhaltigen Quellen ermöglichen gerade bei den Kartäusern Rückschlüsse darauf, daß es innerhalb der Klöster vielfältige Formen religiösen Lebens gab. So lassen sich in der Kölner Kartause eine ganze Reihe von Pfründnern, darunter sogar Frauen nachweisen, vgl. *Joachim Deeters/Wolfgang Herborn/Wolfgang Schmid/Hiltrud Wallenborn* (Bearb.), Quellen zur Geschichte der Kölner Kartause, in: Die Kölner Kartause um 1500. Aufsatzbd. Hrsg. v. Werner Schäfke. Köln 1991, 10–121, Nr. 26, 127, 262, 266, 326, 430.

Abb. 7: Grabmal Erzbischof Balduins

außerdem, es sei Balduins Wunsch gewesen, in der Kartause begraben zu werden: „Schließlich, als er schon vom Alter geschwächt war, ist alles in der Weise verlaufen, daß er auch seine Bestattung bei uns gewählt hat, aber die obersten Herren [das Domkapitel] sind übereingekommen, daß sie keinesfalls zulassen wollten, des Körpers eines so frommen Vaters nach dem Tod auch noch beraubt zu werden."[50] Die Angaben wirken im Kern glaubwürdig, denn die Wohltäterbücher der Kartäuser verzeichneten auch die Zuwendungen der Stifter mit einer geradezu pedantischen Buchhaltermentalität.[51] Daß Erzbischöfe außerhalb der Kathedralkirchen ihre letzte Ruhestätte fanden, war zudem nicht ungewöhnlich; Balduins Vorgänger Dieter von Nassau war 1307 im Trierer Dominikanerkloster und dessen Vorgänger Boemund von Warsberg 1299 bei den Zisterziensern in Himmerod beigesetzt worden. Balduins Mainzer Amtsbruder Gerlach von Nassau († 1371) wählte sein Grab bei den Zisterziensern von Eberbach im Rheingau.

In jedem Fall läßt sich die ursprüngliche Grabkirchenkonzeption zumindest teilweise rekonstruieren. Aus der Trierer Kartause haben sich zwei Chorstuhlwangen erhalten – heute im Bischöflichen Dom- und Diözesanmuseum Trier –, auf denen Erzbischof Balduin und sein Bruder Kaiser Heinrich VII. dargestellt sind.[52] Das Chorgestühl stellt den Erzbischof als Bruder eines Kaisers, der postum in die Fundatorenrolle der Familie einbezogen wurde, dar und unterstreicht so die Bedeutung der Klostergründung für die Memoria der Luxemburger. Als Vergleichsbeispiel kann man die ab 1384 entstandenen Grabmäler der Burgunderherzöge in der Kartause von Champmol bei Dijon anführen: Aufwendige Monumente, errichtet in der Mittelachse der Kirche zwischen den Reihen des Chorgestühls der Mönche.[53] Da die Kartäuser gegen eine repräsentative Darstellung ihres Klostergründers kaum etwas einzuwenden gehabt hätten, wäre es durchaus denkbar, sich auch im Chor der Trierer Kartause eine monumentale Marmortumba mit Liegefigur zwischen den Reihen des Chorgestühls vorzustellen.

Aber die Konzeption Balduins ist verändert worden, das Domkapitel hat gegen die Beerdigung des Luxemburgers in der Kartause protestiert und ein Begräbnis im Nikolauschor des Domes durchgesetzt. Eine quellenkritische Bewertung der Aussage im Wohltäterbuch ist nicht ganz einfach: Weder ist ein Testament Balduins erhalten, noch gibt es eine urkundliche Überlieferung zum Protest des Domkapitels oder zur Bestattung in der Domkirche. Dennoch sind Zweifel an der Aussage angebracht, Balduin habe noch kurz vor seinem Tod

---

50 *Cunctis denique sic peractis cum iam senio conficeretur, sepulturam etiam suam apud nos elegit, sed domini de summo tam pii patris corpore post mortem etiam orbari nolentes minime consenserunt*, *Oldenburg*, Kartause (wie Anm. 47), 33; *Simmert*, Frühgeschichte (wie Anm. 47), 37. – Diese Nachricht wird durch ein spätes Zeugnis des *Johann Nikolaus von Hontheim* bestätigt, Historia Trevirensis diplomata ... 3 Bde., Augsburg/Würzburg 1750, Bd. 2, 117 (*Balduinus ... anno 1354 extremum diem clausit, sepeliendus ex voto suo carthusiana in aede, nisi metropolitani Trevirenses potiori eum jure sibi vindicatum in choro s. Nicolai collocassent*).

51 Als Beispiel sei der Bericht der Chronik und des Wohltäterbuchs der Kölner Kartause über Walram von Jülich angeführt, der das Kloster zwar gegründet, aber kaum Mittel für seine wirtschaftliche Ausstattung zur Verfügung gestellt hat; das Kloster bezifferte seine Zuwendungen auf 700 Mark, *Deeters u. a.*, Quellen (wie Anm. 49), 26–27, 87.

52 KDR 13,3, 80; Das neue Bischöfliche Dom- und Diözesanmuseum. Bildband zur Wiedereröffnung. Trier 1988, 40; *Schmid/Schwarz*, Jenseits-Fürsorge (wie Anm. 45), 101–104.

53 *Kathleen Morand*, Claus Sluter. Artist at the court of Burgundy. London 1991, 121–132, 350–369; *Renate Prochno*, Das Grabmal Philipps des Kühnen (1363–1404) für Champmol: Innovationen und ihre Nachahmung, in: Grabmäler. Tendenzen der Forschung an Beispielen aus Mittelalter und früher Neuzeit. Hrsg. v. Wilhelm Maier/Wolfgang Schmid/Michael V. Schwarz (im Druck).

ein Begräbnis bei den Kartäusern gewünscht. Eine Reihe von Indizien spricht dafür, daß es nicht erst an der Bahre des Erzbischofs zu einer Planänderung kam: Auffällig ist nämlich, daß das Wohltäterbuch seit 1341 keine Stiftungen des Luxemburgers mehr verzeichnet, ebenso wird kein einziges frommes Legat im Zusammenhang mit seinem Ableben genannt. Merkwürdigerweise erwähnen auch die kurz vor Balduins Tod verfaßten *Gesta Baldewini* – eine Fortsetzung der *Gesta Treverorum* – die Gründung der Kartause gerade einmal mit einem Satz. Schließlich geriet das Kloster nach Balduins Ableben in wirtschaftliche Schwierigkeiten, die gegen eine wohlfundierte Ausstattung als Begräbniskirche sprechen; in jedem Fall deuten die einzelnen Indizien darauf hin, daß es bereits vor Balduins Tod 1354 zu einer Abkühlung des Verhältnisses zu den Kartäusern gekommen war, sonst hätte sich das Domkapitel kaum über den ausdrücklichen Wunsch nach einer Bestattung in der Kartause hinwegsetzen können.

Unmittelbar nach Balduins Ableben reiste der als Kunstförderer wie als Reliquiensammler gleichermaßen berühmte Kaiser Karl IV. nach Trier, wo das Domkapitel, ohne seine Ankunft abzuwarten, Boemund von Saarbrücken zum Nachfolger gewählt hatte. Balduins Neffe Karl IV., Boemund und das Domkapitel – die Anteile lassen sich kaum auseinanderdividieren – entwickelten eine Grabmalkonzeption, die in ihrer Monumentalität sämtliche Bischofsgrablegen im mittelalterlichen Rheinland in den Schatten stellte. Aber trotz dieser Planung entstand ein Torso: Nach Boemunds Rücktritt wurde Kuno von Bolanden-Falkenstein zum Erzbischof gewählt, der in keiner Weise den Luxemburgern verpflichtet war, sondern eher versuchte, ihren Einfluß zurückzudrängen. Darin kann die Ursache gesucht werden, warum nur ein Torso zur Ausführung kam, freilich ein monumentaler: Bestellt wurde das Werk wohl bei einem auf solche Arbeiten spezialisierten Atelier im Hennegau oder im Maasland. Geliefert wurde die Tumba, die monolithe Deckplatte und die aus Segmenten zusammengesetzten Seitenwände. Angebracht wurden schließlich noch – wie die Bleidübel verraten – die bronzenen Inschriftenbänder. Doch dann geriet die Ausführung ins Stocken: Die Details der Architektur wurden nicht mehr ausgeführt, sie wurde quasi im Rohzustand poliert. Die Auftraggeber hatten sich womöglich mit der Härte des Materials verkalkuliert, in den meisten Fällen verwendete man für Architekturteile nämlich leichter zu bearbeitenden weißen Marmor. Schließlich verzichtete man auf die Liegefigur aus Marmor oder Bronze; auf der Tumbenplatte sind keinerlei Spuren zu erkennen, die auf eine Befestigung schließen ließen. Anhand der historischen Rahmenbedingungen läßt sich rekonstruieren, daß das Monument nicht zu Lebzeiten Balduins in Auftrag gegeben wurde, denn sonst wäre es vollendet worden; vor allem würde das Kernstück, die Liegefigur, nicht fehlen. Die Alternative einer postumen Anfertigung wäre durch den Amtswechsel im Bischofsamt 1362 plausibel, weil damit die ohnehin monumentale luxemburgische Präsenz im Westchor des Domes begrenzt wurde.

Vier Folgerungen möchte ich aus dieser Fallstudie ziehen: Erstens können wir nicht von einem geradlinigen Prozeß ausgehen, der vom Grabmalwunsch des Stifters zur Realisierung führt. Berücksichtigt werden muß der Einfluß der Treuhänder und Testamentsvollstrecker, der Verwandten, des Nachfolgers im Amt und nicht zuletzt auch der Repräsentanten der Begräbniskirche, die sich mit der Extravaganz mancher Stifterpläne ebenso auseinandersetzen mußten wie mit den Problemen ihrer finanziellen und juristischen Absicherung. Dabei scheint es Normen und Grenzen gegeben zu haben, die freilich selten schriftlich fixiert wurden, die sich allerdings durch Vergleiche einer möglichst großen Zahl von Testamenten,

Grabdenkmälern und Stifterbildern erschließen lassen.[54] Grenzen freilich, die gerade von den Erzbischöfen immer wieder überschritten werden konnten und mußten.

Zum zweiten werden die Konturen eines Koordinatensystems deutlich: Jeder Bischof sah zunächst einmal die Reihe der Monumente seiner Vorgänger, ihre topographische Verteilung, ihre Zugehörigkeit zu bestimmten Typen (Trierer Bogengrab, Mainzer Architekturbaldachin mit Heiligen) sowie bestimmte Gesetzmäßigkeiten bei den Inschriften. Eine weitere Ebene des Vergleichs ist die der Nachbarbistümer bzw. Nachbarterritorien. Auch hier war zu entscheiden, ob man die Monumente der Konkurrenz ignorieren oder sie hinsichtlich Größe, Qualität, und Anspruch übertrumpfen wollte. Schließlich gibt es die großen Perioden der Kunstgeschichte, die unabhängig von lokalen Traditionen bestimmte Grabmaltypen hervorbrachten, etwa die Grabplatte der Gotik oder das Renaissance-Epitaph. Wenn man sich diese Rahmenbedingungen vergegenwärtigt, wird um vieles deutlicher, wie das Balduin-Monument sowohl bezüglich seines Standorts als auch seines Typus und seines Materials aus der Trierer Tradition ausbricht und wie es auf die Herausforderung der Kölner Konkurrenz antwortet: Hier hat Erzbischof Wilhelm von Gennep († 1362) mächtige Marmormonumente für sich und seinen Vorgänger Walram von Jülich († 1349) anfertigen lassen[55], die freilich von der Balduinstumba in den Schatten gestellt wurden. Gemeinsam ist allen drei Monumenten, daß schwarzer Marmor die Zugehörigkeit zu einer internationalen Hofkultur signalisierte.

Zum dritten muß man bei diesem Koordinatennetz auch die zeitliche Dimension berücksichtigen. Die reichs-, territorial- und kirchenpolitischen Rahmenbedingungen konnten sich ändern, machten ausgefeilte Denkmalpläne bisweilen innerhalb kürzester Zeit zu Makulatur. Von den ersten monumentalen Grabdenkmälern an gab es einen engen Zusammenhang zwischen Grabmalskunst und Politik[56]: Mit Grabmälern wurde versucht, Politik zu machen, die Politik beeinflußte aber auch Entstehung und Schicksal der Grabmäler. Nicht zuletzt um die daran angebrachten Wappen der geistlichen und weltlichen Grundherren zu zerstören, wurden noch im 19. Jahrhundert zahlreiche Grabplatten zerschlagen.[57]

Viertens ist auf das Problem der Methode hinzuweisen: Ein Bischofsgrab kann nur dann angemessen bearbeitet werden, wenn man sowohl die historischen als auch die kunsthistorischen Aspekte berücksichtigt. Die Grabmaltopographie der einzelnen Kirchen ist dabei ebenso von Bedeutung wie die Frage der Einbindung der Monumente in die Liturgie.[58]

---

54 *Brigitte Klosterberg*, Zur Ehre Gottes und zum Wohl der Familie. Kölner Testamente von Laien und Klerikern im Spätmittelalter. (Köln. Schr. zu Gesch. und Kultur, Bd. 22.) Köln 1995; *Gabriele Schulz*, Testamente des späten Mittelalters aus dem Mittelrheingebiet. Eine Untersuchung in rechts- und kulturgeschichtlicher Hinsicht. (Quellen u. Abh. z. mittelrheinischen KiG, Bd. 27.) Mainz 1976; *Urs Martin Zahnd*, Spätmittelalterliche Bürgertestamente als Quellen zu Realienkunde und Sozialgeschichte, in: MIÖG 96, 1988, 55–78.

55 *Michael V. Schwarz*, Höfische Skulptur im 14. Jahrhundert. Entwicklungsphasen und Vermittlungswege im Vorfeld des Weichen Stils. 2 Bde. (Manuskripte zur Kunstwiss., Bd. 6.) Worms 1986, 238-242; *Martin Seidler*, Das Grabmal des Erzbischofs Wilhelm von Gennep im Kölner Dom, in: Verschwundenes Inventarium. Der Skulpturenfund im Kölner Domchor. Kat. Köln [1984], 55–60.

56 *Schwarz*, Grabmalstiftungen (wie Anm. 23); *Berthold Hinz*, Das Grabmal Rudolfs von Schwaben. Monument der Propaganda und Paradigma der Gattung. (Kunststück.) Frankfurt 1996.

57 *E[rnst] von Oidtmann*, Schutz den Grabsteinen!, in: AnnNrh 58, 1894, 176–182.

58 *Renate Kroos*, Grabbräuche – Grabbilder, in: *Schmid/Wollasch*, Memoria (1984), 285–353; *Franz Kohlschein/Peter Wünsche* (Hrsg.), Heiliger Raum. Architektur, Kunst und Liturgie in mittelalterlichen Kathedralen und Stiftskirchen. (Liturgiewiss. Quellen und Forsch., Bd. 82.) Münster 1998, darin insbes.

Testamente, Urkunden, Inschriften und Kunstwerke sind die Teile eines Puzzles, die zusammengehören, aber nicht immer zusammenpassen. Stets fehlen wichtige Glieder wie das Testament Balduins oder die Abrechnung des Bildhauers. In jedem Fall bedarf die kunsthistorische Analyse des Monuments der Bearbeitung der Quellen und umgekehrt, um allein schon über die gattungsspezifischen Eigenheiten Klarheit zu gewinnen und um den Unterschied zwischen Stiftung und Stiftungswirklichkeit, zwischen Plan und Ausführung in ihren Veränderungen herausarbeiten zu können.

II.2. Das Grabmonument des Erzbischofs Jakob von Sierck aus der Liebfrauenkirche

Einhundert Jahre nach der Balduinstumba entstand in Trier ein nicht minder spektakuläres Bischofsgrab, bei dem zwar sowohl das Testament des Stifters als auch eine selbstbewußte Signatur, die den Namen des Künstlers überliefert, erhalten sind, dessen Bearbeitung aber noch wesentlich größere Probleme aufwirft als die der Balduinstumba. Das Grabmonument des Jakob von Sierck († 1456) wurde 1771 zerstört, die Platte, die zunächst in einer Seitenkapelle des Domes aufbewahrt wurde, befindet sich seit 1904 im Bischöflichen Dom- und Diözesanmuseum (Abb. 8–9).[59] Es handelt sich um eine rechteckige Steinplatte, 120x250 cm groß, auf der annähernd vollplastisch ein steinernes Bild des Erzbischofs in liturgischer Gewandung liegt; deutlich sind Pluviale, Manipel, Pallium, Kasel, Dalmatik und Albe zu erkennen. Er trägt eine Mitra, der Bischofsstab liegt in der linken Armbeuge, die behandschuhten Hände sind also frei und können zum Gebet gefaltet werden. Der in etwa lebensgroß dargestellte Bischof erweckt keineswegs den Eindruck eines Toten. Die Augen sind geöffnet, der Mund scheint zu lächeln. Der Dargestellte wirkt nicht wie ein alter, kranker Mann, als der Sierck mit ca. 58 Jahren starb. Vielleicht wollte ihn der Bildhauer im idealen Alter von 33 Jahren darstellen, in dem die Menschen vor dem Jüngsten Gericht erscheinen.[60] Das Grabmal hat in der Literatur vor allem aus zwei Gründen großes Lob erhalten, zum einen wegen der realistischen Darstellung des Materials, der Wiedergabe unterschiedlicher Stoffe, zum anderen wegen der Gesamtkonzeption der nach links ausschwingenden Figur.[61]

Franz Ronig, Was der Liber Ordinarius des Trierer Domes über die Einbeziehung der Kunstwerke in die Liturgie aussagt, 100–116.

59 KDR 13,3, 187–191; *Annette Schommers*, Das Grabmal des Trierer Erzbischofs Jakob von Sierck († 1456). Deutungs- und Rekonstruktionsversuch von Inschrift und Grabaufbau, in: TrierZ 53, 1990, 311–333; Das neue Bischöfliche Dom- und Diözesanmuseum (wie Anm. 52), 52. – Zur Person vgl. *Ignaz Miller*, Jakob von Sierck. 1398/99–1456. (Quellen u Abh. z. mittelrhein. KiG, Bd. 45.) Mainz 1983.

60 Zum idealen Alter vgl. *Hildegard Westhoff-Krummacher*, Barthel Bruyn der Ältere als Bildnismaler. (Kunstwiss. Stud., Bd. 35.) München 1965, 69–71; *Bauch*, Grabbild (wie Anm. 27), 228–232; *Schmid*, Renaissancekultur (wie Anm. 24), 100–101; *Gerhard Schmidt*, Typen und Bildmotive des spätmittelalterlichen Monumentalgrabes, in: Skulptur und Grabmal des Spätmittelalters in Rom und Italien. Hrsg. v. Jörg Garms/Angiola Maria Romanini. Wien 1990, 13–82, 23–33, 70–80.

61 *Otto Wertheimer*, Nicolaus Gerhaert. Seine Kunst und seine Wirkung. Berlin 1929, 39–40.

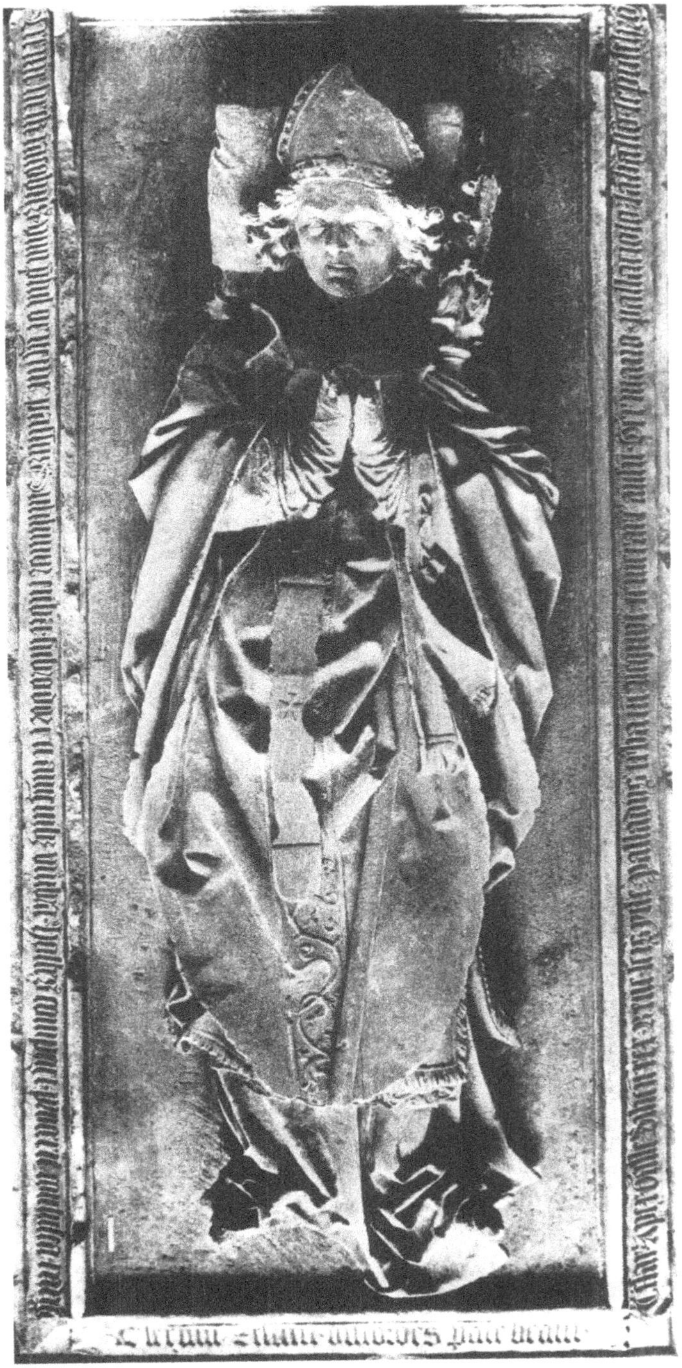

Abb. 8: Grabmal des Jakob von Sierck

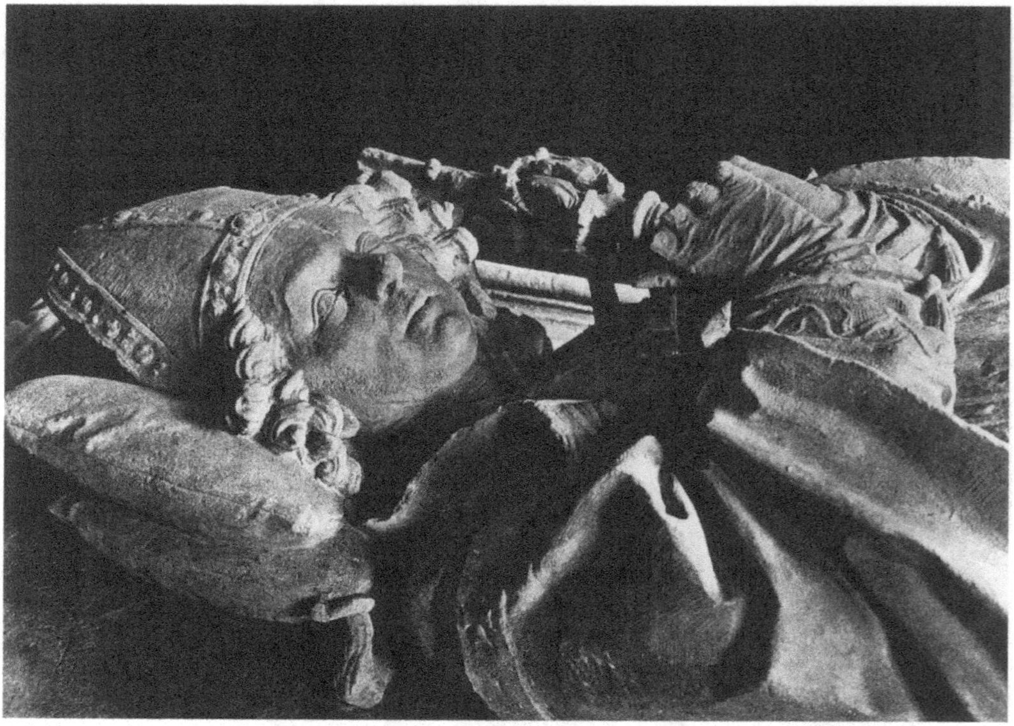

Abb. 9: Grabmal des Jakob von Sierck

Bei dem Grabmal handelt es sich um ein Fragment. Wahrscheinlich waren am Kopfende ursprünglich wappenhaltende Engel angebracht. Ein Löwe am Fußende scheint dagegen aus Platzgründen nicht vorgesehen gewesen zu sein. Das ursprüngliche Aussehen des Monuments läßt sich aus zwei alten Beschreibungen rekonstruieren. Brower und Masen berichten 1670 von *cadaveris, sive mortui hominis subtus eum jactentis miro artificio visendo*, und F. T. Müller wußte am Ende des 18. Jahrhunderts noch von einem eisernen Gitter und von dreieinhalb Fuß hohen Steinpfeilern mit einer Platte, auf der der Verstorbene lag. Darunter befand sich die steinerne Darstellung eines noch unverwesten zweiten Körpers, an dem Kröten und Schlagen fraßen und dessen Ohr von einer Maus benagt wurde.[62]

Eine Deutung dieser Rekonstruktion wirft eine Reihe von Problemen auf, die hier freilich nur genannt werden sollen: Einmal dasjenige des Typus. Das Sierck-Epitaph läßt sich einer Gruppe von Denkmälern zurechnen, für die E. Panofsky den ebenso treffenden wie saloppen Titel „Doppeldecker“ geprägt hat[63]: Oben befindet sich ein Bild des Verstorbenen als liegende Figur (*gisant*) und unten ein weiteres, das ihn als Leichnam (*transi*) zeigt. Die Frage potentieller Vorbilder wurde in der Forschung kontrovers diskutiert.[64] Eine Antwort wird nicht eben erleichtert durch die Tatsache, daß das Sierck-Epitaph zu einer Gruppe von fünf vergleichbaren Denkmälern zählt, die überwiegend in der ersten Hälfte des 15. Jahrhunderts entstanden und ausschließlich an hohe geistliche Würdenträger erinnern: Die anderen „Doppeldecker“ befinden sich in Avignon (Kardinal Jean de Lagrange), Cambrai (Bischof Pierre d'Ailly), Canterbury (Erzbischof Henry Chichele) und Lincoln (Erzbischof Richard Fleming).[65] Die Frage, woher ein solcher Typus nach Trier kommt, ist eng verbunden mit dem Problem, welche Aussage der Auftraggeber damit vermitteln wollte. Negativ formuliert heißt das: Das Sierck-Epitaph bricht aus der Reihe der Trierer Bischofsgräber aus; weder in Köln noch in Mainz noch in den benachbarten Residenzen gibt es ein vergleichbares Beispiel. Und um die Zahl der ungelösten Probleme noch um ein weiteres zu vergrößern: Auf dem als Schräge ausgebildeten Rand der Platte ist eine Inschrift eingehauen. Sie sieht aus, als wäre sie auf einen Pergamentstreifen geschrieben, den man links und rechts angenagelt hat. Die Grabinschrift ist in Form leoninischer Hexameter abgefaßt und zeigt als Chronostichon das Sterbejahr 1456 an, Übersetzung und Deutung bereiten jedoch erhebliche Probleme. Nicht geringer werden diese durch die Tatsache, daß sich der Text der Inschrift auf der letzten Seite des Entwurfs von Siercks Testament von 1456 findet; dadurch läßt sich auch die verlorene Inschrift der unteren Platte rekonstruieren. Immerhin wird soviel klar, daß der obere Teil sich auf die Person des Bischofs bezieht und wichtige Taten seiner Amtszeit nennt, während die unten angebrachten Verse auf die Vergänglichkeit irdischer Existenz hinweisen und mit dem Leichnam in Zusammenhang stehen; sie wenden sich an Siercks Nachfolger im Amt.[66]

62 Zur Rekonstuktion vgl. *Schommers*, Grabmal (wie Anm. 59), 324–333.

63 *Panofsky*, Grabplastik (wie Anm. 27), 71; *Gerhard Schmidt*, Die gotischen "gisants" und ihr Umfeld – Überlegungen zum Wirklichkeitsbezug spätmittelalterlicher Grabmäler, in: Kunsthistoriker. Mitt. des Österr. Kunsthistorikerverbandes 4, 1987, Nr. 3/4, 65–72. – Demnächst ausführlich: *Michael Viktor Schwarz*, Chichele's Two Bodies. Understanding media in medieval sculpture (im Druck).

64 *J[osef] A[dolf] Schmoll gen. Eisenwerth*, Marginalien zu Niclaus Gerhaert von Leiden (1967), in: Ders., Epochengrenzen und Kontinuität. Studien zur Kunstgeschichte. München 1985, 85–112.

65 *Kathleen Cohen*, Metamorphosis of a death Symbol. The Transi Tomb in the Late Middle Ages and the Renaissance. Berkeley/Los Angeles/London 1973, 12–21; *Schommers*, Grabmal (wie Anm. 59), 326-327.

66 *Schwarz*, Chichele's Two Bodies (wie Anm. 63).

Das Grabmal bietet noch eine Überraschung. Am Fußende ist nämlich eine weitere Inschrift zu lesen, deren Deutung keine Schwierigkeiten macht: *NICOLA[US] GERADI DE LEYD[EN] [EX]EGIT 1462.* Mittelalterliche Künstlersignaturen sind im Rheinland nicht gerade häufig. Hervorzuheben ist zudem der Platz, an dem sie angebracht ist. Einerseits war es bescheiden, sie in einer kleineren Schrift und am Fußende anzubringen, andererseits aber doch recht selbstbewußt, hierfür eine Stelle an der oberen Platte auszusuchen, die ein Betrachter gut lesen konnte, die ihm sofort ins Auge fiel.

Die Inschrift erlaubt es, als Urheber des Sierck-Epitaphs mit Nikolaus Gerhaert den mit Abstand bedeutendsten Bildhauer der Spätgotik im westeuropäischen Raum zu benennen.[67] Seine Lehr- und Gesellenjahre dürfte er in Utrecht, Gent, Brüssel, Tournai, Bourges, Dijon und Genf verbracht haben. Epigraphisch erstmals nachweisbar ist er 1462 durch die Inschrift an unserem Grabmal. Im folgenden Jahr war er bereits in Straßburg tätig, wo er Figuren für die alte Kanzlei herstellte, 1464 das Epitaph des Kanonikers Konrad von Busnang, weiter Altar sowie Chorgestühl für das Konstanzer Münster und 1467 dann das Baden-Badener Kruzifix. Nach wiederholter Aufforderung folgte er einer Einladung Kaiser Friedrichs III. nach Wien, wo er dessen Grabplatte herstellen sollte; 1473 ist Gerhaert gestorben.[68] Seine Karriere dauerte nur zehn Jahre, aber er hat in jeder Stadt, in der er arbeitete, die Bildhauerei durch die Rezeption des niederländischen Realismus nachdrücklich beeinflußt. Trier ist womöglich der Ausgangspunkt einer großartigen Laufbahn.

Das hier grob skizzierte Bild kann natürlich an vielen Stellen hinterfragt werden. Vor allem wäre zu klären, wie die Verbindung zwischen Nikolaus Gerhaert, Erzbischof Jakob und Trier zustande kam. Mit dem Grabmal eines Erzbischofs, zudem einem der außergewöhnlichsten seiner Zeit, beauftragte man keinen Berufsanfänger; es muß also irgendwo – in den Niederlanden, in Frankreich, in Straßburg oder gar in Trier? – ein Frühwerk gegeben haben, das ihn für einen solchen Auftrag qualifizierte. Auch Erzbischof Jakob ist viel herumgekommen. Nach seinem Itinerar zu urteilen, muß er recht gute Kenntnisse der italienischen Kunst besessen haben, denn 1430 war er in Florenz und Rom, 1431 in Mailand, Rom und Siena, 1436 in Neapel und 1438 in Genua. Noch wichtiger könnten seine Aufenthalte in Frankreich und den Niederlanden gewesen sein: Durch seine Familie und sein Kanonikat in Metz war ihm die lothringische Kunst sicherlich vertraut. 1435 und 1436 hielt er sich in Dijon, Pont-à-Mousson, Verdun, Lille, 1437 in Bar-le-Duc und Brüssel, 1438 in Marseille sowie 1447 in Bourges und Lyon auf. Aus diesen Stationen läßt sich eine recht gute Kenntnis der französischen Grabmalskunst seiner Zeit vermuten, zum Beispiel der burgundischen Herzogsgräber in der Kartause von Dijon. Womöglich hatte er an einem der genannten Orte Nikolaus Gerhaert kennengelernt.[69]

---

67 Zu Nikolaus Gerhaert vgl. *Wertheimer*, Nicolaus Gerhaert (wie Anm. 61); *Roland Recht*, Nicolas de Leyde et la sculpture à Strasbourg (1460–1525). Straßburg 1987; *Michèle Beaulieu/Victor Beyer*, Dictionaire des sculpteurs français du moyen âge. (Bibl. de la Soc. Française d'Arch.) Paris 1992, 120-123; *Johannes Tripps*, Hans Syfer und Niklaus Gerhaert van Leyden, in: ZWLG 51, 1992, 117-129; *Kaliopi Chamonikolasova*, Nicolaus Gerhaert of Leyden in the Moravian Context, in: Wiener Jb f. Kunstgesch. 48, 1995, 61–84; *Hartmut Krohm*, Zuschreibungen an Niclaus Gerhaert von Leyden. Eine noch längst nicht abgeschlossene Diskussion, in: Skulptur in Süddeutschland 1400–1770. Fschr. für Alfred Schädler. Berlin 1998, 109–128.

68 *Renate Kohn*, Eine bisher unbekannte Grabinschrift des Niclas Gerhaert von Leyden († 1473), in: Wiener Geschichtsbll. 48, 1993, 164–170; *Dies.*, Die Inschriften der Stadt Wiener Neustadt. (Die Deutschen Inschr., Bd. 48, Wiener Rh., Bd. 3,2.) Wiesbaden 1998, Nr. 111.

69 Vgl. das Itinerar bei *Miller*, Sierck (wie Anm. 59), 288–308.

Das Sierck-Epitaph wurde – wie aus der Inschrift hervorgeht – im Jahre 1462 „fertiggestellt". Aber wann wurde der Auftrag vergeben? Wann wurde die Arbeit begonnen? Hier könnte sich das Testament Siercks als Schlüsseldokument erweisen, aber es läßt uns im Stich: Der 1456 niedergeschriebene Letzte Wille des Erzbischofs erwähnt das Grabmal mit keinem einzigen Wort.[70] Bevor wir auf diesen Tatbestand zu sprechen kommen, seien einige der Bestimmungen des Testaments angeführt: Sierck wählte seine Grablege im Chor der Trierer Liebfrauenkirche. I. Miller hat dies aus der besonderen Marienverehrung des Testators abgeleitet, aber auch als bewußt politischen Akt zur Aufwertung des Oberstifts gedeutet. Überzeugend ist keiner dieser Vorschläge, denn der Dom lag ebenfalls im Oberstift, in der Liebfrauenkirche hat sich sonst kein Bischof begraben lassen, und Marienverehrung ist für fast alle Zeitgenossen nachzuweisen.[71] Von besonderer Wichtigkeit ist, daß auch der genaue Standort festgelegt wurde, nämlich zwischen dem Hoch- und dem Kreuzaltar.[72] Siercks Herz sollte dagegen in der Kathedrale von Metz begraben werden. Eine Messingfigur, die ein Herz in beiden Händen hielt, schmückte dieses Grab. Enge Beziehungen besaß Sierck auch zu dem Benediktinerkloster Mettlach, wo seine Eingeweide beigesetzt werden sollten; hier war schon sein Vater bestattet worden. Auch hier regelte er testamentarisch den Schmuck seines Grabes, wahrscheinlich mit einer Messingplatte. Die getrennte Beisetzung von Herz und Eingeweiden war bei mittelalterlichen Herrschaftsträgern selten, aber nicht ungewöhnlich.[73] Vielmehr erstaunt, daß der künstlerische Schmuck der Innereisepulkren genau festgelegt wurde, während das Testament das Grabmal in Liebfrauen überhaupt nicht erwähnt. Sierck stiftete in seinem Testament eine ganze Reihe von Memorien. Insgesamt sind 317 Meßstiftungen verzeichnet, vor allem für die Klöster und Stifte des Erzstifts, bevorzugt für diejenigen, zu denen er zu Lebzeiten enge Beziehungen besaß. Auffällig ist dagegen das Fehlen von Einrichtungen mit karitativer Zielsetzung. Siercks Familie starb mit ihm im Mannesstamm aus. Sein Bruder Philipp war Dompropst und wollte sein geistliches Amt nicht aufgeben. Weiter erscheint der Hinweis wichtig, daß Siercks Nachlaßregelung gleichzeitig auch ein politisches Testament bildete, das u. a. eine Wahlempfehlung zugunsten seines Bruder enthielt – der das Domkapitel freilich nicht folgte – sowie Ratschläge an Siercks Nachfolger: Dieser sollte vor allem die Klosterreform fortsetzen. Hier läßt sich dann wiederum eine Brücke zu der Inschrift am Grabmal schlagen, die auf der letzten Seite des Testamentsentwurfs niedergeschrieben wurde, auch diese wendet sich an den Nachfolger im Amt. Sierck legte diesem besonders ans Herz, die Angehörigen seines Hofstaates weiterzubeschäftigen. Der Nachfolger sollte die geheimen Räte Wilhelm von Eltz und Johann Studigel von Bitsch, den Kanzler Johann Jux und den Kammerschreiber Siegfried von Dreckenach in seinem Dienst behalten. In diesem Kreis dürfen wir auch die Personen ver-

70 LHKo Best. 1 D, Nr. 1171 (Entwurf), Best. 1 A, Nr. 7899 (Ausfertigung); *Ignaz Miller*, Nachlaßregelung und Testament des Trierer Erzbischofs Jakob von Sierck († 1456), in: Landeskundliche Vjbll. 31, 1985, 51–67; *ders.*, Sierck (wie Anm. 59), 175–178, 254–257.

71 *Miller*, Nachlaßregelung (wie Anm. 70), 55.

72 Vgl. *A. Schmitz*, Das Innere und die Umgebung der Liebfrauenkirche vor 200 Jahren, in: Trierisches Archiv 14, 1909, 74–89, 78.

73 *Andrea Lanzer*, Herrschertod in Brauchtum und Recht, in: Forsch. zur Rechtsarch. und rechtl. Volkskunde 4, 1983, 99–133. – Für Trier kann man außerdem auf das Beispiel des Erzbischofs Albero von Montreuil verweisen, dessen einbalsamierter Leichnam 1152 im Dom und dessen Eingeweide in dem von ihm gegründeten Kloster Himmerod bestattet wurden, vgl. *Gierlich*, Grabstätten (wie Anm. 34), 79–81.

muten, die an der Planung des Grabmals und der Überwachung seiner Herstellung beteiligt waren.

Meine Skizze zum Forschungsstand über das Sierck-Epitaph hat eine ganze Reihe von Fragen offengelassen. Nachdem die Analyse des Testaments nur wenige Anhaltspunkte zur Deutung des Grabmals erbrachte und sich auch die Inschrift als Sackgasse erwies, könnten vielleicht wiederum kunstgeschichtliche Untersuchungen weiterführen, die nicht nur die Typengeschichte des Doppeldeckergrabes, sondern auch seine inhaltliche Dimension herausarbeiten sollten.

II.3. Die wiederhergestellte Tumba Erzbischof Johanns von Baden aus dem Dom

Am Ende von Steven Spielbergs Film „Jäger des verlorenen Schatzes" verschwindet die in einer Bretterkiste verpackte Bundeslade in einem gigantischen Depot mit unzähligen Kisten, wodurch dem abenteuerlustigen Archäologen Indiana Jones die Untersuchung verwehrt bleibt. Eine ähnliche Kiste – im Magazin des Bischöflichen Dom- und Diözesanmuseums Trier – hat viele Jahre lang die Phantasie des Verfassers beflügelt. Sie enthielt die Überreste vom Grabmal des Erzbischofs Johann von Baden († 1503). Die Bruchstücke waren 1903 von Johannes Wiegand bei Grabungen im Westchor des Domes entdeckt worden, wo sie als Füllmaterial eingemauert waren; sie wurden dann im Domkreuzgang aufgestellt, schließlich abgebaut und in die bewußte Kiste gepackt.[74]

Ab 1995 wurden die zahlreichen Fragmente gereinigt und zusammengesetzt. Aus den Bruchstücken entstand hinsichtlich seiner Größe wie auch der Qualität eines der imposantesten spätgotischen Erzbischofsgrabdenkmäler im westdeutschen Raum (Abb. 10).[75] Das Monument wurde während der Französischen Revolution systematisch beschädigt, worauf insbesondere die massive Zerstörung des Gesichts der Liegefigur hinweist. Vielleicht hat sich der gleiche Bilderstürmer zuvor an der Balduinstumba versucht, gegen deren massives Material er freilich wenig auszurichten vermochte. In jedem Fall lud der weiche Baumberger Sandstein[76], der eine außerordentlich subtile Oberflächengestaltung erlaubt, zu einer Beschädigung des Baden-Grabes geradezu ein; zahlreiche Zeitgenossen haben sich seit dem späten 16. Jahrhundert mit ihren Namenszügen verewigt, ein Schicksal, das trotz ihrer Härte auch der Balduinstumba nicht erspart blieb.[77] Auch die Konstruktion – die Liegefigur des Bischofs ist hohl und in zwei Blöcken gearbeitet – beeinträchtigte die Statik des Baden-Grabmals.

74 *J[ohannes] Wiegand*, Der Westchor des Domes zu Trier im Laufe der Jahrhunderte, in: Pastor bonus 18, 1905–1906, 113–124, 162–171; KDR 13,1, 272.

75 *Markus Groß-Morgen/Wolfgang Schmid/Michael Viktor Schwarz*, Nikolaus Myert: ein unbekannter Utrechter Bildhauer der Spätgotik, in: Kunstchronik 51, 1998, 334–339. – Zur Person vgl. *Kerber*, Herrschaftsmittelpunkte (wie Anm. 4).

76 *Reinhard Karrenbrock*, Baumberger Sandstein: Ausstrahlung westfälischen Kunstschaffens in den Ostseeraum, in: Die Hanse – Lebenswirklichkeit und Mythos. Kat. 2 Bde., Hamburg 1989, Bd. 1, 497-505; *ders.*, Dries Holthuis und seine Werke aus Baumberger Sandstein. Zur niederrheinischen Steinskulptur um 1500, in: Gegen den Strom. Meisterwerke niederrheinischer Skulptur in Zeiten der Reformation 1500–1550. Kat. Aachen 1996, 79–96.

77 Die Platte wurden bei der Restaurierung von 1974 abgeschliffen und neu poliert. Dokumentation des vorherigen Zustandes im Amt für Kirchliche Denkmalpflege, Trier.

Abb. 10: Grabmal des Johann von Baden

Keine Inschrift verrät den Namen des Erzbischofs, aber das Kissen, auf dem sein Haupt liegt, zeigt das Badische Wappen. Zwei Angehörige dieser Familie saßen auf dem Trierer Bischofsstuhl; da Jakob von Baden 1511 in St. Florin in Koblenz begraben wurde – an ihn erinnert ein qualitätvolles Renaissance-Epitaph[78] –, handelt es sich bei dem Trierer Grabmal um das seines Onkels Johann († 1503). Seine Aufstellung im Westchor, neben der Balduinstumba, ist für das 17. Jahrhundert durch Brower und Masen belegt. Bereits damals wurde das Fehlen einer Inschrift moniert.[79] Wie bei der Balduinstumba haben wir ein Denkmal vor uns, das stumm blieb, das den Namen des Verstorbenen nicht verriet und statt dessen mit Graffiti verunziert wurde. Dies bereitete schon den kurtrierischen Historiographen des 17. Jahrhunderts Schwierigkeiten, die zwar von den Bestattungen Balduins und Johanns im Ostchor wußten, die auch aus anderen Quellen die Inschrift der Balduinstumba kannten, die aber die beiden Grabmonumente dann doch falsch zuordneten; seitdem zieht sich die Angabe von der Liegefigur „Balduins“ durch die Literatur.

Verglichen mit der Balduinstumba ist das Baden-Grab zwar ca. 21 cm schmaler, nämlich 128 cm breit, dafür aber 19 cm länger (Gesamtlänge: 339 cm). Die Platte des Sierck-Epitaphs ist mit 120x253 cm wesentlich kleiner. Bezüglich der künstlerischen Qualität steht das Baden-Grabmal ebenfalls nicht hinter dem Balduins zurück: Während bei diesem monumentale Formen in schwarzem Marmor das Bild bestimmen, sind es bei jenem erfindungsreich gearbeitete Architekturelemente aus leuchtend hellem Sandstein; Reste einer Farbfassung sind nicht nachzuweisen. Die Seitenwände der Tumba werden durch drei doppelte Rundbögen gegliedert. In den Feldern dürften Figuren oder Wappenhalter gestanden haben, die aber ebenfalls systematisch zerstört wurden. Unter einer Baldachinarchitektur liegt die Figur des Bischofs in detailliert gearbeiteten liturgischen Gewändern.

Die einzelnen Teile des Grabmals sind in einer Art Baukastensystem angefertigt; sie wurden durch Ritzungen markiert und brauchten nur noch vor der gemauerten Tumba befestigt zu werden. Die Bischofsfigur ist in zwei Blöcken und hohl gearbeitet, was sonst nur bei Holzskulpturen üblich ist. Beides deutet darauf hin, daß das Grabmonument nicht in Trier hergestellt, sondern über eine weite Strecke transportiert wurde.

Glücklicherweise hat sich die Abrechnung über die Arbeit des Bildhauers erhalten: 1478 beurkundete der Utrechter Priester Dietrich Myert, sein verstorbener Bruder, *meister Claisen von Myert, steynmetzen zu Utricht*, habe mit Erzbischof Johann von Baden vereinbart, für diesen *eyn steynen gehauwen begrebniß* zu machen. Hierfür seien bereits 250 Gulden bezahlt worden, jetzt wird der Restbetrag von 100 Gulden quittiert. Hervorzuheben sind insbesondere der Auftrag an einen Meister aus Utrecht, dann der Preis und schließlich der biographische Zusammenhang.[80]

Ein Bildhauer mit dem Namen *Claisen von Myert* läßt sich in der Utrechter Überlieferung nachweisen: Im Jahre 1454 wurde er als *steenhouwer* in das Bürgeraufnahmebuch eingetragen, er war also von außerhalb nach Utrecht zugewandert. Sein Name taucht häufig in den Baurechnungen des Utrechter Doms auf, mehrfach lieferte er für recht stattliche Beträge Steine aus dem Münsterland (*Monster steyn*), vermutlich auch Baumberger Sandstein. 1478 war er auch einer anderen Quelle zufolge gestorben, denn in diesem Jahr werden Vormünder für seine Kinder bestellt. Den Steinhandel betrieb die Witwe weiter, sie ist bis um 1515 nachweisbar. Clais Myert können weitere Werke in Utrecht zugeschrieben werden, an erster

78 S. o. Anm. 43.

79 *Brower/Masen*, Antiquitatum (wie Anm. 38), Bd. 2, 318.

80 LHKo Best. 1 A, Nr. 8623; *Kerber*, Herrschaftsmittelpunkte (wie Anm. 4), 75.

Stelle das Grabmal des Propstes Dirk von Wassenaer († 1465) in der Janskerk, vielleicht auch die Konsolfiguren in der Utrechter Buurkerk.[81] In jedem Fall bleibt festzuhalten, daß Johann von Baden sein eigenes Grabmal bereits zu Lebzeiten bestellt hat, und zwar in einem Atelier in den nördlichen Niederlanden. Wir haben somit einen Parallelfall zu dem aus Leiden stammenden Nikolaus Gerhaert vor uns. Trier erweist sich als Drehscheibe in der Geschichte der spätgotischen Skulptur, nimmt eine Vermittlerposition zwischen den Niederlanden und dem Oberrhein ein. Gleichzeitig wird damit ein Anspruch dokumentiert: Offensichtlich fanden gleich mehrere erzbischöfliche Auftraggeber (Sierck, Baden, Balduin) keine Werkstatt in Trier, Köln und Mainz, in Lothringen oder im Maasland/Hennegau, die ihren Ansprüchen genügte; sie wandten sich statt dessen an Künstler aus den nördlichen Niederlanden.

Wir wissen nicht, was das Sierck-Epitaph gekostet hat, aber Johann von Baden bezahlte für sein Monument einen stattlichen Preis. Beim Nattenheimer Altar betrug das Steinmetzhonorar 38 Gulden, bei den sechs Figuren an der Steipe waren es 36 Gulden. Dürer hatte für das Rosenkranzfest 110 Gulden, für den Helleraltar 200 Gulden und für die Marter der Zehntausend 280 Gulden erhalten. Teuer waren auch die Werke der Kölner Malerschule, der Thomasaltar des Bartolomäusmeisters soll 250 Gulden gekostet haben. In etwa dem Baden-Grab vergleichbar ist der Münnerstädter Altar, der Kosten in Höhe von 365 Gulden verursacht hat, davon 145 für die Schnitzarbeiten Riemenschneiders und 220 für die farbige Fassung des Veit Stoß. Wenn unser Grabmal also 350 Gulden gekostet hat, dann macht dies einen außergewöhnlich hohen Anspruch des Auftraggebers deutlich, der mit der Vergabe des Auftrags an eine weit entfernte Utrechter Werkstatt, der Größe des Monuments und seiner Ausführung im Detail korrespondiert.

Methodisch ist ferner von Interesse, daß Johann von Baden das Grabmal bereits wenige Jahre nach seinem Regierungsantritt und lange vor seinem Tod im Auftrag gegeben hat. Wie das Beispiel des Frankfurter Kaufmanns Jakob Heller zeigt, der sein Messingepitaph bereits in einem Nebenraum des Dominikanerklosters liegen hatte[82], war dies keineswegs unüblich. Dadurch wird jedoch eine gängige Datierungspraxis in Frage gestellt, die von einer Auftragsvergabe wenige Jahre vor oder nach dem Tod des Stifters ausgeht. Im Gegensatz zu Jakob von Sierck, der ein Kanonikat in Utrecht bekleidete, läßt sich für Johann von Baden kein Aufenthalt in dieser Stadt nachweisen. Der Auftrag dürfte über andere Kanäle vermittelt worden sein. Hierfür bot der Trierer Fürstentag von 1473, der Mitglieder aller führenden Fürstenhäuser Europas nach Trier brachte, eine günstige Gelegenheit. In der Moselstadt trafen sich Kaiser Friedrich III., der kurz zuvor Nikolaus Gerhaert zur Anfertigung seines Grabmals nach Wien berufen hatte[83], und der Burgunderherzog Karl der Kühne, dessen

81 Vgl. allg. *H. Tummers*, Laatmiddeleeuwse figurale grafsculptuur in Nederland, in: Nederlands kunsthistorisch Jaarboek 45, 1994, 237–269; *W. Jappe Alberts*, Levanteries van Steen uit het Rijnland voor de Dombouw te Utrecht en Tolheffing op de Rijn, in: Nederrijnse Studien. XIIIe–XVe Eeuw. Hrsg. v. Dems./F. Ketner. (Bijdragen van het Instit. voor middeleeuwse Geschiedenis der Rijks-Universiteit te Utrecht, Bd. 27.) Groningen 1954, 1–48; *Dieter Jansen*, Entlang des Rheins: Wanderung von Dekorationsmotiven im Umfeld der Windesheimer zwischen Köln und Utrecht, in: Masters and Miniatures. Hrsg. v. Koert van der Horst/Johann-Christian Klamt. Doornspijk 1991, 127–135.

82 Ein Goldschmied oder Büchsenmeister sollte nur noch das Sterbedatum eingravieren, *Schmid,* Stifter und Auftraggeber im spätmittelalterlichen Köln (1994), 431.

83 *Edgar Hertlein*, In Friderici Imperatoris incolumitate salus imperii consistit. Antike und mittelalterliche Herrscher-Auffassungen am Grabmal Friedrichs III. in Wien, in: Jb d. kunsthist. Sammlungen Wien 81, 1985, 33–102; *ders.*, Das Grabmal Friedrichs III. im Lichte der Tradition, in: Der Tod des Mächtigen.

Ahnen in der Kartause bei Dijon eine aufsehenerregende Grablege errichtet hatten.[84] Bei den zahlreichen, chronikalisch überlieferten Festivitäten sprach man sicherlich auch über solche Themen. Da sich der Utrechter Bischof David von Burgund, ein Sohn Herzog Philipps des Guten, ebenfalls in Trier aufhielt, könnte er Johann von Baden auf den Bildhauer Clais Myert aufmerksam gemacht haben.

II.4. Der Grabaltar des Erzbischofs Richard von Greiffenklau im Dom

In der Reihe der Trierer Bischofsgräber ist nach dem Baden-Monument ein Einschnitt zu beobachten: Der Grabaltar seines Nachfolgers Richard von Greiffenklau befand sich ursprünglich als Kreuzaltar an der Westseite des Kanzelpfeilers. Er wurde 1701 an die Nordseite versetzt, um dem barocken Kreuzaltar Platz zu machen.[85] Die Grabplatte aus schwarzem Marmor beließ man an ihrem ursprünglichen Platz. Die Architektur des Grabaltars wirkt durch ihre Gesamtkomposition und die detailreichen Renaissanceelemente geradezu elegant. Das hohe, schlanke Monument ist aus hellem Kalkstein gefertigt und setzt sich aus vier Zonen zusammen (Abb. 11): Einem barocken Sockel, der an die Stelle der Altarmensa der Renaissance trat, einer Art Predella mit einer Inschriftentafel aus schwarzem Schiefer, einer Bildzone mit einer Darstellung des Erzbischofs und einer Baldachinzone mit Wappen und Medaillons, auf denen Kaiser Maximilian und Karl V. dargestellt sind. Zumindest teilweise erneuert ist das bekrönende Wappen, das von zwei Greifen gehalten und von Mitra, Schwert und Krummstab geziert wird. Besonders hervorzuheben ist die Hauptzone mit der Darstellung des Verstorbenen: Greiffenklau kniet im bischöflichen Ornat am Fuß des Kreuzes, dessen Stamm von Maria Magdalena umfaßt wird. Mitra, Handschuhe und Bischofsstab hat er vor sich abgelegt. Als Schutzheilige begleiten ihn die Bistumspatrone Helena und Petrus, der ihn dem Gekreuzigten empfiehlt.

Vier Tatsachen sind besonders hervorzuheben: Zunächst der Ort der Aufstellung. Soweit die erhaltenen Denkmäler diesen Schluß zulassen, waren die Trierer Erzbischöfe zunächst im Südschiff des Domes (Marienkapelle) und dann im Westen (Nikolauschor) begraben worden; von nun an finden sich viele Denkmäler im Nordschiff. Die Frage ist schwer zu beantworten, ob und ab wann es eine planmäßige Verteilung der Grabdenkmäler im Dom gab; in Köln (Grabdenkmäler im Kapellenkranz des Domchors) und Mainz (Grabdenkmäler in Form einer Prozessionsstraße im Mittelschiff) sicherlich seit dem 14./15. Jahrhundert.

Zum zweiten entschied sich Greiffenklau gegen die Tradition einer Tumba, er wich von der klassischen Form des Grabes als „Haus des Toten" ab[86] und entwickelte eine gänzlich andere Lösung, einen Grabaltar, der die klassischen Gattungen eines Grabmals und eines Altars miteinander verband. Es entstand ein Monument, an dem nicht nur des Toten gedacht, sondern auch regelmäßig die Messe gelesen wurde; der Priester stand dabei auf der Grabplatte. Der Grabaltar war dadurch wesentlich intensiver in den liturgischen Tages- und

Kult und Kultur des Todes spätmittelalterlicher Herrscher. Hrsg. v. Lothar Kolmer. Paderborn/München/Wien 1997, 137–164; *Arthur Saliger*, Kunsthistorische Aspekte zum Grabmal Kaiser Friedrichs III. im Wiener Stephansdom, in: Wiener Geschichtsbll. 48, 1993, 129–163.

84 S. o. Anm. 53.

85 KDR 13,1, 214–219; *Ronig*, Ausstattung (wie Anm. 45), 252–253.

86 *Arnold Angenendt*, Das Grab als Haus des Toten. Religionsgeschichtlich – christlich – mittelalterlich, in: *Maier/Schmid/Schwarz*, Grabmäler (wie Anm. 53).

Abb. 11: Grabaltar des Richard von Greiffenklau

Jahresablauf eingebunden als herkömmliche Grabmäler.[87] Greiffenklaus Grabaltar begründete eine Tradition, die – von wenigen Ausnahmen abgesehen – für die Trierer Bischofsgräber bis ins 18. Jahrhundert maßgeblich sein sollte und diese deutlich von den Mainzer oder Kölner Monumenten unterschied.

Drittens: Ob mit dieser Entscheidung für einen Grabaltar auch diejenige für die Darstellung des Bischofs in Form einer sog. „ewigen Anbetung“[88] zusammenhängt, ist schwer zu beurteilen. In jedem Fall bedeutet auch dies eine Abkehr von der Tradition der Liegefiguren und setzt sich in einer ganzen Reihe ähnlicher Darstellungen bis ins 17. Jahrhundert fort. Auffälligerweise hat der Grabaltar Greiffenklaus eine fast zeitgleiche Parallele in dem noch stärker den Formen der Spätgotik verpflichteten Grabmal des Uriel von Gemmingen († 1514) im Mainzer Dom, das ebenfalls den Erzbischof mit den Bistumspatronen Bonifatius und Martin in Form einer „ewigen Anbetung“ vor einer Kreuzigungsszene zeigt und dadurch aus der Mainzer Tradition ausbricht.[89]

Damit ist das vierte Faktum angesprochen: Mit dem Grabaltar Richards von Greiffenklau hält die Renaissance Einzug im Trierer Dom. Inwieweit der Bischof daran bewußt beteiligt war, ist schwer zu entscheiden; 1492 war er nach Rom gereist, auch Frankreich kannte er. Wenn man sich die anderen Grabmäler im Trierer Dom vor Augen führt, dann läßt sich festhalten, daß er mit diesem Werk ein in jeder Hinsicht herausragendes Zeichen setzen wollte. Wer das Monument angefertigt hat, ist unklar. Vorgeschlagen wurde der Bildhauer Jakob Kerre, der in Mainz gelernt hatte und in Trier und Koblenz tätig war; weitere Grabmäler in Simmern, Kastellaun, Gemünden, Niederwerth und Münstermaifeld werden ihm zugeschrieben.[90] Aber Zeitgleichheit allein ist gerade bei einem so außergewöhnlichen Grabmal kein überzeugendes Argument. An dem Altar sind die Initialen „E. A.“ angebracht. Ob es sich dabei um eine Signatur handelt und wie sie aufzulösen ist, bleibt ungeklärt. Außerdem findet sich an den seitlichen Pilastern zweimal die Jahreszahl 1525; sie zeigt, daß das Monument bereits zu Lebzeiten Greiffenklaus († 1531) errichtet wurde. Die Grabinschrift verfaßte der Trierer Humanist Bartholomäus Latomus.

II.5. Das Wanddenkmal des Johann von Metzenhausen im Dom

Viele Elemente am Greiffenklau-Altar, die sich langfristig als richtungsweisend herausstellen sollten, setzten sich beim Grab seines Nachfolgers Johann von Metzenhausen († 1540) noch nicht durch. Dessen Nachfolger Johann Ludwig von Hagen, der es 1542 errichten ließ, entschied sich für eine andere Lösung (Abb. 12).[91] Ob Hagen eine bewußte Absage

87 *Ronig*, Ausstattung (wie Anm. 45), 252–255, 260–285; *Schmid*, Grabdenkmäler im Erzbistum Trier (wie Anm. 20), 110–117. – Zum Problem der Grabaltäre zuletzt *Markus Groß-Morgen*, Das Grabmal des Trierer Erzbischofs Johann Philipp von Walderdorff. Ein Werk des Bildhauers Jean-Baptiste Simar, in: Neue Forschungen und Berichte zu Objekten des Bischöflichen Dom- und Diözesanmuseums Trier. (Kat. u. Schr. des Bischöfl. Dom- u. Diözesanmuseums Trier, Bd. 3.) Trier 1994, 121–152, 142.

88 Der Begriff ‚ewige Anbetung‘ wird in der Kunstgeschichte und der Liturgiewissenschaft teilweise unterschiedlich verstanden, vgl. Reallex. zur deutschen Kunstgesch. Bd. 6. München 1973, 572–600; *Leo Bruns*, Das Motiv der ewigen Anbetung in der römischen Grabplastik des 16., 17. und 18. Jahrhunderts, in: Römisches Jb f. Kunstgesch. 4, 1940, 253–432; *Fritz Arens*, Gotische Grabmäler mit der Darstellung der "Ewigen Anbetung" in Deutschland, in: Das Münster 25, 1972, 333–340.

89 *Fritz Arens*, Der Dom zu Mainz. Darmstadt 1982, 111–113; *Beyer*, Ausdruck (wie Anm. 26), 183–185.

90 *Terpitz*, Grabdenkmäler (wie Anm. 27), 124–125.

91 KDR 13,1, 272–275; *Ronig*, Ausstattung (wie Anm. 45), 253–255; *Terpitz*, Grabdenkmäler (wie Anm. 27), Kat. Nr. 147.

Abb. 12: Grabmal des Johann von Metzenhausen

gegenüber dem Greiffenklau-Grabaltar signalisieren wollte, sei dahingestellt; von seinem eigenen Grabmal sind leider nur Fragmente überliefert, die für Vergleiche mit den beiden erhaltenen Denkmälern nicht ausreichen.[92]

Das Metzenhausen-Grabmal wurde an der Nordwand des Domes errichtet und konnte deshalb wesentlich breiter angelegt werden als der für die Aufstellung an einem Pfeiler konzipierte Greiffenklau-Altar. Das ebenfalls aus hellem Kalkstein gefertigte Grabmal rezipiert Vorbilder der italienischen Hochrenaissance (Werke Sansovinos und Rossellinos in Florenz und Venedig). Es ist in drei Zonen gegliedert: Der dreiteilige Sockel – an dessen Fuß zwei Affen spielen[93] – zeigt eine aufwendig geschmückte Inschriftenplatte, die u. a. die Auftraggeberschaft Hagens festhält. Die Datierung 1542 steht auf einem Täfelchen an dem linken Eckpfeiler. Über dem Sockel folgt die Hauptzone mit der Darstellung Metzenhausens in der überhöhten Mitte. Der Bischof kniet nicht und er liegt auch nicht, sondern er steht beherrschend als monumentales vollplastisches Bild in einer mit prächtigem Stoff dekorierten Muschelnische. Seine Hände sind gefaltet, er trägt den bischöflichen Ornat und hält den Krummstab im Arm. Links und rechts davon in deutlich kleineren und schmaleren Nischen stehen die Apostel Petrus und Paulus; ob die Darstellung einer angeketteten Figur und einer Schlange auf Auseinandersetzungen mit der Stadt und der Reformation hindeuten, muß offen bleiben. Medaillons zeigen Kaiser Karl V. und König Philipp. Darüber erkennt man auf Eckpilastern die heiligen Quirin und Georg, daneben zwei Putten, die auf Ungeheuern reiten. Weiter ist ein Inschriftenhalter in Handwerkertracht zu sehen, der an zeitgenössische Künstlerselbstbildnisse erinnert.[94] Bekrönt wird das Grabmal von einer Giebelzone mit dem Wappenschild des Erzbischofs, auf dem Christus als Schmerzensmann steht, links und rechts neben dem Wappen Maria und Johannes.

Konzeption und Ornamentik des Monuments können hier nicht genauer analysiert werden, nur die Frage nach dem Bildhauer sei kurz angeschnitten: Es gab Versuche, einen Metzenhausenmeister herauszuarbeiten, der womöglich mit Hieronymus Bildhauer, dem Vater des bereits genannten Hans Bildhauer, identisch sein könnte; sie überzeugen bisher aber nicht.[95] Wir haben also die Situation vor uns – wie sie bereits J. Wiegand 1909 recht treffend beschrieben hat –, daß wir in Trier eine Gruppe von Werken haben, die auf italienische Vorlagen zurückgreifen. Weitgehend ungeklärt ist jedoch, ob sie – was eher unwahrscheinlich ist – von einem in Trier tätigen Bildhauertrupp aus Italien stammen oder ob es sich um Werke eines oder mehrerer (italienisch beeinflußter) Ateliers in Süddeutschland, Frankreich oder den Niederlanden handelt oder aber – wofür freilich wenig spricht – daß es in Trier eine Werkstatt gab, deren Leiter in seiner Gesellenzeit die Kunst Italiens studiert hatte.[96]

Zu diesem Komplex gehört weiter das noch näher zu analysierende Grabmonument des Domdekans Christoph von Rheineck, datiert 1530/31, außerdem zwei qualitätvolle Renaissance-Epitaphien von Kanonikern im Domkreuzgang: Die elegante Darstellung einer Be-

92 S. o. Anm. 44.

93 Zur Ikonographie der Affen am Grabmal und am Petrusbrunnen vgl. *Fleck/Schmid*, Rechnung (wie Anm. 18), 126–128.

94 Vgl. *Kurt Gerstenberg*, Die deutschen Baumeisterbildnisse des Mittelalters. Berlin 1966, der freilich auch die anderen beiden Trierer Baumeisterbildnisse im Domkreuzgang und in St. Gangolf nicht kennt.

95 Zuletzt *Terpitz*, Grabdenkmäler (wie Anm. 27), 125–126.

96 *Johannes Wiegand*, Über den Eingang der Renaissance in Trier, in: Trierisches Jb f. Ästhetische Kultur 1908, 211–227.

weinung Christi des Archidiakons Otto von Breitbach († 1523)[97] und das vielfigurige Kreuzigungsbild des Archidiakons Werner († 1533) von der Leyen.[98] Beide Epitaphien warten auf eine wissenschaftliche Bearbeitung, die sie aus ihrem Dornröschenschlaf erweckt, wie auf eine gründliche Reinigung und Instandsetzung.

II.6. Fazit: Zur Botschaft der Bischofsgrabmäler

Die fünf Trierer Erzbischofsgräber des 14.–16. Jahrhunderts konnten hier weder erschöpfend bearbeitet noch systematisch in die Gesamtreihe der erzbischöflichen Monumente, die vom hohen Mittelalter bis ins 18. Jahrhundert reicht, eingeordnet werden. Die kurze Forschungsskizze sollte vor allem dazu dienen, Gemeinsamkeiten und Unterschiede herauszuarbeiten, um Vergleichsmaterial zur Analyse der Stiftungen von Adeligen, von Domkanonikern und von Bürgern zu gewinnen.[99]

Als erste Folgerung ist festzuhalten, daß es bei den Bischofsgräbern ein Gesetz der Serie gibt. Einige Bischöfe gaben ihre Grabmonumente zu Lebzeiten in Auftrag (Sierck, Baden, Greiffenklau), bei anderen übernahmen dies die Nachfolger (Balduin, Metzenhausen).[100] In jedem Fall war es in dieser Zeit nahezu undenkbar, daß ein Erzbischof kein Grabmonument erhielt, dafür besaßen diese eine viel zu wichtige reichs- und kirchenpolitische Bedeutung: Die lange Reihe der Grabdenkmäler signalisierten jedem Betrachter eine weit zurückreichende und ununterbrochene Kontinuität von Herrschaft, deren Bedeutung für die politische und kirchenpolitische Legitimation des Bischofsamtes und seiner Kontinuität kaum zu unterschätzen ist; hier ergänzten die Grabmäler die bis zu den heiligen Gründern zurückreichenden Bischofslisten und die Bistumschroniken mit ihren Gründungslegenden.[101] Bürgerliche Familien dagegen stifteten zumeist nur wenige Werke, adelige Dynastien starben häufig nach einigen Generationen wieder aus, und die Monumente der Domkanoniker sind Einzeldenkmäler. Der einzige Herrschaftsträger im Kurstaat, der auf eine vom 12. bis zum 18. Jahrhundert reichende Reihe von Monumenten blicken konnte, war der Trierer Erzbischof.[102] Ein wichtiges Vergleichsbeispiel ist hier die aus den dreißiger Jahren des 14. Jahr-

97 KDR 13,1, 283–284; *Ronig*, Ausstattung (wie Anm. 45), 255; *Wilhelm Kisky*, Die Domkapitel der geistlichen Kurfürsten in ihrer personellen Zusammensetzung im vierzehnten und fünfzehnten Jahrhundert. Weimar 1906, Mainz Nr. 48; *Sophie-Mathilde Gräfin zu Dohna*, Die ständischen Verhältnisse am Domkapitel von Trier vom 16. bis zum 18. Jahrhundert. Trier 1960, Nr. 45.

98 KDR 13,1, 284–286; *Ronig*, Ausstattung (wie Anm. 45), 255; *Dohna*, Verhältnisse (wie Anm. 97), Nr. 288; *Kisky*, Domkapitel (wie Anm. 97), Trier Nr. 196.

99 Die folgenden Überlegungen stellen den Versuch dar, für ein zunächst einfach erscheinendes Problem eine Lösung zu entwickeln. Eine monokausale Antwort ist jedoch bei der Vielschichtigkeit der Monumente schwierig, so daß es bei der Problematisierung der bisherigen Forschungsansätze und bei der Beleuchtung einiger neuer Aspekte bleiben muß.

100 Eine Regel, wonach die Grabmäler zu Lebzeiten bzw. vom Nachfolger in Auftrag gegeben wurden, läßt sich für Trier nicht aufstellen. Gerade die aufwendigen Monumente des 17. Jahrhunderts (Metternich, Leyen) wurden noch zu Lebzeiten errichtet, vgl. für Mainz *Kessel*, Memorialfunktionen (wie Anm. 26), 15; *Beyer*, Ausdruck (wie Anm. 26), 174–176, 183.

101 *Ilse Haari-Oberg*, Die Wirkungsgeschichte der Trierer Gründungssage vom 10. bis zum 15. Jahrhundert. (Europäische Hochschulschr., Rh. 3 Bd. 607.) Bern/Berlin/Frankfurt 1994.

102 *Ursula Nilgen*, Amtsgenealogie und Amtsheiligkeit. Königs- und Bischofsreihen in der Kunstpropaganda des Hochmittelalters, in: Studien zur mittelalterlichen Kunst 800–1250. Fschr. für Florentine Mütherich. München 1985, 217–234; *Sauer*, Fundatio und Memoria (1993); *Gert Melville*, Vorfahren und Vorgänger. Spätmittelalterliche Genealogien als dynastische Legitimation zur Herrschaft, in: Die

hunderts stammende, 55 Amtsinhaber umfassende Reihe der Kölner Erzbischöfe an den Chorschranken des Kölner Domes. Sie beginnt mit dem hl. Maternus, reichte zunächst bis zu Walram von Jülich († 1349), an den ebenfalls ein Marmormonument erinnert, und wurde dann bis zu Philipp von Daun-Oberstein († 1515) fortgeführt.[103] Aus dem 16. Jahrhundert kann auf die gedruckten Genealogien und auf das Grabmal Kaiser Maximilians I. in der Hofkirche zu Innsbruck hingewiesen werden, das bronzene Standbilder der Vorfahren umstehen.[104]

Stellt man die fünf vorgestellten Trierer Bischofsgrabdenkmäler nebeneinander, dann läßt sich eine erhebliche Uneinheitlichkeit feststellen: Keine zwei Monumente waren nach einem gleichartigen Muster hergestellt; in Köln dagegen zeigt sich im 13./14. Jahrhundert eine viel stärkere Regelmäßigkeit, viel deutlicher noch in Mainz im 14.–17. Jahrhundert: Seit Matthias von Bucheck († 1328) sind an den Mainzer Grabmälern stehende Bischofsbilder mit Buch und Stab angebracht, Bilder von Erzbischöfen, die die Augen geöffnet haben und die zu leben scheinen. Eine genauere Analyse führt zu dem Ergebnis, daß jedes dieser Gräber das Resultat genauer Planungen darstellt. Sorgsam wurde überlegt, ob man es in den Rahmen der Tradition stellen, auf auswärtige Modelle zurückgreifen oder aber gänzlich ungewöhnliche Monumente wie das Doppeldeckergrab oder den Grabaltar planen sollte. Diese Sorgfalt kam auch bei der Entscheidung über das Material, bei der Wahl der Bildhauer wie auch bei der Beschlußfassung über die Frage, wie denn der erzbischöfliche Auftraggeber darzustellen sei, zum Ausdruck. Dies erscheint wiederum als gemeinsamer Nenner der fünf Monumente: Inschrift und Bischofsbild besitzen die Aufgabe, über die individuelle Memorie für den Verstorbenen hinaus die Bedeutung des Bischofsamtes hervorzuheben; sie dienten somit der bischöflichen Amtsmemoria. Die auffallende Gleichförmigekeit der Mainzer Denkmäler und die Uneinheitlichkeit der Trierer Monumente legen freilich Zurückhaltung nahe, die von V. Kessel und N. Beyer für Mainz herausgearbeitete Rolle der Amtsmemoria unreflektiert auf Trier zu übertragen oder sie überzubewerten.[105]

Grabdenkmäler machen darüber hinaus Konkurrenzverhältnisse deutlich: Erstens gegenüber den Monumenten der Vorgänger, die es hinsichtlich Standort, Größe, Material, künstlerischer Qualität und Bildprogramm zu überbieten galt. Dann zwischen den drei rheinischen Erzbistümern; auch in Köln gibt es Marmortumben, aber nicht in Mainz. Auch in Mainz findet sich eine Darstellung der „ewigen Anbetung", nicht aber in Köln. Schließlich konkurrierten die Bischöfe mit den Adeligen, Geistlichen und Bürgern ihrer Diözese. Deren Denkmäler waren zwar in der Regel bescheidener – eine Ausnahme bildet das Rheineck-Monument –, wuchsen aber gerade im 16. Jahrhundert beträchtlich an. Die Distanz zu diesen Monumenten mußte von Generation zu Generation neu verteidigt werden. Aus dieser fruchtbaren Konkurrenzsituation läßt sich ableiten, daß den Erzbischöfen zwangsläufig eine

Familie als sozialer und historischer Verband. Untersuchungen zum Spätmittelalter und zur frühen Neuzeit. Hrsg. v. Peter-Johannes Schuler. Sigmaringen 1987, 203–309.

103 *Reiner Haussherr*, Die Chorschrankenmalereien des Kölner Doms, in: Vor Stephan Lochner. Die Kölner Maler von 1300–1430. Ergebnisse der Ausstellung und des Colloquiums. (Köln. Ber. zur Kunstgesch., Bd. 1.) Köln 1977, 28–59; *Ute Wachsmann*, Die Chorschrankenmalereien im Kölner Dom. Untersuchungen zur Ikonologie. 2 Bde. Diss. phil. Bonn 1985.

104 *Jan-Dirk Müller*, Gedechtnus. Literatur und Hofgesellschaft um Maximilian I. (Forsch. zur Gesch. d. älteren deutschen Literatur, Bd. 2.) München 1982; *Karl Schmid*, "Andacht und Stift". Zur Grabmalplanung Kaiser Maximilians I., in: *ders./Wollasch*, Memoria (1984), 750–786. – Weitere Beispiele bei *Kessel*, Memorialfunktionen (wie Anm. 26), 14, Anm. 12.

105 *Kessel*, Memorialfunktionen (wie Anm. 26), 14–15; *Beyer*, Ausdruck (wie Anm. 26).

Vorreiterrolle zukam, die sich im Begräbnis an hervorgehobenem Ort, in der Kathedralkirche, zeigt, aber auch in aufwendigen Monumenten, die von den besten Bildhauern angefertigt wurden, die man verpflichten konnte.

Ein Vergleich mit adeligen und bürgerlichen Stiftungen macht einen weiteren wichtigen Unterschied deutlich: Jakob von Sierck – mit dem die Familie im Mannesstamm ausstarb – war der einzige unserer fünf Erzbischöfe, von dem ein Testament bekannt ist. Bei Balduin ist zwar kein Letzter Wille erhalten, aber die Grundzüge seiner Stiftungspolitik zu Lebzeiten lassen sich erschließen. Am Beispiel des Luxemburgers konnte anschaulich gezeigt werden, wie der Todestag des Erzbischofs in den Nekrologien und Memorienbüchern der Klöster seiner Diözese eingetragen wurde.[106] Diese Einzelbeobachtungen lassen den Schluß zu, daß die Grabdenkmäler der Erzbischöfe nicht so sehr im Mittelpunkt ihrer Stiftungspolitik standen wie dies bei adeligen, geistlichen und bürgerlichen Schenkgebern beobachtet werden kann. Hier spielt zudem das zeit- und standesspezifische Amtsideal des Erzbischofs eine Rolle, das sich deutlich von dem seiner Vorgänger in der Zeit vor dem Investiturstreit unterscheidet. Wichtig für das Selbstverständnis der Erzbischöfe sind auch ihre unterschiedlichen Funktionen als Mitglied einer Adelsdynastie, als Inhaber zahlreicher geistlicher Ämter, als Reichsfürst und als Erzbischof.[107] Dieses zeitspezifische Amtsideal sollten die Grabdenkmäler sichtbar zum Ausdruck bringen. Hierfür stellten sie nicht nur den Amtsinhaber in Lebensgröße und in liturgischen Gewändern dar, sondern erläuterten dieses Denkmal noch durch eine Inschrift.

Die Frage nach dem Amtsideal führt uns zu den Funktionen des Bischofsbildes am Grabmal. Hier müssen wir zwei Ebenen unterscheiden: Zunächst die Rolle des Grabmals als Medium und – damit zusammenhängend – die Frage seines Adressatenkreises. Seit dem 19. Jahrhundert werden den Bischofsfiguren Attribute wie „machtbewußt", „intrigant", „verschlagen" oder „fromm" zugeordnet. Gelegentlich gibt es auch Versuche, von dem Bild ausgehend, das Chronisten von dem Verstorbenen zeichneten, die Bildnisse zu interpretieren. Auch Blickrichtungen, Attribute und Gesten lassen sich als Hinweis auf die Darstellung einer individuellen Memoria deuten. Beim näheren Hinsehen freilich verschwinden solche Erklärungsansätze im Nebel: Wo ist eigentlich der Unterschied zwischen einem Bischof, der auf einer Tumba liegt (Balduin, Sierck, Baden), einem, der in „ewiger Anbetung" kniet (Greiffenklau), und einem, der im Architekturrahmen eines Wandgrabes (Metzenhausen) steht? Wer von ihnen ist fromm oder weniger fromm, machtbesessen oder irdischen Dingen weniger zugetan? Und wie sind hier die evidenten Unterschiede zwischen Trier und Mainz zu erklären?

Wenn man jetzt die Überlegungen zur Vielschichtigkeit des erzbischöflichen Amtsideals auf die recht unterschiedliche Darstellung der verstorbenen Bischöfe anwendet, läßt sich als gemeinsamer Nenner zunächst einmal festhalten: Es ist nicht der Kurfürst, der dargestellt wird, sondern der Erzbischof im strengen Kanon seiner liturgischen Gewänder; diese Ordnung bleibt über lange Zeit hinweg bis ins 18. Jahrhundert verbindlich.[108] Das Bildpro-

106 Vgl. Balduin von Luxemburg. Erzbischof von Trier, Kurfürst des Reiches 1285–1354. Kat. Trier 1985, Nr. E 1–13.

107 Vgl. für die Kölner Erzbischöfe: Der Bischof in seiner Zeit. Bischofstypus und Bischofsideal im Spiegel der Kölner Kirche. [Fschr. Joseph Kardinal Höffner]. Köln 1986. – Vgl. für Trier *Schwarz*, Grabmalstiftung (wie Anm. 23); *Schmid*, Poppo von Babenberg (wie Anm. 23), 64–71.

108 Einen Bruch mit der Tradition – und das mehrfacher Hinsicht – stellt erst das Grabmal Walderdorff († 1768) – dar, vgl. *Groß-Morgen*, Grabmal (wie Anm. 87); *ders.*, Grabdenkmäler der Familie von

gramm der Grabmäler, sofern vorhanden, tritt dahinter zurück. Gezeigt werden – wenn überhaupt – die Bistumspatrone (Greiffenklau, Metzenhausen) und Wappen. Es ist also ein ganz spezifisches Bild, das uns der Verstorbene bzw. dessen Testamentsvollstrecker (Sierck) oder Nachfolger (Metzenhausen) präsentieren möchten, ein spezielles Segment aus einer Vielzahl von Rollen und Funktionen. Anders formuliert: Reichspolitiker, Territorialfürsten und Heerführer ließen sich nach ihrem Ableben als Inhaber eines hohen Kirchenamtes porträtieren.

Als fruchtbarer Ansatz hat sich das Begriffspaar „Image und Memoria" erwiesen, das kürzlich M. V. Schwarz in die Diskussion eingeführt hat, wobei „Memoria" das primär religiöse bzw. liturgische Gedenken bezeichnet und der Begriff „Image" den eher weltlichen Bereich der Selbstdarstellung meint.[109] Fragen wir nach der Deutung der Bischofsgräber, dann müssen nach den Gemeinsamkeiten die Unterschiede in den Vordergrund treten: Wir haben zwei (mit Balduin drei) Liegefiguren, bei denen die Darstellung eines aufgebahrten, gleichzeitig aber auch stehenden Leichnams evoziert wird.[110] Dann folgt abrupt die Darstellung Greiffenklaus in „ewiger Anbetung", die auf die Bildformel des mittelalterlichen Stifterbildes zurückgreift, die Person des Verstorbenen aber viel stärker in den Mittelpunkt rückt, sie zudem als Bild in der Nähe des Ortes plaziert, an dem die Messe gelesen wird.[111] Einen weiteren Einschnitt markiert das Metzenhausen-Monument, ein Wandgrab mit einer Standfigur, das ebensogut als profanes Denkmal eines Fürsten geeignet wäre.

Wie lassen sich jetzt die gewaltigen Unterschiede erklären, war der kniende Greiffenklau frommer als der stehende Metzenhausen? Wir haben wenige Hinweise auf die persönliche Frömmigkeit der Trierer Erzbischöfe dieser Zeit, aber bereits das weitgehende Fehlen von Testamenten und eine eher bescheidene Rolle als Stifter legen die Vermutung nahe, daß sie nicht die frommen Kirchenfürsten waren, die uns ihre Denkmäler zeigen. Wenn wir keine überzeugenden Anhaltspunkte für die Annahme haben, daß ein bestimmtes „Image" dargestellt werden sollte, dann müssen wir die Ursache der Unterschiede an einer anderen Stelle suchen, nämlich in der künstlerischen Form. Da man voraussetzen kann, daß der Errichtung der Bischofsgrablegen ausführliche Planungen vorausgingen, dann läßt sich folgern, daß dabei auch die Frage des Bischofsbildes eine Rolle spielte. Aus den unterschiedlichen Lösungen läßt sich schließen, daß die Grabform wichtiger war als das individuelle „Image": Eine Tumba erforderte eine Liegefigur, ein Renaissance-Wandgrab ein Standbild. Noch nicht einmal in der Wahl dieser Form bestand allzuviel Planungsspielraum, die Konkurrenz zu anderen Herrschaftsträgern zwang zu anspruchsvollen und modernen Lösungen. Jetzt wird klar, warum in Trier der gemeinsame Nenner der Bischofsgräber das Fehlen eines gemeinsamen Nenners ist: Wir haben individuelle und aufwendige Einzellösungen vor uns. Sie sind für Trier charakteristischer als etwa für Mainz, wo es über Jahrhunderte hinweg

---

Walderdorff. Studien zu Form, Funktion und Verbreitung von Grabdenkmälern einer mittelrheinischen Adelsfamilie, in: Die von Walderdorff. Acht Jahrhunderte Wechselbeziehungen zwischen Region – Reich – Kirche und einem rheinischen Adelsgeschlecht. Hrsg. v. Friedhelm Jürgensmeier. Köln 1998, 101–124, 120–121. – In Mainz markiert diesen Bruch bereits das Grabmal des Erzbischofs Anselm Franz von Ingelheim (1695), der – mit einem Chormantel bekleidet – auf seinem Sarkophag aus schwarzem Marmor liegt, *Arens*, Der Dom zu Mainz (wie Anm. 89), 132–135.

109 *Schwarz*, Image und Memoria (wie Anm. 32), 175–177; *ders.*, Chichele's Two Bodies (wie Anm. 63).

110 Vgl. zum Problem des schwebenden Charakters der Liegefiguren, die sowohl zu stehen als auch zu liegen scheinen, *Bauch*, Grabbild (wie Anm. 27), 64–67.

111 Zur „ewigen Anbetung" s. Anm. 88, zur Gattung des Stifterbildes s. Anm. 28.

einen feststehenden Grabmaltyp gab, der allenfalls beim Übergang von der Gotik zur Renaissance leicht modifiziert wurde.[112]

Hier ist es aufschlußreich, zum Vergleich einen Blick auf die Trierer Monumente der frühen Neuzeit zu werfen: Der vielfigurige, 1614 fertiggestellte Allerheiligenaltar, der an Erzbischof Lothar von Metternich († 1623) erinnert, stellt einen Höhepunkt der Bildhauerei des Manierismus dar. Und mit dem leider zerstörten, 1664/66 ebenfalls zu Lebzeiten errichteten Nikolausaltar Carl Caspars von der Leyen († 1676), der mit einer Höhe von elf Metern den Westchor des Domes beherrschte, entstand das außergewöhnlichste Grabdenkmal eines barocken Kirchenfürsten im Reichsgebiet.[113] Ein Vergleich zeigt also, daß im 17. Jahrhundert die Trierer Erzbischöfe der individuellen Gestaltung ihrer Grabdenkmäler wesentlich mehr Aufmerksamkeit schenkten als ihre Mainzer Kollegen, und daß diese unterschiedlich hohen Ansprüche auch schon im 14.–16. Jahrhundert zu beobachten sind. Ein Vergleich mit Köln, wo mit Adolf und Anton von Schauenburg (1556/58) die Tradition der monumentalen Grablegen im Dom abbricht, unterstreicht nochmals die Sonderstellung der Trierer Bischofsgräber. Auf die territorial-, kirchen- und verfassungsgeschichtlichen Ursachen dieser Unterschiede kann hier nicht ausführlicher eingegangen werden, nur folgende Tatsachen sind hervorzuheben: Seit Balduin von Luxemburg heben sich die Grabmäler der Trierer Erzbischöfe deutlich von den meisten Monumenten ab, die an ihre Mainzer oder Kölner Amtskollegen erinnern. Im 17. Jahrhundert (Grabaltäre Metternich und Leyen) erreicht diese aufwendige Selbstinszenierung ihren Höhepunkt. Mit der tatsächlichen Bedeutung der Trierer Kurfürsten hat sie womöglich nicht allzuviel zu tun.[114]

Man wird somit dem Bischofsgrabmal der Gotik und der Renaissance nur dann gerecht, wenn man seine Multifunktionalität herausarbeitet. Seine Rolle als Gedächtnismonument an einer Grabstätte ist nur der Anfang, auch wenn sie durch eine Aufstellung innerhalb der Kathedralkirche und dann zusätzlich durch die Funktion eines Grabaltars aufgewertet wurde. Erst die Liturgie bettet das Grabmal in das Leben innerhalb der Kathedralkirche ein.[115] Zum zweiten zeigt das Grabmal ein Bild des Verstorbenen, und zwar ein Rollenbild als Inhaber eines ranghohen geistlichen Amtes. Drittens lobt das Grabmal durch Inschriften den Toten[116] und hebt durch Wappen dessen adelige Standesqualität hervor; hinzu konnte ein mehr oder minder großes Maß an individueller Ähnlichkeit des Porträts kommen.[117]

112 Ohne daß dieser Aspekt hier näher ausgeführt werden kann, sei darauf hingewiesen, daß sich auch in der Siegelkunst ähnliche Trends beobachten lassen: Die Trierer Erzbischöfe führten vom 12. (Albero) bis ins 17. Jahrhundert (Metternich) ein spitzovales Siegel, bei dem nur die Architektur dem jeweiligen Zeitgeschmack der Gotik, der Renaissance und dem Manierismus angeglichen wurde.

113 *Markus Groß*, Der Grabaltar des Trierer Kurfürsten und Erzbischofs Carl Caspar von der Leyen († 1676), in: Das Münster 43, 1990, 61–62; *Wolfgang Schmid*, Kirchenbau und Bildende Kunst, in: Der Umbruch in die Neuzeit. 1500–1802. Hrsg. v. Hans Casel/Winfried Weber. (Trier. Die Gesch. des Bistums, Bd. 4.) Straßburg 1998, 44–48.

114 Demnächst ausführlicher: *Wolfgang Schmid*, Höfische Grabmalskunst in geistlichen und weltlichen Herrschaftszentren der frühen Neuzeit an Mittelrhein, Saar und Mosel (in Druckvorbereitung).

115 *Renate Kroos*, Liturgische Quellen zum Kölner Domchor, in: Köln. Dombll. NF. 44–45, 1979–1980, 35–202; *Dies.*, Grabbräuche – Grabbilder (wie Anm. 58); *Kohlschein/Wünsche*, Heiliger Raum (wie Anm. 58); *Ronig*, Liber Ordinarius (wie Anm. 58); *Kessel*, Memorialfunktionen (wie Anm. 26), 32–35.

116 *Rüdiger Fuchs*, Fromme Männer in der Welt. Totenlob auf Trierer Bischofsgrabmälern des Mittelalters, in: *Maier/Schmid/Schwarz*, Regionale Aspekte (wie Anm. 34); *Beyer*, Ausdruck (wie Anm. 26), 182-183.

117 Einzelbelege wie Vergleiche zwischen Stifterbildern machen deutlich, daß an die Porträtähnlichkeit der Dargestellten auch im Renaissancezeitalter mitunter keine sehr hohen Ansprüche gestellt wurden, Bei-

Schließlich stellt es hinsichtlich Größe, Bildprogramm und künstlerischer Qualität ein aufsehenerregendes Kunstwerk dar, das die Betrachter zum Stehenbleiben und Staunen brachte und – wenn die Prämissen der Memorialforscher zutreffen[118] – zum Beten veranlaßte.

Adressaten der Grabdenkmäler konnten sehr unterschiedliche Gruppen sein: Bischofsmonumente wandten sich in der Art eines Fürstenspiegels an die Nachfolger im Amt, aber auch an Domkanoniker und Domvikare, die das liturgische Leben in der Kathedralkirche organisierten, an auswärtige Besucher, Staatsgäste und Verwandte des Kurfürsten, an geistliche Würdenträger aus dem Erzbistum und nicht zuletzt auch an die Pilger, die zum Heiligen Rock (bzw. in Köln zu den Hll. Drei Königen) strömten. Letztendlich ermöglicht erst die Analyse herrschaftlicher, dynastischer und individueller Elemente eine systematische Deutung der Bischofsgräber als Kunststiftungen allerersten Ranges.

Wenn wir Grabdenkmäler als Medien verstehen und von einer Kommunikation durch Bilder sprechen, dann müssen wir nicht nur die Botschaft entschlüsseln, sondern auch Absender und Empfänger benennen. Zunächst ist ein Bischofsbild in einem Kirchenraum ein Widerspruch in sich: Der Gebrauch von Bildern an sich war zwar durch das zweite Gebot untersagt, Papst Gregor der Große fand jedoch um 600 eine Kompromißformel, nach der die Aufstellung von Bildern als Bibel für den Laien, der die lateinische Sprache nicht beherrschte, erlaubt war.[119] Die untersuchten Bischofsgräber stellen diese Argumentation auf den Kopf: Erstens bestand eine eklatante Gefahr, daß die Grenze zwischen dem Bischofs- und einem Heiligenbild verwischt wurde, wozu nicht zuletzt auch die vollplastische Darstellung, die farbige Fassung (sofern vorhanden) sowie die Plazierung unter einem bekrönenden Baldachin und an den Pfeilern der Kirche beitrugen. Woher sollte ein ungebildeter Heilig-Rock-Pilger jetzt noch wissen, was Heilige, was heilige Bischöfe, was bischöfliche Heilige und was einfache Bischöfe waren? Da sich die Zeitgenossen dieser Problematik bewußt waren, muß es sich um eine absichtliche Grenzüberschreitung durch die bischöflichen Auftraggeber gehandelt haben. Zum zweiten würde man erwarten, daß sich spätestens im 14./15. Jahrhundert die deutsche Sprache bei den Inschriftentafeln durchsetzt; hierfür spräche auch die Absicht, damit auch Lesekundige, die die lateinische Sprache nicht be-

spiele bei *Schmid*, Stifter und Auftraggeber im spätmittelalterlichen Köln (1994), 484–485; *ders.*, Renaissancekultur (wie Anm. 24), 51–53; vgl. aber auch *Peter-Klaus Schuster*, Individuelle Ewigkeit: Hoffnungen und Ansprüche im Bildnis der Lutherzeit, in: Biographie und Autobiographie in der Renaissance. Hrsg. v. August Buck (Wolfenbütteler Abh. zur Renaissanceforsch., Bd. 4.) Wiesbaden 1983, 121–173.

118 Die Konzepte der Memorialforschung wurden in der Diskussion der letzten Jahre überstrapaziert und werden inzwischen mehr oder weniger kritiklos auf sämtliche Formen des Totengedächtnisses in Mittelalter und Neuzeit angewandt. Es wäre an der Zeit für eine kritische Bestandsaufnahme gerade auch unter Berücksichtigung der Grabdenkmäler. *Otto Gerhard Oexle*, Memoria in der Gesellschaft und in der Kultur des Mittelalters, in: Modernes Mittelalter. Neue Bilder einer populären Epoche. Hrsg. v. Joachim Heinzle. Frankfurt/Leipzig 1994, 297–323; *Geuenich/Oexle*, Memoria in der Gesellschaft des Mittelalters (1994).

119 *Johannes Kollwitz*, Bild und Bildertheologie im Mittelalter, in: Das Gottesbild im Abendland. Hrsg. v. G. Howe. (Glaube und Forsch., Bd. 15.) Witten/Berlin ²1959, 109–138; *Hans Belting*, Bild und Kult. Eine Geschichte des Bildes vor dem Zeitalter der Kunst. München 1990; *Michael Curschmann*, Pictura laicorum litteratura? Überlegungen zum Verhältnis von Bild und volkssprachlicher Schriftlichkeit im Hoch- und Spätmittelalter bis zum Codex Manesse, in: Pragmatische Schriftlichkeit im Mittelalter. Erscheinungsformen und Entwicklungsstufen. Hrsg. v. Hagen Keller u. a. (MMS, Bd. 65.) München 1992, 211–229. – Vgl. die kritischen Bemerkungen bei *Rudolf Schenda*, Bilder vom Lesen – Lesen von Bildern, in: Internat. Archiv für Sozialgesch. der deutschen Literatur 12, 1987, 82–106, 83–90.

herschten, zu erreichen. Doch das Gegenteil ist der Fall, Inschriften, die an Geistliche erinnern, sind bis zur Säkularisation in der Regel in lateinischer Sprache abgefaßt. Sie sollen sich also gar nicht an die Laien wenden, sondern an einen Kreis von lateinkundigen Geistlichen, wobei die Übersetzung von Inschriften der Renaissance und des Barock mitunter beträchtliche Sprachkenntnisse erforderte. Zum dritten gilt dies auch für die künstlerische Form und das Bildprogramm: Künstlerische Bezüge zu italienischen Vorbildern oder eine Auseinandersetzung mit der Grabmalskunst der Nachbarzentren setzten einen gebildeten Betrachter voraus, der solche Verweise nachvollziehen konnte. Dies gilt auch für die mitunter komplexen ikonographischen Programme etwa bei Grabdenkmälern der Renaissance (Greiffenklau, Metzenhausen), deren ‚Lektüre' ein erhebliches Maß an humanistischer Bildung voraussetzte. Aus diesen Überlegungen geht hervor, daß erzbischöfliche Grabmäler in erster Hinsicht an die Nachfolger im Amt und an ranghohe Geistliche adressiert waren, was freilich auch andere Betrachtergruppen wie Heilig-Rock-Pilger, Reisende und Kunstinteressierte, die einfach nur in Erstaunen versetzt werden sollten und sich etwa für den Affen am Metzenhausengrab oder für die Dommäuse interessierten, nicht ausschloß.

III. Stiftungen von Adeligen, Geistlichen und Bürgern für Trierer Kirchen

Angesichts der trümmerhaften Überlieferung muß von einer quantifizierenden Sichtung der stadttrierischen Kunststiftungen Abstand genommen werden. Im nächsten Kapitel werden zwei aufwendige adelige Memorienstiftungen vorgestellt, die an einen in Hillesheim in der Eifel begrabenen Landadeligen erinnern und an eine Herzogin von Luxemburg, die in Trier ihren Lebensabend verbracht hat, außerdem kommen sechs Monumente zur Sprache, die das Andenken an Mitglieder des Domkapitels aufrecht erhalten; spärlich sind dagegen die Überreste bürgerlichen Mäzenatentums, die im letzten Teil untersucht werden.

So ganz zufällig sind die Befunde jedoch nicht: Eine statistische Sichtung der erhaltenen Grabdenkmäler der Trierer Diözese von den Anfängen bis zum Dreißigjährigen Krieg ergab, daß die größte Auftraggebergruppe mit 48 % der Adel darstellte. Es folgt mit 38 % der Klerus, der sich jedoch differenzierter betrachten läßt: Über die Hälfte der Grabsteine erinnert an ranghohe Geistliche, die überwiegend aus dem Adel stammten. Zusammen mit dem weltlichen Adel kommt man also auf einen Adelsanteil von 70 %; eine geringere Rolle spielten Ordens- und Weltgeistliche. Lediglich 14 % der Grabsteine – überwiegend erst aus dem 16./17. Jahrhundert – wurden für Kunden aus dem Bürgertum angefertigt, vor allem für Funktionsträger aus der landesherrlichen Verwaltung.[120]

Zum Vergleich können die Ergebnisse einer Untersuchung zu den Auftraggebern der Kölner Malerschule herangezogen werden: Der Anteil der Kölner Bürger lag in der Gotik bei 34 %, in der Renaissance gar bei 52 % – von einer ‚bürgerlichen Kunst' kann man auch in Köln also nur mit Einschränkungen sprechen.[121] Überraschend hoch ist der Anteil der

120 *Schmid*, Grabdenkmäler im Erzbistum Trier (wie Anm. 20), 117–129.

121 *Helmut Hundsbichler/Gerhard Jaritz/Elisabeth Vavra*, Tradition? Stagnation? Innovation? Die Bedeutung des Adels für die spätmittelalterliche Sachkultur, in: Adelige Sachkultur des späten Mittelalters. (SB d. Österr. Akad. d. Wiss. Phil.-hist. Kl., Bd. 400.) Wien 1982, 35–72; *Rudolf Endres*, Adelige Lebensformen in Franken im Spätmittelalter, in: ebd. 73–104; *Werner Paravicini*, Die ritterlich-höfische Kultur des Mittelalters. (Enz. deutscher Gesch., Bd. 32.) München 1994. – *Klaus Graf*, Fürstliche Erinnerungskultur. Eine Skizze zum neuen Modell des Gedenkens in Deutschland im 15. und 16. Jahrhundert (publiziert auf der homepage des Verfassers http://www.uni-koblenz.de/-graf/ekult-htm).

geistlichen Auftraggeber: Er beträgt zunächst 40 % und sinkt dann auf 27 % ab. Gemessen an ihrem Anteil an der Gesamtbevölkerung – ca. 5–7 %[122] – sind die Geistlichen somit erheblich überrepräsentiert. Anzuführen sind noch als kleinere Kundengruppen die Professoren der Universität Köln sowie der Rat, die Zünfte und die Bruderschaften[123]; sie spielten jedoch in Köln – im Vergleich zu anderen Städten wie Lübeck – eine relativ geringe Rolle, sieht man von bemerkenswerten Einzelstiftungen wie Stephan Lochners Altar der Ratskapelle[124] oder dem Altar der Rosenkranzbruderschaft[125] ab. Hinzu kommen die Bürger der Kleinstädte im städtischen Nahbereich, die Klöster und Stifte des Rheinlandes und einige adelige Familien, die ihre Kunstwerke in Köln anfertigen ließen. Der Anteil der auswärtigen Auftraggeber sank von 22 % in der Gotik auf 13 % während der Renaissance ab.

Es ist sicherlich methodisch sehr problematisch, Prozentwerte für Kölner Tafelbilder und für Trierer Grabdenkmäler miteinander zu vergleichen, dennoch scheinen drei Folgerungen möglich: Erstens war die Grabmalskunst in weitaus höherem Maße eine Domäne des (geistlichen wie weltlichen) Adels[126], zweitens spielten die Trierer Bürger als Kunstförderer in ihrer Stadt eine geringere Rolle als ihre Kölner Zeitgenossen. Zum dritten könnte in der Bedeutung der Aufträge des Adels für die Trierer Bildhauerei ein Grund dafür zu suchen sein, warum die Trierer Werkstätten wesentlich mehr in das städtische Umland lieferten als ihre Kölner Kollegen.

III.1. Der Michaelsaltar in der Pfarrkirche St. Gangolf

Der Michaelsaltar in der Trierer Pfarrkirche St. Gangolf zählt nicht unbedingt zu den bekanntesten Werken spätgotischer Bildhauerei, die günstige Quellenlage lädt aber zu einer intensiveren Beschäftigung ein: Erhalten ist nämlich nicht nur das Retabel, sondern auch das ausführliche Testament des Junkers Nikolaus von Nattenheim von 1467 und das Rechnungsbuch seines Treuhänders, des Trierer Schöffen Clais Selheim aus den Jahren 1467–1473, in das dieser alle mit der Altarstiftung zusammenhängende Ausgaben eintrug. Dieses Quellenmaterial gestattet aufschlußreiche Einblicke in eine gotische Bildhauerwerkstatt, kann hier aber nicht näher ausgewertet werden.[127]

122 *Marianne Gechter*, Kirche und Klerus in der stadtkölnischen Wirtschaft im Spätmittelalter. (Beitr. zur Wirtschafts- und Sozialgesch., Bd. 28.) Wiesbaden 1983, 17–21.

123 *Klaus Militzer* (Bearb.), Quellen zur Geschichte der Kölner Laienbruderschaften vom 12. Jahrhundert bis 1562/63. 2 Bde. (Publ. der Ges. für Rhein. Geschichtskunde, Bd. 71.) Düsseldorf 1997.

124 *Rolf Lauer/Christa Schulze-Senger/Wilfried Hansmann*, Der Altar der Stadtpatrone im Kölner Dom, in: Köln. Dombll. 52, 1987, 9–80; *Schmid*, Lochners ‚Altar der Stadtpatrone' (wie Anm. 9).

125 500 Jahre Rosenkranz. 1475 Köln 1975. Kat. Köln 1975, Nr. A 5.

126 Vgl. z. B. *Klaus Krüger*, Mittelalterliche Grabdenkmäler in Schleswig-Holstein. Möglichkeiten und Grenzen der quantitativen Auswertung, in: Figur und Raum. Mittelalterliche Holzbildwerke im historischen und kunstgeographischen Kontext. Hrsg. v. Uwe Albrecht/Jan von Bonsdorff. Berlin 1994, 259-268.

127 KDR 13,3, 78–79; *Franz Ronig*, Wo stand der St. Michaelsaltar in der St. Gangolfskirche zu Trier? Beobachtungen und Überlegungen, in: Denkmalpflege in Rheinland-Pfalz. Fschr. für Werner Bornheim gen. Schilling. Mainz 1980, 97–104; *Schmid*, Michaelsaltar (wie Anm. 33). – Vgl. auch die Zusammenfassung der Ergebnisse bei *ders.*, Der Michaelsaltar des Peter von Wederath. Eine Memorienstiftung der Herren von Nattenheim in Trier, in: Wallraf-Richartz-Jb 56, 1995, 127–140.

Abb. 13: Michaelsaltar in St. Gangolf

In der Mitte des erhaltenen steinernen Retabels sehen wir den Erzengel Michael mit Kreuzstab und Schwert, rechts davon den Apostel Andreas (Abb. 13). Es folgen nach außen zwei heilige Jungfrauen, Katharina und Barbara. Dazwischen kann man als kleine Säulenfiguren Johannes den Täufer und Petrus erkennen. Den äußeren Abschluß bilden zwei wappenhaltende Engel, die qualitativ besser gearbeitet sind als die Heiligen in der Mitte; auch der Architekturbaldachin hinter und über den Figuren verrät einen qualifizierteren Bildhauer. Das Retabel ist einfach konstruiert: es setzt sich aus sechs Einheiten in der Breite und drei in der Höhe zusammen; der Maßstab ist der Trierische Fuß mit knapp 30 cm. Bei drei der Heiligen in der Mitte hat der Bildhauer auf Stiche des Meisters E. S. zurückgegriffen, er hatte dann aber erhebliche Schwierigkeiten, die Figuren zu vereinfachen und sie in die Nischen einzufügen.[128] Der linke Engel hält das Wappen des Stifters, einen schwarzen Schild, belegt mit einem silbernen Schildchen. Darüber prangt ein für Adelswappen des 15. Jahrhunderts charakteristischer Spangenhelm; im Helmkleinod wird das Wappen wiederholt. An den Seiten erkennen wir die prachtvoll gearbeitete, gezaddelte Helmdecke. Der zweite Engel hält einen Schild, belegt mit drei Schildchen, darüber ebenfalls ein Spangenhelm mit einem Apfel und zwei Federstößen.

Zur Geschichte der Herren von Nattenheim, an die der Altar erinnert, sei nur angemerkt, daß es sich um eine kleinadelige Familie handelt, die wahrscheinlich aus Nattenheim bei Bitburg stammt und die im Dienste der Grafen von Luxemburg und der Erzbischöfe von Trier eine nicht unwesentliche Bedeutung erlangt hat. Ihr Hauptsitz war Hillesheim in der Eifel, wo sie ein Burglehen besaß. Sie konnte ein ganzes Netz von Lehnsbeziehungen, von Burg- und Mannlehen aufbauen, für die sie mit Häusern, Höfen und Einkünften belehnt wurde; hinzu kam eine aktive Pfand- und Kreditpolitik.

Das Testament des Nikolaus von Nattenheim wurde 1467 in Trier errichtet.[129] Es stellt eine Art Schlußdokument zur Geschichte der Familie dar. Nikolaus hatte fünf Schwestern und keine ehelichen Kinder; mit seiner Person ist das Geschlecht im Mannesstamm ausgestorben. Die Bedeutung des Testaments kommt nicht zuletzt auch in seiner aufwendigen Beurkundung zum Ausdruck: beteiligt waren zwei Notare und fünf Zeugen, darunter Angehörige der politischen Führungsschicht der Stadt Trier; außerdem wurden zwei Adelige zu Treuhändern ernannt. Leider wird der Gesamtumfang von Nattenheims Besitz nicht angegeben; er sollte zu gleichen Teilen an die ‚fünf Stämme', die Schwestern und ihre Nachkommen fallen. Kleinere Legate waren für weitere Verwandte, für die Diener und für zwei uneheliche Kinder vorgesehen. Aus dem Testament lassen sich nur ungefähre Anhaltspunkte über die Größe des Vermögens gewinnen: Der Erzbischof von Trier schuldete Nattenheim noch 8 000 Gulden. Weiter stand eine Reihe von Adeligen bei Nattenheim mit kleineren Krediten in der Kreide. Dieser verfügte außerdem über einen beträchtlichen Bargeldvorrat, rund 5 000 Gulden, die er in Säcken und Kisten in Koblenz deponiert hatte.

Der Nattenheimer wollte im Kloster der Augustiner-Eremiten in Hillesheim begraben werden, bei den Gräbern seiner Eltern und Großeltern. Er hatte sich bereits zu Lebzeiten um

128 Vgl. allg. *Edith Hessig*, Die Kunst des Meisters E. S. und die Plastik der Spätgotik. (Forsch. zur deutschen Kunstgesch., Bd. 1.) Berlin 1935, 27–29; *Johann Michael Fritz*, Gestochene Bilder. Gravierungen auf deutschen Goldschmiedearbeiten der Spätgotik. (Beih. der Bonner Jbb, Bd. 20.) Köln/Wien 1966; Meister E. S. Ein oberrheinischer Kupferstecher der Spätgotik. Kat. München 1986.

129 LHKo Best. 54, Nr. 123, Best. 95, Nr. 80, Best. 612, Nr. 2399, 42–54; Regest bei *Irmtraut Eder* (Bearb.), Inventar des Archivs der Stadt Andernach. Bd. 6. (Veröff. d. Landesarchivverwaltung Rheinland-Pfalz, Bd. 36.) Koblenz [1979], Nr. 2872.

die Ausstattung der Familiengrablege bemüht und einen Michaelsaltar gestiftet. Die detaillierten Bestimmungen, mit denen er sein Begräbnis regelte, können hier leider nicht im einzelnen vorgeführt werden. Nach dem Vorbild der heiligen Elisabeth und dem der Werke der Barmherzigkeit, die Hungernden zu speisen und den Armen Nahrung zu geben, errichtete Nattenheim außerdem eine Stiftung für 100 arme, alte und schwache Menschen. Hierfür übertrug er dem Kloster in Hillesheim seinen Hof in Bolsdorf. Dafür sollten Prior und Konvent an jedem Quatembertag für 100 arme, alte und schwache Menschen – nachdem sie für den Stifter gebetet hatten – eine Mahlzeit ausrichten. Diese sollte pro Person aus einer halben Quart Wein, einem Brot im Wert von drei Hellern, einer Schüssel Erbsen und zwei Eiern oder einem Hering bestehen. Zum Kochen der Erbsen überließ er dem Kloster seinen Kupferkessel. Mit der Kontrolle der Ausführung der Armenstiftung beauftragte er den Pfarrer und den Bürgermeister von Hillesheim. Diese sollten das Essen ausrichten, wenn das Kloster seine Verpflichtung nicht erfüllte; eventuelle Überschüsse sollten zum Bau der Pfarrkirche verwendet werden.[130]

Weiter bedachte Nattenheim 35 geistliche Institutionen mit zumeist je fünf Gulden. Vier davon hatten ihren Sitz in Köln, vier in Koblenz und 15 in Trier – auch daraus läßt sich ersehen, wie weit seine Geschäftsbeziehungen zu Lebzeiten gereicht haben müssen. Bevorzugt wurden dabei reformierte Klöster, Marien- und Wallfahrtskirchen sowie Kirchen, an denen in den 60er Jahren des 15. Jahrhunderts gebaut wurde.

Der wohl wichtigste Punkt in dem Testament ist der, daß Nattenheim einen Betrag von 700 Gulden zur Verfügung stellte, um in der Trierer Pfarrkirche St. Gangolf einen neuen Altar zu errichten. Dieser sollte zu Ehren von Maria, Michael und Andreas, Katharina und Barbara sowie allen Heiligen geweiht werden. An dem Altar sollte täglich für das Seelenheil seiner Eltern und Voreltern eine Messe gelesen werden.

Der letzte Nachtrag zu Nattenheims Testament stammt vom 8. Juni 1467. Er ist kurz danach gestorben, denn am 15. Juni setzt eine ganze Reihe von Urkunden ein, die sich mit den Stiftungen und der Verteilung des Nachlasses beschäftigte. Darauf kann hier ebensowenig eingegangen werden wie auf das Rechnungsbuch, das der Treuhänder Clais Selheim am 1. Oktober 1467 in Trier begann. Es trägt die Überschrift: *Dit ist, das ich uhs hain geben van des elters wegen van min lieben Junkern dem got gnedich und barmhertzich will sin.* Wir müssen in diesem Fall also zwischen einem Stifter und einem Treuhänder unterscheiden. Die Familie Selheim gehörte zu den angesehensten der Stadt. Clais war Mitglied der Metzgerzunft und Fleischbankbesitzer, Schöffe und Vizeschultheiß. Er besaß wirtschaftliche Verbindungen zum Landadel sowie enge Beziehungen zu St. Gangolf. Selheim ist außerdem als städtischer Scharwächter, als Anführer der Schützen, als Teilnehmer an mehreren Schützenfesten und als Mitglied der Sebastiansbruderschaft nachweisbar.[131]

Wenn man die Kosten für die Herstellung des Michaelsaltars zusammenrechnet, kommt man auf folgende Beträge: Nattenheim hatte insgesamt 700 Gulden zur Verfügung gestellt. Die Anfertigung des Retabels kostete 38 Gulden. 27 Gulden kosteten das Baumaterial, die Errichtung des Fundaments usw.; das sind zusammen 65 Gulden. Die Ausgaben für die Weihe des Altars betrugen sechs, die Schreib- und Beurkundungskosten zehn Gulden. Es folgen Ausgaben für das Lesen von Messen durch Angehörige der Trierer Bettelorden in

130 Die Stiftung wurde noch im 18. Jahrhundert ausgeführt, vgl. *Schmid*, Michaelsaltar (wie Anm. 33), 47, Anm. 123.

131 *Matheus*, Trier (wie Anm. 1), 256–262.

den Jahren 1468–1473, zusammen 124 Gulden.[132] Die Gesamtsumme seiner Ausgaben bezifferte Selheim auf 705 Gulden.

Wenn ich die einzelnen Rechnungsposten und die damit im Zusammenhang stehenden Urkunden richtig deute, dann ist der Treuhänder bei der Verwaltung des Kapitals nicht eben vorausschauend verfahren: Selheim hat fünf Jahre lang die Messe durch Mönche des Augustiner- und des Dominikanerklosters lesen lassen; die Kosten hierfür betrugen jährlich 18 Gulden, hinzu kamen Zahlungen an den Küster. Hätte er die Messen weiterhin aus dem Stiftungskapital bezahlt, dann wäre dieses innerhalb weniger Jahre, spätestens 1502, aufgebraucht gewesen. Selheim hat – aus welchen Gründen auch immer – nur einen Teil des Stiftungskapitals auf dem Rentenmarkt angelegt.

Auch in den folgenden Jahren gab es finanzielle Schwierigkeiten, denn das Stiftungskapital reichte nicht aus, so daß die Pfarrkirche ihren Verpflichtungen nicht nachkommen konnte. Bereits 1487 erwarb sie eine Erbrente von 37½ Gulden zu der von Nattenheim gestifteten Messe. 1494 wurde eine weitere Erbrente für 250 Gulden gekauft, außerdem eine weitere Rente von 37 Gulden für den Altar[133] – das Stiftungskapital mußte also um 324 Gulden aufgestockt werden. Noch etwas kommt hinzu: Aus dem Rechnungsbuch läßt sich erschließen, daß das Altarretabel ohne farbige Fassung aufgestellt wurde. Entsprechende Posten für teure Pigmente und Blattgold fehlen, auch für einen Maler werden keine Ausgaben verzeichnet. Dies deutet ebenfalls darauf hin, daß die Stiftung außerordentlich knapp kalkuliert war.

Bezüglich der Leitfragen dieser Untersuchung ist betreffs der Stiftertypologie festzuhalten, daß es sich bei Nattenheim um einen Adeligen handelt. Bereits die Art und Weise, wie sein Wappen an dem Altar gestaltet und von Engeln präsentiert wird, ist als Botschaft zu verstehen. Diese Darstellung wendet sich an die Besucher der Markt-, Pfarr- und Universitätskirche St. Gangolf. Auch spätmittelalterliche Adelsgrabdenkmäler lassen durch die Kleidung ihrer Auftraggeber, durch Inschriften, vor allem aber durch die Anbringung von vier, später dann acht oder gar 16 Wappen erkennen, daß es sich bei den Verstorbenen um Angehörige eines besonderen Standes gehandelt hat, der sich auch durch seine Stiftungen bewußt von bürgerlichen Auftraggebern abzugrenzen versuchte. Ohne großen Erfolg allerdings, denn wenige Jahrzehnte später führte z. B. in Köln jede Bürgermeister- und Ratsherrenfamilie ein Wappen mit heraldischem Zierrat nach adeligem Vorbild und ließ dieses u. a. von Bartholomäus Bruyn d. Ä. auf Altären und Porträts verewigen.[134]

Nattenheim läßt sich außerdem einer Gruppe von Auftraggebern zuordnen, die man als letzte Vertreter eines aussterbenden Geschlechts (*ultimus familiae*) bezeichnen kann. Ihre Bedeutung für die Kunstgeschichte ist kaum zu überschätzen. Beispiele hierfür sind Nicasius Hackeney, der einen ganzen Lettner von Mecheln nach St. Maria im Kapitol in Köln bringen ließ, damit seine Familie nicht vergessen wurde[135], Jakob Heller in Frankfurt,

132 *Schmidt*, Bettelorden (wie Anm. 2), 133–134.

133 [*Johann Christian*] *Lager* (Bearb.), Regesten der in den Pfarrarchiven der Stadt Trier aufbewahrten Urkunden. (Veröff. d. Ges. für Trierische Gesch. und Denkmalpflege, Bd. 3; Trierisches Archiv, Erg.-H. 11.) Trier 1910, Nr. 428, 436, 438.

134 *Horst-Johs Tümmers*, Die Altarbilder des älteren Bartholomäus Bruyn. Mit einem kritischen Katalog. Köln 1964; *Westhoff-Krummacher*, Bruyn der Ältere (wie Anm. 60); *Schmid*, Renaissancekultur (wie Anm. 24), 25–34, 94–103, 123–124.

135 *Wolfgang Schmid*, Nicasius Hackeney († 1518), in: Rheinische Lebensbilder. Hrsg. v. Wilhelm Janssen. Bd. 11. Köln 1988, 37–58.

der mit seinem Altar Dürer und Grünewald beauftragte[136] und Sebald Schreyer in Nürnberg.[137]

Ähnlich wie bei diesen Stiftern können wir den Standort des Michaelsaltars im Rahmen eines durchdachten Programms der Jenseitsfürsorge bestimmen: In zwei Kirchen hatte Nattenheim Altäre und Messen gestiftet, in 35 Kirchen und Klöstern wurden Memorien für ihn gelesen, und 100 Arme beteten viermal im Jahr für ihn – ähnlich wie die 33 Pfründner in dem Hospital in Bernkastel-Kues, das der Kardinal Nikolaus von Kues 1458 gegründet hatte.[138]

Auch auf die Frage nach dem Verhältnis von Stiftung und Stiftungswirklichkeit, von Stifterwille und letztlich ausgeführten Bestimmungen ist unser Altar aufschlußreich: Nattenheim hatte in seinem Testament eine Stiftung zu Ehren von Maria, Michael und Andreas, Katharina und Barbara sowie allen Heiligen gewünscht. Aus der Rechnungslegung Selheims kann man dagegen mit Verwunderung entnehmen, daß für den Altar eine (nicht erhaltene) Sebastiansfigur angefertigt wurde. Aus der Bestätigungsurkunde von 1475 läßt sich ersehen, daß der Altar nicht nur zu Ehren von Michael, Andreas, Katharina und Barbara, sondern auch Sebastians geweiht worden war. In späteren Urkunden wird der Altar als Sebastiansaltar (1487) oder als Michaelsaltar (1494) bezeichnet.[139]

Es läßt sich also feststellen, daß an dem ursprünglichen Programm des Retabels Veränderungen vorgenommen wurden. Das ikonographische Programm ist recht allgemein, es zeigt Heilige, die im späten Mittelalter populär waren. Es läßt sich zumindest teilweise auf den Stifter beziehen, Nattenheim verehrte besonders Maria und Michael, Andreas war zudem Patron des burgundischen Hochadels. Auch in den Rahmen der Ausstattung von St. Gangolf fügte sich der Altar gut ein. Der Erzengel Michael bewachte ihre Tür im Westen, zu Andreas besaß die Stadt Trier eine enge Beziehung, bewahrte der Dom doch eine Sandale des Apostels auf, ebenso einen Teil des Stabes des heiligen Petrus, der als Säulenfigur dargestellt ist. Katharina und Barbara schließlich gehörten zu den besonders verehrten heiligen drei Jungfrauen und zu den 14 Nothelfern.

Aber damit sind die Veränderungen an dem ikonographischen Programm noch nicht erklärt. Nattenheim hatte einen Marienaltar gewünscht, aber St. Gangolf besaß bereits einen Altar mit diesem Patrozinium. Warum Nattenheim das nicht wußte und ihn die Treuhänder, die Zeugen und Notare – die fast alle über gute Beziehungen zu der Markt- und Universitätskirche verfügten – nicht darauf aufmerksam gemacht haben, bleibt offen. Selheim und die anderen Beteiligten konnten sich offensichtlich über das Stiftertestament hinwegsetzen, und zwar bereits zu Beginn der Arbeit an dem Retabel. Den zweiten Eingriff – in dem Te-

136 *Schmid*, Stifter und Auftraggeber im spätmittelalterlichen Köln (1994), 413–494; *Bernhard Decker*, Dürer und Grünewald. Der Frankfurter Heller-Altar. Rahmenbedingungen der Altarmalerei. (Kunststück) Frankfurt 1996.

137 *Albert Gümbel*, Kirchliche Stiftungen Sebald Schreyers 1477–1517, in: MVGNürnb 18, 1908, 99–133; *Elisabeth Caesar*, Sebald Schreyer. Ein Lebensbild aus dem vorreformatorischen Nürnberg, in: MVGNürnb 56, 1969, 1–213. – Vgl. allg. *Schleif*, Donatio et Memoria (1990). – Vgl. allg. *Gabriela Signori*, Vorsorgen, Erben und Erinnern. Letztwillige Verfügungen kinder- und familienloser Erblasser in einer spätmittelalterlichen Stadtgesellschaft. Basel 1450 bis 1500. Habilitationsschr. masch. Bielefeld 1997.

138 S. u. Anm. 209.

139 *Schmid*, Michaelsaltar (wie Anm. 33), 67. – Zur Bruderschaft *Bernhard Schneider*, Bruderschaften im Trierer Land. Ihre Geschichte und ihr Gottesdienst zwischen Tridentinum und Säkularisation. (Trierer Theol. Stud., Bd. 48.) Trier 1989, 249–252.

stament ebenfalls nicht vorgesehen – stellt die Anbringung der Sebastiansfigur dar. Wir wissen von Selheim, daß er ein begeisterter Schütze war und Mitglied der 1461 erstmals urkundlich nachweisbaren Trierer Sebastiansbruderschaft. Diese wollte 1479 eine Messe zu Ehren von Sebastian und Barbara am Michaelsaltar in St. Gangolf stiften.[140] Für die Zeit davor sind keine urkundlichen Nachweise überliefert, aber die vorgeführten Indizien dürften ausreichen, um die These zu stützen, daß am Programm des Michaelsaltars nach dem Tod des Stifters gravierende Eingriffe vorgenommen. Dabei machte man aus einem adeligen Memorienaltar den liturgischen Mittelpunkt einer bürgerlichen Bruderschaft. In dieser dürfen wir auch den Auftraggeber für die nachträglich erfolgte farbige Fassung vermuten. Im 17. Jahrhundert erhielt die Bruderschaft einen neuen Altar, unser Retabel wurde an eine andere Stelle versetzt. Erhalten blieb nur das Retabel, das heute wieder seine ursprüngliche Funktion erfüllt, nämlich, das Gedächtnis an die Nattenheimer aufrecht zu erhalten.

III.2. Das Grabmal der Elisabeth von Görlitz in der Franziskanerkirche

Das zweite, hier zu besprechende Werk diente ebenfalls adeliger Memorie, unterscheidet sich vom Michaelsaltar aber in mehrfacher Hinsicht: Es erinnert an eine Fürstin, die ihren Lebensabend in Trier verbracht hat, es ist von der Qualität her – zumindest vom Konzept – eine wesentlich anspruchsvollere Arbeit, wirft allerdings bei der Bearbeitung auch wesentlich größere Probleme auf; zwar ist ein Testament erhalten, aber weder dieses noch andere Quellen ermöglichen auch nur einen Anhaltspunkt für das Grabdenkmal.

Bei Elisabeth von Görlitz handelt es sich um eine der schillerndsten Frauengestalten des 15. Jahrhunderts: Elisabeth wurde 1390 als Tochter des Johann von Luxemburg, Herzog von Görlitz, und seiner dritten Frau Richardis von Schweden geboren.[141] Als einzige Tochter Johanns und wegen der Kinderlosigkeit König Wenzels und König Sigismunds hatte Elisabeth, die vermutlich am Prager Hof aufwuchs, die Aussicht auf das Alleinerbe der luxemburgischen Erblande; sie war deshalb eine der begehrtesten Heiratspartien ihrer Zeit.[142] 1409 heiratete sie Anton von Brabant, den Sohn des burgundischen Herzogs Philipps des Kühnen. Ihre Mitgift betrug 120 000 Gulden; an deren Stelle wurden ihr das Herzogtum Luxemburg und die Grafschaft Chiny als Pfandschaft verschrieben. Nachdem Anton 1415 in der Schlacht von Azincourt gefallen war, heiratete Elisabeth 1418 Johann III. von Bayern-Holland, Elekt von Lüttich sowie Regent von Holland und Seeland. Die Ehe dauerte aber ebenfalls nicht lange, da er bereits 1425 starb.

Elisabeths politische Bemühungen hatten im Gestrüpp der dynastischen, diplomatischen, finanziellen und zuletzt auch militärischen Verwicklungen zwischen Burgund und dem

140 BAT 71,3, Nr. 628.

141 Zur Vita vgl. *G[eorg] Bärsch*, Der Grabstein der Elisabeth von Görlitz, Herzogin von Luxemburg, in der Dreifaltigkeits-Kirche zu Trier, in: Publications de la Société pour la recherche et la conservation des monuments historiques dans le Grand-Duché de Luxembourg 7, 1852, 27–41; *[Gottfried] Kentenich*, Elisabeth von Görlitz, in: Trierische Chronik 16, 1920, 98–104; *Émile Varenbergh*, in: Biographie nationale de Belgique, Bd. 5, 1876, 548–552; *Walter Kaemmerer*, in: NDB 4, 1971, 445; *R. Petit*, in: LMA 3, 1986, 1835–1836.

142 *Heinz-Dieter Heimann*, Zwischen Böhmen und Burgund. Zum Ost-Westverhältnis innerhalb des Territorialsystems des Deutschen Reiches im 15. Jahrhundert. (Diss. zur mittelalterlichen Gesch., Bd. 2.) Köln/Wien 1982; *Dieter Veldtrup*, Zwischen Eherecht und Familienpolitik. Studien zu den dynastischen Heiratsprojekten Karls IV. (Stud. zu den Luxemburgern und ihrer Zeit, Bd. 2.) Warendorf 1988, 435–442, 478–480.

Reich wenig Erfolg. Luxemburg bildete für Herzog Philipp den Guten die entscheidende Landbrücke zwischen den burgundischen Stammlanden im Süden und den Niederlanden im Norden. 1441 veräußerte die Herzogin im Vertrag von Hesdin dem Burgunder die Pfandherrschaft und übertrug ihm alle Rechte an Luxemburg für 18 000 Gulden und eine jährliche Leibrente von 7 000 Gulden.

Elisabeth zog sich nach Trier zurück, wo sie ihre letzten Jahre verbringen sollte. 1449 erwarb sie den Matthiashof in der Brotstraße. Es muß sich um ein repräsentatives Anwesen gehandelt haben, denn 1443 ist die Weihe einer Kapelle darin belegt.[143] Direkt daneben lag die Franziskaner(minoriten)kirche (später Jesuitenkirche), für deren Bau die Luxemburger im 14. Jahrhundert beträchtliche Stiftungen gemacht hatten, woran ihr Wappen im Nordschiff erinnert.[144] In dieser Kirche wurde Elisabeth begraben, nachdem sie am 3. August 1451 gestorben war.

Am 28. Juli 1451 errichtete Elisabeth von Görlitz ihr Testament.[145] Ihre Nachlaßregelung ist um vieles kürzer und bescheidener als manches zeitgenössische Bürgertestament, politische und dynastische Themen werden mit keinem Satz erwähnt. Elisabeth verfügte, daß aus ihrem Nachlaß in einer nicht genannten Kirche drei ewige Messen fundiert werden sollten, *uff das Gotz lof gemert werde.* Wenn die Messen nicht gelesen würden, solle man *ziehen gulden gegeben in sant Johans spytail vur ygliche mysse die da versumet ist; und diesz ordinacie wullen wir auch an eyne tafel abgeslagen han uffenberlichen by dem altair da dann die myssen sullen geschien.* Die Trierer Klöster St. Matthias, St. Maximin, Maria ad Martyres und die Kartause sollten für einen Jahrtag jeweils 100 Gulden erhalten. Für ihre Pfarrkirche St. Laurentius waren 25 Gulden vorgesehen, ebenso für die Liebfrauenkirche. Die vier Bettelorden wurden mit je zehn Gulden bedacht, ebenso die Grauen Schwestern (Franziskanerinnen). Elisabeth wünschte, daß *unser capellen nit vergessen* werde; deshalb sollten dort zwei Erbmessen fundiert werden. Die Stadt Trier sollte 100 Gulden erhalten, um einen Bau zu vollenden. Umfangreiche Legate waren für karitative Zwecke vorgesehen: An bedürftige Personen sollten 20 graue Tücher und 400 Ellen Leinwand für Röcke und Hemden verteilt werden. Für die fünf Hospitäler der Stadt waren 24 Betten mit allem Zubehör vorgesehen. Die Siechen sollten eine Rente mit einem Ertrag von drei Ohm Wein erhalten.

Brower und Masen berichten 1670: Elisabeths Grablege *ante summam aram condita est, erecto in dextro pariete cum hac inscriptione monumento saxeo.*[146] Wir müssen also zwischen einer Grabstätte und einem Grabdenkmal unterscheiden. Elisabeth war vor dem Hochaltar begraben worden, in der Mittelachse der Kirche, ein Ort, dessen liturgische Bedeutung kaum zu überschätzen ist. Rechts davon war ihr Epitaph an der Wand angebracht. Dieses setzt sich aus zwei Teilen zusammen (Abb. 14).[147] Die quadratische obere Tafel zeigt

143 *Miller*, Sierck (wie Anm. 59), 236, Anm. 55.

144 KDR 13,3, 61 u. Abb. 50; *Ronig*, Kunst unter Balduin (wie Anm. 45), 510–511.

145 LHKo Best. 15, Nr. 103; Druck s. u. Anm. 147.

146 *Brower/Masen*, Antiquitatum (wie Anm. 38), Bd. 2, 281–282.

147 KDR 13,3, 62–64; *Gabriele* und *Wolfgang Schmid*, Elisabeth von Görlitz († 1451). Letzte Lebensjahre, Nachlaßregelung und Grabdenkmal einer Herzogin von Luxemburg in Trier, in: Kontinuität und Wandel. 750 Jahre Kirche des Bischöflichen Priesterseminars Trier. Fschr. aus Anlaß der feierlichen Wiedereröffnung 1993. Hrsg. v. Michael Embach. (Mitt. u. Verzeichnisse aus d. Bibl. des Bischöfl. Priesterseminars zu Trier, Bd. 9.) Trier 1994, 211–252. – Erw. Fassung u. d. Titel: Das Grabmal der Elisabeth von Görlitz († 1451) – ein Frühwerk des Nikolaus Gerhaert in Trier?, in: Productions et échanges artistiques en Lotharingie médiévale. Actes des 7es Journées Lotharingiennes. Hrsg. v. Jean

einen gefiederten Engel, der mit zwei Händen einen groß dimensionierten Wappenschild präsentiert. Der Engel hat gelockte Haare und trägt einen mit einer Schließe vor der Brust zusammengehaltenen Mantel, der hinter seinem Rücken herunterfällt, unter dem Schild hervorquillt und sich auf der rechten Seite vor den Fuß legt. Seine weit ausgreifenden Flügel sind unterschiedlich gearbeitet, und zwar sowohl in ihrer Gesamtkonzeption als auch in Größe und Anordnung der Federn und nicht zuletzt in ihrer Oberflächengestaltung. Die Mitteltafel wird links und rechts von zwei schlanken Säulchen gerahmt. Unter den gewundenen Basen kauern zwei Konsolfigürchen, in den freistehenden Statuetten erkennt man oben Adam und Eva. Sie stehen auf Konsolen, an denen wohl die Schlange und der Baum der Erkenntnis dargestellt sind. Darüber befinden sich zwei zierliche Baldachine mit Krabben und Kreuzblumen.

Der Engel präsentiert einen Wappenschild, der nach heraldisch rechts geneigt ist. Es ist ein Allianzwappen, rechts zweimal die Wappen Bayern und Holland – also die Wappen von Elisabeths zweitem Ehemann Johann von Bayern. Die heraldisch linke Seite ist komplizierter aufgebaut, um insgesamt sechs Wappen unterzubringen: Luxemburg, Brandenburg, Niederlausitz, auf einem geteilten Schild Chiny und Elsaß, auf einem Mittelschildchen zusätzlich Böhmen.[148] Wir haben weder links noch rechts eine korrekte „Ahnenprobe“ mit vier oder acht Vorfahren vor uns, statt dessen einen asymmetrisch aufgebauten Schild, der neben den Wappen der Vorfahren auch die der Territorien zeigt. Wir erkennen heraldisch links das Wappen der Elisabeth von Görlitz und rechts das ihres zweiten Mannes – übrigens exakt in der Form, wie sie es auch auf ihrem Siegel führte.[149]

Die untere, niedrigere Platte zeigt zwei kleine Engel, die ein kunstvoll gerolltes Schriftband halten.[150] Die Inschrift teilt uns vier Botschaften mit: Es handelt sich um das Grabmal der Elisabeth von Görlitz, Herzogin von Bayern und Luxemburg sowie Gräfin von Chiny. Sie war die Tochter des Herzogs Johann von Görlitz, Markgraf von Brandenburg, dessen Bruder Kaiser Sigismund, König von Ungarn und Böhmen, war. Schließlich wird der Todestag mitgeteilt: Elisabeth ist am 3. August des Jahres 1451 gestorben.

Ohne die Untersuchung hier allzusehr ins Detail vordringen zu lassen, sei insbesondere auf das Motiv des Engels verwiesen. Es läßt sich auf der einen Seite in der moselländischen Bildhauerei wie auch in der Grabmalskunst allgemein kein unmittelbares Vorbild benennen. Das Engelmotiv stammt aus der Grabmalskunst des Hochadels, läßt sich sekundär aber auch mit einer lokalen Bildhauertradition (Michaelsaltar, Kanonikergräber) in Zusammenhang bringen; Bildhauer und Auftraggeber des Görlitz-Epitaphs waren sich der Symbolik des Engels an einem Grabmal bewußt, entwickelten dann aber eine unkonventionelle künstlerische Lösung: Zunächst beschränkten sie sich auf einen einzigen Engel. Zwei Engel, die ein

---

Schroeder. (Publ. de la Section historique de l'Inst. Grand-Ducal de Luxembourg, Bd. 110.) Luxemburg 1995, 171–220.

148 Zum Wappen vgl. *Bärsch*, Grabstein (wie Anm. 141), 27; *Jean-Claude Loutsch*, Armorial du Pays de Luxembourg ... (Publ. Nationales du Ministère des Arts et des Sciences.) Luxembourg 1974, 41.

149 Zum Siegel Elisabeths vgl. *Schmid*, Elisabeth von Görlitz (wie Anm. 147), 40.

150 Die in vier Zeilen angeordnete Inschrift ist in einer gotischen Minuskel geschrieben. Trotz der kunstvollen Anordnung der Rolle läßt sie sich gut lesen bzw. ergänzen: *Hic pausat illustrissima d[omi]na Elisab[eta] de Gorlitcz Bavarie [et] lucze[n]b[ur]ge[n]s[is] ducissa comit[issa] / de thyni [Chiny] filia pr[e]clarissimi d[omi]ni Joh[annis] duc[is] de gorlicz marchio[n]is bra[n]d[en]b[ur]g[en]s[is] Glo[r]iosissi[m]i / p[ri]ncipis Sigismu[n]di Ro[ma]nor[um] Imp[er]ator[is] ungarie ac bohomie r[e]g[is] [et]c[etera] utriusq[ue] p[are]nt[is] / germa[n]i q[ue] obiit A[nn]o d[omin]i M CCCC L primo t[er]cio nonas Augusti Cui[us] a[n]i[m]a req[ui]escat in pace a[m]en.*

Abb. 14: Görlitz-Epitaph in der Franziskanerkirche

Wappen halten, besitzen fast immer etwas Statuarisches, auch dann, wenn sie als Einzelfiguren an den Köpfen der Verstorbenen plaziert werden. Durch die Entscheidung für einen Engel war der Weg geöffnet zu einem schräg gehaltenen Schild. Zum zweiten entfiel die Bindung an die Proportion der Liegefigur. Der Bildhauer mußte keinen kleinen Engel, sondern einen in eindrucksvoller Größe herstellen, der den Chor der Bettelordenskirche beherrschte. Zum dritten ermöglichte erst der Verzicht auf eine symmetrische Darstellung auf der einen und auf einen kleinen Maßstab auf der anderen Seite die Konzeption der bewegten Engelsfigur mit ausgreifenden Flügeln, wehendem Mantel, leicht angezogenen Beinen und Händen, die ihre schwere Last mühelos zu bewältigen scheinen. Hans Lückger formulierte es treffend: „Mit erstaunlicher Lebendigkeit wird geschildert, wie der Engel mit den Flügeln die Schnelligkeit des Fluges stoppt, den Oberkörper bereits senkrecht hält und die Beine vorholt, um sie im nächsten Moment auf den Boden zu setzen, wie das noch in der Flugbewegung befindliche Gewand vorstößt und die vom Fluge her rückwärts wehenden Falten des Mantels sich in schlaffen Wellenlinien zu senken beginnen."[151] Gerade im Gegensatz zu der eindrucksvollen und leichten Bewegtheit des Engels, die durch sein quadratisches Feld kanalisiert und mit der geschlossenen Form des schweren Wappenschildes kontrastiert wird, liegt der besondere Reiz des Görlitz-Epitaphs. Von hier aus kann man wiederum zur Ikonographie zurückleiten: Der rechteckige Rahmen, der den Engel umgibt und der durch die beiden Säulen und die überkragende Abschlußleiste verstärkt wird, dient nicht nur als kompositorisches Hilfsmittel, um die Bewegungen der Flügel und des Mantels zu bändigen, sondern ist auch als Fenster zu deuten, das Diesseits und Jenseits, Kirchenraum und Totengruft miteinander verbindet.

Eine kunsthistorische Einordnung des Epitaphs bereitet dagegen Schwierigkeiten; Auftraggeber und Zeitpunkt der Stiftung lassen sich allenfalls durch Indizien eingrenzen, nicht aber exakt benennen. Da in dem Testament weder der Begräbnisplatz noch das Grabmal erwähnt werden und auch für die Beerdigung keine Anordnungen getroffen wurden, wird man Elisabeth von Görlitz als Stifterin ausschließen können; daraus ließe sich außerdem eine Datierung nach ihrem Tod 1451 ableiten. In der Auftraggeberfrage sind drei Möglichkeiten in Betracht zu ziehen: Erstens könnte man an die Stadt Trier denken. Die Bündnis- und Schirmverträge mit den Herzögen von Luxemburg (1416 in dieser Funktion auch mit Elisabeth von Görlitz abgeschlossen) waren für die Moselstadt seit dem 13. Jahrhundert von größter außenpolitischer Bedeutung[152] – setzte man deshalb der ehemaligen Schirmherrin ein kommunales Ehrengrab? Des weiteren wäre in Betracht zu ziehen, daß die Gewölbe im nördlichen Seitenschiff der Franziskanerkirche in ihren Schlußsteinen das Böhmische und das Luxemburger Wappen zeigen; sie stammen allerdings schon aus dem 14. Jahrhundert.[153] Möglichweise haben die Franziskaner in Erinnerung an die großzügigen Schenkungen von Elisabeths Ahnen aus dem Hause Luxemburg das Epitaph in Auftrag gegeben. Vielleicht waren sie auch stolz darauf, daß eine bedeutende Person aus dem Hochadel in ihrer Kirche begraben war; dafür spricht auch die Lage der Grabstätte – es hätte bescheidenere Plätze innerhalb der Kirche gegeben. Als dritte Möglichkeit ist in Erwägung zu ziehen, daß auch

151 *Lückger*, Plastik (wie Anm. 15), 36.

152 *Richard Laufner*, Triers Bündnis- und Schirmverträge mit den Fürsten von Luxemburg und Lothringen vom 13. bis zum ausgehenden 16. Jahrhundert. Ein Beitrag zur Geschichte der Beziehungen der Stadt zu ihren westlichen Nachbarn, in: RhVjbll 19, 1954, 104–118, 109, 115; *Matheus*, Trier (wie Anm. 1), 107–108.

153 S. o. Anm. 144.

eine der Familien, mit der Elisabeth verwandt war, sich verpflichtet sah, ein angemessenes Grabdenkmal zu setzen. Der burgundische Herzog Philipp der Gute z. B. käme in Frage, einer der bedeutendsten Kunstförderer im „Herbst des Mittelalters". Oder Elisabeths Neffe, Erzbischof Jakob von Sierck, zu dem sie enge Beziehungen besaß. In Jakobs Testament von 1456 spielte der Gedanke der Sicherung des Andenkens an seine Familie eine zentrale Rolle. Die Sierck hinterließen keinen männlichen Erben, Jakobs Bruder Philipp war Domkanoniker, zwei Nichten konnte Jakob standesgemäß mit Hannemann von Leiningen-Rixingen und Gerhard von Sayn verheiraten. Die beiden Familien sollten nicht nur Siercks Besitzungen, sondern auch sein Wappen übernehmen.[154] Für die Annahme, daß er der Auftraggeber des Görlitz-Epitaphs war, könnte ein weiteres Argument angeführt werden: Mehrere Indizien sprechen dafür, daß Sierck sein für Trierer Verhältnisse recht außergewöhnliches Grabmal, das an ganz prominenter Stelle in der Liebfrauenkirche aufgestellt werden sollte und das der beste Bildhauer nördlich der Alpen ausführte, noch zu Lebzeiten geplant und in Auftrag gegeben hat.[155] Sollte er den Meister gebeten haben, gleichzeitig auch das Görlitz-Epitaph auszuführen?

Zwei Tatsachen beeinträchtigen eine Beurteilung des Epitaphs: Zum einen setzt es sich aus zwei Teilen zusammen, deren unterschiedliche Breite darauf hinweist, daß diese Anordnung nicht unbedingt die ursprüngliche gewesen sein muß. Außerdem war es ursprünglich sicherlich farbig gefaßt und in Teilen vergoldet; allein schon die Heraldik verlangt nach einer farbigen Gestaltung. Auf die Frage nach dem Bildhauer wurden in der bisherigen Forschung recht unterschiedliche Antworten versucht.[156] Das Problem besteht vor allem darin, daß sich das Epitaph qualitativ in einer Mittellage befindet: Es ist schwächer als das Sierck-Grabmal und besser als der Michaelsaltar. Manches deutet auf Nikolaus Gerhaert, z. B. die Meisterschaft in der Lösung heraldischer Aufgaben oder auch die Qualität der kleinen Figuren, wie sie sich auch am Bischofsstab des Sierck-Epitaphs finden[157], nicht zuletzt auch das typologische Programm der Konsolfiguren, das einen Meister von Rang erkennen läßt. Aber sowohl die Gesamtkonzeption der Engelsfigur als auch Details in der Ausführung (Gesicht und Hände) weisen erhebliche Schwächen auf; die für Gerhaert typische materialcharakterisierende Oberflächengestaltung vermißt man ebenfalls. Verglichen mit dem Michaelsaltar des Peter von Wederath lassen sich einerseits zahlreiche Verbindungen erkennen, andererseits ist dieser an vielen Stellen erheblich schwächer. Annähernd vollplastisch gearbeitete, wappenhaltende Engel finden sich auch hier, allerdings in minderer Qualität. Wie beim Michaelsaltar und den Apostelbildern der Adelheid von Besselich in der Liebfrauenkirche ist eine bestimmte Orientierung zu den potentiellen Betrachtern, welche die Kirche von Westen her betreten, nachzuweisen[158], ebenso das Spielen der Figuren mit dem Rahmen, der Versuch, diesen zu sprengen.[159] Auch beim Michaelsaltar finden wir zwei Konsolfigürchen und das Motiv der Fialen, die einen Wasserschlag durchstoßen.[160] Aber eine Zuschreibung

154 *Miller*, Nachlaßregelung (wie Anm. 70), 52; *ders.*, Sierck (wie Anm. 59), 175–178, 254–257.

155 *Schommers*, Grabmal (wie Anm. 59), 313–324.

156 Auf ein Überblick sei hier verzichtet, vgl. *Schmid*, Elisabeth von Görlitz (wie Anm. 147), 244–249.

157 *J[osef] A[dolf] Schmoll gen. Eisenwerth*, Madonnen Niklaus Gerhaerts von Leyden, seines Kreises und seiner Nachfolge, in: Jb der Hamburger Kunstsammlungen 3, 1958, 52–102; *ders.*, Marginalien (wie Anm. 64) 99–101.

158 *Ronig*, St. Michaelsaltar (wie Anm. 127); *Schmid*, Michaelsaltar (wie Anm. 33), 67–68.

159 *Schmid*, Michaelsaltar (wie Anm. 33), 28–30.

160 Am Görlitz-Epitaph fehlt das, was "Wederath" am besten konnte, nämlich elegante, plastisch durchgeformte und moderne Architekturelemente.

des Görlitz-Epitaphs an die Werkstatt des Peter von Wederath fällt schwer. Es handelt sich beim Michaelsaltar wohl eher um ein späteres Werk, das das Görlitz-Epitaph voraussetzt und viele Details von ihm übernimmt, aber nicht vom gleichen Meister stammt.[161]

Eine dritte Möglichkeit wäre die Annahme eines „Meisters des Görlitz-Epitaphs", der von Gerhaert beeinflußt war. Für diese Deutung könnte die Beobachtung sprechen, daß es in vielen Städten eine lokale Gerhaert-Nachfolge gegeben hat[162], außerdem Gesellen, die ihre Lehrjahre in seiner Werkstatt verbracht hatten und dann mit ihren Skizzenbüchern im Gepäck in andere Städte wanderten. Zudem gibt es als parallele Erscheinungen andere, aus den Niederlanden stammende Künstler, die für Auftraggeber im Rheinland arbeiteten, wie z. B. Nikolaus Myert aus Utrecht.

Die Tätigkeit weiterer Bildhauer im Umkreis oder in der Nachfolge Nikolaus Gerhaerts kann vielfältig gewesen sein; es gab auch unterschiedliche Möglichkeiten einer Zusammenarbeit: Der Meister könnte einen Werkstattmitarbeiter mit dem Epitaph beauftragt haben. Ebenso könnte er Entwürfe für andere Bildhauer geliefert haben. Weiter ist es möglich, daß der „Meister des Görlitz-Epitaphs" ein verlorenes Werk Nikolaus Gerhaerts mit einem wappenhaltenden Engel kannte und zu kopieren versuchte, bei der Umsetzung dann aber sowohl in der Konzeption (Anordnung der Hände und Füße) als auch im Detail (Kopf des Engels) auf Schwierigkeiten stieß. Die Probleme bei der Umsetzung einer Vorlage deuten auf einen eher mittelmäßigen Bildhauer hin. Es wird also nicht ganz falsch sein, das Görlitz-Epitaph einem Mitarbeiter oder Schüler Nikolaus Gerhaerts zuzuschreiben und es um 1460 zu datieren.

War der Michaelsaltar ein anschauliches Beispiel, wie sich die Aussagen von Schrift- und Bildquellen miteinander verzahnen lassen und sich gegenseitig erhellen, so stellt das Görlitz-Epitaph ein Gegenbeispiel dar: Trotz günstiger Überlieferung lassen sich die Aussagen von Testament und Grabdenkmal nur schwer miteinander verknüpfen. Auch ist es schwer, eine Brücke zwischen den nicht eben günstigen Urteilen der Zeitgenossen über die leichtfertige und verschwendungssüchtige Herzogin zu Testament und Grabdenkmal zu schlagen. Noch vielschichtiger wird das Bild, wenn wir die Tatsache berücksichtigen, daß Elisabeth von Görlitz als Auftraggeberin einer volkssprachigen Leben-Jesu-Handschrift identifiziert werden kann. Sie entstand in einem Atelier in Metz und ist jeweils an den Kapitelanfängen mit insgesamt 40 prachtvollen Miniaturen geschmückt.[163]

Urkunden und Chroniken bzw. Grabdenkmäler und Tafelbilder zeichnen häufig zwei recht entgegengesetzte Bilder der Vergangenheit. Parteiische Geschichtsschreiber präsentieren uns unversöhnliche, habgierige, mordlustige, leidenschaftliche, herrsch-, ruhm- und streitsüchtige Zeitgenossen, von denen man kaum glauben würde, daß sie gleichzeitig die Meisterwerke der spätgotischen Tafel- und Buchmalerei in Auftrag gegeben haben, in deren Bildhintergründen sich das Leben in der Stadt des späten Mittelalters als friedvolle Idylle präsentiert.[164] Testamente und Grabdenkmäler sprechen zwar unterschiedliche Sprachen,

161 So auch *Zimmermann*, Bildnerei (wie Anm. 15), 131, der das Görlitz-Epitaph deshalb auch zeitlich enger an das Sierck-Grabmal heranrücken möchte.

162 *Alfred Schädler*, Studien zu Nicolaus Gerhaert von Leiden. Die Nördlinger Hochaltarfiguren und die Dangolsheimer Muttergottes in Berlin, in: Jb der Berliner Museen 16, 1974, 46–82, 57.

163 *Hans-Walter Stork*, Frömmigkeit einer Fürstin – Das Gebetbuch der Elisabeth von Görlitz, in: *Embach*, Kontinuität und Wandel (wie Anm. 147), 253–282.

164 *Johan Huizinga*, Herbst des Mittelalters. Studien über Lebens- und Geistesformen des 14. und 15. Jahrhunderts in Frankreich und in den Niederlanden. 11. Aufl. Stuttgart 1975, 1–72; *Friedrich Ranke*,

ergänzen sich aber doch in der Regel gegenseitig und beinhalten ähnliche Botschaften, die die Verstorbenen an die Nachwelt richteten. Sie wollten, daß unser Bild von ihnen von der andächtig betenden Liegefigur auf dem Grabmal oder von ihrer Rolle als Wohltäter der Armen in ihrem Testament bestimmt wurde. Zu Lebzeiten erschufen sie ein Bild von sich, das ihre Herkunft von angesehenen Ahnen, ihre Zugehörigkeit zu einem Stand, ihre politischen und kirchlichen Ämter und nicht zuletzt auch ihre Hoffnung auf Auferstehung zum Ausdruck bringen sollte.

III.3. Grabdenkmäler der Domkanoniker

Eine Gruppe, die als Auftraggeber für Grabdenkmäler, aber auch durch weitere Stiftungen besonders hervorgetreten ist, sind die Mitglieder des Trierer Domkapitels. Vier Grabmäler der Zeit um 1500 erinnern im Bereich des Domkreuzgangs an den Thesaurar Dietrich von Kellenbach († 1480), an den Domdekan Philipp von Hunolstein († 1480), an den Archidiakon Philipp von Savigny († 1501) und an den Archidiakon Johann von Vinstingen († 1503). Stellvertretend für die künstlerisch eher belanglosen Monumente wird hier nur das erste besprochen, in einem zweiten Teil die Savigny-Kapelle kurz vorgestellt und zuletzt die recht aufsehenerregende Grabmalstiftung des Domdekans Christoph von Rheineck († 1535) behandelt.

III.3.1. Das Grabmal des Dietrich von Kellenbach im Domkreuzgang

Das Grabdenkmal des 1480 verstorbenen Domkanonikers Dietrich von Kellenbach im Domkreuzgang ist aus Sandstein gearbeitet und mißt 1,80x87 cm (Abb. 15).[165] Die Grabplatte zeigt den Domherrn unter einem Kielbogen stehend, der auf zwei Säulen ruht. Kellenbach trägt das Ornat eines Kanonikers, einen Chormantel, darunter eine Kasel und eine Albe. Auf dem (eneuerten) Kopf sitzt ein Barett, unter dem das Haar hervorquillt. In der linken Hand hält er einen Kelch, den er mit einer Patene in seiner Rechten zudeckt. Die Falten der Kleidung sind plastisch ausgearbeitet, sehr bewegt, aber eher unnatürlich: es gibt tiefe Schüsselfalten an der Kasel und dem Pluviale, Stoßfalten über dem rechten Fuß und Falten in den Armbeugen. Die verschiedenen Stoffe werden gestalterisch unterschieden, zum Beispiel ist das Halstuch in feinere Falten gelegt als Kasel und Pluviale.

Die Figur des Kanonikers wirkt zusammengedrückt, als hätte sie zu wenig Platz unter der sie umrahmenden Architektur: Zwei schlanke Säulchen auf kanellierten und gedrehten Sokkeln mit verschlungenen Blattkapitellen tragen den profilierten und mit Krabben besetzten Kielbogen. Nach unten, den Kopf des Kanonikers umgebend, rankt ineinander verflochtenes, blühendes Maßwerk. Über Eck gestellte Fialen mit Krabben und Kreuzblumen setzen die Säulchen bis an den oberen Rand fort. Der Kielbogen teilt die Platte im Verhältnis von ca. eins zu drei. Drei Viertel der Höhe beansprucht die Darstellung des Kanonikers; das obere Viertel wird von zwei Wappen ausgefüllt. Dieses Feld wird in der Mitte durch die auf

Zum Formwillen und Lebensgefühl in der deutschen Dichtung des späten Mittelalters, in: *Ders.*, Kleine Schriften. (Bibliotheca Germanica, Bd. 12.) Bern/München 1971, 71–87.

165 KDR 13,1, 280; *Ronig*, Ausstattung (wie Anm. 45), 249; *Heinrich Milz*, Ahnenproben auf Trierer Denkmälern [Tl. 1], in: Trierische Heimat 5, 1928–1929, 87–91, 101–106, 132–134, 145–149, 164-166, hier 88–89; *Wolfgang Schmid/Christine Stolpe*, Das Grabdenkmal des Dietrich von Kellenbach († 1480) im Trierer Dom, in: Hunsrücker Heimatbll. 35, 1995, 204–209; *Terpitz*, Grabdenkmäler (wie Anm. 27), Kat. Nr. 143.

der Spitze des Kielbogens sitzende Kreuzblume geteilt. Links davon steht ein „wilder Mann" und rechts eine „wilde Frau". Sie sind mit den Oberkörpern zur Mitte hin geneigt und präsentieren zwei Wappenschilde. Über ihnen erkennt man zwei Spangenhelme mit Helmdecken und darüber zwei Kleinodien; aus dem einen Helm wächst ein Leopard, auf dem anderen sitzt ein Flug mit einem Medaillon, in dem das Wappen wiederholt wird. Zwei weitere Wappen befinden sich zu Füßen des Verstorbenen im unteren Viertel des Bildfeldes. Sie werden von zwei Engeln in Diakonsgewändern gehalten. Die Engel verschwinden halb hinter den Wappen und greifen nur mit einer Hand über den Schildrand. Ihre Flügel sind neben dem Bild des Kanonikers weit nach oben gestreckt.

Die Gestalt des Kanonikers, die drei Viertel der Bildfläche einnimmt, wirkt seltsam unproportioniert. Obwohl der Grabstein der bei Grabplatten üblichen Proportion von ca. eins zu zwei (Breite zu Länge) entspricht, die Ausführung in vielen Details recht gut ist und sich die beiden Bildachsen in dem Kelch vor der Brust schneiden, wirkt die Figur gedrängt. Die viel zu kurz dimensionierten Beine lassen fast an eine Mißbildung denken. Es handelt sich jedoch eher um eine Bildhauerarbeit, bei der die Maßverhältnisse nicht stimmen. Der ausführende Meister hat der Architektur mit den „wilden Leuten" und dem Oberkörper des Kanonikers zuviel Platz eingeräumt und ist dann bei den Beinen in Platznot geraten. Er versuchte, das Gesamtbild etwas auszugleichen, indem er als Standmotiv den Kontrapost wählte: Das linke Bein ist das Standbein, das rechte, dessen Knie sich durch die Albe abzeichnet, das Spielbein.

Neben der gedrängten Darstellung des Verstorbenen verlangt der abgeschrägte Rand der Grabplatte mit der Inschrift nach einer Erklärung.[166] Man könnte annehmen, daß die Grabplatte als Deckel einer steinernen Tumba konzipiert worden war, allerdings spricht die nach innen gerichtete Schrift dagegen. Anders als beim Sierck-Epitaph konnte sie nämlich von seitlich herantretenden Betrachtern gar nicht gelesen werden. Das Kellenbach-Grabmal zählt zu einer Gruppe von Grabplatten, die zwar in Anlehnung an Tumbendeckel gearbeitet wurden, deren Aufstellung aber an der Wand vorgesehen war. Auch die feine Steinmetzarbeit spricht gegen eine Verwendung als Bodenplatte.

Betreffs der Datierung und Lokalisierung wirft das Grabmal keine grundsätzlichen Schwierigkeiten auf. Es ist qualitativ schlechter als Arbeiten, die in den 50er und 60er Jahren des 15. Jahrhunderts in Trier entstanden und besser als die anderen Domkanonikergräber der Zeit um 1500. Der Auftrag wurde vermutlich um 1480 an eine Trierer Werkstatt vergeben, die eine anspruchsvolle Lösung im Auge hatte, mit der Durchführung dann aber überfordert war. Ähnliche Diskrepanzen lassen sich auch beim Michaelsaltar und beim Görlitz-Epitaph beobachten.

Der Bildhauer stand vor der Aufgabe, nicht nur das Aussehen des Verstorbenen der Nachwelt zu überliefern, sondern er mußte vor allem auch seine Zugehörigkeit zu einem bestimmten Stand und zu einer adeligen Familie zum Ausdruck bringen. Zunächst deuten das Ornat auf sein Kanonikat und der Kelch auf sein Priesteramt hin. Die Schlüssel, die an einem Band über seinem linken Arm hängen, weisen auf Kellenbachs Amt als Thesaurar, als Schatzwalter des Domkapitels hin. Auch die Inschrift nennt dieses Amt; außerdem überliefert sie uns den Namen und das Todesjahr des Verstorbenen.

166 *Hic subtus pausat venerabilis et nobilis dominus Theodericus de Kellenbach canonicus et thesaurarius maioris ecclesie Trevirensis qui obiit III die mensis junii anno domini mccccIxxx cuius anima requiescat in pace amen.*

Abb. 15: Grabmal des Dietrich von Kellenbach im Domkreuzgang

Die Zahl der Wappen und ihr heraldischer Schmuck machen die Herkunft des Verstorbenen aus dem Adel deutlich. Wenn man sich die Farben dazudenkt – sie sind für die Lesung eines mittelalterlichen Grabmals unabdingbar –, dann lassen sie sich wie folgt identifizieren: Das linke obere Wappen – heraldisch gesehen auf der rechten Seite – zeigt einen Blau über Gold geteilten Schild, darin in Blau ein goldener Leopard. Es handelt sich um das Wappen der Hunsrücker Ministerialenfamilie Kellenbach. Das heraldisch linke Wappen zeigt einen roten Schild mit drei schrägrechts gestellten silbernen Schnallen – es ist das der Boos von Waldeck. Oben sind die Wappen der Großeltern väterlicherseits angebracht, unten die der Vorfahren seiner Mutter: Das linke – heraldisch rechte – Wappen besitzt einen roten Schild, darin ein silberner Schrägrechtsbalken mit goldenem Ankerkreuz. Es ist das Wappen der an der Lahn ansässigen Familie Langenau. Das vierte Wappen zeigt in zwei Reihen stehende Rauten, oben vier und unten drei; es ist das Wappen der Familie Bürresheim. Die Eltern des Dietrich von Kellenbach waren somit Nikolaus von Kellenbach (Sohn des Dietrich von Kellenbach und der Agnes von Langenau, Tochter des Daniel, Burggraf zu Lahneck) und Elisabeth Boos von Waldeck (Tochter von Philipp I. und Metza von Bürresheim). Durch diese vier Wappen wurde die Zugehörigkeit des Verstorbenen zum Adel und seine Abstammung von angesehenen Familien zum Ausdruck gebracht. Adelige Standesqualität mußte bei der Aufnahme ins Domkapitel durch eine solche „Ahnenprobe" nachgewiesen werden.[167]

Über die Vita des Dietrich von Kellenbach ist wenig bekannt.[168] Er studierte 1436 in Löwen und 1443 in Köln. Neben ihm waren noch zwei weitere Familienangehörige Mitglieder des Trierer Domkapitels: Sein Bruder Daniel ist seit 1462 als Kanoniker belegt; er war Professor an der Trierer Universität, wurde 1480 Dietrichs Nachfolger als Kustos und starb 1482. An ihn erinnerte ein Grabmal im Dom, dessen Text in der „Eiflia illustrata" überliefert ist.[169] Ebenfalls als Kanoniker belegt ist 1472 Nikolaus von Kellenbach, wohl ein weiterer Bruder oder Neffe.

Das Trierer Domkapitel besaß vierzig Kanonikate, davon 16 Kapitulare, Inhaber einer bepfründeten Kapitelstelle, und 24 Domizellare, Anwärter auf diese Stellen. An der Spitze standen die zehn Dignitare: der Propst, der Dekan, die fünf Archidiakone, außerdem der Scholaster, der Kustos und der Kantor. Merkwürdig ist dabei die Beobachtung, daß nur wenige von den zahlreichen Angehörigen, die das Domkapitel im ausgehenden Mittelalter hatte, sichtbare Spuren hinterließen. Auffällig ist der zeitliche Zusammenhang mit dem Kellenbach-Grabmal: Vermutlich wenige Jahre zuvor wurden für den Domkreuzgang eine Totenleuchte und die Malberg-Madonna angefertigt[170], die ihren Namen dem 1478 verstor-

167 *Stephan Kekule von Stradonitz*, Ahnenproben auf Kunstwerken, in: *Ders.*: Ausgewählte Aufsätze aus dem Gebiete des Staatsrechts und der Genealogie. Berlin 1905, 253–260; HRG 1, Berlin 1971, 82–83; LMA 1, München/Zürich 1980, 233.

168 Zur Person vgl. *Holbach*, Stiftsgeistlichkeit (wie Anm. 2), T. 2, 436; *Kisky*, Domkapitel (wie Anm. 97), Nr. 172; *Dohna*, Verhältnisse (wie Anm. 97). – Zuletzt: *Rudolf Holbach*, Zu Ergebnissen und Perspektiven neuerer Forschung zu spätmittelalterlichen deutschen Domkapiteln, in: RhVjbll 56, 1992, 148-180. – BAT 9,4, Nr. 2.

169 *Johann Friedrich Schannat/Georg Bärsch*, Eiflia illustrata oder geographische und historische Beschreibung der Eifel. Bd. 2,2. Aachen/Leipzig 1824–1855, ND Osnabrück 1966, 536.

170 KDR 13,1, 291–294, 296; *Ronig*, Ausstattung (wie Anm. 45), 249; Das neue Bischöfliche Dom- und Diözesanmuseum (wie Anm. 52), 54.

benen Domdekan Edmund von Malberg verdankt (Abb. 16).[171] Geschichte, Aussehen und Funktion dieses Ensembles in der Nordostecke des Kreuzgangs sind bisher noch weitgehend ungeklärt. Wohl in topographischem Zusammenhang mit der Grabstätte Malbergs wurde eine 410 cm hohe Totenleuchte aus rotem Sandstein errichtet. Als Statuetten sind die heiligen Paulus, Maria, Petrus und Helena angebracht. Vier Wappenschilde machen die adelige Herkunft des Stifters deutlich. Rechts davon befand sich die Malberg-Madonna[172], eine 118 cm hohe Maria mit Kind aus grauem Sandstein, die auf einer Konsole steht. Sie wird von einem lockigen Engel getragen, der das Stifterwappen präsentiert. Eine Inschrift bezeichnet Maria als Mutter der Frömmigkeit (*mater pietatis*) und als vornehmes Gemach der Dreifaltigkeit (*tocius trinitatis nobile triclinium*). Die Lilienkrone und die Mondsichel weisen sie zudem als apokalyptisches Weib aus. Die Malberg-Madonna wurde von einem anderen Bildhauer hergestellt als die Totenleuchte. Die hohe Qualität der Faltengebung und der Komposition machen einen Zusammenhang mit Nikolaus Gerhaert wahrscheinlich; die Madonna müßte dann ca. zehn Jahre vor dem Tod des Stifters in Auftrag gegeben worden sein, vielleicht in zeitlichem Zusammenhang mit dem Sierck-Epitaph. Der Trierer Nikolaus Gerhaert-Nachfolge wird man sie nicht zuschreiben können, dafür ist der Unterschied zum Michaelsaltar oder zum Görlitz-Epitaph doch zu groß.

An Malbergs Nachfolger als Dekan, an den 1480 verstorbenen Philipp von Hunolstein, erinnert eine Grabplatte im Domkreuzgang, eine Inschriftentafel mit vier Wappen, die an geknoteten Schnüren befestigt sind.[173] Erhalten sind außerdem noch zwei recht schmucklose Grabplatten, die des 1501 gestorbenen Philipp von Savigny, Domkanoniker, Kantor und Archidiakon, Stifter der Savigny-Kapelle, und die des 1503 als *ultimus familiae* verstorbenen Archidiakon Johann von Vinstingen, Stifter der nicht erhaltenen Heiliggrabkapelle im Domkreuzgang, die er nach einer Pilgerfahrt ins Heilige Land errichten ließ.[174]

Kellenbach war nicht der einzige Dignitar, der in den letzten beiden Jahrzehnten des 15. Jahrhunderts durch Stiftungen nicht nur das Andenken an die eigene Person sicherte, sondern auch zur Ausstattung der Domkirche beitrug.[175] Zu Beginn des 19. Jahrhunderts wurden die Glasfenster des Trierer Domes nach England verkauft und dort in der Kathedrale in

171 Zur Person vgl. *Milz*, Ahnenproben (wie Anm. 165), 102–103; *Holbach*, Stiftsgeistlichkeit (wie Anm. 2), T. 2, 531; KDR 13,1, 289, 291–296; *Ronig*, Ausstattung (wie Anm. 45), 249.

172 Die Figur wurde um 1970 durch einen Abguß ersetzt und in das Bischöfliche Dom- und Diözesanmuseum verbracht.

173 *Milz*, Ahnenproben (wie Anm. 165), 89–91; *Holbach*, Siftsgeistlichkeit (wie Anm. 2), T. 2, 508; KDR 13,1, 278–279; *Ronig*, Ausstattung (wie Anm. 45), 249. – Zur einer Fensterstiftung *Ivo Rauch*, Die spätmittelalterlichen Glasmalereien aus dem Trierer Dombezirk in Shrewsbury. Dokumentation des Erhaltungszustandes, Rekonstruktion und kunstgeschichtliche Untersuchung der Fensterstiftungen der Trierer Archidiakone von 1478/79. Magisterarb. Freiburg o. J. (im Druck), 54; *Alois Thomas*, Wertvolle Erkenntnisse aus geöffneten Altarsepulkren, in KurtrierJb 9, 1969, 88–104, 102.

174 *Milz*, Ahnenproben (wie Anm. 165), 101; *Thomas*, Erkenntnisse (wie Anm. 173), 100–101; *Holbach*, Stiftsgeistlichkeit (wie Anm. 2), T. 2, 474; KDR 13,1, 181, 280–281; *Ronig*, Ausstattung (wie Anm. 45), 249–251. – Zu einer Fensterstiftung *Rauch*, Glasmalereien (wie Anm. 173), 76. – Zur Stiftung eines Heiligen Grabes in Karden s. *Ferdinand Pauly*, Das Stift St. Kastor in Karden an der Mosel. (Germania Sacra, NF. Bd. 3,19.) Berlin/New York 1985, 36–37, zur Person 307–308.

175 Zu den Stiftungen des Domkapitels vgl. *Holbach*, Stiftsgeistlichkeit (Anm. 2), T. 1, 298–323; *Freya Strecker*, Klerus und kirchliche Kunst in Augsburg in der zweiten Hälfte des 16. Jahrhunderts. Beobachtungen zu Bild-Kontrolle umd Auftragsverhalten des Augsburger Domklerus, in: Kunst und Auftraggeber im 16. Jahrhundert. Venedig und Augsburg im Vergleich. Hrsg. v. Klaus Bergdolt/Jochen Brüning. (Colloquia Augustana, Bd. 5.) Berlin 1997, 133–174.

Abb. 16: Madonna Malberg aus dem Domkreuzgang

Shrewsbury eingebaut. Dabei wurde die ursprüngliche Anordnung der Stifter-, Wappen- und Heiligenscheiben nachhaltig gestört, aber ihre Rekonstruktion ist kürzlich Ivo Rauch gelungen: Er konnte zwei Fensterzyklen zusammenstellen, die er in die Stephanus- und in die Andreaskapelle des Domes lokalisierte. Beide Zyklen entstanden um 1478/80, der eine in einer mittelrheinischen, wahrscheinlich Bopparder, der andere in einer Kölner Werkstatt. Es handelte sich um zwei Gemeinschaftsstiftungen der Domkanoniker. Unter ihnen befand sich Philipp von Hunolstein wie auch Domdekan Eberhard von Hohenfels († 1515), dem der Trierer Dom ein Graduale sowie ein silbernes Kopfreliquiar des hl. Cornelius verdankt. Außerdem errichtete er 1501 eine Meßstiftung am Martinsaltar im südlichen Seitenschiff, die er mit 1 000 Gulden dotierte. Sein erzgegossenes Grabdenkmal im Dom ist nicht erhalten.[176] Ein Fenster der Stephanuskapelle zeigte die Heiligen Barbara und Katharina; es wurde, wie die Inschrift verrät, 1479 von Dietrich von Kellenbach gestiftet. Das Aussehen seines Bruders Daniel überliefert ein Stifterbild, das diesen vor dem hl. Hieronymus zeigt, dem Schutzpatron der Humanisten und Gelehrten.[177]

Grabdenkmäler und Stifterbilder der Domkanoniker stellen wichtige Quellen für das Selbstverständnis und die Selbstdarstellung einer geistlichen Elite des ausgehenden Mittelalters dar. Diese Personengruppe setzte sich bereits äußerlich durch ihre Kleidung von anderen Ständen der Gesellschaft ab und brachte durch Wappen ihre Zugehörigkeit zum Adel zum Ausdruck. Von einem Begräbnis im Domkreuzgang, der nicht nur in unmittelbarer Nähe zur Domkirche und zu Liebfrauen lag, sondern auch in deren Liturgie eine zentrale Rolle spielte, erhoffte sie sich eine Teilnahme an den Fürbitten ihrer Nachfolger, die bei Prozessionen an den steingehauenen Galerien ihrer Vorgänger im Amt vorbeischritten, und dadurch eine Verbesserung ihrer Zugangsmöglichkeiten zum Paradies.[178]

III.3.2. Das Savigny-Grabmal und die Savigny-Kapelle im Domkreuzgang

Besuchern des Domkreuzgangs fällt neben den genannten Grabmälern ein Portal mit ausgezeichneter Bildhauerarbeit auf, das zu der meist verschlossenen Savigny-Kapelle führt. Das breit ausladende Portal wird durch ein darüberliegendes dreibahniges Maßwerkfenster mit Fischblasenmotiven betont, ein architektonisch aufgefaßter Rahmen fügt das Ganze zu einer Einheit zusammen. Auf der Fensterbank befindet sich ebenfalls in Stein gehauen auf einem gerollten Band eine Inschrift, die nur von oben zu lesen ist[179]: *Philippus de Savegneyo Archidiaconus tituli Sanctae Agathes in Longuyon me fieri fecit A. M CCCC L XXX XXI Septembr.* Links und rechts an dem Portal, wo sich die Maßwerkstäbe überschneiden, erkennt

176 KDR 13,1, 366 Nr. 38; *Thomas*, Erkenntnisse (wie Anm. 173), 100–101; *Holbach*, Stiftsgeistlichkeit (wie Anm. 2), T. 2, 501–502. – Zur Meßstiftung vgl. *Schneider*, Bruderschaften (wie Anm. 139), 310, Anm. 1797, zum Altar vgl. KDR 13,1, 256–257. – Zum verlorenen Grabmal KDR 13,1, 290. – BAT 9,4, Nr. 8.

177 KDR 13,1, 305; *Rauch*, Glasmalereien (wie Anm. 173).

178 *Adalbert Kurzeja*, Der älteste Liber Ordinarius der Trierer Domkirche. London, Brit. Mus., Harley 2958, Anfang 14. Jh. Ein Beitrag zur Liturgiegeschichte der deutschen Ortskirchen. (Liturgiewiss. Quellen u. Forsch., Bd. 52.) Münster 1970; *Ronig*, Liber Ordinarius (wie Anm. 58), 104. – Der topographische Zusammenhang von Grabdenkmal und Prozessionsstraße läßt sich auch für das Paradies der Liebfrauenkirche (*Schmid*, Das Grabdenkmal des Johann Blesen, wie Anm. 17) und für die Gräber der Erzbischöfe im Mainzer Dom (*Kessel*, Memorialfunktionen, wie Anm. 26) beobachten.

179 Ähnlich die Inschrift auf der Verkündigung von Jan van Eycks Genter Altar, ebenso auf dessen New Yorker Verkündigung, vgl. *Volker Herzner*, Jan van Eyck und der Genter Altar. Worms 1995, Abb. 40, 45.

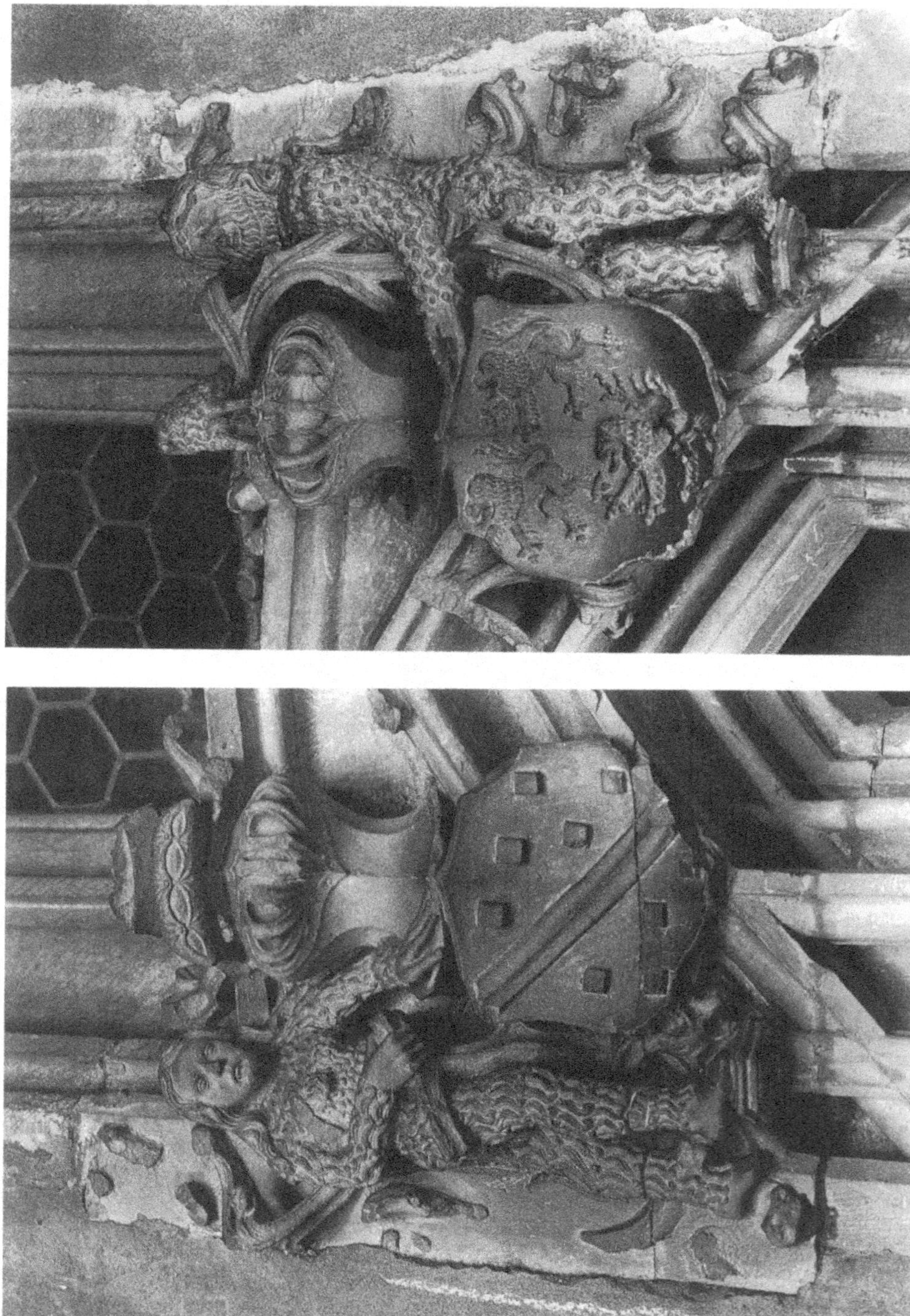

Abb. 17: Portal der Savigny-Kapelle

man einen wilden Mann und eine wilde Frau, die Wappen der Familien Savigny und Harrovey halten (Abb. 17).[180] Zu der Kapelle führt noch eine weiter westlich gelegene, ältere Tür. Über ihr befindet sich ein weiteres Fenster mit Fischblasenmaßwerk; in der Leibung sind nochmals die beiden Wappen angebracht. Ein drittes, einfacher aufgebautes Fenster befindet sich im Osten der Kapelle, neben dem Portal zum Vikarsparadies; es belichtet den Altar der Kapelle. Vom Badischen Bau aus schließlich führt ein drittes Portal zu unserer Kapelle; es zeigt am Türsturz nochmals zwei Wappenschilde, die mit Gürtelschnallen an Lederriemen befestigt sind, und die Inschrift *Haec requies mea [in saeculum saeculi]. Hic habitabo quoniam elegi eam* (Ps 132,14). Dahinter steht die Jahreszahl 1481. Jedem Besucher, der durch eines der drei Portale in die Kapelle trat, wurde also vor Augen geführt, wer sie gestiftet hatte.

Der Raum der Kapelle wurde 1481 durch eine Mauer vom Vikarsparadies abgetrennt. Das östliche Joch der Kapelle gehört noch zu dem um 1470 errichteten Badischen Bau. Dabei hat man zwei recht unterschiedliche Räume zusammengefügt: Der westliche Teil, zu dem die ältere Tür führt, wird durch ein einfaches Tonnengewölbe überfangen; er wurde zu einem nicht bekannten Zeitpunkt an der Südseite des Ostchors angebaut. Die mächtigen Strebepfeiler aus dem 12. Jahrhundert sind in der Wand belassen. Das östliche Joch dagegen wird von Kreuzrippen überwölbt, die sich hinter der Wand im Vikarsparadies fortsetzen. Dort ist im Schlußstein der hl. Petrus dargestellt, in der Savigny-Kapelle die hl. Helena. Es läßt sich also festhalten, daß wenige Jahre nach der Errichtung des Badischen Baus eine nachhaltige Veränderung der Kreuzgangtopographie durch den Einbau einer ca. 44 qm großen Privatkapelle erfolgte, eine Veränderung, die durchaus schon den bemerkenswerten Anspruch der Stiftung deutlich macht.

In der Kapelle selbst finden wir zunächst die recht einfache Grabplatte mit dem lebensgroßen Bild des Stifters, des im Jahre 1501 gestorbenen Archidiakons Philipp von Savigny (Abb. 18).[181] Die vier Schilde sind geteilt, so daß acht Wappen entstehen. Savigny stammte aus einer bedeutenden lothringischen Familie, wurde 1443 Domizellar, 1450 Domkapitular, 1453 Kantor und 1480 – ein Jahr vor der Errichtung der Kapelle – Archidiakon von St. Agatha in Longuyon.[182] Die Grabplatte, die jetzt in die Westwand eingelassen ist, befand sich ursprünglich vor dem Altar der Kapelle.

Besondere Aufmerksamkeit verdient das Retabel der Kapelle. Es handelt sich um den einzigen erhaltenen spätgotischen Flügelaltar mit Tafelmalerei und Schnitzwerk in einer Trierer Kirche. Er besteht aus einem recht großen, heute leeren Schrein, der neun Nischen besitzt. Fünf geschnitzte Figuren daraus werden im Bischöflichen Dom- und Diözesanmuseum aufbewahrt, darunter Christophorus, Antonius, Maria und ein Bischof. Im Auszug finden wir eine Gruppe aus acht geschnitzten, vergoldeten Figuren. Ihre Identifizierung ist nicht ganz einfach, vielleicht handelt es sich um Propheten oder um Schriftgelehrte. Die gemalten Flügel zeigen die heiligen Paulus, Maria Magdalena, Helena und Petrus sowie in

180 KDR 13,1, 179–180, 282; *Ronig*, Ausstattung (wie Anm. 45), 250–251; *ders.*, Liber Ordinarius (wie Anm. 58), 105.

181 *Hic subtus pausat venerabilis et nobilis dominus Philippus de Sevegneyo canonicus et archidiaconus ecclesie Trevirensis titulo sancte Agathes de Longuion qui obiit anno mccccc primo mensis decembris cuius anima requiescat in pace amen,* KDR 13,1, 282.

182 Zur Person vgl. *Holbach*, Stiftsgeistlichkeit (wie Anm. 2), T. 2, 577–578; *Thomas*, Erkenntnisse (wie Anm. 173), 101–102; *Kisky*, Domkapitel (wie Anm. 97), 187; *Dohna*, Verhältnisse (wie Anm. 97) Nr. 426.

Abb. 18: Grabmal des Philipp von Savigny

geschlossenem Zustand oben Hubertus und Gangolf (?), unten Matthias, Maria, Cornelius und Andreas – also Heilige, die zur Trierer Kirche und zu dem Land an Rhein, Maas und Mosel enge Beziehungen besaßen. Außergewöhnlich ist das Stifterbild auf einer kleinen Klapptafel am Auszug: Es zeigt den knienden Philipp von Savigny in Chorkleidung, die Almutie über den Arm gelegt. An der Mauer hinter dem Stifter sind die Wappen seiner Eltern angebracht (Abb. 19). Auf der gegenüberliegenden, an der linken Seite des Auszugs angebrachten Tafel ist die hl. Agatha dargestellt. Ein Inschriftenband auf der linken Seite enthält ein Gebet (*ora pro me, Philippo de Savignyo, beata Agathes virgo*). Auf der rechten Seite befindet sich – in größeren Buchstaben – eine Inschrift, die die Tatsache der Stiftung des Altars festhält (*me fieri fecit*) und das – vermutlich falsch wiederhergestellte oder verschriebene – Datum 3. März 1444. Man wird die Jahreszahl am ehesten in 1494 korrigieren dürfen.[183] Der Altar wurde, wie verschiedene Marken erkennen lassen, in einer Antwerpener Werkstatt angefertigt. Von den in dieser Zeit in großer Zahl hergestellten niederländischen Schnitzaltären unterscheidet er sich durch das individuelle Stifterbild und das spezifische Heiligenprogramm.[184]

Die Savigny-Kapelle wurde bereits 1481 – kurz nach der Übernahme des Archidiakonats von St. Agatha – errichtet, doch erst für das Jahr 1506 besitzen wir einen urkundlichen Nachweis: In diesem Jahr übertrugen Savignys Treuhänder, darunter der bereits genannte Eberhard von Hohenfels, gemäß Savignys nicht erhaltenem Testament verschiedene Erbrenten mit einem jährlichen Ertrag von 48 Gulden – was einem Kapital von ca. 1 000 Gulden entspricht – für eine Meßstiftung *seins vatter, mutter, brüdern, schwestern und aller seiner voreltern seligen auch aller glaubigen seelen, trostes, heilles und erlösungh willen* am Agathenaltar in der Agathenkapelle; dadurch kennen wir auch deren Patrozinium.[185]

Nicht minder interessant ist die Tatsache, daß die Kapelle mit Wandmalereien geschmückt ist; die Komposition nimmt auf die beiden unterschiedlichen Teile des Raumes Rücksicht.[186] Im Ostteil setzten die Kreuzrippen einer Ausmalung enge Grenzen. Um den Schlußstein herum, der die hl. Helena zeigt, füllen Evangelistensymbole die Gewölbekappen, in den Zwickeln befinden sich Blumenranken. Im Westteil wird das Jüngste Gericht gezeigt. Im einzelnen erkennt man in der Gewölbetonne Christus als Weltenrichter auf einem Regenbogen sitzend. Neben ihm befinden sich als Fürbitter Maria und Johannes der Täufer. Breiten Raum nimmt die auf drei Wände verteilte Darstellung des Jüngsten Gerichts ein: In der Mitte ist die Auferstehung der Toten zu sehen, Engel und Teufel geleiten sie nach dem – darüber dargestellten – Gericht nach links und rechts. Zwei posaunenblasende Engel schweben über der Szenerie. Links – es ist die Seite der fürbittenden Maria – führen Engel und der hl. Petrus unbekleidete Seelen zur Himmelspforte. Rechts ist zunächst einmal das Fegefeuer zu erkennen, wo die Armen Seelen vielfältige Qualen erleiden; sie werden von Klippen gestoßen und im Feuer gepeinigt. Danach zieht ein Teufel die mit einem Seil zusammengebundenen, sich wehrenden Gestalten in den weit geöffneten Höllenrachen. Zwei

---

183 Für zahlreiche Hinweise über diese und andere Inschriften sei Rüdiger Fuchs, Mainz, gedankt.

184 KDR 13,1, 214; *Ronig*, Ausstattung (wie Anm. 45), 246–247; *H. J. de Smedt*, De Antwerpse retabels en hun iconografie: een overzicht van onderwerpen en veranderingen, in: Antwerpse retabels. 15de–16de eeuw. Bd. 2, Antwerpen 1993, 23–46, 27 (Datierung 1495–1500).

185 BAT 12,3, Nr. 1, fol. 176–177', vgl. 6,1, Nr. 31; *Schneider*, Bruderschaften (wie Anm. 139), 310, Anm. 1797.

186 *Paul Clemen*, Die gotischen Monumentalmalereien der Rheinlande. 2 Bde. (Publ. d. Ges. für Rhein. Geschichtskunde, Bd. 41.) Düsseldorf 1930, Textbd. 396–397; KDR 13,1, 212.

Abb. 19: Stifterbild am Altar der Savigny-Kapelle

Abb. 20: Graduale aus der Savigny-Kapelle

weitere Teufel spielen dazu eine höllische Musik.[187] Eine systematische Untersuchung der Wandmalereien steht noch aus, als Vergleichsbeispiel bietet sich z. B. das Jüngste Gericht in der Hospitalskirche in Cues an.

Aus der Kapelle stammt außerdem ein Graduale, das heute im Bistumsarchiv aufbewahrt wird. Die prachtvolle, wohl im späten 15. Jahrhundert in den Niederlanden entstandene Handschrift zeigt auf der ersten Seite die Initiale A mit einer Miniatur König Davids und am unteren Rand das Wappen Savignys (Abb. 20).[188]

Schließlich sei noch auf einen Wappenstein hingewiesen, der aus einem barocken Haus in der Dietrichstraße stammt und seit 1988 im Bischöflichen Dom- und Diözesanmuseum aufbewahrt wird (Abb. 21).[189] Der Wappenschild mit Helm und Kleinod besitzt eine wild wuchernde Helmdecke, die die beiden Wappenhalter plastisch umrankt: Einen Mann, der eine Rüstung mit Helm trägt, und eine unbekleidete Frau mit einem Hennin, von dem ein feingeschwungener Schleier herabfällt und sie teilweise bedeckt. Das Wappen zeigt drei nach rechts gerichtete Löwen, Spangenhelm und Hörner, zwischen denen der Löwe im Kleinod wiederholt wird. Wappen mit drei Löwen sind nicht eben selten, aber eine Identifizierung wird durch einen Vergleich möglich: Das (beschädigte) Wappen am Portal der Kapelle, an dem die Stümpfe der Hörner noch erkennbar sind, und das intakte Wappen am Altar lassen erkennen, daß Savigny im Kleinod zwei Büffelhörner führte, die sich auch auf dem Wappenstein finden. Die Beziehungen dieses heraldischen Meisterwerks zu Nikolaus Gerhaert, zum Michaelsaltar und zum Görlitz-Epitaph wären genauer zu klären, als dies im Rahmen dieser Studie möglich ist.

Der Wappenstein mahnt uns, über die Jenseitsfürsorge auch die materielle Kultur der Domkanoniker nicht aus den Augen zu verlieren, einen Bereich, über den wir bisher nicht allzuviel wissen.[190] Daß sich der Archidiakon hier auf dem neuesten Stand der burgundischen Mode befand, ist recht aufschlußreich, ebenso die Tatsache, daß qualifizierte Bildhauer ebenso für den Schmuck der Kirchen wie der Wohnhäuser herangezogen wurden. Auch für den Kölner Kaufmann Johann Hardenrath ließ sich nachweisen, daß er sowohl sein prächtiges Wohnhaus als auch die 1465 geweihte, nicht minder aufwendig ausgestattete Salvatorkapelle in St. Maria im Kapitol – eine der wenigen erhaltenen Privatkapellen Kölns – mit Werken der Bildhauerei schmücken ließ. Für die Marienfigur und die des Salvators werden bisher nicht eindeutig geklärte Einflüsse Nikolaus Gerhaerts angenommen.[191] Wappensteine, die z. B. als Türsturz dienten, mit aufwendig geschmückten „Ahnenproben", Wilden Leuten oder Porträtmedaillons werden dann in der Renaissance zum Statussysmbol der führenden Familien der Stadt: Genannt seien nur der Türsturz des kurtrierischen Kanzlers Dr. Johann von Enschringen – einem Neffen des Gründers des Hospitals auf dem Helenenberg – und seiner Frau im Ruländer Hof aus der Zeit um 1540[192] oder der Türsturz

187 *Rainer Budde*, Nebensächliches? – Zur Darstellung der Musik auf Stefan Lochners Weltgericht, in: Stefan Lochner. Meister zu Köln. Herkunft – Werke – Wirkung. Hrsg. v. Frank Günter Zehnder. Kat. Köln 1993, 201–206.

188 *Alois Thomas*, Die illuminierten Gradualien des 15. und 16. Jahrhunderts im Bistumsarchiv Trier, in: MainzZ 67–68, 1972–1973, 179–187, 181–182.

189 Vgl. hierzu *Eichler*, Wappenrelief (wie Anm. 15).

190 Vgl. *Holbach*, Zum häuslichen Besitz (wie Anm. 14).

191 *Schmid*, Stifter und Auftraggeber im spätmittelalterlichen Köln (1994), 337–354, 360; *Wolfgang Stracke*, St. Maria im Kapitol, in: Colonia Romanica 11, 1996, 79–103, 89–92.

192 *Rudolf Brandts*, Notizen zum Enschringen-Türsturz im Hof Ruland und zur Geschichte des Wißkirchener Hofes, in: TrierZ 16–17, 1941–42, 177–184.

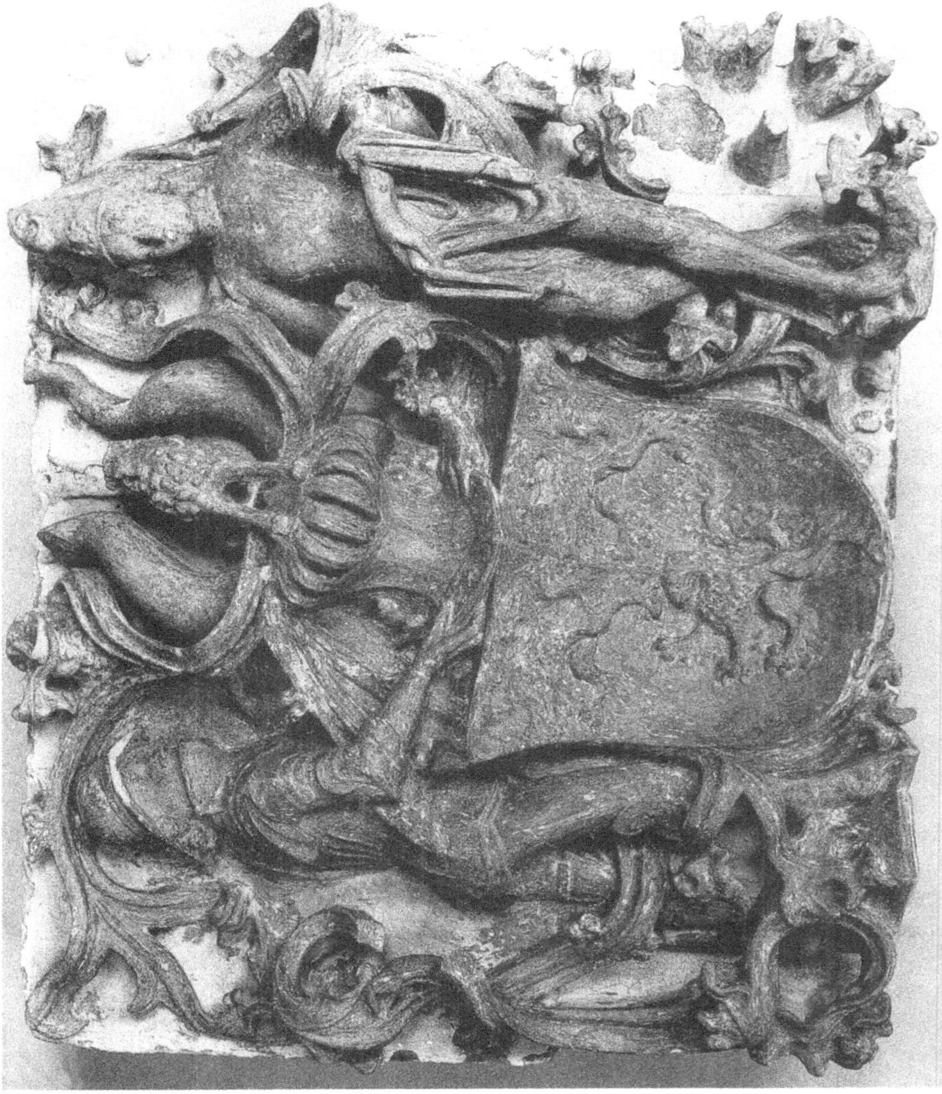

Abb. 21: Wappenstein des Philipp von Savigny

des Archidiakons von St. Agatha, Gottfried von Walderdorff († 1571), entstanden um 1550/70, heute im Bischöflichen Dom- und Diözesanmuseum.[193]

Drei Resultate sind als Ergebnis dieser kurzen Skizze zu den Stiftungen des Philipp von Savigny festzuhalten: einmal die Einbindung der steinernen Grabmonumente in komplexe Stiftungsprogramme. Savigny nutzte nicht nur die Bildhauerei zur Sicherung des Andenkens an sich und seine Familie, sondern auch die Tafel-, Wand- und Buchmalerei sowie die Kunst der Bildschnitzer. Alle seinerzeit bekannten und geeigneten Medien wurden zu diesem Zweck eingesetzt. Die Annahme wird nicht ganz falsch sein, daß zum Feiern der Messe auch für liturgische Bücher, Geräte und Gewänder gesorgt war; es wurden also auch Werke der Goldschmiede und der Bortenweber in Auftrag gegeben und mit dem Wappen des Stifters versehen. Ohne Zweifel besaß die Kapelle zudem farbige Fenster, in denen sicherlich auch die Wappen der Eltern dargestellt waren. Es läßt sich also ein nach und nach ausgeführter Gesamtplan erkennen, der die Einzelstiftungen zu einer liturgischen, ikonographischen, ästhetischen und memorialen Einheit zusammenfügte. Zweitens vermitteln Grabmäler und Stifterbilder ebenso wie Stiftungsverträge und Testamente in der Regel ein standardisiertes und schablonenhaftes Bild von der Persönlichkeit des Stifters. Erst eine Wandmalerei wie die des Jüngsten Gerichts in der Savigny-Kapelle eröffnet uns Einblicke in seine Jenseitsangst und Höllenfurcht. Drittens – und das ist die andere Seite der Medaille – müssen die fließenden Grenzen zwischen kirchlichem und weltlichem Bereich – wenn sie denn seinerzeit schon gezogen waren – im Auge behalten werden. Adeliges Standesbewußtsein und Repräsentationsbedürfnis waren nicht nur im Wohnhaus, sondern auch in der Kapelle gewichtige Beweggründe für aufwendige Kunstinvestitionen.

III.3.3. Das Grabdenkmal des Christoph von Rheineck für die Liebfrauenkirche

Das Grabmal des Christoph von Rheineck ist der Forschung nahezu unbekannt geblieben, obwohl es zu den wichtigsten Werken der Renaissance im Rheinland zählen dürfte. Im 18. Jahrhundert wurde es von seinem ursprünglichen Standort im Südwestjoch der Trierer Liebfrauenkirche entfernt. 1874 kam es in den Besitz des Kaufmanns Valentin Rautenstrauch, der es in seinem Garten aufstellte. 1889 gelangte das Grabmal in das heutige Rheinische Landesmuseum. Bei einem Bombenangriff wurde es 1944 beschädigt, vor allem aber litt es in den folgenden vier Jahren, in denen es sich ungeschützt unter freiem Himmel befand. Seit 1994 wird das Monument aus Mitteln der Kulturstiftung des Landes Rheinland-Pfalz restauriert (Abb. 22).[194]

Christoph von Rheineck stammte aus einer kurkölnischen Burggrafenfamilie, die ihren Namen der Burg Rheineck bei Andernach verdankt. Seit dem 13. Jahrhundert stellte sie eine

193 Dienst und Herschaft. Aspekte adligen Lebens am Beispiel der Familie Walderdorff. Kat. Trier 1998, Nr. 38.

194 KDR 13,3, 191–193; *Peter Seewaldt*, Das Grabdenkmal des Domdechanten Christoph von Rheineck († 1535). Sanierung und Wiederaufbau im Rheinischen Landesmuseum Trier, in: Funde und Ausgrabungen im Bezirk Trier 28, 1996, 71–80. – Parallel zur Restaurierung, Rekonstruktion und Wiederherstellung des Grabmonuments wird eine umfassende wissenschaftliche Dokumentation angefertigt. Der Verfasser und Florian Gläser bereiten eine Transkription und Übersetzung des Testaments nebst einem Kommentar vor.

Abb. 22: Rheineck-Monument (Foto während des Aufbaus 1998)

ganze Reihe von Kanonikern im Kölner, aber auch im Trierer Domkapitel.[195] Rheineck studierte an der Universität Trier und ist seit 1503 als Mitglied des Domkapitels belegt. Ab 1505 ist er als Kustos nachweisbar, seit 1532 bekleidete er das Amt eines Archidiakons von St. Peter und ab 1533 war er Domdekan. Wir haben es bei Rheineck also mit einem einflußreichen Prälaten zu tun, dem es in seinen letzten Lebensjahren gelungen ist, höchste geistliche Ämter zu bekleiden. Man wird in ihm eine der einflußreichsten Persönlichkeiten der kurtrierischen Kirchenpolitik insbesondere unter Richard von Greiffenklau sehen können, der an allen wichtigen Ereignissen dieser Zeit von der Erhebung des Heiligen Rocks über den Streit um die Reichsfreiheit, den Kampf gegen die Reformation bis hin zum Bauernkrieg beteiligt war. Rheineck besaß außerdem eine stattliche Büchersammlung, aus der zahlreiche Bände in der Trierer Stadtbibliothek erhalten sind; er kann als wichtiger Vertreter des rheinischen Humanismus angesehen werden, worauf auch der Kreis der in seinem Testament erwähnten Personen hinweist.[196] Ein weiterer Aspekt ist hervorzuheben: Aus dem Testament ist ersichtlich, daß von seinen sieben Geschwistern zu diesem Zeitpunkt nur noch die Schwester Hildegard lebte; sie war Äbtissin des Zisterzienserinnenklosters Schweinheim bei Euskirchen; folglich ist mit Christoph von Rheineck eine adelige Familie im Mannesstamm ausgestorben.

Das Rheineck-Grabmal wurde aus Trierer Sandstein angefertigt, es mißt in der Breite 460 cm und in der Tiefe 260 cm. Das Monument ist in der Art eines Triumphbogens konzipiert, vor dessen vier Eckpfeilern zu beiden Seiten korinthisierende Säulen stehen. Diese tragen die Attika, auf der sich die Figuren des auferstehenden Christus und der vier Grabwächter befinden. Mit den Figuren erreicht das Denkmal eine Gesamthöhe von fast sechs Metern. Unterhalb des Triumphbogens sind vier Wappenschilde angebracht, wie bei einer Ahnenprobe sind hier die Wappen von 16 Vorfahren Rheinecks dargestellt.[197] Der Bogen ist mit elegant geschwungenen Arabesken, Delphinen, Greifen und Drachen sowie Engeln geschmückt; eine farbige Fassung ist nicht nachzuweisen. Bisher nicht eindeutig geklärt ist die Frage, ob die Grablegungsgruppe im Bischöflichen Dom- und Diözesanmuseum Trier – sieben fast lebensgroße Figuren, die den Leichnam Christi umstehen – ursprünglich zu dem Grabmal gehörte.[198] Man muß sich womöglich von der Vorstellung freimachen, die Grablegungsgruppe und der Triumphbogen seien zur gleichen Zeit, von der gleichen Werkstatt oder auch auf der Grundlage eines gemeinsamen Planes hergestellt worden. Der Altar, der ursprünglich vor dem Bogen stand, ist nicht erhalten. Überliefert sind dagegen Teile der steinernen Umfriedung, die das Monument umgaben, nicht aber die im Testament genannten eisernen Gitter, ebensowenig die darin erwähnten liturgischen Geräte, Bücher und Gewänder. Ob die darin genannten Figuren der heiligen Christophorus und Georg angefertigt und aufgestellt wurden, wissen wir nicht. In jedem Fall gab es noch eine Grabplatte, die ebenfalls verloren ging; allerdings ist der Inschriftentext überliefert.

195 *Julius Wegeler*, Burg Rheineck, ihre Grafen und Burggrafen. Koblenz 1852; *Holbach*, Stiftsgeistlichkeit (wie Anm. 2), T. 2, 561–563; *Wilhelm Kossin*, Die Herrschaft Rheineck. Wirtschaftliche Grundlagen einer Adelsfamilie im 15. Jahrhundert. (Rheinisches Archiv, Bd. 134.) Köln/Wien 1992.

196 *Justus Hashagen*, Hauptrichtungen des rheinischen Humanismus, in: AnnNrh 106, 1922, 1–56; Kostbare illustrierte Bücher des sechzehnten Jahrhunderts in der Stadtbibliothek Trier. Hans Baldung Grien, Urs Graf, Ambrosius und Hans Holbein. Erl. von *Konrad Koppe*. Kat. Trier 1995.

197 *Heinrich Milz*, Ahnenproben auf Trierer Denkmälern [Tl. 3], in: Trierisches Jb 1955, 34–41, hier 34-39.

198 *Hermann-Josef Laros/Gerti Wecker*, Die Restaurierung der Grablegungsgruppe aus St. Liebfrauen in Trier, in: Jb Kreis Trier-Saarburg 1988, 74–81; Das neue Bischöfliche Dom- und Diözesanmuseum (wie Anm. 52), 80.

Aus der Grabinschrift erfahren wir, daß Rheineck am 12. November 1535 gestorben ist. Sein Testament, das die beabsichtigte Errichtung des Denkmals erwähnt, stammt von 1528, ein umfangreicher Nachtrag datiert 1535. An dem Monument selbst sind auf Inschriftentafeln die Jahreszahlen 1530 und 1531 angebracht. Von 1532 stammt eine Urkunde Rheinecks, aus der hervorgeht, daß er den Altar und die Grablege zum Andenken an sich, seine Eltern und Geschwister habe errichten lassen.[199]

Zur Gestaltung des Grabmals enthält das Testament noch eine weitere wichtige Nachricht: Es sollte einem ‚Grab des Herrn' ähneln, das sich in Arlon befinde und in der dortigen Karmeliterkirche aufgestellt sei. An anderer Stelle verweist Rheineck in seinem Testament auf ein Heiliges Grab bei der Trierer Pfarrkirche St. Laurentius als Vorbild. Leider ist keines der beiden Heiligen Gräber erhalten, so daß über ihr Aussehen und ihre Beziehungen zum Rheineck-Monument allenfalls Spekulationen möglich sind.[200] Und noch etwas ist hervorzuheben: Die Angaben über das Monument sind außerordentlich vage. Es wurde zeitlich betrachtet zwischen der Niederschrift des Testaments (1528) und der des Nachtrags von 1535 angefertigt. 1528 war noch nicht einmal klar, welche Form das Heilige Grab haben sollte: Es ist die Rede von einem Altar, der sich an einer Wand befinden sollte. Was dagegen kurz danach errichtet wurde, war eine wesentlich aufwendigere Anlage, die frei im Raum stand und die Fläche eines ganzen Jochs füllte.

Zwei Problemkreise können hier nur angeschnitten werden, weil eine Lösung derzeit noch nicht in Sicht ist: einmal die Frage nach der ausführenden Werkstatt sowie den Beziehungen zwischen dem Rheineck-Monument und dem Grabaltar Greiffenklau auf der einen sowie dem Grabmal Metzenhausen auf der anderen Seite. Die beiden Monumente haben in Konzeption, Ornamentik und Stilistik nicht allzuviel miteinander und mit dem Rheineck-Altar gemein; auch ist es schwierig, sie mit der zeitgenössischen Trierer Kunstproduktion in Verbindung zu bringen. Ob sie in einer einheimischen Werkstatt nach italienischen Vorbildern entstanden, ob sie von oberdeutschen, niederländischen oder französischen Bildhauern angefertigt wurden oder ob eine italienische Bildhauerkolonne an die Mosel kam, all dies ist denkbar und bedarf noch weiterer Forschungen.[201] Jedenfalls machen die Vergleiche mit den beiden Bischofsgräbern und den beiden hier nicht näher behandelten Kanonikerepitaphien der Renaissance im Domkreuzgang[202] den ungeheuren Anspruch der Rheineck-Stiftung nochmals deutlich. Dies gilt nicht nur für die Größe des Kunstwerks und seine künstlerische Qualität hinsichtlich Architektur und Ornamentik, sondern auch für seine Gattung als Grabaltar.

Der Vergleich zwischen dem Rheineck-Monument und dem Greiffenklau-Grabmal führt noch zu einem weiteren Problem: Bei beiden handelt es sich um Grabaltäre, also um Grabmäler, an denen die Messe gelesen werden sollte. In der Reihe der Trierer Erzbischofsgräber wird mit dem Grabaltar Greiffenklaus eine neue Tradition begründet, durch die sich Trierer Monumente des 16./17. Jahrhunderts von früheren wie auch von denen in Köln und Mainz unterscheiden sollten. Die Gleichzeitigkeit der ungewöhnlichen Idee des Grabaltars bei

199 LHKo Best. 1 D, beiliegender Zettel zu Nr. 1558; *Milz*, Ahnenproben (wie Anm. 197), 40 Anm. 9.

200 *Markus Maisel*, Sepulchrum Domini. Studien zur Ikonographie und Funktion großplastischer Grablegungsgruppen am Mittelrhein und im Rheinland. Diss. phil. masch. Köln 1997 (im Druck); *Helga D. Hofmann*, Die lothringische Skulptur der Spätgotik. Hauptströmungen und Werke (1390–1520). (Veröff. d. Inst. f. Landeskunde d. Saarlandes, Bd. 7.) Saarbrücken 1962, 285–314.

201 S. o. Anm. 96.

202 S. o. Anm. 97–98.

Rheineck und bei Greiffenklau erklärt freilich noch wenig, sondern unterstreicht statt dessen die singuläre Stellung des Grabmals: Es gibt unter den zahlreichen zeitgenössischen Prälatengräbern im Rheinland keines, das sich mit unserem Denkmal vergleichen ließe.

Die Tatsache, daß die Gattung des Grabaltars nicht den Erzbischöfen vorbehalten blieb, sondern auch von einem ranghohen Mitglied des Domkapitels zur Seelenheilfürsorge benutzt wurde, warnt davor, die Gattung Grabaltar allzu eng mit der Frage der bischöflichen Memoria zu verknüpfen. Auf die Frage der Genese läßt sich nämlich zumindest in Teilaspekten eine Antwort finden, wenn wir nochmals zum Agatha-Altar in der Savigny-Kapelle zurückkehren: Hier läßt sich noch die traditionelle Zweiteilung zwischen dem Altar als Ort der Messe und der Grabplatte des Stifters beobachten. Dies ist nicht außergewöhnlich, ähnliches gilt für die Balduinstumba im Domchor und das Görlitzgrabmal vor dem Hochaltar der Franziskanerkirche. Doch eines unterscheidet den Savigny-Altar von den anderen, nämlich das Bild des Stifters. Der Agatha-Altar sollte nicht nur der Verehrung der dargestellten Heiligen dienen, sondern auch der Memoria seines Stifters. Deshalb war sein Stifterbild mit einem Schriftband, das ein Gebet zeigt, angebracht. Dieses Stifterbild ist das entscheidende Bindeglied, welches Grabmal und Altar miteinander verknüpft, das aber auch einen Bogen zur Darstellung des Erzbischofs in „ewiger Anbetung“ am Greiffenklau-Grabaltar schlägt.[203]

Das Testament des Christoph von Rheineck ist in einer 62 Seiten umfassenden Abschrift erhalten, schafft in den aufgeworfenen Fragen aber keine Klarheit.[204] Der eigentliche Letzte Wille wurde am 14. September 1528 errichtet, am 1535 erfolgte ein Nachtrag. Die Abschrift entstand wahrscheinlich 1539; in diesem Jahr teilten die Treuhänder das Barvermögen des Verstorbenen, worüber ein drittes Dokument am Ende der Handschrift berichtet. Der Gesamtbetrag läßt sich wegen der zahlreichen Münzsorten nicht genau beziffern, man wird ihn auf mehr als 1 000 Gulden schätzen können. Die Aufteilung des Barvermögens und zahlreiche Urkunden aus dem Nachlaß der einzelnen Klöster, die mit Legaten bedacht wurden, belegen jedoch, daß das Testament auch ausgeführt wurde.

Eine zentrale Stellung in dem Testament nimmt die Grablege Rheinecks in der Liebfrauenkirche ein. Leider wird unser Grabmonument nur beiläufig erwähnt; die Errichtung eines Testaments und die Stiftung von Kunstwerken, die der Jenseitsfürsorge dienen sollten, erfolgten in der Regel unabhängig voneinander. So erfahren wir nur eine Reihe von Einzelheiten: Rheineck wollte vor seinem Altar begraben werden. Nach jeder Messe sollte der Priester für ihn ein Gebet sprechen und dann das Grab mit Weihwasser besprengen. Der Altar sollte zu Ehren des Heiligen Grabes und des Leidens der seligen Jungfrau Maria sowie den Märtyrern Christophorus und Georg geweiht werden. Die täglichen Meßfeiern wurden detailliert geregelt.

Weitere Bestimmungen des Testaments beinhalten die Besetzung der Priesterstelle durch die Johannesbruderschaft der Domvikare[205], die Anschaffung von Meßgewändern, einem Missale, einem silbernen Kelch und Leuchtern. Vorgesehen war außerdem die Aufstellung

203 Diese Überlegungen wurden in Gesprächen mit Rüdiger Fuchs, Markus Groß-Morgen und Christiane Thur entwickelt. Ihnen und Christine Stolpe sowie Sylvie Tritz – mit denen ich diesen Text diskutieren konnte – sei für ihre Hilfe herzlich gedankt.

204 LHKo Best. 1 D, Nr. 1558.

205 Zur Bruderschaft vgl. *Richard Laufner*, Die Bruderschaft St. Johannes Evangelista. Eine Trierer Priestergemeinschaft vom Jahre 1332–1804, in: Trierer Theol. Zs. 59, 1950, 285–297; *Schneider*, Bruderschaften (wie Anm. 139), 488 (Reg.).

eines den Altar umgebenden Eisengitters, an dem ein Weihwasserbecken befestigt werden sollte, die Anbringung eines großen Christophorusbildes an der Wand über dem Grab, das beim Betreten der Kirche vom Dom aus sichtbar war, und schließlich die Anfertigung eines Glasfensters mit den Patronen des Altars.

Die Liebfrauenkirche steht als Begräbniskirche im Mittelpunkt von Rheinecks Stiftungen, aber auch zum Dom besaß er enge Beziehungen. Sein Amt als Kustos ist wahrscheinlich der Grund dafür, daß er bemerkenswerte Stiftungen für den Domschatz tätigte: Er vermachte ihm nicht nur einen der 30 Silberlinge, sondern auch Reliquien der hl. Anna und hl. Barbara, die sich in seinem Besitz befanden. Unter Verwendung von Gold, Silber, Edelsteinen und Perlen aus dem Nachlaß sollten zwei Armreliquiare angefertigt werden, die jedes Jahr am Tag der hll. Anna bzw. Barbara auf dem Hochaltar ausgestellt werden sollten. Für den Fall, daß das Domkapitel die Schenkung nicht akzeptierte, sollten die Reliquiare der Abtei St. Matthias und der Kartause geschenkt werden. Auch diese Stiftung wurde ausgeführt, die beiden Reliquiare sind auf einem Wallfahrtsbild von 1655 dargestellt. Auch die Inschriften, welche die Urheberschaft an der Stiftung festhalten, sind überliefert; leider wurden die Reliquiare in der Französischen Revolution eingeschmolzen.[206]

Zahlreiche Legate waren für geistliche Institutionen in der Stadt Trier vorgesehen, wobei deutliche Schwerpunkte zu erkennen sind: Vollständig fehlen die Pfarrkirchen und Stifte sowie die alten Benediktinerabteien; genannt werden dagegen Orden, die im ausgehenden 15. Jahrhundert reformiert wurden, oder die eine Reform nicht nötig hatten, wie die Kartäuser. Dem ‚Orden der schweigenden Mönche' war Rheineck besonders verbunden, zumal sein Neffe Christoph hier seit 1525 das Amt eines Priors bekleidete. Rheineck fundierte eine Zelle für einen Mönch, der sein Andenken bewahren sollte. Weiter stiftete er in der Klosterkirche zum Gedächtnis an sich und seine Familie einen Altar zu Ehren des hl. Sakraments, der Jungfrau Maria, der hl. Anna, der anderen Mitglieder der hl. Sippe sowie des hl. Christophorus. Für den Altar sollten Paramente und ein Retabel angeschafft werden. Ein weiteres Legat war für die feierliche Begehung der Feste der hl. Anna, der hl. Elftausend Jungfrauen und des hl. Christophorus vorgesehen. Rheineck hatte dem Kloster schon zuvor Reliquien der Kölner Jungfrauen – das Haupt der hl. Christantia und ein Partikel vom Haupt der hl. Ursula – geschenkt. Ferner stiftete er ein nicht näher beschriebenes steinernes Bildwerk beim Eingang der Kirche, unter dem er als kniender Stifter mit Wappen dargestellt werden wollte, ähnlich wie bei Bildern der heiligen Christophorus und Anna am Nebenportal, bei denen es sich womöglich auch um Stiftungen Rheinecks handelt. Die Kartause sollte darüber hinaus seine Bibliothek und seine gesamten schriftlichen Aufzeichnungen erben.

Des weiteren schenkte er dem Kloster Kleinodien, die man Kranken auflegen könne, nämlich drei Krötensteine (*lapides bufonum*), einen Teil eines Einhorns, den er von seiner Mutter erhalten habe, eine Natternzunge (*lingua viperiana ... quae dicitur vulgariter ein nater zungs*) und eine weitere Natternzunge, die er von seiner Schwester habe. Diese Steine sollten die Kartäuser mit dem von ihm gestifteten Silber zu einer Kette zusammenfügen lassen. Diese sollte in einem Reliquienschrein verwahrt werden, aus dem sie nur für die Heilung von Kranken entnommen werden durfte. Ein Verkauf wurde verboten.[207]

---

206 KDR 13,1, 366, Nr. 40–41, Abb. Tf. XV.

207 Bei den Krötensteinen handelt es sich um Haifischfossilien, die im 15./16. Jahrhundert als Heilmittel galten und ihre Besitzer vor Vergiftungen, Unglück und Zauberei schützen sollten. Natternzungen sind ebenfalls fossile Haifischzähne, die z. B. an Trinkgefäßen aus Edelmetall angebracht wurden, um deren Benutzer vor Vergiftungen zu bewahren. Das Horn des Einhorns – zumeist Narwalzähne – besaß eben-

Neben der Kartause förderte Christoph von Rheineck insbesondere das Augustinerinnenkloster St. Agneten in der Weberbach, das 1460 reformiert worden war.[208] Ihm vermachte er die Bücher, welche die Kartäuser bereits besaßen, Reliquien und Heiligenbilder sowie Geld für das Studium eines Scholaren und für eine Armenspeisung. Überhaupt spielen neben Meß- und Kunststiftungen Legate mit karitativem Charakter eine wichtige Rolle: In Trier sollte ein der hl. Anna geweihtes Hospital für wenigstens sieben Personen, die sich nicht mehr mit ihrer Hände Arbeit ernähren könnten, errichtet werden. Ein Priester sollte für sie mindestens dreimal in der Woche eine Messe lesen, und zwar an dem Altar in einer Kapelle, die zu Ehren von Anna, Elisabeth, Lazarus und Martha geweiht werden sollte. Besucher der Kapelle sollten zu Stiftungen aufgefordert werden, um die Zahl der Pfründen auf zwölf, mit der des Priesters auf 13, zu vergrößern. Die Insassen sollten sich einheitlich wie Laienmönche kleiden und nach der gleichen Regel leben, wie sie Nikolaus Cusanus für das Hospital in Cues festgelegt hatte. Das Testament enthält weiter eine Bestimmung, derzufolge in Andernach eine Herberge für bettelarme, aber ehrenhafte Leute errichtet werden sollte, welche durch die Nacht oder ein Unwetter zur Übernachtung gezwungen waren. Rheineck kannte nach Ausweis seines Testaments persönlich die Hospitalstiftung des Kardinals Nikolaus von Cues, 1458 für 33 Pfründner errichtet[209], und die des kurtrierischen Kanzlers Ludolf von Enschringen von 1485 auf dem Helenenberg.[210] Weitere Vergleichsbeispiele sind die Zwölfbrüderstiftung des Nürnberger Kaufmans Matthäus Landauer von 1511, für dessen Kapelle Dürers Allerheiligenbild bestimmt war[211], sowie eine Wärmehalle

falls besondere Heilkraft. *Hans Biedermann*, Handlexikon der magischen Künste von der Spätantike bis zum 19. Jahrhundert. Graz ²1973, 285–286; *Liselotte Hansmann/Lenz Kriss-Rettenbeck*, Amulett und Talisman. Erscheinungsform und Geschichte. München 1977, 143 (mit Rezepten zur Gewinnung von Krötensteinen).

208 *Richard Laufner*, St. Agneten an der Weberbach, in: KurtrierJb 8, 1968, 112–135.

209 Das Hospital wurde für 33 bedürftige Männer von ehrlichem Leumund, Beruf, Lebenswandel und Namen gestiftet (*bonarum fame, conditionis, conversationis et nominis*), und zwar nach der Zahl der Jahre, welche Christus unser Erlöser auf Erden zugebracht hat. Die ständische Zusammensetzung der Pfründner war wie folgt vorgeschrieben: Sechs sollten Priester sein, sechs Adelige und 21 gewöhnliche Leute (*sacerdotes, nobiles und homines communes*), *Jakob Marx*, Geschichte des Armen-Hospitals zum h. Nikolaus zu Cues. Trier 1907, ND Bernkastel-Kues 1976, 54–56. – In der Stiftungsurkunde schrieb Cusanus, "da nun unser Heiland sagt: Wachet also, denn ihr wisset nicht die Stunde, so haben wir, durch diese Mahnung Gottes angetrieben, schon lange gewünscht, Schätze im Himmel zu sammeln und auf Erden zu säen, was wir im Himmel als vielfältige Frucht ernten könnten, und ernstlich erwogen, welch reichlichen Lohn der Geber alles Guten gibt für die Werke gastfreundlicher Barmherzigkeit, welche wir den Armen und Notleidenden erweisen", *Marx*, Geschichte, 53.

210 In der Arenga der Urkunde, mit der 1485 der Helenenberg in den Besitz des Hospitalsstifters überging, heißt es in Anlehnung an 1. Mos 19: Rufen wir allen gegenwärtigen und zukünftig Lebenden ins Gedächtnis zurück, wie einst Abraham und Loth durch Werke der Gastfreundschaft Gott zu gefallen und Engel gastlich aufzunehmen verdienten, und wie auch die Engel, die in Loths Haus gekommen waren, Loth und seine Familie zu Sodoma befreiten und das mit den Gästen eingetretene Feuer die verschlossenen Häuser vernichtete, vgl. *Eduard Lichter*, Ludolf von Enschringen. Humanist, kurtrierischer Kanzler und Stifter Helenenbergs. in: Jb Kreis Trier-Saarburg 1988, 132–141, 138; *ders.*, Die Kreuzherren in Helenenberg, in: Eiflia sacra. Studien zu einer Klosterlandschaft. Hrsg. v. Johannes Mötsch/Martin Schoebel. (Quellen u. Abh. z. mittelrheinischen KiG, Bd. 70.) Mainz 1994, 257–274.

211 *Karl Schütz*, Matthäus Landauer und die Stiftung des Zwölfbrüderhauses, in: Albrecht Dürer im Kunsthistorischen Museum. Hrsg. v. Dems. Kat. Wien 1994, 13–14.

für Obdachlose, die der Frankfurter Kaufmann und Dürerkunde Jakob Heller errichten ließ.[212]

Zahlreiche Stiftungen waren auch für Kirchen außerhalb Triers vorgesehen. Insbesondere Orte, zu denen Rheineck durch seine Familie Verbindungen besaß, spielten dabei eine Rolle: In Andernach – nicht weit von Burg Rheineck entfernt – befand sich eine Grablege der Familie, in der seine 1504 gestorbene Mutter Eva von Rollingen bestattet war. Für die Andernacher Liebfrauenkirche und das Franziskanerkloster wurden ebenfalls Meßstiftungen errichtet. Der bereits 1478 gestorbene Vater Peter von Rheineck war in der Pfarrkirche von Klüsserath begraben worden; auch hier wurde eine Meßstiftung fundiert. Weiter stiftete Rheineck einen Altar in der Pfarrkirche in Urmitz, in der sein Bruder Georg begraben worden war. Zahlreiche Legate waren für das Zisterzienserinnenkloster Schweinheim vorgesehen, dem Rheinecks Schwester Hildegard als Äbtissin vorstand.

Aus der Untersuchung zum Rheineck-Grabaltar und zum Rheineck-Testament sind mehrere Folgerungen möglich. Bei einer Zusammenschau der zahlreichen Einzelbestimmungen des Testaments läßt sich ein wohldurchdachtes Stiftungsprogramm erkennen, zu dessen vollständiger Rekonstruktion jedoch auch die Legate zu Lebzeiten sowie die Arbeit der Testamentsvollstrecker nach Rheinecks Ableben berücksichtigt werden müssen. Wir haben eine in topographischer, funktionaler und ikonographischer Hinsicht ausgeprägte Memorialkonzeption vor uns. In topographischer Hinsicht ist zunächst der Standort des Heiliggrabaltars in der Liebfrauenkirche von Bedeutung. Weiter bildete die Stadt Trier mit ihren Kirchen eine Sakralgemeinschaft; dabei ist eine klare Auswahl zu erkennen, besonders gefördert wurden nämlich die reformierten Orden sowie die Kartäuser. Auf einer dritten Ebene stellte die Diözese Trier eine Memoriallandschaft dar, wobei vor allem die Koblenzer Kirchen gefördert wurden. Auch in funktionaler Hinsicht läßt sich eine durchdachte Memorialkonzeption erkennen: Es gibt eine eindeutige Hierarchie innerhalb Rheinecks Stiftungen, z. B. war der Grabaltar mit wesentlich höherem Aufwand ausgestattet als der Altar in der Kartause oder der im Annenhospital. Die übrigen Bestimmungen bilden eine für die Zeit um 1500 charakteristische Mischung aus Kunst-, Meß- und Armenstiftungen; auch die Armen im Annenhospital, die Übernachtungsgäste in seiner Herberge und nicht zuletzt die Siechen und Lahmen, die von einer Kette mit Krötensteinen und Natternzungen in der Kartause geheilt wurden, sollten für den Stifter beten. Zum dritten gibt es ikonographische Gemeinsamkeiten zwischen den verschiedenen Rheineck-Stiftungen: Christophorus und Georg als Namenspatrone des Stifters und seines Bruders kommen in nahezu allen Fällen vor, ebenso liegt eine Betonung auf der Verehrung der hl. Anna sowie der anderen Mitglieder der Heiligen Sippe.

Bei der Frage der Motivation Rheinecks und seiner Einordnung in eine Stiftertypologie brauchen wir nicht lange zu verweilen: Wie Kellenbach zählte er zum Kreis der Dignitare, dem inneren Kreis des Domkapitels, für den sich mehrfach aufwendige Stiftungen nachweisen lassen. Außerdem gehörte er dem Adel an, was in den vier Wappentafeln am Grabmonument deutlich zum Ausdruck gebracht wurde. Weiterhin handelt es sich bei Rheineck – wie er es in dem Testament selbst schreibt – um den letzten Angehörigen seiner Familie, die mit ihm im Mannesstamm ausstarb.

Bei Rheinecks Triumphbogen und Testament ist eine gewisse Ungleichzeitigkeit des Gleichzeitigen nicht zu verkennen: Grabmal und Testament entstanden in den Jahren 1528

212 *Schmid*, Stifter und Auftraggeber im spätmittelalterlichen Köln (1994), 427.

bis 1535, also im zweiten Jahrzehnt nach der Reformation, als in fast allen Städten des Reichs der vorreformatorische Stiftungsboom ein Ende gefunden hatte, der Markt für religiöse Kunst zusammengebrochen war und Bilderstürmer das Inventar der Kirchen zerstörten. Die Städte Trier und Köln schlugen im 16. Jahrhundert einen konfessionellen Sonderweg ein; sie versuchten eine Kombination von Renaissance, Humanismus und Festhalten am katholischen Glauben. Der Kölner Maler Bartholomäus Bruyn d. Ä. malte bis zur Jahrhundertmitte Flügelaltäre und Heiligenzyklen in großer Zahl, auf denen weiterhin die Bildprogramme der Vorreformationszeit dargestellt wurden. Die Tagebücher des Kölner Ratsherrn Hermann Weinsberg († 1597) belegen den ungebrochenen Fortbestand der religiösen Volkskultur bis in die Gegenreformationszeit. Das Leben in der Pfarrei, in der Weinsberg Kirchmeister war, verlief in geordneten Bahnen; auch weiterhin traten Familienangehörige in die Klöster der Stadt ein, die kirchlichen Feste bestimmten den Jahresablauf und stellten die Höhepunkte des Lebens im Hause Weinsberg dar. In einem Rückblick zum Reformationsjahr 1517 schrieb der Ratsherr in sein ‚Gedenkbuch‘: *Aber alle vurs. min vurelter sint bei der catholischer kirchen pliben und darbei in got verstorben; so gedenk ich auch bei der hilliger kirchen zu pleiben, wie min vurelter alle getain habent*.[213] Auch diese Zusammenhänge sind bei der Deutung unseres Grabmonuments zu berücksichtigen, das somit auch ein Bekenntnis zur althergebrachten Ordnung und zum alten Glauben signalisiert.

III.4. Bürgerliches Mäzenatentum: Die Stiftungen der Adelheid von Besselich

Anders als in Köln sind die Überreste, die an Stiftungen aus dem Kreis der bürgerlichen Führungsschicht Triers erinnern, relativ spärlich. Allerdings lassen die Urkunden der Klöster und Stifte, aber auch die spätgotischen Erweiterungen der Pfarrkirchen St. Antonius und St. Gangolf durchaus umfangreiche Stiftungen erkennen. An bemerkenswerten Einzelstükken ist ein Renaissance-Epitaph in St. Gangolf hervorzuheben, das an Jakob Selheim erinnert, einen Nachkommen des Nattenheim-Treuhänders Clais Selheim. Jakob war lange Jahre verheiratet und Ratsmitglied, bevor er zum Priester geweiht wurde und in dieser Funktion an St. Gangolf tätig war; das Denkmal ließ sein Neffe errichten, der gleich seine eigene Porträtbüste und die weiterer Verwandten anbringen ließ.[214]

Ein herausragendes Beispiel bürgerlicher Kunstförderung soll im folgenden kurz skizziert werden: Es sind die Stiftungen der Adelheid von Besselich. Sowohl die zahlreichen urkundlichen Nachweise als auch die erhaltenen Stiftungen würden eine ausführliche Darstellung erfordern; da beide Bereiche aber bisher noch nicht systematisch bearbeitet sind, muß es bei einer knappen Skizze bleiben, die allenfalls zu einer eingehenderen Beschäftigung mit dem Thema anregen kann.[215]

Adelheid war die Tochter des Trierer Stadtschreibers Peter von Besselich. Sie heiratete den Metzgermeister Nikolaus von Zerf, einen Sohn des Meiers aus dem gleichnamigen Hochwalddorf, eine der schillerndsten Gestalten im spätmittelalterlichen Trier. Unter anderem durch eine bedeutende Erbschaft besaß das Ehepaar ein ansehnliches Vermögen, welches eine steile Karriere in der Trierer Führungsschicht ermöglichte. Zerf wurde ins Schöf-

213 *Schmid*, Renaissancekultur (wie Anm. 24), 66–67; *Birgit Studt*, Der Hausvater. Haus und Gedächtnis bei Hermann von Weinsberg, in: RhVjbll 61, 1997, 135–160.

214 *Schmid*, Michaelsaltar (wie Anm. 33), 55–56.

215 *Gottfried Kentenich*, Aus dem Leben einer Trierer Patrizierin. Ein Beitrag zur Kunst- und Wirtschaftsgeschichte der Stadt Trier im 15. Jahrhundert. Trier [1909]; *Matheus*, Trier (wie Anm. 1), 300–302; *Richard Laufner*, 2000 Jahre Trier und seine Metzger. Trier 1980, 49–62.

fenkolleg gewählt, 1481 auch zum Schöffenbürgermeister. Bei seiner Bestallung war sicherlich nicht unmaßgeblich, daß er Erzbischof Johann von Baden ein erhebliches Darlehen gewährt hatte. Ständig war er in gewalttätige Händel innerhalb und außerhalb Triers verwickelt, befehdete auch die Stadt Köln und nahm an Auseinandersetzungen zwischen Herzog Karl dem Kühnen und König Ludwig XI. von Frankreich teil. Nachdem er 1483 zum Bürgermeister gewählt worden war, eskalierten die Auseinandersetzungen zwischen dem Trierer Rat und dem streitlustigen Stadtbürger mit den Ambitionen eines Landadeligen. Nach langen Zwistigkeiten, in die sich auch der Erzbischof einschaltete, wurde Zerf abgesetzt und zu einer Geldbuße in Höhe von 13 000 Gulden verurteilt, die er aber nicht zahlte. Er setzte sich nach Metz ab und intrigierte weiter gegen den Trierer Rat, der seinen Besitz konfiszierte; 1493 starb Zerf in Metz.

Adelheid ließ seinen Leichnam mit großem Aufwand nach Trier überführen. Keine Kirche, die am Weg lag, blieb unbeschenkt.[216] In den nächsten Jahren setzte eine beispiellose Stiftungstätigkeit ein: Adelheid ließ den Turm der Marktkirche St. Gangolf um ein Geschoß aufstocken; dabei wurden auch die vier Wichhäuschen und ein repräsentativer Turmhelm errichtet.[217] Die im 15. Jahrhundert wesentlich erweiterte Pfarrkirche dominierte damit nicht nur den Hauptmarkt, ihr Turm überragte auch die noch aus der Romanik stammenden Westtürme der Domkirche (Abb. 23).[218] Wir hätten also auf dem Hauptmarkt ein Programm kommunaler Selbstdarstellung vor uns, bei dem nicht nur der der gotische Petrusbrunnen sowie die vier Heiligen und die Riesen an der Steipe, sondern auch der Gangolfsturm das städtische Repräsentationsbedürfnis gegenüber der Bischofskirche zum Ausdruck brachten. Am Dom wurde folgerichtig unter Richard von Greiffenklau der südwestliche Turm um ein prächtiges spätgotisches Geschoß erhöht.[219]

Weiterhin schenkte Adelheid 1494 dem an der Mosel gelegenen Martinskloster – zugleich Pfarrkirche von Besselich – nicht nur ihren umfangreichen Grundbesitz in Pfalzel, sondern stiftete dort auch eine Heiligkreuz-Bruderschaft, für die sie 1498 einen Kalvarienberg in Auftrag gab (Abb. 24).[220] Solche Kalvarienberge, Ausdruck spätmittelalterlicher Passionsfrömmigkeit und Heiligkreuz-Verehrung, wurden damals auch in vielen anderen Städten errichtet, z. B. 1509 in Frankfurt durch Jakob Heller.[221] Adelheids Wappen und eine Inschrift halten diese Tatsache fest, sie berichten ferner von der Weihe durch zahlreiche Geistliche, von der Hinterlegung von Reliquien und von der Verleihung von Ablässen. Wie aus den Rentmeistereirechnungen hervorgeht, war der Kalvarienberg das Werk eines Bildhauers Paulus.[222] 1517 verlieh Erzbischof Richard von Greiffenklau einen weiteren 40tägigen Ablaß.

Im Zusammenhang mit der Errichtung des Kalvarienberges wurde ein Kreuzweg angelegt, der vom Brunnen im linken Seitenschiff des Domes ausging und von dort aus hinter dem Hochaltar vorbei über den Hauptmarkt, die Jakobstraße und die Deutschherrenstraße

216 *Kentenich*, Leben (wie Anm. 215), 65.

217 KDR 13,3, 67–72; *Hermann Spoo*, Der Gangolfsturm zu Trier, in: Trierische Heimat 8, 1931–32, 119-121.

218 KDR 13,3, 69, 71, 76.

219 KDR 13,1, 139.

220 KDR 13,3, 454; *Gunther Fabian*, Spätmittelalterliche Friedhofscrucifixi und Kalvarienberge im Rheinland und in Westfalen. Diss. phil. Bonn 1986, 321–328; *Schneider*, Bruderschaften (wie Anm. 139), 95, Anm. 239 (stellt die Tatsache der Bruderschaftsgründung durch Adelheid in Frage).

221 *Schmid*, Stifter und Auftraggeber im spätmittelalterlichen Köln (1994), 188–191, 479–482.

222 *Matheus*, Trier (wie Anm. 1), 302, Anm. 185.

Abb. 23: Turm von St. Gangolf (mit Hauptmarkt und Petrusbrunnen) um 1930

Abb. 24: Kalvarienberg bei St. Martin (um 1900)

durch das Martinstor zum Moselufer führte. Entlang des Kreuzweges sollten Bilder vom Leiden Christi aufgestellt werden.[223] Man war dabei nicht so anspruchsvoll wie der Nürnberger Jerusalempilger Martin Ketzel, der 1508 den Kreuzweg bei dem Bildhauer Adam Kraft in Auftrag gegeben hat, welcher vom Tiergärtnertor zum Johannisfriedhof führte. Ketzel soll ein zweites Mal ins Heilige Land gereist sein, weil er nach seiner ersten Reise die Maße des Kreuzweges verloren hatte.[224] Man begnügte sich in Trier mit Informationen aus zweiter Hand und sandte einen Mann nach Wesel, die Abmessungen des dortigen Kreuzwegs zu notieren. Auch die Weseler Kreuzigungsgruppe, die ursprünglich vor dem Stadttor stand und sich heute in Dinslaken befindet, ist erhalten. Sie geht – zumindest nach einer Überlieferung des 17. Jahrhunderts – auf die Stiftung eines Jerusalempilgers aus Wesel zurück, der die Abmessungen des Kreuzweges aus dem Heiligen Land mitgebracht hatte.[225]

Eine weitere Stiftung Adelheids von Besselich ist in der Trierer Liebfrauenkirche zu sehen: An zwölf Säulen ließ sie lebensgroße Bilder der Stützen der Kirche, der zwölf Apostel, malen. Von einem Standpunkt im Westen, vom Eingang der Kirche aus – also nicht vom Altar her – sind sie auf einen Blick zu sehen. Zu Füßen der Darstellung des Apostels Judas sind Stifterbilder von Adelheid von Besselich und Nikolaus von Zerf angebracht (Abb. 25).[226]

In der Pfarrkirche St. Gervasius stiftete Adelheid ein Gewölbe, an dem ihr Wappen angebracht war.[227] Zur Porta Nigra, dem Simeonsstift, führte eine 104 Stufen zählende Treppe empor. Um alten und gebrechlichen Leuten behilflich zu sein, stiftete Adelheid ein eisernes Treppengeländer.[228] Außerdem schenkte sie der Simeonskirche zwei silberne Leuchter. Eine aufwendige Stiftung war für den Dom bestimmt: Nach einer Urkunde von 1495 hatte Adelheid 1 000 Gulden sowie ein prächtiges Meßgewand und einen Kelch gestiftet, deren Wert auf 3 000 Gulden beziffert wird.[229] Weiterhin soll sie 1513 einen Schrein für den Heiligen Rock mit einem Gewicht von fast 80 Mark Silber (über 18 kg) gestiftet haben.[230] Umfangreiche Rentenstiftungen waren für die Liebfrauenkirche und für Adelheids Pfarrkirche St. Gangolf vorgesehen, wo sie außerdem 1495 einen Jahrtag für ihren Ehemann stiftete.[231] Als Stiftung an die Allgemeinheit kann man schließlich noch eine Zuwendung für den 1496 errichteten spätgotischen Petrusbrunnen bezeichnen: 1498 schenkte Adelheid der Stadt eine Erbrente mit einem jährlichen Ertrag von 12 Gulden, *zu follest dem born, der zu Trier uff dem mart steet, dass der, wan es noit geburt, da bass im buwe gehalten werde.*[232]

---

223 *Karl Alois Kneller*, Geschichte der Kreuzwegandacht von den Anfängen bis zur völligen Ausbildung. (Stimmen aus Maria Laach, Erg.-H. 98.) Berlin 1908, 59–60.

224 Die Überlieferung zum Stifter ist freilich recht problematisch, vgl. *Susanne Wegmann*, Der Kreuzweg von Adam Kraft in Nürnberg. Ein Abbild Jerusalems in der Heimat, in: MVGNürnb 84, 1997, 93–117, 98–99.

225 *Fabian*, Friedhofscrucifixi (wie Anm. 220), 129–134; *Jutta Prieur/Reinhard Karrenbrock/Holger Kempkens*, Jerusalem in Wesel. Die große Kalvarienbergstiftung des Kaufmanns Hermann Saelen. (Stud. u. Quellen zur Gesch. v. Wesel, Bd. 21.) Wesel 1998.

226 KDR 13,3, 194–195; *Clemen*, Monumentalmalereien (wie Anm. 186), 257–258.

227 *Kentenich*, Leben (wie Anm. 215), 10.

228 *Schmid*, Poppo von Babenberg (wie Anm. 23), 55; KDR 13,3, 490.

229 KDR 13,1, 366, Nr. 34, 39.

230 KDR 13,1, 366, Nr. 37. – Das Aussehen des Schreins ist durch ein Wallfahrtsbild von 1655 überliefert, ebd. 319; *Kentenich*, Leben (wie Anm. 215), 14–16.

231 *Kentenich*, Leben (wie Anm. 215), 18–21.

232 *Kentenich*, Leben (wie Anm. 215), 22–23. – Über Stiftungen an die Allgemeinheit vgl. den Beitrag von Frank Rexroth in diesem Band.

Abb. 25: Stifterbild der Adelheid von Besselich in der Liebfrauenkirche

Angesichts der dürftigen Forschungslage ist bei Folgerungen aus dem „Fall Besselich" Zurückhaltung angebracht, zumal wir über die Grablege des Ehepaares bisher nichts wissen. Hervorgehoben werden muß insbesondere der beträchtliche Aufwand: Auch wenn nicht bekannt ist, ob die genannten Stiftungen aus dem Vermögen Adelheids allein bestritten wurden, so bewegen sich doch die Aufstockung eines Kirchturms und der Schrein für den Heiligen Rock in einer finanziellen Größenordnung, die von den bisher behandelten Stiftern nicht erreicht wurde: Bei Nattenheim waren von seinem Vermögen von weit über 13 000 Gulden 1 000 Gulden für Stiftungen bestimmt; eine ähnliche Größenordnung erreichte allein schon die Meßstiftung der Savigny-Kapelle, ebenso die Meßstiftung des Eberhard von Hohenfels. Der Frankfurter Mäzen Jakob Heller, der über 20 000 Gulden besessen hat, machte Stiftungen in Höhe von ca. 3 000 Gulden, darunter 1 200 Gulden für eine Wärmehalle, in der sich Obdachlose im Winter aufhalten konnten, und 200 Gulden für einen Düreraltar.[233] Auch von Adelheid von Besselich wird berichtet, ihr Haus habe als Herberge gedient und sie habe für Bedürftige drei Öfen und Lebensmittel bereitgestellt.[234] Der Kölner Kaufmann Johann Rinck dürfte an die 20 000 Gulden für Stiftungen aufgewendet haben, darunter Kammern in einem Hospital für Geisteskranke. Sein Sohn Peter Rinck, ein besonderer Förderer der Kölner Kartause, vermachte in seinem Testament von 1501 ca. 17 000 Gulden an geistliche Institutionen, 45 in Köln und 35 außerhalb. Seine Hauptsorge galt armen Jungfrauen, die er durch den Abstieg in die Prostitution gefährdet sah. Für sie stiftete er Pfründnerstellen in mehreren Kölner Frauenklöstern, er sah aber auch Zuwendungen für den Fall vor, daß sie für eine Heirat Geld benötigten. 400 Gulden stellte er zur Verfügung, damit sich Prostituierte von Schulden bei ihren Zuhältern freikaufen konnten, um eine ehrsame Laufbahn einzuschlagen.[235] In dieser eher gehobenen Preisklasse spätmittelalterlicher Stiftungen dürfen wir auch die Legate der Adelheid von Besselich einordnen.

Adelheid hat gleichermaßen die Domkirche, zwei Pfarrkirchen sowie die anderen geistlichen Institutionen der Stadt mit Stiftungen bedacht. Darin zeigt sich ein wichtiger Unterschied gegenüber den Kölner Verhältnissen: Die Untersuchung von Bürgertestamenten ergab dort, daß für den Dombau zwar turnusgemäß eine Mark bestimmt war, daß größere Legate an die Kathedralkirche jedoch Ausnahmen darstellten.[236] Die Stiftungen der Kölner Bürger konzentrierten sich statt dessen auf die Klöster und Pfarrkirchen ihrer Stadt. Ein Hauptgrund dafür dürfte darin zu suchen sein, daß der Dom allzu sehr als Symbol des Stadtherren galt; deshalb hatten die Bürger auch wenig Interesse daran, den Neubau zu fördern. Aus diesen Gründen kam der Dombau in der Folge nur schleppend voran und wurde 1560 schließlich ganz eingestellt. In Trier waren die Verhältnisse wegen des schwelenden Konflikts um die Stadtherrschaft wesentlich komplizierter. Die Stiftung des Schreins für den Heiligen Rock belegt anschaulich, daß dessen Verehrung keineswegs als Angelegenheit von Bischof und Domkapitel angesehen wurde; dies zeigen auch die Versuche der Stadt, einen Anteil an den Einnahmen zu erhalten.[237]

233 *Schmid*, Stifter und Auftraggeber im spätmittelalterlichen Köln (1994), 413–494.

234 *Kentenich*, Leben (wie Anm. 215), 23.

235 *Schmid*, Stifter und Auftraggeber im spätmittelalterlichen Köln (1994), 63–139.

236 *Schmid*, Stifter und Auftraggeber im spätmittelalterlichen Köln (1994), 80, 508–510. – Vgl. *Klosterberg*, Kölner Testamente (wie Anm. 54), 105–112, die die große Zahl der Legate, aber die eher kleinen und sinkenden Beträge herausstellt.

237 *Wolfgang Seibrich*, Die Heilig-Rock-Ausstellungen und Heilig-Rock-Wallfahrten von 1512 bis 1765, in: Der Heilige Rock zu Trier (wie Anm. 3), 175–217, 180–181.

Über die Motive von Adelheids Stiftungen ist keine eindeutige Aussage möglich. Man könnte das Ehepaar der Gruppe der Neubürger zuordnen, die durch aufwendige Stiftungen den Zeitgenossen ihre neu gewonnene Bedeutung vor Augen führen wollten, oder auch zur Gruppe der kinderlosen Ehepaare; doch beide Erklärungsansätze dürften zu kurz greifen. Die aufsehenerregende Vita des Nikolaus von Zerf zwingt zur Zurückhaltung: Man könnte die umfangreichen Stiftungen seiner Witwe als Entschuldigung an die Stadt und ihre Bewohner deuten. Aber auch eine gegenteilige Interpretation ist denkbar: Das Wappen des Ehepaares war nicht nur weithin sichtbar am Turm von St. Gangolf, sondern an nahezu allen Kirchen der Stadt, womöglich auch am Brunnen auf dem Markt angebracht. Sicherlich waren auch an den Kreuzwegstationen Wappen vorhanden, die die Urheber bezeichneten. Postum – und zudem für die Ewigkeit – hatte es Zerf somit zu einem Ansehen gebracht, das ihm zu Lebzeiten versagt blieb. Zumal die frommen Werke den Bürgern der Stadt tagtäglich vor Augen geführt wurden, die Berichte über die Untaten aber im Archiv verschwanden.

III.5. Fazit

Die Untersuchungen zu den Kunststiftungen und der Jenseitsfürsorge von Adeligen, Geistlichen und Bürgern für Trierer Kirchen zeigten ein wesentlich disparateres Bild, als es sich bei den Grabdenkmälern der Erzbischöfe bot. Die trümmerhafte Überlieferung legt zudem bei Quantifizierungen und Verallgemeinerungen Vorsicht nahe. Festzuhalten bleibt, daß die wichtigste Auftraggebergruppe die der Domkanoniker, insbesondere der Dignitare war, gefolgt von einem Adeligen und einer Fürstin (Nattenheim, Görlitz). Bürgerliche Kunststifter spielten nur in einem Fall eine – wenngleich bemerkenswerte – Rolle. Die Welt- und Ordensgeistlichen der Pfarr- und Klosterkirchen traten dagegen nicht als Stifter von (erhaltenen) Werken der Bildhauerei hervor. Da auch die Domkanoniker dem Adel angehörten, kann man als erste These festhalten, daß steinerne Monumente überwiegend der Repräsentation adeliger Familien dienten.

Bezüglich der Motive spielt der *ultimus familiae*-Typ eine wichtige Rolle: Mit Nattenheim, Rheineck und Vinstingen starben bedeutende Geschlechter aus, auch Elisabeth von Görlitz und Adelheid von Besselich hinterließen keine Kinder; legitime Nachkommen brachten auch die Domkanoniker nicht hervor. Damit kann als zweite These festgehalten werden, daß gerade Adelige aus im Aussterben begriffenen Familien Kunststiftungen gezielt dazu benutzten, das Andenken an sich und ihr Geschlecht aufrecht zu erhalten.

Betrachtet man schließlich die Orte in der Stadt, für die Kunstwerke gestiftet wurden, dann läßt sich aus den ersten beiden Thesen eine dritte ableiten: Zunächst können wir eher konventionelle von eher außergewöhnlichen Stiftungen unterscheiden. Daß die Erzbischöfe im Dom, die Domkanoniker im Domkreuzgang oder in der Liebfrauenkirche, die Angehörigen einer Pfarrei in bzw. bei ihrer Pfarrkirche oder einer Bettelordenskirche begraben wurden – all dies sind Entscheidungen für eher konventionelle Begräbnisstätten, die zu Stiftungen und auch Kunststiftungen führten. Wenn aber ein Adeliger, der in Hillesheim in der Eifel begraben werden wollte, in Trier einen Altar errichten ließ, oder aber eine Herzogin von Luxemburg vor dem Hochaltar einer Bettelordenskirche begraben wurde, dann kann festgehalten werden, daß hier versucht wurde, die Trierer Bürgerinnen und Bürger, die die Pfarr- bzw. die Franziskanerkirche besuchten, in die Jenseitsfürsorge der adeligen Stifter einzubeziehen: Die Fürbitten eines möglichst großen Personenkreises an einem vielbesuchten Ort in der Stadt sollten das Gedenken an die Verstorbenen aufrecht erhalten, was gerade bei Stiftern ohne männliche Erben besonders wichtig erschien. In jeder Hinsicht außergewöhnlich ist hier das Stiftungsprogramm der Adelheid von Besselich, die die ganze Stadt mit Legaten bedachte und überall ihr Wappen und das ihres Mannes anbringen ließ.

Bezüglich der gestifteten Gegenstände standen Grabdenkmäler im Vordergrund, namentlich gotische Grabplatten mit Darstellungen des Verstorbenen, Renaissance-Epitaphien mit Stifterbildern oder wappenhaltenden Engeln, Tumben mit Liegefiguren etc., aber auch ein Altarretabel und ein Kalvarienberg. Weder Adelheid von Besselich noch Philipp von Savigny beschränkten sich auf eine Kunstgattung; sie gaben auch Glasfenster, Tafelbilder, Handschriften und Werke der Goldschmiedekunst in Auftrag. Sämtliche verfügbaren und geeigneten Medien wurden also von den Stiftern in den Dienst ihrer Memoria gestellt.

Schließlich lassen die untersuchten Kunstwerke eine beträchtliche Spannweite hinsichtlich Größe, Anspruch und künstlerischer Qualität erkennen. Dies kann durchaus auch als Teil ihrer Botschaft verstanden werden: Deutlich tritt zunächst einmal die Grenze zwischen den erzbischöflichen und den anderen Stiftern hervor. Die Kluft zwischen den Grabdenkmälern der Bischöfe und denjenigen der Domkanoniker könnte nicht größer sein, wobei aus der Reihe der Dignitare das Grabmonument des Christoph von Rheineck herausragt. Größerer Aufwand ist dagegen beim Nattenheimer Altar und beim Görlitz-Epitaph zu erkennen. Es läßt sich also eine deutliche Zweiteilung der Kunststiftungen beobachten, wobei sicherlich auch zeitgenössische Normen und Standards eine Rolle gespielt haben. Diese Zweiteilung tritt auch hervor, wenn man nochmals das Begiffspaar „Image" und „Memoria" bemüht: Auffällig erscheint, daß an die Bischöfe große, aussagekräftige und aufwendige Darstellungen ihrer Personen erinnern; der Abstand zu den Selbstdarstellungen der Domkanononiker ist beträchtlich. Und mit weiterem Abstand folgten adelige und bürgerliche Auftraggeber, an die steinerne Monumente, aber keine figürlichen Grabbilder erinnern. Man wird diesen Befund nicht grundsätzlich verallgemeinern dürfen, aber eine Erhebung sämtlicher Grabmäler im Erzbistum machte deutlich, daß steinerne Grabmonumente primär eine Domäne der Erzbischöfe, mit Abstand auch noch des hohen Klerus und des Adels waren. Grabmäler sollten also innerhalb von Kirchen an Verstorbene eines ganz bestimmten adeligen Personenkreises erinnern.[238]

IV. Zusammenfassung

Am Beispiel des spätmittelalterlichen Trier wurden Kunststiftungen und Jenseitsfürsorge verschiedener gesellschaftlicher Gruppen untersucht. Trotz der problematischen Überlieferungslage bei Werken der Bildhauerei ließ sich ein weitgefächertes und farbenfrohes Panorama einer Stadtgesellschaft und ihrem Verhältnis zu Tod und Sterben, aber auch zu Selbstbewußtsein und Selbstdarstellung adeliger und geistlicher Eliten rekonstruieren. Eine große Bandbreite an Stiftungsformen konnte nachgewiesen werden, deren Vielschichtigkeit das Formulieren prägnanter Thesen ebenso erschwert wie die Trümmerhaftigkeit der Überlieferung. Nicht erst in der Säkularisierung wurden Kirchen mitsamt ihrer Ausstattung zerstört, bereits im 16. Jahrhundert hat man die Grabdenkmäler der Erzbischöfe durch Graffiti verunstaltet, und um 1770 erhielten mehrere Kirchen neue Bodenbeläge; auch in den Jahrhunderten zuvor mußten alte Grabmäler neuen Epitaphien Platz machen. Mehrere gotische Grabplatten wurden z. B. beim Bau des Turmes von St. Gangolf als Treppenstufen verwendet.

---

238 *Schmid*, Grabdenkmäler im Erzbistum Trier (wie Anm. 20), 117–125.

Bezüglich der Stifterprofile ist festzuhalten, daß sich zwei scharf voneinander abgrenzbare Auftraggebergruppen herausarbeiten lassen, die Erzbischöfe stehen den Kanonikern, den Adeligen und den Bürgern der Stadt gegenüber. Auswärtige Kunden waren ebenfalls von Bedeutung, konnten aber im Rahmen dieser Studie nicht systematisch bearbeitet werden. Die Stiftsherren, Pfarrer, Äbte und Äbtissinnen, die Mönche und Nonnen der Trierer Klöster spielten keine wichtige Rolle, auch vermißt man die Professoren der Universität, Kundengruppen, die im spätmittelalterlichen Köln eine große Bedeutung besessen haben. Dies gilt auch für die Bürger der Stadt, die in Trier – bis auf eine, wenngleich bemerkenswerte Ausnahme – im Hintergrund blieben.

Es läßt sich also festhalten, daß man auch in Trier kaum von einer „bürgerlichen Kunst" der Spätgotik sprechen kann. Grabdenkmäler dienten der erzbischöflichen Repräsentation sowie der Selbstdarstellung von Adel und hohem Klerus. Bürgerliche Auftraggeber blieben eine Ausnahme, sie scheinen bei anderen Kunstgattungen (Glasfenster, Flügelaltäre) stärker repräsentiert zu sein. Auch der Übergang zur Renaissance brachte hier keine wesentliche Veränderung, die wichtigsten Kunden blieben die Erzbischöfe (Greiffenklau, Metzenhausen) und die Domkanoniker (Breitbach, Leyen, Rheineck), zu nennen ist ferner der Pfarrer von St. Gangolf, Jakob Selheim. Im ausgehenden 16. Jahrhundert sind bürgerliche Auftraggeber, vornehmlich Repräsentanten der landesherrlichen Verwaltung, öfter nachzuweisen, bleiben aber dennoch eine Randerscheinung. Die Trierer Kunstszene blieb von Adel und Klerus beherrscht, wobei die Erzbischöfe ihre führende Position weiter ausbauen konnten: Nach dem Sieg im Kampf gegen die Reformation (1559) und im Kampf um die Reichsunmittelbarkeit (1580), dem Erwerb der Fürstabtei Prüm (1576) und der Durchführung der Reformen des Konzils von Trient im Erzbistum (ab 1569) kam es unter Jakob von Eltz († 1581) und Johann von Schönenburg († 1599) zu einer aufwendigen erzbischöflichen Kunstpolitik, die mit dem Namen des Bildhauers Hans Ruprecht Hoffmann verknüpft ist. Im 17. Jahrhundert schließlich entstanden mit dem 1614 fertiggestellten Allerheiligenaltar, dem Grabaltar Erzbischof Lothars von Metternich, und dem nur in eindrucksvollen Fragmenten erhaltenen Nikolausaltar Carl Caspars von der Leyen von 1664/66 außergewöhnliche Grabdenkmäler, zu denen es in Mainz und Köln nichts Vergleichbares gibt. Dieser Trend zu aufwendigen Monumenten deutete sich bereits im 14. Jahrhundert mit der Balduinstumba an.

Bezüglich der Typologie und der Motive der Auftraggeber ließen sich die am Beispiel Köln, aber auch Nürnberg erarbeitete Muster erweitern: Da bürgerliche Stifter in Trier keine wichtige Rolle spielten, besitzt auch der Typ des Neubürgers, der seinen Zeitgenossen die neu gewonnene Stellung durch aufwendige Stiftungen vor Augen führen wollte, keine so große Bedeutung. Universitätsangehörige und Stiftskanoniker (St. Simeon) traten in Trier erst im 16. Jahrhundert hervor. Statt dessen prägen die Erzbischöfe mit ihren Grabmalstiftungen das Trierer Kunstleben, gefolgt von den Mitgliedern des Domkapitels. Hinzu kommen zwei aufwendige Memorienstiftungen auswärtiger Adeliger. Bezüglich der Frage der Motivation ist nochmals auf das Fehlen der Neubürger hinzuweisen, weiter auf die Bedeutung der erzbischöflichen Amtsmemoria und der adeliger Repräsentation. Eine besondere Bedeutung kommt in Trier und im Adelsmilieu dem *ultimus familiae*-Typ zu, der sich – wie in Köln auch – durch eine wohldurchdachte Jenseitsfürsorge und außergewöhnliche Stiftungen auszeichnete.

Bei den Empfängern der Kölner wie der Nürnberger Stiftungen stehen die Pfarr- und Klosterkirchen der Stadt im Vordergrund. Aufgrund der Dominanz anderer Stiftergruppen konzentrieren sich die Trierer Kunststiftungen viel stärker auf Dom und Liebfrauen, eine Pfarr- und eine Bettelordenskirche wurden dagegen für adelige Memorienstiftungen genutzt. Testamente verzeichnen darüber hinaus zahlreiche Legate an die geistlichen Institutionen der Stadt und des Erzbistums. Wir können also Legate im Kernbereich, für die Begräbniskirche, und eine breite Streuung von Einzelzuwendungen für andere Kirchen unterscheiden; dies ermöglicht es, sowohl die Rolle der Sakralgemeinschaft der Trierer Kirchen als auch die der Memoriallandschaft des Erzbistums herauszuarbeiten. Anders als in Köln stand der Dom bei Stiftungen viel stärker im Mittelpunkt, er war nicht nur Kirche des Metropolitankapitels und Grablege der Erzbischöfe, sondern auch Hort eines Domschatzes mit zahlreichen Reliquien, insbesondere des Heiligen Rocks, dessen Bedeutung für die geistlichen Zentralitätsfunktion Triers in der frühen Neuzeit kaum überschätzt werden kann.

Im Mittelpunkt dieser Studie standen Werke der Bildhauerei, namentlich Grabdenkmäler, aber auch ein Altar und ein Kalvarienberg. In mehreren Fällen (Sierck, Nattenheim, Görlitz, Rheineck) ließen sich die Stiftungen im Zusammenhang mit ausführlichen Testamenten analysieren, in anderen (Savigny, Besselich) konnte nachgewiesen werden, daß sich die Stifter nicht auf eine Kunstgattung beschränkten, sondern sämtliche zu dieser Zeit bekannten künstlerischen Medien in den Dienst ihrer Seelenheilfürsorge stellten: neben der Bildhauerei die Wand-, Tafel-, Glas- und Buchmalerei, die Goldschmiedekunst und die Bortenstickerei. Die gestifteten Gegenstände wurden zum Schmuck der Kirche und zur Feier der Messe verwendet, sie machten allen deutlich, für wessen Seelenheil hier gebetet wurde. Eindrucksvoll führte das Wandbild der Savigny-Kapelle dem Besucher der Kapelle zudem die Vier Letzten Dinge vor Augen.

Nur am Rande gestreift werden konnte der Aspekt der Liturgie. Aber allein schon die Tatsache, daß über die Plazierung der Grabmäler innerhalb der Kirchen intensiv nachgedacht wurde, muß betont werden: Elisabeth von Görlitz und Philipp von Savigny waren vor Altären begraben, bei Richard von Greiffenklau und Christoph von Rheineck handelt es sich gar um Grabaltäre. In allen vier Fällen stand der Priester während der Meßfeier auf dem Grab des Stifters. Auch für die Balduinstumba wählte man einen hervorgehobenen Begräbnisort mitten im Westchor in der Mittelachse der Kirche, einen Platz, der an Prominenz hinter der ursprünglichen Grabeskonzeption in der Kartause nicht zurückstand. Dabei spielten neben liturgischen auch ästhetische Überlegungen eine Rolle: Besucher der Liebfrauenkirche konnten auf einen Blick die zwölf Apostel der Adelheid von Besselich sehen oder, wenn sie nach rechts blickten, die fast lebensgroßen Figuren vom Heiligen Grab des Christoph von Rheineck. Bereits beim Betreten der Pfarrkirche St. Gangolf streckten zwei Engel Besuchern das Wappen des Nikolaus von Nattenheim entgegen, auch das Görlitz-Epitaph war vom Eingang der Franziskanerkirche aus zu sehen. Bei der Anlage der Savigny-Kapelle hatte der Stifter durch zwei zusätzliche Fenster dafür gesorgt, daß sowohl die Darstellung von Fegefeuer und Hölle als auch sein Altar in das rechte Licht gerückt wurden. Durch welches der drei Portale man die Kapelle auch betrat, an jedem zeigten zwei Wappen an, wer sie gestiftet hatte.

Wichtig erscheint hier die Beobachtung, daß sich bezüglich künstlerischen und materiellen Aufwands eine gewisse Hierarchie beobachten läßt. An der Spitze stehen die Grabmäler der Erzbischöfe, zwischen ihnen und den Monumenten der Domkanoniker besteht eine erhebliche Distanz. Unter diesen ragt bezüglich Größe, Aufwand und Qualität der Rheineck-Bogen hervor. Auch innerhalb der Stiftungen gab es Unterschiede, Savignys Kapellenportale, die Deckenmalereien, der Altar und das Graduale seiner Kapelle lassen wesentlich höhere Ansprüche erkennen als sein Grabmal. Dafür dürfte der Grund weniger in der Tatsache einer postumen Anfertigung zu suchen sein, sondern eher in der Rücksicht auf zeit- und standesspezifische Standards, wie die annähernd gleichzeitig entstandene Grabplatte des Johann von Vinstingen († 1503) im Domkreuzgang zeigt. Der Wappenstein Savignys schließlich lenkt unser Augenmerk in den profanen Bereich, wo die Visualisierung modischer Vorbilder, adeliger Standesqualität und Herkunft aus bedeutenden Familien einen ebenso hohen Stellenwert besaß wie bei kirchlichen Kunstwerken.

Ein weiteres Schlüsselproblem der Untersuchung war die Frage nach dem Verhältnis von Stiftungen und Stiftungswirklichkeit, ob denn tatsächlich die in einem Testament getroffenen Bestimmungen zur Ausführung kamen, bzw. ob die schließlich ausgeführen Kunstwerke auch den Intentionen der Stifter entsprachen. Eine Antwort wird durch zwei Faktoren erschwert: Einmal durch die Tatsache, daß die Errichtung eines Testaments und das Stiften eines Kunstwerkes zwar in der Regel parallele Vorgänge waren, die sich aber mitunter wenig berührten; vieles wurde bereits zu Lebzeiten geregelt und fand keinen Niederschlag in den Quellen. Auf der anderen Seite müssen wir – wie z. B. das Rheineck-Testament anschaulich zeigt – bei den Kunstwerken mit erheblichen Verlustquoten rechnen. Dies gilt im übrigen aber auch für die Testamente (Savigny).

Die im einzelnen untersuchten Beispiele zeigen eine erstaunlich große Bandbreite. Zunächst gibt es Fälle, in denen sich die Treuhänder überhaupt nicht um den Letzten Willen des Erblassers gekümmert haben. Ein besonders krasser Fall ist der Marienaltar des Nikolaus von Nattenheim, den die Testamentsvollstrecker kurzerhand zum liturgischen Mittelpunkt einer Schützenbruderschaft machten; sie ließen sogar auf Kosten des Verstorbenen eine im Testament gar nicht gewünschte Sebastiansfigur anfertigen. Auch im Fall Balduins von Luxemburg bestehen erhebliche Diskrepanzen zwischen dem zunächst geplanten Begräbnis in der Kartause und der Grablege im Dom. Ob es den Interessen des Pfarrers Jakob Selheim entsprach, daß sein Neffe und weitere Angehörige sein Epitaph in St. Gangolf dazu nutzten, sich gleichfalls zu verewigen, sei dahingestellt. Eine weitere Gruppe von Fällen läßt sich dadurch charakterisieren, daß die Frage der Grabdenkmäler zwar nicht im Rahmen der Testamente geregelt wurde, daß aber Treuhänder oder andere Personen aus dem Verwandtenkreis sich um eine Lösung bemühten, die den Intentionen des Erblassers entsprach. So etwa wird man sich die Herstellung des Sierck- oder des Görlitz-Epitaphs vorstellen können. Sowohl die Balduinstumba als auch das Metzenhausengrab wurden postum angefertigt, freilich läßt sich daraus keine Regel ableiten. Eine dritte Gruppe von Stiftern wollte kein Risiko eingehen und kümmerte sich bereits zu Lebzeiten um die Organisation ihrer Jenseitsfürsorge: Dies ist bei der Malberg-Madonna ebenso der Fall wie bei der Ausstattung der Savigny-Kapelle. Weder Christoph von Rheineck noch Adelheid von Besselich – und dies ist ein gemeinsamer Nenner ihrer Stiftungen – wollten sich auf das Risko einlassen, daß Vertreter der geistlichen Institutionen, für die ihre Legate bestimmt waren, im nachhinein Bedenken gegen die Stiftungen vorbrachten.[239] Aus diesem Grund wurden die meisten Kunststiftungen bereits zu Lebzeiten in Auftrag gegeben, bezahlt und

239 So berichtet die Chronik der Kölner Kartause zum Jahre 1532, der Prior habe im Laienchor zwei Bilder aufhängen lassen, die er für 183 Gulden gekauft hatte. Sie ersetzten zwei Gemälde, die einige Jahre zuvor auf Anordnung der Visitatoren wegen ihrer *curiositas* entfernt und für 150 fl. verkauft worden waren. Der Begriff der *curiositas* ist wohl im Sinne von Unangemessenem und Weltlichem zu übersetzen, er steht im Gegensatz zu der gebotenen *simplicitas*, *humilitas* und *rusticitas*, *Schmid*, Stifter und Auftraggeber im spätmittelalterlichen Köln (1994), 254–255.

aufgestellt. Dies gilt z. B. für das Baden-Grabdenkmal. Die sorgfältige Nachlaßregelung spielt gerade bei Stiftern aus aussterbenden Familien (Nattenheim, Rheineck) eine wichtige Rolle.

Die meisten Stifter wußten, daß sich ihre aufwendigen Seelenheilfürsorgepläne schnell als Makulatur erweisen konnten, wenn sie nicht ausgeführt oder ihre Ausführung nicht überwacht wurde. Aus diesen Gründen baute man in Testamente und Stiftungsverträge zahlreiche Kontrollmechanismen ein, bemühte sich um eine möglichst gründliche juristische Absicherung. Pfarrer und Bürgermeister von Hillesheim z. B. mußten überprüfen, ob die Nattenheimer Armenstiftung auch ausgeführt wurde. Wenn das Kloster seine Verpflichtung nicht erfüllte, sollten sie das Essen ausrichten und Überschüsse zum Bau der Pfarrkirche verwenden. Eine weitere Möglichkeit, Geistliche zum regelmäßigen Lesen der Messe zu zwingen, waren Konventionalstrafen. Als letztes Mittel konnte man – wie der Kölner Bakkalar der Theologie Jakobus Brandenburg in seinem Testament von 1530 – seinen Treuhändern drohen, wenn sie gegen die Bestimmungen seines Testaments verstießen, würde er sie beim Jüngsten Gericht (*in audito extremo*) verklagen.[240]

Aber eine säumige Pflichterfüllung der geistlichen Institution stellte nicht die einzige Gefährdung der Jenseitsfürsorge dar; Kriege und wirtschaftliche Krisen konnten z. B. schnell dazu führen, daß die Erbrenten nicht mehr gezahlt wurden. Und nicht zuletzt haben wir sogar drei Beispiele dafür kennengelernt, daß Kunstwerke bereits lange vor den Wirren der Säkularisation beschädigt und zerstört wurden: Die Balduinstumba und das Baden-Grabdenkmal hat man bereits im späten 16. Jahrhundert mit Graffiti bedeckt, schon im 17. Jahrhundert waren die Inschriften entfernt bzw. zerstört, so daß man nicht mehr wußte, an wen die Monumente erinnern sollten. Damit konnten sie ihre memoriale Funktion nicht mehr erfüllen. Auch das Sierck-Epitaph wurde noch vor der Säkularisation 1771 zerstört, womöglich auch zahlreiche weitere Grabdenkmäler in der Liebfrauenkirche.

240 Historische Archiv der Stadt Köln, Testamente 2/B 794; *Schmid*, Stifter und Auftraggeber im spätmittelalterlichen Köln (1994), 249.

Damit dannocht etwas umb das gelt und des stifters willen beschech ...

Der Streit um den Stiftungsvollzug der Vöhlinschen Prädikatur bei St. Martin in Memmingen nach der Reformation (1526 – 1543)

Von

Benjamin Scheller

Am Freitag nach St. Maria Magdalena, also am 23. Juli 1479, stifteten Erhard Vöhlin der Ältere, Altbürgermeister, Hans Vöhlin, Stadtamtmann, und Erhard Vöhlin der Jüngere, ebenfalls Altbürgermeister zu Memmingen, in ihrem und ihrer Handelsgesellschaft Namen auf den Altar einer Kapelle, die sie neun Jahre zuvor in der Memminger Pfarrkirche St. Martin hatten erbauen lassen, *Gott dem herren und der aller hochgelobtesten junckfrowen Marie siner gebererin und allem himelschen here zu lob unnsern unnd aller dero von denen die nachgeschriben zytlich hab hie is unnd allen cristglobigen selen zu trost und abweschung unnser sünde (...) ain ewig messe unnd predigammbt.*[1] Die von den Stiftern angestrebte Ewigkeit währte jedoch nicht einmal siebzig Jahre. Am 17. Februar 1543 schloß der Erbe der Stifter, Erhard Vöhlin zu Frickenhausen, auf Vermittlung seines Vetters Hans Vöhlin einen Vertrag mit Bürgermeister und Rat der Stadt Memmingen, in dem er diesen zugestand, die Erträge aus der Prädikaturstiftung fortan zu einem von ihnen selbst bestimmten Zweck zu nutzen.[2] Vorangegangen war dem ein jahrelanger Streit um den Stiftungsvollzug, an dem eine Reihe von Akteuren beteiligt war: zuallererst der erwähnte Erhard Vöhlin, der als Erbe der Stifter Inhaber des Patronatsrechts der Prädikatur war, ferner der Bürgermeister und der Rat der Stadt Memmingen sowie der Prediger selbst. Hinzu traten noch der Bischof von Augsburg und der Schwäbische Bund. Die Ursache für diese Auseinandersetzung war ein Ereignis, das die Grundlage für die Beziehung all jener, die am Vollzug des Stifterwillens beteiligt waren, völlig veränderte: die Reformation.

Die Stadt Memmingen hatte sich bereits 1524 der neuen Lehre angeschlossen und war eines der Zentren der Reformation in Süddeutschland.[3] Die Stifterfamilie und damit auch

---

1 Stadtarchiv Memmingen (im folgenden: StadtA MM) D 260/1 (Original); Abschriften: Bd. X/3 (1509); A 342/2 (1528); vgl. *Martin Sontheimer*, Die Geistlichkeit des Kapitels Ottobeuren. Von dessen Ursprung bis zur Säkularisation. Bd. 1. Memmingen 1912, 333. Eine moderne Geschichte der spätmittelalterlichen Prädikaturstiftungen fehlt, vgl. aber *Michael Menzel*, Predigt und Predigtorganisation im Mittelalter, in: HJb 111, 1991, 337–384, 369–382; *Paul Mai*, Predigtstiftungen des späten Mittelalters im Bistum Regensburg, in: Beiträge zur Geschichte des Bistums Regensburg. Hrsg. v. Georg Schwaiger/Josef Staber. Bd. 2. Regensburg 1968, 7–33; *Julius Rauscher*, Die Prädikaturen in Württemberg vor der Reformation, in: Württembergische Jbb f. Statistik u. Landeskunde 2, 1908, 152–211.

2 StadtA MM D 260/1; vgl. *Sontheimer*, Geistlichkeit (wie Anm. 1), 451.

3 *Peter Blickle*, Memmingen – ein Zentrum der Reformation, in: Die Geschichte der Stadt Memmingen. Von den Anfängen bis zum Ende der Reichsstadt. Hrsg. v. Joachim Jahn (†)/Hans-Wolfgang Bayer/Uli

der Patronatsherr der Vöhlinschen Prädikatur jedoch war altgläubig geblieben. Ein Konflikt war damit beinahe unausweichlich. Diesen Konflikt mit den wichtigsten seiner vielfältigen Implikationen nachzuzeichnen, ist das Anliegen dieser Studie, die damit gleichzeitig einen Eindruck davon vermitteln will, wie sich der historische Wandel der Reformation in einem konkreten Handlungsgefüge auswirkte, wie dieser Wandel somit in einem lebensweltlichen Zusammenhang von konkreten Akteuren erfahren wurde und welche Spannungen und Widerstände damit verbunden waren. Anknüpfen kann sie dabei an jüngere Untersuchungen von Christine Göttler, Heinrich Dormeier und Joachim Berger, die mit jeweils unterschiedlicher Zielsetzung nach Kontinuität und Wandel im Stiftungswesen bzw. in einzelnen Stiftungen im Zeitalter der Reformation gefragt haben.[4] Die Untersuchung der Stiftungswirklichkeit der Vöhlinschen Prädikatur bei St. Martin in Memmingen soll gleichzeitig über den Einzelfall hinausweisen. Sie steht für eine problemorientierte Stiftungsgeschichte und knüpft an Entwicklungen innerhalb der Geschichtswissenschaft an, die versuchen, den Gegensatz zwischen struktur- bzw. prozeßorientierter sowie handlungszentrierter Forschung, von Mikro- und Makrogeschichte zu überbrücken. Das Problem, um das es in diesem Fall geht, könnte man als das „Stiftungsparadox" bezeichnen: Aus der Perspektive des Stifters wurden Stiftungen als dauerhaft, im Grunde für die Ewigkeit konzipiert. Gleichzeitig waren sie jedoch „fragile Gebilde", deren Bestand aufs äußerste gefährdet war, wenn die Verhältnisse, in die sie eingebettet waren, sich wandelten.[5]

Der klassischen Definition zufolge entsteht eine Stiftung, indem ein (oder mehrere) Stifter ein Vermögen zur Verfügung stellt (bzw. stellen), aus dessen Erträgen dauerhaft, über die Lebenszeit des Stifters hinaus, ein durch den Stifter bestimmter Zweck erfüllt wird. Dadurch unterscheidet sie sich von der Schenkung, die eine einmalige Vergabung darstellt. Da die Stiftung auf Dauer angelegt ist, bedarf sie spätestens nach dem Tod des Stifters sogenannter Stiftungsorgane, die dafür sorgen, daß der Stiftungszweck im Sinne des Stifters erfüllt wird.[6] Gleichzeitig sind Stiftungen jedoch stark durch die Zeit geprägt, in der sie entstehen. Sie werden ins Leben gerufen, um zeitgenössische Bedürfnisse zu befriedigen und aktuelle, drängende Probleme zu beheben. Entsprechend vielfältig sind die Stiftungszwecke der mittelalterlichen Stiftungen, von der Förderung der Seelsorge über die Armen- und Krankenfürsorge bis zum Bildungswesen.[7] Marlene Besold-Backmund hat Stiftungen als „Manschetten" bezeichnet, die an den neuralgischen Knotenpunkten des sozialen Beziehungsnetzes einer Gesellschaft angebracht wurden, um diese zu verstärken, und sie hat dar-

---

Braun. Stuttgart 1997, 349–418; *Peer Friess*, Die Zeit der Ratsreformation in Memmingen, in: ebd. 419–450; *Barbara Kroemer*, Die Einführung der Reformation in Memmingen. Über die Bedeutung ihrer sozialen, wirtschaftlichen und politischen Faktoren, in: Memminger Geschichtsbll. 1980, 3–226; *Wolfgang Schlenck*, Die Reichsstadt Memmingen und die Reformation, in: Memminger Geschichtsbll. 1968, 3–135; *Friedrich Dobel*, Memmingen im Reformationszeitalter nach handschriftlichen und gleichzeitigen Quellen. 5 Bde. Memmingen 1876–1878.

4 *Göttler*, Die Kunst des Fegefeuers (1996); *Dormeier*, St. Rochus, die Pest und die Imhofs in Nürnberg (1985); *Berger*, Spital und Seelhaus (1993–96); vgl. auch *Liermann*, Handbuch des Stiftungsrechts 1 (1963), 124–168.

5 *Borgolte u.a*, Art. Stiftung (1997) , 179.

6 *Borgolte*, „Totale Geschichte" des Mittelalters? (1993), 8; *Ders.*, Die Stiftungen des Mittelalters in rechts- und sozialhistorischer Sicht (1988), 71–94; *Schulze*, Art. Stiftungsrecht (1990).

7 Vgl. stellvertretend für eine Fülle von Arbeiten *Fuhrmann*, Kirche und Dorf (1995); *Jakobi u.a.* (Hrsg.), Stiftungen und Armenfürsorge (1996); *Rexroth*, Deutsche Universitätsstiftungen von Prag bis Köln (1992).

auf hingewiesen, daß diese mit der Zeit in ein Spannungsverhältnis zu ihrer sozialen Umwelt geraten mußten: „Während sich das Geflecht der sozialen Beziehungen (...) im Laufe der Zeit wandelte, blieben in der Stiftung die auf eine bestimmte Situation zugeschnittenen Manschetten erhalten.“[8] Vor allem in Zeiten des beschleunigten historischen Wandels mußte die Spannung so groß werden, daß die „Manschetten“ neu angepaßt werden mußten oder aber zerrissen. Das Handeln des Stifters und die historische Wirklichkeit standen also von Anfang an in einem Widerspruch zueinander: Während dieses auf Kontinuität abzielte, war für jene der Wandel charakteristisch. Zwar ist in der Forschung versucht worden, diese Spannung einseitig aufzulösen, indem behauptet wurde, die Stifter seien sich von vornherein bewußt gewesen, daß ihren Werken keine Dauer beschieden sein würde.[9] Doch kann dies kaum überzeugen. Haben doch die Stifter immer wieder versucht, wirksame Maßnahmen zu entwickeln, die die Dauer der Stiftung sichern sollten.[10] Fruchtbarer erscheint es daher, das Spannungsverhältnis von Stifterintention und historischem Wandel zum Ansatzpunkt der Untersuchung zu machen, lassen sich doch auf diese Weise verschiedene Ebenen historischen Geschehens aneinander anschließen. Stiftungen im historischen Wandel zu untersuchen, verbindet Einzelintentionen konkreter historischer Akteure mit übergreifenden Strukturen und Prozessen und versucht, sie in ihren Wechselbeziehungen zu beschreiben und zu analysieren. Es fragt nach der Gleichzeitigkeit des Ungleichzeitigen, nach der „Überschichtung von Veränderungstrends (...) mit resistenten Elementen aus älteren Kulturzuständen“, die von einer ausschließlich prozeß- und strukturorientierten Forschung oftmals einseitig als historisch überholt abqualifiziert wurden.[11] Auf diese Weise leistet die Untersuchung von Stiftungen im historischen Wandel einen Beitrag bei der Suche nach historiographischen Darstellungsformen, die Klein und Groß in ihren gegenseitigen Wirkungen verbinden.[12]

Wenn im folgenden nun versucht wird, dies am Fallbeispiel der Vöhlinschen Prädikatur durchzuführen, so soll dabei nicht die ganze Geschichte dieser Stiftung unter den Bedingungen des historischen Wandels der Reformationszeit betrachtet werden. Im Zentrum steht vielmehr die Geschichte der Prädikatur ab 1526. Diese fällt damit in die Epoche der sogenannten Ratsreformation, in der die städtische Führung daran ging, den neuen Glauben endgültig in der Stadt zu verankern und jene noch bestehenden Institutionen des Ancien Régime abzuwickeln, die im Widerspruch zur neuen Ordnung standen.[13] In dieser Zeit wurde um den Stiftungsvollzug der Vöhlinschen Prädikaturstiftung bei St. Martin gestritten, verhandelt und sich verglichen. Den Ausgangspunkt für die Untersuchung des Streits um den Stiftungsvollzug bildet natürlich dessen ursprüngliche schriftliche Festlegung durch die Stifter. Es gilt also, zunächst den Inhalt der eingangs zitierten Stiftungsurkunde von 1479 in seinen wesentlichen Aspekten zu referieren. Damit werden gleichzeitig die Kontrahenten der späte-

8 *Besold-Backmund*, Stiftungen und Stiftungswirklichkeit (1986), 8.

9 *Jean-Claude Schmitt*, Die Wiederkehr der Toten. Stuttgart 1995, 16f.

10 *Neiske*, Rechtssicherung und Praxis spätmittelalterlicher Gedenkstiftungen (1986).

11 Vgl. hierzu die Beiträge in *Winfried Schulze* (Hrsg.), Sozialgeschichte, Alltagsgeschichte, Mikro-Historie. Eine Diskussion. Göttingen 1994; v.a. *Wolfgang Hardtwig*, Alltagsgeschichte heute. Eine kritische Bilanz, in: ebd. 19–32, 24 (Zitat); vgl. dazu *Otto Gerhard Oexle*, Nach dem Streit. Anmerkungen über 'Makro-' und 'Mikrohistorie', in: Rechtshist. Journ. 14, 1995, 191–200; vgl. außerdem *Jürgen Schlumbohm* (Hrsg.): Mikrogeschichte – Makrogeschichte, komplementär oder inkommensurabel? (Göttinger Gespräche z. Gesch.-Wiss., Bd. 7.) Göttingen 1998.

12 *Natalie Zemon Davis*, The Shapes of Social History, in: StorStor 17, 1990, 28–34.

13 *Friess*, Ratsreformation (wie Anm. 3); *Schlenck*, Die Reichsstadt Memmingen und die Reformation (wie Anm. 3), 52–69; *Dobel*, Memmingen im Reformationszeitalter (wie Anm. 3), Bd. 2.

ren Auseinandersetzung um den Stiftungsvollzug vorgestellt. Denn es sind dies jene Akteure, denen bereits in der Stiftungsurkunde bestimmte Positionen im Vollzug der Stiftung zugewiesen wurden, und ihr späterer Konflikt ist im wesentlichen ein Ringen um diese Positionen. Darüber hinaus soll die Stifterfamilie, die Vöhlins, und ihre Stiftungstätigkeit kurz vorgestellt sowie ein knapper Abriß der Geschichte der Prädikatur bis zum Jahr 1526 gegeben werden.

*

Den meisten Raum widmet die Stiftungsurkunde der Vöhlinschen Prädikatur dem Inhaber der Prädikatur, also dem Destinatär der Stiftung, genauer: seiner Qualifikation und seinen Pflichten und Rechten.[14] Der Prädikant mußte selbstverständlich Priester sein und außerdem Doktor oder Lizentiat der Theologie, zumindest aber ein *geformiertter Baccalari*, also ein Bakkalarius formatus, oder Doktor bzw. Lizentiat des kanonischen Rechts. Verliehen werden durfte die Prädikatur auch an einen Prediger, der sich als fähig erwies, binnen Jahresfrist einen der genannten akademischen Grade zu erwerben und die Priesterweihe zu erhalten. Neben diesen formalen Qualifikationen mußte sich der Prediger durch einen ehrbaren, priesterlichen Lebenswandel auszeichnen. Er sollte *das volk weder an der cannzel noch sunst wider pfarrliche gehorsamkait recht noch gerechtigkait nit bewegen noch widersperrig machen.* Ferner durfte er nicht in einem Maße außerhalb der Stadt predigen, daß dadurch seine Pflichten bei St. Martin beeinträchtigt würden. Weiterhin wurde ihm eigens untersagt, mit einer Frau zusammenzuleben: Der Inhaber der Prädikatur sollte keine Konkubine *noch argkwenig diernen* haben. Dieser Passus sollte beim Ringen um den Stiftungsvollzug in den Jahren nach 1526 noch eine Rolle spielen.[15]

Umfangreich waren die gottesdienstlichen Aufgaben des Prädikanten: Er sollte jede Woche mindestens zwei Messen auf dem Altar lesen. Predigen sollte er jeden Sonntag, an allen Marienfesten und an den Festen der Apostel, in der Fastenzeit jeden Mittwoch und Freitag und an einer Reihe von weiteren eigens angeführten Festtagen und Vigilien. Der *Kirchherr* und einer seiner Helfer predigten jeden Samstag, an den Vorabenden der gebotenen Feiertage nach der Vesper und während der Fastenzeit am Montag- und am Donnerstagmorgen, nicht jedoch an Heiligabend und an Allerheiligen nach der Vesper. An diesen Tagen sollte ebenfalls der Inhaber der Prädikatur predigen. Sollte der Prediger mehr als zwei Messen wöchentlich lesen oder *vss andacht* mehr Predigten halten wollen als die, zu denen er durch die Stiftungsurkunde verpflichtet war, so sollte er dies mit Wissen und Erlaubnis des Pfarrers tun, *unnd sunst nit.* Zum Chorgebet war er nicht verpflichtet. Wollte er freiwillig am Chorgebet teilnehmen, so sollte er Chorkleidung tragen, desgleichen bei Prozessionen, an denen er sich mit dem Pfarrer und den Kaplänen beteiligen sollte. Bei diesen hatte er seinen Platz neben dem Pfarrer. Die liturgische Memoria für den Stifter scheint nicht zu den Aufgaben des Predigers gehört zu haben. Die Stiftungsurkunde macht diesbezüglich keine Angaben. Ihr Seelenheil beförderten die Stifter also nicht, indem sie sich der Gebetshilfe des Destinatärs versicherten, sondern allein aufgrund der Werkheiligkeit ihrer Predigtstiftung.[16]

---

14 Das Folgende nach StadtA MM D 260/1; vgl. *Sontheimer*, Geistlichkeit (wie Anm. 1), 333–335.

15 S. u., S. 268.

16 *Schmid*, Stiftungen für das Seelenheil (1985); zur Werkheiligkeit von Prädikaturstiftungen im späten Mittelalter vgl. *Rauscher*, Prädikaturen (wie Anm. 1), 156f.

Dotiert wurde die Prädikatur mit Meßbuch und Kelch, Meßgewand, Altartüchern *unnd anndern zierden*, einem Steinhaus, für das der Prädikant die jährliche Steuer von 1 fl. zu entrichten hatte, sowie mit einem jährlichen Einkommen von hundert Rheinischen Gulden. Mit diesem durfte der Inhaber der Prädikatur völlig nach eigenem Gutdünken, wie mit seinem eigenen Besitz verfahren. Den Stiftern und ihren Erben und Nachkommen stand keinerlei Recht zu, hierauf Einfluß zu nehmen. Die Stiftungserträge waren die Zinsen aus einem Kapital von 2300 fl., das die Stifter drei Jahre zuvor bei der Stadt Memmingen angelegt hatten. Diese hatte sie dem Prediger in vier Raten von je 25 fl. zu den vier Quatembern auszubezahlen. Damit hatten die Stadt Memmingen bzw. ihrer Organe Bürgermeister und Rat im Handlungsgefüge der Prädikaturstiftung eine wichtige Position. Sie verwalteten das Stiftungskapital und zahlten zu festgelegten Terminen die Stiftungserträge an den Destinatär aus.

Eine wichtige Rolle sicherten die Stifter auch sich selbst und ihren Erben und Nachkommen. An erster Stelle ist dabei das Patronatsrecht der Prädikatur zu nennen, das die Stifter sich und ihren Erben vorbehielten. Damit verbunden war v.a. das Recht, den Kandidaten für die Prädikatur zu präsentieren. Diese *Lehnschaft* für die Prädikatur sollte beim ältesten männlichen Angehörigen der Familie Vöhlin liegen. Im Falle, daß die Vöhlins im Mannesstamm ausstarben, sollte das Patronatsrecht an den Rat der Stadt Memmingen fallen. Des weiteren sicherten die Stifter sich und ihren Erben eine Reihe von Kontrollrechten. So durfte der Inhaber der Prädikatur sich zwar in seinen Pflichten dauerhaft vertreten lassen, wenn er diese aus Alters- oder Krankheitsgründen nicht mehr versehen konnte. Er mußte sich dies jedoch von der *Lehenherrschaft* genehmigen lassen. Sollte er einen Stellvertreter benennen, der dem Patron nicht genehm war, hatte dieser das Recht, selbst eine kompetente Vertretung auszuwählen und zu ernennen. Auch wenn der Prediger in Zeiten von Seuchen die Stadt verlassen wollte, mußte er den Patronatsherren um Erlaubnis bitten. Für den Fall, daß sich der Inhaber der Prädikatur *mercklicher missethat verhandlete, die denn im rechten die peen der berobung der pfrönnd auff Er truge*, legte die Stiftungsurkunde fest, daß ihn dann der Patronatsherr durch gebührliche Maßnahmen vertreiben und bewirken sollte, daß er der Pfründe verlustig gehe. Ein Passus, der sich sowohl als Recht als auch als Pflicht des Patronatsherren lesen läßt und der ebenfalls nach 1526 noch eine Rolle spielen sollte.[17] Bürgermeister und Rat der Stadt Memmingen wurde verboten, das Stiftungsvermögen neu anzulegen, ohne daß vorher der älteste Angehörige der Familie Vöhlin informiert und um Rat gebeten würde. Schließlich und endlich sicherten sich die Stifter das Recht, einen Geistlichen ihrer Familie mit der Prädikatur zu versorgen. Sollte die Prädikatur vakant sein und sollte es einen Vöhlin geben, der ehelich geboren sei und die geforderten Qualitäten aufweise, so wollten die Stifter, daß dieser bei der Vergabe der Prädikatur anderen Kandidaten vorgezogen werden sollte. Präsentiert werden sollte der künftige Prädikant dem Bischof von Augsburg oder seinem Vikar in geistlichen Sachen, damit dieser ihn investiere. Ihm sollte der angehende Inhaber der Prädikatur dabei geloben, daß er sämtliche Pflichten, die ihm die Stiftungsurkunde auferlegte, getreulich einhalten werde. Als zuständiger Diözesan sollte der Bischof von Augsburg außerdem die Stiftung bestätigen, damit sie dauerhaft nach dem Wortlaut der Stiftungsurkunde bestehe. Dies geschah am 28. Januar 1480 durch Bischof Johannes von Augsburg.[18]

17 S.u., S. 270.

18 StadtA MM D 260/1; vgl. *Sontheimer*, Geistlichkeit (wie Anm. 1), 335.

Die Betrachtung der Stiftungsurkunde von 1479 zeigt, wie detailliert der Stifterwille und die Umstände seines Vollzugs in ihr festgehalten wurden. Die Stifter begnügten sich jedoch nicht damit, ihren Willen festzuschreiben. Sie behielten sich und ihrer Familie außerdem das Patronatsrecht auf die Prädikatur vor und sicherten sich so einen direkten persönlichen Einfluß auf den Stiftungsvollzug, der über die Lebenszeit der Akteure von 1479 hinaus gewahrt bleiben sollte. Indem sie bzw. ihre Erben das Präsentationsrecht auf die Prädikatur und die Kontrollrechte bezüglich der Amts- und Lebensführung des Destinatärs ausübten, traten die Stifter in Person des jeweiligen Inhabers des Patronatsrechts immer wieder in Beziehung zum Destinatär der Stiftung, dem jeweiligen Prädikanten, und dies solange, wie die Vöhlins im Mannesstamm bestanden. Auch für die Vöhlinsche Prädikaturstiftung gilt also, daß nicht allein ein wirtschaftliches oder rechtliches Gut die Geber zu Stiftern machte, sondern ein „interaktiver Prozeß" zwischen Geber und Empfänger.[19] Im Zentrum der Vöhlinschen Prädikaturstiftung als sozialem Gebilde stand damit die Beziehung von Stiftern und Destinatär, genauer eine dauerhaft immer wieder zu aktualisierende persönliche Herrschaftsbeziehung zwischen den Stiftern und ihren Erben und dem jeweiligen Destinatär. Erstere bezeichnet die Stiftungsurkunde denn auch konsequent als *Lehenherrschaft* des letzteren.[20] Ihren sinnfälligen Ausdruck fand diese asymmetrische Beziehung darin, daß der Name der Stifter förmlich an der Person des Destinatärs haftete. Solange es Inhaber der Vöhlinschen Prädikatur gab, wurden diese als „Vöhlinsche Prediger" bezeichnet.[21] Damit erbrachte der Inhaber der Prädikatur neben den Aufgaben, die in der Stiftungsurkunde festgehalten waren, auch einen – allerdings nicht liturgischen – Memorialdienst, den er jedoch nicht aktiv gestalten konnte. Er war vielmehr gleichsam fleischgewordene Stiftermemoria, da er durch sein bloßes Vorhandensein gewährleistete, daß der Tod der Stifter durch die Erinnerung der Lebenden überwunden wurde.[22] Im Stiftungsvollzug waren die Stifter somit in zweifacher Weise gegenwärtig: durch das Patronatsrecht der Stifterfamilie und durch ihren Namen, der an ihrer Stiftung, ja am Destinatär dieser Stiftung haftete.

Neben Stiftern und Destinatär sind noch zwei weitere Akteure zu nennen, die am Stiftungsvollzug teilhatten: Bürgermeister und Rat der Stadt Memmingen und der Bischof von Augsburg. Bürgermeister und Rat verwalteten das Stiftungsvermögen und zahlten dessen Erträge zu festgelegten Terminen an den Stiftungsdestinatär aus. Dem Bischof oblag die oberhirtliche Kontrolle der Amtsführung des Vöhlinschen Predigers. Außerdem war er für dessen Investitur *in spiritualibus* zuständig. Die Vöhlinsche Prädikaturstiftung läßt sich somit als Handlungsgefüge verstehen, dessen Kern die Dyade von Stifter und Destinatär bildete, dessen Vollzug im Sinne des Stifterwillens jedoch nur durch die Beiträge von Stadt und zuständigem Bischof gewährleistet war. In der traditionellen Terminologie ausgedrückt: Das Handlungsgefüge der Vöhlinschen Prädikaturstiftung bestand also aus dem Prediger als Stiftungsdestinatär sowie der Stifterfamilie, der Stadt Memmingen und dem Bischof von Augsburg als Stiftungsorganen. Für letzteren ergab sich diese Rolle aus seiner Position als

19 *Borgolte*, Die Rolle des Stifters bei der Gründung mittelalterlicher Universitäten (1985), 109.

20 Vgl. *Borgolte*, Stiftungen des Mittelalters im Spannungsfeld von Herrschaft und Genossenschaft (1994).

21 StadtA MM A Ratsprotokolle (RP), passim.

22 *Otto Gerhard Oexle*, Art. Memoria, Memorialüberlieferung, in: LMA 6, 1993, 510–513, hier 510.

zuständiger Diözesanbischof und mußte deshalb nicht in allen Einzelheiten in der Stiftungsurkunde ausgeführt werden. [23]

*

Die Stifter der Prädikatur waren Angehörige eines Geschlechts, das Ende des 15. Jahrhunderts zu den politisch und wirtschaftlich bedeutendsten in Memmingen gehörte. Ihre Stiftung fügte sich ein in eine ganze Reihe von bedeutenden Stiftungen der Vöhlins.[24]

Die Vöhlins sind in Memmingen gesichert seit der Mitte des 14. Jahrhunderts nachweisbar. Im Rat der Stadt saß ein Vöhlin erstmals im Jahr 1400. Fünfzig Jahre später verfügte Hans Vöhlin der Ältere, Vater des Hans Vöhlin, der zu den drei Stiftern der Prädikatur gehörte, über ein steuerpflichtiges Vermögen von 5623 fl. und zählte damit zu den wohlhabendsten Bürgern der Stadt. Die Vöhlinsche Handelsgesellschaft ist erstmals für 1440 belegt. Wie so viele oberdeutsche Handelsgesellschaften war sie zunächst vor allem im Handel mit Textilien tätig, später traten Kredit-, Metallwaren- und Montangeschäfte hinzu.[25] Bereits Mitte des 15. Jahrhunderts begannen die Vöhlins, die Gewinne aus dem Handel auch in Landbesitz und Herrschaftsrechte zu investieren.[26] Nach ihren Landsitzen werden die zwei Linien der Familie als „Ungerhauser" und „Frickenhausener" Linie bezeichnet. Erhard Vöhlin der Ältere hatte 1460 das Dorf Frickenhausen und eine Reihe anderer Güter erworben. Sein gleichnamiger Enkel, der zum Zeitpunkt des Streits um den Stiftungsvollzug Patronatsherr der Prädikatur war, erstand 1512 von Pfalzgraf Friedrich von Neuburg für ein Darlehen von 8 000 fl. die Pflege Gundelfingen, und 1520 für 34 000 fl. die Herrschaft Illertissen mit der hohen und niederen Gerichtsbarkeit und allem Zubehör. Zu dieser Zeit war er schon seit längerem nicht mehr Bürger der Stadt Memmingen.[27] Auch aus dem Handel hatten sich die Vöhlins der Frickenhausener Linie damals bereits zurückgezogen.[28] Dieser wurde zu Beginn des 16. Jahrhunderts durch die Ungerhausener Linie geleitet. Konrad Vöhlin hatte 1503 das Dorf Ungerhausen erworben und 1510 für dieses vom Kaiser die hohe Gerichtsbarkeit erhalten.[29] Auch die Vöhlins der Ungerhausener Linie waren in der Zeit der Auseinandersetzung um den Stiftungsvollzug der Prädikatur nicht mehr in Memmingen ansässig. Im Jahr 1496 hatte die Handelsgesellschaft der Vöhlins mit der Welser-Gesellschaft fusioniert.[30] Der Schwerpunkt des Geschäfts verlagerte sich daraufhin sukzes-

---

23 Zur Integration der spätmittelalterlichen Prädikaturen in das vom Bischof beaufsichtigte Ämtersystem vgl. *Menzel*, Predigt und Predigtorganisation (wie Anm. 1), 369f.

24 Zu den Vöhlin vgl. *Askan Westermann*, Die Vöhlin zu Memmingen, in: Memminger Geschichtsbll. 9, 1923, 33–44; *Raimund Eirich*, Memmingens Wirtschaft und Patriziat von 1347 bis 1551. Eine wirtschafts- und sozialgeschichtliche Untersuchung über das Memminger Patriziat während der Zunftverfassung. Weißenhorn 1971, 119–174.

25 *Eirich*, Memmingens Wirtschaft (wie Anm. 24), 146–149.

26 *Rolf Kiessling*, Die Stadt und ihr Land. Umlandpolitik, Bürgerbesitz und Wirtschaftsgefüge in Ostschwaben vom 14. bis ins 16. Jahrhundert. (Städteforschung, Rh. A, Bd. 29.) Köln/Wien 1998, 387-391.

27 *Luitpold Brunner*, Die Vöhlin von Frickenhausen und Neuburg an der Kammel, in: ZHVSchwaben 2, 1873, 259–375; 264–278; *Westermann*, Vöhlin (wie Anm. 24), 43.

28 *Eirich*, Memmingens Wirtschaft (wie Anm. 24), 163.

29 *Westermann*, Vöhlin (wie Anm. 24), 39.

30 *Mark Häberlein*, Die Welser-Vöhlin-Gesellschaft: Fernhandel, Familienbeziehungen und sozialer Status an der Wende vom Mittelalter zur Neuzeit, in: „Geld und Glaube": Leben in evangelischen Reichsstädten. Katalog zur Ausstellung im Antonierhaus, Memmingen, 12. Mai bis 4. Oktober 1998.

sive nach Augsburg. 1526 trug Hans Vöhlin dem Rechnung und gab schließlich sein Memminger Bürgerrecht auf.[31]

Neben der Prädikatur tätigten die Vöhlins in Memmingen seit der Mitte des 15. Jahrhunderts noch eine Reihe von anderen bedeutenden Stiftungen. Ihre erste größere Stiftung war im Jahr 1463 ein Sakramentshaus für die Frauenkirche, das Hans Vöhlin der Ältere durch den Memminger Künstler Ivo Strigel anfertigen ließ.[32] Bald nach der Prädikatur stifteten Erhard der Ältere, Hans der Jüngere und Erhard der Jüngere eine neue Orgel auf der Empore von St. Martin, und 1487 erhielt auch die Memminger Frauenkirche eine neue Orgel.[33] Bereits drei Jahre zuvor hatten die drei Stifter der Prädikatur wiederum für sich und ihre Handelsgesellschaft eine zweite Messe auf den Altar der Vöhlinschen Familienkapelle bei St. Martin gestiftet und die dazugehörige Meßpfründe mit einem jährlichen Einkommen von 20 Rheinischen Gulden aus einem Stiftungsvermögen von 600 fl. dotiert.[34] Die letzte bedeutende Stiftung aus der Familie Vöhlin in Memmingen war ein Haus für sechs Betschwestern, das sogenannte „Vöhlins Klösterle“, das Elisabeth Lauginger, die Wiwe Erhards des Älteren, 1496 gestiftet und mit einem Vermögen von 1400 fl. ausgestattet hatte.[35] Es war damit die finanziell aufwendigste Stiftung der Vöhlins nach der Prädikatur.

Die bemerkenswerte Stiftungstätigkeit der Vöhlins ist von der Forschung bisher kaum beachtet worden. In der lokalhistorischen Literatur wurde sie jedoch wiederholt kursorisch behandelt.[36] Was die einzelnen Stiftungen angeht, so ist bisher einzig das Seelhaus der Elisabeth Lauginger in stiftungshistorischer Perspektive untersucht worden.[37] Die Vöhlinsche Prädikaturstiftung dagegen ist bisher vor allem von der Forschung zur Memminger Reformationsgeschichte beachtet worden, und zwar im Zusammenhang mit der Einführung der Reformation in der Reichsstadt. Denn es war der zweite Inhaber der Vöhlinschen Prädikatur, Christoph Schappeler, der dem neuen Glauben in Memmingen zum Durchbruch verhalf. Darüber hinaus spielte er eine wichtige Rolle während des Bauernkrieges im Allgäu.[38] Da die Ereignisse der Amtszeit Schappelers die unmittelbare Vorgeschichte des Streits um den Stiftungsvollzug der Vöhlinschen Prädikatur bildeten, seien sie hier kurz referiert.

Nachdem der erste Inhaber der Prädikatur, Dr. Jodokus Gay, Ende 1512 gestorben war, hatte es der Patronatsherr der Prädikatur, Erhard Vöhlin zu Frickenhausen, dem Memminger Rat überlassen, einen Kandidaten für die Predigerstelle vorzuschlagen. Nach einer Probepredigt vor dem Rat wurde Christoph Schappeler am 21. Februar 1513 vom Rat erwählt und dem Patronatsherrn vorgeschlagen. Dieser präsentierte ihn dann dem Bischof, der ihn am 10. März desselben Jahres feierlich installierte.[39] Ab ca. 1522 predigte Schappeler gegen die

---

Hrsg. v. Wolfgang Jahn/Josef Kirmeier/Thomas Berger/Evamaria Brockhoff. (Veröff. zur Bayerischen Gesch. u. Kultur, Nr. 37.) Augsburg 1998, 17–37.

31 *Westermann*, Vöhlin (wie Anm. 24), 41, der zu Recht darauf verweist, daß geschäftliche Gründe und nicht etwa die Durchsetzung der Reformation in Memmingen diesen Schritt motivierten, s.u. Anm. 93.

32 *Westermann*, Vöhlin (wie Anm. 24), 37.

33 *Westermann*, Vöhlin (wie Anm. 24), 38.

34 StadtA MM D 260/1; *Westermann*, Vöhlin (wie Anm. 24), 38.

35 *Berger*, Spital und Seelhaus (1993–96), 73–81.

36 *Westermann*, Vöhlin (wie Anm. 24), 37–38; *Eirich*, Memmingens Wirtschaft (wie Anm. 24), 121, 124f., 137, 143, 229.

37 *Berger*, Spital und Seelhaus (1993–96).

38 *Dobel*, Memmingen im Reformationszeitalter (wie Anm. 3), Bd. 1; *Blickle*, Zentrum der Reformation (wie Anm. 3), 352–354, 363–367, 373–382, 409–412.

39 *Sontheimer*, Geistlichkeit (wie Anm. 1), 357.

herrschende kirchliche Lehre, so etwa gegen die Messe. Im Jahr 1524 reichte er zu St. Martin erstmals das Abendmahl in beiderlei Gestalt. Zusammen mit Sebastian Lotzer gilt er als Verfasser der berühmten „Zwölf Artikel“ der Allgäuer Bauern. Durch seine guten Beziehungen zu den aufständischen Bauern geriet Schappeler 1525 jedoch in Gegensatz zur städtischen Führung, die bis dahin hinter ihm gestanden hatte. Aus Furcht vor den vor der Stadt lagernden Bauern und den Gruppen innerhalb der Stadtgemeinde, die mit ihnen sympathisierten, rief der Rat schließlich den Schwäbischen Bund zur Hilfe, obwohl dieser von katholischen Fürsten dominiert war. Seine Truppen besetzten am 9. Juni 1525 die Stadt. Schappeler mußte fliehen.[40] Damit war die Vöhlinsche Prädikatur zum zweiten Mal vakant.

*

Diese Vakanz endete erst über vierzehn Monate später. Im August 1526 erhielt die Vöhlinsche Prädikatur mit dem vormaligen Pfarrer von Buchloe, Johannes Mack, wieder einen Prediger.[41] Betrieben hatte diese Besetzung Erhard Vöhlin von Frickenhausen, gleichnamiger Enkel des Stifters Erhard Vöhlin des Älteren und als ältester männlicher Erbe der Stifter Patronatsherr der Vöhlinschen Prädikatur. Möglicherweise war auch der Bischof von Augsburg beteiligt gewesen. Der Rat der Stadt Memmingen dagegen war, anders als 13 Jahre zuvor bei der Berufung Schappelers, gänzlich unbeteiligt an der Neubesetzung der Prädikatur – und dies ausgerechnet zu einem Zeitpunkt, an dem er daran ging, die kirchlichen Verhältnisse in Memmingen wieder verstärkt in eigener Regie zu gestalten. Nachdem Truppen des Schwäbischen Bundes die Stadt am 9. Juni 1525 besetzt hatten, versuchte der Bund zunächst den alten Glauben in Memmingen zu restaurieren. Der Hilferuf der städtischen Führung hatte ihm dazu einen willkommenen Anlaß geboten. Auf seinen Befehl mußte die Stadt den ihr verbliebenen Prediger bei St. Martin, Simprecht Schenck ausweisen. Damit kam die evangelische Predigt in Memmingen erst einmal zum Erliegen.[42] Außerdem veranlaßte der Schwäbische Bund, daß der Rat die Messe wieder zuließ und ihm dieses Zugeständnis nach einer Neuwahl des Rats am 9. Juli unter Eid bekräftigte. Mönche, die aus den Klöstern ausgetreten waren, wurden vertrieben, Geistliche wieder von Besteuerung und von der Pflicht, den Bürgereid zu leisten, befreit. Am 16. August 1525 ließ der Rat außerdem zu, daß gestiftete Jahrtage wieder gehalten würden. Allerdings beschloß er, daß er diesbezüglich *nyement nichtz haissen noch wern sondern yederman das sein selb aussfechten lassen* wolle. Etwa einen Monat später schränkte der Rat außerdem ein, daß man bei den Jahrtagen nicht mehr Lichter verabreichen sollte, als Geistliche an den Anniversarfeiern teilnahmen.[43] Noch im Herbst 1525 ging der Rat dazu über, den evangelischen Kultus wieder in der Stadt zu etablieren. Er vermied zunächst jedoch die offene Konfrontation mit dem altgläubigen Klerus und den altgläubigen Mächten.[44] Im Oktober stellte die Stadt auf Bitten der Gemeinde

40 *Dobel*, Memmingen im Reformationszeitalter (wie Anm. 3), Bd. 2; *Sontheimer*, Geistlichkeit (wie Anm. 1), 400–403, Zitat 403 (nach StadtA MM A RP vom 16.8.1525); *Schlenck*, Die Reichsstadt Memmingen und die Reformation (wie Anm. 3), 50f., 57; *Friess*, Ratsreformation (wie Anm. 3), 419f.; *Ernst Bock*, Der Schwäbische Bund und seine Verfassung (1488–1534). (Untersuchungen zur Staats- u. Rechtsgesch., H. 137.) Breslau 1927, 201.

41 StadtA MM Ratsprotokoll (RP) vom 27.8.1526.

42 *Dobel*, Memmingen im Reformationszeitalter (wie Anm. 3), Bd. 2, 25.

43 *Schlenck*, Die Reichsstadt Memmingen und die Reformation (wie Anm. 3), 51.

44 *Schlenck*, Die Reichsstadt Memmingen und die Reformation (wie Anm. 3), 58; *Friess*, Ratsreformation (wie Anm. 3), 419f.

den Lutheraner Georg Gugy als Prediger bei St. Martin ein.[45] Zu Beginn des Jahres 1526 bestellte die Stadt noch einen zweiten Prediger, einen Dr. Johannes Wanner aus Kaufbeuren. Allem Anschein nach plante sie sogar, diesem die Vöhlinsche Prädikatur zu übertragen. Denn sie holte diesbezüglich beim Augsburger Stadtschreiber Conrad Peutinger ein Gutachten ein. Peutinger jedoch riet Bürgermeister und Rat davon ab, sich über die Rechte der Erben der Stifter hinwegzusetzen. Statt dessen sollten sie die Wiederbesetzung der Prädikatur bei Erhard Vöhlin betreiben.[46]

An diesen Ratschlag Peutingers hielt sich der Rat. Ende Januar entließ er Wanner und wandte sich wegen der Neubesetzung der Prädikatur an Erhard Vöhlin. Dieser teilte Bürgermeister und Rat der Stadt Memmingen am 26. Februar 1526 mit, sie sollten sich um einen fähigen Prediger bemühen, er sei dann bereit, diesen nach seinem Ermessen zu präsentieren. Vöhlins scharfe Worte gegen die *irrung vnd zwyspeltigkait* und die *Luterische(.) seckht*, die *den lang herprachten christenlichen ordnung und der kirchen lablichen constitucion vnd kayserlich(er) mayestet ausgangen edikt(en) vnd mandat(en)* entgegen *an vil orten erhalten und noch unaufherlich gestat werden*, machten jedoch unmißverständlich deutlich, daß er auf keinen Fall einen evangelischen Prediger akzeptieren würde.[47] An eine Besetzung der Prädikatur im Einvernehmen von Rat und Patronatsherr wie noch 1513 war demnach nicht mehr zu denken. Der Rat scheint sich denn auch nicht weiter um einen Kandidaten für die Vöhlinsche Prädikatur bemüht zu haben. Anders Patronatsherr und Bischof. Am 23. Mai 1526 berichtete der Präzeptor der Memminger Antoniter dem Bürgermeister, der Vikar des Bischofs von Augsburg habe ihm geschrieben, *er wel ain prediger her schicken*, eine Nachricht, auf die der Rat zunächst einmal abwartend reagierte. Er beschloß, man wolle zusehen, ob der Prediger *kum oder nit*.[48] Nicht einmal zwei Wochen später beschwerte sich dann Erhard Vöhlins Vetter Hans Vöhlin schriftlich beim Rat der Stadt Memmingen über den schlechten Zustand des Predigerhauses.[49] Spätestens am 27. August schließlich war Johannes Mack, den Patronatsherr und Bischof ausgewählt bzw. investiert hatten, in der Stadt eingetroffen. Das Ratsprotokoll, aus dem dies ersichtlich wird, bringt eine gewisse Hilflosigkeit der städtischen Führung zum Ausdruck: *Ist erratten, dieweil der prediger angenommen und bestet, so mag er predigen und wel man in und Felis knecht die schlüssel zum haus überantwurten.*[50] Damit hatte der Rat zunächst einmal hingenommen, daß sich nun ein Vertreter des alten Glaubens in einer zentralen Position innerhalb der wichtigsten Pfarrei einer mehrheitlich evangelischen Gemeinde befand. Eine konfliktträchtige Konstellation war entstanden, die schließlich in den Streit um den Stiftungsvollzug der Vöhlinschen Prädikatur mündete. Dieser begann zunächst als Konflikt zwischen dem altgläubigen Inhaber der Vöhlinschen Prädikatur und den protestantischen Predigern bei St. Martin – am 29. Oktober 1526 hatte der Rat Simprecht Schenck wieder angestellt und ihm die Nachmittagspredigt in der wichtigsten Memminger Pfarrkirche übertragen. In dieser Auseinandersetzung bezog der Rat geraume Zeit eine vermittelnde Position. Erst als er Anlaß hatte, in der Amtsführung des

45 *Sontheimer*, Geistlichkeit (wie Anm. 1), 404; *Friess*, Ratsreformation (wie Anm. 3), 420f.

46 *Dobel*, Memmingen im Reformationszeitalter (wie Anm. 3), Bd. 2, 26f.; *Sontheimer*, Geistlichkeit (wie Anm. 1), 404; vgl. außerdem *Heinrich Lutz*, Conrad Peutinger. Beiträge zu einer politischen Biographie. (Abh. zur Gesch. d. Stadt Augsburg, H. 9.) Augsburg o. J. [1958], 273.

47 StadtA MM A 342/2 zum 26.2.1526; *Sontheimer*, Geistlichkeit (wie Anm. 1), 404f.

48 StadtA MM A RP vom 23.5.1526.

49 StadtA MM A RP vom 4.6.1526.

50 StadtA MM A RP vom 27.8.1526.

Vöhlinschen Prädikanten eine dezidierte Frontstellung gegen die evangelische Reichsstadt zu vermuten, ging er gegen diesen vor. Dies wiederum rief den Patronatsherrn und den Diözesanbischof des Predigers auf den Plan, die die Stadt vor dem Schwäbischen Bund verklagten. Das Ringen um den Stiftungsvollzug ging damit in seine entscheidende Phase.

Am 5. Dezember 1526 ermahnte der Rat alle Prediger, sie sollten *hinfuro nichtz dan das lautter ewangelium predigen laut des abschid von Speir und als plasiern und repplen an der cantzel abstellen.* Denjenigen, die hiergegen verstießen, drohte der Rat die Entlassung an, gleichzeitig forderte er dazu auf, jeden, der gegen Gott oder das Evangelium predige, beim Bürgermeister anzuzeigen.[51] Dieser Ratsbescheid erinnert an die Predigtmandate, die vor allem in den Jahren 1522–1524 von den Räten mehrheitlich protestantischer Reichsstädte, nicht zuletzt auch in Memmingen selbst, erlassen worden waren.[52] In der Forschung ist betont worden, daß diese keine Reformationsmandate waren.[53] Zwar ist das Zentrum der Mandate die formelhafte Wendung, daß „allein das heilige Evangelium nach der Schrift“ gepredigt werden solle. Doch ist dieses Schriftprinzip nicht reformatorisch, sondern rein formal zu verstehen. Es ist Ausdruck des Versuchs, einen vorläufigen Minimalkonsens zu stiften und alle weiteren inhaltlichen Entscheidungen zu verschieben. Vor allem die typische Bestimmung, die Predigten dürften keine Schmähungen enthalten und nicht zum Aufruhr reizen, erweisen die Predigtmandate als Maßnahmen, die den städtischen Frieden sichern sollten.[54] Ähnliches gilt für den Memminger Ratsbeschluß vom Dezember 1526. Wie bereits ein halbes Jahr zuvor, als er den evangelischen Prediger Gugy aufgefordert hatte, er solle *die remisch haeupter nit so grob essell und narren schelten,*[55] ging es dem Rat zunächst vor allem darum, Konflikte zwischen den beiden religiösen Lagern im Keim zu ersticken, und weniger darum, gegen den katholischen Inhaber der Vöhlinschen Prädikatur vorzugehen.

Dies änderte sich erst über ein halbes Jahr später. Zum 3. Juli 1527 verzeichnet ein Ratsprotokoll, ein Lukas Schneck habe dem Rat am selben Tag berichtet, der Prediger habe sich an einem Ort außerhalb der Stadt mit einer Gruppe von Adeligen aus dem Umland, darunter der Patronatsherr Erhard Vöhlin und der Hauptmann des Schwäbischen Bundes, Diepolt von Stein, sowie dem Memminger Arzt Dr. Cyriacus Weber getroffen und diese hätten *den prediger gesterckht, er sol für sich farn.* Außerdem hätte Erhard Vöhlin sich gegenüber Dritten abfällig über die Memminger geäußert. Auf diese Nachricht hin erteilte der Rat dem Vöhlinschen Prediger eine im Ton äußerst scharfe Verwarnung und drohte ihm unverhohlen mit der Entlassung. Dabei hielt er ihm allerdings nicht sein „konspiratives“ Treffen vor – zumindest findet sich darüber nichts in dem Ratsprotokoll –, sondern den Umstand, daß er durch seine Predigten den städtischen Frieden störe und durch seinen Lebenswandel gegen den Wortlaut der Stiftungsurkunde der Prädikatur verstoße: Er predige frevelhafte und ungeschickte Dinge und nenne das heilige Wort Gottes das *laussig ewangelium.* Der Rat habe ihn diesbezüglich bereits mehrfach verwarnt und forderte ihn nun nochmals mit allem

51 StadtA MM A RP vom 5.12.1526; vgl. *Dobel*, Memmingen im Reformationszeitalter (wie Anm. 3), Bd. 2, 35; *Sontheimer*, Geistlichkeit (wie Anm. 1), 406.

52 *Heinrich Richard Schmidt*, Reichsstädte, Reich und Reformation. Korporative Religionspolitik 1521–1529/30. (Veröff. d. Inst. f. Europäische Gesch., Bd. 122.) Wiesbaden 1986, 122f; *Blickle*, Zentrum der Reformation (wie Anm. 3), 353.

53 *Heiko A. Obermann*, Werden und Wertung der Reformation. Vom Wegestreit zum Glaubenskampf. Tübingen 1977, 248f.; vgl. *Schmidt*, Reichsstädte (wie Anm. 52), 124.

54 *Schmidt*, Reichsstädte (wie Anm. 52), 124–126.

55 StadtA MM A RP vom 16.5.1526; vgl. *Schlenck*, Die Reichsstadt Memmingen und die Reformation (wie Anm. 3), 58.

Nachdruck auf, keinen Aufruhr in der Stadt zu verursachen. Außerdem verfüge die Stiftungsurkunde eindeutig, daß der Inhaber der Prädikatur auf keinen Fall eine *concubin noch arckwenig dirnen* haben dürfe und sich außerdem ehrbar und priesterlich verhalten solle. Auch hiergegen verstoße der Vöhlinsche Prediger, da er mit einer solchen Konkubine zusammenlebe.[56] Bedenkt man, daß gerade einmal zwei Jahre vergangen waren, daß die Stadt eine – wenn auch nur vorübergehende – Restauration des alten Glaubens hatte hinnehmen müssen, dann muß man davon ausgehen, daß Bürgermeister und Rat der Stadt in höchstem Maße alarmiert waren, wenn sie auch nur den geringsten Anlaß zu dem Verdacht hatten, Johannes Mack könnte Vertreter einer katholischen Partei sein, die in Memmingen und im Umland der Stadt gegen diese agierte. In diesem Kontext mußten die antireformatorischen Predigten Macks der Stadt in der Tat als ein direkter Angriff auf den reichsstädtischen Frieden erscheinen. Auch daß der Vöhlinsche Prediger mit einer Frau zusammenlebte, ohne verheiratet zu sein, sollte bald darauf nicht mehr nur allein ein Verstoß gegen den Wortlaut der Stiftungsurkunde sein, sondern Widersetzlichkeit gegen die städtische Politik bezüglich der allgemeinen Sittenzucht. Zwar hatte der Memminger Rat schon im August des Jahres 1526 den Prior der Memminger Antoniter aufgefordert, seine Köchin zu entlassen. Eine konsequente Politik gegenüber den *Pfaffendirnen* war damit jedoch noch nicht verbunden. Denn noch im November desselben Jahres hatte der Rat beschlossen, bezüglich ihrer *lenger nachzudencken und bei der weil wider anzupringen*. Zwei Monate jedoch, nachdem es zum offenen Zusammenstoß zwischen der Stadt und dem Vöhlinschen Prediger gekommen war, faßte der Rat schließlich den Beschluß, die Lebensgefährtinnen der altgläubigen Geistlichen der Stadt zu verweisen, und setzte einen Tag fest, bis zu dem sie die Stadt verlassen haben mußten.[57] Es erscheint also durchaus denkbar, daß die Auseinandersetzung mit dem Vöhlinschen Prediger dazu beigetragen hatte, die Bekämpfung der „Priesterehe" wieder auf die Tagesordnung des Memminger Rats zu bringen. In der ersten Memminger Kirchen- und Zuchtordnung, die am 13. Januar 1528 verkündet wurde und für die der Rat im November 1527 Gutachten bei den Städten Lindau und Konstanz eingeholt hatte, wurde das Verbot des Konkubinats schließlich als Hebel gegen die Gesamtheit der altgläubigen Memminger Geistlichen eingesetzt. Läßt ihr Wortlaut doch „nicht verkennen, daß man dabei als Nebenabsicht verfolgte, gerade den Geistlichen ihre Konkubinen zu vertreiben und sie so zur Eheschließung und damit auch sonst zu einer evangelischen Haltung zu veranlassen".[58] Zur Entlassung Johannes Macks durch den Rat führte allerdings nicht seine „wilde Ehe", sondern der Inhalt einer Predigt, die er am 3. November 1527 gehalten und in der er sich heftig gegen die evangelischen Prediger und ihre Lehre geäußert hatte. Der Rat fertigte daraufhin eine Zusammenstellung aller ungebührlichen Äußerungen an, die Mack in dieser Predigt und zuvor von sich gegeben hatte. Unter den insgesamt 17 Artikeln dieser Liste finden sich die Aussagen, daß der evangelische Prediger Schenck mit seinem *lausigen Evangelium* die hl. Sakramente verachte und daß das neue Evangelium der evangelischen Prediger darin bestünde, Papst, Kardinäle, Bischöfe, Pfaffen, Nonnen und Mönche zu schmähen. Außerdem bezeichnete Mack die evangelischen Prediger als Seelmörder, womit er wahrscheinlich

56 StadtA MM A RP vom 3.7.1527.

57 *Schlenck*, Die Reichsstadt Memmingen und die Reformation (wie Anm. 3), 59 unter Bezug auf StadtA MM A RP vom 1. und 18.8. 1526, 7.11.1526, 4.9.1527.

58 *Emil Sehling* (Hrsg.), Die evangelischen Kirchenordnungen des XVI. Jahrhunderts. Bd. 12: Bayern, 2. Teil: Schwaben. Tübingen 1963, 226f.; vgl. *Dobel*, Memmingen im Reformationszeitalter (wie Anm. 3), Bd. 2, 50f; *Schlenck*, Die Reichsstadt Memmingen und die Reformation (wie Anm. 3), 61.

auf die Ablehnung des Meßopfers in der neuen Lehre anspielte. Mack wurde daraufhin umgehend vor den Rat zitiert. Dort erschien er in Begleitung eines anderen Priesters, der für ihn als Notar handeln sollte, und ließ sich nicht dazu bewegen, allein die Ratsstube zu betreten. Der Rat wies daraufhin den Büttel an, ihm mitzuteilen, daß er ab sofort nicht mehr predigen dürfe. Der Mesner von St. Martin erhielt den Befehl, Mack fortan nicht mehr zur Predigt zu läuten.[59] Waren an der Auseinandersetzung um den Stiftungsvollzug der Vöhlinschen Prädikatur bis zu diesem Zeitpunkt nur der Rat der Stadt Memmingen und der Prediger Johannes Mack beteiligt gewesen, so brachte dieses Predigtverbot nun auch die beiden anderen Hauptakteure innerhalb der Stiftung ins Spiel: den Patronatsherrn und den Bischof von Augsburg.

Erhard Vöhlin und Christoph von Stadion reagierten unmittelbar auf den Eingriff der Stadt Memmingen in den Stiftungsvollzug der Prädikatur. Sie forderten Bürgermeister und Rat einerseits auf, Mack sein Amt wieder unbehindert versehen zu lassen.[60] Gleichzeitig reichten sie Klage beim Schwäbischen Bund ein: Die Stadt Memmingen habe sie in ihren Rechten als Patronats- bzw. Diözesanherr beeinträchtigt. Der Bischof betonte weiterhin, daß die Stadt damit insbesondere gegen Artikel 38 der Ordnung des Schwäbischen Bundes verstoßen habe, in dem die Mitglieder versprochen hätten, die Geistlichkeit in ihrer Jurisdiktion nicht zu beeinträchtigen.[61] Daraufhin forderte der Bund Bürgermeister und Rat von Memmingen am 6. Dezember 1527 auf, sich unverzüglich wegen der Klagen von Bischof und Patronatsherr zu verantworten.[62]

Dies geschah Ende Januar oder Anfang Februar des folgenden Jahres.[63] Auf die Klage des Bischofs antworteten die Memminger mit grundsätzlichen Argumenten, die gleichwohl mit konkreter Erfahrung unterfüttert waren: Sie hätten die bischöfliche Jurisdiktion nicht angetastet, da von Anbeginn in der christlichen Kirche der Prediger von der Gemeinde gewählt worden sei. Dies sei einerseits in der Hl. Schrift begründet und außerdem *gemainn geprauch aller lannd unnd gepurt, Teutscher und ander nation.* Auch sie selbst hätten dies bezüglich der Vöhlinschen Prädikatur seit jeher so gehalten. Und zumindest bei der Besetzung der Prädikatur mit Christoph Schappeler waren es ja in der Tat Bürgermeister und Rat gewesen, die de facto den Prediger ausgewählt hatten. Weiter argumentierte die Stadt, daß, wie für die Wahl, die Gemeinde auch für die Absetzung des Predigers zuständig sei. Sie könnten also den Bischof in seiner Jurisdiktion nicht beeinträchtigt haben, da dieser *diesen valls ainich oberkait ader jurisdiction wider uns bishers nit gehapt oder noch hat.* Bürgermeister und Rat vertraten also im Konflikt um den Stiftungsvollzug der Vöhlinschen Prädikatur nochmals Positionen, die Peter Blickle zufolge den Kernbestand der sogenannten

59 StadtA MM A RP vom 4.11.1527; vgl. *Sontheimer*, Geistlichkeit (wie Anm. 1), 408.

60 StadtA MM A 342/2 zum 8.11.1527 und zum 23.11.1527; vgl. *Sontheimer*, Geistlichkeit (wie Anm. 1), 409–411.

61 StadtA MM A 342/2 jeweils ohne Datum (vor dem 16.11.1527 und zwischen Ende November und dem 6.12.1527) vgl. *Sontheimer*, Geistlichkeit (wie Anm. 1), 411f.

62 StadtA MM A 342/2 zum 6.12.1527; vgl. *Sontheimer*, Geistlichkeit (wie Anm. 1), 412.

63 In einem Schreiben vom 6.1.1528 bitten Bürgermeister und Rat der Stadt Memmingen den Nürnberger Stadtschreiber Lazarus Spengler um Rat, wie sie sich angesichts der Klagen von Bischof und Patronatsherr der Vöhlinschen Prädikatur und der Aufforderung des Bundes, sich zu verantworten, verhalten sollen. Seinen Rat möge er ihnen rechtzeitig bis zum *Valentinii nechst angesetzten* Bundestag mitteilen (StadtA MM A 342/2). Spenglers Antwortschreiben datiert vom 27.1.1528 (ebd.). Die Antwort der Stadt Memmingen an den Schwäbischen Bund muß also zwischen dem 27.1. und dem 14.2.1528 erfolgt sein.

„Gemeindereformation" ausmachten: das Recht der Gemeinde, die Seelsorger zu bestimmen und abzusetzen sowie die Abschaffung der geistlichen Gerichtsbarkeit.[64] Zu diesen prinzipiellen Argumenten trat noch der Verweis auf die konkreten Verfehlungen Macks: Er gefährde durch seine Predigten den reichsstädtischen Frieden; außerdem verstoße er, da er im Konkubinat lebe, gegen die diesbezügliche Bestimmung der Stiftungsurkunde. Deshalb sei es ihre Pflicht als Obrigkeit gewesen, den Prediger abzusetzen. Gegen die Ordnung des Schwäbischen Bundes hätten sie damit nicht verstoßen, denn es könne nicht deren Sinn sein, Angehörige des Bundes zu verpflichten, einen *mutwilligen Frevler*, der den Frieden störe, zu dulden. Gegen den Patronatsherrn führten Bürgermeister und Rat ein Argument ins Feld, das die Stadt erstmals bei einer mündlichen Verhandlung mit dem Bischof von Augsburg vorgebracht hatte, die von diesem ergebnislos abgebrochen worden war: Die Stiftungsurkunde lege dem Patronatsherrn die Pflicht auf, einen Prediger, der sich übel benehme, zu entlassen und mit gebührenden Mitteln darauf hinzuarbeiten, daß er seiner Pfründe verlustig gehe. Erhard Vöhlin wäre auf ihre Anzeige hin dazu verpflichtet gewesen.[65] Mit diesen Ausführungen konnte sich der Bischof, der den Streit für die beiden klagenden Parteien weiterführte, natürlich nicht zufrieden geben. Er widersprach der Auffassung, daß es den Gemeinden zustehe, die Prediger zu wählen und abzusetzen. Dies stehe vielmehr den Stiftern zu bzw. denjenigen, denen diese das Patronat übertragen haben.[66] Dieser Argumentation folgte schließlich auch der Schwäbische Bund und befahl Bürgermeister und Rat am 25. Mai 1528, den vom Bischof verordneten Prediger sein Amt ungehindert versehen zu lassen.[67] Allein: Folgen hatte das nicht. Die Memminger legten gegenüber dem Schwäbischen Bund noch einmal ihre Position dar. Danach verlief das Verfahren im Sande.[68] Es kam zu keiner Bundesexekution gegen die Stadt Memmingen.

Im gleichen Zeitraum, in dem Ehrhard Vöhlin und der Bischof von Augsburg wegen der Vöhlinschen Prädikatur gegen die Stadt Memmingen prozessierten, hatte sich der Gegensatz zwischen den katholischen und den evangelischen Mitgliedern des Schwäbischen Bundes verschärft. Am 29. September 1527 war auf einem Städtetag in Ulm eine Spaltung der Städte in Alt- und Neugläubige gerade noch vermieden worden. Am 11. November 1527 jedoch beschlossen die Reichsstädte des Schwäbischen Bundes, dem Bund in Glaubensangelegenheiten bis zu einem allgemeinen Konzil oder einer Nationalversammlung keinerlei Weisungsbefugnis mehr einzuräumen. Sie beriefen sich dabei auf den Speyerer Reichstagsabschied vom 27. August 1526, der besagte, daß die Reichsstände bis zu einem Konzil mit ihren Untertanen so leben, regieren und sich halten sollten, wie ein jeder solches gegen Gott und den Kaiser hoffe und vertraue zu verantworten. Des weiteren hatten die Städte betont, daß sie nicht gegen die neue Lehre vorgehen könnten, ohne den städtischen Frieden zu gefährden. Außerdem erstrecke sich die Bundeseinung nur auf äußerliche Dinge und nicht auf Fragen des Gewissens. Für den Fall, daß sich der Bund Eingriffe in Glaubensfragen erlau-

64 *Peter Blickle*, Die Reformation vor dem Hintergrund von Kommunalisierung und Christianisierung. Eine Skizze, in: Kommunalisierung und Christianisierung. Voraussetzungen und Folgen der Reformation 1400–1600. Hrsg. v. Dems./Johannes Kunisch. (ZHF, Beih. 9.) Berlin 1989, 9–28, 11; vgl. *Ders.*, Gemeindereformation. Die Menschen des 16. Jahrhunderts auf dem Weg zum Heil. München 1987.

65 StadtA MM A 342/2 ohne Datum (zwischen dem 27.1. und dem 14.2.1528) und zum 16.11.1527; vgl. *Sontheimer*, Geistlichkeit (wie Anm. 1), 409–411, 413–415.

66 StadtA MM A 342/2 zum11.3.1528; vgl. *Sontheimer*, Geistlichkeit (wie Anm. 1), 415–418.

67 StadtA MM A 342/2 zum 25.5.1525; vgl. *Sontheimer*, Geistlichkeit (wie Anm. 1), 418.

68 StadtA MM A 342/2 zum 28.6.1528; vgl. *Sontheimer*, Geistlichkeit (wie Anm. 1), 419.

ben sollte, drohten die Städte mit Austritt aus dem Bund.[69] In dieser Situation sah sich der Bund, obwohl die Bundesleitung immer noch von katholischen Fürsten dominiert wurde, ebensowenig imstande, seinem Beschluß bezüglich der Vöhlinschen Prädikaturstiftung mit Sanktionen Nachdruck zu verleihen, wie in anderen, zeitgleichen Fällen, in denen die zuständigen Bischöfe protestantische Reichsstädte wegen Verletzung der geistlichen Jurisdiktion beim Schwäbischen Bund verklagt hatten.[70] Die „Mühlen der hohen Reichspolitik", in die ein Mitglied des Bundes bisher geraten war, wenn es vor diesem verklagt wurde, mahlten nun leer.[71] Zwar hatte sich die Stadt Memmingen bereits im August 1526 dem Schwäbischen Bund widersetzt, als sie dessen Aufforderung, den evangelischen Prediger Gugy zu entlassen, nicht nachgekommen war, ohne daß dies Sanktionen gegen die Stadt zur Folge gehabt hätte.[72] Dennoch hatten Bürgermeister und Rat das Verfahren äußerst ernst genommen, das der Patronatsherr und der Ordinarius des Vöhlinschen Predigers wegen dessen Entlassung gegen sie angestrengt hatten. Praktisch vor jedem einzelnen Schritt hatten sie Gutachten eingeholt, vom Bürgermeister und den fünf geheimen Räten der Stadt Nürnberg, vom Rat der Stadt Konstanz und von dem Nürnberger Ratsschreiber Lazarus Spengler.[73] Letzterer war es, der die Memminger im Frühjahr 1528 beruhigte, er glaube nicht, *das die stennde dess bunds on verrer vorgeende ervordrung und anntwurt gegen euer erberkeit was beschwerlichs fürzunemem gesynnt seien*, und ihnen zu jener abwartenden Haltung riet, die letztendlich auch erfolgreich war. Der Rechtsweg, den Patronatsherr und Bischof beschritten hatten, um gegen die Veränderungen an der Vöhlinschen Prädikaturstiftung vorzugehen, hatte sich damit als Aporie erwiesen. Johannes Mack bestieg die Kanzel von St. Martin nie wieder. Überhaupt wurde die Vöhlinsche Prädikatur nie wieder besetzt. Im Streit um den Stiftungsvollzug der Vöhlinschen Prädikatur hatten sich Bürgermeister und Rat gegen alle anderen Akteure der Stiftung durchgesetzt. Und waren nun de facto alleinige Herren des Stiftungsvollzugs.

*

Anders als man vielleicht erwarten könnte, nutzten sie dies jedoch nicht dazu, diesen den gewandelten Verhältnissen in der Stadt anzupassen, was bedeutet hätte, das Stiftungsvermögen, über das die Stadt ja die faktische Verfügungsgewalt hatte, einem neuen Zweck zuzu-

69 *Karl Klüpfel* (Hrsg.), Urkunden zur Geschichte des Schwäbischen Bundes (1488–1533). 2 Bde. (Bibliothek d. Literarischen Ver. in Stuttgart, Bde. 14 u. 31.). Stuttgart 1846–1853, Bd. 2, 314–316; vgl. *Bock*, Schwäbischer Bund (wie Anm. 40), 202f.; *Schlenck*, Die Reichsstadt Memmingen und die Reformation (wie Anm. 3), 60; *Peer Friess*, Die Außenpolitik der Reichsstadt Memmingen in der Reformationszeit (1517–1555). (Memminger Forsch., Bd. 4.) Memmingen 1993, 81.

70 *Klüpfel*, Urkunden (wie Anm. 69), Bd. 2, 309; *Bock*, Schwäbischer Bund (wie Anm. 40), 201; vgl. auch *Georg Ludewig*, Die Politik Nürnbergs im Zeitalter der Reformation (von 1520–1534). Göttingen 1893, 73f.; *Bernhard Rüth*, Reformation in Biberach (1520–1555), in: Geschichte der Stadt Biberach. Hrsg v. Dieter Stievermann/Volker Press/Kurt Diemer. Stuttgart 1991, 255–288, 266; *Hans-Christoph Rublack*, Reformatorische Bewegung und städtische Kirchenpolitik in Esslingen, in: Städtische Gesellschaft und Reformation. Hrsg. v. Ingrid Bátori. (Spätmittelalter u. Frühe Neuzeit, Bd. 12.) Stuttgart 1980, 191-220, 205–208.

71 Diese Formulierung bei *Blickle*, Zentrum der Reformation (wie Anm. 3), 351.

72 *Schlenck*, Die Reichsstadt Memmingen und die Reformation (wie Anm. 3), 59; *Friess*, Außenpolitik (wie Anm. 69), 80.

73 StadtA MM A 342/2 zum 27.11.1527, 13.12.1527 und 13.1.1528; vgl. *Dobel*, Memmingen im Reformationszeitalter (wie Anm. 3), Bd. 2, 36–39, 47–50.

führen. Statt dessen zahlte die Stadt Memmingen weiterhin die Einkünfte aus der Prädikaturstiftung korrekt zu den festgesetzten Terminen, alle Quatember, an Johannes Mack als den rechtmäßigen Destinatär aus. Damit wurde die Stiftung in ihrer finanziellen Dimension weiterhin so vollzogen, wie es die Stiftungsurkunde vorsah. Und Bürgermeister und Rat hatten in der Auseinandersetzung vor dem Schwäbischen Bund auch als Beweis dafür angeführt, daß sie den Erben der Stifter in seinen Rechten nicht beeinträchtigt hätten.[74] Auch als Mack, nachdem nichts dafür sprach, daß er in absehbarer Zeit wieder predigen dürfte, auf seine vormalige Pfarrstelle nach Buchloe zurückkehrte, erhielt er weiterhin die Einkünfte aus der Prädikaturstiftung. Zwar hatte der Rat bereits am 30.März 1528 beschlossen, die Stiftungserträge in den Bettelkasten fließen zu lassen.[75] Doch wurde dieser Beschluß offensichtlich nicht umgesetzt. Stattdessen bekam der ehemalige Prediger weiterhin sein Geld, obwohl er die Prädikatur längst nicht mehr versah.

Dies änderte sich erst über vier Jahre, nachdem Bürgermeister und Rat von Memmingen Johannes Mack das Predigen verboten hatten. Am 11. November 1531 schickte Mack einen Boten nach Memmingen mit der Bitte, ihm gegen Quittung 25 fl. Quatembergeld auszuzahlen, da diese noch ausstünden. Es sei nicht seine Schuld, daß er die Prädikatur nicht der Stiftung gemäß versehen könne.[76] Auf diese Nachricht hin beschloß der Rat zunächst, daß die Steuerherren die ausstehenden 25 fl. zunächst einmal einbehalten sollten. Der *prediger* (!) bekam zunächst die ausweichende Antwort, der Rat sei zur Zeit nicht *bey ainand*. Er würde sich zu gegebener Zeit mit der Angelegenheit beschäftigen.[77] Bis zu diesem Zeitpunkt hatte es also noch keinen definitiven Beschluß gegeben, Johannes Mack die Stiftungserträge nicht mehr auszuzahlen. Dieser erging dann vier Tage später. Der Rat ließ Mack bestellen, *man sey kaim pfarer zu Buchlen nichtz schuldig, sonder aim predicanten alhie. So er dan nit hie sei und die Predicatur nit versech auch das wort gots, waiss man ime nichtz zu geben.*[78] Mack beschritt daraufhin den gleichen Weg wie vier Jahre zuvor. Er erhob Klage beim Bischof von Augsburg, und dieser legte die Klage dem Schwäbischen Bund vor, der daraufhin Bürgermeister und Rat der Stadt Memmingen nicht nur aufforderte, Mack wieder die Einkünfte aus der Prädikatur auszuzahlen, sondern ihn auch wieder in sein Predigtamt einzusetzten.[79] Diese Forderung war gleichsam umgekehrt proportional zu der Aussicht, daß sie in die Tat umgesetzt werden könnte. Der Schwäbische Bund war zu diesem Zeitpunkt noch weniger in der Lage, seine Beschlüsse zu exekutieren als vier Jahre zuvor. Seine Tätigkeit war seit beinahe zwei Jahren praktisch zum Erliegen gekommen, und seine Auflösung stand unmittelbar bevor. Darüber hinaus war Memmingen fast genau ein Jahr zuvor dem Schmalkaldischen Bund beigetreten, der ja nicht zuletzt als Schutzbündnis gegen Angriffe des Schwäbischen Bundes ins Leben gerufen worden war.[80] Die Stadt hatte also keinen Anlaß, die Aufforderung des Schwäbischen Bundes besonders ernst zu nehmen. Dennoch machte die Stadt immer noch keine Anstalten, das Stiftungsvermögen der Vöhlin-

74 StadtA MM A 342/2 ohne Datum (zwischen dem 27.1. und dem 14.2.1528) (wie Anm. 56).

75 StadtA MM A RP vom 30.3.1528.

76 StadtA MM A 342/2 zum 11.11.1531; vgl. *Sontheimer*, Geistlichkeit (wie Anm. 1), 450.

77 StadtA MM A RP vom 13.11.1531.

78 StadtA MM A RP vom 17.11.1531.

79 StadtA MM A 342/2 zum 25. und 30. 1.1532; vgl. *Sontheimer*, Geistlichkeit (wie Anm. 1), 450.

80 *Klüpfel*, Urkunden (wie Anm. 69), Bd. 2, 309; *Bock*, Schwäbischer Bund (wie Anm. 40), 210; *Friess*, Außenpolitik (wie Anm. 69), 97ff.; *Ders.*, Ratsreformation (wie Anm. 3), 429; zum Schmalkaldischen Bund vgl. *Gabriele Schlütter-Schindler*, Der Schmalkaldische Bund und das Problem der causa religionis. Frankfurt am Main 1986.

schen Prädikatur umzuwidmen. Sie beschloß sogar zweimal, Mack die ausstehenden Zahlungen zukommen zu lassen. Doch wurde keiner dieser Beschlüsse in die Tat umgesetzt.[81] Der Weg, den die Stadt schließlich beschritt, um bezüglich des Stiftungsvollzugs (zumindest vorläufig) zu einer Lösung zu kommen, war ein Vergleich mit dem Destinatär und dem Patronatsherren der Stiftung.

Spätestens ein halbes Jahr, nachdem die Stadt ihm die Einkünfte aus der Stiftung gesperrt hatte, muß Johannes Mack seine Hoffnungen endgültig aufgegeben haben, vielleicht doch noch einmal das Predigtamt in Memmingen auszuüben. Er ließ seinen zurückgelassenen Hausrat abholen, der sich immer noch in dem Haus befand, das zur Prädikatur gehörte. Dazu schickte er niemand anderen nach Memmingen als seine im Streit um seine Absetzung so oft erwähnte „Konkubine". Ausgerechnet ihr nun machten Bürgermeister und der Ratsschreiber von Memmingen den Vorschlag, Mack solle *sich mit aim rat vertragen und vergleichen (...), damit dannocht etwas umb das gelt und des stifters willen beschech.*[82] Am 4. Juli 1532 erklärte Mack sich zu einem solchen Vergleich bereit und bat, einen Termin dafür zu bestimmen.[83] Der Vergleich zwischen Mack und der Stadt Memmingen kam schließlich auf Vermittlung von Erhard Vöhlins Vetter, dem Augsburger Bürger Hans Vöhlin, am 23. Dezember 1532 zustande und wurde am 16. Januar des folgenden Jahres durch den Bischof von Augsburg bestätigt.[84] Es waren also alle Akteure der Stiftung an ihm beteiligt. Im Zentrum des Vergleichs stand zum einen das Verhältnis des aktuellen Destinatärs zum Patronatsherrn der Stiftung. Es galt, die finanziellen Ansprüche des ersteren an letzteren zu regeln. Der Vergleich bestimmte, daß Mack für die vergangenen sechs und zu Lebzeiten zu allen zukünftigen Quatembern je sieben fl. erhalten sollte. Er erhielt also eine Einmalzahlung von 42 fl. und nahm hin, daß seine zukünftigen Bezüge auf ein gutes Viertel der ursprünglichen Stiftungserträge reduziert wurden. Dafür verzichtete er für sich und für seine Erben auf alle weiteren Ansprüche an den Patronatsherrn der Prädikatur. Der zweite wesentliche Aspekt des Vergleichs war, daß der Patronatsherr nun das Recht erhielt, die restlichen Stiftungserträge, also 72 fl. im Jahr, mit *bewilligung* des Bischofs von Augsburg *laut vnnd inhalt derselben datation unnd stifftung jarlich an(zu)legen unnd bewenden, wie es Goth am gefelligst(en) und der stifftung am gemesesten sein mag.* Der Erbe der Stifter erhielt also die Möglichkeit, den Stifterwillen neu zu formulieren und jenen Teil der Stiftungserträge, der nicht an den gegenwärtigen Destinatär ausgezahlt werden mußte, im Geiste der Stifter einem neuen Zweck zuzuführen. Wie dieser neue Zweck genau aussehen sollte, wird in der Vergleichsurkunde nicht erwähnt. Erhard Vöhlin konnte den Stifterwillen also neu fassen, ohne durch eine schriftliche Regelung gebunden zu sein.

Welchem Zweck er die Erträge aus dem Stiftungskapital der Prädikatur nun zuführte, läßt sich aus späterer Korrespondenz zwischen ihm und der Stadt Memmingen ersehen. Vöhlin legte fest, daß der Rat von Memmingen die 72 fl. Einkünfte aus dem Stiftungsvermögen fortan *umb gotz willen* in Memmingen an Hausarme verteilen sollte.[85] Damit änderte er zwar den Stiftungszweck, sorgte jedoch gleichzeitig dafür, daß die Erträge der Prädikatur wiederum einer Seelenheilstiftung zugute kamen. Denn anknüpfend an das Diktum Christi

81 StadtA MM A RP vom 16.2. und vom 22.3.1531.

82 StadtA MM A RP vom 16.4.1532; vgl. *Sontheimer*, Geistlichkeit (wie Anm. 1), 450f., der allerdings unerwähnt läßt, daß es des Predigers *dirn* ist, die dieser seinen Hausrat abholen läßt.

83 StadtA MM A 342/2; vgl. *Sontheimer*, Geistlichkeit (wie Anm. 1), 451.

84 StadtA MM D 260/1; vgl. *Sontheimer*, Geistlichkeit (wie Anm. 1), 451.

85 StadtA MM A 342/2 zum 7.6.1535; RP vom 20.6.1537.

quamdiu fecistis uni de his fratribus meis minimis mihi fecistis (Mt. 25,40) wurde den Armen seit den Kirchenvätern eine besondere Nähe zu Gott zugesprochen, eine Auffassung, an der die katholische Kirche auch nach der Reformation festhielt.[86] Wer die Not der Armen linderte, erwarb sich deshalb jenseitigen Lohn. Vöhlin entsprach der Bestimmung des Vergleichs, daß die Stiftungserträge aus der Prädikatur *der stifftung am gemesesten* genutzt werden sollten, also nicht auf der Ebene des Stiftungszwecks, sondern indem er an das Motiv für die Prädikaturstiftung anknüpfte: die Sicherung des Seelenheils der Stifter und ihrer Familie. Da die Stiftungserträge nunmehr Hausarmen zugute kamen, die in Memmingen ansässig waren, war der neue Stiftungszweck aber auch kompatibel mit den Vorstellungen, die in der evangelischen Reichsstadt bezüglich der Armenfürsorge herrschten. Wie in anderen evangelischen Reichsstädten war auch in Memmingen mit der Bettelordnung von 1527 die obrigkeitliche Armenfürsorge auf die haussässigen Armen beschränkt worden. Sie allein waren der städtischen Fürsorge und der Almosen der Bürger würdig und erhielten Bettelzeichen. Die fremden Armen dagegen sollten aus der Stadt verwiesen werden. Allerdings war die Unterscheidung von „würdigen" und „unwürdigen" Armen bereits in der vorreformatorischen Zeit vielfach eingeübt worden, nicht zuletzt in der Stiftungspraxis. Auch die Witwe Erhard Vöhlins des Älteren, Elisabeth Lauginger, hatte für zwei Armenspenden, die sie im Zusammenhang mit „Vöhlins Klösterle" gestiftet hatte, den Kreis der Empfänger auf die *gemainen und hawsarmen lutte* beschränkt.[87] Die Stiftungserträge aus der ehemaligen Prädikatur sollten wiederum zu den vier Quatembern verteilt werden, und zwar in Anwesenheit von Personen, die mit den Vöhlins eng verbunden waren, wobei diese Bindungen wiederum aus Stiftungen resultierten. Denn die Beauftragten waren der Kaplan der Vöhlinschen Meßstiftung bei St. Martin sowie den – zu diesem Zeitpunkt nur noch drei – Schwestern von „Vöhlins Klösterle".[88] Auch in der abgewandelten Stiftung sollte die Stifterfamilie also gegenwärtig sein, diesmal in Gestalt von Beauftragten, die stellvertretend für die Stifterfamilie zu den Empfängern der Stiftungserträge in Beziehung traten. Auf diese Weise behielt die Stiftung auch ihre Memorialfunktion, die nun unter den gewandelten Bedingungen vielleicht noch deutlicher zu Tage trat als in der ursprünglichen Stiftung. Die Anwesenheit der Stiftungsbeauftragten bei der Verteilung der Gelder, sorgte dafür, daß der Name der Stifterfamilie dauerhaft gegenwärtig blieb. Möglicherweise versuchte Erhard Vöhlin sogar, für seine milden Gaben die Gegengabe von Gebeten zu erhalten, wie es bei den vorreformatorischen Armenstiftungen üblich war. Es erscheint durchaus denkbar, daß die Armen, wenn sie ihre Almosen erhielten, den Beauftragten des Stifters, die ja allesamt selbst gottesdienstliche bzw. Memorialaufgaben für die Stifterfamilien erfüllten, fromme Wünsche und

86 *Rexroth*, Armut und Memoria im spätmittelalterlichen London (1994), 346; *Michel Mollat*, Die Armen im Mittelalter. 2. Aufl. München 1987, v.a. 26–29, 96–106.

87 *Peer Friess*, Die Bettelordnung der Reichsstadt Memmingen aus dem Jahre 1527, in: Quellen zur Verfassungs-, Sozial-, und Wirtschaftsgeschichte bayerischer Städte in Spätmittelalter und Früher Neuzeit. (Materialien zur bayerischen LG, Bd. 11.) München 1993, 345–370; zur mittelalterlichen Vorgeschichte der Unterscheidung von „ehrlichen" und „unehrlichen" Armen vgl. *Rexroth*, Armut und Memoria im spätmittelalterlichen London (1994), 340, 359f.; *Rolf Kiessling*, Vom Pfennigalmosen zur Aussteuerstiftung. Materielle Kultur in den Seelgeräten des Augsburger Bürgertums während des Mittelalters, in: Materielle Kultur und religiöse Stiftung im Spätmittelalter (1990), 37–61, hier 54; *Berger*, Spital und Seelhaus (1993–96), 85.

88 StadtA MM A 342/2 zum 23.10.1537; RP vom 20.6.1537; zur Meßstiftung und zu „Vöhlins Klösterle" s.o., S. 264.

Gebete für diesen mitteilten, so daß die abgewandelte Stiftung möglicherweise auch ein Gebetsgedenken für die Stifterfamilie zum Inhalt hatte.

Daß die direkte personale Interaktion zwischen Stifter bzw. seinen Beauftragten und Destinatären für den Stifter wie für die Stadt weiterhin einen zentralen Aspekt des Stiftungsvollzugs darstellte, zeigt die letzte Etappe im Streit um den Stiftungsvollzug der Vöhlinschen Prädikatur. Es war die Bestimmung, daß die Vergabe der Gelder an die Hausarmen in Anwesenheit von Beauftragten des Stifters zu geschehen hatte, die zum Gegenstand einer abermaligen Meinungsverschiedenheit von Stifter und Stadt bezüglich des Stiftungsvollzugs wurde, deren Lösung schließlich das Ende der Stiftung selbst bedeutete. Spätestens 1535 begannen Bürgermeister und Rat von Memmingen, den Patronatsherrn der nun zu einer Hausarmenstiftung geänderten Prädikatur zu drängen, er möge davon absehen, daß die Erträge von 72 Rheinischen Gulden aus dem Stiftungskapital in Anwesenheit von Beauftragten der Vöhlins ausgegeben werden müssen. Stattdessen solle er die Stiftungserträge der Verfügungsgewalt der Memminger Almosenherren überantworten und diesen *verordneten darumb vertrawen*. Der Rat sei nämlich besorgt, seine *verordnete möchten darab etwas beschwerd haben, oder in in irer ordnung etwas irrung machen,* wenn sie einen Beauftragten des Stifters *muesten alwegen darbey haben.*[89]

In dieser Argumentation wird nicht deutlich, worin genau die *beschwerd* lag, die den Almosenherren dadurch entstand, daß der Vöhlinsche Kaplan und die Schwestern aus dem Vöhlinschen Bethaus anwesend waren, wenn die Stiftungserträge an die Hausarmen verteilt wurden. Klar wird nur, daß diese Praxis in den Augen des Memminger Rats im Widerspruch zur *ordnung* der Memminger Armenfürsorge stand und in irgendeiner Form ein Störpotential für diese barg. Wahrscheinlich ist, daß sich hinter diesen diffusen Argumenten eine grundsätzliche Frage verbarg, stand die abgewandelte Prädikaturstiftung doch in Widerspruch zu zentralen Prinzipien der obrigkeitlichen Armenfürsorge in protestantischen Städten.[90] Sie kollidierte zum einen mit dem Zug der obrigkeitlichen Armenfürsorge zur Bürokratisierung. Denn die ehemalige Prädikaturstiftung war immer noch ein soziales Gefüge, geprägt von personalen Beziehungen zwischen dem Stifter und seinen Beauftragten – der Rat bezeichnet sie gegenüber Erhard Vöhlin als *die ewern* – sowie zwischen diesen Beauftragten und den Destinatären. Damit stand sie außerdem im Widerspruch zur Zentralisierung der Mittel für die Armenfürsorge in einem sogenannten gemeinen Almosenkasten. Es war ja gerade die Integration der Stiftungserträge in den zentralen Almosenfonds, auf die Bürgermeister und Rat abzielten, wenn sie Vöhlin baten, er möge die Stiftungserträge allein durch die Almosenherren verteilen lassen. Schließlich und endlich hatte die Stiftung als soziales Gefüge durch die persönliche Präsenz des Vöhlinschen Meßkaplans und der Vöhlinschen Betschwestern immer noch eine deutlich sichtbare katholische Prägung, waren diese Beauf-

bens in der evangelischen Reichsstadt und mußte dem Rat schon allein deshalb problematisch erscheinen.

Mit seinem Wunsch, den Stiftungsvollzug nochmals zu ändern, stieß der Memminger Rat bei Erhard Vöhlin lange Zeit auf wenig Gegenliebe.[92] Erst im Februar 1543, also gut zehn Jahre, nachdem die Prädikatur zu einer Hausarmenstiftung abgewandelt worden war, kam es zu einem erneuten Vergleich zwischen Vöhlin und der Stadt Memmingen. Vermittelt hatte ihn wiederum Erhards Vetter Hans Vöhlin.[93] In ihm gab Vöhlin dem Drängen der Stadt Memmingen nach und stimmte dem Rückzug der Stifterfamilie aus dem Stiftungsvollzug schließlich zu. Er erklärte sich bereit, die Stiftungserträge an die verordneten Bettelherren der Stadt Memmingen zu übergeben, die sie dann in Memmingen an kranke und bedürftige Menschen *umb gotts willen* austeilen sollten, und zwar weiterhin an den vier Quatembern. Die Bestimmung, Bürgerschaft und Rat sollten Vöhlin und *der Vehlin erben unnd nachkom an der lehnschaft und recht(en) in allweg ane nachtheyl unnd schaden sein*, war bedeutungslos, da die Stiftererben ja in keiner Weise mehr in Beziehung zu den Empfängern der Stiftungserträge traten und keines der Rechte, die mit der Patronatsherrschaft verbunden waren, mehr ausüben konnten. Weder auf die Auswahl der Empfänger der Stiftungserträge noch auf die Vergabepraxis hatten sie noch Einfluß. Die Vergabe der Stiftungserträge lag vielmehr einzig und allein in der Verfügung der Stadt Memmingen, die damit die Beziehung zu den Empfängern an sich gezogen hatte und diese fortan nach ihren eigenen Kriterien auswählen konnte. Die Stiftung als Handlungsgefüge, in dessen Zentrum die personale Beziehung von Stifter und Destinatär bzw. Destinatären stand, und die gleichzeitig das Gedächtnis der Stifterfamilie dauerhaft bewahrte, existierte nicht mehr.

*

Der Streit um den Stiftungsvollzug der Vöhlinschen Prädikatur bei St. Martin in Memmingen läßt sich in drei Phasen unterteilen. Seine erste Phase beginnt mit der Besetzung der Prädikatur mit Johannes Mack 1526 und endet damit, daß der Prozeß vor dem Schwäbischen Bund, den Patronatsherr und zuständiger Bischof gegen die Stadt Memmingen angestrengt hatten, im Sande verläuft. Damit beginnt die zweite Phase der Auseinandersetzung, die in einen Vergleich mündet, in dem die Akteure der Stiftung den Stiftungsvollzug und damit ihre Beziehung zueinander neu regelten. Die dritte Phase des Konflikts umfaßt die Jahre zwischen dem ersten Vergleich von 1532 und dem zweiten von 1543, mit dem die Stifterfamilie aus dem Stiftungsvollzug ausscheidet und die Stiftung an ihrem Ende angelangt.

Die erste Phase des Streits um den Stiftungsvollzug beginnt als Konflikt zwischen dem Destinatär der Stiftung, dem Prediger Johannes Mack, und der Stadt Memmingen. Bereits

92 StadtA MM A 342/2 zum 8.6.1535.

93 StadtA MM D 260/1; Hans Vöhlin hatte für die Stadt bereits seit 1537 die Verhandlungen mit seinem Vetter geführt. Dies widerspricht der vielfach geäußerten Vermutung, Hans Vöhlin habe sein Memminger Bürgerrecht 1526 aus altgläubiger Verstimmung über die reformatorische Haltung der Memminger Führung aufgegeben. Er selbst hatte anläßlich seines Ausbürgerungsgesuchs gegenüber dem Rat beteuert, daß er diesen Schritt ganz und gar wider seinen Willen und Gemüt unternehme, und daß er weiter ein guter Memminger sein und dem Rat und der Stadt alles Gute tun wolle, so als ob er noch Bürger sei. Und in den Augen des Memminger Rats handelte er auch dementsprechend. Gegenüber Erhard Vöhlin nennt dieser ihn *unnser(n) besonnder lieb vnnd guter freund* (StadtA MM A RP vom 18.4.1526; ebd. A 342/2 zum 23.10.1537); vgl. *Westermann*, Vöhlin (wie Anm. 24), 41.

kurze Zeit, nachdem er sein Amt angetreten hat, liegt Mack wegen seiner Predigten gegen den neuen Glauben im offenen Streit mit den evangelischen Prädikanten bei St. Martin. In diesem Streit bezieht die städtische Führung lange Zeit eine abwartende Position. Erst als sie Anlaß hat zu befürchten, Mack könnte nur die Speerspitze einer katholischen Partei sein, die ihre Anhänger sowohl in als auch außerhalb der Stadt hat und somit Vertreter einer Politik, die dezidiert gegen die evangelische Reichsstadt gerichtet ist, verbietet sie ihm zu predigen. Dieser Eingriff in den Stiftungsvollzug ruft die beiden anderen Akteure der Stiftung auf den Plan. Der Patronatsherr Erhard Vöhlin und der Bischof von Augsburg verklagen die Stadt Memmingen vor dem Schwäbischen Bund. Im Prozeß entscheidet dieser zwar zugunsten von Patronatsherr und Bischof. Wegen des ungelösten Gegensatzes von protestantischen und altgläubigen Bundesständen ist der Bund jedoch nicht in der Lage, diesem Beschluß mit Sanktionen gegen die Stadt Nachdruck zu verleihen. Der Rechtsweg, den der Stiftererbe und der zuständige Bischof beschritten hatten, um sich gegen die Eingriffe der Stadt in den Stiftungsvollzug zur Wehr zu setzten, erwies sich damit als Aporie, die Hebel, die sie in Bewegung setzten, griffen unter veränderten Rahmenbedingungen nicht mehr.

In dieser Situation, da formalisierte Verfahren zur Konfliktbewältigung nicht mehr zur Verfügung standen, schlug die Stunde der Akteure. Sie finden den Weg zu einem friedlichen Ausgleich. Bemerkenswert ist hier v.a. das deutliche Interesse der Stadt Memmingen an einer gütlichen Regelung mit den anderen Parteien. Obwohl sie sich im Streit um den Stiftungsvollzug durchgesetzt hatte und außerdem noch die faktische Verfügungsgewalt über das Stiftungskapital besaß, de facto also alleinige Herrin des Stiftungsvollzugs war, nutzt sie diese starke Position nicht dazu, den Stiftungsvollzug allein in ihrem Sinne neu zu regeln. Vielmehr ergreift sie die Initiative zu einem Vergleich mit dem Destinatär und dem Patronatsherren der Prädikatur, der auch durch den Bischof anerkannt wird. Dieser Vergleich revitalisiert dann noch einmal für einen Zeitraum von über einem Jahrzehnt den Stiftungsvollzug, wenn auch in veränderter Form. Nachdem der Destinatär Johannes Mack abgefunden worden war, hatte der Erbe der Stifter den Stifterwillen im Geiste seiner Vorfahren neu formuliert. Dabei hatte er an deren Motiv, das Seelenheil zu sichern, angeknüpft, und die Prädikatur in eine Hausarmenstiftung umgewandelt. Da er dabei festlegte, daß die neuen Destinatäre die Stiftungserträge in Anwesenheit von Beauftragten der Stifterfamilie erhalten sollten, sicherte er gleichzeitig die fortdauernde Interaktion von Destinatären und Stifterfamilie sowie deren Gegenwart in der Stiftung.

Diese Tatsache und die aus ihr resultierende Aktualisierung Präsenz des alten Glaubens in der evangelischen Reichsstadt ließ den Stiftungsvollzug jedoch bald abermals zum Streitfall zwischen Stadt und Patronatsherr werden. Diese zweite Phase des Streits um den Stiftungsvollzug endete nach über zehn Jahren wiederum mit einem Vergleich. In diesem überließ Erhard Vöhlin die Stiftungserträge der abgewandelten Prädikaturstiftung den Memminger Almosenherrn zur Verteilung und verzichtete darauf, daß hierbei Beauftragte der Stifterfamilie anwesend sein müßten. Damit hatte diese sich endgültig aus dem Stiftungsvollzug zurückgezogen. Die Stiftung als Handlungsgefüge, dessen Kern die Interaktion von Stifter und Destinatär bildete, existierte damit nicht mehr.

Die Betrachtung des Streites um den Stiftungsvollzug der Vöhlinschen Prädikatur in den Jahren 1526 bis 1543 hat spezifische Ungleichzeitigkeiten der wenig untersuchten Epoche der Memminger Reformationsgeschichte nach 1525 deutlich zutage treten lassen.[94] Sie

94 *Friess*, Außenpolitik (wie Anm. 69), 79.

waren die Folge des Aufeinanderprallens von Stifterintention und allgemeinem historischen Wandel. Durch die Einführung der Reformation in Memmingen war der Stiftungsvollzug der Vöhlinschen Prädikatur so, wie ihn die Stifter ursprünglich festgelegt hatten, problematisch geworden. Die Stadt Memmingen und der Patronatsherr befanden sich nun in entgegengesetzten religiösen Lagern. Dem einvernehmlichen Zusammenwirken jener Akteure, deren Interaktion nach dem Willen der Stifter den Stiftungsvollzug bilden sollte, fehlte damit die Geschäftsgrundlage. Das Interaktionsgefüge der Stiftung stand nun unter Spannung, die sich in einem Konflikt entlud. Die Untersuchung dieses Konfliktes bietet einen tiefen Einblick in die Spannungen und Widersprüche innerhalb einer Stadt, in der zwei religiösen Lager miteinander auskommen mußten, und in die Formen, wie sie die Beziehung zueinander regelten. Zwar ist der Vollzug vorreformatorischer Stiftungen in den oberschwäbischen evangelischen (und auch den paritätischen) Reichsstädten bis dato noch nicht systematisch erforscht worden.[95] Die exemplarische Betrachtung der Vöhlinschen Prädikatur in Memmingen läßt jedoch die Annahme plausibel erscheinen, daß in diesen Städten der Vollzug der Stiftungen wesentlich dazu beitrug, daß die „alltägliche Grenze“ zwischen den Konfessionen immer wieder aktualisiert wurde.[96] In Auseinandersetzungen um den Stiftungsvollzug versuchten die jeweiligen Akteure, diese Grenze im eigenen Interesse neu zu interpretieren, und so das Terrain des eigenen konfessionellen Lagers auszudehnen. Im vorliegenden Fall gelang es Bürgermeister und Rat von Memmingen immerhin knapp zwanzig Jahre, nachdem sie die Reformation eingeführt hatten, sich ein Terrain endgültig anzueignen, das der Stiftungsvollzug der Vöhlinschen Prädikatur in der evangelischen Reichstadt immer noch als altgläubig markiert hatte. In anderen Fällen erwiesen sich katholische Stiftererben als hartnäckiger und konnten im Auf und Ab der konfessionellen Kräfteverhältnisse während der Frühen Neuzeit vorübergehend immer wieder bedeutende Terraingewinne verzeichnen. Bei manchen Stiftungen dauerten die Grenzstreitigkeiten gar bis in unser Jahrhundert an.[97]

---

95 Vgl. aber *Anton Schindling*, Die Reformation in den Reichsstädten und die Kirchengüter. Straßburg, Nürnberg und Frankfurt im Vergleich, in: Bürgerschaft und Kirche (Stadt in der Geschichte. Veröff. d. Südwestdeutschen Arbeitskreises für Stadtgeschichtsforschung, Bd. 7.), Sigmaringen 1980, 67–88; *Rolf Kiessling*, Konfession als alltägliche Grenze – oder: Wie evangelisch waren die Reichsstädte?, in: "Geld und Glaube" (wie Anm. 30), 48–66; *Paul Warmbrunn*, Zwei Konfessionen in einer Stadt. Das Zusammenleben von Katholiken und Protestanten in den paritätischen Reichsstädten Augsburg, Biberach, Ravensburg und Dinkelsbühl von 1548 bis 1648. (Veröff. d. Inst. f. Europäische Gesch., Bd. 111.) Wiesbaden 1983; *Peter Lang*, Die Ulmer Katholiken im Zeitalter der Glaubenskämpfe. Lebensbedingungen einer konfessionellen Minderheit. (Europäische Hochschulschr., Rh. 22, Bd. 89.) Frankfurt am Main/Bern 1977.

96 *Liermann*, Handbuch des Stiftungsrechts 1 (1963), 158; "alltägliche Grenze" nach *Kiessling*, Konfession (wie Anm. 95).

97 *Heinrich Gürsching*, Evangelische Hospitäler. Memmingen 1930.

Religiöse Stiftungen als Dissimulation?

Die Kapellen der portugiesischen Kaufleute in Antwerpen

Von

Christine Göttler

Der Florentiner Lodovico Guicciardini nennt in seiner berühmten, 1567 in Antwerpen erschienenen *Descrittione di tutti i Paesi Bassi* die Scheldestadt ein Musterbeispiel einer *città libera*, in der einheimische und ausländische Bevölkerungsgruppen friedlich miteinander verkehren. Es gebe keine Sprache, die man in den Straßen Antwerpens nicht höre. Die Scheldestadt sei unter die Hauptstädte Europas zu rechnen; in bezug auf den Handel sei sie führend. Mehr als tausend Kaufleute lebten in Antwerpen, und mehr als dreitausend neue Häuser seien jüngst hier errichtet worden. Während nun Guicciardini die Verwaltungsbehörden Antwerpens bis in alle Einzelheiten erläuterte, griff er für die ohnehin nur knappe Beschreibung von Kirchen und Klöstern auf Gemeinplätze zurück. Für Guicciardini war Antwerpen im Unterschied etwa zu Löwen ein wirtschaftliches und nicht ein religiöses Modell.[1]

Auch Giovanni Zonca, ein venezianischer Tuchhändler, der sich um dieselbe Zeit in Antwerpen aufhielt, äußerte sich in Briefen begeistert über die religiösen, politischen und persönlichen Freiheiten, die Antwerpen bot. Zonca, der mit reformatorischen Lehren sympathisierte, wurde 1582 von der Inquisition zu einer „ewigen Gefängnisstrafe" verurteilt. Die von 1562 bis 1566 in Antwerpen verbrachten Jahre zählte er zu den glücklichsten seines Lebens. Die Freiheiten seien hier groß, alle gälten als Gentilhommes und die Ausländer würden wie die „ersten Herren auf dieser Welt" behandelt, schrieb Zonca in einem seiner in

---

1 *Lodovico Guicciardini*, Descrittione di tutti i Paesi Bassi, altrimenti detti Germania Inferiore. Anversa: Guglielmo Silvio, 1568, bes. 115–117, 116: „[...] perche gli forestieri in effetto, hanno più libertà in Anversa, et per tutti questi paesi Bassi, che in qual' si voglia altra parte del mondo. Di maniera che ella è cosa ammirabile, veder' tanta commistione, et tante qualità d'huomini, ne meno è ammirabile udire tanta varietà di lingue tra loro si diverse et differenti: la onde senza andare molto attorno, in una terra sola, si puo considerare, et in quelche ti pare et piace imitare la natura, i costumi, et le maniere di molte nationi. Et cosi avviene, che in Anversa per tanti forestieri, ha sempre nuove di tutto il mondo." Vgl. dazu auch *Philippe Desan*, Lodovico Guicciardini et le discours sur la villa à la Renaissance, in: Lodovico Guicciardini (1521–1589). Actes du Colloque international des 28, 29 et 30 mars 1990. Hrsg. von Pierre Jodogne. Löwen 1991, hier 147–149; *Guido Marnef*, Antwerp in the Age of Reformation. Underground Protestantism in a Commercial Metropolis, 1550–1577. Übersetzt von J. C. Grayson. Baltimore 1996, 204. Lodovico Guicciardini hielt sich seit 1541 in Antwerpen auf. Zu seiner Biographie vgl. *R. H. Touwaide*, Messire Lodovico Guicciardini, Gentilhomme Florentin. Mit einem Vorwort von J. van Roey. Nieuwkoop 1975.

die Heimat geschickten Briefe.[2] Der damals erst zwanzigjährige Zonca traf zu einer Zeit in der Scheldestadt ein, als der Calvinismus sich rasch ausbreitete. Zonca selbst pflegte freundschaftlichen Umgang mit zwei Lutheranern und war angetan von der Toleranz gegenüber den Anhängern der „christlichen" (protestantischen) Religion. Zwar äußerte er in einem vom Mai 1566 datierten Brief – wenige Monate vor Ausbruch des Bildersturms – die Befürchtung, daß man die Inquisition nach spanischem Muster auch in den Niederlanden einführen werde. Im selben Brief erwähnte Zonca jedoch auch, daß die „Feindschaft gegenüber der christlichen Religion nicht mehr so groß" sei. An vielen Orten, in Städten und Dörfern, werde die „christliche Religion" gepredigt, wobei Zonca die „Heckenpredigten" der aus dem Exil zurückgekehrten Calvinisten meinte, an denen oft mehr als zehntausend Männer und Frauen teilnahmen.[3]

Zwanzig Jahre später zeigte die Stadt Fremden gegenüber ein abweisendes Gesicht. 1585, mit der Kapitulation Antwerpens vor den Truppen Alessandro Farneses, fanden die religiösen Freiheiten ein abruptes Ende. Sogenannten „Häretikern" wurden sechs Jahre gegeben, um entweder zu konvertieren oder eine andere Bleibe zu suchen. Die Mehrheit der Protestanten wanderte aus, ebenso wandten sich italienische, spanische, portugiesische und deutsche Kaufleute anderen Städten zu, um dort ihre Geschäfte betreiben zu können.[4] Die einst kosmopolitische Handelsstadt hatte sich in ein katholisches „Bollwerk" verwandelt. Innerhalb von vier Jahren sank die Einwohnerzahl Antwerpens von rund 80.000 Personen (im Juni 1585, kurz vor der Kapitulation) auf 42.000 im Jahre 1589.[5]

Durch die erneuerte spanische Autorität veränderte sich auch die städtische Ikonographie. Die von Abel Grimmer und Hendrik van Balen um 1600 gemalte Ansicht des Hafens von Antwerpen vermittelt ein Bild der katholisch ritualisierten Ökonomie (Abb. 26).[6] Der luftige Himmel über der Stadt ist von einer schweren, gold-grauen Wolke durchzogen, auf der sich der segnende Gottvater sowie Jesus und Maria als die wichtigsten Fürbitter zeigen. War es bei Guicciardini die Börse, die das Zentrum der Metropole ausmachte, so bildet nun die Kathedrale den Mittelpunkt einer gehorsamen und gottesfürchtigen Stadt. Handel, Gewerbe und Schiffahrt sind religiös dominiert, die ökonomischen Aktivitäten auch in Abhängigkeit von der spanischen Fremdherrschaft repräsentiert. Marienkathedrale und segnender Gottva-

2 Vgl. *Valerio Rossato*, Anvers et ses libertés vue par Giovanni Zonca, hétérodoxe vénitien (1562–1566), in: RHE 85, 1990, 291–321, hier 308: „[...] che sapiatte che qui è un bel star et de grande libertade, che qui tutti sonno gentilomeni a un modo tanto siamo noi forestieri quanto i primi signori di questa tera [...]". Zu Giovanni Zonca vgl. auch *Richard Mackenney*, Tradesmen and Traders. The World of the Guilds in Venice and Europe, c. 1250 – c. 1650. London/Sydney 1987, 193f.

3 *Rossato*, Anvers (wie Anm. 2), 318.

4 *Gertrud Susanna Gramulla*, Handelsbeziehungen Kölner Kaufleute zwischen 1500 und 1650. (Forsch. zur internationalen Sozial- u. Wirtschaftsgesch., Bd. 4.) Köln/Wien 1972, 339. Vgl. auch: *Hugo Soly*, Social Relations in Antwerp in the Sixteenth and Seventeenth Centuries, in: *Jan van der Stock* (Hrsg.), Antwerp, Story of a Metropolis, 16th – 17th Century. Katalog der Ausstellung im Hessenhuis, Antwerpen, 25. Juni – 10. Oktober 1993. Gent 1993, 37–47; *Alfons K. L. Thijs*, Minderheden te Antwerpen (16de/20ste eeuw), in: Hugo Soly/Alfons K. L. Thijs (Hrsg.), Minderheden in Westeuropese steden (16de–20ste eeuw) – Minorities in Western European Cities (sixteenth – twentieth centuries). (Institut Historique Belge de Rome Bibliothèque, Bd. 34.) Turnhout 1995, 17–42, hier 32.

5 *Alfons K. L. Thijs*, Van Geuzenstad tot katholiek bolwerk. Maatschappelijke betekenis van de Kerk in contrareformatorisch Antwerpen. Turnhout 1990, 38.

6 *Abel Grimmer/Hendrik van Balen*, Ansicht des Hafens von Antwerpen, 1600. Öl auf Holz, 37,7x44,4 cm. Antwerpen, Koninklijk Museum voor Schone Kunsten. Vgl. *van der Stock*, Antwerp (wie Anm. 4), 285, Kat. Nr. 140.

Abb. 26: *Abel Grimmer/Hendrik van Balen*, Ansicht des Hafens von Antwerpen, 1600. Antwerpen, Koninklijk Museum voor Schone Kunsten.

ter erscheinen auf der Mittellinie des Gemäldes. Am rechten Bildrand, unter einem dunkleren Himmel, droht die von Farnese errichtete Zitadelle als Zeichen der habsburgischen Macht.

Während der wirtschaftlichen Blüte Antwerpens in der ersten Hälfte des 16. Jahrhundert waren die ausländischen Kaufleute erwünscht, weil sie durch die Kontakte, die sie in der ganzen Welt mit ihren Verwandten hatten, den Reichtum der Stadt vermehrten. Man fragte wenig nach ihrer religiösen Praxis und Tradition. Dies galt insbesondere für die portugiesischen Kaufleute, die in den ersten Jahren des 16. Jahrhunderts von Brügge nach Antwerpen gekommen waren.[7] Als Handelsbankiers und Geldgeber der spanischen Krone stiegen sie zu gesellschaftlichen Spitzenpositionen auf. 1511 gewährte die Stadt Antwerpen der portugiesischen Nation eine Reihe von Privilegien, unter anderen Handelsfreiheit und Befreiung von Steuern, die in der Folge von Alessandro Farnese und den Erzherzögen Albert und Isabella bestätigt wurden.

Die meisten portugiesischen Familien lebten, oft über Generationen, von der einheimischen Bevölkerung Antwerpens getrennt. Sie sprachen portugiesisch, heirateten untereinander und betrieben Geschäfte miteinander. Sie besaßen keine politischen Rechte und setzten so ihre Energien in wirtschaftliche Aktivitäten um.[8] Wegen ihrer Wohlhabenheit und Prachtliebe waren sie dem Neid und Argwohn der einheimischen Bevölkerung ausgesetzt. Dazu kam, daß die Mehrheit der portugiesischen „merchant-bankers" sogenannte neue Christen waren, *cristiãos-novos* oder *conversos*, die unter dem Druck der Inquisition zur katholischen Religion übergetreten waren. Im späten 16. Jahrhundert verschlechterte sich die Situation für „Abtrünnige", das heißt Protestanten, und eben *marranos*, wie in Spanien zwangskonvertierte Juden verächtlich genannt wurden. Hatten Renaissance-Päpste noch ihre Zweifel über Zwangsbekehrungen geäußert und in einigen Fällen jüdisches Leben beschützt, häuften sich nach dem Trienter Konzil Feindseligkeiten gegenüber Juden und *conversos* von päpstlicher Seite.[9]

In Antwerpen verschärfte sich mit dem ökonomischen Rückgang und der Schließung der Schelde am Ende des 16. Jahrhunderts der inquisitorische Blick auf die wenigen Portugiesen, die sich noch in der Stadt aufhielten. Nach Guicciardini befanden sich um 1560 ungefähr 150 portugiesische Kaufleute in der Stadt; 1611 zählte die portugiesische Nation noch 75 Mitglieder, 1619 wurden lediglich 46 Kaufleute verzeichnet.[10] Nach I. S. Révah und Jonathan Israel sollen dies vorwiegend Juden gewesen sein, die sich jedoch äußerlich wie Katholiken verhielten[11], während Hans Pohl von einer „Differenzierung der religiösen Ein-

7 Vgl. zum folgenden: *Hans Pohl*, Die Portugiesen in Antwerpen (1567–1648). Zur Geschichte einer Minderheit. (VSWG, Beih. 63.) Wiesbaden 1977, passim; Feitorias. L'art au Portugal au temps des Grandes Découvertes (fin XIVe siècle jusqu'à 1548). Katalog der Ausstellung im Koninklijk Museum voor Schone Kunsten, Antwerpen, 29. September – 29. Dezember 1991. [Brüssel] 1991, 46–48.

8 Zum Problem wohlhabender Minderheiten vgl. *Peter Burke*, Hosts and Guests. A General View of Minorities in the Cultural Life of Europe, in: Soly/Thijs, Minderheden (wie Anm. 4), 43–54, hier 46.

9 *Jonathan I. Israel*, European Jewry in the Age of Mercantilism 1550–1750. 3., neubearb. Aufl. Oxford 1998, 14.

10 *Marie Juliette Marinus*, De contrareformatie te Antwerpen (1585–1676). Kerkelijk leven in een grootstad. (Verhandelingen van de Koninklijke Academie voor Wetenschappen, Letteren en Schone Kunsten van België, Klasse der Letteren, Bd. 57, Nr. 155.) Brüssel 1995, 241.

11 *I. S. Révah*, Pour l'histoire des marranes à Anvers: recensement de la „Nation portugaise" de 1571 à 1666, in: Revue des Etudes Juives 122, 1963, 123–147; *Israel*, European Jewry (wie Anm. 9), 42; vgl. auch *Marinus*, Contrareformatie (wie Anm. 10), besonders 240ff.

stellung der Antwerpener Portugiesen" spricht.[12] Marie Juliette Marinus fand in den bischöflichen Akten zwischen 1608 und 1633 28 Personen erwähnt, die verdächtigt wurden, im Geheimen ihrem jüdischen Glauben nachzugehen.[13] Laien – Katholiken und (bekehrte) Juden – wurden dafür bezahlt, Nachbarn, Verwandte und Freunde zu denunzieren, etwa ob diese ihr Haus für den Sabbat herrichteten, an den Sonntagen arbeiteten, kirchliche Andachten ausließen, es vermieden, zum Essen eingeladen zu werden und ihre Mägde nicht für sie kochen ließen. Diesen zum Judentum zurückgekehrten *conversos* drohte die Verbannung, falls sie an ihrem Glauben festhielten.

Perez Zagorin hat in seinem 1990 erschienenen Buch „Ways of Lying" vorgeschlagen, die „defensive Antwort" von religiösen Minderheiten auf die Gefahren der Verfolgung durch die Inquisition mit den Begriffen der *dissimulatio* oder *honesta dissimulatio* zu interpretieren.[14] In der frühneuzeitlichen politischen, moralischen und rhetorischen Theorie galt es als Zeichen von Klugheit und Takt (*prudentia*), sich der jeweiligen Situation entsprechend zu verhalten.[15] Techniken der Verstellung dienten – vor allem in der politischen Sphäre des Hofes – der Selbstdarstellung, sie konnten aber auch von der Notwendigkeit zur Anpassung bestimmt sein. Im sozialen, religiösen und intellektuellen Leben von *conversos* etwa, die ständig verdächtigt wurden, eine heimliche Treue zum Judaismus zu halten, waren Simulation und Dissimulation wichtige Schutz- und Überlebensmaßnahmen. Nach Julio Caro Baroja ging in einigen Fällen „die Dissimulation spanischer Juden so weit, daß sie über Jahre die kritischsten Inquisitoren zu täuschen vermochte".[16]

In diesem Sinne möchte ich im folgenden die religiösen Stiftungen der Antwerpener Portugiesen als rhetorische Gebärden verstehen, die auf bestimmte Situationen hin angelegt waren. Die „dauerhaft" im öffentlichen Raum der Kirche errichteten privaten Kapellen und Altäre verhalfen dem, was vielleicht nur vorgetäuscht wurde, zur glaubhaften Existenz. In der nachreformatorischen katholischen Kultur, die auf Darstellung angelegt war, erlangten sichtbare Rituale eine große Bedeutung; dies gerade auch in Abgrenzung zum Calvinismus, der Zeremonien und Ornate als Mittel der Täuschung ablehnte und statt dessen einer nach innen gewandten Frömmigkeit den Vorrang gab.[17] Stiftungen von Kapellen dienten einer-

---

12 *Pohl*, Portugiesen (wie Anm. 7), 346f. Nach Pohl war „die Antwerpener Portugiesengruppe religiös gespalten [...] in überzeugte Katholiken und heimlich den jüdischen Glauben praktizierende, nach außen sich aber allen religiösen Sitten und Bräuchen der katholischen Kirche unterwerfende Scheinchristen". Im Sinne Pohls argumentiert auch *Kaspar von Greyerz*, Portuguese *conversos* on the Upper Rhine and the *converso* community of sixteenth-century Europe, in: SocH 14, 1989, 59–82.

13 Die meisten Dokumente datieren folglich aus der Amtsperiode von Bischof Johannes Malderus (1611–1633). *Marinus*, Contrareformatie (wie Anm. 10), 241.

14 *Perez Zagorin*, Ways of Lying. Dissimulation, Persecution and Conformity in Early Modern Europe. Cambridge, Mass./London 1990.

15 Das Konzept politischer Klugheit findet sich erstmals formuliert in Machiavellis *Il principe* (1513). Baldassare Castiglione empfiehlt im *Libro del cortegiano* (1528) dem Hofmann den Gebrauch von Verstellungskünsten. Vgl. dazu auch: *Ursula Geitner*, Die Sprache der Verstellung. Studien zum rhetorischen und anthropologischen Wissen im 17. und 18. Jahrhundert. (Communicatio, Bd. 1.) Tübingen 1992, 51–67.

16 *Julio Caro Baroja*, Los judíos en la españa moderna y contemporánea. Bd. 1. Madrid 1978, 415f. Zit. in: *Zagorin*, Ways (wie Anm. 14), 40.

17 Vgl. *Peter Burke*, Die Ablehnung des Rituals in Europa am Beginn der Neuzeit, in: ders., Städtische Kultur in Italien zwischen Hochrenaissance und Barock. Eine historische Anthropologie. Aus dem Englischen von Wolfgang Kaiser. Berlin 1986, 186–200; *Edward Muir*, Ritual in Early Modern Europe. Cambridge 1997, bes. 204–212.

seits der Darstellung bestehender sozialer Positionen; sie eigneten sich andererseits in besonderer Weise dazu, gesellschaftlichen Rang und religiöse Empfindungen zu simulieren. Religiöse Pracht, Zeremonien und Ornate konnten mangelnde soziale Reputation kompensieren und damit auch Wege zum Aufstieg in jene gesellschaftlichen Stellungen anbahnen, die auf dem „Schauplatz" Kirche schon effektvoll eingeübt wurden. Ebenso stellten Altäre, an denen häufige, manchmal tägliche und manchmal gar mit Ablässen ausgestattete Messen gelesen wurden, die religiöse Integrität von Glaubensflüchtlingen oder *conversos* sichtbar zur Schau und „bewiesen", daß die in den Altarbildern oft selbst anwesenden Stifter in der katholischen Religion beheimatet waren.

Über das Patronat erwarben Männer und Frauen das Recht, ihre Gaben durch Inschriften, ein Familienwappen und oft auch -porträts zu kennzeichnen. Stifterporträts hatten gerade in nachreformatorischer Zeit bestimmten Konventionen zu folgen. Dennoch haben einzelne Auftraggeber versucht, die vorgegebenen Muster individuell zu interpretieren und sich in Rollen darstellen lassen, die möglicherweise nur an eine kleine Gruppe von Betrachtern appellierten.

Es ist genau jene Mischung aus konventionellen und individuellen, einheimischen und „fremden" Elementen, die an den von portugiesischen Kaufleuten gestifteten Kapellen und Altären interessiert. Wie präsentierten sich die fremden Handelsbankiers in der religiösen Szene Antwerpens? Und, versteht man den Kirchenraum als Ort sozialer Interaktion, wie traten sie durch ihre Bildnisse in Wechselbeziehung mit den Besuchern der Kirchen? Ich möchte hier exemplarisch drei ungewöhnlich aufwendige Stiftungen von sehr wohlhabenden portugiesischen Kaufleuten vorstellen. Wichtige Informationen verdanke ich dabei der Untersuchung von Hans Pohl zu den „Portugiesen in Antwerpen".[18] Es kann hier nicht darum gehen, die privaten Devotionen der portugiesischen Kaufleute offenzulegen, die, weil sie im Dunkeln bleiben mußten, keine sichtbaren Spuren hinterlassen haben. Untersucht werden sollen vielmehr die in öffentliche sakrale Räume gestifteten Dekorationen, Gemälde und Messen. Im Zentrum stehen dabei Fragen nach den persuasiven Techniken einer auf (argwöhnische) Betrachter zielenden religiösen Repräsentation. Wie haben die Portugiesen lokale und nationale Bildtraditionen zur Darstellung ihrer Hoffnungen und Ängste genutzt? Welche ikonographischen Innovationen brachten sie in die Stifterbildnisse ein?

*

Mein erstes Beispiel ist die Stiftung des Annenhospitals durch Simão Rodrigues d'Evora (1543–1618) und seine Frau Anna Ximenes Lopes im Jahr 1601. Die Rodrigues d'Evora und die Ximenes waren angesehene portugiesische „merchant-bankers", die in mehreren Handelszentren Europas Verwandte hatten. Die beiden Familien waren miteinander verschwägert; Anna Ximenes Lopes war denn auch die Nichte von Simão Rodrigues d'Evora.[19] Simão und Anna residierten in einem stattlichen Palast an der *Vuylestraat*. Als die Erzherzöge Albert und Isabella 1599 ihren triumphalen Einzug in die Stadt Antwerpen hielten, fanden sie dort Unterkunft. Bis zum Staatsbankrott 1607 galt Simão Rodrigues d'Evora als

18 *Pohl*, Portugiesen (wie Anm. 7).

19 *Hermann Kellenbenz*, Sephardim an der unteren Elbe. Ihre wirtschaftliche und politische Bedeutung vom Ende des 16. bis zum Beginn des 18. Jahrhunderts. (VSWG, Beih. 40.) Wiesbaden 1958, 106, und genealogische Übersicht, 481.

Abb. 27: *Otto van Veen*, Triptychon für die Kapelle in dem von Simão Rodrigues d'Evora und seiner Frau Anna Ximenes gestifteten Annenhospital in Antwerpen. Geöffneter Zustand: Anbetung des Jesuskindes durch die Hirten (Mitteltafel); der hl. Franziskus empfiehlt Simão Rodrigues d'Evora und dessen Sohn dem Jesuskind (linke innere Seitentafel); die hl. Anna Selbdritt empfiehlt Anna Ximenes Lopes und deren Sohn dem Jesuskind (rechte innere Seitentafel). Antwerpen, Maagdenhuismuseum.

der bedeutendste Geldgeber des Brüsseler Hofes.[20] Zusammen mit seinem Bruder Nicolão (gest. 1605) hatte er ein Antwerpener Unternehmen geführt, das Bank- und Warengeschäfte miteinander verband.[21]

Seit dem Ende des 16. Jahrhunderts nahmen in den katholischen Niederlanden die privaten wohltätigen Stiftungen zu, wie sich auch die Legate zugunsten von Armen und Bedürftigen erhöhten. Zwischen 1594 und 1656 wurden allein in Antwerpen dreizehn neue Hospize für ältere Männer und Frauen errichtet. Der Antwerpener Geschäftsmann Cornelis Landschot, der 1656 ein Hospiz für zwölf alte Männer stiftete, ließ auf sein Memorial in der Jakobskirche die Worte schreiben: *Men wint den hemel met gewelt / of is te koop met kracht van geldt.*[22] Es scheint, daß Simão Rodrigues 1601 um viel Geld sowohl ein irdisches als auch ein himmlisches Königreich erwarb: Im selben Jahr nämlich, als die Stiftungsurkunde für das Annenhospital ausgestellt wurde, kaufte Simão vom französischen König Heinrich IV. Land und Titel eines Barons von Rodes und damit den wohl fürstlichsten Besitz aller Portugiesen jener Zeit. Nach der Stiftungsurkunde konnte das Annenhospital zehn Witwen katholischen Glaubens aufnehmen, wobei adlige Frauen oder „ehrenhafte Frauen [...] aus sehr guten Familien" den Vorrang vor nichtadligen oder „weniger ehrenhaften" Frauen hatten; drei Plätze waren Portugiesinnen vorbehalten.[23] An den Messen in der Kapelle nahmen die Insassinnen des Hospitals, die Stifter und oft auch Nachbarn teil – in der näheren Umgebung wohnten mehrere portugiesische Kaufleute. Simão beauftragte Otto van Veen, der ebenfalls in der *Vuylestraat* ein Haus besaß, mit der Ausführung des Altarbildes für die Kapelle (Abb. 27). Weil van Veen am katholischen Glauben festhalten wollte, war er nach Köln ausgewandert, als Antwerpen calvinistisch regiert wurde. 1585 war er aus dem Exil zurückgekehrt, um Hofmaler von Alessandro Farnese zu werden.[24] Van Veens Triptychon stellt die Stifter kniend auf Betschemeln in Anbetung vor dem Jesuskind dar, das sich den Hirten als der von Gott verheißene Messias offenbart (Abb. 27). Simão und Anna, nach der das Hospital genannt wurde, werden zusammen mit ihren Kindern vom hl. Franziskus und der hl. Anna Selbdritt dem neugeborenen Erlöser und Maria empfohlen.[25]

---

20 Vgl. zum folgenden: *Pohl*, Portugiesen (wie Anm. 7), 79–84; *Hermann Kellenbenz*, Die Rodrigues d'Evora in Köln, in: Portugiesische Forschungen der Görresgesellschaft. 1. Reihe: Aufsätze zur portugiesischen Kulturgeschichte 6, 1966, 272–290; *Albert de Burbure de Wesembeek*, La Casa de Portugal d'Anvers. Histoire de trois siècles d'activité. Brüssel 1953, 15f.; *Joaquim Mauricio Lopes*, Les Portugais à Anvers au XVIième siècle. Antwerpen 1895, 28f.

21 *Pohl*, Portugiesen (wie Anm. 7), 83.

22 „Man gewinnt den Himmel mit Gewalt oder kauft ihn durch die Kraft des Geldes." Zit. in: *Soly*, Social Relations (wie Anm. 4), 45.

23 *Pohl*, Portugiesen (wie Anm. 7), 332; *Burbure de Wesembeek*, Casa (wie Anm. 20), 15; *Lopes*, Portugais (wie Anm. 20), 28f.

24 *Van der Stock*, Antwerp, Story of a Metropolis (wie Anm. 4), 270 (*Ilja Veldman*).

25 *Otto van Veen*, Triptychon, geöffneter Zustand, Mitteltafel: Anbetung der Hirten (230,5x204,5 cm); linke innere Seitentafel: Simão Rodrigues d'Evora und Sohn mit dem hl. Franziskus (238,5x94,5 cm); rechte innere Seitentafel: Anna Ximenes und Sohn mit der hl. Anna Selbdritt (237,5x95 cm). Auf den Außenseiten der Flügel sind die Rückweisung von Joachims und Annas Opfer und die Begegnung Joachims und Annas an der Goldenen Tempelpforte dargestellt. Antwerpen, Maagdenhuismuseum. Vgl. dazu: Maagdenhuismuseum. Het Sint-Anna drieluik. Antwerpen 1993, 33–35 (*Brunhilde De Ridder*); *Wolfgang Heinrich Savelsberg*, Die Darstellung des hl. Franziskus von Assisi in der flämischen Malerei und Graphik des späten 16. und 17. Jahrhunderts. (Iconographia Franciscana, Bd. 6.) Rom 1992, 333f., Kat. 177; *Leon Voet*, Antwerp – The Golden Age. Antwerpen 1973, 268f.; *Justus*

Simão war der Enkel von Dr. Rodrigo da Veiga (gest. 1546), einem „neuen Christen", der in Lissabon und Evora als königlicher Leibarzt tätig war.[26] Simão Rodrigues selbst schien seinem katholischen Glauben großes Gewicht beigemessen zu haben, und sein Katholizismus wurde meines Wissens auch nie in Frage gestellt. Im Gegenteil: Im November 1585 sagte Baltasar da Costa vor der Inquisition in Lissabon aus, daß sämtliche Portugiesen in Antwerpen Juden seien, mit Ausnahme der Rodrigues d'Evora, der Ximenes und dem Luis Anriques aus Porto.[27] Unter der calvinistischen Regierung plante auch Simão Rodrigues, wie er sich in einem Brief vom 2. August 1581 an seinen Geschäftsfreund Simon Ruiz in Medina del Campo ausdrückte, so schnell wie möglich nach Köln auszuwandern, da der katholische Gottesdienst hier gänzlich abgeschafft worden sei. Er blieb dann aber für ein paar weitere Monate in Antwerpen, weil er die Möglich-keit sah, seinen Glauben im geheimen auszuüben.[28] Zwar hatten im Antwerpen der sechziger Jahren einige Portugiesen die calvinistische Bewegung unterstützt und auf der Seite der Aufständischen gegen die spanische Krone gekämpft. Die schlichte, nach innen gerichtete Frömmigkeit schien auf die von jüdischen Traditionen geprägten *conversos* eine größere Anziehungskraft auszuüben als die äußerliche Religiosität der katholischen Kirche.[29] Viele angesehene spanische, portugiesische und italienische Kaufleute verließen aber auch nach dem Einzug Wilhelms von Oranien (1578) die Stadt. Nach den Aufzeichnungen des zeitgenössischen Kölner Chronisten Hermann von Weinsberg *stunde* [...] *der handel* [...] *zu Antwerpen, in Brabant und Nederlanden so seltsam, das* [die fremden Kaufleute] *der ort groissen verdross hattten zu pliben. War auch vol Kreich und uffroren der ort allenthalben das sie da verdechtlich waren und in groissen sorgen irs leibst stunden.*[30] Simão Rodrigues d'Evora, der im Volksmund wegen seines Reichtums *cleine coninck* genannt wurde, tat alles, den Glanz seiner Familie durch freigebige, ja verschwenderische Gebärden sichtbar zu machen. Der Kauf der Baronie Rodes machte es ihm möglich, sich als Nachkomme eines alten adligen Geschlechts zu

Müller Hofstede, Otto van Veen, der Lehrer des P. P. Rubens. Diss. phil. Freiburg i.B. 1959 (Ms.), 22 und 195f.

26 *Kellenbenz*, Sephardim (wie Anm. 19), 480f.: *Burbure de Wesembeek*, Casa (wie Anm. 20), 15.

27 *Révah*, Pour l'histoire (wie Anm. 11), 128. Um 1608/1609 wurde allerdings Maria Gomes, die Witwe von Simãos Bruder Nicolão Rodrigues d'Evora, als Jüdin denunziert. Vgl. *Pohl*, Portugiesen (wie Anm. 7), 344f.

28 *Valentin Vázquez de Prada*, Lettres marchandes d'Anvers. Bd. 3. (École Pratique des Hautes Études, VIe Section. Centre de Recherches Historiques, Affaires et gens d'affaires, Bd. XVIII,2.) Paris o. J., 73, Nr. 715: „Hia v.m. allá sabrá las novedades sucsedidas aqáa y cómo nos han qitado del todo el exersisio católiqo, por lo qual me hee rezoluido de retirarme a Colonea fasta tanto que se tome en ello asiento. Y alhí y en toda parte a donde yo estubiere ma terná v.m. mui promto a su serbisio. Y no dexo de prezumir que, viendo éste pueblo que se le van los mercaderes con qien ellos viuen, que por ventura seráa eso parte de tornarnos a conseder el exersisio de nuestra religión católiqa, y si lo hizieren me deterné alhá poqo tiempo [...]." Vgl. dazu *Kellenbenz*, Rodrigues d'Evora (wie Anm. 20), 279f.; *Pohl*, Portugiesen (wie Anm. 7), 66.

29 *Zagorin*, Ways (wie Anm. 14), 62; *Paul J. Hauben*, Marcus Pérez and Marrano Calvinism in the Dutch Revolt and the Reformation, in: Bibliothèque d'Humanisme et Renaissance 29, 1967, 121–132.

30 Zit. in *Gramulla*, Handelsbeziehungen (wie Anm. 4), 341. Die Ximenes und die Rodrigues verließen 1576 Antwerpen, hielten sich zuerst in Cambrai, dann in Paris auf und kehrten im Sommer 1577 wieder nach Antwerpen zurück. Im Frühjahr 1578 begaben sich die Ximenes und die Rodrigues zusammen mit anderen nahen Verwandten nach Köln. Die Kölner Bevölkerung begegnete den Portugiesen jedoch mit Mißtrauen, und Simão Rodrigues d'Evora kehrte spätestens im Januar 1579 wieder nach Antwerpen zurück. Vgl. *Kellenbenz*, Rodrigues d'Evora (wie Anm. 20), 275–277.

bezeichnen und damit auch den Makel einer zweifelhaften Abstammung zu tilgen. Der Wunsch, eine christliche und „reine“ Linie zu schaffen (die Rodrigues d'Evora waren zwischen 1545 und 1560 nach Antwerpen gekommen)[31], mochte Simão und seinen Bruder Nicolão auch dazu bewogen haben, in der Minderbrüderkirche die Kapelle des hl. Petrus von Alcántara zu Ehren ihrer Eltern, Manuel Rodrigues d'Evora und Catharina Lopes, zu errichten.[32]

*

Die Stiftungen für die Kirche der Unbeschuhten Karmeliter in Antwerpen sind von mir zum Teil schon an einem anderen Ort diskutiert worden[33], ich werde hier jedoch auf Dokumente eingehen, die damals noch nicht bekannt waren. Der von Teresa von Avila gegründete Orden der Unbeschuhten Karmeliter wurde in besonderer Weise von den Erzherzögen Albert und Isabella gefördert; Isabella erreichte denn auch, daß die nach Antwerpen gekommenen Mönche die Genehmigung erhielten, ein Kloster zu gründen. Kloster und Kirche der Unbeschuhten Karmeliter lagen in einer von portugiesischen Kaufleuten bevorzugten Gegend und unweit von Peter Paul Rubens' Haus am Wapper. Ein Großteil der Mönche war ebenfalls spanischer oder portugiesischer Herkunft, und der Bau der 1626 geweihten Kirche wurde fast ausschließlich von miteinander verschwägerten portugiesischen Familien finanziert, den Nunes d'Evora, Henriques, Mendes, Dias, Paz und Vaz.[34]

Den kostspieligen Hauptaltar sowie die zwei Chorkapellen stifteten der portugiesische Kaufmann Manuel Nunes d'Evora (gest. 8. Mai 1636) und seine Gattin Justa Henriques (gest. 8. Dezember 1637). Am Hauptaltar wurde für die Patrone täglich eine Messe gelesen. Als weitere Förderin des Ordens ragte Felipa Mendes Borges (gest. 26. Januar 1629), die Frau des portugiesischen Kaufmanns Simão Dias, heraus. Was wissen wir von diesen portugiesischen Wohltätern? Manuel Nunes d'Evora besaß eine Handelsfirma und gehörte zur Schicht der sehr wohlhabenden Portugiesen. Seine Frau, Justa Henriques, war die Tochter von Manuel Frances. Die Frances wurden von der Inquisition als Juden verfolgt[35], und einiges weist darauf hin, daß auch Manuel Frances, seine Tochter und deren Gatte heimlich die jüdische Religion ausübten. Manuel Frances und sein Schwiegersohn Manuel Nunes d'Evora bauten 1615 in Borgerhout ein großes, „Portugiesenhof“ genanntes Landhaus.[36] Dort sollen Versammlungen der jüdischen Gemeinschaft stattgefunden haben, die 1617 zum ersten Mal in den bischöflichen Protokollen erscheinen. 1627 wurden erneut geheime Zusammenkünfte entdeckt.[37] In denselben Jahren traten Manuel Nunes und Justa Henriques

31 Feitorias (wie Anm. 7), 48.

32 Vgl. *Pohl*, Portugiesen (wie Anm. 7), 335f.

33 Vgl. zum folgenden *Christine Göttler*, Die Kunst des Fegefeuers nach der Reformation. Kirchliche Schenkungen, Ablaß und Almosen in Antwerpen und Bologna um 1600. (Berliner Schr. zur Kunst, Bd. 7.) Mainz 1996, 179ff.

34 Ebd. 224f.; zur Geschichte dieser Familien vgl. *Pohl*, Portugiesen (wie Anm. 7), passim

35 *Pohl*, Portugiesen (wie Anm. 7), 95.

36 Ebd. 293. Zum „Portugiesenhof“ vgl. *Jan Baptist Stockmans*, Deurne en Borgerhout sedert de vroegste tijden tot heden. Teil 3. Brecht 1899, 237f.

37 Bisschoppelijk Archief Antwerpen (=BAA), A 9b, 88^v (1617); 223^r (1627); vgl. auch Algemeen Rijksarchief te Brussel: Audiëntie 2040/3 (1630). 1616 soll sich die jüdische Gemeinde wöchentlich in einem Haus an der *Lange Nieuwstraat* versammelt haben: BAA, A 9b, 76^v. Den Hinweis auf die Dokumente verdanke ich *Marinus*, Contrareformatie (wie Anm. 10), 241.

Abb. 28: *Gerard Seghers*, Maria überreicht dem hl. Simon Stock das Skapulier. Antwerpen, Koninklijk Museum voor Schone Kunsten.

jedoch auch bei verschiedenen kirchlichen Institutionen in Antwerpen, vor allem aber bei den Unbeschuhten Karmelitern, als großzügige Stifter auf. Für ihre Familiengruft in der rechten Chorkapelle der Kirche der Unbeschuhten Karmeliter übernahmen sie gar einen Kult, der mit der Feier jüdischen Sabbat zusammenfiel. Die Kapelle war dem hl. Simon Stock geweiht, der im 13. Jahrhundert als Einsiedler in einem Baumstumpf in der Nähe von Cambridge lebte. In einer berühmten Vision hatte die Jungfrau dem zukünftigen Karmelitergeneral versprochen, jeden Samstag ins Fegefeuer zu steigen, um diejenigen Kleriker und Laien aus den Flammen zu befreien, die das karmelitische Skapulier trugen. Im Altarbild ist dargestellt, wie Maria dem Simon Stock das Skapulier überreicht (Abb. 28).[38] Darüber hinaus soll sich in derselben Kapelle ein Triptychon befunden haben, das Manuel Nunes d'Evora und Justa Henriques (auf den Seitenflügeln) als andächtige Betrachter des Kruzifixes (auf der Mitteltafel) zeigte.[39]

Die sogenannte „Sabbatbulle", die den wöchentlichen Abstieg der Jungfrau ins Fegefeuer bestätigte, war erst 1577 von päpstlicher Seite anerkannt worden; 1631 wurde in Antwerpen eine Skapulierbruderschaft errichtet, der höchstwahrscheinlich auch Manuel Nunes und Justa Henriques angehörten. Dabei bleibt ungelöst, ob die portugiesischen Kaufleute vom Skapulier ausschließlich Linderung in den Flammen des Fegefeuers oder zugleich Schutz gegen die Inquisition erhofften, ob ihre enormen Schenkungen ihre inneren Empfindungen spiegelten oder ob sie katholische Frömmigkeit bloß vortäuschten. In ihrer Grabkapelle förderten die portugiesischen Kaufleute auch einen heimatlichen Kult: Skapulierbruderschaften waren im 17. Jahrhundert vor allem in Spanien und Portugal beliebt. Estevan de Ares de Fonseca, der 1630 vor der Inquisition aussagte, bezeichnete Manuel Nunes d'Evora als Katholiken, denunzierte jedoch Simão Dias Vaz, der ebenfalls in der Kirche der Unbeschuhten Karmeliter einen Grabplatz erwarb, als Juden.

*

Eine vom Standpunkt der Inquisition Argwohn erregende Ahnenreihe wies auch Felipa Mendes Borges auf, deren Testamentsvollstrecker Manuel Nunes d'Evora war. Nach der Grabinschrift war Felipa mit dem portugiesischen Kaufmann Simão Dias verheiratet, der möglicherweise mit dem als Jude verdächtigten Simão Dias Vaz identisch war. In einem vom 22. Juni 1630 datierten Eintrag in den bischöflichen Akten wird ebenfalls der Verdacht geäußert, daß der in der *Lange Gasthuisstraat* wohnende Simão Dias Vaz dem Judaismus anhänge.[40] Ein Vorfahre, Diego Mendes, Bankier der portugiesischen und spanischen

38 *Gerard Seghers*, Maria überreicht dem hl. Simon Stock das Skapulier. Öl auf Leinwand, 197x138 cm. Antwerpen, Koninklijk Museum voor Schone Kunsten. *Dorothea Bieneck*, Gerard Seghers 1591–1651. Leben und Werk des Antwerpener Historienmalers. (Flämische Maler im Umkreis der großen Meister, Bd. 6.) Lingen 1992, 256, Kat. C11. Bieneck schreibt das Werk einem Rubens-Schüler (z. B. Erasmus Quellinus II) zu.

39 Verzameling der Graf- en Gedenkschriften van de Provinicie Antwerpen (Inscriptions funéraires et monumentales de la province d'Anvers). 6 Bde. Antwerpen 1856–1887, Bd. 5, 371f.

40 Zu den Äußerungen von Estevan de Ares de Fonseca über Simão Dias Vaz vgl. *Pohl*, Portugiesen (wie Anm. 7), 341, 345. Der Eintrag in den bischöflichen Akten (22. Juni 1630), der ebenfalls Simão Dias Vaz als verdächtigen Juden erwähnt, findet sich in BAA, A 11, fol. 166^r. Zur möglichen Identität von Simão Dias (dem Ehemann von Felipa Mendes) und Simão Dias Vaz (gest. 1650), der in einer (späteren?) Ehe mit Ines Henriques verheiratet und ebenfalls in der Kirche der Unbeschuhten Karmeliter in Antwerpen bestattet wurde, vgl. *Pohl*, Portugiesen (wie Anm. 7), 97. Am 25. September 1629 gab

Krone, war der wohl berühmteste portugiesische Jude im Antwerpen des 16. Jahrhunderts. 1532 wurde er in einem aufsehenerregenden Prozeß von der Inquisition wegen seines jüdischen Glaubens verhaftet. Er kam jedoch dank der Fürsprache des Magistrats sowie gegen die Zahlung einer Kaution wieder frei.[41]

Die im Januar 1629 verstorbene adlige Portugiesin Felipa Mendes hatte laut der Stifterinschrift nicht nur „diese Kapelle errichtet, geschmückt und mit dem Zins für eine tägliche Messe ausgestattet“, sondern „auch an den Bau der ganzen Kirche freigebig gespendet“.[42] Darüber hinaus war die von Felipa Mendes finanzierte tägliche Ewigmesse von einem besonderen Wert. Der Altar der hl. Teresa war ein „für die Toten privilegierter Altar“, das heißt, mit jeder Meßfeier konnte ein vollkommener Ablaß für eine Seele im Fegefeuer erwirkt werden, den der zelebrierende Priester hier der Seele der Patronin, Felipa Mendes, applizierte. Peter Paul Rubens‘ Gemälde stellt die wunderbare Wirkung von an einem privilegierten Altar gelesenen Messen anschaulich vor Augen (Abb. 29).[43] Dargestellt ist das postmortale Schicksal eines jungen spanischen Adligen namens Bernardino de Mendoza, wie es Teresa von Avila im „Buch der Klosterstiftungen“ beschreibt. Weil Bernardino dem jungen Orden ein Haus für ein Kloster in Valladolid geschenkt hatte, konnte er trotz seiner Sünden durch die Fürbitte der hl. Teresa gerettet werden. Die Mendozas unterstützten die Reformbewegung Teresas mit reichlichen Mitteln.[44] In der männlichen Seele links, die eben auf Befehl von Christus von einem Putto aus den Flammen gezogen wird, läßt sich unschwer Bernardino de Mendoza erkennen. Darüber hinaus spielt das Motiv einer geretteten weiblichen Seele auch auf das Thema der Rettung des Stifters an. Eben fliegt ein weiterer Putto herbei, um eine junge und attraktive Frau aus den Flammen zu befreien, auf die ebenfalls Teresa von Avila mit ihrer Rechten hinweist. Diese Geste scheint an das Publikum adressiert, das der gemalten Geschichte folgende Botschaft entnehmen mochte: Da schon Bernardino de Mendoza wegen seiner Freigebigkeit aus dem Fegefeuer gerettet wurde, darf auch Felipa Mendes, die nach der Inschrift „freigebig“ (*liberalis*) an die Kirche der Unbeschuhten Karmeliter spendete, Anspruch auf himmlischen Lohn erwarten.

War folglich die großzügige Unterstützung, die Felipa Mendes den Unbeschuhten Karmelitern gab, in erster Linie eine soziale Strategie, eine notwendige Überlebenstaktik an einem Ort, der für *conversos* zunehmend feindselige Züge annahm? Der privilegierte Altar, an dem täglich Messen für die Seelen im Fegefeuer gelesen wurden, „bewies“ – in den Augen der Kirchgänger –, daß Felipa Mendes katholisch war und darüber hinaus die „Sünden“ ihrer Vorfahren zu tilgen versuchte. Peter Paul Rubens, der die gerettete weibliche Seele als

---

Simão Dias zwei Häuser an der *Lange Gasthuisstraat* im Wert von 20.000 Gulden als Pfand für eine Summe von 18.000 Gulden, die er dem Sterbehaus seiner Frau Felipa Mendes schuldete: vgl. *Göttler*, Kunst (wie Anm. 33), 219. Dies würde ebenfalls für die Identität von Simão Dias und Simão Dias Vaz sprechen, da Simão Dias Vaz 1630 (nach BAA, A 11, fol. 166^r) in einem Haus an der *Lange Gasthuisstraat* wohnte.

41 Zu Diego Mendes vgl. *Pohl*, Portugiesen (wie Anm. 7), 88; Feitorias (wie Anm. 7), 48.

42 *Göttler*, Kunst (wie Anm. 33), 246.

43 *Peter Paul Rubens*, Fürbitte der hl. Teresa, nach 1630. Öl auf Leinwand, 193x139 cm. Antwerpen, Koninklijk Museum voor Schone Kunsten. Vgl. *Göttler*, Kunst (wie Anm. 33), 338f.

44 Vor allem Alvaro Hurtado de Mendoza, Bischof von Avila nach 1560, sein jüngerer Bruder Bernardino und deren Schwester Doña Maria unterstützten Teresa. Vgl. *Alison Weber*, Saint Teresa‘s Problematic Patrons, in: The Journal of Medieval and Early Modern Studies 29, 1999, 357–379, hier 372, Anm. 5.

Abb. 29: *Peter Paul Rubens*, Fürbitte der hl. Teresa, nach 1630.
Antwerpen, Koninklijk Museum voor Schone Kunsten.

eine bußfertige Maria Magdalena gestaltete, gab dieser Sühne- und Umkehr-Thematik künstlerische Evidenz.[45]

Wie weit hatte Felipa Mendes' jüdische Herkunft den Charakter ihrer Stiftung geprägt? Felipa suchte bei einer spanischen Heiligen Schutz, die wie sie selbst aus einer Familie konvertierter Juden stammte. Teresas Großvater väterlicherseits, der zum Katholizismus konvertierte Textilhändler Juan Sánchez de Cepeda (1440–1507), war vor der Inquisition als *judaizante* denunziert worden. Allerdings wurde er in einem demütigenden *Autodafé* rekonziliiert und entging dadurch Bankrott, Gefängnis und Scheiterhaufen. Teresas jüdische Abstammung wurde jedoch spätestens seit ihrer Heiligsprechung 1622 nicht mehr erwähnt.[46] Schon 1597 hatten die Unbeschuhten Karmeliter in ihre Statuten die Forderung nach „Reinheit des Blutes" (*limpieza de sangre*) aufgenommen, die verbot, *conversos* bis ins vierte Glied in den Orden aufzunehmen; es wäre folglich zu dem Zeitpunkt Teresa selbst verwehrt gewesen, in den von ihr gegründeten Orden einzutreten.[47]

Bemerkenswert ist nun, daß Rubens' neue und ungewöhnliche Ikonographie das offizielle Bild der Heiligen zu verdrängen vermochte, das Teresa im visionären Erlebnis der Transverberation zeigte. Aufgrund älterer Guiden ließ sich die frühe Altardisposition der Kirche rekonstruieren.[48] Die Querhausaltäre stellten ursprünglich die Visionen der Hauptheiligen Teresa von Avila und Johannes vom Kreuz zur Schau. Kurz nach 1630, wahrscheinlich nachdem Rubens' Gemälde über dem Altar der Mendes-Kapelle angebracht worden war, wurde jedoch Gerard Seghers Gemälde der „Transverberation" vom nördlichen Querhausaltar entfernt und in der Nähe des Eingangs der Kirche aufgestellt, allerdings ohne Verbindung zu einem Altar. Der nördliche Querhausaltar wurde auf den hl. Joseph umgewidmet. In der Kirche der Unbeschuhten Karmeliter in Antwerpen war es also die heilige Teresa der portugiesischen *conversos*, welche die offizielle Heilige der katholischen Kirche aus dem Altarbereich zu verbannen vermochte.

Als Gegenleistung zu den aufwendigen Schenkungen der portugiesischen Kaufleute sorgten die Unbeschuhten Karmeliter für das Seelenheil der miteinander verschwägerten Familien. Der Totendienst bildete den „emotionalen Bezugspunkt"[49] der Stiftungen der *conversos*. An den Altären der Hauptstifter wurden tägliche Messen gelesen, Felipa Mendes hatte darüber hinaus ein kostspieliges Ablaßprivileg erworben, das die rasche Überführung ihrer Seele vom Fegefeuer in den Himmel garantierte. Neben Felipa Mendes, Manuel Nunes d'Evora und Justa Henriques hatten auch Mitglieder der portugiesischen Familien der Dias, Paz und Vaz ihre Bestattung bei den Unbeschuhten Karmelitern angeordnet. Um das Seelenheil ihrer Verstorbenen zu sichern, vertrauten sie sich einer Heiligen an, die auch auf der iberischen Halbinsel von aristokratischen *converso*-Familien unterstützt wurde und die selbst keine „reine" Linie aufweisen konnte. Die Kirche der Unbeschuhten Karmeliter bot

---

45 Teresa selbst hat sich intensiv mit Maria Magdalena identifiziert. Vgl. *Carol Slade*, St. Teresa of Avila. Author of a Heroic Life. Berkeley/Los Angeles/London 1995, 57–64.

46 Vgl. dazu: *Jodi Bilinkoff*, The Avila of Saint Teresa. Religious Reform in a Sixteenth-Century City. Ithaca/London 1989, 109f.; *Alison Weber*, Teresa of Avila and the Rhetoric of Femininity. Princeton 1990, 8; *Slade*, St. Teresa (wie Anm. 45), 69f.

47 Vgl. *Jodi Bilinkoff*, Teresa of Jesus and Carmelite Reform, in: Religious Orders of the Catholic Reformation. In Honor of John C. Olin on his Seventy-Fifth Birtday. Hrsg. von Richard L. De Molen. New York 1994, 165–186, hier 177.

48 Zum folgenden vgl. *Göttler*, Kunst (wie Anm. 33), 232–241.

49 Den Begriff hat *Christoph Weber* geprägt: Familienkanonikate und Patronatsbistümer. Ein Beitrag zur Geschichte von Adel und Klerus im neuzeitlichen Italien. (Hist. Forsch., Bd. 18.) Berlin 1988, 34ff.

den Antwerpener Portugiesen die Möglichkeit einer sozialen und liturgischen Repräsentation, die ihren besonderen religiösen Bedürfnissen entgegenkam und sie gleichzeitig vor der Inquisition zu schützen versprach.

*

Religiöse Stiftungen dienten also gleichermaßem dem sozialen Ansehen der portugiesischen Kaufleute wie sie auch ihre Ansprüche auf eine Toten-Memoria zu erfüllen vermochten. Altarbilder, besonders aber Stifterdarstellungen, haben solchen Wünschen manchmal sichtbaren Ausdruck verliehen. Ikonographische Inventionen, die bisweilen auch das religiöse Decorum verletzten, lassen auf besondere Motivationen zur Stiftung schließen, wie im folgenden am Beispiel des Altarbildes für die von Francisco Lopes Franco y Feo und seiner Frau Mariana Franca gestiftete Portiuncula-Kapelle gezeigt werden soll. Die prätentiöse und gegen die nachtridentinischen Vorschriften über religiöse Bilder verstoßende Geste, mit der Francisco und seine Frau Mariana sich in der von ihnen gestifteten Kapelle in der Antwerpener Minderbrüderkirche ins Bild setzten (Abb. 30), greift auf spanisch-aristokratische Traditionen zurück, scheint aber auch durch ein erhöhtes Schutzbedürfnis veranlaßt worden zu sein. Francisco Lopes Franco y Feo, der vor seinem Aufenthalt in Antwerpen lange in Ostindien gelebt hatte, war zu seiner Zeit der wohl einflußreichste portugiesische Asentist.[50] 1651 erwarb er die Herrschaften Helmont und Kontich.[51] Er war im Kreditgeschäft mit der Regierung tätig. Seine Ehe mit Mariana Franca blieb kinderlos. 1636 hatte Francisco Lopes Franco y Feo zusammen mit Geschwistern und anderen Verwandten zu Ehren seiner Eltern die Kapelle der Heimsuchung Mariä in der Jakobskirche errichtet, die als Familiengruft diente und 1640 vom Antwerpener Bischof geweiht wurde.[52]

Während der vierziger Jahre verließen einige sehr wohlhabende portugiesische Kaufleute und Asentisten die Stadt: 1646 flohen die Asentisten Rodrigo Alvares und Gil Lopes Pinto mit ihren Familien aus Antwerpen, um sich in Rotterdam als Juden niederzulassen. Für teures Geld ließen die zwei Brüder die Gebeine ihres Vaters (Dr. Manuel Alvares Pinto), ihrer Mutter (Violante Enriques), und ihrer Tante (Isabel Henriques) aus der Familiengruft in der Kirche der Unbeschuhten Karmeliter in Antwerpen entfernen und zum jüdischen Friedhof *Bet Haim* in Rotterdam senden. Der 1635 verstorbene Arzt Manuel Alvares Pinto, der sich zum Judentum bekannte, soll das katholische Begräbnis bei den Unbeschuhten Karmelitern (wo sich ja auch die Kapelle der Felipa Mendes befand) arrangiert haben, um den äußeren Schein zu wahren und Leib und Leben seiner Familie zu erhalten. Um dieselbe Zeit wanderte auch Diego Teixeira mit seiner jungen Frau Anna beziehungsweise Sara

50 *Pohl*, Portugiesen (wie Anm. 7), 98. Asentisten waren Großkaufleute, die der spanischen Regierung gegen Privilegien (Adelstitel, Renten) und beträchtliche Zinsen Gelder und Güter zur Verfügung stellten, die die spanische Krone nicht aufbringen konnte. Vgl. *Hans Pohl*, Zur Bedeutung Antwerpens als Kreditplatz im beginnenden 17. Jahrhundert, in: Die Stadt in der europäischen Geschichte. Fschr. Edith Ennen. Hrsg. v. Werner Besch u. a. Bonn 1972, 667–686, hier 668f.

51 *Pohl*, Portugiesen (wie Anm. 7), 97.

52 Die Stifter und Erben des Francisco Lopes Franco waren: Bento Rodrigues de Lisboa, Antonio Rodrigues Franco, Diego Lopes Franco, Sebastian Alvares, Francisco Lopes Franco y Feo und Ines Franca. Vgl. Stadsarchief Antwerpen (=SAA), N 2465, fol. 86, 95. *Pohl*, Portugiesen (wie Anm. 7), 335, 368 (Genealogie); *Armand Boni*, Antwerpens Roem St. Jacobskerk. Een kultuurhistorische schets van Antwerpen en Sint Jacobskerk in de vijftiende, zestiende en zeventiende eeuw. Antwerpen o.J., 131; Verzameling (wie Anm. 39), Bd. 2, 75ff.

d'Andrade nach Hamburg aus und trat dort öffentlich zum jüdischen Glauben über. Diego Teixeira hatte sich noch 1643 ein Dokument ausstellen lassen, das seine Herkunft aus dem alten portugiesischen Adelsgeschlecht der Sampayo bestätigte.[53]

Wegen des anwachsenden Druckes der Inquisition wurde es für die portugiesischen Kaufleute zunehmend schwieriger, in Antwerpen zu leben. Furcht vor solchen Feindseligkeiten mochte Francisco Lopes Franco y Feo und Mariana Franca veranlaßt haben, das Patronat der großen Querhauskapelle in der Minderbrüderkirche zu übernehmen.

Daß Francisco Lopes Franco y Feo seine Grabkapelle in die Antwerpener Franziskanerkirche verlegte, mag mit der Devotion gegenüber seinem Heiligenpatron zusammenhängen. In der Minderbrüderkirche befand sich zudem seit den achtziger Jahren des 16. Jahrhunderts die Kapelle der portugiesischen Nation. Neben portugiesischen Familien[54] machten sich auch italienische Kaufleute als Förderer des Minderbrüder-Klosters einen Namen. Das Testament von Francisco Lopes Franco y Feo und seiner Frau Mariana Franca ist vom 4. Oktober 1647 datiert, wurde also drei Tage nach dem zweiten Staatsbankrott Philipps IV. ausgestellt.[55] Francisco und Mariana stellten die enorme Summe von 100.000 Florin für eine wohltätige Stiftung zur Verfügung. Sie wünschten, in der Kapelle der Madonna von Portiuncula bestattet zu werden, an ihrem Begräbnis sollten Mitglieder aller Klöster der Stadt anwesend sein. Außerdem sollten 400 Florin an die Armen verteilt werden. Sie richteten eine Rente ein, damit in ihrer Grabkapelle täglich eine Messe zelebriert werde, und vergaben zweitausend Messen „für ihr Seelenheil", die unmittelbar nach ihrem Tod in den Klöstern der Stadt gelesen werden sollten. Nach ihrem Tod sollten auch während eines Monats die armen Insassen in den städtischen Gefängnissen gespeist werden. Außerdem stellten sie Mittel bereit, um zwei wegen bürgerlicher Delikte ins Gefängnis gekommene Personen freizukaufen und einen katholischen Spanier oder Portugiesen aus der Hand der Türken zu lösen. Mit diesen Bestimmungen, die sich relativ häufig in Testamenten finden, versuchten die Patrone, sich für die als kritisch beurteilte Zeit kurz nach dem Tod wirksame Fürbitter zu sichern. Darüber hinaus förderten Mariana und Francesco, da sie selbst keine Kinder hatten, mit Geldgeschenken und Schmuckstücken von Gold und Diamanten Heiraten unter ihren Verwandten.

Mit dem Bau der Portiuncula-Kapelle im nördlichen Querhaus der Kirche wurde um 1649 begonnen, Schuts Gemälde wird um 1650 datiert.[56] Im September 1648 ereignete sich

53 Zur Flucht der Familie Pinto vgl. *H. P. Salomon*, The „De Pinto" Manuscript. A 17th Century Marrano Family History, in: Studia Rosenthaliana 9, 1975, 1–62 (bes. 27–43; 23f., zur Exhumierung der Gebeine). Zur Flucht von Diego Teixeira und seiner Familie nach Hamburg vgl. ebd., 29–31; *James C. Boyajian*, Portuguese Bankers at the Court of Spain 1626–1650. New Brunswick/New Jersey, 1983, 150f.; vgl. auch *Pohl*, Portugiesen (wie Anm. 7), 238, 347 (zur Flucht der Familie Teixeira), 329 (zum Erwerb des Adelstitels).

54 Die Brüder Simão und Nicolão Rodrigues d'Evora errichteten hier die Kapelle des hl. Petrus von Alcántara zu Ehren ihrer Eltern. *Pohl*, Portugiesen (wie Anm. 7), 335. Siehe oben, S. 288. Zu den portugiesischen Förderern des Klosters gehörte auch Fernão de Yllan. Ebd., 334f.

55 Das Testament befindet sich im Stadsarchief, Antwerpen, SAA, N 2471, fol. 302^r – 307^r. Vgl. dazu *Pohl*, Portugiesen (wie Anm. 7), 77f.

56 Vgl. dazu *Gertrude Wilmers*, Cornelis Schut (1597–1655). A Flemish Painter of the High Baroque. Turnhout 1996, 156f.; *Savelsberg*, Darstellung (wie Anm. 25), 297–300; *Marie-Louise Hairs*, Dans le sillage de Rubens. Les peintres d'histoire anversois au XVIIe siècle. Liège 1977, 211; *Roger Adolf d'Hulst*, Enkele tekeningen van Cornelis Schut, in: Nederlands Kunsthistorisch Jaarboek, 23, 1972, 304–306; *Stephanus Schoutens*, Geschiedenis van het voormalig Minderbroedersklooster van Antwer-

nun ein Vorfall, der in Antwerpener Börsenkreisen großes Aufsehen erregte. Die spanische Admiralität ließ Adão Dias Solis, Francisco da Costa Paredes, Francisco Lobo da Cunha und eben auch Francisco Lopes Franco y Feo gefangennehmen und zog deren Besitztümer ein. Die vier Portugiesen wurden verdächtigt, durch illegalen Handel mit kriegswichtigen Gütern ihre Landsleute zu unterstützen, die sich in der Zwischenzeit von der spanischen Herrschaft freigemacht hatten. Ihnen drohte die Hinrichtung. Kurz nach 1650 kamen jedoch Adão Dias Solis und Francisco Franco y Feo dank der Fürsprache von Madrider Geschäftsfreunden und Philipps IV. wieder frei, weil dieser um die eigenen Geldzahlungen fürchtete.[57] Am 16. Oktober 1650 wurde Francisco gar von Philipp IV. geadelt.

Vor diesem Hintergrund erhalten Bau und Ausstattung der Portiuncula-Kapelle als Teil der großen Stiftung von Francisco Lopes Franco und Mariana Franca eine neue Bedeutung: Die Kapelle scheint Dankesgabe für eine glückliche Errettung wie auch magisches Mittel zu sein, künftiges Unheil zu bannen. Francisco und Mariana statteten sie darüber hinaus mit einer ungewöhnlich reichen Indulgenz aus, die sie zu Wohltätern der städtischen Bevölkerung machte. Der Portiuncula-Ablaß war im frühen 17. Jahrhundert einer der begehrtesten Ablässe, und die von Francisco Lopes Franco y Feo und seiner Frau gestiftete Querhauskapelle war in ganz Antwerpen renommiert. Nach einer seit dem Ende des 13. Jahrhunderts und ausführlich bei dem Minoriten Franziskus Bartholi (um 1335) überlieferten Legende war Franziskus in einer göttlichen Offenbarung von Christus und Maria ein vollkommener Ablaß für das Heil der Seelen gewährt worden. Der vollkommene Ablaß konnte dabei von der Vesper des 1. bis zur Vesper des 2. August in der Portiuncula-Kapelle bei Assisi gewonnen werden, vorausgesetzt, die Pilger hatten ihre Sünden gebeichtet und aufrichtig bereut. Papst Honorius III. (1216–1227) soll Franziskus den Ablaß bestätigt haben. Erste Zeugnisse, daß am Ablaßtag Scharen von Pilgern nach Portiuncula zogen, sind jedoch erst für das letzte Drittel des 13. Jahrhunderts überliefert. 1615 machte Gregor XV. die Privilegien für alle Besucher sämtlicher Franziskanerkirchen verfügbar. Obwohl der Portiuncula-Ablaß offiziell erst seit 1687, aufgrund eines Dekrets von Papst Innozenz XI., den Verstorbenen zugewendet werden konnte, ließen Pilger schon seit dem Ende des 13. Jahrhunderts die mit ihnen verwandten und befreundeten Toten von den Ablässen profitieren. Dabei betraten Besucher am Ablaßtage in der Regel öfters die Kirche, um so an einem einzigen Tag gleich mehrere Seelen aus dem Fegefeuer zu retten.[58]

---

pen. Antwerpen 1894, 236–238; *Jean Baptiste Descamps*, Voyage pittoresque de la Flandre et du Brabant. Paris 1769, 194f.; *G. P. Mensaert*, Le peintre amateur et curieux, Teil 1. Bruxelles 1763, 206.

57 *Boyajian*, Portuguese (wie Anm. 53), 131; *Pohl*, Portugiesen (wie Anm. 7), 238f. Vgl. *Maurice van Durme*, Les Archives générales de Simancas et l'histoire de la Belgique (IXe–XIXe siècle). Bd. 2: Secretaría de Estado Flandes, Holanda, Brusela, Comercio, Inconexos ... Années 1508–1795. (Academie Royale de Belgique. Commission Royale d'Histoire. Collection de chroniques belges inédits et de documents inédits relatifs à l'histoire de la Belgique, Bd. 60.) Brüssel 1966, 502: „55. Idem au sujet d'un *asiento* de 500.000 écus pour la Frandre de Philippe Denis Pacheco par l'intermédiaire d'Adam Díaz Solís, qui risquait de ne pas être exécuté par suite de l'arrestation de ce dernier homme d'affaires, accusé de contrebande ... Vu les inconvénients qui pourraient en résulter, le Roi ordonne de surseoir à l'arrestation ... Madrid, 30 septembre 1648."; und 505: „88. A Fernando Ruiz de Contreras au sujet d'Adam Díaz de Solís et Francisco Lópes Franco y Feo, emprisonnés à Anvers, et des remous que leur arrestation a provoqués parmi les hommes d'affaires de la métropole ... Pour éviter une suspension dans les provisions, Sa Majesté ordonne de surseoir à l'emprisonnement d'Adam Díaz de Solís et à l'*embargo* de ses biens ... Madrid, 1 (?) octobre 1648."

58 Vgl. *Gerlach van 's-Hertogenbosch*, Franz von Assisi, in: Lexikon der christlichen Ikonographie. Bd. 6. Rom u.a. 1974, hier 289f.; *Gerold Fussenegger*, Portiunkula, in: LThK. Bd. 8. Freiburg ^{2}1963, 625f.;

Das bei Cornelis Schut in Auftrag gegebene Gemälde hält den Moment fest, wo die Jungfrau ihrem Schützling Franziskus ein Dokument mit der deutlich erkennbaren Aufschrift INDULGENTIA PLENARIA POR[TIUNCULAE] überreicht (Abb. 30).[59] Oben sind Gottvater und die Taube des Hl. Geistes zu sehen. Christus segnet den notariellen Akt, der den Besuchern auch der Antwerpener Portiuncula-Kapelle für den 2. August einen vollkommenen Ablaß versprach. Die Szene wird von flatternden Engeln umgeben. Die Patrone der Antwerpener Portiuncula-Kapelle wohnen dem Mirakel als ergriffene Betrachter in kniender Haltung bei. Mariana, die in ihrer Rechten den Rosenkranz hält, ist mit offenem Mund und ekstatischem Blick dargestellt. Francisco selbst blickt nach oben auf die Vision, während er seine Frau auf den Gürtel des hl. Franziskus wie auch auf eine Szene im Mittelgrund aufmerksam zu machen scheint, die von Savelsberg überzeugend als Ohrenbeichte interpretiert worden ist: Ein Mendikant nimmt dabei die Beichte von einem Laien entgegen. Wie das Skapulier der Karmeliter und anderer Orden gehörten auch der Rosenkranz und Gürtel des hl. Franziskus zu den populären Devotionalien, die Ablaßprivilegien vermitteln. Die Beichte bildete dabei die Voraussetzung zur Wirkung der Ablässe. Der 2. August war wie Allerseelen ein volkstümliches Ablaßfest, und im 17. Jahrhundert soll der Zudrang der Pilger in den wallonischen und flämischen Städten bisweilen so groß gewesen sein, daß die Kirchen schon in aller Frühe geöffnet und zusätzliche Beichtväter bestellt werden mußten.[60]

Francisco Lopes Franco y Feo und Mariana Franca werden von einer jungen Frau empfohlen, hinter der eine Säule erscheint, und die so als Personifikation der Stärke oder Glaubensstärke gedeutet werden kann.[61] Rechts schmettert ein Putto ein teuflisches Ungeheuer in den Abgrund, eine negative Gegenfigur zur Tugendallegorie links, die sich auf den Bereich der Hölle, der Häresie und Sünde beziehen läßt. Hinter dem Stifter Francisco zeigt sich das Gesicht eines Greises, der mit einer abwehrenden Geste das Unheil ebenfalls fernzuhalten versucht.

Nikolaus Paulus, Geschichte des Ablasses im Mittelalter vom Ursprunge bis zur Mitte des 14. Jahrhunderts. Bd. 2. Paderborn 1923, 312–322.

59 *Cornelis Schut*, Die Madonna von Portiuncula, um 1650. Öl auf Leinwand, 341x248 cm. Antwerpen, Koninklijk Museum voor Schone Kunsten. Vgl. *Wilmers*, Schut (wie Anm. 56), 155–157.

60 *P. Hildenbrand*, De Kapucijnen in de Nederlanden en het Prinsbisdom Luik, Bd. 9. Antwerpen 1955, 720f. Zit. in *Savelsberg*, Darstellung (wie Anm. 25), 297. Daß der Portiuncula-Ablaß populär war, zeigt sich auch in den Ablaßbüchlein, die im 17. Jahrhundert in den Niederlanden gedruckt wurden. Direkt auf die Portiuncula-Kapelle in Antwerpen bezieht sich: Cort Verhael vanden Oorspronck des aldervolsten Aflaets van ons L. Vrouwe ter Engelen, ghenoemt Portiuncula, Van Christus selve aen den H. Franciscus verleent, Om jaerelijcks te verdienen inde Kercken der Minder-broeders / den 2. August. Antwerpen, Juliaen van Montfort, o.J. [17. Jh.?] Vgl. auch: *Petrus Marchant*, Excellences suréminentes de la grande et sacrée indulgence octroyée par [...] Iesu Christ à la requeste du père Séraphique S. François en l'église de nostre Dame des Anges dite Portiuncula [...] / [...]. Gand 1660. Über die Legende wird ausführlich berichtet: Bäpstliche Bulla Uber die grosse Indulgentz unnd Ablaß / auch von Auffrichtung und Anstellung der Ertz Brüderschafft mit den Strickgürtlen deß heyligen Vatters Francisci. Ingolstatt: Wilhelm Eder, 1635, 27–32 („Von dem grossen Ablaß / welchen der H. Franciscus von Gott erlangt hat / in den Kirchen unser lieben Frawen / von den Engeln zu Portiuncula, bey Assis in Welschland.")

61 Hieronymus Wierix beispielsweise läßt in einem 1595 datierten Kupferstich „OBEDIENTIA" neben anderen Gegenständen auch eine Säule tragen, die mit „FORTITER" beschriftet ist. Abgebildet in: *John B. Knipping*, Iconography of the Counter Reformation in the Netherlands. Bd. 1. Nieuwkoop/Leiden 1974, 30.

Abb. 30: *Cornelis Schut*, Die Madonna von Portiuncula mit dem hl. Franziskus und den Stiftern Francisco Lopes Franco y Feo und Mariana Franca, um 1650. Antwerpen, Koninklijk Museum voor Schone Kunsten.

Trotz eines mehrfach auf Provinzialkonzilien, auch in Antwerpen, verabschiedeten Dekrets, keine lebenden Personen auf Altargemälden oder Mitteltafeln von Triptychen darzustellen[62], riskierten es die portugiesischen Kaufleute, ihre Porträts im Gemälde über einem prominenten Altar erscheinen zu lassen. Darüber hinaus befanden sich links und rechts vom Altar die marmornen Bildnisse der knienden Stifter.[63] Gerade in fürstlichen und höfischen Kreisen war es allerdings so außergewöhnlich nicht, solche gegen die Interessen der Stifter gerichteten Vorschriften außer acht zu lassen – wie es ja auch durch deren häufige Wiederholung nahegelegt wird. Nur wenige Jahre zuvor hatte der Ritter François van der Cruyce sich selbst, seine Frau und seinen Sohn im Hauptaltarbild der Augustinerkirche in Brüssel darstellen lassen (Abb. 31).[64] Gaspar de Crayer orientierte sich in seinem 1646 datierten Gemälde an Rubens' großformatiger *Augustinermadonna* für den Hochaltar der Antwerpener Ordenskirche, schloß jedoch die Bildnisse der Stifter in die Szene mit ein. Während die Gattin und der Sohn des Stifters bescheiden am Rand des Geschehens erscheinen und die Hände zum Gebet erhoben haben, richtet der direkt neben dem hl. Georg kniende Ritter van der Cruyce den Blick auf die Betrachter und weist diese mit einer selbstbewußten Geste auf die himmlische Versammlung hin. Die Stifterfamilie wird vom hl. Augustin, dem Patron der Kirche, der Madonna empfohlen, während gleichzeitig der hl. Antonius den Rosenkranz schützend über François van der Cruyce hält. Dessen Grabmonument befand sich in der Mitte des Chores, direkt am Hauptaltar[65], dies, obwohl nach dem Trienter Konzil von reformerisch gesinnten Theologen versucht wurde, Begräbnisse an den wichtigsten Altären ausschließlich dem höheren Klerus zu gestatten und dadurch die unterschiedliche Stellung von Priestern und Laien in der Kirche wieder sichtbar zu machen.

Zweifellos kannten Francisco Lopes Franco y Feo und Mariana Franca die „Königliche" oder „Spanische Kapelle" in der Dominikanerkirche in Brüssel, die als Dank für die Befreiung der spanischen Truppen von den Geusen bei der Belagerung von Zaltbommel errichtet worden war.

Der militärische Erfolg wurde Marias wunderbarem Eingreifen zugeschrieben. Peter Paul Rubens hatte für die *ex voto* errichtete Kapelle eine großformatige *Rosenkranzmadonna mit sechs Heiligen* geschaffen. Das 1695 verbrannte Gemälde ist durch mehrere Kopien überliefert (Abb. 32).[66] Am Fuß der thronenden Himmelskönigin knien – zur ihrer Rechten – der spanische König Philipp III. und, ihm gegenüber, die Erzherzöge Albert und Isabella. Maria spendet Rosenkränze an Dominikus, die von zwei Putten an den Erzherzog weitergegeben

62 Vgl. *Adolf Monballieu*, Het probleem van het „portret" bij Rubens' altaarstukken, in: Geentse Bijdragen 24, 1976–78, 159–168.

63 Verzameling (wie Anm. 39), Bd. 6, 176f.

64 *Gaspar de Crayer*, Maria mit Heiligen und den Stiftern, 1646. Öl auf Leinwand, 594x385 cm. München, Theatinerkirche. Vgl. *Hans Vlieghe*, Gaspar de Crayer. 2 Bde. Brüssel 1972, Bd. 1, 157–159; Bd. 2, Abb. 99.

65 *N. de Tombeur*, Provincia Belgica ord. FF. eremitarum S. P. N. Augustini. Löwen 1727, 172. Zit. in *Vlieghe*, Crayer (wie Anm. 64), Bd. 1, 158.

66 Nach *Peter Paul Rubens*, Die Rosenkranzmadonna mit sechs Heiligen und den Stiftern König Philipp III. und den Erzherzögen Albert und Isabella. Öl auf Leinwand, 67,3x51,4 cm. Englischer Privatbesitz. Hans Vlieghe hat mich freundlicherweise auf dieses Beispiel aufmerksam gemacht. Vgl. *Hans Vlieghe*, Over de betekenis van een verloren Rubenstekening, in: De Gulden Passer, Bulletin van de „Vereeniging der Antwerpsche Bibliophielen", 61–63, 1983–1985, 613–627; *Ulrich Söding*, Das Grabbild des Peter Paul Rubens in der Jakobskirche zu Antwerpen. Hildesheim/Zürich/New York 1986, 130, 250; *Savelsberg*, Darstellung (wie Anm. 25), 323–325, Kat. 169.

Abb. 31: *Gaspar de Crayer*, Maria mit Heiligen und dem Stifter François van der Cruyce, seiner Frau und ihrem Sohn, 1646. München, Theatinerkirche.

Abb. 32: Kopie nach *Peter Paul Rubens*, Die Rosenkranzmadonna mit Heiligen und den Stiftern König Philipp III. und den Erzherzögen Albert und Isabella. Englischer Privatbesitz.

werden. König Philipp III. empfängt einen Rosenkranz direkt aus der Hand des spanischen Nationalheiligen, Jakobus des Älteren; Isabella wird vom hl. Franziskus dem Jesuskind empfohlen.

Wie der spanische König und die Erzherzöge Albert und Isabella erweisen auch Francisco Lopes Franco y Feo und Mariana Franca der Patronin der spanischen Habsburger Reverenz. Vieles spricht dafür, damit die um 1649/50 gebaute Portiuncula-Kapelle ebenfalls *ex voto* errichtet wurde, als Dank an Maria für die Errettung aus einer lebensbedrohenden Gefahr. In der Ausstattung seiner Kapelle scheint sich der Bankier Philipps IV. am spanisch-höfischen Frömmigkeitsstil orientiert zu haben. Francisco und Mariana präsentierten sich in unmittelbarer Nähe zu ihren persönlichen Schutzheiligen und Namenspatronen. Sie ließen sich groß und und in auffallend bewegter Haltung abbilden, so daß sich ihre Frömmigkeit den Kirchenbesuchern nachhaltig einprägte. Zugleich setzten sie sich als Wohltäter der Seelen in Szene, welche die Antwerpener Bevölkerung generös mit Indulgenzen versorgten und die Verstorbenen dem Paradies zuführen halfen. Dadurch entgalten sie den königlichen Freispruch durch den Erwerb eines Plenarablasses, der den Kirchenbesuchern den Nachlaß der göttlichen Strafen im Jenseits versprach.

*

Die religiösen Stiftungen der portugiesischen Kaufleute in Antwerpen sind schon als Beweis angeführt worden, daß diese Mitglieder der ausländischen Nation überzeugte Katholiken waren.[67] Aufgrund der erhaltenen Dokumente läßt sich jedoch nicht entscheiden, ob die Antwerpener Portugiesen in den jüdischen oder in den katholischen Riten oder in beiden beheimatet gewesen waren. Übernahmen die von bekehrten Juden abstammenden portugiesischen Kaufleute die katholischen Rituale nur aus Furcht vor der Inquisition, während sie heimlich im privaten Bereich dem alten jüdischen Glauben anhingen? Ihre „wahren" Intentionen lassen sich weder aus den bischöflichen Akten noch aus dem Charakter oder dem Umfang ihrer kirchlichen Vergabungen mit Sicherheit erschließen. In einer Kultur, die sichtbaren, theatralischen Gesten eine enorme Bedeutung beimaß, eigneten sich Stiftungen von Kapellen und Kaplaneien, vor allem wenn sie tägliche Messen implizierten, hervorragend als Mittel zur Simulation, das heißt zum „Verstecken der Seele und der Wahrheit des Herzens". Als öffentliche und rhetorische Gebärden, die mit verschiedenen Gruppen von Betrachtern rechneten, spiegelten Stiftungen eine Wahrheit mit vielen Gesichtern.[68] Obwohl vorrangig „als Heilmittel für die Seele" (*pro remedio animae*) angelegt, dienten Stiftungen von Kapellen neben spirituellen auch diesseitigen und materiellen Interessen, sie sicherten das individuelle und familiäre Seelenheil, wie sie auch für ein ruhmreiches Nachleben des Stifters und seiner Familie auf Erden sorgten. Als Teil des sie umgebenden Kirchenraums

67 Vgl. *Pohl*, Portugiesen (wie Anm. 7), besonders 331ff. Pohl selbst wendet allerdings kritisch ein, daß „die geschilderte katholische Lebensweise nur bedingt als Beweis für die ‚Rechtgläubigkeit' der Portugiesen" angesehen werden kann (Portugiesen, 341). Die Glaubenszugehörigkeit der Antwerpener Portugiesen ist in der Literatur kontrovers diskutiert worden, siehe oben, Anm. 11, 12.

68 Nach Cesare Ripa sollen die bildenden Künstler „simulatione" als eine „Frau mit einer Maske über dem Gesicht" darstellen, „so daß sie zwei Gesichter zeige". Ripa definiert „simulatione" als „Verstecken der Seele und der Wahrheit des Herzens durch zweideutige Worte und Taten". Vgl. *Cesare Ripa*, Iconologia overo descrittione di diverse imagini cavate dall'antichità, e di propria inventione. 2. Nachdruckaufl. der Ausgabe Rom 1603. Mit einer Einleitung von Erna Mandowsky. Hildesheim/Zürich/New York 1984, 455.

hatte eine private Familienkapelle einerseits öffentlichen oder halböffentlichen Charakter. Sie war auf Sichtbarkeit angelegt und wetteiferte mit den benachbarten Kapellen um die Aufmerksamkeit der Kirchenbesucher. Andererseits bot sie durch ihre liturgische Eigenständigkeit auch Raum zur Enfaltung von besonderen Devotionen und eines eigenen religiösen Stils.

*

Welches Selbstverständnis tritt uns folglich aus den religiösen Stiftungen der Antwerpener Portugiesen entgegen und in welchen Rollen haben sich die wohlhabenden Handelsbankiers in den Altargemälden porträtieren lassen? Miriam Bodiam hat in ihrer Untersuchung zu den *conversos* im Amsterdam der frühen Neuzeit vorgeschlagen, weniger deren Beziehung zum Judaismus in den Vordergrund zu stellen, als vielmehr die Identität der portugiesischen Kaufleute als eine dynamische, sich wandelnde Konstruktion zu verstehen, die sich über mehrere Generationen hin ausbildete und auf verschiedene Bedürfnisse und soziale Erfahrungen reagierte.[69] Die sehr detaillierten Untersuchungen von Hans Pohl zu den Antwerpener Portugiesen weisen ebenfalls in die Richtung, daß die in der Scheldestadt lebenden portugiesischen Männer und Frauen verschiedene, oft auch ambivalente, wechselnde und in vielen Fällen undurchsichtige religiöse Haltungen annahmen.[70] Unter dem Druck der nachreformatorischen Kirche, die eine Einheit des religiösen Lebens anstrebte, mußten sich die portugiesischen Kaufleute an den christlichen Alltag der einheimischen Bevölkerung assimilieren – auch wenn sie es vorzogen, unter sich zu leben. Stiftungen von Kapellen waren ein geeignetes Mittel, die Anpassung an die katholischen Nachbarn sichtbar zu machen. Der Wohlstand der fremden Kaufleute, die gute Verbindungen zu Hof- und Regierungskreisen hatten, gab Anlaß zu Konflikten. Neid und Mißgunst führten dazu, daß man die Portugiesen, wie andere wohlhabende Minderheiten auch, für wirtschaftliche, soziale und politische Krisen verantwortlich machte, ihnen vorwarf, mit dem Feind zu kollaborieren, das in Antwerpen erwirtschaftete Geld ins Ausland abzuführen und eben auch das Judentum zu praktizieren. Dabei mochten einige Portugiesen überzeugte Katholiken gewesen sein, andere die katholischen Gebräuche nur gezwungen und zum Schein ausgeübt, andere wiederum im geheimen die jüdischen Vorschriften und Riten beachtet haben, soweit dies in einer katholischen Gesellschaft und im Verborgenen möglich war. Auch waren die religiösen Einstellungen der portugiesischen Kaufleute keineswegs fest. Portugiesische Familien fanden manchmal zu ihrer jüdischen Vergangenheit zurück, wenn sie in Städte wie Amsterdam und Hamburg übersiedelten, wo wichtige jüdische Gemeinden bestanden.

Die hier behandelten Stiftungen von portugiesischen Kaufleuten setzen ebenfalls verschiedenartige Akzente, wie sie auch für drei unterschiedliche Generationen stehen. Simão Rodrigues d'Evora gab sich als überzeugter Katholik, der diesen Glauben auch heimlich und unter erschwerten Bedingungen auszuüben bereit war. Die Stiftung eines Hospitals zu Ehren der hl. Anna geht mit anderen, privat geäußerten Bekundungen seiner christlichen Frömmigkeit überein. Dazu gehören etwa sein Briefwechsel, vor allem aber das Altarbild für die Kapelle des Hospitals, das ihn und seine Frau als Teilnehmer an der christlichen Weih-

69 *Miriam Bodian*, Hebrews of the Portuguese Nation. Conversos and Community in Early Modern Amsterdam. Bloomington/Indianapolis 1998, hier xi–xii.

70 *Pohl*, Portugiesen (wie Anm. 7), 331–352. Vgl. dazu auch *Von Greyerz*, Portuguese *conversos* (wie Anm. 12), 76–79.

nachtsfeier vorstellte. Simão starb auch als Ritter des Christusordens.[71] Der gegen den Widerstand niederländischer Adliger durchgesetzte Kauf der Baronie Rodes macht ebenfalls deutlich, daß Simão keinen Aufwand scheute, seine hebräische Abstammung vor der Öffentlichkeit zu verbergen.[72]

Rund fünfzig Jahre später hatte sich die Situation für die Antwerpener Portugiesen verändert. Wegen der bedrohlichen politischen Situation (Antwerpen wurde von nordniederländischen Truppen bedrängt) hatten um die Mitte der vierziger Jahre mehrere bedeutende portugiesische Kaufleute Antwerpen verlassen; die wenigen, die blieben, waren Feindseligkeiten ausgesetzt. Wohl nicht zufällig hatte Francisco Lopes Franco y Feo als wichtiger Bankier Philipps IV. sein Testament kurz nach dem zweiten Staatsbankrott des spanischen Königs (1. Oktober 1647) errichtet. In seinen Stiftungen von Votivmessen und Gottesdiensten für die städtischen Klöster zeigt sich einerseits der Wunsch, die eigene Memoria breit zu sichern; andererseits sollte durch Heiraten in der Familie auch das gemeinsame portugiesische Erbe bewahrt werden. Die auffallend lebensähnlichen Porträts der Stifter als fromme Christen reagierten sicherlich auf die Anfeindungen, denen sich die portugiesischen Kaufleute am Ende der vierziger Jahre ausgesetzt sahen; sie drücken aber auch die Loyalität des portugiesischen Asentisten zu König Philipp IV. aus, der – trotz des Widerstandes der Inquisition und kirchlichen Hierarchie – den *conversos* in Portugal beträchtliche Konzessionen gewährte (vgl. Abb. 30).[73]

Innerhalb der religiösen Topographie Antwerpens repräsentierte die Kirche der Unbeschuhten Karmeliter jene Gruppe portugiesischer Handelsbankiers, die, in den späten zwanziger und frühen dreißiger Jahren von der einheimischen Bevölkerung zunehmend marginalisiert, Verdächtigungen ausgesetzt waren, sich heimlich als jüdische Gemeinde zu versammeln. Die wohl eng miteinander verwandten portugiesischen Kaufleute schienen zwischen zwei Religionen gestanden zu haben. Die zu einem großen Teil spanischen und portugiesischen Mönche des von Teresa reformierten Ordens hatten jahrelang um die Bewilligung zur Niederlassung in Antwerpen gekämpft und diese nur dank der Fürsprache der Erzherzogin Isabella erhalten. Doch sprechen auch hier die erhaltenen Dokumente keine eindeutige Sprache. Handelte es sich bei den Stiftern der Kirche der Unbeschuhten Karmeliter um *conversos*, die sich nur zum Schein als Christen gaben und sich innerlich mit dem Judentum identifizierten? Oder lagen die Anschuldigungen in den Ressentiments der Antwerpener Bevölkerung gegenüber den wohlhabenden Fremden begründet – die wahrscheinlich von Nachbarn und Bediensteten weitergetragenen Gerüchte sind in unserem Fall keineswegs detailliert.[74] Wurden die täglichen, durch Indulgenzen noch kostbarer gemachten Gottesdienste gestiftet, um bei den christlichen Nachbarn nicht in Verdacht zu geraten? Oder ging es darum, die eigenen Toten gegenwärtig zu machen, ihre angeblichen „Sünden" durch reiche Stiftungen zu sühnen? Wie weit kamen schließlich die Frömmigkeitsideale und Kulte der Unbeschuhten Karmeliter den spirituellen Anliegen der *conversos* entgegen? Wegen des religiösen und psychologischen Druckes, den die Antwerpener Bevölkerung vor

71 Verzameling (wie Anm. 39), Bd. 6, 174.

72 Zur christlichen und jüdischen Obsession mit Geschlechterfolgen: *Jaime Contreras*, Family and Patronage. The Judeo-Converso Minority in Spain, in: Cultural Encounters. The Impact of the Inquisition in Spain and the New World. Hrsg. v. Mary Elizabeth Perry/Anne J. Cruz. Berkeley/Los Angeles/Oxford 1991, 127–145.

73 Vgl. *Boyajian*, Portuguese (wie Anm. 53), 213f.

74 Vgl. BAA, A 11, fol. 166^r: „Nomina suspectorum de Judaismo". Siehe oben, Anm. 40.

allem in Krisenzeiten auf die wohlhabenden Fremden ausübte, sind deren Motivationen, Kapellen und Kaplaneien zu stiften, nur schwer zu durchschauen.[75]

Das Übermaß an katholischer Rhetorik, das in den Stiftungen wohlhabender Antwerpener Portugiesen zutage tritt, hatte sicherlich kompensatorischen Charakter. Kapellen, Bilder, Gottesdienste, Privilegien und Indulgenzen schützten die fremden Kaufleute vor der Inquisition und halfen ihnen, gesellschaftliches Ansehen zu erlangen. Der religiöse Luxus der Antwerpener Portugiesen entsprach aber auch einem höfischen und fürstlichen Frömmigkeitsstil. Das Festhalten der portugiesischen Kaufleute an ihren heimatlichen Kulten trug schließlich dazu bei, daß sie ihre Identität als ausländische Nation bewahrten. Stiftungen von Kapellen und Kaplaneien boten den portugiesischen Kaufleuten eine Möglichkeit, in einer fremden und ihnen gegenüber zunehmend feindlich gesinnten Stadt eigene Räume zu schaffen beziehungsweise marginale Bereiche des städtischen Raums in heimatliche Orte zu verwandeln.[76] Der Rückzug auf die eigene Sprache und den eigenen Stil kam auch in der Art und Weise zum Ausdruck, wie sich die portugiesischen Stifter über ihren Altären „ins Bild" setzten. Patrone wie Felipa Mendes, Francisco Franco y Feo und Mariana Franca haben ungeachtet des kirchlichen Decorum eine direkte Form der Kommunikation mit den Betrachtern gewählt. Dadurch aber wurde einem Altarbild Vorschub geleistet, das nicht allein die Dogmen der gegenreformatorischen Kirche vertrat, sondern auch die oft widersprüchliche Geschichte ihrer Patrone erzählte.

75 Um zu verbindlicheren Aussagen zu gelangen, wären umfassendere Untersuchungen notwendig, die die einzelnen Familien näher betrachten und auch deren Stiftungen in Portugal, in anderen europäischen Handelszentren und in Übersee miteinbeziehen. Die Verfasserin plant eine größere Untersuchung zu den Stiftungen der Antwerpener Portugiesen des 16. und 17. Jahrhunderts.

76 Zur Transformation von „Raum (space)" in „Ort (place)" vgl. *Miles Richardson*, Place and Culture. Two Disciplines, two Concepts, two Images of Christ and a Single Goal, in: The Power of Place. Bringing Together Geographical and Sociological Imaginations. Hrsg. von John A. Agnew und James S. Duncan. Winchester, Mass., 1989, 140–156.

Ein schwieriges Erbe

Geschichte und aktuelle Verwaltung der Stiftungen in Münster

Von

Franz-Josef Jakobi

Im Herbst des Jahres 1997 hat der Rat der Stadt Münster auf Vorschlag der zur Stadtverwaltung gehörenden Stiftungsverwaltung in öffentlicher Sitzung folgenden Beschluß gefaßt: „Die von der Stadt Münster verwalteten rechtlich selbständigen Stiftungen Magdalenenhospital und Siverdes übernehmen die Bauherrenschaft für ein auf Prävention, Gesundheitsbildung, Gesundheitsförderung, Altenhilfe und Selbsthilfe hin konzipiertes Gesundheitshaus", und weiter: „Im Bereich der Geschäftsführung/Leitung übernehmen die Trägerstiftungen die Kosten für die Leitungsfunktion des Gesundheitshauses". Als Kosten für die Errichtung des Gesundheitshauses sind ca. 6,9 Mio. DM veranschlagt, und zwar ohne die Kosten für das Grundstück, das separat bereitgestellt wird. Aus Mitteln der Trägerstiftungen sollen von den 6,9 Mio gut 4,5 Mio. DM aufgebracht werden, die aus Rücklagen entnommen werden. In der Begründung des Beschlusses heißt es unter anderem: „Das Gebot des Stiftungsgesetzes Nordrhein-Westfalen und der Stiftungssatzungen beider Stiftungen – ‚das Stiftungsvermögen in seinem Wert ungeschmälert zu erhalten' – wird befolgt" und: „Im neuen Gesundheitshaus haben beide Trägerstiftungen die Aufgabe und die Chance, ... den jeweiligen Stifterwillen über besondere und zusätzliche Leistungen für Bedürftige im Sinne der Stiftungssatzungen aus den Erträgen beider Stiftungen zu finanzieren".[1] Das Gesundheitshaus ist im Sommer 1999 fertiggestellt und – begleitet von einem großen Interesse der Öffentlichkeit und der Medien – eröffnet worden.

Schon mit diesen wenigen Informationen über einen aktuellen kommunalpolitischen Vorgang ist angedeutet, warum die Ausführungen über „Geschichte und aktuelle Verwaltung der Stiftungen in Münster" unter dem Leitthema „ein verpflichtendes Erbe" stehen. Der angesprochene Vorgang jedoch erscheint durchaus erklärungsbedürftig. Die Suche nach Erklärungen führt zur Frage nach der Entstehung der genannten Zweckbindungen, und das heißt nach der Geschichte der Stiftungen selbst bzw. im weiteren Sinne nach der Geschichte bürgerschaftlicher Autonomie und Selbsthilfe im Verlauf der Geschichte der Stadt Münster.

---

1 Stadt Münster – Die Oberbürgermeisterin, Öffentliche Beschlußvorlage 978/97, 1.

*

Ein besonders aussagekräftiges Beispiel für diesen Zusammenhang ist die Stiftung Siverdes.[2] Die Stiftung verdankt ihre Entstehung testamentarischen Verfügungen des fürstbischöflichen Hofkammerrates und münsterischen Bürgers Dr. jur. utr. Friedrich Christian Siverdes. Das Testament ist in Münster am 7. Juli 1768 von ihm eigenhändig niedergeschrieben worden; es umfaßt 21 Paragraphen auf zehn eng beschriebenen Seiten und ist durch eine Reihe von Zeugen mitgesiegelt worden.[3] Die letzten sechs Paragraphen sind der Errichtung der Stiftung gewidmet. Sie ist insgesamt und in ihren verschiedenen Zweckbestimmungen mit dem gesamten ausdifferenzierten juristischen Apparat des 18. Jahrhunderts abgesichert. Es lag zweifellos in der Absicht des Stifters, ihr so zeitlose Gültigkeit zu verleihen.

Hauptsächlicher Stiftungszweck ist die Unterstützung der Armen in der Stadt sowie in Zukunft eventuell notleidender Familienangehöriger. In den Einzelbestimmungen der Stiftung und in zahlreichen anderen im Testament ausgesetzten Legaten wird ein für das gesamte Stiftungswesen des Mittelalters und der Frühen Neuzeit konstitutiver Zusammenhang deutlich, nämlich der von Stiftung, Caritas und Totengedenken. So lauten die zweite und die dritte Bestimmung, die der Hofkammerrat nach den seine Beisetzung und seine Grabstätte betreffenden Regelungen verfügt, folgendermaßen: 2) „Sollen wärender Zeith mein Endseelter Cörper oben Erden stehet, für meine arme seele Vier und Zwantzig meßen gegen gewöhnliches *Stipendium ad* sieben schilling in den Kirspels Kirchen gelesen, anbey wärender gedachter Zeith unter die bedürfftige armen Zwantzig Rtlr. außgetheilet werden. 3) Gebe deren Herren *patren Minoriten, Franciscaneren, Capucineren* und *Dominicaneren* alß jedem Closter fünftzig Rtlr. umb dafür sobalt tuhendlich für meine Arme Seele insambt achthundert meßen zu leesen (...).“[4] Es folgen dann weitere Bestimmungen über umfangreiche karitative und liturgische Leistungen in Münster und anderwärts.

Besondere Erwähnung verdient eine von diesen Bestimmungen, die eine vorangehende Stiftung wieder aufnimmt. Am 19. September 1758 nämlich hatte Siverdes der zwei Jahre zuvor begründeten *congregatio pauperum*, der gesamtstädtischen Armenbruderschaft, und ihrem wöchentlichen Almosengottesdienst an der eigens für diesen Zweck errichteten Rathauskapelle auf alle Zeiten ein Stipendium von jeweils sieben Schilling pro Messe, also über 350 Schillinge pro Jahr, ausgesetzt; die von ihm genannte Zweckbestimmung war, für jetzt und in Zukunft für sein Seelenheil und das aller verstorbenen Angehörigen der Familie Siverdes zu beten.[5]

In der *congregatio pauperum* waren auf Veranlassung des fürstbischöflichen Landesherrn alle Armen in der Stadt zusammengeführt worden, die nicht von anderen Institutionen der Armenfürsorge unterstützt wurden.[6] Ihr gehörten über 400 Personen an, und in ihr begegnet noch

---

2 S. dazu *Thomas Kleinknecht*, Die münsterische Stiftung Siverdes von 1768 – Die Familien- und Sozialstiftung eines fürstbischöflichen Beamten im Umbruch zur modernen Armenfürsorge, in: *Jakobi u.a.*, Stiftungen und Armenfürsorge in Münster vor 1800 (1996), 338–399. Das Publikationsvorhaben für die mit diesem Band begonnene Reihe „Studien zur Geschichte der Armenfürsorge und der Sozialpolitik in Münster“ ist auf vier Bände ausgelegt.

3 Stadtarchiv Münster, Stiftungsarchiv, Bestand Siverdes, Akte 1; ediert im Beitrag von *Kleinknecht*, Stiftung Siverdes (wie Anm. 2), 342–353.

4 Ebd. 343f.

5 Wie Anm. 3; Edition im Beitrag *Kleinknecht*, Stiftung Siverdes (wie Anm. 2), 394–396.

6 S. dazu *Thomas Küster*, Alte Armut und neues Bürgertum. Öffentliche und private Fürsorge in Münster von der Ära Fürstenberg bis zum Ersten Weltkrieg (1756–1914). (Studien zur Geschichte der Armenfürsorge und der Sozialpolitik in Münster, Bd. 2.) Münster 1995.

im 18. Jahrhundert das im Mittelalter entstandene städtische System des Verbunds von Stiftung, Caritas und Totengedenken.

Wichtig für unseren Zusammenhang ist die hier und auch sonst immer wieder auftauchende Bestimmung, daß die verfügten Regelungen für alle Zeiten gelten sollen. Darin erhält der Stifterwillen seine Rechtsverbindlichkeit, die bis heute Bestand hat und die bei Entscheidungen wie der Errichtung eines Gesundheitshauses aus Erträgen der Stiftung zu beachten ist.

*

Das Verbundsystem von Stiftung, Caritas und Totengedenken ist in der münsterischen Überlieferung, vor allem in der großen, „Stiftungsarchiv" genannten Abteilung des Stadtarchivs, buchstäblich durch Hunderte und Tausende von Zeugnissen dokumentiert.[7] Die große Masse dieser qualitativ wie quantitativ außerordentlich umfangreichen und dichten Überlieferung stammt aus dem 16. und 17. Jahrhundert. Durch die systematischen Vernichtungsaktionen während des Täuferreiches ist die zentrale städtische Überlieferung aus der Zeit vor 1535 bekanntlich fast vollständig verloren gegangen. Gerade in den Teilfonds des Stiftungsarchivs haben sich jedoch in originaler wie in kopialer Form auch zahlreiche Zeugnisse aus dem Spätmittelalter erhalten. Auf der Basis dieser Überlieferung und anderer Quellenbestände hat in den letzten Jahren Ralf Klötzer die Neuorganisation des Stiftungswesens in Münster nach der Täuferzeit untersucht.[8] Der wichtigste und umfangreichste der einschlägigen Überlieferungsbestände des Stadtarchivs stammt aus dem Archiv des Magdalenenhospitals, das ja als Trägerinstitution für das neue Gesundheitshaus mit in Anspruch genommen werden konnte. Dieser Überlieferung ist der zweite Beispielfall für den eben angesprochenen Zusammenhang entnommen, der uns zeitlich in das letzte Viertel des 13. Jahrhunderts zurückführt.

Im ältesten, wohl um 1475 angelegten Kopiar des Magdalenenhospitals ist eine in der Pfingstwoche des Jahres 1278 durch das Hospital selbst ausgestellte Urkunde mit folgendem Inhalt überliefert: Der Hospitalbruder Lambert überträgt dem Hospital zu Münster seinen neben der Windmühle vor dem Mauritztor gelegenen Garten zu ewigem Besitztum, und zwar unter folgenden Bedingungen: Jedes Jahr an seinem Todestag sollen die Hospitalbrüder eine *memoria* für sein Seelenheil begehen; dafür sollen dem *rector capellae*, also dem Inhaber der Priesterstelle in der Hauskapelle, und dem *magister hospitalis*, dem Leiter des Hauses, aus den Einkünften des Gartens je sechs denarii *ad consolationem ipsis fratribus faciendam* – also wohl für die Ausrichtung des Gedenkens in der Gemeinschaft der Brüder mit Meßfeier und Mahl – zur Verfügung stehen. Drei solidi hingegen, d.h. die dreifache Summe, sollen *ad refectionem pauperum in hospitali degentium*, also zur Speisung der im Hospital verweilenden Armen, aufgewandt werden. Alles, was an Einkünften übrig bleibt, ist *ad usus hospitalis et pauperum pre-*

7 Einen Gesamtüberblick vermittelt der entsprechende Abschnitt über das Stiftungsarchiv in: Das Stadtarchiv Münster und seine Bestände. Hrsg. v. *Franz-Josef Jakobi/Hannes Lambacher/Christa Wilbrand.* Münster 1998, 57–98.

8 *Ralf Klötzer*, Kleiden, Speisen, Beherbergen. Armenfürsorge und soziale Stiftungen in Münster im 16. Jahrhundert (1535–1588). (Studien zur Geschichte der Armenfürsorge und der Sozialpolitik in Münster, Bd. 3.) Münster 1997.

dictorum, zum Nutzen des Hospitals und seiner Armen, bestimmt. Bis zu seinem Tode behält sich Bruder Lambert den Nießbrauch der Einkünfte selber vor.[9]

Der Form nach handelt es sich hier also um eine jener zahllosen letztwilligen Verfügungen, die sich als Einzellegate oder im Rahmen von Testamenten erhalten haben – dem Inhalt nach ist es ein sozusagen klassischer Beispielfall der Stiftung eines anniversarischen Totengedenkens in einer geistlichen Gemeinschaft.[10]

In einem ganz ähnlichen Vorgang, der wenige Jahre später, nämlich am 7. Juni 1284, beurkundet wird, deutet sich bereits die Veränderung an, die die Verbreitung dieses Systems im gesamten Lebenskreis der Stadtgesellschaft des Spätmittelalters zur Folge hat. Es handelt sich um ein System, das durch die Verbindung von Memoria in Form der Sorge für das Seelenheil durch liturgisches Gedenken mit der Caritas in Form von Fürsorge für die Armen für die Stadt als politisch verfaßte Bürgergemeinschaft von höchstem Interesse sein mußte. In diesem mit dem soeben besprochenen fast gleichzeitigen Falle nämlich stellen Bürgermeister und Rat der Stadt zusammen mit dem Provisor des Hospitals, der immer ein Ratsherr sein mußte, die Urkunde aus, der dann mit dem Siegel der Stadt und dem des Hospitals Rechtskraft verliehen wird. Diesmal ist der Stifter nicht ein Mitglied der Gemeinschaft der Hospitalbrüder, sondern der Domcantor magister Henricus. Seine Stiftung – ein Kapital von 15 Mark münsterischen Geldes, das sofort für den Kauf von Grundbesitz verwandt wird – ist erheblich umfangreicher und mit komplizierteren Regelungen der karitativen und liturgischen Leistungen verbunden: Im Kern bestehen diese darin, daß er zu seinen Lebzeiten eine Leibrente von 12 Solidi vom Hospital erhält und davon vier zurückgibt, damit davon an einem nicht genauer festgelegten Festtag eine Gedenkmesse für die Verstorbenen gelesen und eine Armenspeisung durchgeführt werden kann; nach seinem Tode soll für diesen Zweck eine ganze Mark aufgewandt werden, um für ihn und seine Vorfahren das Anniversargedenken zu begehen.[11]

Im Magdalenenhospital wie auch in allen anderen vergleichbaren Institutionen erforderte die Vielzahl solcher Zuwendungen mit Stiftungscharakter alsbald eine buchmäßige Erfassung der daraus erwachsenden Rechte und Pflichten. Das geschah einerseits durch Kopiare und Amtsbücher, also verwaltungsorganisatorische Gebrauchshandschriften, andererseits durch liturgische Gebrauchshandschriften wie Necrologien und Memorialbücher.

Nur durch das älteste Kopiar des Magdalenenhospitals aus den 1470er Jahren sind ja die beiden Stiftungsurkunden erhalten. Für beide Fälle kann aber glücklicherweise auch gezeigt werden, wie nach dem Tode der Stifter dafür Sorge getragen wurde, daß auch die Verpflichtung der Beschenkten zur Gegenleistung erfüllt wurde. Schon in der ersten Hälfte des 15. Jahrhunderts wurde nämlich ein kalendarisches Register für die im Laufe des Kirchenjahres zu erbringenden liturgischen Dienste, ein Memorialbuch, angelegt, von dem sich ein Bruchstück – nämlich ein Teil des Monats Januar, die Monate Februar, März und April sowie ein Teil des Mai – erhalten haben. Die beiden Stifter sind darin denn auch tatsächlich verzeichnet.[12]

---

9 Münsterisches Urkundenbuch I: Das Stadtarchiv Münster. Bd. 1. 1176–1400. Bearb. v. *Josef Prinz*. Münster 1960, 22 Nr. 34.

10 S. dazu – mit Hinweisen aud die interdisziplinäre Forschungsdiskussion – *Thomas Kleinknecht*, Entstehung und Verwaltung von Stiftungen als Gegenstand historischer Forschung, in: *Jakobi u.a.*, Siftungen und Armenfürsorge (1996), 9–25, bes. 16ff.

11 Münsterisches Urkundenbuch (wie Anm. 9), 24 Nr. 38.

12 S. die Hinweise im Anschluß an die Edition der beiden Urkunden in: Münsterisches Urkundenbuch (wie Anm. 9 u. 11).

Daß es nicht nur im Interesse des Stifters lag, den Rat der Stadt als gewährleistende Instanz für die Sicherung seiner Stiftung zu gewinnen, sondern daß der Rat seinerseits Wert darauf legte, Einfluß auf die Handhabung des Verbundsystems von Stiftung, Caritas und Memoria zu nehmen, vor allem natürlich auf die Verwendung der im kirchlichen Besitz sich akkumulierenden Mittel für die Armenversorgung, läßt sich an einem besonderen, aus einem anderen Überlieferungskontext und Zeithorizont stammenden Beispielfall eindringlich zeigen. Deutlich wird dabei zugleich, daß diese Bemühungen Teil des Ringens der verfaßten Bürgerschaft um die Emanzipation aus der bischöflichen Stadtherrschaft waren.

Am 14. November 1332 verfaßte der anscheinend zum Verwandtenkreis der Erbmännerfamilien Travelmann und Schencking gehörende münsterische Bürger Goswin von Clanctorp sein Testament in Form einer von ihm selbst gesiegelten Urkunde. Neben zahlreichen Legaten, die Goswin für Klöster und Stifte innerhalb und außerhalb Münsters und für seine namentlich aufgeführten Verwandten aussetzt, liegt ihm offenbar daran, alle Armen der Stadt und die für sie tätigen Fürsorgeeinrichtungen insgesamt zu bedenken. Die diesbezügliche Aufzählung im Text des Testamentes beginnt mit: *Item ad sanctum Spiritum in ecclesia Sancti Lamberti tam ad elemosinam quam ad vestimenta do similiter et lego decem et octo marcas.*[13] Mit diesen „elemosina und vestimenta sancti Spiritus" sind die „Speckpfründe" bzw. „Armenkleidung" genannten Almosenkörbe an Sankt Lamberti gemeint.[14] Für sie ist mit 18 Mark der bei weitem höchste Betrag bestimmt; die elemosina sancti Spiritus von der Überwasserkirche erhält vier, das Leprosorium in Kinderhaus neun und alle übrigen Institutionen zwischen vier und einer Mark. Diese Vorrangstellung von Sankt Lamberti kommt nicht von ungefähr, handelt es sich doch um die Hauptkirche der städtischen Bürgerschaft und die Kirche des Rates. Wichtiger für unseren Zusammenhang aber ist zunächst noch der erste ausführliche Passus des Testaments.

Goswin bestimmt darin ein in der Nähe von Billerbeck, einem Ort im Münsterland, gelegenes Hofgut mit allem Zubehör und mit Einkünften von 100 Mark münsterischen Geldes zur Gründungsausstattung eines in der Lambertikirche zu Ehren des heiligen Apostels Jacobus zu errichtenden Altares. Den Abschluß der Verfügung bildet die aufschlußreichste der Bestimmungen. Für den Fall, daß die Altarstiftung aus irgendeinem Grund nicht zustandekomme – insbesondere dann, wenn der Bischof oder andere, deren Interessen tangiert seien, sich dagegenstellen sollten – sollen seine *manufideles*, also Treuhänder als Testamentsvollstrecker, das Gut und seine Einkünfte nach eigenem Ermessen anders für sein und seiner Eltern Seelenheil verwenden.[15]

Goswins Befürchtung, daß diese seine letztwillig verfügte Stiftung auf Widerstand stoßen würde, war offenbar berechtigt. Erst den angesprochenen Treuhändern nämlich gelang es nach dem Tode Goswins gut ein Jahr später die Altarstiftung zu realisieren – allerdings nicht in der Lambertikirche, sondern in Sankt Martini. Die Testamentsvollstrecker waren vor Bischof Ludwig von Münster erschienen und hatten auf die Erfüllung der letztwilligen Verfügung Goswins gedrängt, wobei als zusätzliche Bestimmung nunmehr eingebracht wurde, daß das jus patronatus für den zu errichtenden Altar, das Recht also, den Kandidaten für die Priesterstelle zu benennen, beim Rat der Stadt liegen sollte. Nach ausführlicher Beratung mit dem als Archidia-

13 Münsterisches Urkundenbuch (wie Anm. 9), 41–43 Nr. 83, hier 42.

14 S. dazu *Mechthild Black*, Die Speckpfründe Lamberti, Zentrum der Armenfürsorge in Münster während des Mittelalters und der Frühen Neuzeit (mit prosopographischen und editorischen Anhängen), in: *Jakobi u.a.*, Stiftungen und Armenfürsorge in Münster (1996), 26–159; vgl. auch *Klötzer*, Kleiden, Speisen, Beherbergen (wie Anm. 8), 18–44.

15 Wie Anm. 13, 41f.

kon für die Seelsorge in der Stadt zuständigen Dompropst, sowie mit dem Dekan und dem Stiftskapitel von Sankt Martini stimmte Bischof Ludwig schließlich der Errichtung eines Altars unter den genannten Bedingungen zu und beurkundete das am 18. Oktober 1333, allerdings nicht, ohne genauestens festzulegen, wie sich der „fremde Priester" in das liturgische Gemeinschaftsleben des Stiftskapitels und der Vikare von Sankt Martini einzufügen habe. Zweifellos stand er so stärker unter kirchlicher Kontrolle und war dem Einfluß des Rates weniger unmittelbar ausgesetzt, als an Sankt Lamberti.[16]

Der hier manifest gewordene Widerstreit zwischen dem Stifterwillen Goswins – und mit ihm der Interessenlage der bürgerschaftlichen Führungsschicht in Münster – und den dadurch beeinträchtigten kirchlichen Rechten und Interessen wurde nicht gerade selten zugunsten der Stadt entschieden. Der Rat hatte sich auf dem Höhepunkt seines Einflusses am Ende des 16. Jahrhunderts das Patronatsrecht für nicht weniger als 27 Klerikerstellen, nämlich vier Pfarreien oder Rektorate und 23 Vikarien oder Meßpfründen, gesichert.[17]

Insgesamt bestand für die Stadt Münster schon gegen Ende des 15. Jahrhunderts ein die gesamte Stadt überspannendes Netz von Fürsorge- und Versorgungseinrichtungen, das durch weitere Schenkungen und Stiftungen, in denen sich Memoria und Caritas verbanden, noch immer dichter geknüpft wurde. Die Knotenpunkte waren Institutionen, die Armen, Alten und Kranken Unterkunft und Verpflegung boten, wie das Magdalenenhospital und die sonstigen Armenhäuser, Siechenhäuser, Waisenhäuser und Herbergen, als auch solche, die lediglich Unterstützung zum Lebensunterhalt in Form von Geld, Nahrung und Kleidung gewährten, wie etwa die elemosina sancti spiritus an Sankt Lamberti und die Almosenkörbe an den anderen Pfarrkirchen.[18]

Das bereits im 14. Jahrhundert sich entfaltende Verbund-System von Stiftung, Caritas und Memoria blieb noch bis ins 18. Jahrhundert hinein wirksam, also sowohl über die zerstörerischen Eingriffe der Täuferzeit als auch über den epochemachenden Einschnitt der Mediatisierung Münsters durch Christoph Bernhard von Galen in der Mitte des 17. Jahrhunderts hinaus.[19] In der absolutistischen Ära wurde zwar das Armenwesen in mehreren Anläufen Gegenstand landesherrlicher Reorganisations- und Optimierungsbemühungen, die alten Muster der Stiftungstätigkeit aus Sorge für das Seelenheil, das eigene wie das von Verwandten und Freunden, blieben jedoch – wie an der Errichtung der Stiftung Siverdes bereits gezeigt – unverändert wirksam.[20]

Dieses Charakteristikum erweist sich beim Rückblick aus heutiger Sicht für Münster als früh angelegt und durchgängig. Auch im Zuge der „Kommunalisierung" des Verbund-Systems von Stiftung, Caritas und Memoria im Spätmittelalter – also der Bemühungen des Rates, die vollständige Kontrolle über die Stiftungen und die Armenfürsorge in der Stadt zu erlangen[21] – und auf ihrem Höhepunkt im 16. Jahrhundert kam es nicht zu einer vollen Konzentration der Mittel an einem großen Bürgerspital, wie in den Heilig-Geist-Spitälern anderer vergleichbarer Städte. Neben der elemosina sancti spiritus an Sankt Lamberti, von der aus der Rat in Gestalt

16 Münsterisches Urkundenbuch (wie Anm. 9), 45f. Nr. 92.

17 Dazu in einzelnen *Helmut Lahrkamp*, Vom Patronatsrecht des münsterschen Rates, in: Studia Westfalica. Fschr. f. Alois Schroer. Münster 1973, 214–229.

18 Umfassender Überblick bei *Klötzer*, Kleiden, Speisen, Beherbergen (wie Anm. 8), 17ff.

19 Zum Verlauf der Stadtgeschichte Münsters s. die einzelnen Beiträge in: Geschichte der Stadt Münster. Unter Mitwirkung v. *Thomas Küster* hrsg. v. *Franz-Josef Jakobi*. 3 Bde. Münster 1993.

20 Vgl. *Küster*, Alte Armut (wie Anm. 6), 31ff.

21 S. den Forschungsüberblick zu dieser Problematik bei *Kleinknecht*, Stiftung Siverdes (wie Anm. 2), 20ff.

der Provisoren die Oberaufsicht über die Armenfürsorge in der Stadt ausübte, blieben die kirchspielsbezogenen Einrichtungen bestehen. Für die städtische Oberschicht war die liturgische Memoria an Sankt Lamberti offenbar unverzichtbar, aber selbstverständlich wurde sie – wie die vielen Altarstiftungen und nicht zuletzt das Testament des Hofkammerrats Siverdes zeigen, genauso auch an den anderen Pfarrkirchen und schließlich an den Dutzenden von klösterlichen und sonstigen Kirchen und Kapellen in der Stadt praktiziert.

Für die weitere Entwicklung hat sich diese im Mittelalter angelegte dezentrale bürgerschaftliche Organisationsform als besonders anpassungsfähig und krisenresistent erwiesen. Solange das religiöse Movens der Sorge für das Seelenheil und die Gewißheit seiner immerwährenden Umsetzung in Form von Fürbitten in der liturgischen Memoria Bestand hatte, blieb das System des Gebens und Nehmens, des Stiftens, der Armenfürsorge und des Gebetsgedenkens in Kraft. Erst mit der Aufklärung und Säkularisation geriet es in eine Fundamentalkrise, aber selbst in seiner erstarrten Spätform um 1800 war es noch imponierend. Das hat der preußische Kammerrat Justus Gruner, der 1802/03 privat eine Inspektionsreise durch die neuen Westgebiete Preußens durchführte, denn auch in seinem Reisebericht erstaunt festgehalten. Das, was er in Münster beobachten konnte, hat er folgendermaßen beschrieben: „Keine Stadt Deutschlands hat wohl verhältnißmäßig so viele Armen-Häuser oder Stiftungen, als die Stadt Münster, die deren neunzehn sehr gut fundirter zählt, in denen Arme in bestimmter Zahl unterhalten werden. In gleichem Verhältnis steht der sehr starke Armenfond, oder die für Arme belegten Gelder. Mir ward die Summe der jährlich für die Armen auszutheilen bestimmten Gelder von gut unterrichteten Personen so hoch angegeben, daß ich mich nicht getraue, sie wieder so anzuzeigen. Denn nach dieser Angabe muß man die münsterischen Armen eigentlich reich nennen (...).“[22]

*

Die Reformmaßnahmen der fürstbischöflichen Regierung in der zweiten Hälfte des 18. Jahrhunderts, von denen die Gründung der *congregatio pauperum* eine war, leiten bereits über zu einer vollständigen Neuregelung der Verhältnisse durch den preußischen Staat nach der Säkularisation.[23] Dabei wurde dann der Konnex von Stiftung, Caritas und Memoria aufgelöst, der jahrhundertelang im städtischen Mikrokosmos über die Standesgrenzen hinweg Reiche und Arme, Stifter und Beschenkte unter Einbeziehung der Verstorbenen im fürsorgerischen und im liturgischen Vollzug der Memoria zu einer Solidargemeinschaft zusammengeschlossen hatte.

Im Zuge der Säkularisationen ist – größtenteils bereits in der napoleonischen Zeit, als Münster zum französischen Staatsgebiet bzw. dem des französischen Satelliten-Staates Großherzogtum Berg gehörte, und dann seit 1815 von der preußischen Staatsverwaltung[24] – das gesamte Grund- und Kapitalvermögen der unter Kirchen- bzw. Ratsaufsicht stehenden Stiftungen verstaatlicht worden. Die vorher von verschiedenen Stellen wahrgenommenen Verwaltungs- und Kontrollfunktionen wurden einer neugeschaffenen Zwischeninstanz – der sogenannten Armenkommission – übertragen, in die sowohl Vertreter der Stadt als auch der

22 *Justus Gruner*, Meine Wallfahrt zur Ruhe und Hoffnung oder Schilderung des sittlichen und bürgerlichen Zustandes Westphalens am Ende des 18. Jahrhunderts. 2 Teile. Frankfurt a.M. 1803, hier Teil 2, 166.

23 S. dazu *Küster*, Alte Armut (wie Anm. 6), 117ff.

24 Zu dieser Epoche der Stadtgeschichte grundlegend *Monika Lahrkamp*, Münster in napoleonischer Zeit. 1800–1815. Administration, Wirtschaft und Gesellschaft im Zeichen von Säkularisation und französischer Herrschaft, Münster 1976.

preußischen Bezirksregierung Münster berufen wurden. Die Armenkommission war zunächst eine unabhängige Institution, sie wurde jedoch nach mehreren Organisationsreformen während der 20er, 30er und 40er Jahre des 19. Jahrhunderts schließlich 1848 entsprechend den Vorgaben der preußischen Städteordnung in die Stadtverwaltung integriert.[25] Sie ist nach der erneuten Neuorganisation der Kommunalverwaltung nach dem 1. Weltkrieg im 1924 neu gegründeten städtischen Wohlfahrtsamt aufgegangen, der Vorläufer-Institution der heutigen Sozialverwaltung.[26]

Im Zuge der Zusammenführung aller verstaatlichten Stiftungen in der Armenkommission ist jenes Gesamtvermögen entstanden, das sich über alle Umbrüche und tiefgreifenden politischen, wirtschaftlichen und sozialen Wandlungsprozesse des 19. und 20. Jahrhunderts hinweg im Kern bis heute erhalten hat und das als Stiftungsvermögen von der Stadt Münster treuhänderisch verwaltet wird. Es repräsentiert heute einen Wert von über 175 Mio. DM, und aus ihm fließen jährlich Erträge von ca. 24 Mio. DM. Sie werden ausschließlich zu sozial-karitativen Zwecken verwandt, unter anderem in der Jugendhilfe, in der direkten Unterstützung Bedürftiger, im Bau und Betrieb von Altenheimen und Altenwohnungen sowie im Bau und der Bereitstellung von Wohnungen für bedürftige Familien – oder eben für ein – um noch einmal den eingangs erwähnten Ratsbeschluß zu zitieren – „auf Prävention, Gesundheitsbildung, Gesundheitsförderung, Altenhilfe und Selbsthilfe hin konzipiertes Gesundheitshaus„ .

Zusammen mit den verstaatlichten Vermögenswerten sind natürlich auch die Urkunden und Aktenbestände der Stiftungen in die Obhut der Armenkommission übergegangen und von dort dann weiter in die des Stadtarchivs. Heute enthält der Teilbereich „Stiftungsarchiv“ des Stadtarchivs 50 eigenständige Stiftungsfonds von mehr oder weniger großem Umfang; der größte überhaupt ist der des Magdalenenhospitals, einer der kleineren der der Stiftung Siverdes.[27]

Die weitere Entwicklung der Armenfürsorge und Wohlfahrtspolitik im späten 18. und im 19. Jahrhundert ist in noch reicherem Maße als für die vormodernen Zeiten durch eine konzise und ungestörte Überlieferung – die Akten der Armenkommission – dokumentiert.[28] Sie ist vor einigen Jahren von Thomas Küster ausgewertet worden. Das neue System der nunmehr säkularisierten Fürsorgepolitik sowie die Wandlungsprozesse, denen es im 19. Jahrhundert ausgesetzt war, sind in seiner Arbeit umfassend dargestellt. Küster kann darin nachweisen, daß trotz der starken Zentralisierungs- und Hierarchisierungstendenzen der preußischen Staatsverwaltung in diesem Bereich eine dezentrale Organisationsform dominant blieb. Bis ins 20. Jahrhundert hinein war die Armenfürsorge an den gewachsenen städtischen Strukturen, den Pfarrgemeinden und Stadtvierteln, orientiert. Sie wurde in entscheidendem Maße von der Privat-Caritas von Vereinen mitgetragen, in der sich bürgerschaftliche Solidarität und Selbstverwaltungsbestrebungen neue zeitgemäße Betätigungsmöglichkeiten schufen, die an die Stelle der Gründung und Ausstattung von Stiftungen mit Grundbesitz, Einkünften und Kapital traten.[29]

---

25 *Küster*, Alte Armut (wie Anm. 6), 155ff.

26 Zur Verwaltungsgeschichte Münsters im 19. und 20. Jahrhundert s. *Hannes Lambacher*, Von der Staatskuratel zur selbständigen Aufgabenerfüllung – Entwicklung der kommunalen Selbstverwaltung von der napoleonischen Zeit bis zum Ende des Zweiten Weltkriegs, in: Geschichte der Stadt Münster (wie Anm. 19), 2, 619–661.

27 Wie Anm. 7, hier 66f. und 98.

28 Ebd. 123–131.

29 *Küster*, Alte Armut (wie Anm. 6), 231ff.

Noch heute gilt für das Stiftungsvermögen und die Verwendung der aus ihr fließenden Erträge die Zweckbindung durch den Stifterwillen. Als die Stadt Münster zuletzt nach Inkrafttreten des Stiftungsgesetzes Nordrhein-Westfalen von 1977 im Jahre 1982 den von ihr treuhänderisch verwalteten Stiftungen detaillierte Satzungen gab und die gesamte Stiftungsverwaltung neu ordnete, glaubte sie, damit die Auseindersetzungen zwischen Stiftungsvermögen und Stadtvermögen endgültig beendet zu haben. Wider Erwarten monierte jedoch der Regierungspräsident als Stiftungsaufsicht das gesamte Verfahren und forderte die Stadt auf, den Nachweis für den ungeminderten Erhalt des Stiftungsvermögens und die Erfüllung des Willens der Stifterinnen und Stifter zu erbringen. Die Stiftungsverwaltung tat sich damit – wie auch vorher schon des öfteren bei Neuordnungsversuchen nach Krisen und Umbruchzeiten – naturgemäß schwer und wandte sich um Hilfe an das Stadtarchiv. Um diesen Nachweis führen zu können, ist es nämlich erforderlich, in jedem Einzelfalle die Stiftungsgeschichte bis zu den Anfängen zurückzuverfolgen und zu beobachten, welche äußeren Faktoren und verwaltungsorganisatorischen Maßnahmen jeweils auf die Stiftungen, ihren Substanzerhalt und die Verwendung ihrer Erträgnisse eingewirkt haben. So wurde in Kooperation zwischen dem Stadtarchiv und der Stiftungsverwaltung im Jahre 1990 ein Projekt zur Erforschung der Geschichte der Stiftungen und des Stiftungswesens in Münster begründet, dessen Ergebnisse in den genannten Untersuchungen und Darstellungen publiziert werden konnten.[30]

Stiftungen ‚ad pias causas‘ treten darin als über Jahrhunderte wirksames Element des sozialen und kulturellen, des politischen und wirtschaftlichen Lebens in einem städtischen Gemeinwesen eindrucksvoll in Erscheinung.

30 S. zu diesen Zusammenhängen die Einführung und den Projektbericht im Sammelband *Jakobi u.a.*, Stiftungen und Armenfürsorge in Münster (1996), 1–8.

Abbildungsnachweis

Antwerpen, Koninklijk Museum voor Schone Kunsten: 26, 28, 29, 30; Maagdenhuismuseum: 27; National Centrum voor de Plastische Kunsten van de 16de en 17de eeuw: 32

Florenz, Archivi Alinari: 2, 3, 4, 5

Karlsruhe, Generallandesarchiv: 1

Mainz, Inschriften-Kommission bei der Mainzer Akademie d. Wissenschaften, R. Fuchs: 18

München, Theatinerkirche: 31

Trier, Amt für Kirchliche Denkmalflege, R. Heyen: 7, 11, 12, 17, 19, 21, 23–25; Bischöfliches Dom- und Diözesanmuseum, R. Schneider: 9, 10, 16; Bistumsarchiv: 20; Rheinisches Landesmuseum: 22; Wolfgang Schmid: 6, 8, 13–15

Abkürzungs- und Siglenverzeichnis

Die in diesem Band verwendeten Siglen und Abkürzungen folgen den Richtlinien der Historischen Zeitschrift.

Allgemeine Abkürzungen

Abh. = Abhandlung(en)
Akad. = Akademie
Anm. = Anmerkung
Anz. = Anzeiger
Arch. = Archaeologia (u.ä.)
Ass. = Association
Aufl. = Auflage
Bd., Bde. = Band, Bände
Beih. = Beiheft(e)
Beitr. = Beiträge
Ber. = Bericht(e)
Bll. = Blätter
D, DD = Diplom, Diplomata
ders. = derselbe
dies. = dieselbe(n)
dir. = diritto
dt. = deutsch
ebd. = ebenda
Ed(s). = Editor(s) (u.ä.)
erg. = ergänzte
erw. = erweiterte
f. bzw. ff. = folgende
fol. = folio
Forsch. = Forschung(en)
fr. = française
Fschr. = Festschrift
Ges. = Gesellschaft
Gesch. = Geschichte, Geschiedenis
GLA = Generallandesarchiv (Karlsruhe)
H. = Heft
hist. = histoire, history, historisch (u.ä.)
Hrsg. = Herausgeber
HV = Historischer Verein
Inst. = Institut(e), Institution(s)
int. = international (u.ä.)
Jb(b) = Jahrbuch, Jahrbücher
Journ. = Journal
KiG = Kirchengeschichte
Komm. = Kommission
KuG = Kulturgeschichte
LF = Landesforschung
LG = Landesgeschichte
Mitt. = Mitteilungen
ND = Nachdruck
NF., NS. = Neue Folge, Nouvelle Série (u.ä.)
Philol. = Philologie (u.ä.)
Philos. = Philosophie, Philosophy (u.ä.)
Rh. = Reihe
SB = Sitzungsberichte
Schr. = Schrift(en)
Soc. = Société, Society; Sociologie; Sociology
stor. = storico, storica, storia (u.ä.)
Stud. = Studi, Studien, Studies (u.ä.)
Suppl. = Supplement (u.ä.)
T. = Teil
Theol. = Theologie, Theology, theol. = theologisch
Ver. = Verein
Verh. = Verhandlungen
Veröff. = Veröffentlichungen
vgl. = vergleiche
Vjbll. = Vierteljahresblätter
Vol(s). = Volume(s)

Wiss.	= Wissenschaft(en), wiss. = wissenschaftlich(en)	Zs.	= Zeitschrift
Zit., zit.	= Zitat, zitiert		

Siglen

AfD	Archiv für Diplomatik
AKG	Archiv für Kulturgeschichte
AnnNrh	Annalen des Historischen Vereins für den Niederrhein
BaslerZ	Basler Zeitschrift für Geschichte und Altertumskunde
BlldtLG	Blätter für deutsche Landesgeschichte
BMAW	Berichte und Mittheilungen des Alterthums-Vereines zu Wien
BremJb	Bremisches Jahrbuch
DA	Deutsches Archiv für Erforschung des Mittelalters
FMSt	Frühmittelalterliche Studien
FRAU	Fontes rerum Austriacarum
HansGbll	Hansische Geschichtsblätter
HJb	Historisches Jahrbuch der Görres-Gesellschaft
HR	Historical Research. The Bulletin of the Institute of Historical Research
HRG	Handwörterbuch der deutschen Rechtsgeschichte
HZ	Historische Zeitschrift
JbFränkLF	Jahrbuch für fränkische Landesforschung
KurtrierJb	Kurtrierisches Jahrbuch
LMA	Lexikon des Mittelalters
LThK	Lexikon für Theologie und Kirche
MainzZ	Mainzer Zeitschrift
MedAev	Medium Aevum
MGH	Monumenta Germaniae Historica
DD	Diplomata
Necr.	Necrologia Germaniae
SS	Scriptores
SSrerGerm	Scriptores rerum Germanicarum in usum scholarum separatim editi
MHVPfalz	Mitteilungen des Historischen Vereins der Pfalz
MIÖG	Mitteilungen des Instituts für österreichische Geschichtsforschung
MMS	Münstersche Mittelalter-Schriften
MPIG	Veröffentlichungen des Max-Planck-Instituts für Geschichte
MVGNürnb	Mitteilungen des Vereins für Geschichte der Stadt Nürnberg
NDB	Neue Deutsche Biographie
NdsJb	Niedersächsisches Jahrbuch
QGStW	Quellen zur Geschichte der Stadt Wien
QuFiAB	Quellen und Forschungen aus italienischen Archiven und Bibliotheken
RBénéd	Revue Bénédictine
RHE	Revue d'histoire ecclésiastique
RhVjbll	Rheinische Vierteljahrsblätter
Saec	Saeculum
SocH	Social History
Spec	Speculum

StMittOSB	Studien und Mitteilungen zur Geschichte des Benediktinerordens
StorStor	Storia della Storiografia
TG	Tijdschrift voor Geschiedenis
TRE	Theologische Realenzyklopädie
TrierZ	Trierer Zeitschrift für Geschichte und Kunst des Trierer Landes und seiner Nachbargebiete
VSWG	Vierteljahrschrift für Sozial- und Wirtschaftsgeschichte
VuF	Vorträge und Forschungen
ZAM	Zeitschrift für Archäologie des Mittelalters
ZfG	Zeitschrift für Geschichtswissenschaft
ZGO	Zeitschrift für die Geschichte des Oberrheins
ZHF	Zeitschrift für historische Forschung
ZHVSchwaben	Zeitschrift des historischen Vereins für Schwaben
ZRG GA	Zeitschrift der Savigny-Stiftung für Rechtsgeschichte, Germanistische Abteilung
ZRG KA	Zeitschrift der Savigny-Stiftung für Rechtsgeschichte, Kanonistische Abteilung
ZSzKiG	Zeitschrift für Schweizerische Kirchengeschichte
ZThürG	Zeitschrift des Vereins für Thüringische Geschichte und Altertumskunde
ZWLG	Zeitschrift für württembergische Landesgeschichte

Ausgewählte Literatur zum mittelalterlichen Stiftungswesen

Gerd Althoff, Adels- und Königsfamilien im Spiegel ihrer Memorialüberlieferung. Studien zum Totengedenken der Billunger und Ottonen. (MMS, Bd. 47.) München 1984.

Arnold Angenendt, Missa specialis. Zugleich ein Beitrag zur Entstehung der Privatmessen, in: FMSt 17, 1983, 153–221.

Paul Baur, Testament und Bürgerschaft. Alltagsleben und Sachkultur im spätmittelalterlichen Konstanz. (Konstanzer Geschichts- und Rechtsquellen. NF. der Konstanzer Stadtrechtsquellen, Bd. 31.) Sigmaringen 1989.

Joachim Berger, Spital und Seelhaus. Entstehung und Wandel wohltätiger Stiftungen für das Seelenheil am Beispiel der „Dreikönigskapelle" und „Vöhlins Klösterle" in der Reichsstadt Memmingen, in: Memminger Geschichtsbll. 1993–96, 63–123.

Marlene Besold-Backmund, Stiftungen und Stiftungswirklichkeit. Studien zur Sozialgeschichte der beiden oberfränkischen Kleinstädte Forchheim und Weismain. (Schr. des Zentralinst. f. fränkische Landeskunde u. allg. Regionalforsch. an d. Univ. Erlangen-Nürnberg, Bd. 27.) Neustadt an der Aisch 1986.

Michael Borgolte, Der churrätische Bischofsstaat und die Lehre von der Eigenkirche. Ein Beitrag zum archäologisch-historischen Gespräch, in: Geschichte und Kultur Churrätiens. Fschr. P. Iso Müller OSB. Hrsg. v. Ursus Brunold/Lothar Deplazes. Disentis 1986, 83–103.

Ders., *Felix est homo ille, qui amicos bonos relinquit.* Zur sozialen Gestaltungskraft letztwilliger Verfügungen am Beispiel Bischof Bertrams von Le Mans (616), in: Fschr. für Berent Schwineköper. Hrsg. v. Helmut Maurer/Hans Patze. Sigmaringen 1982, 5–18.

Ders., Freiburg als habsburgische Universitätsgründung, in: Zs. des Breisgau-Geschichtsvereins „Schau-ins-Land" 107, 1988, 33–50.

Ders., Freigelassene im Dienst der Memoria. Kulttradition und Kultwandel zwischen Antike und Mittelalter, in: FMSt 17, 1983, 234–250.

Ders., Gedenkstiftungen in St. Galler Urkunden, in: *Schmid/Wollasch*, Memoria, 578–602.

Ders., Nepotismus und Papstmemoria, in: Person und Gemeinschaft im Mittelalter. Fschr. Karl Schmid. Hrsg. v. Gerd Althoff/Dieter Geuenich/Otto Gerhard Oexle/Joachim Wollasch. Sigmaringen 1988, 541–556.

Ders., Petrusnachfolge und Kaiserimitation. Die Grablegen der Päpste, ihre Genese und Traditionsbildung. (MPIG, Bd. 95.) Göttingen 1989, ²1995.

Ders., Die Rolle des Stifters bei der Gründung mittelalterlicher Universitäten, erörtert am Beispiel Freiburgs und Basels, in: BaslerZ 85, 1985, 85–119.

Ders., Stiftergedenken in Kloster Dießen. Ein Beitrag zur Kritik bayerischer Traditionsbücher, in: FMSt 24, 1990, 235–289.

Ders., Stiftergrab und Eigenkirche. Ein Begriffspaar der Mittelalterarchäologie in historischer Kritik, in: ZAM 13, 1985, 27–38.

Ders., Art. Stiftung, Kirchliche, in: TRE (im Druck).

Ders., Die Stiftungen des Mittelalters in rechts- und sozialhistorischer Sicht, in: ZRG 105, KA 74, 1988, 71–94.

Ders., Stiftungen des Mittelalters im Spannungsfeld von Herrschaft und Genossenschaft, in: *Geuenich/Oexle*, Memoria in der Gesellschaft des Mittelalters, 267–285.

Ders., Die Stiftungsurkunden Heinrichs II. Eine Studie zum Handlungsspielraum des letzten Liudolfingers, in: Fschr. für Eduard Hlawitschka zum 65. Geb. Hrsg. v. Karl Rudolf Schnith/Roland Pauler. (Münchener Hist. Studien. Abteilung Mittelalterliche Gesch., Bd. 5.) Kallmünz 1993, 231–250.

Ders., „Totale Geschichte" des Mittelalters? – Das Beispiel der Stiftungen. (Humboldt-Universität zu Berlin, Öffentliche Vorlesungen, Heft 4.) Berlin 1993.

Ders., Über Typologie und Chronologie des Königskanonikats im europäischen Mittelalter, in: DA 47, 1991, 19–44.

Ders./Peter Schreiner/Suraiya Faroqhi, Art. Stiftung, in: LMA, Bd. 8. München 1997, 178–182.

Eberhard F. Bruck, Die Stiftungen für die Toten in Recht, Religion und politischem Denken der Römer, in: Ders., Über römisches Recht im Rahmen der Kulturgeschichte. Berlin/Göttingen/Hamburg 1954, 46–100.

Heinrich Dormeier, St. Rochus, die Pest und die Imhoffs in Nürnberg vor und während der Reformation. Ein spätgotischer Altar in seinem religiös-liturgischen, wirtschaftlich-rechtlichen und sozialen Umfeld, in: Anz. des Germanischen Nationalmuseums 1985, 7–72.

Caspar Ehlers, Metropolis Germaniae. Studien zur Bedeutung Speyers für das Königtum (751–1250). (MPIG, Bd. 125.) Göttingen 1996.

Rudolf Endres, Armenstiftungen und Armenschulen in Nürnberg in der Frühneuzeit, in: JbFränkLF 53, 1993, 55–64.

Eugen Ewig, Der Gebetsdienst der Kirchen in den Urkunden der späteren Karolinger, in: Fschr. für Berent Schwineköper. Hrsg. v. Helmut Maurer/Hans Patze. Sigmaringen 1982, 45–86.

Ders., Remarques sur la stipulation de la prière dans les chartes de Charles le Chauve, in: Clio et son regard. Mélanges d'histoire, d'histoire de l'art et d'archéologie offerts à Jacques Stiennon. Hrsg. v. Rita Lejeune/Joseph Deckers. Liège 1982, 221–233.

Ders., Die Gebetsklausel für König und Reich in den merowingischen Königsurkunden, in: Tradition als historische Kraft. Interdisziplinäre Forschungen zur Geschichte des früheren Mittelalters. Hrsg. v. Helmut Maurer/Joachim Wollasch. Berlin/New York 1982, 87–99.

Rosi Fuhrmann, Dorfgemeinde und Pfründstiftung vor der Reformation. Kommunale Selbstbestimmungschancen zwischen Religion und Recht, in: Kommunalisierung und Christianisierung. Voraussetzungen und Folgen der Reformation 1400–1600. Hrsg. v. Peter Blickle/Johannes Kunisch. (ZHF, Beiheft 9.) Berlin 1989, 77–112.

Dies., Kirche und Dorf. Religiöse Bedürfnisse und kirchliche Stiftung auf dem Lande vor der Reformation. (Quellen u. Forsch. z. Agrargesch., Bd. 40) Stuttgart/Jena/New York 1995.

Dieter Geuenich/Otto Gerhard Oexle (Hrsg.), Memoria in der Gesellschaft des Mittelalters. (MPIG, Bd. 111.) Göttingen 1994.

Christine Göttler, Die Kunst des Fegefeuers nach der Reformation. Kirchliche Schenkungen, Ablaß und Almosen in Antwerpen und Bologna um 1600. (Berliner Schriften zur Kunst, Bd. 7.) Mainz 1996.

Hans-Rudolf Hagemann, Die Stellung der Piae Causae nach justinianischem Rechte. (Basler Studien zur Rechtswiss., Bd. 37.) Basel 1953.

Ingrid Heidrich, Die kirchlichen Stiftungen der frühen Karolinger in der ausgehenden Karolingerzeit und unter Otto I., in: Beiträge zur Geschichte des Regnum Francorum. Referate beim Wissenschaftlichen Colloquium zum 75. Geburtstag von Eugen Ewig am 28. Mai 1988. Hrsg. v. Rudolf Schieffer. Sigmaringen 1990, 131–147.

Rudolf Henggeler, Die Jahrzeitbücher der fünf Orte. Ein Überblick, in: Der Geschichtsfreund 93, 1938, 1–58.

Bernd-Ulrich Hergemöller, „Pfaffenkriege" im spätmittelalterlichen Hanseraum. Quellen und Studien zu Braunschweig, Osnabrück, Reval, Lüneburg und Rostock. 2 Bde. (Städteforsch., Reihe C, Quellen, Bd. 2.) Köln/Wien 1988.

Franz-Josef Jakobi/Hannes Lambacher/Jens Metzdorf/Ulrich Winzer (Hrsg.), Stiftungen und Armenfürsorge in Münster vor 1800. (Quellen u. Forsch. z. Gesch. d. Stadt Münster, NF., Bd. 17/1.) Münster 1996.

Gerhard Jaritz, Seelenheil und Sachkultur. Gedanken zur Beziehung Mensch-Objekt im späten Mittelalter, in: Europäische Sachkultur des Mittelalters. (SB Österr. Akad. Wiss. Philosoph.-hist. Kl., Bd. 374.) Wien 1980, 57–81.

Hermann Kamp, Memoria und Selbstdarstellung. Die Stiftungen des burgundischen Kanzlers Rolin. (Beih. d. Francia, Bd. 30.) Sigmaringen 1993.

Rolf Kießling, Bürgerliche Gesellschaft und Kirche in Augsburg im Spätmittelalter. Ein Beitrag zur Strukturanalyse der oberdeutschen Reichsstadt. (Abh. z. Gesch. d. Stadt Augsburg, Bd. 19.) Augsburg 1971.

Bernhard Laum, Stiftungen in der griechischen und römischen Antike. Ein Beitrag zur antiken Kulturgeschichte. 2 Bde. Leipzig/Berlin 1914, ND Aalen 1964.

Hans Lentze, Das Seelgerät im mittelalterlichen Wien, ZRG 75, KA 44, 1958, 35–103.

Hans Liermann, Handbuch des Stiftungsrechts. Bd. 1: Geschichte des Stiftungsrechts. Tübingen 1963.

Ralf Lusiardi, Stiftung und städtische Gesellschaft. Religiöse und soziale Aspekte des Stiftungsverhaltens im spätmittelalterlichen Stralsund. (Stiftungsgeschichten, Bd. 2.) Berlin 2000.

Materielle Kultur und religiöse Stiftung im Spätmittelalter. Internationales Round-Table-Gespräch Krems an der Donau 26. September 1988 (SB Österr. Akad. d. Wiss. Phil.-hist. Kl. Bd. 554; Veröff. d. Inst. f. Mittelalterliche Realienkunde Österreichs, Bd. 12.) Wien 1990.

Franz Neiske, Funktion und Praxis der Schriftlichkeit im klösterlichen Totengedenken, in: Viva vox und ratio scripta. Mündliche und schriftliche Kommunikationsformen im Mönchtum des Mittelalters. Hrsg. v. Clemens M. Kasper/Klaus Schreiner. (Vita regularis. Ordnungen und Deutungen religiösen Lebens im Mittelalter, Bd. 5.) Münster 1997, 97–118.

Ders., Rechtssicherung und Praxis spätmittelalterlicher Gedenkstiftungen. Ein Beispiel des 14. Jahrhunderts, in: Sprache und Recht. Beiträge zur Kulturgeschichte des Mittelalters. Fschr. Ruth Schmidt-Wiegand. Hrsg. v. Karl Hauck/Karl Kroeschell/Stefan Sonderegger/Dagmar Hüpper/Gabriele von Olberg. Bd. 2. Berlin/New York 1986, 515–531.

Otto Gerhard Oexle, Die Gegenwart der Toten, in: Death in the Middle Ages. Hrsg. v. Herman Braet/Werner Verbeke. Leuven 1983, 19–77.

Ders. (Hrsg.), Memoria als Kultur. (MPIG, Bd. 121.) Göttingen 1995.

Werner Paravicini, Sterben und Tod Ludwigs XI., in: Tod im Mittelalter. Hrsg. v. Arno Borst/Gerhart von Graevenitz/Alexander Patschovsky/Karlheinz Stierle. (Konstanzer Bibliothek, Bd. 20.) Konstanz 1993, 77–168.

Dietrich Poeck, „Omnes stabimus ante tribunal Christi". Stiftung, Gedenken und Gemeinschaft in Pommern, in: Land am Meer. Pommern im Spiegel seiner Geschichte. Roderich Schmidt zum 70. Geb. Hrsg. v. Werner Buchholz/Günter Mangelsdorf. (Veröffentlichungen d. Hist. Komm. f. Pommern, Reihe 5, Bd. 29.) Köln/Weimar/Wien 1995, 215–268.

Sabine Presuhn, Seelenheil und Armensorge. Stiftungen Bremer Familien im 14. Jahrhundert, in: BremJb 72, 1993, 34–50.

Andreas Ranft, Adelsgesellschaften. Gruppenbildung und Genossenschaft im spätmittelalterlichen Reich. (Kieler Hist. Studien, Bd. 38.) Sigmaringen 1994.

Mohammed Rassem, Entwurf einer Stiftungslehre. Graz 1952.

Siegfried Reicke, Stiftungsbegriff und Stiftungsrecht im Mittelalter, in: ZRG 66, GA 53, 1933, 247–276.

Ders., Das deutsche Spital und sein Recht im Mittelalter. 2 Teile. (Kirchenrechtl. Abh., Bd. 111/112.) Stuttgart 1932, ND Amsterdam 1970.

Frank Rexroth, Armut und Memoria im spätmittelalterlichen London, in: *Geuenich/Oexle*, Memoria in der Gesellschaft des Mittelalters, 336–360.

Ders., Deutsche Universitätsstiftungen von Prag bis Köln. Die Intentionen des Stifters und die Wege und Chancen ihrer Verwirklichung im spätmittelalterlichen deutschen Territorialstaat. (Beihefte z. AKG, Bd. 34.) Köln/Wien 1992.

Ders., Städtisches Bürgertum und landesherrliche Universitätsstiftung in Wien und Freiburg, in: Stadt und Universität. Hrsg. v. Heinz Durchhardt. (Städteforsch., Reihe A, Bd. 33.) Köln/Weimar/Wien 1993, 13–31.

Peter Hans Ropertz, Kleinbürgerlicher Wohnbau vom 14. bis 17. Jh. in Deutschland und im benachbarten Ausland. Aachen 1977.

Ders., Die Wohnungsstiftungen des 15. bis 18. Jahrhunderts. Eine besondere Form „anstaltmäßigen Wohnens", in: Zs. f. Stadtgeschichte, Stadtsoziologie u. Denkmalpflege 4, 1977, 183–214.

Christine Sauer, Fundatio und Memoria. Stifter und Klostergründer im Bild 1100 bis 1350. (MPIG, Bd. 109.) Göttingen 1993.

Wendy Scase, Reginald Pecock, John Carpenter and John Colop's „Common-Profit" Books: Aspects of Book Ownership and Circulation in Fifteenth-Century London, in: MedAev 61, 1992, 261–274.

Gerhard Schiebler u.a., Jüdische Stiftungen in Frankfurt am Main. Stiftungen, Schenkungen, Organisationen und Vereine mit Kurzbiographien jüdischer Bürger. Hrsg. v. Arno Lustiger im Auftrag der M.J. Kirchheim'schen Stiftung in Frankfurt am Main. Frankfurt/M. 1988, ND Sigmaringen 1994.

Corine Schleif, Donatio et Memoria. Stifter, Stiftungen und Motivationen an Beispielen aus der Lorenzkirche in Nürnberg. München 1990.

Karl Schmid, Salische Gedenkstiftungen für fideles, servientes und milites, in: Institutionen, Kultur und Gesellschaft im Mittelalter. Fschr. Josef Fleckenstein. Hrsg. v. Lutz Fenske/Werner Rösener/Thomas Zotz. Sigmaringen 1984, 245–264.

Ders., Die Sorge der Salier um ihre Memoria, in: *Ders./Wollasch*, Memoria, 666–726.

Ders., Der Stifter und sein Gedenken. Die Vita Bennonis als Memorialzeugnis, in: Tradition als historische Kraft. Interdisziplinäre Forschungen zur Geschichte des früheren Mittelalters. Hrsg. v. Norbert Kamp/Joachim Wollasch. Berlin/New York 1982, 297–322.

Ders., Stiftungen für das Seelenheil, in: Gedächtnis, das Gemeinschaft stiftet. Hrsg. v. dems. (Schriftenrh. d. Katholischen Akad. d. Erzdiözese Freiburg.) München/Zürich 1985, 51–73.

Ders./Joachim Wollasch (Hrsg.), Memoria. Der geschichtliche Zeugniswert des liturgischen Gedenkens im Mittelalter. (MMS, Bd. 48.) München 1984.

Wolfgang Schmid, Stifter und Auftraggeber im spätmittelalterlichen Köln. (Veröffentlichungen d. Kölnischen Stadtmuseums, Heft 11.) Köln 1994.

Gabriele Schulz, Testamente des späten Mittelalters aus dem Mittelrheingebiet. Eine Untersuchung in rechts- und kulturgeschichtlicher Hinsicht. (Quellen u. Abh. z. mittelrheinischen KiG, Bd. 27.) Mainz 1976.

Reiner Schulze, Historischer Hintergrund des Stiftungsrechts, in: Deutsches Stiftungswesen 1977–1988. Wissenschaft und Praxis. Hrsg. v. Rolf Hauer u.a. Augsburg/Bonn 1989, 29–59.

Ders., Art. ‚Stiftungsrecht', in: HRG, Bd. 4. Berlin 1990, 1980–1990.

Martial Staub, Memoria im Dienst von Gemeinwohl und Öffentlichkeit. Stiftungspraxis und kultureller Wandel in Nürnberg um 1500, in: *Oexle*, Memoria als Kultur, 285–335.

Theodor Straub, Die Hausstiftung der Wittelsbacher in Ingolstadt, in: Sammelblatt des Historischen Vereins Ingolstadt 87, 1978, 22–144.

Marion Tietz-Strödel, Die Fuggerei in Augsburg. Studien zur Entwicklung des sozialen Stiftungsbaus im 15. und 16. Jahrhundert. Tübingen 1982.

Wolfgang Wagner, Das Gebetsgedenken der Liudolfinger im Spiegel der Königs- und Kaiserurkunden von Heinrich I. bis zu Otto III., in: AfD 40, 1994, 1–78.

Wolfgang Eric Wagner, Universitätsstift und Kollegium in Prag, Wien und Heidelberg. Eine vergleichende Untersuchung spätmittelalterlicher Stiftungen im Spannungsfeld von Herrschaft und Genossenschaft. (Europa im Mittelalter. Abh. u. Beitr. z. hist. Komparatistik, Bd. 2.) Berlin 1999.

Joachim Wollasch, Hoffnungen der Menschen in Zeiten der Pest, in: HJb 110, 1990, 23–51.

Herbert Zielinski, Die Kloster- und Kirchengründungen der Karolinger, in: Beiträge zu Geschichte und Struktur der mittelalterlichen Germania Sacra. Hrsg. v. Irene Crusius. (MPIG, Bd. 93; Studien z. Germania Sacra, Bd. 17.) Göttingen 1989, 95–134.

Zu den Autorinnen und Autoren

Michael Borgolte, Dr. phil., geb. 1948; Promotion 1975 in Münster/Westfalen, Habilitation 1981 in Freiburg i.Br., seit 1991 Professor für Geschichte des Mittelalters an der Humboldt-Universität zu Berlin, seit 1998 ebd. Leiter des Instituts für vergleichende Geschichte Europas im Mittelalter.

Publikationen in Auswahl: Petrusnachfolge und Kaiserimitation. Die Grablegen der Päpste, ihre Genese und Traditionsbildung (1989, [2]1995); Die mittelalterliche Kirche (1992); Sozialgeschichte des Mittelalters. Eine Forschungsbilanz nach der deutschen Einheit (1996); Vor dem Ende der Nationalgeschichten? Chancen und Hindernisse für eine Geschichte Europas im Mittelalter, in: Historische Zeitschrift (im Druck). Herausgeberschaften (u.a.): Mittelalterforschung nach der Wende (1995); Europa im Mittelalter. Abhandlungen und Beiträge zur historischen Komparatistik (1999ff.).

Caspar Ehlers, Dr. phil., geb. 1964; Promotion 1995 in Bonn, seit 1996 wissenschaftlicher Referent am Max-Planck-Institut für Geschichte in Göttingen und Redakteur des Repertoriums der deutschen Königspfalzen.

Veröffentlichungen u.a.: Metropolis Germaniae. Studien zur Bedeutung Speyers für das Königtum 751–1250 (1996) sowie Beiträge zur niedersächsischen Orts- und Landesgeschichte und zur Pfalzenforschung.

Christine Göttler, Dr. phil., Promotion 1991 in Zürich, seit 1998 Professorin an der University of Washington in Seattle.

Veröffentlichungen u.a.: Die Kunst des Fegefeuers nach der Reformation. Kirchliche Schenkungen, Ablaß und Almosen in Antwerpen und Bologna um 1600 (1996); Mitarbeit an den Ausstellungskatalogen „Himmel, Hölle, Fegefeuer“ (Zürich 1994) und „Glaube, Hoffnung, Liebe, Tod“ (Wien 1995) sowie Beiträge zum reformatorischen Bildersturm, zu Peter Paul Rubens und zu Problemen religiöser Kunst in der frühen Neuzeit.

Franz Josef Jakobi, Dr. phil., geb. 1940, Promotion 1976 in Münster/Westfalen, Habilitation 1983 ebd., seit 1983 Professor am Fachbereich 10 „Geschichte" der Westfälischen Wilhelms-Universität Münster, seit 1986 Leiter des Stadtarchivs Münster. Arbeits- und Publikationsschwerpunkte in den Bereichen Mittelalterliche Sozialgeschichte, Didaktik der Geschichte, Geschichte der Stadt Münster, Archivtheorie und Archivdidaktik.

Herausgeberschaften u.a.: Geschichte der Stadt Münster. 3 Bde. (1993); Studien zur Geschichte der Armenfürsorge und der Sozialpolitik in Münster. Bisher 3 Bde. (1995/96/97); zus. mit *Hannes Lambacher/Christa Wilbrand*, Das Stadtarchiv Münster und seine Bestände (1998).

Ralf Lusiardi, Dr. phil., geb. 1964, Promotion 1998 in Berlin (HU), seit 1998 Hochschulassistent am Institut für Geschichtswisssenschaften der Humboldt-Universität zu Berlin.

Veröffentlichungen u.a.: Stiftung und städtische Gesellschaft. Religiöse und soziale Aspekte des Stiftungsverhaltens im spätmittelalterlichen Stralsund (2000).

Katrin Proetel, geb. 1970; Studium der Geschichtswissenschaften und der Romanistik in Münster/Westfalen, Toulouse und Berlin, Erstes Staatsexamen für das Lehramt 1996, seit 1999 wissenschaftliche Mitarbeiterin im DFG-Projekt „Stiftungen der fränkischen und deutschen Könige des Mittelalters und ihre Wirklichkeiten" am Institut für Geschichtswisssenschaften der Humboldt-Universität zu Berlin.

Volker Reinhardt, Dr. phil., geb. 1954; Promotion 1981, Habilitation 1989, seit 1992 ordentlicher Professor für Allgemeine und Schweizer Geschichte der Neuzeit an der Universität Fribourg/Freiburg (Schweiz). Forschungsschwerpunkt im Bereich italienischer Sozial- und Kulturgeschichte vom 15. bis 18. Jahrhundert.

Letzte Buchveröffentlichungen: Hg., Hauptwerke der Geschichtsschreibung (1997); Die Medici (1998); Geschichte Italiens (1999); Rom. Ein illustrierter Führer durch die Geschichte (1999).

Frank Rexroth, Dr. phil., geb. 1960; Promotion 1988 in Freiburg i.Br., Habilitation 1998 in Berlin (HU), seit 1999 Professor für Geschichte des späten Mittelalters und der Frühen Neuzeit an der Universität Bielefeld.

Veröffentlichungen u.a.: Deutsche Universitätsstiftungen von Prag bis Köln. Die Intentionen des Stifters und die Wege und Chancen ihrer Verwirklichung im spätmittelalterlichen deutschen Territorialstaat (1992); Das Milieu der Nacht. Obrigkeit und Randgruppen im spätmittelalterlichen London (1999).

Benjamin Scheller, M.A., geb. 1969; Studium der Mittelalterlichen und Neueren Geschichte sowie der Soziologie in Frankfurt a.M. und Berlin, seit 1999 wissenschaftlicher Mitarbeiter am Institut für Geschichtswissenschaften der Humboldt-Universität zu Berlin.

Veröffentlichung: Rituelles Schenken an Höfen der Ottonenzeit zwischen Ein- und Mehrdeutigkeit. Formen und Funktionen des Austausches im früheren Mittelalter, in: Ordnungsformen des Hofes. Ergebnisse eines Forschungskolloquiums der Studienstiftung des deutschen Volkes. (Mitt. d. Residenzenkomm. .d Akad. d. Wiss. zu Göttingen, Sonderh. 2.) Kiel 1997, 56–66.

Wolfgang Schmid, Dr. phil., geb. 1957; Promotion 1990, Habilitation 1997, Privatdozent für Geschichtliche Landeskunde an der Universität Trier.

Veröffentlichungen u.a.: Kölner Renaissancekultur im Spiegel der Aufzeichnungen des Hermann Weinsberg (1518–1597) (1991); Stifter und Auftraggeber im spätmittelalterlichen Köln (1994); Der Petrusbrunnen auf dem Trierer Hauptmarkt. Ein Werk Hans Ruprecht Hoffmanns von 1595 (1995); Poppo von Babenberg († 1047). Erzbischof von Trier – Förderer des hl. Simeon – Schutzpatron der Habsburger (1998); Dürer als Unternehmer (im Druck).

Wolfgang Eric Wagner, Dr. phil., geb. 1966; Promotion 1999 in Berlin (HU), seit 1999 wissenschaftlicher Mitarbeiter am Institut für vergleichende Geschichte Europas im Mittelalter der Humboldt Universität zu Berlin.

Veröffentlichungen u.a.: Universitätsstift und Kollegium in Prag, Wien und Heidelberg. Eine vergleichende Untersuchung spätmittelalterlicher Stiftungen im Spannungsfeld von Herrschaft und Genossenschaft (1999).

Personen- und Ortsindex

Die Seitenangaben beziehen sich sowohl auf den Text als auch auf die Anmerkungen der jeweiligen Seite, ohne auf die Anmerkungen gesondert hinzuweisen.

Abkürzungen: A. = Abt; Ä. = Äbtissin; B. = Bischof; Eb. = Erzbischof; Gem. = Gemahlin; Gf. = Graf; Gfn. = Gräfin; Hz. = Herzog; Hzn. = Herzogin; Kg. = König; Kgn. = Königin; Ks. = Kaiser; Ksn. = Kaiserin; Mgf. = Markgraf; Mgfn. = Markgräfin; S. = Sohn; T. = Tochter.

www.ingramcontent.com/pod-product-compliance
Lightning Source LLC
LaVergne TN
LVHW081329011026
849161LV00013BB/2877